# 论美国的民主

De la Démocratie en Amérique

〔法〕托克维尔◎著
江尚清◎译

红旗出版社

# 第十二版序

就算我们眼下瞬间完成的事再宏伟、再突然，本书的作者也有资格说自己完全不感到吃惊。这本书是十五年前写的，在写这本书的时候，我始终认为民主势必席卷整个世界。在阅读本书时，读者会发现本书的每一页都在庄重地宣告：社会风貌正在发生变化，人的处境正在发生变化，将有新的机缘降临。

在本书的绪论中，有这样一段话：

“随着世事的发展，身份必然会越来越平等，这是天命所归。这种趋势的首要特征是：普遍性和长久性，它随时都能摆脱人力的制约，万事万物都在为它的发展做出贡献。

“一个历史悠久的社会运动会因为一代人的努力就止步不前——这种想法未免太天真了。民主已经颠覆了封建体制，打倒了国王，它怎么可能在有钱人或者有产业的人面前停下脚步？这种想法未免过于异想天开。如今民主已经十分强悍，可它的对手却变得极端武力，在此种情况下，民主自然要勇往直前。”

能在君主政体被“七月革命”所伤但仍保有强大实力的情况下，说出以上局势预言的人，现在可以勇敢地提醒民众去翻看自己的著作了。

有必要允许他再说一句：他的著作在当前的形势下有了实际的价值和实践的价值，不过这些作用在他的书首次出版时是没有的。曾将美国的各种创新当作逸闻趣事的君主制法国，如今成了共和体制国家，也该向美国学习了。除了要学习军事——这是创建新政府的基础，还要学习其完善的法律体系——这是新政府能够长存的保障。先是战士，然后是立法者，前者是破坏者，后者是建设者，但两者均是有功之臣。现在的问题不是我们应该建立何种体制的国家，是帝国还是共和国，而是我们想建的共和国是一个长期稳定的，还是一个动荡不宁的；是井井有条的，还是乌烟瘴气的；是崇尚和平的，还是穷兵黩武的；是自由的，还是专制的；是会对财产和家庭这一神圣不容玷污的权利造成威胁的，还是对此种权利予以保护和承认的，这个问题非常关键。这个问题的解决无论是对法国，还是对整个世界都是极有价值的。我们若是厘清这一问题，那么我们既救了自己，也救了我们身边的所有民族。我们若是没能做到这一点，那么就不仅仅是我们失败了，这些民族也一样。我们想要建立的是民主的自由，还是民主的保证，选择不同，世界的命运也会不同；不仅如此，这也影响到我们如今的命运，是在各个地方都受欢迎，还是在各个地方都被攻击。

可是美国早在60多年前，就解决了我刚刚谈到的这个问题。由我们创造的民主在过往的60多年里彻底掌控了美国。它在美国落实的方式是最为直接、广泛和完全的。这个国家60多年来在人民主权原则的基础上制定每一条法律，它的人口、土地和财富一直都在增加，而且在这段时间内，世界上的所有国家不但在繁荣兴盛方面比不过它，在安定平和上也比不过它。欧洲的所有民族，要么被战争削弱，要么因内战而衰微。除了美国人民，全部文明世界都受到了损害。革命近乎将整个欧洲搅得鸡飞狗跳，却没在美国出现。美国的种种权利，不但没受到共和体制的损害，反倒被它保护了。世界上再没有哪个国家比美国更注意保护个人财产了，在那里，人们抵制专制主义，也抵制无政府主义。

这已经是我们能够得到的最大的经验教训了。我们是为了紧跟美国的步伐将它所建立的制度作为模板照搬，才调转视线关注美国的吗？当然不是，我们是为了对适合我们的事物有更清楚的认知。要说原样不动地仿效它的教育之类的体制，就更谈不上了。我们要参考的，不是美国法制的具体内容，而是美国法制的方针宗旨。治理法兰西的法律和治理美国的法律可以有差异，而且最好有差异；但是一切共和国都应该遵循美国各种制度的基础原则——遵纪守法的原则、维持政权均衡的原则、推行真正的自由的原则，以及真挚地尊重，也最尊重权利的原则。这是所有共和国都应该拥有的，而且我敢说共和国若是不遵循这些原则，一定很快就会消亡。

1848年

# 目　录

## 下卷

## 第二部分　美国人的情感因民主而发生的变化

## 第三部分　我所说的民情因民主而发生的变化

## 第四部分　民主的思想和感情是如何影响政治社会的

# 绪论

待在合众国的那段时间，我看到了一些新东西，其中最吸引我注意的，就是身份上的平等。这个大事件会极大地影响到社会发展的进程，对我来说，发现这一点不是什么难事。它让言论有了方向，让法律有了准绳，让掌权者有了新的格言，让被统治者有了特定的习惯。

我很快就发现，相比于政治措施和法律，这个大事件所带来的影响要大得多。不仅如此，它制约政府的能力也并不比制约民众、社会的能力更逊色。除了刺激舆论、激发情感、改变风俗，它还能对所有并非从它而来的事物产生影响。

所以，我越是深入探究美国社会，就越觉得身份平等是一件本源型的大事。它似乎是一切个别事物的发端，正是基于这个原因，我才以它为中心来进行自己的整个观察。

等我调转目光，看向我们这半球，我发现，这里也有与我在新大陆看到的情况相近的情况。身份的平等在美国已经发展到极致，而我们这半球，我发现它虽然没到这个程度，可也在朝着这个方向迈进，而且，掌控美国社会的民主似乎正在欧洲迅速得势。

我就是从这时有了想要著述读者正在看的这本书的欲望的。

就在我们中间，一场神圣的民主革命正在发端。所有人都能看见，可是却各有各的想法。有人觉得，这种新情况是偶然事件，是能够被阻断的；有人认为这种情况在可见的历史中，发生的最为频繁，有着最悠久的历史，持续的时间也最长，因而坚信这是一场革命，且势不可当。

现在不妨回想一下法国，七百年前，那些少数几个持有土地和民众控制权的世家大族掌控着法国。在继承权的代代传递中，统治权也一辈辈地传了下去，想要控制他人，权力是仅有的媒介，而想要拥有权力，土地是唯一的根源。

可是，法国的僧侣阶层开始拥有政治权利，而且发展得极快。富户、穷人、领主、居民，僧侣阶层面向所有人，任何人都能投身加入僧侣阶层。平等以教会为桥梁开始向政治领域渗透。之前作为农奴，一辈子都要被人役使，可现在成了能和贵族分庭抗礼的神职人员，而且经常会成为国王的上宾。

在时间的流逝中，社会越来越文明、稳定，人与人之间的关系也越来越繁杂、多样。人们渐渐意识到需要民法来对此种关系进行调节，法学家由此而生。这些人从清冷的法庭中，从满是灰尘的、狭小的办公室里走出来，在穿着绫罗绸缎、披甲执锐的封建男爵身边安坐。

在好高骛远让君王一无所有时，在排挤倾轧让权贵一文不名时，普通民众却在倒买倒卖中有了资产。金钱开始左右政治，商务活动成了新的迈进权力之门的天梯，企业家建立的政权团体得人追捧，也受人藐视。

人们越来越有智慧，越来越喜欢文学和艺术。就这样，知识成了事业顺遂的要因，科学成了从政的砝码，智慧拥有了社会威信，文人开始迈入政坛。

迈入权力之门的新路持续出现，这让人们对出身背景越来越不重视。贵族的称谓在十一世纪还万金难求，可到了十三世纪，已经有钱就能买了。1270年，贵族称谓开始售卖，最后，贵族阶层亲自将平等带入了政府。

贵族在这七百年里，慢慢将政权交到了人民手中。至于原因，有的时候是想对抗王权，有的时候是想得到敌人手里的权力。

相比于此种情况，更经常的情况是，国王为压制贵族，把本国的下层民众拉入政府。

法国的国王们一直视自己为最积极，也最完全的平等主义者。在自己充满野心、实力强劲时，他们尽可能地抬高民众的地位，让他们和贵族一样；而当自己没有本事时，他们甚至能让民众的地位比自己还高。在支持民主这件事上，某些国王靠的是自己的能力，而有些国王靠的却是自己的昏庸。对于自己所御的民众，路易十一和路易十四一直刻意保持大家的平等，可是路易十五却最终让自己和王族一起消散了。

工艺上的所有发展，工商业上的所有发展，在民众不再按照封建土地所有制拥有土地。动产又能被当作财产，能发挥作用，能带来权势后，马上就在民众之间生出了与之相对的平等的新要素。

从这开始，所有新出现的工艺手法，所有新生的需要，所有能让新需要变成现实的主张，都是迈向平等的进步。奢靡、好斗、追逐流行，还有人类最本能的情欲和最神圣的情感似乎都在减少穷人和富人之间的差距。

所有的科学创造，所有的新知识、新思潮，在脑力劳动变成能量和财富的根源后，均应被当作民众即将掌权的幼苗。上苍漫不经心赐予的所有的这些天赋：文采、口才、记忆力、仁慈、想象力、智力，都在推动着民主的发展；这些天赋就算为抵制民主的人所得，也能凭借它们展现出的神圣的人性，对民主有所助益。于是，随着文明和教育所占区域的扩增，民主占领的区域也会越来越大。至于文学，它会变成一个不管是穷人，或是弱小，都能每天进去搜寻武器，面向所有人的武器库。

打开我们的历史看看吧，在以往的七百年中，难道有哪件大事是对平等没有助益的吗？

十字军东征和数次与英国的对战，消耗了十分之一的贵族，他们的土地也变少了。民主的自由被地方自治制度引入到封建君主体系内。在战场上，枪炮的出现让平民拥有了和贵族一样的地位。他们因为印刷术享用到了同样的精神食粮。不管是穷人茅草屋的木门，还是王室皇宫的大门，带来知识的邮政都会同等叩响。基督新教申明通往天堂的路，是每个人都能找到的，无一例外。成百上千条通往富裕的路因为美洲的出现而被打开，某些原本默默无闻的冒险家成了新贵。

让我们以五十年为尺度，从十一世纪开始来观察法国的改变。我们势必会发现，每一个五十年的尾声都会有一次双重变革出现：贵族和平民站在社会阶梯的两端，一个向上走，一个向下走，贵族向下，平民向上。他们之间的差距，就这样每半个世纪小一点儿，最终，用不了多久，他们就会站到一起。这种情况自然不是只有法国才有。只要是基督教世界，不管我们走到哪儿，都能看见这种革命的发生。

发生在人民生活中的每件事，没有一处不在推进民主的进程。每个人都在为民主贡献力量，虽然有人是主动帮民主取胜，有人是不自觉地帮到了民主；有人是将为民主而战作为目标，有人是以和民主作战为目标。所有人站到一处，彼此配合，殊途同归。不管是迫不得已，还是浑然不知，在上帝手里，全都是温顺的道具。

所以，平等的一步步推进是大势所趋、天命所归。它所拥有的一般性和长期性，它随时都能摆脱人力的抵制，它因每件事、每个人而受到的激励，是此种发展的首要特点。

觉得一代人可以通过自己的努力遏制一个已经历尽千帆的社会运动这样的想法，未免太蠢。民主已经颠覆了封建制度，将国王拉下了王座，又怎么会在资产阶级和富人面前停下脚步？不要异想天开了。今日，民主已经发展壮大至此，而它的对手却已经变得这样弱小，民主是不会退步的。没有人知道我们眼下正迈向何方，毕竟已经无法用对照的办法予以解答。这代表着，基督徒间今日的平等已经扩大到了史无前例的程度，这种程度是世界上所有地区都不曾有过的。因为此项庞大的工作已经走入尾声，所以我们看不到自己还能做些什么。

由于作者发现这场势不可当的革命已经击退所有阻挠行进了很多个世纪，直至今天它还在自己引发的残骸上冲锋，在著述这本即将呈现在大家眼前的书时，作者一直处在一种生怕上帝责罚的心情之中。

上帝的心意如何，一些浮现在我们眼前的迹象已经表明了，哪里还用它自己说。我们只要认真地看一下自然一年年的照常发展和事情无休止前进的趋势即可。造物主没开口告诉我，我也知道天上的星星是按照它手指画出的轨迹行进的。

经过长时间地观察和仔细地思索，今天的人们若能发现平等的步步紧逼，不仅在过去的人类历史中存在，还将成就人类将来的历史，如此，仅仅是这个发现本身，就会让这一进程拥有高高在上的神谕属性。所以，为了不违背上帝的旨意，就不要试图压制民主。面对上天安排的社会状况，各民族只能顺从地接受。

我认为在我们这一辈，虔诚的基督教国家所遇到的形势并不乐观。强悍的革命运动势如破竹般在这些国家肆意蔓延，好在它的速度还在可以指引的范围内。这代表着虽然用不了多久也会失控，但起码现在这些国家的命运还是由自己控制的。

社会的领导者在我们这代的首要工作是：给民主以指引；如果能够做到的话，唤起民主的宗教信仰；对民主的潮流进行净化；让民主行动有章可依；慢慢地，让民主经验被治世学问替代，让民主肤浅的本能被对民主切实有益的认知替代；让民主政策能和时间、地点相配，并按照情境和人员来对政策进行改进。新的社会需要新的政治科学。可是，通常我们并不会这么想。

我们被扔进了一条奔涌不息的江中，抬起头遥望岸上有些模糊的残砖断瓦，转瞬又被巨大的浪头打下去，压入寒潭深谷之中。

相比于欧洲的任意一个国家，刚刚我谈及的这场神圣的社会变革，在法国都发展得更为迅猛和躁进。可这是因为法国一般不对这场革命进行任何引导，由着它横冲直撞。

这场变革的推进，不是国家的领导者不愿意见到，就是国家的领导者没意识到它在发生。所以，这个国家的最有权势、最有学识和德行最好的阶层没想过要有所准备，完全不曾以控制它为目标，寻觅应对之策。所以由着民主野蛮的本能控制民主，让民主如同失怙的孤儿在街边流浪，所闻所见全是社会的弊病和惨痛，只能自力更生发展壮大。直到它忽然夺得了权柄，人们才注意到它。而在它掌握权柄之后，人们开始任由它说一不二，再小的事也依着它，将它抬高成力量的象征。可是后来过界的行为终于让它受到了惩罚，这时，律法的设计者想的不是对它进行引导、改进，而是设立一个轻率的法令将其消灭；律法的设计者一门心思想将其从政府中驱逐出去，根本不想教会它如何管理国家。

在法律、观念、民心和道德方面，它们应该随着民主革命在社会体制内的爆发，而相应地发生一些对民主革命有益的变化，可这种变化却并未出现。所以，我们虽然迎来了民主，却没能等到能压制民主弊病、增益它天赋优势的东西；它本该带来的好处我们没得到，而只看到了它带来的坏处。

在贵族阶层的扶持下，王权顺风顺水地掌控着欧洲各国。这时，人们在困苦之中还能汲取到一些我们这代人无法——也很难想象并体会到的幸福。皇亲贵戚因为一些官员所持有权力的阻碍而无法肆意妄为；国王因为自觉是民众的神祇，又被人如神一般敬重着，于是克制自己不滥用手中的权柄。贵族位于平民阶层的上方，他们像牧民看待自己的家畜一般，看待民众，有怜悯，却不关心。他们关注穷人的命运是因为他们觉得穷人和他们一样？不，他们仅仅是因为看重上帝交代的工作，才会如此。

面对不属于自己的社会地位，民众并不奢求，他们也从未想过自己是不是能和领主平起平坐。在他们看来，自己应该等着领主直接施恩，而不是为了赢得自己的权利主动出击。领主若是个宽容正直之士，他们会敬爱领主，心甘情愿地对领主冷硬的统治表示顺从，不觉得有什么低贱的，似乎这是上帝所赐的惩处，理当接受。另外，苛政也并不能肆意推行，这是受到了惯例和民心所限制的，让暴行的发生不能超出一定的边界。

在贵族看来，自己的特权合情合法，从没想过会有人将其打破。而在奴隶看来，自己生而卑贱，天命如此，是改变不了的。因此人们相信能在命运天差地别的两个阶层间，建立某种关联，让双方互相照应。为什么社会存在着不公和悲苦，可两方的心却都未堕落，原因就在这儿了。人们绝对不是因为使用权力的是掌权者，或者被统治者已经听命惯了才变坏，而是因为前者所做的恶事被判定为违法，后者所听命的霸权被判定为抢掠和压榨。

一边是某些人既拥有钱财、权力，又有闲暇，以至于可以过着奢华的生活，花天酒地，追逐高雅，畅享艺术；一边是某些人辛辛苦苦地，一辈子都在劳作，粗鄙和蒙昧。可这不代表在这些蒙昧、粗鄙的平民里，就不存在激烈的感情、崇高的精神、忠实的信仰和朴素的品德。或许，如此架构而成的社会，是有着自己的稳定和强势的，特别是，或许自有其光辉绚烂的地方。

可是，各个阶层就在此处开始融合到一起。某些将民众隔离开的障碍接连倒塌，权柄、财富慢慢从少数人手中滑落出来，被多数人享有，教育越来越普及，智力越来越平均，社会状况越来越民主。最终，在和平中，民主掌控了法律和民心。

因此，我构想出这样一个社会，这个社会里所有的人，都认为自己创造了法律，他们珍视法律，也心甘情愿地接受法律制约；人们不是因为政府权力崇高才敬重它，是因为需要这么做；对于国家领袖，人们的敬爱之情虽不够浓烈，却是发自肺腑的不卑不亢的情感。所有人都有权利，所有人的权利都能得到保证。于是，民众间形成了一种这样的关系：坚实的信任、平等的彼此敬重。

人们在弄清了自己的切实利益后，自然会明白：只有自己尽了自己义务，才能享受到社会的福利。如此一来，贵族的私人的威信将被民众的自由联合所代替，国家也能免于苛政和霸权的出现。

在我看来，依照此种模式构建的国家和社会，是不会裹足不前的，社会自身的运动也有循序渐进的可能。相比于贵族社会，民主社会或许不那么金碧辉煌，但相应的，困苦也会变少。在民主社会，享受会受到限制，公益却广为施用；科学会变得平常，蒙昧会大量减少；情感会变得平缓，但行动会更加谨慎；恶行虽不能断绝，违法之事却会减少很多。

没有了能让民众勇敢献身和做出重大牺牲的疯狂的情感和忠实的信仰，可还有教育和经验——它们有时候也能做到这点。既然大家都一样的脆弱，那大家就都会意识到自己和别的同胞需求相同。发觉自己的利益和社会福利的一致性，并不是什么难事，因为他们清楚，想要得到同胞的帮助，就得先帮助同胞。

总的来说，国家不会十分辉煌和显赫，或许也不会非常强悍，但大部分民众在美满的感觉上，会有更多体验，而且虽然对更好的生活也有期待，但因为自觉已经生活得不错，民众不再发动起义。这种社会秩序就能让所有的事都完美无缺吗？自然不能，但社会起码有了让事情日趋美好的所有基础。不仅如此，只要民众能彻底放弃贵族体制或许会发起的社会福利，那么，他们就能在民主体制下享受民主体制带来的所有利益了。

可是，假设我们放弃了先辈们传下来的社会状况，不由分说地把先辈的所有体制、思想和民心民意扔掉了，那这些东西，我们又用什么来替代呢？

皇权失去了威信，可这种威信，却没能以法律的威严来替代。我们处在这样一个时代，人们看不起权威，却也害怕权威。相比于之前因为尊敬、敬仰权威而受到的损害，这种恐惧带给他们的损害要大得多。

从前那种能够独立抵挡苛政的个人的能量，我认为已经被我们毁掉了。可是，家族、集团和个人交出来的权柄却被政府独得了。如此一来，所有公民都因为握在少数几个公民手里的权柄变成了驯服的小人物，尽管这种权柄通常是保守的，只有偶然之间才会露出强势的一面。

贫穷和富贵的差距因财富被分得太散而变小。可是，穷人和富人在差距减小的过程中，似乎找到了互相仇恨的新理由。他们看向对方的眼神，如此惊惧，又如此妒忌。将对方从权力的王座上拖下来，是他们共有的期望。穷人也好，富人也罢，对于权力都缺少足够的认识，两方都坚信，现在只有权力是可信的，未来也只有权力才能为自己提供保障。

从先辈们那里，穷人接收了大多数偏见，可先辈的信仰，他们却没留下；先辈的蒙昧，他们接收了，可先辈的品德，他们却没留下；他们依照利己主义为人处世，可对于利己主义的学问却茫然无知。而且，不管是他们眼下的利己主义，还是他们从前的牺牲精神，根源都是他们的蒙昧。

社会是因为自觉强悍、兴盛才风平浪静的吗？不，它是因为清楚自己有多脆弱、衰败才这样的，它生怕自己的抗打击能力太差会死于非命。所以，不好的地方，人所共知，可有足够的胆量和坚韧去修正的人，一个都没有；大家期盼过，抱怨过，伤心过，满意过，可所有的这些都如同老人微小的激情一般，并不能带来任何一个明显且长久的好成绩。

就这样，旧制度给予的好处，我们扔了，可当前制度或许会提供的利益，我们也没拿到；我们推翻了贵族社会，可看着老建筑的残骸，我们又心生不舍，似乎想永生永世地在那儿待着。

与这个相比，学术界显露出的可以叹惋的情形，也没有更少。

民主在法国的发展过程中，承受了重重阻力，但它却有胆量肆无忌惮、随心所欲地向前冲，扫清妨碍它前进的所有阻碍：推翻一切能推翻的，如果无法推翻，也要让它晃上一晃。它控制整个社会的过程，不是用和平手段，按部就班地夺取社会，而是在动荡和争斗中策马狂奔。在批判对手的主张和恶行时，那些人因为被战斗激情感染，让自己的主张超出了该有的限制，他们遗忘了自己的初衷，说了违背自己的真正的情感和淳朴的本性的话。

我们原本不希望看到的大动荡，由此产生。

和眼前的情况相比，过往有什么情景是更可惜、更可叹的吗？我回想了一次又一次，始终没找到。人的思想和兴趣、行为和信仰天生就该有座联系的桥梁，可是我们这代人的这座桥梁似乎被毁掉了。不管是哪个时代，人的思想和情感都是协调的，可到了我们这个时代，这种协调好像正在消失。而且，这么说吧，所有和品德相关的规条都成了垃圾。

有一些诚挚的基督徒，他们坚信来生确实存在，并以此来引导自己的生活，这种人在我们之中还能见到。他们真的在为人类的自由——所有的善行的根基而努力付出。基督教既然声明在上帝面前人人平等，那在法律面前人人平等，基督教自当赞同。

可是，宗教却被同时发作的反常情况推到了民主想要打倒的那个阵营里，不仅如此，宗教还再三制约自己倡导的平等，将自由当成敌人辱骂不休。要知道，宗教若是能与自由携手，自由将会被赋予神圣属性的。

相比于寄希望于天堂，在这些信徒身边，我发觉某些人更愿意活在当下。在他们看来，自由为所有最崇高的品行奠定了基础，自由是所有最高福泽的根源，所以他们才会支持自由。他们期望自由掌权的心，没有一点儿的虚情假意在其中，他们期望自由可以福泽万民；而且我知道，他们必定是因为清楚：信念一致才能民心所向，而民心所向才能让自由获得威信。所以，他们才会急着想要获得宗教的支持。发觉宗教站到了敌人那边，他们就停下了脚步。就这样，有些人开始敌视宗教，而有些人则失去了支持它的胆量。

在之前的几百年里，有些人——那些出身低微和背弃自身的人——为奴性击掌；有些人——那些有主见和品性正直的人——即使徒劳也还是为让人类得到自由而奋斗不止。可到了我们这代，有些明明身居高位、衣冠楚楚的人，看法却和他高贵的出身截然不同，他们居然称赞起奴颜媚骨了。而还有一些人正好相反，他们信口开河地吹捧自由，就像他们体会过自由有多伟大、多高洁一般，还为了某些人类自己都从未听说过的权利，高声呼叫。

那些德行出众、崇尚和平的人，他们身边的人会因为他们的正直、谨慎、富有、渊博而将他们推上领导者的位置，这我相信。他们真心地热爱着自己的国家，做好了无论何时都愿不计代价地为它牺牲奉献的准备。可他们之后又总会仇视文明，文明将引发的利弊，他们并不清楚；一切思想只要和恶有关，就都和新思想有着斩不断的联系，这就是他们脑海中的感觉。

我发现在这些人周围，还有一种人——打着发展的旗号，让人走向唯物，对罔顾正义的权益、缺失信仰的学问和无视德行的幸福死缠烂打。他们说自己在保护现代文明，傲慢地自称是现代文明的先驱。他们手里的职务，是偷来的，他们并没有担任的资格。

那现在我们所处的状况如何呢？教徒在攻击自由，而宗教在被自由的朋友攻击；称颂奴性的人雍容典雅，满口自由的人奴颜婢膝；抵制所有发展的是那些质朴开放的民众，而那些自称为文明和发展的先驱的人，爱国，却也没什么德行。

之前的每个世纪是不是都如同我们这个世纪一般？大家所见到的世界，是不是就是我们今日的世界？当今世界的所有关联都错位了：品性好的人没有才华，有才华的人没有名声；崇尚和平被说成是对暴君忠心，热爱自由被说成是藐视律法；人的行为所折射出的良心之光，是那么的黯淡；荣耀也好，屈辱也罢，真实也好，虚假也罢，所有的事，可以还是不可以，似乎都无关紧要了。

我可以这么想吗？创世主将人类制造出来，就是想让人类像今天这般在蒙昧中挣扎。当然不该这么想，因为上帝为欧洲社会规划的将来，是较为平稳与祥和的。上帝的目的是什么，我并不知道，我也不该因为自己看不透，就怀疑它。相比于觉得上帝不公，我更愿意相信自己智慧有限。

世界上有个国家似乎已经将我口中的这场神圣的社会变革进行到了最后阶段。这场变革达成的手法，在那儿是那么简单；我甚至可以这么说——这场变革的结果，这个国家甚至没经过我们所经历的民主革命，就已经得到了。

十七世纪初移民美洲的那些人将民主这一准则栽种在新大陆的海岸上，而这一准则是来自他们对旧欧洲社会所抵制的所有准则的分析。民主在这里得以自由发展，它和民心并肩同行，没经历征战就变成了法律。

我坚信，早晚我们会如美国人一般在身份上实现近乎绝对的平等。但美国人收获的政治成果，是不是有一天我们也能按照相同的社会状况得到，我不敢由此断定。民主能够支持的政治模式肯定并不是只有美国人找到的那一种。可是，既然两国法律和民心的发端是相同的，那我们理当关注，这个根源将为每个国家带来什么。

所以，虽然求知欲有时候也很关键，可我却并不只是为了满足自己的求知欲，才去观察美国的，而是为了从美国身上，总结出我们能够参考的经验教训。不要以为我准备写篇表扬稿，完全不是这样。凡是看过本书的人，都会相信我绝对没那么想过。在我看来，完全代表善的律法是近乎不会存在的，甚至连这场我相信势必会发生的社会变革对人类究竟是利是弊，我都不敢评断。所以我的所有目的，自然不会是称颂美国的一切政治形式。这场变革已经结束或者即将结束是我眼中的实情，在经受过此种变革的国家中，我想找到一个这样的国家——让这场革命得到了最完善、最平和的过渡，进而探明革命理当出现的成果；要是可以的话，我还想探明怎么做才能让人类从革命中获益。我敢说，美国自己拥有的，没有我看见的多。我不仅想探明民主自身的样貌，还想探明它的目的、特点、成见和热情。我为什么要对民主刨根问底？因为我们起码要弄清——对于它，我们都有着什么样的期待，又有着什么样的恐惧。

所以，本书第一部分的主旨是想指明，民主在美国是依照自己的意志前进，近乎不受制约、完全遵照本能行事的。那么，它为法律指引的方向如何，为政府工作烙下了怎样的印记，让国家工作承受了哪些普遍的压力？我想方设法以探明它带来了哪些好处和弊端，探明在引导民主时，美国人采取了哪些防范措施，又有什么举措落下了。我还想办法对民主能掌控社会的根由进行了考察。

本书第二部分的主旨，是刻画美国民众的社会、习惯、观念和民心民意因为身份平等和政府民主而发生了哪些变化。可是我已开始不太想推进这个计划了。因为另外一个作者很快就会告诉读者，美国人有哪些主要的性格特点，并且，他可以为一幅冷峻的景象披上一层薄而玄妙的轻纱，用我所没有的好文笔将实情讲说分明。因此，除非我完成我为自己布置好的工作，否则，我的工作将徒劳无功。

我在美国的所见所闻，已经清楚地告诉给读者了吗？我不知道，但我敢说，我确实希望能够做到。我是依据实情来阐明主张，绝不曾让实情受到个人观点的影响。

一切能用文字资料证实的地方，我都核实过原资料，参照的著述都是最权威、名声最显赫的。所有参考资料都有注释，任何人都可核实。牵涉到舆论、政治惯例、民心调查的问题，我均有向学识渊博的人咨询。要是遇到非常重要，可事实并不清楚的地方，我会多找几个人问明证词，不会只问一个人就得出结论。所以我说的话，请读者务必相信。

原本我是可以大量援引那些著名的权威或者起码能算得上权威的人的言论，来支撑我的观点的，可是我并未这么做。在自家的炉火边招待来自外国的访客时，主人通常会说很多关键的内幕。这些内幕，他对着自己的亲朋好友或许都没说，而是因为需要缄默了下来；可外国人很快就会走，所以告诉外国人并不让他感到忧心。这种内情，我一听到，就会马上予以记录。可是相比于让热情的主人在客人返国后，感到后悔和窘迫，而将其列入禁止入境的黑名单，我宁肯让自己的著述没那么光鲜，所以无论何时，我都不会将记录从书柜中翻出。

我知道，虽然我为了这本书尽心竭力，可若有人想指责它，那太简单不过了。

在我看来，读者若是愿意认真看这本书，会发现整本书有个核心观念几乎串联了所有的部分。可是，若是有人想以一个单一的实情来驳斥我援引的一连串事实论据，或者以一个独立的见解，来驳斥我列明的一连串观点，这很容易，因为我不得不探讨的目标之间有着巨大的差异。由于我自己就是从大量的证据中得出的结论，而非从单一的证据中得出，所以，我希望读者在读我写的这本书时，所用的精神和引导我著述的精神是一样的，并且评价它时依照的是通读全书的整体感触。

作者必须为自己的所有观点下一个理论性的结论，可又总是会总结错，以致失实，这一点读者一定要记得。人在办事时，虽然有时会不按常理出牌，但在讨论时，却无法那么做，并且人若想前言不搭后语，就像想让行动始终如一一般，难度是很大的。

最后，请允许我自己指出一个这本书的首要缺点，这个缺点或许很多读者都会发现，就是这本书完全不是为了迎合某些人才写的。在写这本书时，我没想过要支持哪个政党，也没想过要攻击谁；我没想与众不同，仅仅是比各个政党更有远见；各个政党还在为明日奔走，而我已经畅想起了将来。

# 上　卷

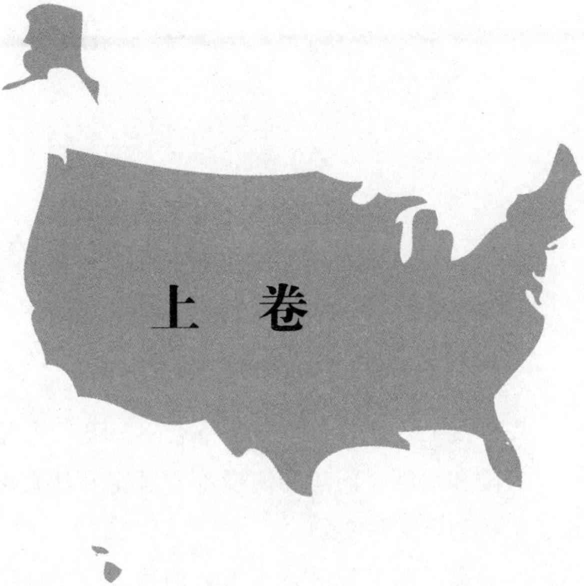

# 第一部分

## 第一章　北美的外观

在外观上，北美有个整体特点，一眼就能看出来。

大陆和水脉、山川和河道都安排得井然有序。这种布置明快而又壮丽，饱含了景致的交叉与变幻。

在北美，两大地区近乎不分伯仲，一个地区向北延伸至北极，东西两边均毗邻大海，向南拉伸，构成了一个三角形。在加拿大五大湖的下方有一个底边，分别与三角形另两个不同长度的边线交会。从第一个地区的尾端开始，第二个地区包含了大陆剩下的所有部分。第一个地区稍稍趋向北极，另一个地区稍稍趋向赤道。

第一个地区地面平坦得近乎一个平原——只是北边地面稍微低一点儿。这片平原幅员辽阔，高山也好，低谷也罢，都不存在。这里的河水迂回婉转，似乎随心所欲，可以流去任何地方。一些大河，有时彼此平行或者交汇到一处，之后再分开，再聚合；有时它们流进沼泽地区，湮没在自己所创的水域迷宫中；如此反复迂回，最后才流入北极的一众海域。和旧大陆的大部分湖泊都不一样，第一个地区南边的各大湖泊周边，并没有环绕的崇山峻岭，和湖面相比，平坦的湖岸只高了若干英尺。所以，各个湖泊看上去如同装满了水的大碗；地球的结构只要发生一点儿变化，湖水就会流走，要么流向北极，要么注入热带海洋。

第二个地区虽在平坦上稍有不足，但在适于居住方面却更胜一筹。

第二个地区有两条巨型山脉分别独霸一方：名为阿勒格尼的那条山脉顺着大西洋沿岸伸展；另外一条（落基山脉）则与南海（太平洋）平行。两条山脉间隔的区域的面积总计 228843 平方里约[1]，所以在面积上，它大概是法国的六倍[2]。

可是，在这片辽阔的区域内部，却有一个巨型河谷。它以阿勒格尼山脉圆形的峰顶为起点，顺着山峰绵延而下，之后再缓缓爬升，攀上落基山脉的诸峰。一条条顺着高山留下的河流，从各个方向注入河谷的洪流之中。

这条洪流，以前法国人将其命名为圣路易斯河，以此来怀念祖国；印第安人则夸张地称其为密西西比河，意喻“诸水之父”。前边我说的两大地区的交会处，就是密西西比河的源头，它临近隔离两大地区的那个高原的最高点。除了密西西比河，还有一条河流[3]自这个最高点的周围流出。它历经千回百转，最后注入北极海域。有一段时间，密西西比河并没有选择固定的河道，曾经改道过很多次，在走过湖区和沼泽区域之后，它才会确定流向，慢慢奔向南方。

有时，密西西比河平静地流淌于大自然挖好的黏土土质的河床中，有时又会因为暴雨泛滥成灾，倾泻 1000 多里约[4]。

在距离河口将近 600 里约[5]的地方，平均水深可达 15 英尺。负重 300 吨的船只，顺着河口逆流而上大概能走 200 里约。有 57 条能够行船的大河流向该河。统计显示，密西西比河的支流中，有一条支流长 1300 里约[6]，有一条支流长 900 里约[7]，有一条支流长 600 里约[8]，有一条支流长 500 里约[9]，有四条支流长 200 里约[10]。而来自各个方向，流向该河的不计其数的小河，就用不着说了。

密西西比河所经河谷似乎专门为它所建。这条大河有善心，也有恶意。它在这点上就像一个神祇。大自然在大河周边袒露出的那片土地是如此丰饶且无穷无尽；离大河越远，草木越不茂盛，土地就越不肥沃，造物就越不强健兴盛。

[1] 里约：法国旧长度计量单位，1 里约等于 4 公里。——译者注

[2] 法国的面积是 35181 平方里约。——原注

[3] 鲁日河，也就是红河。——原注

[4] 1032 里约，即 2500 英里。参见沃顿译《美国概览》第 1 卷第 166 页。——原注

[5] 563 里约，即 1364 英里。同上书第 1 卷第 169 页。——原注

[6] 指的是密苏里河，同上书第 1 卷第 132 页（1278 里约）。——原注

[7] 指的是阿肯色河，同上书第 1 卷第 188 页（877 里约）。——原注

[8] 指的是鲁日河，同上书第 1 卷第 190 页（598 里约）。——原注

[9] 指的是俄亥俄河，同上书第 1 卷第 192 页（490 里约）。——原注

[10] 指的是伊利诺伊河、圣比尔河、森弗朗西斯河、得梅因河。上述河流的长度，我的推算标准均为：1 标准英里和 1 里约等于 2000 图瓦兹。——原注

再没有哪个地方，能如密西西比河谷一般，清晰地显露出地壳上一切巨变的痕迹了。河域中的所有景致均显露了水的效用。水能带来丰收，也能引发失收。谷底如今的那层厚实而丰饶的土壤，来自古时海洋里的海水的沉积，对植物生长有益。海水退却时，这片区域被水流冲刷得十分平坦。在河的右岸，无边无际的平原像被农夫用磙子碾过一般。越靠近山峦，地面就越起伏不定，土壤就贫瘠。这里称得上怪石嶙峋，年代久远的清奇的岩石比比皆是，如一个个被时间吞噬掉皮肉的骷髅，矗立在那里。

风化的花岗岩变成了沙子覆盖在地面上，其间散落着一些形状多变的岩石，还有一些植物的新芽——它们是历尽千辛万苦才冲出这些障碍物钻出来的。有人说，这也是一片丰饶之地，只是长出来的是一座宏伟建筑物的残骸。经过对这些岩石和沙子的研究，轻易就发现，它们和落基山寸草不生、怪石林立的顶峰上的沙石，成分一模一样。洪水这边在谷底积聚土地，那边又势不可当地从山上冲了一些岩石下来。这些岩石在滚下山坡的路上，推挤碰撞，最终在它们来处的山坡的脚下，停了下来。

总而言之，像密西西比河大河谷这样的最适宜人类居住的地方，除了上帝，谁还能创造出来呢？可是眼下，这里只有无边无际的荒沙。

一条由岩石和沙砾组成的长长的巷子，夹在阿勒格尼山山峦东侧和大西洋中间。这条长达 390 里约[1]的巷子——看上去是海水退走后留下的——平均宽度仅有 48 里约[2]。美洲大陆这一带的土地所具备的难点只有一个，就是垦荒。这里植被很少，种类也非常单一。

最先引来开疆拓土的勇士的地方，就是这条人迹罕至的海岸。也正是这片始于荒芜沙嘴地带的英国殖民地，后来发展壮大成了美利坚合众国。今天此地仍然是力量的核心。而一种积极的力量正在它西边悄无声息地积聚起来，这种力量很快就会掌控生活在这片大陆上的伟大的民族。

在欧洲人最开始踏上安的列斯（西印度）群岛海岸时，在他们没过多久又踏上南美大陆时，他们觉得自己到了诗人称颂的天堂。海面粼粼的波光是热带独有的，海水如此纯净，以至于航行者连海底[3]都能看得清清楚楚。鳞次栉比

[1] 900 英里。——原注

[2] 100 英里。——原注

[3] 在《世界各洲地理概况》（1817 年）第三本（第五卷）第 726 页，马尔梯•布伦说，安的列斯群岛的海水纯净得能看见水下 60 米的珊瑚和鱼群。船如同飘荡在天空里。航行者穿过清澈的

的小岛如同漂荡在海中的一个又一个的花篮。这个地方是如此美丽，放眼望去，似乎所有地方都是专门准备好来满足人类所需或者让人享福的。大多数树上都结满了营养丰富的水果，就算某些果实对人类助益有限，也有着绚丽夺目的颜色，让人心旷神怡。森林里长着清香的柠檬树、野生的无花果树、叶子圆润的桃金娘树、带有尖刺的金合欢树和夹竹桃树；挂着鲜花的一条条美洲野藤将树木连接到一起，一群群披着深红色、天蓝色绚丽的羽衣的鸟儿展翅飞翔，还有活力四射、生机勃勃的大自然奉上的最和谐的规模宏大的合鸣之声。那时，人们还没有意识到，在这种绚丽的表象下所潜藏的死亡威胁，任由自己在此种情境氛围中沉溺。还有哪些消极刺激能如此种环境一般，让人不顾将来地只看眼前？我尚未发现。

北美的情况和它不一样。北美所有的事物都是如此严肃、庄重、有威严。唯一的解释是，它被创建出来的目的就是为了让智慧能够发挥功效，而南美被创建出来的目的却是让人得到感官上的享受。

时常雾气缭绕的海面以汹涌的波涛冲击着海岸，大自然以花岗岩碎块和沙砾做成腰带系在海岸上。岸边林荫茂密，所生的红松、落叶松、常绿栎、野橄榄和桂树又粗又壮。

穿过第一条腰带，就到了中央森林的覆盖区。法国梧桐、梓树、糖枫、弗吉尼亚白杨与栎树、山毛榉、椴树，东半球和西半球的高大乔木在这里共生共长，枝枝叶叶相互交映。

和人类调控的森林没什么不同，死亡也在这些森林中不停地收割生命，可是砍伐的痕迹就没人处理了。所以遗落的树枝和破败的木头，年复一年地一层压着一层，甚至连时间都赶不及让它们快些腐烂，给新树腾出生长空间。可是，繁殖的行为并没有在这残枝败叶下方停滞不前。最后，蔓生植物和杂草历经千辛万苦，跻身残木枯枝之上，从这些腐败的树木聚积的灰尘中吸收营养，顶开压在上边脱了水的树皮，给自己的幼芽打通了一条道路。所以，说此间的死亡孕育着新生，并没有错。对抗着的生和死，好像刻意在融合、互换着自身的成果。

这些森林内部，光线晦暗，不计其数的未经人类疏通的小溪，使得森林总是潮湿阴冷。在林丛之中，不管是花草，还是野果，或者是鸟类都非常少见。

---

流水向下张望让人神迷的海底世界。五颜六色的贝壳和鱼在这座海下花园的黑角藻丛和海带丛中绽放着光芒。——原注

只有枯树倾倒的声音，击打河流的声音，野牛嚎叫的声音，风吹过的声音，会扰乱大自然的寂静。

在大河东岸的森林已经有一部分消失了，一望无际的草原填补了森林的缺失。

不管是传说，还是科学研究，都无法告诉我们这种消失到底是因为什么。是大自然在变幻莫测的运动中不再播撒树种给这片肥沃的土地？还是曾经有人毁了这片沃土上的森林？

可是，这些无边无际的蛮荒之地以前是有过人类的。某些游荡的部落曾经在森林的覆盖区或者草原上散落过好几个世纪。从圣劳伦斯河河口一直到密西西比河三角洲，从大西洋到南海（太平洋），分布在这些区域的野人拥有的相似点，充分证明，这些野人有着相同的出处。可是，当前所知的每个人种都和他们不一样[1]。他们没有欧洲人白，不如大部分亚洲人黄，比不上黑人黑。他们的肤色稍微有些发红，头发长而有光泽，嘴唇很薄，颧骨非常高。虽然在词汇上，美洲各个野人部落的语言并不相同，可是语法结构却是一样的。这些语法结构和目前所知的规范人类语言结构的语法法则相比，是存在差异的。

美洲原住民的方言里好像融入了新的元素。这证明有新人加入，而这些新人的智慧远高于当代的印第安人。

在不少方面，这些部落的社会状况也和旧大陆存在差异。

相比于旧大陆，这些部落的社会状况，在不少方面都存在差异。在自己萧索的领地里，他们素来随心所欲地繁衍生息，从没和文化高于他们的外族有过来往。所以，曾经文明后又堕入蒙昧的民族的那种没有善恶、不分好坏的情况，他们那儿完全没有，前者的那种野蛮和腐败糜烂，他们就更没有了。他们的品德、他们的坏习惯、他们的成见……印第安人的全部都是自然生长而来，都是他们自己创造的。他们生长于自然的放养和自由中。

生活在文明国度的人，为什么有些人会粗鄙起来，除了他们自身贫穷和蒙昧这个原因，还有一个原因是他们日日与典雅的人和有钱的人来往。

---

[1] 后来发现，不管是外形、语言，还是习惯，北美的印第安人都和通古斯人、满洲人、蒙古人、塔塔尔人，以及亚洲别的游牧民族，有着某些相近的地方。这些亚洲部族或许是历尽艰辛到了白令海附近区域后，在古代的某个时期，迁徙到了这个人迹罕至的美洲大陆。不过，到底是怎么回事，有限的科学还解释不了。这个问题可以参照：马尔梯 - 布伦著述的第 5 本；洪堡（亚历山大•冯）的著述；费希尔：《美洲大陆起源猜想》；费希尔：《美洲大陆起源》，彼得堡，1771 年；阿德尔：《美洲的印第安人》，伦敦，1775 年。——原注

每一天，他们凄苦艰难的生活都会和一些同胞的愉悦、显赫的生活形成对比，刺激着他们心里的怨愤和恐慌；他们为自己的自卑和依赖而愤怒、羞窘。他们的一言一行都带出了这种心理状态，因此他们高傲也卑微。

这种情形显而易见，只要观察一下就能看出来。一些人，相比于生活在别的地方，生活在贵族制国家会更加粗鄙不堪；相比于生活在乡下，生活在繁华都市会更粗鄙不堪。

怯懦和穷苦的人因为自己出身低微，在富人权贵聚集区，会受到压榨欺凌。他们没办法让自己得到平等的身份，彻底绝望之下，便破罐子破摔地将自己做人的尊严踩到了脚下。

蛮夷的社会绝不会出现这种因为身份差异过于巨大而发生的惨剧。印第安人的所有人都是自由、平等的，尽管他们蒙昧而穷困。

欧洲人刚到北美时，原住民还没有感觉到钱的作用，他们看文明人通过钱来享受生活，也并不放在心上。他们的行为举止一点儿也不粗鄙，不仅如此，还有礼让稳重的习惯，风度翩翩如贵族一般。

平时，印第安人温和热情，可一旦开战，他们所显露出的凶狠却超过了人类所知的极限。

他们愿意冒着自己饿死的风险来救助一个半夜敲门借助的陌生人。可是，面对抖得筛糠一般的战俘，他们又能亲手将他的四肢扯断。现在在新大陆的原始森林中生活的那些人所显露出的极端的英勇、骄傲和自尊[1]，是古代那些名声显赫的共和国中从未显露过的。原住民最开始见到在北美登陆的欧洲人时，看上去一点儿都不惊乱。他们没有因为欧洲人的到来而妒忌、恐慌。他们觉得既然大家都是人，就不需要争吵。印第安人可以无欲无求地生活，不因清苦而怨恨。他们在歌声中走向死亡[2]。他们坚信还有一个美好的世界。和人类大家

---

[1] 在杰斐逊总统写的《弗吉尼亚概要》第148页中，我们可以看见这样一句话：“在易洛魁人遭到强敌入侵时，老人们是不会逃走的，他们以此为耻，会像面对高卢人包围罗马城的罗马人一般，将生死置之度外，去捍卫自己的小家。”

然后，在第150页又这样写道：“从没有哪个印第安人在被敌人抓到后，会为了活下去而求饶。不仅如此，被抓到的人为了尽早死在获胜者手里，会一再地羞辱、嘲讽获胜者。”——原注

[2] 参见莱帕赫·杜·普拉兹：《路易斯安那史》；沙尔瓦：《新法兰西历史》；写在《美国哲学学会汇报》第1卷的来自赫克韦尔德的信；杰斐逊：《弗吉尼亚概要》第135～190页。杰斐逊这个作者品行高洁，身份不同凡响，著述的时候美国正处在向上发展的时期中，所以他的话格外重要。——原注

庭中的一切别的成员一样，他们敬仰着世界的缔造者上帝，为它冠上了一些别的名字，去信奉推崇。对于某些伟大感性的真理，他们通常有着简单而有哲理的认识。这个民族——此间我们对其性格特点进行了刻画——虽然非常原始，可毫无疑问，在这个地方曾经有一个民族，在很多地方都比他们文明和先进，发展程度远比他们高。

大西洋沿岸的大多数印第安部落都有这样一个含糊而普遍存在的传说，这说明这个民族的某些部落原本生活在密西西比河西面。在俄亥俄河两岸和整个中央盆地还经常能够看见一些人工堆成的土堆。挖开这些土堆，会在里面看到人骨、形状怪异的器物、兵器、金属材质的工具或者各种当前种族已不知功用的东西。

有关这个早已湮没的民族的历史，现代的印第安人没有任何资料可以提供。300 年前发现美洲，然后生活于美洲的人也没有留下任何能让人联想推断的故事。也无法从那些留存的传说和容易损毁却又持续出现的痕迹中，找出一星半点的线索。可是，毫无疑问，我们的确有数以万计的同类在那儿存在过。那么，他们是什么时候来的？他们来自哪里，经历过什么，有着什么样的历史呢？他们什么时候被覆灭的，又是怎么覆灭的？谁都解释不了。

多么奇怪！一些民族过得好好的，居然彻底从地球上消失无踪，甚至这个民族的名字在人们的记忆中也找不到了。他们的语言消失了，他们的荣耀也如没有回音的声音一般，彻底消失无踪。但我相信我们还是能够从一件东西上想到他们——他们留下的，承载着他们的过去的坟茔。于是，还是只有坟茔这个重现人类悲苦和贫乏的人工制造的纪念物，最耐得住时间的考验。

我们介绍的这个辽阔的地区，那时确实生活着不少当地部落，可是说它被发现时，仍旧处于蛮荒之中，也并未没有道理。印第安人只是在那里存在，却不是控制着那里。不发展农业，人如何拥有土地？北美的原住民是靠打猎生存的。他们因为自己树大根深的成见，势不可当的激情，各种各样的坏习惯，或许还有作为野蛮人的品格而避无可避地踏上了灭亡之路。从欧洲人登上他们的海岸那天开始，这些部落的消亡就一直在继续，走到今日，已濒临尾声。他们被上帝放到新大陆这片沃野时所得的权益，好像只是临时居住权。他们似乎是住在那儿静候其他人。不管是那些非常适合通商、建工厂的海滩，还是那些非常深的大河，或者是那个能够无尽取用的密西西比河大河谷。总而言之，那时这整个大陆就像一个空置的发祥地——就等着某个伟大的民族了。

正是在这儿，文明人已经尝试着为新的社会形式奠定基石了，不仅如此，为了让社会展现出史无前例的宏伟，还第一次启用了当时人们还不清楚或者觉得不可行的概念。

## 第二章　英裔美国人的起源及他们对自身命运的重大改变

一个人降临人世，在嬉笑打闹中悄无声息地走过他的童年；之后，他慢慢成长，成为成年人；最终，世界的大门在他面前打开，他走进去，和成年人交往。此时，人们才首次注意他、分析他，去探查他在成年之后才露头的坏习惯和品行。

在我看来这个想法大错特错，除非我弄错了。

想要弄清控制他一生的成见、习惯和情感的根源，就必须回望他的过去，探查他被母亲抱在怀里的婴儿期，考察外界在他心灵的镜子尚处于迷蒙中时投进来第一道影子，参考他看到的第一件事，探听将他酣睡的思维唤醒的第一句话，最后，还要看他第一次显露出的坚韧的拼搏。可以这么说，人所有的事情，从他躺在摇篮的被子里就开始了。

这样的情况，对于一个民族来说，也有相似之处。任何一个民族都无法完全抹去自己起源的印记。在他们起步时，对他们发展有益的环境，会左右他们之后的所有事。

我们若能查明社会成员的出处，翻看他们最开始的历史痕迹，我敢说，在这之中，我们会找到所有重要因素，告诉我们他们的成见、习惯、重要情感和最后成型的民族性是怎么来的。如此，我们就能解读那些旧日相沿成习但今天看上去和潮流相悖的常例，解读那些看上去与共识不符的法律，解读某些社会上比比皆是的互不相连的主张。这些主张如同将悬挂在老建筑圆顶上的残败的链条，承受不住任何东西，以致断成互不相连的若干残段。所以，我们就能明白，为什么有些民族好像被某种未知的力量推到了他们自己都不曾想到的局面中。

可是迄今为止，通常不会对事情进行此类研究。人们以研究的木管去观察这个民族时，它一般已经开始衰败了；而等民族总算想起追溯一下自己的婴儿期，时间早为这一时期盖上了一层阴云。不仅如此，蒙昧与高傲用荒诞的传说来包裹它，以致人们无法看到真实的它。

世上只有一个国家，能让人看清它的社会是如何自然平顺地发展起来的，就是美国。此间，还能清晰地看见各个州日后的发展是如何受到其起源的影响的。

欧洲各族人民的民族特性在他们登陆新大陆时，已经彻底稳定下来了，其中所有民族都有自己的样子；而且他们已经文明到足以对自己展开探究，所以，我们能够看到他们针对自身主张和法律留存的切实记载。我们有多清楚我们这个时代的人，差不多就能多清楚 15 世纪的人。

就这样，美国人揭穿了旧时代的蒙昧和愚蠢给我们制造的伪装。

美国社会的成型距今尚没有多少时间，这一方面让我们得以对它的种种要素有个清晰的认知，一方面也因为时机不够成熟，而让我们无法推断这些要素的最终的结局。可是相比于先辈们，我们这代人好像注定就要对人事变幻有更清楚的认知。上帝给了我们一只能够点亮我们智慧的火炬——我们的先辈未曾得到的——让我们能够探明决定各个民族命运的根本要素，而我们的先辈却因为无知而无法看清这个要素。

认真分析美国的历史，再进一步探究它的社会政治情况，之后就能断定美国的一切主张、习惯以及法律。而且我敢断言，没有一件事无法从这个国家的起源中发现原因。所以，在这章中，读者能够找到之后将要谈及的所有事情的根由，发现近乎能打开整本书的钥匙。

在不同的时间段移居到当今美国的人，互相间的差异，在很多地方都有体现；他们目标各异，管理自己的方针也各不相同。

可是，这些人身上也有些特征是一样的，他们发觉彼此都有相近的经历。

相比于其他纽带，或许再没有什么纽带能比语言更能有效而长久地将人联结到一起了。那时所有的移民所用的语言都是一样的，他们都是一个民族的子孙。他们降生的国度对宗教斗争的激励已经长达数个世纪。在这个国家，没有一个宗教不想让自己得到法律的保护，它的教众是在这种严酷的宗教斗争中学习政治的。相比于那时大多数欧洲人，他们对权利理念和真实自由的准则有着更加深刻的认知。自由制度坚实的幼芽——地方自治，在移民开始时，就已经在英国人的习惯中扎下了很深的根基，而在地方自治走进都铎王朝中枢的过程中，人权原则的理论也被带了进去。

那时正在发生动摇着基督教世界的宗教斗争。英国也近乎痴迷地参与了这场新的较量。英国民众原本个性谨慎稳重，现在却严苛起来，而且热衷于辩论了。在这场智力大赛中，他们的学识得到了极大的提高，头脑也饱经磨炼。他们的民心在进行宗教辩论的那段时间变得越发出色。在穿越大西洋，去另一岸寻找新生的英国子孙身上，英国的民族所有这些普遍特征，也或多或少有所体现。

除此，还有一个特点，不仅英国人有，在法国人、西班牙人和陆续移民新大陆的所有欧洲人身上也能看见，我们之后会谈到。在欧洲人新建的所有殖民地中，绝对民主的幼苗就算没有成长，也不曾消失。有两个原因导致了这一结果：在离开祖国移民出去的时候，通常没人觉得别人比自己强，或者自己比别人强，自觉幸福的人、拥有权势的人怎么会去流亡，穷困和苦难是平等的最佳保证；可是，有些有钱人和大领主是因为政治或者宗教斗争被驱逐到美洲的，这些人确实制定过某些区分贵贱的法律，可很快，大家就发觉，美洲的土地排斥领主的贵族制度。大家觉得这片土地难以开垦，只能仰仗土地拥有者自己持续拼搏和时常关注。虽然拥有土地，可它的产量无法让地主和农民一起富起来。所以，自然而然地，土地被切割成了众多小块，让拥有者自己开垦。然而，土地是贵族体系的基石，没有土地，贵族就无法存活。何况无论是贵族制度，还是特权，这些维系贵族生机的东西在这里都没有。只要继承制度保证了土地能够传承，就会有贵族出现。一个民族或许有很多有钱人，同时也有众多的穷困潦倒的人，可是只要有钱人的资产不是土地提供的，严格来说，这个民族就没有贵族阶层，只能说有贫富差距。

所以，初建期间，英国的每个殖民地间就像一个大家族一般。以它们所持的宗旨来说，推动自由——这种自由并非针对国内的贵族阶层，它是一种平民而民主的自由，从未在世界历史中出现过完整范例——发展自由似乎本来就是它们的天赋使命。

不过我们在这种一般性中仍会发现一些微小差异的存在，我们必须解释一下这些微小差异。英裔美国人这个大家族，可分成一南、一北两支。这两支直至今天也没有彻底融合，而是独立发展的。

1607年，移民抵达弗吉尼亚，将它变成了首个英国殖民地。此时，开采金矿、银矿能让国家富裕起来的这种观念仍旧统治着欧洲。这种错误的观念杀伤力极强，曾让沉迷于它的各个欧洲国家陷入穷困之中，即使是战争和所有糟糕的法律相加也没有它更能带来穷困；而在美国，它害死的性命，也超过了这两者相加所能造成的。去往弗吉尼亚的是一些淘金者[1]，这些人不仅无才无德，他们火爆而热衷于惹是生非的性子也让刚刚兴建的殖民地处在动荡之中，使得殖民地的发展一时迅疾，一时迟缓。从事工业和农业的人来得晚一些[2]。相对来说，他们是稍微平和、讲道德一点儿，但不管在哪方面，他们也没比那些来自英国底层的人强多少。在引导构建新制度方面，他们没什么崇高的主张、图谋深远的构想。这边才把殖民地建立起来，那边马上就引入了奴隶制[3]，对于日后整个南方的个性、法律和将来，这个重要事件有着深远的影响。

我后边将会说到，奴隶制玷污了劳动；它让社会养成了懒惰的不良习性，而蒙昧、傲慢、虚浮和奢靡将会和这种坏习惯一起到来，事情也正是如此。思想上，它会让人不思进取；行动上，它会让人懒散无力。

南方的民情和社会状况是怎么形成的？可以用奴隶制的影响与英国人的天性的结合来解释。

北方的情况和南方截然不同，虽然都是从英国来的。对此，我将介绍得稍微详细一些。

在构成当今美国社会学理论根基的若干思想中，有几个首要思想，其发端就是在北方的几个英国殖民地，也就是人们统称为新英格兰的各个州[4]。

一开始临近各州听闻了新英格兰的这些主要思想，随后，远一些的州也听说了，最后可说是传遍了联邦的所有角落。如今，它们已经对世界都造成了影响，席卷了整个美洲。新英格兰的文明如同被点燃的高山，不但烤热了周边地区，连远处的天际都被它的光芒照亮了。

---

[1] 在《弗吉尼亚史》一书中，威廉·斯蒂斯说：大多数年轻的新移民都来自有恶行的人家，父母因为不想牵连他们，就将他们送上了去往新大陆的船。至于别的移民，不是家中的老人，就是丢了产业的走私者、骗子，不是混吃混喝的浪荡汉，就是相关的一类人。这些人都有着抢掠和破坏的天性，建家立业并不是他们所长。让他们犯下种种恶行，对那些喜欢闹事的头领来说，一点儿也不难。想了解《弗吉尼亚史》的历史，读者可以看看如下著作：史密斯：《1624 年至今弗吉尼亚史》；威廉·斯蒂斯：《弗吉尼亚史》；比弗利：《弗吉尼亚最初发现与定居》，1807 年，这本书有了法文译本。——原注

[2] 那些来殖民地安家的有钱的英国人，是很久之后才来的。——原注

[3] 1620 年，一只装载着 20 个黑人的荷兰船抵达詹姆斯河河岸，由此开始了奴隶制。可以参见查莫斯的著述。——原注

[4] 新英格兰各州地处赫德森河东边，包括现今的如下六州：康涅狄格州、罗德岛州、马萨诸塞州、福蒙特州、新罕布什尔州、缅因州。——原注

新建的英格兰带来了一幅全新的画面。发生在这儿的万事万物都独一无二。

殖民地最原始的民众差不多全是这样的人：没有知识、没有资产、被穷困和恶行所累不得不离开家乡，不然，就是些贪得无厌的投机者和包工头。就算是这样的身份，有些殖民地的民众也没有，例如圣多明各，它的创建者是海盗。说来，就是到了如今，英国的刑事法庭也还在给澳大利亚输送人力。

移居新英格兰海岸的人，通常在国内都放荡不羁。他们在美洲的地面上携手并肩，马上让社会展现出一种独有的风貌。领主也好，子民也罢；穷人也好，有钱人也罢，在这个社会都不存在。如果用比例来看，我们现今的任何一个欧洲国家的文明程度，都比不上他们。他们无一例外地，每个人都接受过很好的教育，并且不少人才名声响彻欧洲。剩下的殖民地的建立者都是没有家累的冒险者；可移居新英格兰的人抵达这片荒芜之地时却是拖家带口的，和他们同行的还有好的秩序和道德理念。不过，使他们和其他一切移民区别开来的是他们有目标——创立家业。离开家乡，并不是别无选择的无奈之举，在家乡他们的地位还是有些让人不舍的，工作也不是无法糊口，只是他们放弃了这些。那他们为什么漂洋过海地到新大陆来？难道是为了获得更好的情况，更多的钱财？绝对不是，他们是为了满足纯粹的求知欲才离开悠闲的故乡的；为了实现某种理想，他们宁可承受流亡生活的各种磨砺。

这些移民或者朝圣者——他们喜欢如此称呼自己——来自英国的一个清教教派，这个教派出了名的教义森严。清教的教义一方面是一种宗教理论，另一方面，它在不少方面还掺杂着非常纯粹的民主和共和思想。所以，它给自己找了些非常厉害的对手。国家当局的破坏使清教徒觉得，在当前的社会里，自己教义的严肃性会因为平常的生活而受到损害。所以，为了能像从前一般生活和自由地信奉上帝，他们要在世界上找个人烟稀少的蛮荒之地。

对于这些诚挚的冒险家，为了让大家能对他们的精神有更清楚的认识，请允许我摘录几段文字，这比这样啰嗦的陈述要有效果。

纳塞尼尔·莫顿，这个研究新英格兰早期历史的大家，开门见山地说："我素来相信，为了让后辈永远铭记上帝的慈爱，我们有责任用文字记录下我们的先辈在创建这个殖民地时，曾经受到了上帝多少层面、多慈爱的照顾。

为了让我们的子孙知道赞美上帝，让上帝的仆从亚伯拉罕的后代和上帝的选民雅各的后代对上帝的神迹永世不忘（《诗篇》第105篇第5、第6节），我们应该把我们见到的，我们从先辈口中听见的一切，都告诉我们的孩子。要告诉他们，上帝是怎么带葡萄来荒野的，怎么栽种葡萄而将异端清除出去的，怎么开垦栽种葡萄的土地、深植秧苗的，之后又是怎么让葡萄的藤蔓爬满大地的（《诗篇》第80篇第13、第15节）。除了这些，我们还要告诉他们，上帝是怎么将圣地所在的方向指引给他的百姓，让他们在他遗迹的山川大地间安家落户的（《出埃及记》第15章第13节）。为了让上帝获得他本该得到的荣耀，为了让那些作为工具服务于上帝的教众们的可亲的名字，被上帝的光芒所笼罩，一定要将这些实情告诉他们。在看完这段开场白后，心中不由得生出一种对宗教的肃穆之情，似乎能在里面看见某种古韵，闻到一种《圣经》的芬芳。

这位作者所写的词句因为受到他信念的激励而拥有了更大的力量。读者现在和作者一般，将这些人看成是上帝亲手在备好的大地间撒下的种子——能够壮大为一个伟大的民族，而非一小群穿过重洋碰运气的探险者。

随后，作者又以此种形式，对最开始的几批离乡背井的移民的情况，进行了刻画[1]：

“所以，他们心甘情愿地离开了这座供自己休息的城市（德尔夫特－哈勒夫特），因为他们清楚，自己这辈子都会是一个朝圣者和外乡人。他们仰望天空，觉得他们崇敬的故土在那儿，上帝已经在那儿，帮他们预备了伟大的城市。所以人世的一切，都不会让他们感到不舍。他们抵达船只停靠的口岸，他们的亲人和朋友虽然不能和他们一起去，却忍不住和他们一起到了这里。这是一个无眠之夜，大家倾诉友谊、真心相交，在袒露基督徒切实仁爱的话语中，天亮了。次日，他们到了船上，可亲朋好友们还想和他们多待一会儿，并不愿意下船。此时，人们发出沉重的叹息声，眼中的泪水掉个不停，长久地拥抱在一起，虔诚地祈祷，连外人都心生不忍。开船的信号响了起来，他们跪下身体，他们的牧师眼含热泪，抬头看着天空，祈祷上帝降下福祉。最后，他们互道珍重，对于他们大部分人而言，这一别就是永别。”

算上女人和孩子，这批移民总计有150人左右。他们原想在赫德森河岸建殖民地，可是在大西洋漂荡了很久，最后停靠的地方却是荒凉的新英格兰海岸。也就是说，他们无奈登陆的地方是现今矗立着普利茅斯镇的地方。直到今天，还能看到朝圣者们登陆时踏的那块巨石[2]。

---

[1] 《新英格兰回忆录》第22页。——原注

[2] 现在合众国已经将这块巨石当成了敬仰的圣物。我曾经看见某些美国城市珍存这块石头的残片。这无疑非常清晰地证明了人心绝对是人的力量与崇高的根源。那些不幸的人的双脚曾经在这

我刚刚提及的这位历史学家说："在我们长篇大论以前，请允许我对这群悲惨的家伙登陆后的情况予以介绍，颂扬一下上帝对他们的救助之情。

"现在，他们已经穿过辽阔的大西洋，抵达这次航程的终点。可是没有欢迎他们的亲友，也没有可以休息的房屋。那个时候正是寒冬。冬天有多么严酷，了解我们这里天气的人都清楚，经常会有暴风袭击这里。别说在完全不了解的海岸安家落户，这种天气，就是去熟悉的地方走走都不是什么易事。他们四周凋敝清冷，荒无人烟，猛兽和野人随处可见。这些野人，数量有多少，又有多残暴，他们一概不知。冰封的大地长着树丛和灌木丛。一片未被开发的蛮荒之象。他们回过头，只能看见那片无边无际的大西洋——将他们和文明世界隔离开来。他们除了抬起头向上苍祈求，再没有别的办法能获得更多安慰了。"[1]——清教徒难道只是嘴巴上重视前程，或者清教徒不知道怎么为人处世？千万别这么觉得。我前边说了，清教的教义除了是宗教理论，也是政治理念，事情正是如此。所以，移民们一在纳塞尼尔·莫顿记述的荒芜海岸登陆，就将构建自己的社会作为要做的第一件事。他们马上议定了一个公约，说[2]："为了让上帝的光芒更加耀眼，为了发展推进基督教的信仰和我们祖国的名誉，我们——以下的署名者——将在这片新开辟的海岸创建第一个殖民地。上帝在上，现场的这些女性做证，我们在郑重地沟通过之后达成共识，现在约定：为了掌控我们自身和达成我们的目标，我们所有人建立一个政治社会。我们将遵照这份公约制定法律、法规和指令，按照实际需要推举行政官员，并听从他的指派。"[3]这件事是1620年发生的，自此，移民工作从未终止。

查理一世掌权的那段时间，每年都有一批又一批的各派教众因动摇不列颠的宗教和政治情感被撵到美洲海岸。中产阶层是英国清教徒的首要来源，而大多数移民则恰好是这个阶层的。

新英格兰的人口数量激增。这边国内的等级制度仍在强制将民众分成

---

块石头踩踏过一会儿，这块石头应该名垂千古，它让一个伟大的民族愿意用它作为纪念。人们珍视它的碎片，在距离它很远的地方，留有从它身上敲下的碎片。不知林立着的高楼，有多少以它为基石，所有人都对它心存仰慕。——原注

[1] 下边这段是对莫顿的原文的解说。——译者注

[2] 在所有当事人全部认可的情况下，创建罗德岛州的移民、创建纽黑文的移民、创建康涅狄格州的移民、创建普罗维登斯的移民，分别于1638年、1637年、1639年、1640年，在书面上签订了社会公约。参照彼得金著述（《美国政治和社会史》）第42页和第47页。——原注

[3] 从《新英格兰回忆录》第37页起可见。——译者注

三六九等，那边殖民地却展现出社会各个成分越来越平均的新情况。在古代，这种民主想都不敢想，可现在它已经装备齐全且强有力地从残旧的封建社会中脱身而出。

英国政府非常高兴，因为它很容易就发现，这种大规模移民将暴动的源头和刚露头的革命者都带走了。它竭尽所能地推动此种移民，并且觉得不用在意那些为了逃离本国严酷刑罚的制裁而逃去美洲避难的人的命运。可以这么说，新英格兰是个落实个人梦想的地方，在这里，改革者可以放心大胆地去尝试。

英国繁荣昌盛的一个首要原因就是英国的殖民地，相比于别国的殖民地，它们素来拥有更多的内政自由和政治独立。不过新英格兰诸州对于这一自由方针的推进，比一切地方都更加完备。

新大陆各个地方的土地，哪个欧洲国家率先发现，就归哪个国家所有，是那时的普遍共识。

及至16世纪末，英国通过这种办法掌握了近乎北美所有的海岸地区。至于不列颠政府采取什么形式来掌控这些新领土，不同的地方，特点也不一样。国王有时会委任一位直接听命于自己的总督来替他管理这一地区[1]——别的欧洲国家所采用的，也是此种殖民体系；有时，会将管理权授予一个公司或者个人[2]——此时，一个人或者几个人掌握着管控民生、政治的所有权力，他或者他们对土地的售卖、对民众的统治，将受到王权的监督和制约；最后一种，也就是第三种体制，相应规模的移民会得到国家授予的自治权，他们可以在祖国的保护下，自己构建政治社会，前提是不违反祖国法律。

第三种模式对自由显然大有助益，不过获准执行的只有新英格兰[3]。查理一世于1628年将一份含有此种含义的许可证颁发给了去马萨诸塞创建殖民地的移民[4]。

[1] 纽约州即是如此。——原注

[2] 马里兰州、南卡罗来纳州、北卡罗来纳州、宾夕法尼亚州和新泽西州均是这样。参见彼得金著述第11～31页。——原注

[3] 参见《历史文献汇编》，费城，1792年。此书汇集了众多可靠且珍贵的有关各殖民地的早期资料，不仅有英王颁发给各殖民地的特许证，还有各殖民地前期的法律。另外，对于这些特许证，作为美国最高法院的法官，斯托里先生在自己写的《美国宪法释义》的序言中进行了解读。这些文件显示，在这些殖民地兴建初期，代议制政府的政策和政府自由的详细模式就已经确立。这些政策不管是在南方，还是在北方，都得到了大力推广，并席卷各地。——原注

[4] 参见彼得金著述第1卷第35页和哈钦森著述第1卷第9页。——原注

不过，新英格兰的各个殖民地，通常要等到它们已经木已成舟地存在了很长时间之后，才会得到颁发给自己的特许状。既没有祖国的帮助，也没有通知祖国，普利茅斯、普罗维登斯、纽黑文、康涅狄格州和罗得岛州[1]，都是在这样的情形下创建的。对于宗主国至高无上的威望，新移民是承认的，可他们并未去宗主国为权力寻找源头，反而自己兴建了政府；这些殖民地不过是在三四十年之后，在查理二世掌权期间，才获得皇家许可证，以此获得了合法身份。

所以，能将移民和他们的祖国联系到一起的纽带，通常在翻阅英格兰前期的历史和法律条文时，是看不见的。我们发觉无论何时，这些移民在行使主权方面都未受干预。他们独立委任行政官员，独自签订和约或者宣布开战，自主制定治安条令，自主颁发法令条文，似乎除了上帝，他们谁的话都不听[2]。

这个时期制定的法律是最特别、最有教育意义的。从这个时期的法律中，正好能找出美国如今在世界面前显露出的首要社会问题的答案。

1650年，规模尚小的康涅狄格州颁发的法典[3]是这一时期所立的法律中，最具特点的一个法令集合。

康涅狄格州的立法者们[4]最先制定的是刑法。他们在制定这一法律时所想的办法非常特别——从《圣经》中搜集部分条令。

这部刑法以“只能信仰上帝，一切信仰其他神祇之人都将被处死。”这句话为开端。在这之后的十到十二条条款和这条具有相同的属性，均是逐字逐句从《申命记》《出埃及记》和《利未记》中摘录来的。亵渎神灵、用妖术惑人、通奸[5]和强奸者，均处以死刑。这种严惩，对虐待父母的儿子，也同样适用。于是，已经发展了文明和习俗已经非常简朴的社会，居然接受了一个粗鄙和文明稍有

---

[1] 参见哈钦森著述第42页和第47页。——原注

[2] 在制定刑法诉讼法、民事诉讼法和法院架构法时，马萨诸塞的民众并未参照英国所用的旧例。例如，判决书等文件在1650年时并不是以英国国王的名字开头的。——原注

[3] 参见《一六五〇年法典》第28页。——原注

[4] 参见哈钦森著述第1卷第435～456页。在这儿，他对马萨诸塞殖民地1648年颁布的法令进行了研究，这个法案和康涅狄格州刑法法令采用的方针是一样的。——原注

[5] 在马萨诸塞的法律中，通奸也是判处死刑。哈钦森（第1卷第441页）说确实有不少人因为这个原因而被处死。他为此还记述了一件趣事，这件趣事发生于1663年，说一个已婚但寡居的女人，和一个小伙相恋，之后不久二人结婚共同生活了几年，可是有人觉得他们没结婚之前关系就不清不楚，于是对他们进行了起诉，以致这两个人差点被处死。——原注

发展的民族所立的法律。最后，法律规定的死刑的数目之多和对不值一提的错事的惩处，已经到了史无前例的程度。

在制定此种刑法时，立法者总是把视线放在保持社会的道德标准和好的风俗习惯上，对道德问题不肯有一刻放松，以致近乎所有的坏事都被放到了可予以惩处的范围内。读者或许已经意识到了，对于通奸和强奸的惩处太过严苛。两个没结婚的男女亲近，有必要处置得那么严重吗？对于罪犯，法官此时可以判处的刑罚有三种：一、罚款、鞭刑和强制结婚[1]。除非纽黑文过往的法庭纪要不真实，否则，这种判决还是挺多的。有个案子是1660年5月1日判的，一个年轻的姑娘因为受到指控——出言不逊并被人亲吻——而受到了罚款和斥责[2]。1650年的法律写了不少防范性的惩处办法。它对懒惰和酗酒制定了严酷的惩处措施[3]。一个客人只能从小酒馆的老板那里买到限量以内的酒；除非谎话全无恶意，否则就会遭受罚款和鞭刑[4]。在别的事上，立法者在欧洲时明明希望能拥有信仰自由这一神圣方针，可现在他们将其彻底抛到了脑后，如果不参与宗教活动，就会被罚款，以此来逼迫人们参加[5]；还严厉处罚不赞成的人[6]，而对那些同时信奉上帝，只是礼拜方式与他们不一样的基督教教众，他们会处以死刑[7]。结果，立法者有时会因为自己的激情管到与他们无关的事。例如，这部法典有一条是禁止吸烟[8]。别忘了，这些怪异或者蛮横的法律是所

---

[1] 《一六五〇年法典》第48页。这几种处罚，法官有时可以同时判处。例如，（《纽黑文往事》第114页所载的）1643年的那个案子：玛格丽特·贝德福德同时被起诉几项过错，判处结果是不仅要受鞭刑，还要和从犯古拉斯·杰明斯结婚。——原注

[2] 《新英格兰回忆录》第104页。相比于这个，在哈钦森著述中（第1卷第435页）还有几个案子，比这个更荒唐。——原注

[3] 《一六五〇年法典》第50页和第57页。——原注

[4] 上书第64页。——原注

[5] 上书第44页。——原注

[6] 这种情形并非康涅狄格州独有：1964年9月13日马萨诸塞公布的（《历史文献汇编》第1卷第538页）法令，对驱逐在浸礼会的信徒进行了规定；1656年公布的抵制教友会法令规定说："考虑到一个所谓教友会的邪恶的教派正在出现……"然后是以巨额罚款惩处运送教友会信徒来该地的船长的规条，而偷渡过来的教友会信徒，则将受到鞭刑和送往监狱劳作的刑法。起初是以罚款来惩处那些反对者，之后改为了监押和逐出境外。（《历史文献汇编》第1卷第630页）——原注

[7] 马赛诸州的刑法规定，该殖民地严禁天主教牧师进入，如有发现将被处以死刑。——原注

[8] 《一六五〇年法典》第96页。——原注

有相关者自由投票认可了的，而非他人硬栽在他们身上的。不仅如此，相比于法律，民众的风俗习惯更加严苛，清教的色彩更浓。1649 年还成立了一个严肃的协会，以劝服大家不要蓄留长发，因为这种行为不庄重[1]。

如此狭隘，明显是对人的理性的一种侮辱。它们在告诉大家，我们天生就无法把握真理与正义，不仅如此，我们通常会选择悖论与邪恶。

在此种刑法上留下印记的，除了偏狭的宗教信仰，还有那时萦绕在人们心间因遭受迫害而变得更加强烈的各种宗教情感。不过在此种刑法以外，还有一批与之相关的政治性法令。这批法令，制定的时间虽然在二百年前，可是相比于我们当代的自由精神，它似乎更优异。

那些让 17 世纪的大多数欧洲人觉得莫名其妙，且并未在当时大不列颠绝对站稳脚跟的普遍宗旨，已经成了当代宪法的基础，获得了新英格兰的法律界的全面认可，并被加入到法律条令中。这些宗旨是：公共事务可让人民参加，税收通过自由投票裁定，行政官员的职责由人民制定，人民享有自由，审判需有陪审团参与。这一切都是未经争辩就得到了切实执行的。

新英格兰已经现实应用且大力推进了这些基本原则，可直到现在，也没有哪个欧洲国家有胆量一试。

康涅狄格的选民团，最开始就是由所有民众共同组成，并且人们当即就明白了这些行为的含义[2]。早起的这些民众，不仅在学识方面也差异不大，在财产上近乎没什么差别[3]。

在康涅狄格，这个时期的所有行政官员都来自选举，连州总督也是如此[4]。所有 16 岁及以上的公民都有上战场的义务。这些人构成了本州的国民军，他们独自选拔将领，无时无刻不准备着开赴战场守卫疆土[5]。

这种地方自治的发生和发展，我们在康涅狄格及其他一切新英格兰的法律中都能看见，并且美国直至今日仍将这种自治视为自由的宗旨和性命。

政治生活在欧洲的大部分国家，都是从上层社会开始，慢慢地向社会剩

---

[1] 《新英格兰回忆录》第 316 页。——原注

[2] 《一六三八年约法》第 17 页。——原注

[3] 罗德岛州州民于 1641 年全体大会全体声明：以民主体制组建州政府，全体自由人是政权基础，而立法权和监督执行权，只有他们享有。参见《一六五〇年法典》第 70 页。——原注

[4] 参见彼得金著述第 47 页。——原注

[5] 《一六三八年约法》第 12 页。——原注

下的其他部分扩张，而这种扩张还不是整体性的。可美国却不是这样，可以说正好相反，在那里，先有乡镇，然后是县，再之后是州，最后才成立的联邦。

在1650年，新英格兰的乡镇政府已经彻底且最终建成。人们将按照乡镇自治的方针独立进行组织，努力拼搏以满足自身的利益、情感、责任和权利，并在乡镇内享有切实、积极和绝对的民主而共和的政治生活。虽然各殖民地仍旧认可宗主国拥有最高权威，并将君主政体写入了各州法律，可在乡镇内部，共和体制已经彻底建成。

乡镇可以独立委任各级行政官员，制定税收标准，摊派、征收税赋[1]。代议制的法律并未被新英格兰的乡镇使用。在新英格兰的乡镇，一切有关所有居民权益的事，都是在公共场合举行全民大会，通过讨论裁决的，就像古雅典一般。立法者的这种管理能力和先进的理论，让认真分析过美国共和体制的这些早期法律的我们，觉得非常吃惊。

他们明显认为社会对内部成员是有责任的，这种思想远比那时欧洲立法者的思想要高尚和完备。他们赋予社会的责任的重要性，就是到了今天，也是别国未曾看到的。新英格兰诸州从建州伊始就确立了法律来确保穷人可以生存[2]；采用了严格的举措以护养道路，并任用官员对执行情况进行检查[3]；公民大会所得结论，民众的出生、死亡和婚姻在乡镇的种种记事簿中[4]都有记录可查[5]；而这些记事簿也有专门的文员进行管理；无人继承的遗产和遗留地产的边界由专门的官员管理、审查；除此，还推举了几个官员来重点负责乡镇的公共秩序。[6]

为了关照、满足社会众多需求，法律还制定了众多细则。法国到了今天仍觉自己在这方面与之存在差距。

不过，能在本质上显露美国文明最鲜明的特色的，还得是关于国民教育的法律。

有一个法案说：“考虑到人类的敌人撒旦将人类的蒙昧作为自己最强大的

---

[1] 《一六五〇年法典》第80页。——原注

[2] 《一六五〇年法典》第78页。——原注

[3] 同上书第49页。——原注

[4] 参见哈钦森著述第1卷第455页。——原注

[5] 《一六五〇年法典》第86页。——原注

[6] 上书第40页。——原注

武器，考虑到应该善用我们先辈的天赋智慧，考虑到本州最关注的一项事物就是孩子的教务问题，现在在上帝的扶助下”[1]，之后，是一连串条例，包括在乡镇建立学校，由民众集资开办学堂，而拒绝出资的人，将不得不交纳很大一笔罚金。人口众多的县城将建立更高一级的学府，而办学方式则和乡镇一样。城市的政府部门有责任监督家长将孩子送去学校，并对拒绝者进行罚款；如拒绝者仍不悔改，那上天赋予家长，却未被妥善运用的权利，将被强制剥夺，由社会担负，对孩子进行强制接收，并进行教育[2]。

毫无疑问，这条法案的序言已经告诉读者：在美国，宗教肩负着开发民智的责任，而之所以让人走向自由，也正是因为要遵循上帝的旨意。

在匆忙地扫了一眼 1650 年的美国社会以后，我们再看看欧洲社会，尤其是欧洲大陆的社会。17 世纪初的欧洲大陆，在自由——中世纪寡头政治和封建主义的自由——的残骸上，君主专制体制居然无往不胜，这不由得让人大吃一惊。或许就是在这个时间段，权利思想在光芒四射、文艺振兴的这部分欧洲被人轻视得最为彻底，没有哪个时期比人们在这个时期更少参与政治，更少在脑海中思考切实的自由。可这些欧洲人没想到或者不重视的原则，在新大陆荒芜的土地上，却已经得到了发布，并成了一个伟大民族日后的行为准则。在这个为人轻视，没有一个政治家俯身参与的社会里，人类理性最有胆量的构想走进了现实；就是在这儿，人类凭借自己创造性的想象力，构想出一种史无前例的立法体系。这个社会尚未有大将出现，也没有哲学家、作家发光，可有个人却在一群自由人跟前挺身而出，迎着大家的欢呼声，精彩地确定了自由的含义：

“我们不能因为自由本该带给我们的所有事而得到满足。自由其实有两种。一种自由是腐化的，人和动物都能享受，这种自由归根结底就是随心所欲。它和所有权威为敌，不接受任何制度条例。除非我们自甘堕落，否则不能采用此种。此外，它还与真理、和平为敌，上帝也觉得应该遏制它。而另一种自由是属于民众和道义的，它从团结中汲取能量，而政权则有守护此种自由的使命。这种自由会毫不退缩地声援一切正义和仁爱。这种自由是圣洁的，我们应该无所畏惧地守护它，甚至在需要的时候为它牺牲性命。”[3]

[1] 上书第 90 页。——原注

[2] 《一六五〇年法典》第 83 页、第 90 页。——原注

[3] 马瑟：《基督教美洲传教史》第 2 卷第 13 页。这是温思罗普的演讲词。他在出任州长时曾

英裔美国人文明的实际特征，在我的讲述中已经得到了充分的体现。宗教思想和自由思想这两种截然不同的元素——它们在别的地方一直彼此排斥，可在美国却近乎完全相容，还融合得很好——通过融合（应该时刻铭记此种来源）产生了此种文明。

新英格兰的缔造者一边强烈支持自己的教派，一边无所畏惧地大胆改革。他们在一些宗教意见上或许有失公允，可在政治见解上却毫无成见。所以有了两种不同但并不矛盾的趋向。这两种趋向在民情和法律上比比皆是。

宗教思想让大家挥别了自己的亲人、家庭和祖国。为了追逐此种精神享受，他们确实做出了极大的牺牲，这我们绝对可以相信。可是，与此同时，我们还会发现，他们追逐物质资产和精神享受方面有着近乎一样的热情，觉得天堂是下辈子的事，欢愉和自由却是今生的事。

他们认为，不管是政治宗旨，还是法律和各式人造设施，似乎没什么是不能制造的，不仅如此，还能根据自己的意愿进行改造和组合。

社会自身产生的阻碍社会发展的障碍在他们面前妥协，掌控了世界很多个世纪的旧观念不再流行，一条看不到尽头的大路和一片无边无际的旷野在眼前出现。在这片旷野上，人类的理性纵横驰骋，自各个方向冲到他们跟前。可是，它尚未抵达政治世界的终点就自己停下了步伐，发起抖来。它虽有强大的威力，却不敢予以使用，甚至自我怀疑起来，丢下改革的诉求，压抑自己掀开圣堂帷幕的欲望，温驯地在真理的面前伏下身体，而这个真理是它未曾讨论就认可了的。

所以，精神世界的所有事情，全都是一步一步次第进行的，是早就知道、早就确定好的；可是政治世界的所有事，却总是变幻无常，彼此争斗，看上去摇摇晃晃。前一个世界是驯服，被动而自愿；后一个世界是自由，蔑视经验和所有的权威。这两种趋向看上去彼此排斥，可是却并不互相伤害，反倒携手并肩，彼此扶持。

在宗教眼里，公民自由是人类在圣洁的运用自己的权限，至于政治世界，则是创世主为人类智慧打造的活动空间。在自身领域内，宗教享有自由和强大，对自身得到的地位感到满足，并且清楚此时——借助的能量只能来自自身，而

---

被指控犯了强权罪，可是人们听了他发表的这篇演讲——我引用的这篇——后，以热烈的掌声表示认可，最后未受惩处。从这之后，他一直连任州长之职。——原注

非来自对人心的压制——它才能建造最强大的国度。

在自由眼中，宗教是自己的袍泽，是胜利的朋友，是自己婴儿期的摇篮，以及神赐予的之后种种权利的根据。在自由眼中，宗教是民情的守护人，而民情则是法律的保证和让自由得以长久的保证。

## 英裔美国人的法律和习惯的一些特征的来源

上面讲述的所有事情，请读者务必不要从中得出太过普遍和绝对的结论。早期移民的新国家的命运，势必会受到他们的社会环境、宗教和民情的极大影响，这毫无疑问。可是这些东西并非构建新社会的原因，因为社会的起源只能是社会自身。一个人不管自己想不想，都无法彻底摆脱过去，在他本有的思想和习惯中，肯定夹杂着从教育和祖国而来的旧思想和旧习惯。所以，若是不认真区分哪些东西来自清教派，哪些东西来自英国人，就无法了解今日的英裔美国人，并对其进行评判。

人们在美国时常能看见一些和周边事物相悖的法律和习惯。某些立法精神似乎和美国立法的原则正好相反，一些民情看上去又和整体的社会状况彼此矛盾。这些英国殖民地建立的时间幸亏不是久远的古代，它们的源头还不曾被流逝的时间湮没，所以还能找到问题的答案。

为了说明我的观点，我只举一个例子。

对于被告，美国的民事诉讼程序和刑事诉讼程序只确定了监禁和保释两种方案。诉讼程序开始，被告先要交纳保证金，如果不交，就会受到监禁。之后再对所控的情况和罪名的大小进行裁定。

这种法律的受益者明显只有富人，穷人则成了它的敌人。穷人未必总能出得起保证金，就算是民事案件，也没什么不同。如果他只能在监狱里等待公理正义，那么，用不了多久，他迫于无奈地对羁押的忍受，就会让他遭受厄运。富人就正好相反，在民事案件中，他们总能免于监禁。甚至就算他们犯罪了，他们也可以先交保证金，然后找地方藏身，从而轻而易举地逃脱法律的制裁。所以，对富人而言，法律规定的惩处可以说只有罚款一种。要说什么法律最有贵族特色，恐怕就是这种了。

可是，美国的立法者恰恰是穷人，在这件事上，他们往往希望社会可以获得最高利益。

为什么会出现此种情况？想要找到原因，只能从英国找，因为我说的这些法律原本就是英国的。美国人立法的原则和他们的根本观念虽然与这些法律相抵触，可他们还是将这些法律直接拿过来了。

对一个民族来说，最难改的是习惯，随后就是民法。不专门研究法律，又怎么会了解民法？了解法律的，要么是那些学过法律的人，要么是能找出缘由评判好坏法律的人，不然也是能因维护法律而能够直接获益的人。大多数民众并不清楚法律的玄妙之处，他们只能从个别案件中窥测到一点儿这些法律的功效，至于它们有哪些趋向，就很难发觉了，只能想也不想地听命行事。

这还只是一个例子，别的例子，我还能举出很多。

一层民主的外衣（如果我能够这么说）披覆在美国社会显露出的景象之上，而在这层外衣里面，贵族体制的残迹随处可见。

# 第三章　英裔美国人的社会情况

通常来说，社会情况来自实际情况，偶尔也来自法律，不过，更经常的情况是来自二者的结合。不过，只要社会情况确定下来，它又会变成约束人民行为的大部分法令、习惯和观念的主要原因。一切不是它引发的事物，都会因为受到它的影响而发生变化。

所以，一个民族的法律和民情，务必要等到研究了它的社会情况之后再行研究。

## 本质是民主的，这是英裔美国人社会情况的鲜明特点

英裔美国人的社会情况的首要看法可以有若干种，而其中有一种最为突出。

美国人的社会状况极为民主。各殖民地开始兴建时就有这个特点，而现在则显露得更加明显。

上一章我曾说，移居到新英格兰海岸的民众，彼此间有着高度的平等性。这部分合众国连贵族制的幼苗都没带进去。能左右这个地区的，只有知识。人们因为将若干姓氏视为学识和品德的典范，而惯性地对其表示敬重。一些公民

凭借自身的威信获得权力，而此种权力，他的儿子若真能继承下来，那它或许也称得上是贵族的权力。

这种情况只出现在赫德森河东面，而在这条河的西南直至佛罗里达，就是另一种情况了。

赫德森河西南的多数州，都有来自英国的大地主移民。他们带来了贵族体制的规范和英国的继承法，而美国为什么没能建成贵族制度，我已经介绍过了它的一部分原因。这些原因虽然在这条河的东边没发挥多大效果，却始终在赫德森河西南发挥着作用。一个人可以通过奴隶在南边开垦大量土地，所以这部分新大陆有有钱的大地主。可是，完全没有特权的他们所具有的力量和欧洲贵族地主的力量是截然不同的，他们并没有因为奴隶种自己的地就变成收取租金的封建地主，对奴隶也没有保护之责。但是，赫德森河南边的大地主却变成了一个高级阶层，他们有自己的观念和潮流，而且大部分都变成了那里的政治要人。他们虽是贵族，和民众的差别却非常小，顾及民众的利益和情感对他们来说不是什么难事，人们也没有因为这种差别就爱戴他们或者憎恨他们；不过整体而言，他们所处的阶层还是脆弱且缺少生机的。率众起义，为美国革命输送了一些伟人的，也恰恰是南部的这个阶层。

巨大的动荡此时撼动着整个社会——以人民之名发起斗争，让人民成为一股强劲的势力，并生出一种随心而行的意愿；民主的积极力量频繁活动；人们想方设法从宗主国的控制中脱离出来，对种种形式的独立有着极高的期待，致使个人慢慢失去影响力；习惯和法律开始走向相同的目的地。不过此间，平等却因为继承法踏出了关键一步。

不管是古代的法学家，还是现代的法学家，居然没让继承法[1]极大地影响到世事的发展，这让我觉得非常吃惊。它是民法条令，这不假，但考虑到它对国家的社会情况影响极大，所以它还是首要的政治举措，至于政治方面的法律，仅仅是社会状况的一种外在表现。不仅如此，继承法对社会的影响是毫无疑问且持之以恒的，即使说它会左右尚未出生的子子孙孙，也没什么问题。人类通过继承法能够拥有一种几乎神才有的权力——影响人类的未来。由于继承法的

[1] 我口中的继承法，说的是，在财产的拥有者死后，主要为了对财产的归属进行划分而制定的所有法律，限嗣继承法也在其中。除了对财产拥有者使用财产进行约束，限嗣继承法还能让财产的拥有者承担起让继承人得到完整财产的责任。不过，限嗣继承法主要是为了限定财产拥有者死后由谁接管财产。剩下的规定全是执行手段。——原注

执行能为立法者摆平所有的事，也就是说，这条法律会像一台机器一般，自己运行，自己引导自己走向指定的目的地，所以立法家只要拟定好公民的继承法就可以去歇息了。这种法律若遵循相应的模式来制定，将财富——很快又将权利——积累、聚集到一起，交给某个人，可以说，它让贵族在地面上生长出来。不过，若按照另外一种方针制定，并从另外一条路推进，那么，它会以更快的速度发挥效用，而此时，它就是瓦解、分化和割裂财富与权利了。它的前进速度有时快得让人震惊，人们甚至会尽量在它面前放置各种障碍，因为人们预感控制不住它了。

为了消减它的效果，人们采取了各种反措施，最后都毫无作用。它要么碾碎前进路上碰到的所有障碍，要么让它们消失得无影无踪。它极速跃起，之后马上下落，身上游荡的民主之尘四处飘散。

在一个人的财产被继承法确定且理由充足地平均分配给他的子女时，通常会出现两种结果。对于这两种结果，有必要予以严格的区分，虽然它们的目标是一样的。

继承法的执行使得所有财产拥有者的死亡都会引发一场财产之争：除了财产的所有人要变，财产的属性也要变。如此，在持续的分割中，财产一直在变小。

这种效果是继承法直接促成的，还可以称之为可见的效果。所以个人的财产，尤其是土地，在法律规定遗产均分的国度肯定趋向于越来越小。可是，一个家庭的子女人数如果最多只有两个（例如法国，平均每户人家的子女不超过三个），子女在均分了父母的遗产自己生活后，看上去就不会不如父母富裕，如此，若让此种法律独自发展，它的法律效用短时间就显现不出来。

可是，除了左右财产的归属，遗产均分的法律还会刺激财产拥有者的精神，让其积极地拥护此种法律。这些情况的效用对大型财产——特别是大型地产——的损害是非常快的。

继承法的基础如果是家产由长子继承，那么，地产在这样的国家通常会一代代地传递，不会被分割。最后，家庭的威信近乎都表现在土地上了。家庭和土地彼此成了对方的代表。这个家族的姓氏、起源、荣耀、权势和品德之所以能够代代相传，土地功不可没。除了可以作为长存的证据证明这个家族的历史，土地还是一种切实保障，可以维系其将来能继续留存。

可是，如果继承法的基础是均分原则，那么，原本联系密切的家族威望和维持土地完整性之间就会出现裂痕。因为在一代或两代之后，土地肯定会被切分，并且明显会越来越小，直至分无可分的地步，所以土地无法再作为家庭的代表。

大地主若没有几个儿子，或者他的儿子运气好，拥有的资产并不比父亲少，但他们拥有的肯定不会是父亲所有的资产，因为他们除了父亲的遗产，还有别的资产。

可是，土地若不能让大地主在感情、回忆、荣耀和欲望方面获得极大的好处。那么，大地主早晚会卖掉它们，这毋庸置疑，因为卖掉土地会让他们拿到巨额资金，相比于别的资产，流动资金能为他们带来更大的好处，并且更容易让他们的实际需要得到满足。

相比于大地主，土地带给小地主的收益率[1]更高，所以他们售卖土地的价格会远高于大地主的售价。富人低价卖出大面积土地，势必不会为了重新变成大地主再出高价买大面积土地回来，所以只要大的地产被分割，就再不会重新聚拢。

家族威望的基础通常是个人自私的愿望。名垂千古，被后代永远铭记，可以说是所有人的期望。只要家族威望失效，个人的私心就会取代它。等家族和威望失去联系，家庭变成了一种不清晰、混乱、含糊的事物，所有人都会只陷于眼前的享乐，不顾其他，只想过好自己这代。

所以，没人指望家族能名垂千古，或者起码不指望通过地产让家族永垂不朽，而是想别的办法。

如此，继承法不但让家庭难以保持财产的完整性，还让家庭放弃了此种意愿，甚至可以这么说，它在瓦解家庭的过程中，是逼迫了家庭与之携手的。

均分遗产的法律，施行方式有两种：一种是从东西到人，一种是从人到东西。通过这两种方式，它最终实现了这一目标：彻底变革土地所有制，让家庭和财产迅速失效[2]。

---

[1] 我并未想说小农耕种更好，不过他们对耕种更为细心热情，至于技术方面的差距，他们会以自己的勤劳来弥补。——原注

[2] 偶尔也有为了购买土地而做出重大牺牲，为了留住土地而宁愿舍弃部分大宗财产的富人，因为相比于其他财产，土地毕竟更为可靠。不过这种情况并不常见。通常来说，更喜欢不动产的是穷人。小地主在学识、理想和野心上，都比不过大地主，他们一般不会专注于增加地产，通常拿到祖产、娶上媳妇、有空做些小生意，能过小康生活就满足了。

继承法不仅有让人分割土地的趋向，还有一种趋向，就是让人聚拢土地。这种趋向，一方面能防止土地无休止地被切割，一方面又不够强悍，无法催生出大地主。除此，还能免于出现若干

我们法国无疑还没到这个程度。19世纪的法国人虽每天都能看见政治和社会因继承法而发生的变化，可他们对这个法律的效果仍旧心存怀疑。我们现在每天都在自己拆除自家院落的大墙，拔除自家园子的栅栏，看这个法律是如何在我国土地上推进的。继承法确实已经在我国发挥了很大的效力，可是，它还有不少工作要做。我们的回忆、思想和习惯为它设置了层层关卡。

继承法在美国基本已经做完了自己的破坏工作。我们此间正是要对它的首要结果进行研究。

美国诸州在独立战争时期基本已经全都舍弃了英国的继承制度。限嗣继承法已经被改成了不干涉财产自由流动。

土地在第一代去世时开始进行分割。在时间的流逝中，分割速度不断提高。现在才六十年稍过，社会状况已经焕然一新，大地主近乎全都变成了普通人家。纽约州的大地主原本最多，眼下，勉强还未被即将淹没它们的浪头打沉家族，只剩两户。这些有钱人家的子女，如今已经成了商人、律师或者医生。他们大多数都籍籍无名，已经看不到世袭的等级与特权的印记了。继承法的平均化效用无处不在。

难道这表示美国的富户比别的地方少？并不是这样。我所见的众多国家，任何一个国家的人都比不上美国人爱钱，都比不上美国人更蔑视财产一成不变的思想。在美国，财富流动的速度快得惊人，并且经验显示，连续两代都是富户的家庭非常少。

我描绘的这幅用色有限的画卷，还无法充分展现西部和西南部的各个新建州过往的景象。一些勇敢的冒险家在上个世纪末开始涌入密西西比河流域，这称得上是对美洲的再次发掘。很快，大量移民抵达此处，旷野上忽然冒出了众多闻所未闻的乡镇。一些州还没取好名字，刚一出现就收到了成为美国联邦一员的要求。

我们可以看见民主在西部已经走到了极致。这些州的出现可说是水到渠成之事，而生活在它上边的居民不过是昨天才到。大家才认识对方，即使是最近的邻居，也没人知道他家的过往。所以，除了不会被大家族和大财主所左右，这部分美洲大陆的居民，也不会受到那些因知识和品德而被抬高成贵族的人的影响。那里的人不会因为谁在大家面前做了一辈子善事，就赐予他受人敬重的

---

家庭掌控所有土地的情况。——原注

权力。西部众多新兴的州虽具备了民众，却尚未形成社会。

美国人除了财产方面平等，在一定程度上，连自身的学识都平等。

在我看来，在世界上人口和美国相近的国家中，没有一个国家会像美国这般，蒙昧的人与学识渊博的人都这么少。在美国，所有人都能接受初等教育，可去接受高等教育的人却不多。

这很正常，此种结果可说是我们以上谈及的所有情况势必带来的产物。近乎每个美国家庭都过上了小康生活，对他们来说得到人类最基础的教育并不是什么难事。

美国富人有限，因此差不多每个美国人都要工作。而没有什么工作是不需要时间去学习掌握的。所以，美国人只是在人生的前一段时间一心一意地学习普通知识，十五岁就开始步入某种行业。所以，在法国人的学校教育才起步时，美国人就已经结束了。他们如果不是因为某种特别的赚钱的原因，是不会再进学校深入学习的。他们将科学当成一门技术来学习。他们所重视的应用，必须有立竿见影的效果。

美国大多数有钱人，都是从穷人变富的；如今，差不多每个悠闲度日的人，年轻的时候都曾忙碌不休。所以，他们愿意学习的时候，没有一心读书的时间，而等他们有了一心读书的时间，又已经没了学习的意愿。

所以，这样的阶层——让学习的喜好随着世袭的资产和清闲世代传递，进而将脑力劳动视为荣耀的阶层——在美国是不存在的。所以，不管是专注于脑力劳动的信念，还是韧性，美国人都不具备。

美国人的知识位于中等的标准。差不多每个人都是这个水准，有人比这个稍高，有人比这个稍低。所以，在宗教、历史、科学、政治经济学、立法和行政管理上，千千万万的人的知识都是平等的。由于智力由上帝直接赐予，所以人类无法预防这种不平等。

可是，人们是不会因为我上述的所有事情，就得不出以下结论的：造物主虽然做出了人类智商各不相同的决定，可是大家面临的发展环境却并无不同。

一直以来，美国的贵族元素本就羸弱不堪，如此一来，就算今天还未被彻底瓦解，起码也是无能为力，完全无法左右事情的发展。

民主因素则与之相反，经过时间、事件和法律的洗礼，它不但成了占有统治地位的元素，还成了仅有的元素。家庭也好，集团也罢，如今在美国都完全没有影响力，至于个人威信，几乎没什么人能维持得稍微长久。

所以，美国的社会状况表现出一种与众不同的景象。这里的人的知识和财富看起来，比世界上一切地方的人，一切年代的人，都更趋近于平等。换言之，他们的力量几乎平等。

## 英裔美国人社会情况对政治的影响

这种社会情况对政治的影响，很容易推测。

千万不要觉得，平等在步入政坛或者其他领域之后就会失去效力。人们怎么会满足于别的所有方面都平等，却在某个方面不平等？他们迟早会在所有方面都拥有平等。

可是，想获得政治上的平等，我只知道两种方法可以做到：一种是让所有公民都享有权利，一种是让所有公民都没有权利。所以，一个国家的社会状况若是到了英裔美国人的这种程度，那么，想在所有人都享有权利和个人独享权利中间找一个平衡的办法，难度极高。

以上两种结果，不管是前者，还是后者，我们描绘的社会情况都容易产生，这毋庸讳言。事实上，人们被一种呼吁平等的豪迈而合法的冲动所激励，一致认可所有人都应该是强悍而被敬重的。这种冲动想让小人物能和大人物比肩，可是对于平等，人心还有一种怪异的嗜好：让弱者从高处将强者拉下，和自己相当，让大家宁可绑在一起得到平等，也不愿意在自由中变得不同。难道这代表着社会民主的国度生来就蔑视自由？不，正好相反，他们天生就热衷于自由。可是，他们追逐的首要而永恒的目标并不是自由，而是平等，它才是他们永远的挚爱。他们迅速地向着平等飞奔，少见地干劲十足，若是不能得偿所愿，就会万念俱灰。然而，能够满足他们的只有平等，如果不能得到平等，他们宁可去死。

不过，从另一个角度来讲，若所有公民都平等了，那他们将很难团结到一起抵制政府对他们自由的压制。由于他们之中任何人都无法单独赢取斗争的胜利，所以想要保住他们的平等，就必须凝聚所有人的力量。可是，这种团结并不是一直都有的。

所以，相同的社会状况，在不同的民族或许会引发两种截然不同，却又系出同门的政治结果。

我们谈及的这种两种结果，英裔美国人在必须做出二选一的恐怖选择时，首先非常好运地绕开了成为独裁统治的国度。他们因为自身的条件、来源、智力，特别是他们的民情，构建了人民主权，并得以维持下去。

## 第四章　美国的人民主权原则

要对美国的政治制度进行研究，那么得先来研究一下人民主权理论。

近乎每个人类社会制度多少都会带有人民主权的宗旨，素来如此，不过一般藏得很深，不会显露出来。人们听命于它，却不肯承认；就算它偶尔短暂地显露出来，人们也会马上将其送回圣堂的暗处。

所有的阴谋家和暴君，不管是哪个时代的，最常打出的一个借口就是民心所向。这个借口，有些人会在当权者进行贿选时听到，有些人会在为别人拉选票的少数人举办的活动——这些人如此行事的原因通常是出于自身利益或者恐惧——中听到。此外，对于人们的沉默不言，有些人会将其视为对这一口号的正式认可，觉得听从这件事本身就代表了对他们指挥权的承认。

人民主权原则在美国却已得到了人民的认可，法律的公布；它能够任意扩散，毫无掣肘地奔赴终极目标，而非像在某些国家一般，躲躲藏藏或者毫无作用。

除了美国，世界上再没有哪个国家能让人们对人民主权原则进行自由、公正地评判，对这一原则在社会各个方面的应用进行探究，并指出它的好处和坏处了。

前边我已经说了，起初大部分英国殖民地就以人民主权原则为一般原则。可那时，人民主权原则对社会体制的影响，远不如今天大。

阻碍其飞速发展的障碍有两个：外来一个，内在一个。

人民主权原则为什么没能直接写入法律之中？原因是那时殖民地必须听命于宗主国。所以，它只得在各个地区的人民大会，特别是乡镇政府里，暗中发挥作用。在这些地区，它隐秘地壮大了起来。

美国社会那时还尚未准备好收取人民主权原则的所有成果。就像我在前一章谈过的，新英格兰的文明程度，赫德森河南部地区富饶的环境，曾经带来过长时间的贵族效果，以致少数人掌握了管理社会的政府部门。并不是每个公职人员都来自选举，也不是每个公民都是选民。选举权总会受到一些制约，并且，选举资质也是必不可少的。这种资质，北部的标准太低，南部的标准又太高。

美国的革命开始了。人民主权原则冲出乡镇，夺取各州政府。考虑到自身利益，每个阶层都参与了革命，在人民主权原则的旗帜下，人们奋勇厮杀并夺取胜利。最后，人民主权原则变成了法律的铁律。

社会内部变革的速度，也几乎一样迅猛。继承法实现了瓦解地方势力的重大使命。

人们刚对法律和革命的这一成果有些认识，民主就已经庄重宣告自己大获全胜了。权力其实已毫无反击地握在了民主手中。所以，社会上层只能谨言慎行，驯服地承受之后势必将遭遇的厄运。社会上层的每个人都有自己的私心，所以按照惯例失势了。不管是从人民手里把权力抢回来，还是因为大量的侵犯而心生不满，都不是它能做到的，所以它只能竭尽全力地让人民喜欢它。所以，投票通过某些最民主的法律的人，正是那些自身利益被这些法律重创的人。如此，社会上层主动推进了新秩序的胜利，并没有受到人们的围攻。世事的发展就是这样的不可捉摸。原本贵族元素最浓厚的州，居然是民主发展得最迅猛、最不可阻挡的州。

最先公布普选，最先在所有政府机关中使用了最民主的管理措施的州是马里兰州[1]，而这个州原本是一些大地主所建。

一个国家只要对选举资质做出了规定，那么这些规定早晚都会被取消，这是可以预见的事。这是掌控社会进程的一个永恒定律。由于民主的力量在获得每一次妥协之后，都会有所增强，而民主力量的增强，又会让民主有更高的要求，所以人们扩张选举权范围之心，会随着选举权范围的扩张而增强。资质不足以参加选举的人，会为了得到资质而努力，而有选举资质的人越多，他努力的干劲儿就越足。最终，个别变成了一般，即一直妥协到普选得以施行。

如今，人民主权原则已经在美国获得了人们可以想到的所有切实的发展。它按照实际需要以种种模式在美国呈现，时而如雅典一般让所有民众一起制定法律，时而通过普选选出人民的代表议员，让他们几乎是在人民的监控下工作，而不是像在别的国家一般，被捧得很高却落不到实处。

某些国家的政权，可说是外部强加给社会的，社会除了要听它的命令，还只能走规定的路。还有一些国家，对权力进行了分割，时而将其交给社会，时

[1] 马里兰州通过1801年和1809年的宪法，对普选进行了修正。——原注

而又从社会手中拿走。这种情况在美国绝不存在，那里的社会是自己管理自己，并且是为了自身在进行管理。社会把控一切权力，四处寻觅权力的想法，人们几乎连想都不敢想，更别说宣之于口了。人们通过选举立法者的办法来参加立法，通过选拔政府官员的办法来参加执政。人们可以说是自己管理自己，交给政府权力是非常小的，而且十分脆弱，更别说人们还会对政府进行监督，使之在构建政府的自己的威望面前，温和驯服。美国人像上帝掌控宇宙一般，掌控政坛。人民是万事万物的源头和终点，所有的事都由人民而起，并用到人民身上。

## 第五章　要先研究各州历史，之后才能探讨联邦政府

美国按照人民主权原则构建的政府的模式、办法、困难、好处和坏处，将是我们本章研究的内容。

美国有一本非常繁杂的宪法，这是最先遭遇的阻碍。在美国有两个社会，它们彼此融合，也可说是互相交叉。在美国有两个政府，它们决然割裂且近乎完全独立：一个是解决社会日常需求的一般的常规政府，一个是只处理全国性重大事项的特别的专职政府。简单来说，有二十四个独立的小国在美国内部，这些小国整合成了联邦。

先研究联邦，再考察诸州，这会让我们前行之路遇到种种磨难。联邦政府这种形式，是美国发展到最后才有的，它只是共和国的另一种形态，不过是对社会之前畅行的那些政治方针的汇总，而这些政治方针并不是它的产物。而且，就像我刚才说的，一般政府并非联邦政府，它是特别政府，而各州政府才是一般政府。作者必须先向大家描绘这幅画卷的细微之处，然后再介绍整幅画，否则，某些地方肯定会介绍得含糊而重复。

如今那些掌控美国社会的崇高的政治方针，首先是在诸州发生、发展的，这毋庸置疑。所以，要先熟知诸州，才能拿到开启剩下所有问题的钥匙。

如今构成联邦的诸州，其制度的外在形态并无不同。掌控诸州的政治或者行政生活的是三个行动中心——可以将其类比于指挥人体活动的神经中枢——依次是乡镇、县和州。

## 美国的乡镇机构

我先研究乡镇，自有我的道理。

在自然界中，人类只要聚集，乡镇就会自动形成，只有这种集合体会如此。

所以，乡镇这样的集合体是每个国家都有的，无论这个国家有着什么样的习惯和法律。君主体制和共和体制是人建立的，乡镇却近乎是上帝直接缔造的。虽然乡镇是从有人开始就有的，可是乡镇的自由却很少，即使有，也会非常脆弱。国家通常有一些人，他们的文化水平已经达到了能够处理政务的程度，所以国家能够频繁地举办政治会议；可乡镇的成员都是些粗人，通常来说，他们不明白立法工作的价值。在民族开始获得文明，民众慢慢拥有更多知识的过程中，让乡镇得到自由的难度反而越来越大。

一个文明程度很高的社会，能让乡镇尝试自由就很了不起了；乡镇那种大逆不道的行为，它是不会接受的，还没尝试出成果，它就觉得不会成功。

乡镇自由是各类自由中最难达成的，它也最容易被国家政权所压迫。在宏大的中央政府面前，独立运行的乡镇团体毫无还手之力。乡镇团体不得不努力建设自身，让全民的观念和习惯都认可乡镇自由，以保证乡镇能够切实地自保。所以，想让乡镇自由难以被毁，就得让它变成民情；而只要它被写进法律的时间足够长，它就能变成民情的一环。

所以，说乡镇自由不是人类所创，是有道理的。也就是说，人类很难建立乡镇自由，可以说，它的创造者是它自己。它悄无声息地在半蒙昧的社会中发展壮大。法律和民情，还有环境，特别是时间的持续影响，让它变得越来越强大。可以说，没有一个欧洲大陆的国家了解乡镇自由。

可是，自由人民的力量却是从乡镇而来。对自由来说，乡镇团体的作用，就像是小学对教学的作用。人民从乡镇团体中得到自由，学会享受自由，并让自由效力于自己。一个缺少乡镇团体的国家，虽然能组建自由政府，但这个政府却得不到自由的精髓。自由的外形或许能凭借短暂的激情、临时的好处或者偶然的时机塑造出来，可是深藏于社会机制内的霸权，早晚会重新冒头。

在我看来，最好将一个州作为范例，先详细介绍这个州的历史，之后再扫一眼别的州，好将美国构建乡镇和县的一般方针清晰地呈现在读者面前。

我选的这个州是新英格兰的。

联邦诸州的乡镇和县的构建模式并不相同。不过整个联邦的乡镇和县，其体制却近乎都是按照一个方针所建，这点很容易发现。

不过，相比于别的地方，我认为这些方针在新英格兰实行得更广泛，取得的成果也更多。所以，它们在新英格兰可说是做得最好，也最容易被他人发现、研究。

新英格兰的乡镇团体是一个整体，它完全且有序，是最早建立的。民情的认可让它变得非常强大。它对整个社会的影响大得异乎寻常。

我们会注意到它，正是因为所有的这些理由。

## 乡镇的大小

新英格兰的乡镇比法国的乡大，比法国的区小，人数通常是两到三千。所以，乡镇的面积不会过大，以致无法满足所有居民的共同利益；另一边，它的居民的数量也到了乡民的确能从中选出较好的行政人员的程度。

## 新英格兰的乡镇政权

和别的地方并无不同，乡镇大权来自人民，不过权力在这里的运用比别的所有行政区都更加直接。美国的人民是各层政府都必须全力服侍的主人。

新英格兰的公民是通过代表来参与州级公共事务的。因为没办法直接参加，所以只能这么做。可是立法和行政工作在乡镇级别都是在被统治者眼前实现的，所以，用不着代议制。乡镇议会并不存在。选举团在委任过行政官员以后，会在所有方面对其进行统领，州的法律的贯彻远没有它的工作程度简单[1]。

为了让大家彻底弄清楚，必须举一些例子，因为此种制度不仅和我们的思维不符，和我们的习惯也不一样。

[1] 这种方法在一些规模较大的乡镇并未使用。这些乡镇通常有一个乡镇长和一个含有两个科的乡镇委员会，不过这是个案，必须得到法律的批准。参见1822年2月22日有关修正波士顿市政权的条例，记载于《马萨诸塞法规汇编》第2卷第588页。这一条例针对的是大城市。通常一些小城市也会建立自己的行政机构。这样的行政机构，纽约州在1832年有104个乡镇设了。参见《1832年威廉氏纽约大事纪要》。——原注

下边我们会说到，乡镇的公共事务不仅花样繁多，还划分得非常细碎。可是，大多数行政权力却由一年一选的若干“行政人员”所掌握[1]。

州的法律给行政人员限定了一些工作。这些工作他们无须得到该乡镇居民的同意就能做。不过，若是渎职，就只能自己担责。比如，他们依照州的法律应该将该乡镇的选民名录呈送上去，他们若是没有呈送，就犯了玩忽职守罪。不过，行政人员对于交给乡镇机关解决的所有工作来说，是人民意愿的执行人，就像对市镇议会的决定而言，市镇长是执行人一般。他们往往独自处理公共事务，只要工作时不违背该乡镇人民预先同意的方针即可。可是，他们若想改动已经确定的事情，或者做一个新的工作，那么首先，他们得问问赋予他们权力的人的意思。例如，想创建一所学校。此时，几个行政人员就得选好时日，在预先确定的地方，将所有选民召集到一起开会。他们要在会上把自己的想法拿出来，告诉大家，要用什么办法才能做成此事，要用的资金有多少，打算在哪儿建。会议讨论过所有这些事情后，拟定规范，选定地点，对筹集经费的措施进行投票，之后将大会决定交给行政人员来推进。

有权力召开乡镇人民大会的，只能是行政人员，不过别人可以向他们提出开会的请求。若一个新计划得到了十位选民的认可，他们表示需要乡镇支持，那么他们就能对行政人员发出举办乡镇人民大会的要求。行政人员此时必须同意他们的要求，而且负责召开会议[2]。

毫无疑问，此种政治风尚和社会习惯远比我们法国好。此间，我不想评价它们，或阐明它们发生、发展的内因。我想做的，仅仅是把它们摆出来。

行政人员一年一选，时间是 4 月或者 5 月。乡镇人民大会这时还会选一些别的官员来承担某些重要的行政职责[3]。包括：负责对居民资产进行评估的资产估价员若干名；负责根据估价的资产收缴税务的收税员若干名；负责维持社会治安、巡查街区和推行法律的巡查员一名；负责记录大会讨论事宜和对户籍

---

[1] 规模最小的乡镇推选 3 人，规模最大的乡镇推选 9 人。参见《村镇官员》第 186 页。除此，另参见马萨诸塞州有关行政人员的首要条例：1786 年 2 月 20 日条令，第 1 卷第 219 页；1796 年 2 月 24 日条令，第 1 卷第 448 页；1801 年 3 月 7 日条令，第 2 卷第 45 页；1795 年 6 月 16 日条令，第 1 卷第 475 页；1808 年 3 月 12 日条令，第 2 卷第 186 页；1787 年 2 月 28 日条令，第 1 卷第 302 页；1797 年 6 月 22 日条令，第 1 卷第 539 页。——原注

[2] 参见《马萨诸塞法规汇编》1986 年 3 月 25 日令，位于第 1 卷第 150 页。——原注

[3] 参见《马萨诸塞法规汇编》1986 年 3 月 25 日令，位于第 1 卷第 150 页。——原注

进行管理的乡镇文书一名；负责乡镇财务的财会一名。在这些官员之外，还有扶贫工作观察员一名，他的工作非常重要，要落实扶贫开发；学校董事若干名，他们的工作是管理居民的教育；道路维护员若干名，他们的工作是不论大路小路，对所有道路进行管理。乡镇管理方面的首要官员名录就是上述这些。不过，职责的分配并不是只有这些。在乡镇官员[1]里，还有若干教会管理员，负责对宗教事务费进行处理，还有各类事务巡查员：包括组织居民救火的，组织人手护秋的，帮民众处理修建房屋时或许会面临的难题的，测量森林的，核查计量工具的。

一个乡镇的首要官员是十九名。这些不同的工作是所有民众的责任，如不承担，就要缴纳罚金。不过，因为不能让穷苦的百姓白白牺牲时间，所以这些工作大多数都有薪酬可领。值得一提的是，美国的体制并未对官员的工资进行明确界定。通常，每个公务委任状上都标明了一份工作量的薪资，官员完成多少工作，就拿多少钱。

## 乡镇的生活

前边我说了，英裔美国人的整个政治体系都遵循着人民主权原则。读者会发现这个概念的一些新应用在本书的每一页都有显露。

一个国家如果遵循人民主权原则，那么这个国家的所有人，都有平等地参与国家事务的权利。所以，每个人的文化水平、道德品质和才干，默认不同于其他所有同胞。如此，他们怎么会听命于社会？这种顺从的天然界限又在哪儿呢？

个人并不是因为他比不上那些社会的管理者，或者他人的管束自己的能力比他强，才会听命于社会，他听命于社会的原因是，他知道和同胞团结到一起对自己有好处。他清楚，想要实现此种团结，必须有一种权力来发挥制约作用。

所以，任何事项，只要涉及公民彼此担负责任，他就非听命不可；而任何事项，只要只与他个人相关，他就可以独自决断。即，他是独立的，他所做的事只需要跟上帝交代。所以，有了下面的格言：个人利益的最佳和仅有的评判

[1] 指的是乡镇的常规官员。想要弄清乡镇这些官员的详细职责，可以参照古德温的《村镇官员》和三卷本的《马萨诸塞法规汇编》，波士顿，1823年。——原注

者是个人。

只要社会没觉得个人行为危及自身或者不得不求助于个人，社会就没有插手个人行为的权力。在美国，这个理论得到了广泛认可。它对日常生活行动的影响，我预备之后再研究。现在，我们只看它带给乡镇的影响。

以和中央政府的关系来看，整个乡镇也如个人一般使用自己的权限，这和别的行政区并无不同。我刚才说的原理，对乡镇和别的行政区也适用。

所以，美国的乡镇自由起源于人民主权理论。乡镇的这种自由，美国诸州多多少少都有些认可。而新英格兰诸州的环境，对此种理论的发展十分有益。

这部分联邦的政治生活，是从乡镇开始的。就算我们说，刚开始各个乡镇都是一个单独的国，也并无不可。等几位英国国王后来接连表示要落实自己的权力时，对象也只是到了州的级别。他们没对乡镇进行改动。如今，新英格兰的乡镇有了上层，可是它们开始的时候绝对不是这样，或者近乎不是这样。它们没从别的地方获得权力；反倒像是将自己的部分自由交给州了。这个区别非常大，读者千万不要忘了。

通常，乡镇听命于州的情况，只发生在遇到我所说的公益利益时，也就是各个乡镇有共同利益时。

任何纯粹的乡镇自身的事，乡镇都享有自由，并且当一件事只涉及乡镇利益时，没有哪个新英格兰民众会觉得州有权力干涉。

所以，州从未插手过新英格兰乡镇的物品买卖、民事纠纷或者预算调节，连想都没想过[1]。

它们必须专注于整个州的公共职责。例如，当州要用钱的时候，是不需要得到乡镇的认可的，乡镇也没有权力拒绝缴纳[2]；当州准备建一条公路时，乡镇没有权力不让公路通过乡镇；当州确定了一条公共治安条令，乡镇就不得不贯彻执行；当州准备统一整个州的教育体制，乡镇就得在法律限定的条件内办学[3]。以上情况，乡镇为什么不得不照做，州又是以哪些举措逼乡镇照做的，等我们以后介绍美国的行政机构时，我们会说到。我此间想做的，只是指明存在着这种责任。这是一种必须履行的责任，不过州政府在确定这一责任时，只

[1] 参见《马萨诸塞法规汇编》1786 年 3 月 23 日法令，位于第 1 卷第 250 页。——原注

[2] 参见《马萨诸塞法规汇编》1786 年 2 月 20 日法令，位于第 1 卷第 217 页。——原注

[3] 同上书，1789 年 6 月 25 日法令，位于第 1 卷第 367 页；1827 年 3 月 8 日法令，位于第 3 卷第 176 页。——原注

给出了一个方针；乡镇在落实时，通常会再次享有自己的所有个体自由权。例如，议定税收的是州议会，可征税的是乡镇；发布办学命令的是高层，可是出资办学、管理学校的是乡镇。

征收法国乡镇赋税的，是法国的国家税务人员；而征收美国州赋税的，却是美国的乡镇税务人员。换句话说，就是我们法国是村镇借用中央政府的官员；而美国是州政府借用乡镇的官员。

两个社会的差距有多悬殊，只看这一个实例就能知道。

## 新英格兰的乡镇观念

美国的乡镇不但有自己的体制，还有赞成、激励此种体制的乡镇观念。

自由共有权是新英格兰乡镇的一个无所不在且激励人心的好处。乡镇活动确实有一个不可超出的界限，可只要没越界，乡镇活动就是独立的。在乡镇的人数和面积还无法使之独立时，这种体现在行动独立上的自由，就已经让乡镇在事实上拥有了十分关键的位置。

毋庸讳言，人类通常乐于扒高踩低；并且可以发现，亡国之人的爱国之心很难长久。新英格兰居民并不是因为自己在乡镇出生才爱乡镇，他们会如此，是因为他们觉得乡镇这个集体自由而强悍。作为乡镇的一员，乡镇有让他们苦心经营的价值。

由于欧洲的不少领导人只是将乡镇观念视为维持公共秩序稳定的一个要素，却不清楚怎么做才能使之发生、发展，所以他们自己都经常缺少乡镇观念。他们担心壮大和独立后的乡镇会夺中央的权，将国家陷于无政府状态中。可是，乡镇若是不壮大、独立，你就必定不会从那得到公民，而只能得到顺民。

再列举一个关键事实：新英格兰的乡镇在让各种居民心生依赖的同时，却不会引发他们的贪念，组织得非常好。

县的官员并非选举产生，权力也并不高。连州也没有重要权限，州的存在意义不大。所以，几乎没有人会离开自己的事业核心，改变自己生活的步调，成为州级官员。

管理者虽然从联邦政府手中得到了权力和荣耀，可是没多少人是因此得势的。最高官职是总统，而想要得到这个职位，得到了一定的年纪才行。而联邦政府的别的高官，也都是临时的，他们在接到任命之前，一般已经在别的方面有所表现。他们不会因为事业方面的野心，就把一辈子的目标定在当官上。人们追逐名声的思想，赢得利益的需求，对权力、荣耀的喜爱之心指向的，是人们日常生活关系的核心——乡镇。而这些通常会让社会感到为难的感情，如果发生在锅台附近，也就是所谓的家庭中，那么它们的性质就不一样了。

因此，在美国的乡镇，人们为了让投身公共事业的人达到最大的多数，就想用高明的举措来瓦解（我要是能这么说的话）权力。

最终，选民的工作是时常开会讨论乡镇的管理方案，至于花样繁多的官职——各种官职——就不是选民负责的了。只要不超出自身权限，他们就可以代表权力强大的乡镇自治体，并打着这个自治体的旗号活动。所以，无须乡镇政权干预，大众就能完成自己的任务，并且主动关注乡镇政权。

美国的体制在同一时间将乡镇政权交给如此多的民众，对乡镇权限的壮大也无所畏惧。我们相信，美国的爱国心是借助实际行动培养出的一种对家乡的依恋之情，这是有道理的。

如此可以说，乡镇生活无时无刻不在提醒大家，它与自身关系密切，人们每天都在通过践行了某项职责或者使用了某项权利而进行着乡镇生活。社会因为此种乡镇生活出现了某种一往无前，又不会干扰社会秩序的稳健的行动。

美国人热爱故乡的原因和山区民众依赖山水相近。他们觉得家乡有种鲜明的、非同一般的特点，有种别的地方看不到的特点。

新英格兰的乡镇生活通常愉悦欢快。乡镇按照民众的喜爱确定管理模式。在美国，生活稳定而富庶，乡镇通常不会发生动乱，地方工作处理起来难度也不大。另外，人们早就开始接受政治教育，或者不如说，他们从到了这个地方就开始接受这种教育了。新英格兰从未划分过阶层。所以，一部分人剥削另一部分人的情况，在乡镇是看不到的；仅仅是处罚单独的某个人，而这种处罚在得到所有民众同意后，还能予以解除。

人们不会因为乡镇的管理存在缺陷（自然，这种缺陷并不难找），就念念不忘，因为管理乡镇的依据，其实是被管理者提供的，而为了表现自己主人翁的自豪之情，不管管理得好，还是不好，他们都不能生气。任何东西都无法和这种自豪之情媲美。以前所有的殖民地都归英国管不假，可是殖民地的民众却始终都是独自管理乡镇工作的。所以，人民主权在乡镇不仅仅是历史悠久，而是从一开始就有的。

新英格兰的民众，因为乡镇的强悍和独立而热爱自己的故乡；因为自己参与了乡镇的管理而关注自己的故乡；因为必须珍视自己的命运而爱戴自己的故乡。他们将自己的雄心和将来都寄托到乡镇身上，并让乡镇发生的所有事都和自己相连。在不超出自己能力的前提下，他们努力管理社会，让自己与这个组织形式——自由得以显现的媒介，若是没有它，自由只能通过革命达成了。他们感受到此种组织形式的优势，愿意遵从秩序，知道了权力平衡的好处，并且总算确切而现实地明悟了自身义务的属性和权利的界限。

## 新英格兰的县

美国的县和法国的县相似点很多。两国的县都是随意界定的。县是个整体不假，可是它里面包含的各个模块之间却没什么重大联系，也没有一致的依赖之情、习俗和生活。县的系统纯粹是因为政治原因而来的。

乡镇的面积不足以支撑全套的司法系统，所以，以县为司法系统的首要核心。每个县都配备了一个法院[1]，一位法官和一座羁押罪犯的监牢。部分设施，几乎县里的所有乡镇都要用，因此，设立县级机构对各个乡镇遇到同类事项进行处置，合情合理。马萨诸塞州的这几个部门，权力控制在少数几个官员手中，他们是州长咨议会[2]举荐给州长[3]，由州长委任的。

县级行政官员的权力不大，也不正规，而且只能用在数量极少的特定事务中。通常处理日常工作的是州和乡镇。县级行政官员拟出该县预算后，将其送往立法机关审批[4]。县不具备代表本县的议会，不管是直接代表还是间接代表。所以，严格来说，县是不存在政治生活的。

在美国，大多数州的宪法都有种两面性：一边让立法者将行政权散开，一边让立法者将立法权聚合。新英格兰乡镇的生活方针，自有其抵御破坏的能力，不过又得将乡镇生活假模假式地置于县的行动里。最后，大家都觉得乡镇并未在县里发挥效用。整个州，至于一个机关能够代表所有的乡镇，即整个州的权力中枢——州政府。可以说，在乡镇行为和整个州的行为之外，就只剩个人行为了。

[1] 参见《马萨诸塞法规汇编》1821 年 2 月 14 日法令，位于第 1 卷第 551 页。——原注

[2] 州长咨议会由选举产生。——原注

[3] 参见《马萨诸塞法规汇编》1819 年 2 月 20 日法令，位于第 2 卷第 494 页。——原注

[4] 同上书，1971 年 11 月 2 日法令，位于第 1 卷第 61 页。——原注

## 新英格兰的行政

我们一般称之为政府或者府衙的部门，美国居然没有，这是最让去美国旅游的欧洲人惊讶的事。在美国，人们没有一天不在遵守、落实成文法。你身边的所有的事都在次序井然地向前发展，可你就是看不到指挥者，无论你去哪儿。控制社会机器的是一只无形的手。

不过，所有社会都如同人必须通过特定的语法结果才能陈述自己的观点一般，必须遵从某种权威，如此才能存活，社会若是缺少了这种权威，就会处于无政府状态。这种权威或许表露的形式不一样，但它肯定一直在哪个地方。

国家削减权威的办法通常有两种。

第一种是，为了从源头减小政府的权力：解除政府在某种情况下的自卫权或者自保能力。欧洲一般以此种削减权威的办法来获得独立。

第二种是让权威的作用变小：这种办法既不是夺取政权的某些权力，也不是让政权的权力失效，而是将社会权力交给很多人，增加官位，只赋予每个官位践行职责必需的权力。一些国家在用这种办法分割政府的权限时，或许会引发无政府状态，然而这种办法自身可不是无政府主义的。以此种办法瓦解权威，不但能削减权威的无法抵抗性和危险性，还能不破坏权威本身。

推进美国革命的，不是对自由不顾一切和没有底线的渴望，而是对自由真心地喜爱。这场革命并未受到叛乱热情的鼓动，在它的进程中，飘扬在上方的是热爱秩序和法律的旗帜。

所以，在美国这个自由的国度，你若是觉得那里的人有肆无忌惮的权力就错了。正好相反，这里的人担负的社会责任远比别的地方的人多，人们从未想过从源头上削弱政府的权力，让它的权力失效，只不过是让很多人都能行使政府的权力。为了让社会在自由的同时永远保持秩序，他们期望用此种办法来强化权威，打压官僚。

世界上任何国家的法律都不如美国的公正廉明；世界上任何一个地方的权力都不如美国的分散在那么多人手里。

为什么美国的行政权在执行时会悄无声息，就是它既不是以中央集权进行架构的，也不是以一级级分权来架构的。行政权有是有，可是它的代表在哪里，却不清楚。

前边我已经说了，新英格兰的乡镇是自由的，不存在监督它的上层部门。所以，它们独立解决自己乡镇的工作。

通常来说，整个州级的法律，乡镇的行政人员不是亲自落实，就是监督落实[1]。

州除了会颁布全州性的法律，有时也会颁布全州性治安管理条令。不过通常来说，按照本地需求，制定本地具体的社会生活规范，发布有关公共卫生、常规秩序和公民道德标准的是乡镇政府或者乡镇官员协同治安法官一起[2]。最后，乡镇的行政人员也能独立处置某些乡镇市场发生的，却又出人意料的紧急情况，完全不必被外界的指令干扰[3]。

由上述情况可知，马萨诸塞州的行政权，近乎[4]全都掌握在乡镇手里，不过却是很多人一起掌握的。

严格来说，法国乡镇只有乡长或镇长一个行政官员。可在新英格兰，我们起码能看到十九种官员。通常来说，这十九种官员互相之间是不存在上下级关系的。这些官员中的每个官员身上都有法律赋予的职责。他们在这个职责范围内是自己工作的唯一主人，只认可乡镇的权威。

就算你将目光移到乡镇的上层，想发现行政等级的烙印，难度也很大。县

[1] 参见《村镇官员》，尤其里面谈及行政人员、资产估价员、税务人员、文书、道路巡查员等官职的部分。比如，在这些人数极多的官员里，有些官员——负责监督法律落实情况的乡镇的十户长——如果想周日出行，必须事先把外出的事由告诉州里。参见《马萨诸塞法规汇编》1792年3月8日法令，位于第1卷第410页。

投票选举州长的选民名录由行政人员负责编写，并将投票结果呈送给州选举办公室。参见《马萨诸塞法规汇编》1796年2月24日法令，位于第1卷第488页。——原注

[2] 比如，行政人员有权力命令兴修水渠、确定垃圾投放地点、指定部分商品交易的地点，以防其他村镇侵害本乡权益。参见《马萨诸塞法规汇编》1785年6月7日法令，位于第1卷第193页。——原注

[3] 例如，行政人员在疫病肆虐的时候，需要解决公共卫生事宜，并和治安法官一起采用必需的防疫手段。参见《马萨诸塞法规汇编》1797年6月22日法令，位于第1卷第539页。——原注

[4] 我用“近乎”这个字眼的原因是，乡镇生活中的不少日常工作，通常是由治安法官独自或者和县里的官员一起处理的。比如，负责发放各式各样的许可证或者牌照的就是治安法官。参见《马萨诸塞法规汇编》1787年2月28日法令，位于第1卷第297页。——原注

级官员有时也会对乡镇或者乡镇行政人员所做决定进行修正[1]。可是，整体来说，县级行政官员是没有干预乡镇官员如何行事的权力的[2]，除非是关系到全县事宜，否则，前者是不能统领后者的。

在数量非常有限的原定事宜上，乡镇和县级行政官员要一起将他们的处理结果告知州政府的官员[3]。不过，州政府并不会专门派人拟定全州性的治安管理条令，下达落实法律的指令，与县级、乡镇级官员保持密切的往来，考察他们的政治成果，告诉他们如何行事、指责他们的失误。

所以，辐射出行政权的半径的圆心是不存在的。

如此一来，要怎么做才能以一个大概相同的计划对社会进行引导，并让县和县级行政官员、乡镇和乡镇官员遵守呢？

相比于我们法国，新英格兰诸州立法权影响的范围更广。连行政机关内部都近乎受到了立法者的干预。法律对事情的细微之处进行了界定；相同的法律，不但规定了方针，还规定了方针的执行手段；下属机关和下属机关的官员因为上级机关的法律需要担负起大量严格而详细的责任。所以，当所有下属机关和所有的官员都遵从法律，社会的所有环节就能以相同的步伐前进。不过，仍有一个问题——要怎么做才能让下属机关和下属机关的官员不得不依法而行？

社会基本只有两种办法，能让官员不得不依法行事：要么在这些官员中选出一个官员，由他来引导其他官员，并赋予他在其他官员违规时将他们免职的专断之权；要么就把惩处违纪官员的权力交给法院。这两种方案全都不能一直用。

引导官员的权力有个不可或缺的先提条件，即他玩忽职守时会被罢免，他任劳任怨地践行所有职责时，会被擢升。可是，行政人员是人民选出来的，一

---

[1] 比如，乡镇行政委员会给某人发了德行出众的证明书，它就会颁发表扬状给这个人。但当乡镇行政委员会不给这个人发证明书时，这个人可以向县法院的治安法官投诉；法院作出判决之后，它就可以给这个人颁发表扬状了。参见《马萨诸塞法规汇编》1708 年 3 月 12 日法令，位于第 2 卷第 186 页。乡镇有制定细则，并核查细则落实情况的权力。例如核查有没有按照规定的金额判交罚金。不过，此种细则要得到县法院的认可。参见《马萨诸塞法规汇编》1786 年 3 月 23 日法令，位于第 1 卷第 254 页。——原注

[2] 马萨诸塞州的县级行政官员也总是会被请去评价乡镇行政官员的政治成绩。我们后边会谈到，他们的评价并不是一种行政举措，而是具有法院裁决之效的。——原注

[3] 比如，乡镇教育管理委员会每年都要把学校的管理情况汇报给州办公室主任。参见《马萨诸塞法规汇编》1827 年 3 月 10 日法令，位于第 3 卷第 183 页。——原注

切民选得来的官员，除非任期结束，否则不可调动，所以政府没有对其进行免职与擢升的权力。事实上，如果每个官员都是民选产生的，那选举出的行政人员讨好和畏惧的对象，将只有选民。在这样的环境中，由于领导权和平乱权在不同的人手里，调度权和奖罚权也不会交托给一个人，所以官员之间是没有切实的等级差异的。

所以一个国家，若政府的下级官员是选举产生的，那么其首要的行政手段，势必是司法惩治。

这种情况要长时间观察才能看出来。在领导者们看来，推行选举制度已是第一次妥协，而接受了通过法官来对选举出的公务人员进行惩处，则是第二次妥协。这两种新举措都让他们感到忌惮，不过如果非用不可，他们更愿意用前者。于是，他们在接受选举官员的同时，又让选举产生的官员不受法官制约。可是，对于不被司法权监控的选举权来说，失控或者被取缔是早晚的事，这非常明显。所以只有两种措施同时使用，才能让它们互相压制，达到平衡。只有法院能在中央政权和选举出的行政机关间进行斡旋。并且，也只有法院能让选举来的官员驯服，让他们不危害选民的权利。

所以，司法权在向政界延伸时，应该和被选举权的壮大携手同行，二者若是各行其是，国家早晚会走到无政府状态，或者一些人压榨另一些人的状态中。

人们这么些世纪以来始终觉得，司法习惯没能大力促进公民使用政权。美国人从他们的英国人先辈那儿学会了一种制度——截然不同于欧洲大陆推行的那种。我是指设立治安法官。

在解决人民与乡镇公务人员间、行政机构和法院间的争执时，治安法官的态度要公正、没有偏向。治安法官不必对法律十分精熟，但应该是个见多识广的公民。他的职责仅仅是维持社会治安，相比于法律知识，他的工作更需要良心和公义。这种风气，照章行事和向人民公布所有的事，是防御霸权的最有力的武器，而治安法官参与国家管理，正是能为管理工作提供此种风气。然而，太过相信法律会让公务人员失去行政管理的干劲儿，所以他们不该变成信奉法律的奴才。

治安法官制度因贵族属性而在英国扬名，美国人采用了这种制度却剪除了这种属性。

马萨诸塞的州长[1]委任相应数量的治安法官给该州的各县，这些法官的任职期限是七年[2]。此外，他又在每个县的治安法官中，选出三个人构成地方法院。有些治安法官也能参与一般行政工作，有时也有相应的行政职责被交到他们手里，让他们和民选出的官员一起做事[3]；有时建立临时法庭，处理行政人员对公民不履行义务的指控，或者公民对违法的行政官员的指控。不过，治安法官的主要工作场地是地方法院。

县城的法院每年开庭两次。马萨诸塞州的这个法院有权让大部分[4]选举来的官员听命[5]。值得一提的是，马萨诸塞州的地方法院，除了是完全的行政机构，还是政治法庭。

县只是一种行政区域[6]，这我已经讲过了。少量关系到大多数乡镇或者整个乡镇的事才是地方法院的主要职责，所以没有哪个乡镇能够独自完成这一工作。

当一件事事关全县时，地方法院的工作属性就会变成纯粹的行政行为。为什么地方法院在解决问题时总是要走司法程序？除了方便自身工作的原因[7]，也是想让受审官员清楚处置的法律依据是什么。不过，当受审者变成乡镇的公务人员，它就很少作为行政机构出现，近乎始终以司法部门的身份行事了。

在这件事上遇到的首个难题是，乡镇作为一个近乎完全独立的政治机构，要怎么做才能让它遵守州的一般法令。

乡镇每天都会选定相应数量的人作为财产估价员统计征收税赋，这点我们

---

[1] 州长的工作内容，我们以后再讲。下边我要讲的是，州长在整个州的行政权。——原注

[2] 参见《马萨诸塞州宪法》第2章第1节第9条、第3章第3条。——原注

[3] 这种情况并不少见，例如，一个外乡人到了某个乡镇，在疫病肆虐的地方生了病。县里的司法官就会受到两个治安法官加上行政委员的通知，将病患送往他处救治。《马萨诸塞法规汇编》1797年6月22日法令，在第1卷第540页。治安法官通常能参与所有重大的行政管理活动，并且赋予这一活动司法性质。——原注

[4] 因为如果行政委员违法，通常可以将其送交普通法院处理，所以此处我用了“大部分”这个词。比如，乡镇如果不设立基金来管理学校或者不设立教育管理委员会，将会被处以大笔罚款，而名义上是最高法院或者高等法院的罚款判决方，就是普通法院。——原注

[5] 治安法官可以在力所能及的范围内参与乡镇或者县的行政工作，通常来说，乡镇的一些重大工作，都会配备一名治安法官共同处理。——原注

[6] 需要地方法院处理的县级工作，大致有如下几类：1.设立监狱和法庭；2.拟定整个县的预算（呈送州立法部门审核）；3.征收州立法部门批准的税赋；4.下发各类牌照和资格证；5.修建、养护全县公路。——原注

[7] 比如，在解决修建和养护公路的问题时，地方法院遇到一切难题都必须请示陪审团。——原注

之前已经说了。可是，为了不履行纳税的义务，乡镇或许会采取行动不选财产估价员，此时，地方法院可以判处这样的乡镇缴纳巨额罚金[1]。按照法院的裁决，将罚金摊派给所有居民。执行判决的是县级司法官，他是执法者。所以，美国的政府似乎热衷于藏在暗处认真探查，让司法裁定的面纱披覆行政指令。如此一来，这种人们眼中近乎不可抵挡的权力的加载，使得行政机关有了更大的权力。

这种做法易于执行，也不难被大家接受。乡镇的工作通常都是一清二楚，白纸黑字写明了的。这种规定并不繁复，十分简明，只有方针，并未列出具体内容[2]。不过，要人遵守免不了会遇到麻烦，无论是让乡镇遵守，还是让乡镇的官员遵守。

一个公务人员有机会犯错且应该受到申饬的行为，大致有以下几种：

在践行法律规定的职责时，他不够热情，干劲儿不足；

他或许并未践行法律规定的职责；

最后，他或许做了违法之事。

只要没犯后面两种渎职行为，官员是不会被法院处罚的。不过，法院在审理时，必须拿出实实在在的事实证据。

在乡镇，行政委员在进行选举时，也会不按照法律限定的程序走。此时，他或许会被判处罚款[3]。不过，法律绝对不会因为官员履行义务时不够纯熟，或者他在落实法律条例时，不够热心或干劲不足，就惩罚他。地方法院虽然有行政权，可它此时是没办法让这些官员彻底顺从的。除非担心被罢免，否则挡不住这种小错，可是由于地方法院只能罢免自己委任的官员，所以乡镇政权在地方法院面前有恃无恐。另外，还要频繁地监督下级官员，以便惩处混吃等死、消极怠工的官员。不过，地方法院一年只开两次庭，没有监督之责，只负责对受到指控的、应该予以申饬的违法行为进行审讯。

想强迫公务人员真正且主动地听命，办法只有一个，就是以干净利落的手段将其免职，可是普通的司法手段是做不到这点的。

---

[1] 参见《马萨诸塞法规汇编》1786年2月20日法令，在第1卷第217页。——原注

[2] 有一种间接办法，可以让乡镇屈服。例如，法律规定乡镇有保证道路完好的责任，它若是因为失误没申请资金维修道路。那么，负责修护道路的乡镇公务人员可以征收所需费用。他自己是有权力追查道路因何失修的，也有权力将此事呈送地方法院提出控诉，而法律赋予他的权力，他自然可以用到乡镇身上。如此，地方法院凭借问责玩忽职守的官员，让乡镇不得不低头。——原注

[3] 参见《马萨诸塞法规汇编》1861年3月7日法令，在第2卷第45页。——原注

这种办法，我们在法国，可以从行政等级制度找到；至于美国，从选举制度中可以发现。

现在，我们可以简要地概括上述内容，如下：

新英格兰的公务人员如果在履行职责的过程中犯罪，普通法院可以当即将他们传至法庭；若他们所犯罪责是行政性的，那么可以处罚他们的，只有纯粹的行政性法庭；若关系重大或者情节恶劣，那么，法官的判决就要对得起自己的职责[1]。

最后，如果相同的公务人员还犯了一个无法判定的罪责，以上法庭又没办法断定他到底有没有罪，那么，在那一年之内，可以让一个不能上诉的法庭来对其进行审讯。这个法庭有权当即解除他的权力，撤回他的委任状，将其罢免。

这个制度自身很有优势，不过有一点必须指明，就是它在落实过程中也有难处。

他们称作地方法院的行政性法院，并没有监督乡镇公务人员的权力，这我已说过。除非已接到诉状，否则没有这种权力。这个制度的缺陷就在这儿。

在新英格兰，美国人并未在地方法院设立检察官[2]，而且，我们也当看到，对他们来说，只设立一位检察官也不是易事。除非县城的那名检察官在乡镇有别的助手，否则，他绝不会比地方法院的人更了解整个县的情况的。可他要是在每个乡镇都有助手，那么，行政和司法权力岂不是都为他所有？并且法律来源于习惯，而英国法律却从没有出现相似的规定。

所以，就像设立别的行政职位一般，美国人分开了调查权和起诉权。

对于该县可能出现的各种犯罪行为，大陪审团的成员必须向他们所工作的法院报备[3]。某些严重的玩忽职守罪由对应的高级检察部门提出指控[4]。通常来说，对犯罪人员的处理——收缴判处罚金——由财务官员负责。所以，乡镇司库发现的大多数违法行为，他可以直接提出起诉。不过美国的法律非常重视个人的权利[5]。这是美国法律的一个首要原则，我们在对其进行研究的时候，

---

[1] 比如，地方法院可以在一个乡镇不肯任命财产估价员时强行任命，而该乡镇选举出的行政官员，并不会失去他作为选举官员所拥有的任何权力。同前引1786年2月20日法令。——原注

[2] 因为地方法院有一个官员可以跟进某些检察官交付的任务，所以我才说是“在地方法院设立”。——原注

[3] 例如，大陪审团的成员应该向地方法院汇报道路的情况。——原注

[4] 例如，县司库没呈送财务报告。《马萨诸塞法规汇编》，第1卷第406页。——原注

[5] 现在，从众多实例中列举一个。一个人若因为道路维护得不好，而使车辆受损或者使自己的身体受到伤害，他有权将负责维修养护这段道路的乡镇或者县告上地方法院的法庭，让其予以赔

经常会看到。

在美国的立法者看来，人肯定有理智，可是对于人的忠实，却不能期待太高。所以，为了保证法律能顺利推进，他们始终不曾忽视个人的权利。

不过，除非规定的条款对个人有利，否则就算再怎么对社会有好处，也不会有人愿意起诉，这显而易见。所以，大家心照不宣之下，也就不会诉诸法律了。制度让美国人钻了牛角尖。在此种情形下，美国人只得允许检举人按照某些条款分一些罚金，以此来激励检举[1]。

这种不惜损害风气也要确保法律得以执行的方法，并不妥当。

自然，比县级行政官员级别更高的官员就只有统治权，没有行政权了。

## 美国行政概况

前边我已经说了，联邦剩余部分的情况，我会在认真研究过新英格兰乡镇和县的机构之后进行简述。

所有的州都存在乡镇，都采取乡镇自治模式，不过所有州的乡镇都和新英格兰的乡镇存在差异。

越是南边，乡镇的自治水平就越低，乡镇的官员的职务和权限就越小，相比于别的地方，民众对乡镇工作的影响就越曲折，乡镇居民大会就越不常举办，所谈问题的范围也越小。所以，选民的权力不大，选出的官员却有较大权力，乡镇的自治思想也相对不足和弱势[2]。

---

偿。《马萨诸塞法规汇编》，第 1 卷第 309 页。——原注

[1] 当有外敌入侵或者发生叛乱时，村镇官员若未能尽忠职守，为民兵提供充足的物资和粮草，乡镇将会被处以罚款，罚金在 200 美金到 500 美金之间（也就是 1000 法郎到 2700 法郎之间）。如果只是如此规定，谁都不会感兴趣，这显而易见。所以，又做了如下补充：

“一切公民均可对类似罪名提出起诉，而检举人将分得半数的罚金。”参见《马萨诸塞法规汇编》1810 年 3 月 6 日法令，在第 1 卷第 236 页。

这种补充条款在马萨诸塞的法律中是非常普遍的。法律有时并不是以此种条款来激励个人检举公务人员，而是激励官员借此来镇压个别的反抗行为。比如，道路的修建养护人员可以在某人接到通知却拒不参加某条公路的修建后，起诉此人。这个人若是被处罚，道路的修建养护人员将分得一半罚金。参见《马萨诸塞法规汇编》第 1 卷第 380 页。——原注

[2] 详见《纽约州法令汇编·增订版》第 4 编第 11 章《乡镇的职权、责任与特权》第 1 卷第 336 ～ 364 页，阿尔巴尼，1829 年版。

这种区别发端于纽约州，到了宾夕法尼亚州已经非常明显了，不过，除非你去过西北地区，否则，这种区别是不会让你觉得惊诧的。新英格兰是建立西北各州的大多数移民的故乡，他们将家乡的行政风气引入了第二故乡。俄亥俄州的乡镇和马萨诸塞州的乡镇非常像。

我们已经说了，马萨诸塞的公共职权被乡镇所控。人们的权益和依赖的聚合点是乡镇。越是南边，乡镇就越不是此类中心。教育在这些州的普及程度还有缺陷，教出的人才也少，也没多少人能扛起行政职责。所以，越是远离新英格兰，行政工作就越是全盘向县城转移。县成了首要的行政核心，成了存在于州政府和一般公民之间的权力部门。

马萨诸塞的县级公共事宜主要由地方法院负责，这点我已经说过了。构成地方法院的若干官员必须由州长和州长咨议会委任。没有县议会，县的预算经过州立法机关投票决定。至于纽约州这种大州和俄亥俄州和宾夕法尼亚州，各县居民将选拔出相应数目的代表，而这些代表所举办的会谈则带有了代议制议会属性[1]。

就像真正的立法部门一般，县级议会在相应的范围内是可以向民众征税的。与此同时，它还拥有县的行政权，负责乡镇的大多数行政工作，让乡镇的权力远比马萨诸塞乡镇的权力小。

联邦各州在乡镇和县在架构上显现出的首要区别，就在这儿了。我若是继续探究，直至具体的落实措施，还能发现很多区别。不过，我并不是要阐述美国的行政权。

在我看来，我谈及的内容已经对美国的行政工作所遵循的原则进行了充分说明。这些原则运用的不一样，不同的地方，成果也各有不同，不过，无论在哪儿，它们的基本思想却都是相同的。不管是法律的内容，还是法律的外貌，都在发生变化，可是，为法律提供生命力的精神没变。

乡镇和县的建立模式并非各个地方都一样；不过，美国的乡镇和县可以说

---

参见《宾夕法尼亚法律精选》中“财产估价员”“税务人员”“治安管理员”“扶贫工作巡查员”“道路管理员”等条款，和《俄亥俄州一般性法令集》第412页，1834年2月25日有关乡镇的法令。其次，对乡镇各类官员，例如“乡镇文书”“孤儿资产保管员”“扶贫工作巡查员”“护秋员”“财产估价员”“乡镇司库”“治安管理员”均有详细规定。——原注

[1] 参见《纽约州法令汇编·增订版》第1卷第11章第304页、第12章第366页；《俄亥俄州一般性法令集》第263页：1822年2月25日有关县行政官员的条令。

参见《宾夕法尼亚法律精选》第170页：“县税”和“征缴”条款。

纽约州诸乡镇分别选一名同时参与县和本乡镇行政工作的代表。——原注

建立的思想基础都是相同的，也就是说，每个人都是有关自身利益——仅涉及其本人的——事宜的最佳评判人，都足以凭借自己来满足自身需求。所以，乡镇和县所负责的仅仅是居民的共同利益。州只有领导权，没有行政权。这一原则在应用上并非没有例外，但不能抵制它。

这一原则最先引发的结果是，乡镇和县的所有行政官员均由民众自己选出，或者起码要在己方阵营选负责官员。行政官员普遍是选举出来的，或者起码不能任意免职，这样一来，任何地方都出现不了等级制度。所以，职务的数量近乎就是独立官员的数量。很多人都拿到了行政权。

因为行政等级制度不存在于任何地方，行政官员都是选举来的，并且只能在任期结束后免职。因此，一定要建立一种制度来对行政官员进行惩治。罚款体制由此而生，将下级部门和下级部门的代表划入法律管束的范围内。美国从南到北、自西向东均使用此种制度。

但是，没有一个州把处罚行政罪犯的权力或者采取应急行政手段的权力集中在一个法官手里。

英裔美国人的治安法官制度有着相同的根源。诸州确实都有此种制度，可是应用的目的却不是一直相同。

乡镇和县的行政工作，所有地区的治安法官都会参与其中[1]：有时是亲自负责行政工作，有时是对行政犯罪行为进行审讯。不过严重的行政案件的审讯，大部分州交由普通法院负责。

所以，在美国，自缅因到佛罗里达推行的行政制度的首要特征是：推行选举行政官员和任期内不可将其免职的制度，没有行政等级制度，没有行政机构可以对下级单位采取司法措施。

一些州开始显现出行政权聚集的痕迹。在这条道路上，走在最前方的是纽约州。

纽约州州政府的官员在管理下级县和乡镇时，可以说，有时候就是监控和掌控[2]。州政府的官员有时也能建立某种上诉法院来对上诉的案件进行审

[1] 行政案件由县法院的法官负责审讯的南部诸州也这么做。参见《田纳西州法令集》中的“司法制度”“税赋”等条款。——原注

[2] 例如，州政府握有人民教育的控制权。立法机构为大学选定评议员，州长和副州长则理所当然的是评议会成员。参见《田纳西州法令集》第 1 卷第 456 页。

大学的评议员每年都会对各个学校进行考察，并撰写年度报告交付立法部门。评议员是确确实实地在监控学校，为什么这么说？更重要的原因是高等院校为了让自己能够买卖和处置资产，

讯[1]。相比于别的州，纽约州以司法惩治为行政措施的时候要少，只有为数不多的人有权对行政犯罪行为提起诉讼[2]。

一些别的州也开始出现了此种趋势[3]。不过，整体而言，仍可说地方分权严重是美国公共行政的鲜明特征。

## 关于州

讲过乡镇和乡镇的行政，现在再看看州和州政府。

我可以非常简要地阐述州的问题，用不着担心大家难以理解。我说的所有的事，在所有人都能看懂的诸州已经写成的宪法中，都有记录[4]。而且，这些宪法自身都有一个简练且符合情理的基础。每个立宪国家的法律都包含了其中的大多数条令，而人们也熟悉了这些条令。所以，此间我只简要地介绍一下。而我谈及的所有的内容，我将在以后进行评判。

---

必须拿到法人（公司）资质，可是法人资质是需要授权的，而这种授权需要评议会提出申请，呈送立法部门审核。专门设立的奖学金需要州每年交付利息，这笔基金的提供者则是那些评议会的成员。参见《纽约州法令汇编·增订版》第455页。

公立学校的领导每年都要交学校的工作报告给州教育主管机构。参见《纽约州法令汇编·增订版》第631页。——原注

[1] 一个人（他是乡镇官员）若觉得学校管理委员会下达的文件侵害到自己了，他可以上告给小学学监，而小学学监给出的判决是无法再上诉的最后裁决。参见《纽约州法令汇编·增订版》第487页。相似的例子，在一些和我所举例子中援引的规定相近的规定，在纽约州的法律中随处可见。不过总体而言，这种集权趋势并不明显，效果有限。州的领导者们在获得监控和指挥下层官员的权力后，并未得到奖励、惩处下属官员的权力。通常下令和对违逆者进行惩处的权力，并不会掌握在一个人手里。所以，他们没有行政权，只有指挥权。

1830年，一个学监在撰写年度报告给立法机构时候，起诉学校管理委员会没顺着他的意愿将他的总结发下去。他又说："若再犯此类错误，我将按律向负责法院对他们提起诉讼。"——原注

[2] 比如，各个地区的检察官有索要超过50美元的罚金的权力，但有个前提，就是这项权力不能交给其他官员。参见《纽约州法令汇编·增订版》第1卷第383页。——原注

[3] 马萨诸塞州也有若干痕迹显示出政权的集中。比如，每一年，地方的学校管理委员会都要呈送报告给州办公厅主任。参见《纽约州法令汇编·增订版》第1卷第367页。——原注

[4] 参见纽约州宪法。——原注

## 州的立法权

州的立法权掌握在两院手里，通常第一个被称作参议院。

一般来说，参议院属于立法部门，不过偶尔也作行政部门和司法部门用。

参议院按照诸州宪法规定，通过各种模式参与行政工作[1]，不过通常来说，它是在选举官员的过程中走进行政权区域的[2]。至于司法权，它会在对一些政治案件进行审讯时享有，有时在对一些民事案件进行审讯时也有。

参议员的人数始终有限。

另外一个立法部门名为众议院，完全不具备行政权；而司法权，只是在将公务人员告上参议院时才有。

诸州挑选两院议员的要求几乎完全相同。他们以相同的模式进行选拔，而投票的公民也是一样的。

参议员的任职期限通常比众议员的长，这是两者之间仅有的区别。后者的任期一般都在一年以内，而前者的一般都是两三年。

为什么法律会赋予参议员更长的任期和连任的权力？因为它想在立法部门里留下一些已经熟于公务且能帮助获选议员的骨干。

在将立法部门分成两院时，美国人从未想过要把其中一个建成世袭的，另一个建成是选举的；他们也没打算让一个作为贵族部门，一个作为民主的喉舌；他们也没准备让第一个扶持政权，让第二个顺应民情和人民的权益。

美国当前的两院制引发的好处只有一个，即立法权的分割制约了国会的行动，构建了审核法律的上诉法院。

时间和阅历告诉美国人，急需实行引发带来此种好处的司法权分割。全合众国率先尝试建立一个议会的州只有宾夕法尼亚州。在人民主权原则的逻辑思维的驱动下，富兰克林接受了这一提案。可是宾夕法尼亚很快就被迫修正法律，建立了两个议院。因此，司法权分割原则再次获得认可，于是大家以后可以相信，立法权必须分派给若干部门是一个真理，已经得到了证明。古代的共和国几乎

[1] 马萨诸塞州的参议院，完全不负责行政工作。——原注

[2] 例如在纽约州。——原注

完全没有这个观念。就像众多崇高的真理一般，这个观念刚出现的时候，曾经被很多当代的国家误会，不过最终成了当今政治科学中的一个公理被广为流传。

## 州的行政权

州长代表了州的行政权。

我用“代表”这一字眼，是有原因的。州长其实就是行政权代表，不过他使用的只是他享有的部分权力。

这位被叫作州长的最高官员，不仅是立法部门的领袖，还是它的参谋。凭借否决权，他能随心所欲地终止或者起码拖延司法部门的行动。他将本州的需求告知立法部门，并说明在他看来，要采取哪些有力措施才能达成这些需求。立法机关针对全州一切活动所做的决议，他是当之无愧的推进者[1]。立法机关休会的时候，为了防范骚乱和突发的危险，他必须采用各种各样的合适的举措。

整个州的军权都掌握在州长手里。他不仅是国民军的统帅，还是军队的头领。

如果有人反对人民依法承认的州的权威，州长将带领州的军队肃清反抗并恢复日常秩序。

最后，州长仅仅是通过委任治安法官[2]极为间接地参加地方行政工作，除此之外，乡镇和县的行政工作，他都不参与；不仅如此，他是没有权力罢免自己任命的治安法官的。

作为选举出来的官员，州长的任期通常只有一两年，如此，他就处在了大部分选他的选民的密切注视之中。

## 美国的行政分权的政治效果

“集权”这个词，人们现在经常使用，可是通常来说，还没人明确地定义它。

其中有性质截然不同的两种集权，必须将它们区分明白。

有些事和全国各地都休戚相关，比如，国家性法律的制定、本国与别国的关系问题。有些事只存在于国内的某个地区，例如地方的建设工作。

[1] 立法部门批准的提案，其实州长有时也不会跟进。一般来说，立法部门投票通过某项提案时，会即时指定执行人。——原注

[2] 治安法官在很多州中都不是州长选定的。——原注

把第一类事项的指挥权交给一个地方或者一个人，这种行为我称之为政府集权；以相同的手法将第二类事项的指挥官聚拢到一处的行为，我称之为行政集权。

这两种集权在一些地方界限模糊，不过从整体上对它们各自负责的区域进行观察时，二者就容易分辨了。

政府集权如果和行政集权携手，它明显将拥有无尽的权力。如此，它就会让人形成长时间的、绝对不敢袒露自己意愿的习惯，不是在某个问题上或者在某个时间段顺服，而是在每个问题、每天驯服的习惯。所以，它既能以自己的权力压制民众，还能用人民的习惯控制民众。它先让民众彼此隔离开来，之后一个个对付，让他们变成顺民。

在我看来，这两种集权虽然彼此支援，相互吸引，却没什么不能分离的。

法国在路易十四时期出现了最强势的政府集权，人们甚至相信：除了他，没人能制定国家的法律，对这些法律进行解释，随心所欲地在外国面前做法国的代表。他说“朕就是国家”，并且他始终有理可讲。不过路易十四掌权时期，行政集权的程度却远比不上今天。

当代英国政府的权力也非常大，政府集权已经走到它能够抵达的最高峰：国家如同一个独自行动的人，它可以随心所欲地激励民众，把自己的所有权力收拢、施加到它想要投入的所有地方。

英国虽然在五十多年前就达成了此种伟业，却并未推行行政集权。而我自己，我坚信，一个没有强悍的政府集权的国家，是无法存活的，特别是无法繁荣昌盛。

不过，在我看来，行政集权会持续磨灭人民的公民观念，所以它只会让治下的民众消沉落寞。

在某些时期和某些地方，行政集权的确有机会凝结国家所有能够集结的力量，可是却会危及这些力量的重新出现。它或许能带来胜利，却会折了政权的命。所以它或许会极大地帮助某人得到昙花一现的伟大，可对一个民族长时间的兴盛却无能为力。

值得一提的是，人们在说某个国家没有成绩是因为它不曾推进集权时，他们通常指的是自己并未切实弄懂的政府集权。有人再三声明，德意志帝国从未让自己的力量获得一切有机会具备的好处。我觉得这个说法是对的。可原因是什么？

因为国家的力量从未集中过，因为国家从没让所有的民众都遵从全国性法律，因为这个大整体里的若干独立的环节始终有权或者有机会拍开国家最高政府的代表的手，就算关系到所有公民的权益的时候，也没什么不同；换言之，是因为它没有政府集权。这句话用在中世纪也是合适的。所以，中世纪的封建社会有各种磨难；除了行政权，指挥权也掌握在很多人手里，并被分成若干块。政府集权的完全不存在，使得那时欧洲的各个国家难以活力四射地朝任意一个目的地前进。

美国没有行政集权，那里也几乎见不到等级制度的迹象，这点我们已经说过了。美国的地方分权已经到了这种程度：在我看来，不仅仅是让所有欧洲国家感到不满，而是让它们感到难以忍受；而且在美国境内，此种分权也带来了某些恶果。可美国的政府集权的程度也非常高，欧洲之前的任何一个君主国的集权程度，都比不上美国，这点很容易就能证明。各州不但立法部门只有一个，连能够为该州带来政治生活的政治机构也只有一个；与此同时，为防它们试图超出自己的行政权力干预政府工作，通常不允许若干县的议会一起行动。美国不存在能够和各州立法部门对抗的力量。无论是特权，还是地方豁免权，或者是个人影响都无法遏制它的前行，就连理性的权威也不能，因为它是多数的代言人，多数又自觉自己是理性仅有的喉舌。所以，它可以随心所欲，唯一可以约束它行动的就是它的意愿。站在它那边，被它控制着的，是负责通过武力让不满分子不得不屈服的行政权的代言人。

只有政府工作的一些具体内容上有些缺憾。

在美国，各个共和州并没有用来压制少数的常规部队，不过直到今天，少数也没壮大到能够挑起战争，让州觉得非建一支部队不可的程度。州往往借助乡镇或者县的官员与民众来往。例如，新英格兰统计税赋金额的是乡镇的财产估价员，征收税赋的是乡镇税务员，将征收税额交付州库的是乡镇司库，对税务争端进行审讯的是一般法院。用此种方法征税，不仅慢，也不方便，总会危及需要大笔款项的政府工作。通常来说，一切和政府生存密切相关的事宜，委任者都应该是政府本身，而被委任者都应该是能够随时罢免的工作效率极高的官员。可是，通常来说，如美国一般构建而成的中央政府却能按照需要，使用较为有效的较为强劲的行动措施。

所以，人们总是挂在嘴上的那种情况——新大陆的各共和国将会因为美国没推行中央集权而自取灭亡，并不会发生。美国诸州的政府集权的程度不是低，是太高了。之后，我会证明这点。如法国国民公会一般，各级立法会议没有一天不在剥夺政府的各种权力，试图抓住所有的权力。因为完全不受制约，它总是表现得盲目又短浅。这就是它的要害。所以，如果有一天它覆灭了，那么原因不是它懦弱无力，而是它自己的力量。

在美国，行政分权引发了若干不同的结果。

我认为美国人几乎将行政彻底从政府中剥离出来了；要知道，就算是为了那些重要性稍差的事情，也得有个全国一致的体制[1]，可他们在这件事上似乎脱轨而出，没了常识。

既然州没向辖区内诸行政区划派驻的行政官员限定职务，那么，统一的惩处体系就无法建立，进而就基本想不到要制定全州共同的治安管理条例。可是，明显应该颁布此种条例。在美国，欧洲人始终找不到此种条例。开始欧洲人会因为这种外在的无序觉得美国社会处于纯粹的无政府状态中，等他们进一步挖掘事物的内在之后，就会发现，之前的看法是错的。

因为缺少针对它们的全州性行政机构，有些事虽然事关全州也无法一起推进。让选举出的任期固定的乡镇官员或者县级官员来处理这些事，最后要么毫无结果，要么无法长久。

欧洲的集权主义的拥趸们坚信，既然地方政府不会处理地方行政。那么，相比于由它处理，由中央政府处理更合适。

这种论调或许是对的，但前提是中央政府懂，地方政府不懂；前者踊跃，后者消极；前者习惯于指挥，而后者习惯于顺从。我们甚至有这种看法，中央集权的程度越高，这种两极化的进程就越快，也就是一边的权力能力越来越强，一边的却越来越小。可是，我认为美国是不会出现这种情况的，因为美国人有知识，看重自己的利益，也有为自身利益考虑的习惯。

我反倒坚信，政府的权力在此种情形下永远不会比公民集体的力量能够创造的社会福利大。

我知道，想在一定的情形下，找出办法将一个酣睡的民族唤醒，让他们拥

[1] 在我看来，州政府就算不亲自处理行政工作，起码也得将监督地方行政的权力抓在手里。例如，派州级官员去各县担负规定的职务，让他拥有对该县和下属乡镇出现的罪案进行审讯的司法权力。不过，想在不影响地方独立的情况下建立一致的制度，能做到吗？没有哪个美国的县有州派驻的官员。完全没有县法院以上的司法部门；而这些法院在没有受理应予惩处行政案件时，也不会开庭。——原注

有他们不具备的知识和冲劲儿，难度很大；想让大家明白他们应该努力工作，很有难度，这我也清楚；相比于修建公众住宅，他们更愿意学习皇室礼仪的细枝末节。

可是，我也相信，对于下级部门的自由竞争，中央的行政机关若是专注于彻底取而代之，那么，它就算没害了自己，也会害了别人。中央政府就算再睿智干练，也无法洞若观火，只靠自己就掌握一个庞大国家生活中的所有细枝末节。这种工作超出了人力所及的范围，它是做不到的。它如果想凭借一己之力创造大量发条，并且让它们同时开动，最后，不是错漏百出，就是白费力气。

中央集权确实易于促进大家维持明面上的动作一致。人们因为崇敬中央集权，才有了这种一致，这不假，可是就像信徒跪拜神像却不记得神像是哪位神祇一般，大家并不清楚这种集权的目的。最后，中央集权轻而易举地为国家的日常工作披上了井然有序的外衣，制定了详细的国家公共安全条例细则，及时扫平小型动乱，对轻微罪行予以处罚，让社会处于虽未切实发展但也不会明显后退的当前的状态中，让整个社会都一直处在官员们口中的好秩序和社会稳定的那种不清醒的故步自封的状态中[1]。一言以蔽之，中央集权擅长守旧，却不擅长革新。它一旦促使社会发生重大变动，或者社会疾速发展，就会无力控制。在这架巨型机器的种种举措需要民众携手时，它的缺陷会当即显现出来，马上就会黔驴技穷。

中央集权的政府有时逼不得已，也会向民众求助，可它却是这样与自己的民众说的："你们只能依照我的想法做，做多做少要看我的意思，还要和我想的一模一样。你们别想统御全局，只去做细枝末节就行了。你们工作时要两耳不闻窗外事，想评判我的行为，就看日后的结果吧。"有这种前提，谁会想去帮它？人们想自由行动，也甘愿为个人的行动负责。所以，相比于茫然无知地奔赴他们并不清楚的地方，他们更愿意待在原地。

我承认，在我看来，美国应该有引导我们所有法国人日常生活的那种一致的制度。

---

[1] 我认为，再没有哪个国家行政集权的程度比中国更高了，它以最高集权的行政让治下的民众拥有稳定的社会。一些游者同我说，中国人稳定却不幸福，行业多种多样也止步不前，稳重却少了冲劲儿，制度森严却没有公德。中国人的社会确实每天都前进得不错，可若说是前进得非常好，就没有了。在我看来，只要中国对欧洲敞开大门，它就能从欧洲找到当前世界上有的行政集权的最佳范本。——原注

偶尔能见到一些真实的例子，证明社会漠视民众，不重视民众。偶尔能见到些瑕疵，看上去和周边的文明格格不入。

和别的国家没什么不同，美国人有时也会因为短暂的激情和忽来的兴致去做事，所以有些事项虽然有益，应该持续关注、严密推进，却无疾而终。

美国那种繁杂的乡镇行政体系，欧洲人难以使用，因为找一个近乎能扛起所有事项的官员去做事是欧洲人的习惯。通常可以这么看，美国并不关注那些能让人获得闲适和稳定生活的公共安全细则；可社会对人的重要职责，美国和别的国家没什么不同，也是一应俱全的。美国诸州所用权力百倍于欧洲，虽然它没欧洲的条分缕析，便于教育引导。

这个国家的人民最后在社会福利上的成就，比世上任何一个国家的人民的都大。据我所知，没有一个民族建立的学校这么多、这么有效果，修建的教堂这么符合民众的需要，铺设的乡村公路养护得这么完善。所以，去美国探寻外在的一致和长久并不合适，对细节的周密布置和对行政程度的完备规定才是应该去探寻的[1]；在那里，我们见到的权力机构，虽然稍显粗糙，却盈溢着强劲的力量，看到的生活画卷，虽然突发事件不断，却生机勃勃，积极进取。

若是问我怎么看，我的看法是，在美国，从当地选拔官员来管理乡镇和县城，不如让乡镇和县远离管理自己的权力，让它远离被它看作敌人的中央政权的管理。要是让我评判，我的看法是，美国全国的行政若是把控在一个人手里，美国会被管理得更加稳定，美国的社会资源也会得到更加妥善、合理的运用。地方分权确实让美国人得到了政治利益，可我还是觉得该用相反的体制。

一个常规政府，如果成了我的自由和性命的独裁者，控制着整个社会的活

[1] 看到美国财政和法国财政的对照，一个出色的作家证明说，无论何时，智慧都无法取代切实的知识，因此，斥责美国乡镇预算混乱，并非没有道理。列举过一个法国乡镇预算的实际案例后，他说："国家各个地区的预算能够从小村开始，一步步到大城镇，按部就班、条分缕析，是因为中央集权这一神圣的创造。"这一成就我自然也称颂过，可是，我发现法国乡镇虽然有完善的财务体系，可大多数乡镇对自己切实的利益一无所知，麻木到让人忍无可忍的地步，以致生出了这个社会不是在活着，而是在等死的感觉。另一边，美国那种乡镇虽然没按特定的规制架构，没有一致的法度，但那里的居民却聪慧、主动，也积极。在我看来，那里的社会一直在发展。因为我觉得好的政府不该为了建立稳定的秩序就罔顾民众的苦难，应以造福于民作为首要目标，所以这种情景让我感到吃惊。所以我想我说的这个理由，或许就是美国乡镇的兴旺但财政混乱，法国的乡镇凄苦但预算体制完善的原因。归根结底，我的意思是，坏中的好越多越好，善中的恶越少越佳。——原注

动和生活。假使它低迷消沉，它身边所有事物就得低迷消沉；它沉睡，它身边所有事物也得沉睡；它消亡，它身边的所有事物都得消亡。那么就算它会时常关注我的娱乐不被干预；扫清我前行路上的所有危险，让我不用为之烦心，这个为我摆平生活中所有小难题的政府对我也是毫无益处的。

某些欧洲国家的民众觉得自己是外来的，对当地的命途漠不关心。他们不存在于发生在国内的某些重大变革中，不仅如此，连变化发生的过程都不太清楚，仅仅知道有变化发生，或者偶然从别人口中听说发生了某事。甚至连发生在本村的事，街区的治安、教堂牧师的环境，他们都不在意。所有这些事，在他们看来，都和自己无关，该由强有力的第三者——也就是他们口中的政府管。

对于手中的资产，他们只将自己当作享有用益权的人，别说霸占这些资产，他们甚至没有一星半点儿的更进一步的想法。他们不在意自己，这种心态居然发展到自己或者孩子的安危都无法保障，还不肯自己解决险情，只是无所作为地等着国家救助的程度。并且这种人虽然愿意毫无保留地放弃个人意愿，但这绝对不表示他们比别人更驯服。他们可以任由一个小小的军官肆意摆弄，毫不反抗，可当大军撤离，他们却如打败了敌军般嚣张地违法乱纪。所以他们总是在奴性和肆意间左摇右摆。

一个国家要是走到了这一步，公共道德的源泉必定已经干涸。虽然还有百姓，但公民却没了，所以除非革新法律和民情，不然必定覆灭。

在我看来，这种国家正等着别国的侵占。除非它周边的国家和它差不多，或者还比不上它，否则世界的舞台上肯定已经没了它的踪迹。它有种无法界定的爱国的本性，或者没头没脑地骄傲于往日声名，或者依稀记得昔日荣耀，然而这些东西其实毫无用处，只不过能让它在遇到侵犯时生出些自保的激情。

一些对于某个国家来说是外来人口的民族，为了保护这个国家而做出了巨大的牺牲，如果你想以此来证明他们爱国，并不能成立。因为经过进一步探查，你将发现宗教近乎是那时他们这么做的最重要的原因。他们将国家的永续、荣耀和繁荣视为崇高的教义，他们是圣城的公民，而捍卫国家就是捍卫圣城。

从不参与管理社会事宜的土耳其人，在相信苏丹们的获胜代表穆罕默德教获胜时，就会接手某些艰巨的使命。这个宗教如今正在衰败之中，在他们那儿只剩下专制制度尚未消亡，他们自己也在败落。

孟德斯鸠[1]相信专制制度有着特别的力量，还说这种荣耀源于它自己，可在我看来，它配不上这种荣耀。凭借一己之力完成所有工作的专制制度势必无法长久。让专制政府长久兴旺的并不是恐吓的力量而是宗教，这点你只要认真观察就能发现。

在人们中间切实强悍的力量只有民心的自由结合，除此之外，无论你如何寻觅都再找不到别的。不仅如此，世上能让所有公民长时间地朝一个目标迈进的事物，也只有爱国主义或者宗教。

已经沉寂的信仰，是无法靠法律再次燃烧的，可民众会因为法律而关注祖国的命运。法律能将民众心里迷蒙的爱国天性唤醒，并加以引导，当这种天性和观念、激情、生活习惯融合到一起，就会变成一种主动、长久的情感。人虽然消亡得非常迅速，可国家并不会，所以说尝试唤醒此种天性已经晚了这种话，绝对是错的。生于一个国家的每一代都是即将参与立法工作的新生命。

美国最让我敬佩的是地方分权的政治成就，而非此种分权的行政成就。国家的存在感在美国是无处不在的。从各个村落到整个美国，无人不在关注着国家。

民众如同关注切身利益一般关注国家的各项权益。他们为国家的荣誉感到骄傲，炫耀国家取得的成绩，坚信自己能为国家的发展出力，觉得国家繁荣，自身也会兴旺，并且为自己得益于国家昌盛而感到欣慰。他们对国家的爱，和对家庭的爱差不多，并且他们会因为某种私心而关注州。

在欧洲人眼里，公务人员通常代表的是政权，可在美国人眼里，公务人员做事是对公民权利的运用。所以在美国，人可以说是在遵从公理或者法律，而非听命于人。

他们对自己的看法通常稍显浮夸，但一般都是积极的。他们对自己的能量深信不疑，觉得它攻无不克。如果有个人想在与社会公益直接相关的事情上有所作为，他不会找政府帮忙。他袒露过自己的计划之后，就会独自推进或者找别的个人的力量帮忙，为了它而排除万难。通常来说，它的成果比不上有政府帮忙的时候，这是一定的。可是如果把目光放长远，所有个人事业整体的成果远比政府可能会带来的成果大。

[1] 孟德斯鸠：查理·路易·孟德斯鸠，1689 年 1 月 18 日～1755 年 2 月 10 日，他是法国启蒙思想家和社会学家，是西方国家学说和法学理论的奠基人。——译者注

人们不会因为行政部门而生出羡慕或者憎恶的情感，因为它只负责民事问题；可是它能够采取的措施不多，所以大家觉得不能将种种事宜都交给它来办。

所以，行政部门在行权时，不会如欧洲那般出力的只有自己。由于民众的代表会有所作为，所以用不着担心公民不肯履行责任。恰恰相反，所有人都会帮助、声援和力挺行政部门。

集权程度最高、最强有力的行政部门也无法做到的事，通常可以通过个人拼搏和社会力量携手来完成。

上面说的所有的事，我能列出很多实例予以证明，可是我宁可只列举一件事——一件我最了解的事来证明。

美国政府具备的探查罪行、追缉犯人的措施非常少。

美国没有行政内勤民警，也不知道护照是什么。美国的司法警察比法国的差；检察官非常少，通常主动起诉罪犯的人，也不是他们；他们审理罪犯的速度极快，并且只是口头审讯。不过如果我所料不错，美国会是遗漏罪犯最少的国家。之所以如此，是因为提供犯罪证据和追缉罪犯，在所有人眼中，都是和自己休戚相关的事。

在美国旅行的时候，我曾经亲眼见到一个出现大案的县，那里的居民主动建了一个委员会，以便追缉罪犯，并将其送往法院惩处。

欧洲的罪犯如果在逃匿中被官员抓住，只能怪他运气不好，在这场争斗中，民众不过是局外人；可在美国人眼中，罪犯是站在人类的对立面的，人人喊打。

在我看来，地方分权体制对所有国家都有好处，不过对其需求最为紧迫的，是民主的社会。

想在贵族体制内永葆自由，就必须维持一定的秩序。统治阶层尤其关注秩序，因为动乱对他们的影响更大。也可以这么说，贵族体制内的百姓之所以能让专制的压榨不过度，是因为民众通常可以为了随时对抗暴君而建立起自己的力量。

只有存在着地方分权体制的民主制度，才有抵御此种灾祸的保证。

民众连如何在小事中运用民主都不会，又怎么知道如何将民主用于大事中？一个国家，所有人都虚软弱小、没有权利，并且未被任何一致的利益联结，在这样的国家里，如何抵挡暴政？所以慢慢推进地方自由，是担心人民叛乱的人和忧心于政府霸权的人的共同心愿。

我也相信，最有被行政集权所约束的国家，就是社会环境民主的国家。

有很多原因会造成此种结果，不过最重要的原因是：

此种国家总是有这种趋向——政府的所有权力都朝着直接代表人民的仅有的权力部门聚集，除了人民，再无其他，可这个人民仅仅是群绝对平等的个人。

然而，这个权力部门若是有了政府的所有特点，它轻易会生出插手行政工作的具体内容的想法，时间一长，它总会找到这样的机会。这种情况我们在法国已经亲眼所见了。

自由和专制是法国大革命期间出现的两个截然相反的趋向，应该分辨清楚。

在古代的君主制中，法律只有国王能定。可是到了君主专制时期，支离破碎的地方分权体制的一些痕迹虽然不够清楚，却还是能看见的。

此种地方分权体制原本就差异巨大、错漏百出，往往看上去让人啼笑皆非。可有时这种体制在贵族制度中居然成了压制的手段。

法国大革命在同一时间表示，无论是君主制，还是地方分权制，它都不赞成。它是非不分，凡是之前存在的，全都不喜欢，不管是专制权力，还是能够压制此种保证的举措。就这场革命自身而言，既具有共和主义属性，又有中央集权趋势。

专制权力的朋友能够安心援引的最佳实例，就是法国大革命的这种双面性。当你发现他们在捍卫行政集权，你无法说他们在为专制体制服务，因为他们会说，自己在捍卫大革命的一个首要成就。如此一来，人民的权利，人民和敌人——开诚布公崇尚自由的人和藏匿在暗处的暴政的奴仆——就都能享用得到了。

我去过两个自由制度非常完善的国家，询问过这两个国家的政治党派——他们都争着掌握该国大权——的看法。

我发现，美国有人私下筹谋损害国内的民主体制，英国有人高调宣扬废除贵族体制。可这两个国家的所有的人都相信地方自由这件事是非常有益的。

我发现这两个国家的人将国家的缺陷找了很多理由，可全都不包括地方自由。

对于自己国家为何兴旺、强盛，公民告诉我的理由有很多，可是在他们列举优势时，却将地方自由放在了第一位。

我发觉，他们虽然有着截然不同的宗教教义和政治理念，可在这件事上——这是仅有的他们每天都会看到，所以能得出正确结论的事实——却有相同的看法。我的这一发现，应该没错吧？

除非地方自治体系不完善或者完全不曾采用此种制度，否则没有哪个国家会拒绝承认这种制度的好处。换句话，就是斥责这个制度的人，肯定不了解这个制度。

## 第六章　美国的司法权及它对政治社会的影响

我会单辟一章来考察美国的司法权力，我的写作计划就是如此。美国的司法权力对政治的影响非常大，为免读者因为我介绍得不够详细而有所轻忽，我认为必须重点介绍。

联邦结构不是美国才有的，某些别的国家也有。除了新大陆的海岸，世界其他地方也有共和体制。欧洲也有几个实行了代议制的国家。不过，在我看来，美国是截至今日世界上仅有的如此安排司法权力的国家。

对于局外人来说，美国最让人费解的是司法部门。他看到的是，几乎所有的政治事务都得借助法官的威信。所以，法官在他的总结中成了美国的一个庞大的政治势力，这是理所当然的。接下来在他探究法院的结构时，司法的特点和步骤，他一看即知。他会发现，法官对于公共事务的干预，似乎是偶然的，可这种偶然却又每天都会发生。

巴黎的最高法院驳回了政府议案或者不肯为政府的法律存档，或者最高法院对某个玩忽职守罪的嫌犯进行了亲审——在发生这样的情况时，人们可以如此认为——司法权产生了政治效果。可这种情况，在美国并不会发生。

司法权所有众所周知的特点，美国人都保存了下来。他们让司法权可以照章办事，且绝不越界。

无论在哪个国家，司法权的最大特点都是裁定案件。没有因争执而诉讼的案子，法院就无法发挥效力。法官只有接到递上来审讯的讼案，才能进行裁定。所以，没有依法起诉的案件，司法权力就施展不出来。司法权或许用不上，但它就在那里。由于法官在审案前必须对与案件相关的法律进行相应的评判，所以他审案时指摘这些法律，并没有越权，只是延伸了自己的职权。如果法官对法律的评头论足发生在他还没开始审案时，那么他绝对是越界，妨碍了立法权。

可以对私人案件进行审讯，但不能裁夺全国的基本原则，是司法权的第二个特点。如果法官坚持某个基本原则的所有论调都有问题，进而判定它失效，并且他是在裁定某个私人案件时对其进行破坏，他就没有越权。不过，他若是直接指摘基本原则或者在他破坏基本原则时手里没有私人案件等待审讯，他就超出了所有国家都赞成的应该予以制约的法官权限，为什么？因为他擅自闯入的职权范围，比普通官员的大，还可能是远大于普通官员拥有的职权，不过，这会让他失去代表司法权力的资格。

除非收到请托，或者换句法律术语——除非审理案件，否则它不会有所动作，这是司法权力的第三个特点。和另外两个特点比，这个特点的普遍性稍差；不过我相信，虽然有些特例，但这个特点仍可视为最重要的特点。司法权力，以属性而言，它本身具有被动性。不推它，它是不会行动的。要先向它提交罪案，它才会惩处罪犯；要先请它指出违法行为，它才会予以指正；要先将等待核查的法令交到它手中，它才会做出解释。可是，追缉人犯、查处犯罪行为和核查真相的工作，它会交给别人来做。它若是主动站出来，说自己是法律的核查员，它就涉嫌超出了自己的职权范围。

司法权力的这三个明显的特点，美国人都留了下来。在美国，法官除非接到诉讼，否则是不会审案的。他只接受私人案件，无一例外，并且行动时必然已经接到了诉状。

所以相比于别国的法官，美国的法官并无不同，可他们的政治权力却非常大。这是怎么发生的？他们的职权范围与行动措施和别国的司法官员一模一样，既然如此，别国法官没有的权力，他们又怎么会有呢？之所以如此，是因为在美国人看来，赋予法官权力使之得以对公民进行裁夺的，不是法律，而是宪法。换言之，如果法官认为某项法律违背了宪法，他可以不用，美国人觉得他可以这么做。

据我所知，相似的权力，别国法院偶尔也有要求，但它们并未获得。可是美国的各个方面都认为法官有这个权力，任何政党，甚至个人，都没反对过。

我们可以从美国宪法规定的此项原则中，找到会出现此种情况的原因。

在法国，宪法不能改，或者说，人们相信宪法是不能改的；没有任何权威可以更改宪法，一丝一毫都不行，这种观念已经形成了共识。

英国的宪法，国会有权力更改。所以英国的宪法一直在修正中，或许说英国本就没有宪法更合适。国会不但是立法部门，还是宪法的制定机关。

相对来说，美国的政治概念更简单，也更符合常理。法国觉得宪法不可更改，英国将修改宪法的权力交给了社会公认的权威，而美国的宪法和两者都不一样。这部法典则截然不同，它代表了所有民众的意愿，所有人都要遵守，不论是立法人，还是一般民众；不过可以按照民众的意愿进行修正，当然这要在事先确定的前提下，遵循特定的步骤进行。

所以在美国，宪法并非不可更改，可只要它没消亡，有一天算一天，所有部门和个人都得遵从。这绝无仅有的权威，只有它才有。

所以，司法部门的地位和权力，在这三个国家肯定会受到这些差别的影响，这不难发现。

将法律违背了宪法作为借口，让法律失效，法国的法院如果能这么做，那么法院将在事实上掌握法国的宪法制定权。因为除了法院，任何人都没有解释宪法，并对宪法的条款进行改动的权力。所以，它们会取代国家、控制社会，而司法权力本身的缺点也将推动它们这么做。

据我所知，在法国，法官没有声称法律违宪的权力，再加上，没有遏制立法机关修改宪法的合法保证，使得法国更改宪法的权力间接落到了立法部门手里。不过，相比于将修改人民宪法的权力交给只能代表自身的人，就算将其交给部分代表民意的人也好。

由于议会不仅制定法律，还制定宪法，以致只要是国王、上议院和下议院颁发的法律，就无论何时都不会被视为违反了宪法，所以，让英国法官拥有对抗立法部门意愿的权力，更不合适。

在美国，这两个推理都不适用。

美国的宪法如约束普通民众一般，约束着立法者。所以，在美国，宪法是所有法律的领袖，没有什么法律能够修正宪法。所以，法院要在不违背宪法的前提下遵从法律，这并无错处。这是对司法权力的原则的坚守，也就是，在选择合法的处理方案时，法官要在众多方案中，选择最符合基本法律的方案，他本就有这个权力。

在法国，也是所有法律都以宪法为首，所有法官也都有权以宪法为裁决依据；可是他们在使用这一权利时，或许会违反别的比这一权力更崇高的权力，也就是违背自己代表的国家权力。这时，国家的原因就会战胜一般原因。

这种危险在美国并不存在，因为通过修正宪法的办法，法官永远不会冒犯到国家。

所以，在这方面，政治和逻辑得以统一，人民和法官也各自享有自己的权力。

所以，在美国，如果法官觉得法院需要引用的某条法律违宪，他可以不用这条法律。

美国法官独有的这一权力，具有极大的政治作用。

由于法律通常都会牵涉到个人利益，并且原诉人在关系到自己利益时，是能够对法院提出不同看法的，而且肯定会提出不同看法，所以，法律事实上几乎很难长时间不被法官检验、研究。

所以，从法官在审案时驳回某项法律那天开始，这一法令就会马上失去一些道德感召力。利益受损的人此时会想方设法不践行此项法律赋予他的责任，而呈送的同类案件就会增多，这条法律的威力也会变小。在人民修正宪法和立法部门表示这一法律被废这两个选项中，肯定会出现一个。

于是，法院虽然从美国人手中得到了无尽的政治权力，可是如果它逼美国人遵守，美国人就能借助司法措施进行反抗，进而让此种权力的缺点被极大地减小。

法官若是能在观念上和法律对战，能用普通的模式攻击法律，能单独行动，能弹劾立法者，他自然是登上了政治舞台，成了某个政治党派的拥趸或者对手，使得全国人民都蜂拥参战。可法官若是在某个不太重要的政治斗争中和在私人案件中驳斥法律，其驳斥的重要性或许就不会被民众发觉。此时，受到他裁决影响的只是个体的利益，法律受到的破坏也是偶尔发生的。

另外，受损的法律只是道德感召力变小，却并未被终止，它还在发挥实际作用。这一法律的废除是在它遭受了一次次对抗，被数不清的判罚一再证明后发生的。

并且，个人弹劾法律得到认可，使得审核法律与审讯个人的联系变得非常紧密，也确保了法律制度难于受到攻讦，这也很容易理解。这种方法的使用让法律不用每天忍受政党的滋扰。因为案件需要依法审理，所以在指摘立法者的失误时，必须考虑现实需要，也就是一定要有理有据，绝不能弄虚作假。

美国法院的此种行为，对公共秩序和自由而言，都极有益处，这点我十分清楚。

法官若是只能正面对抗立法者，他有时就没胆量这么做；而其他时间，党派观念又每天都在促使他进行此种尝试。最后，立法部门若不够强大，法律就会被攻讦；立法部门若足够强势，人们就没胆量开口，只能安分地依法而行。也就是说，法律被人攻讦得最频繁的时候，是人们觉得法律对自己最好的时候；

而当法律容易打着自身的旗号施压时，却会被敬重。

可是在美国，法官并不是主动走上政治舞台的，而是被拽上去的。他们之所以必须检验法律，是因为当案件出现时，他们必须予以审理。一切需要他们裁夺的政治问题都会涉及当事人的利益，而他们不得不审理，除非他们不承认公理正义。对他们来说，对法官职务的尽忠职守，就是在践行公民的责任。因为那种名为官司的寸步不让的争执，肯定不是某些法律造成的，所以在此种体制下，法院以司法形式对立法部门展开的弹劾，确实无法一视同仁地波及每项法律。想象得出，就算发生了此种争执，也不会有人愿意将其交给法院处理。

这种方法的麻烦之处，美国人也不是没有感觉，其实这种感觉经常出现，可因为担心大的改动会为种种案件带来恶果，他们宁肯一点点修补，也不愿意进行完全地修正。

在议会政治的霸权面前，美国法院得到的这种权责有限，但能驳回违宪法律的权力，是迄今为止人们修筑的一道坚实的屏障。

## 美国法官拥有的别的权力

每个公民都有权向普通法院的法官起诉公务人员，每个法官都有权判罚公务人员，在人们眼中，这对自由国家来说都是理所当然的，作为自由国家的美国自然不会例外，所以我不清楚我有没有必要谈及美国的这些情况。

我认为，在美国，政府的权力并没有因为要求所有公务人员都对法院负责而变小。与之相反，在我看来，美国人这么做让政府更受敬重了，这种敬重是它本该拥有的，而为了不受到指摘，政府也工作得更加仔细了。

美国的政治诉讼案非常少，是我见到的发生这种案件最少的国家，至于为什么会这样，很容易解释。

无论案件是什么性质的，打官司终究不是件简单的事，还要花不少钱。在报刊上指摘某个普通人非常简单，可没有足够的理由，是无法将其送上法庭接受审判的。所以想根据法律对某个官员提起诉讼，首先得为起诉找到合理的缘由。官员们除非不怕上法庭，否则绝不能让人抓住这种把柄。

相同的情形，英国也可以每天都有，所以美国人使用的是共和体制并不是此种情形出现的原因。

让法院来监控国家的首要官员，自己的自由就有了保障这样的想法，这两个国家的人民都没有过。在他们看来，相比于依赖他们从未指望过的或者很久之后才能采取的大诉讼程序，在保证自由方面，普通民众依赖随时可以采取的小诉讼程序更合适。

中世纪，抓捕逃犯非常困难，通常来说，法官抓到若干犯人后，会对捕获的犯人施加可怕的刑罚，可犯罪行为并没有因此变少。后来大家发觉，惩处效果是与惩处的正确性与平和性成正比的。

美国人和英国人减少了审理的步骤，并减轻了刑讯强度，因为他们觉得应当将凌辱和蛮横看成抢掠。

法兰西共和国第八年颁布的那项宪法的第七十五条规定："除非行政法院已经做出判决，否则，不得逮捕因公务原因犯罪的部长级以下的政府官员。此时，可以向普通法院提起诉讼。"

第八年的宪法如今已被废弃，可这一条还在，一直被留到了今天，并且民众每天都在义正词严地攻击它。

为了让美国人和英国人明白这第七十五条规定的价值，我曾经跟他们解释过很多次，可是难度太大，我没能做到。

他们之前以为法国的行政法院曾是国家中枢常备的一个大法院，要先将每个原告都送去那里，这对他们来说，就是一种专制。可是，等我再三声明，告诉他们行政法院和通常所说的司法部门是不一样的，行政法院的人由国王的行政部门直接调派，所以，当国王直接委任的臣属——省长犯法时，国王可以直接委任另一个臣属——行政法院法官，让前者不用受到惩罚；告诉他们公民如果因为国王的命令而受到伤害，只能让国王做出补偿。他们始终觉得世间根本不会有这样荒唐的事，斥责我胡说八道，蒙昧无知。

大革命之前的法国君主制时期，公务人员犯罪，发布抓捕令的通常是最高法院。诉讼偶尔会因为皇权的干预而撤销。

由此，专制制度揭去了画皮，人们会听它的命令，也只是因为不得不如此。

法国现在不就是借助司法权力的遮掩，使得通过武力让人屈服的事有了合法的名目？看来，我们祖辈所处的这个状况，我们也回去了。

# 第七章　美国的政治审讯

在我看来，所谓政治审讯，指的是获得临时审讯权的政治机构做出的裁定。

因为在专制政府的统治下，原诉人将以国王之名起诉被告，作为法院和整个国家的主人，国王自觉不需要任何别的保证，有自己享有的权力就够了，所以，不需要给审讯安排特定的程序。在他看来，使他忧心的反倒只有一件事——人民坚持让司法体制有外在程序，并且坚持按程序做事使他的权威受到了损害。

可是在大多数自由国家——多数表决对法院的影响从来比不上君主专制对法院的影响大——司法权通常是社会的代表自己在任职期限内使用的。有人觉得，相对于损害到国家共同的基础原则，不如将这些权力暂时凝聚起来。

对于政治审讯，英国、法国和美国的法律都有各自的规定。

这三个大国在使用政治审讯时有什么差异呢？研究一下这个问题还是挺有趣的。英国和法国的国家最高刑事法庭是由贵族院（上院）组建的[1]。通常来说，任何政治案件都不会交给这个法庭审讯，不过它并非不能对其进行审讯。

众议院（下院）是和贵族院平等地拥有诉讼权的政治机关。在这方面，两国只有一个不同点，就是英国的下院无论想起诉谁，都可以对上院提起诉讼；可法国的众议院在向贵族院提起诉讼时，对象只能是王国的臣子。另外，只要依照本国的刑法行动，两国的贵族院均可打击罪犯。

和欧洲没什么不同，美国的这两个司法部门，也是一个拥有诉讼权，一个拥有审判权。也就是众议院负责起诉罪犯，参议院负责对罪犯进行判决。不过，参议院扣押的财产必须是众议院追诉的；参议院从众议院那儿受理的案件，其对象必须是公务人员。所以，美国参议院的权力没有法国贵族院的大，但法国众议院的诉讼权又没有美国众议院的大。

不过，美国和欧洲最大的差异是：欧洲的政治法院能用刑法的所有条款，

[1]　英国的贵族院也会组建一些接受某些民事案件的最高诉讼法庭。参见布拉克斯通著述（《英国法释义》）第3卷第4章。——原注

可美国政治法院只负责罢免人犯原本的官职，声明他以后不能出任一切官职，然后它的工作就做完了，接下来的处置由普通法院负责。

举个例子，美国总统犯了大罪：叛国罪。此时，众议院会先对总统进行弹劾，之后参议院声明将其罢免。接下来，他去陪审团接受审讯，能够让他失去自由或者性命的，只有陪审团。这真实地刻画了我们所探讨的问题。

在依法展开政治审讯时，欧洲人审讯的都是严重的刑事案件，罪犯的出身、地位，在国内的职位如何都不予考虑。要完成这样的审讯，必须组建一个临时的大型政治审判团，让它拥有法院拥有的所有特殊权限。

此时，出任司法法官的是立法部门的人。他们可以确定罪责，以合适的法律条文来惩处罪犯。他们在使用法官的权限时，也要履行法律为他们制定的所有必须承担的责任，他们必须遵从所有的司法手续。

在法国或者英国，政治法院在对某个犯罪的官员进行审讯和处罚时，会按照法律规定将其免职，不仅如此，还能宣告他日后不可出任一切官职。不过，不管是政治上的罢免，还是停职，都不是针对职位本身的处罚，不过是处罚的连带结果。

所以，相比于说欧洲的政治审讯是行政手段，说它是司法措施更合适。

美国就不是这样了。相比于说美国的政治审讯是司法措施，说它是行政手段更合适，这点很容易发现。

因为众议院必须遵守司法步骤、完成诉讼手续，才能让参议院予以裁定，所以参议院的裁定确实具有司法的外观。通常来说，因为参议院必须按照普法限定的罪名作为自己判决的基础，所以从裁决的依据上看，参议院的裁定也有司法性。可是，如果将评判的角度换成裁决处罚的情景，那参议院的裁决就是行政性的了。

美国的立法部门的首要目标，必然不会是让司法权成为某个政治部门手里的工具，因为若是如此，该政治部门就不会将自己的行动局限在公务人员内，毕竟国家最大的敌人或许什么职务都没有。而在推进共和政体的国家中，就更是这样了，因为对共和政体国家的政党来说，任何好处都比不上大权在握，而且通常越有实力，就越容易篡夺权力。

为了预防犯罪，美国立法部门让社会成为法官，让它可以作为法官去惩处严重的罪行。既然如此，政治法院的举措就该在刑法所有条款的基础上进行。可是，政治法院手里的武器是有漏洞的，而且用这个武器也伤不到最危险的罪行，因为对那些试图颠覆法律的人而言，行政免职的处罚效果非常有限。

所以，在美国，政治审讯的首要目标是，让滥用职权的官员失去权力，并且让他再也得不到这种权力。如大家所见，这是一种行政手段，不过披着司法裁定的外衣。

所以，在这方面，美国人创建了某种混合体制。政治审判没有予以严惩的权力，只能给出行政免职的处罚。

整个政治审讯体制都要遵循这一规定。这就能解释，美国及美国诸州的宪法为什么规定文官由参议院的司法约束，却没算上或许犯了恐怖的重罪的军人。

由于某些官员是终身制的，而另外一些官员在任职期间内又不能被免职，所以美国的文职官员可说是没有被罢免的。除非法院做出审讯，否则无法剥夺他们的职权。可是，军人直接归国家领导人负责，国家领导人自己也是文官。若是国家领导人入罪，那所有的文臣武将都将受创。

如果对美国和欧洲的制度进行比较，会发现两者分别引发的结果有着极大的不同。

在英国人和法国人眼里，政治审讯是一种特别的武器，除非是为了让社会免于遭受巨大的灾难，否则不会使用。

不得不承认，欧洲推行的这种政治审讯违背了分权的一个宗旨——保护主义宗旨，总是对人们的自由和性命构成威胁。

美国的政治审讯并没有直接违背分权的原则，对民众的生命没什么影响。由于它只攻击那些因为犯了玩忽职守罪而被它惩治的人，所以，并不如欧洲的政治审讯一般，悬在每个人的头上。

它不会让人惧怕，作用也有限。

所以，它在美国的立法部门眼里，只是政府常规的管理措施，而非抵御和解决严重社会问题的万灵丹。

相比于对欧洲社会的影响，以这一论点而言，它对美国社会的影响或许更实际。当然，美国立法在政治审讯上确实表现得非常平和，但我们却得保持清醒。首先，我们需要说明的是，在美国，无论是进行刑事审判的法庭，还是进行政治审判的法庭，其成员和法庭受到的影响没什么不同。所以，在彼此发泄仇恨情绪方面，政党被一种近乎不可阻挡的力量推动着。欧洲可以严厉地惩罚罪犯，美国的政治法官虽然做不到这点，却很少宣布罪犯无罪。他们做出的判决非常合乎实际，而不会让人恐惧。

欧洲人在组建政治法庭时，主要目标是惩处罪犯，可美国人组建政治法庭的主要目标却是免除犯人的权力。可以说在美国，政治审讯是一种防范手段。所以，政治法官不必严格遵循刑法条例的确切定义。

在界定切合概念的政治罪时，美国法律显示出的含糊其词让人惊诧到了极点。

《美利坚合众国宪法》的第二条第四项是："总统、副总统和合众国的所有文官，只要弹劾其叛国罪、贿赂罪或者别的大小罪名得到确认宣判，均应予以罢免。"而政治罪在大多数州的宪法中界定得更加模糊。

《马萨诸塞州宪法》规定："某个或者某些州内官员因玩忽职守和政绩不佳被州众议院起诉，受理和裁决均由州参议院负责。[1]"

《弗吉尼亚州宪法》规定："一切官员因政绩不佳、贪污受贿、渎职或者别的大小罪名让本州蒙受损害，州众议院均可提出控告。"

有些州的公务人员承担的责任无穷无尽，因为该州的宪法完全不曾列出罪名[2]。

可是我敢说，正是因为美国法律的温情脉脉，才导致它在这方面看上去如此可怖。

我们说了，欧洲的官员是因为受到了处罚，才会被罢免并失去政治权力，而被罢免、失去政治权力这种情况本身，在美国就是处罚。进而引发以下的情形：欧洲的政治法院虽然拥有恐怖的权力，可它有时候不知道该怎么用，还会因为担心惩罚太重而完全不予处罚。可美国人认为只要不会引起身体上的痛楚，就可以进行处罚，并且在他们看来，为了解除政敌的权力而将其处死的行为是一种让人震惊的谋杀；美国人相信政治斗争的结局应该是这样的：宣告政敌配不上他手里的权力，并解除其权力，与此同时，又不损害这个人的自由和性命，如此才公平。

可是，做出这种判决并不是什么难事，而大部分收到此种判决的人都会觉得非常痛苦。某些重犯或许毫不在意，并不将判决放在心上，可是一般的罪犯却会觉得自己因为这一判决声名狼藉，身份地位尽失，以后只能痛不欲生地卑

[1] 第1章第2条第8款。——原注

[2] 参见伊利诺伊州、缅因州、康涅狄格州和佐治亚洲的宪法。——原注

贱地活着而不能有所成就。

所以，在美国，政治审讯看上去对社会生活影响不大，可其实是非常凶猛的。政治审讯并未直接施加在民众身上，可它对施政者来说却是一种十分重要的举措，可以帮他赢得多数选票。立法部门没有能用于紧要关头的极端权力，但它所具备的常备权力不仅尺度合适，还每天都能用。如果所获权力较小，那么使用的时候或许不太方便，却也能时常投入使用。

所以，美国人为什么禁止政治法院做出刑事判决？在我看来，更合适的说法不是预防立法专制自身，而是为了预防立法专制带来最恐怖的结果。总之，我不清楚我是否可以这么说：美国推行的政治审判是截至目前掌握在多数人手里的火力最强的武器。

在我看来，当美国的共和体制开始没落，人们只要观察一下政治审讯的数量有没有增加，就能轻易检验我的论调是否正确。

# 第八章　联邦宪法

在上述内容中，我将诸州作为一个独立的个体进行了介绍，并详细描画了各州人民使用的不同机制及他们采取的措施。不过，在研究诸州时，我虽然将它们视为独立体，可它们有时必须对一个最高政权表示臣服。现在，让我来研究一下联邦政府获得的这部分主权，再大致考察下联邦宪法[1]。

## 联邦宪法的历史

就像我之前说的，那十三个在上一个世纪末同时切断和英国的联系的殖民地，有着一样的信仰、语言和民情，有着近乎一样的法律，对战的敌人也是相同的。所以，可以说它们互相联合，形成一个独立国家的理由非常充分。

可是，它们并不喜欢坚实而完整的联合，因为它们原本就是独立的，有独立的政府进行自我管理，并由此产生了自己独有的权益和习惯，而联合会让它

[1] 参见《美利坚合众国宪法》。——原注

们各自的重要性泯灭于整体的重要性里。所以，产生了两个针锋相对的趋向：一个是促使英裔美国人联合，一个是促使他们独立。

除非和母国的战争终止，否则，团结的方针就会因实际需要而获胜。构建此种联合的法律起初还有漏洞，可是团结的枢纽却无视这些漏洞，从未消失过[1]。

可是，法律的漏洞从签署和平协议起马上显露出来，国家似乎瞬间瓦解。

各个殖民地变成了一个个独立的共和国，大声疾呼要求主权独立。联邦政府因其宪法变得虚弱不堪，失去了共同的危机感这一屏障，它只能任由悬挂在船只上的国家被欧洲大国欺凌，却什么都做不了，并且那时，它的力量也不足以摆平印第安人，至于独立战争时期的借贷，它连利息都还不上。联邦政府即将覆灭，这时它正式宣布自己毫无办法，并且求助于宪制权力[2]。

可以说就是在国家权力主动舍弃统治权走到最顶点的那段时间，美国抵达了荣耀的顶峰，致使美国人总是喜欢向我们夸耀他的想象力。

一个民族不屈不挠地斗争以赢得独立的大场面，在每个时代都有发生，况且美国人为斩断和英国人的联系而付出的努力又被吹嘘得太过。隔着茫茫大海，在敌人 1300 里约之外，美国还有个强有力的盟友的扶持。它所处的地理环境是它得以坚持到最终胜利的首要因素，而它的部队的斗志或者国民爱国热忱则是次要原因。

美国的独立战争是比不过法国大革命的。或者说，法国为了对抗整个欧洲的攻击而付出的努力，比美国人所付出的努力要多。面对整个欧洲的攻击，法国穷困潦倒，连债都没处可借，也没有盟友，每二十个法国人就有一个上了战场，一只手在灭国内的大火，一只手在国外摇动火把。可是，当立法者告诉那个神圣的国度，其政府的车轮已经停止不前，这个国家仍能从容不迫、慢条斯理地自我检查，仔细探查问题出在何处。为了寻找解决方案，花费了整整两年的时间，找到解决方案之后，还能主动接受，连一滴眼泪、一滴鲜血都不曾流。看到这种情景，人们发现这件事在社会历史中是史无前例的。

曾经激励美国人站出来进行革命的那股政治热情，在他们发觉第一部联邦

[1] 参见 1778 年制定的第一部联邦宪法的相关内容。美国直至 1781 年才取用这部宪法。

另外，还可参见《联邦党人文集》对宪法的第 15 ～ 22 条进行了解释，以及斯托里先生在《美国宪法释义》第 85 页到第 115 页做出的说明（波士顿，1833 年）。——原注

[2] 1787 年 2 月 21 日国会发表了这一宣言。参见斯托里的《美国宪法释义》第 107 页。——原注

宪法存在漏洞时，尚未完全消散，而且拟定宪法的那些大人物，一个都不曾离世。对美国而言，这两件事都是好事。制宪会议负责拟定第二部宪法，会议成员虽然人数不多[1]，但集中了那时新大陆最睿智、德行最高的人，并且担任主席的是乔治·华盛顿。

经过长时间的冥思苦想，最终，这个全国委员会将那部直至今日仍在美国通行的基本大法呈现到民众面前，让他们接受。它接连得到各个州的认可。新的联邦政府在两年的空白之后，于1789年启动。所以美国革命完成的时候，法国大革命刚刚开始。

## 联邦宪法的梗概

划分主权，让它不仅能让构成联邦的诸州独自解决所有和本州兴旺相关的事宜，还能让全国政府——以联邦为代言人——仍旧保持统一且能解决全国性问题，是摆在美国人面前的第一个难题。这个问题，繁杂又棘手。

共享主权的两个政府，想预先找到一个精确且完备的方案将它们的职权分割开，怎么可能？

没人可以猜到一个国家生活所有的细枝末节。

因为联邦就是为了处理一些全国性的重要需求建立的，所以确定联邦政府的权利和义务并不太难，可是州政府已经走进了社会生活的所有细微之处，想确定各州政府的权利和义务，难度极大。

所以，那时能够明确界定联邦政府的职责，并且作出规定之外的所有事都归州政府负责的声明。最后，拟定普通法成了州政府的正常工作，却成了联邦政府的个案[2]。

可是，有些问题其实超出了为这个特殊政府明确界定的职责范围，若是任由诸州设立的普通法院处理，并不稳妥，这是那时就已经看到的，联邦最高法

[1] 制宪会议的成员只有55位，华盛顿、麦迪逊、汉密尔顿及两位莫里斯均在其中。——原注

[2] 参见联邦政府修正案：《联邦党人文集》第32篇，斯托里《美国宪法释义》第711页；肯特《美国法解读》第1卷第364页。值得一提的是，决断某些事宜的特权，联邦宪法从没让国会拥有过，可国会若是觉得需要，却能将这一权限授予诸州。比如，国会确实能够制定有关破产的基本法规，诸州也能够制定各自的破产法，可是首先得呈送立法院审核通过才行。这是法律程序。——原注

院由此而生[1]。这个法院是绝无仅有的，它的一个职责就是在两种彼此对战的政府间，让宪法规定的分权得以维系下去[2]。

## 联邦政府的权责

所有人民在民众中间都是单独的个体；而为了一致对外，国家尤其需要一个共同的政府。所以，联邦政府拥有和谈、宣战、签订商约、征召部队和组建舰队的特权[3]。在对社会内部的事宜进行引导上，对于国家政府的需求就不这样紧迫了。不过，就算这样，仍有一些问题是关系到国家利益的，没有一个统一的政府就无法很好地解决。所以，所有牵涉到货币的价值的事务，都由联邦政府处理。另外，它还有权管理国家的邮政，铺设交通道路将国家的各个模块连到一起[4]。

各州政府在该州内部通常是自主的。不过，它或许会肆意地使用这种自主，并且因为所用的举措不够稳健使整个联邦的安危受到威胁。之前就有明确规定，如果出现此种少有的情况，联邦政府有权插手州内工作。所以，联邦旗下的诸州能够修改或者变更自己的法律不假，但所拟定的法律不能是对以往发生的事

[1] 这个法院不会直接对案件进行审理，这点以后会谈到。——原注

[2] 对于联邦和诸州之间的这种主权分配，《联邦党人文集》第45篇给出的说明如下：“联邦权力数量有限，且得到了宪法的确切界定，至于各州的权力，不仅数量众多，宪法也并未给出明确说明。前者基本体现在外部，例如宣战、和谈、协商和通商；诸州得到的权力则延伸到了所有普通法院能够插手的事物，例如，州内部的生活、独立和建设事宜。”

在这本书里，我对于《联邦党人文集》的援引会非常频繁。那项后来成了联邦宪法的法案，在其刚被提出并且得到了人们的认可时，已经颇有名望，之后名声愈发响亮的约翰•杰伊、汉密尔顿、麦迪逊三人曾经戮力同心大肆宣扬它——当时已经得到了人民的认可——的好处。在报纸上，他们发表的论文，一篇挨着一篇，后来又把这些论文汇编成书。在发表这些论文时，他们使用的名字是联邦党人，成书之后，用得也是这个名字。

《联邦党人文集》这本书虽是专门写给美国的，却是世界上每个从事国家事务的人所必读的，是本好书。——原注

[3] 参见联邦宪法第8条；《联邦党人文集》第41篇和第42篇；肯特编写的《美国法解读》第1卷第207页和后几页；斯托里编写的《美国宪法释义》第358到第382页，第409到第429页。——原注

[4] 除此，这方面的权力还有别的，例如制定有关破产的普通法、下发专利证书等。在这些方面，显然应该对对整个联邦进行调节。——原注

进行惩处的，在本州内部也不能组建贵族团体[1]。

最后，联邦政府拥有了无尽的征税权，以便它可以将债务还清[2]。

对于我之前谈及的政府集权，联邦的立法者的看法非常准确、合理，这一点只要认真研究联邦宪法规定的分权体制——也就是在研究诸州得到的那部分主权的同时，也对联邦留存的那部分主权进行研究——很容易就能发现。

除了是共和国，美国还是联邦。可是在某些地方，美国的国家权威的集权程度，甚至超过了那时欧洲的某些大的君主专制国家。此间，我只列举两个实例。

法国的最高法院一共有十三个，大多数都能对法律作出解释，并且禁止上诉。此外，在以国家最高政府的名义拟定税收法律的时候，某些所谓“国中国”的省份是可以不和最高政权携手的。可是在美国，就像是能够立法的机构只有一个一般，能对法律作出解释的法院只有一个。所以，美国在这两个要点上的集权程度比旧法兰西王国还要严重，可是美国仅仅凝聚了若干州级集团——共和国。

西班牙的一些省可以拟定本省的税收法律，可是就其本质而言，掌握这一权力的是国家。

除了国会，美国再没有别的机构能对各州间的商业联系进行调节。所以，联邦政府在这件事上的集权程度比西班牙王国还要严重。

在法国和西班牙，如果需要，王权确实能够以暴力达成某些按照王国的宪法不该做的事。虽然结果没什么不同，可在这里，我说的是理论。

## 联邦权

联邦政府是怎么行动的？在了解过联邦政府确切的职权范围之后，现在就来研究一下这个问题。

## 立法权

参议院与众议院形成了联邦政府的立法部门。调和的精神使这两个院有了

[1] 联邦宪法第1条第8点。——原注

[2] 联邦宪法第1条第8点、第9点、第10点；《联邦党人文集》第30～36篇，第41～44篇；肯特编著《美国法解读》第1卷第207页、第381页；斯托里编著《美国宪法释义》第329页、第514页。——原注

不同的构建方针。

在制定联邦宪法时曾有两点好处是彼此矛盾的，这件事我之前已经说过了。两种好处引发了两种主张。

一部分人的意思是，在各州独立的基础上构建联邦，或者让联邦成为一种大会，能将诸州代表聚集到一起对涉及一致利益的问题进行探讨。另一部分人的意思是，让美洲诸殖民地的所有民众凝聚成一个唯一的国家，拥有一个政府，这个政府的权力不会很大，但在权力范围内，只有它能作为国家代言人展开行动。

这两种主张落到现实之中，将产生截然不同的结果。

例如组建的不是国家当局，而是一个联盟。在制定法律的时候，由于各个州，不管是大州还是小州都保有政权独立的特性，参加联邦的资质也是一样的，所以起决定作用的就不会是联邦民众选票的多数，而是州的多数。反之，如果将所有美国民众凝聚成一个国家，那在制定法律时，起决定作用的自然是公民选票的多数票。

要是接受了此种意见，在事关联邦主权时，一些规模有限的州将不得不彻底舍弃独立的自己，让自己原本和联邦绝对平等的政权，泯然于大国之中，变得不值一提，这不难预料。若采用前一种方案，它们将落入一个不当的政府手中，若采用后一种方案，它们又会被吃掉。

这两种情况都是利益与理论发生了冲突，这时，理论总要听命于实际情况。结果，立法者用一种中和方案，硬将理论上彼此矛盾的两种体制煣到了一起。

在参议院的构建上，州独立的方针占了上风，而在众议院的构建上，则是国家主权理论赢取了胜利。

国会从各个州分别吸纳两名参议员，至于众议院成员的数量，则根据人口比例确定[1]。

按照此种规定，眼下纽约州的众议员有40人，可参议员只有两人；特拉华

---

[1] 国会每十年重新确定一次各州应该选出多少众议院代表。1789年众议院成员共有69人，及至1833年，已经增加到了240人。参见《美国大事记》1834年版，第194页。

按照宪法规定，众议员的人数是三万人选一，不过最少要选多少人，并未规定。在国会看来，众议员的人数不该随着人口的增长而增加。1972年4月14日颁布了有关这项禁制的第一部法律。参见斯托里编著的《美国法律》第1卷第235页。它规定众议员是每33000人选一。1823年颁布了关于这一问题的最新法律，其中规定，众议员是每48000人选一。所有的自由人和五分之三的黑人可以参加选举。——原注

州参议员有两人，众议员只有一人。所以在参议院，特拉华州和纽约州并无不同，可在众议院，纽约州的力量却是特拉华州的40倍。所以，参议院的多数票在参议院的多数票被控制的情况下，将失去效力，这和立宪政府的思想相悖。

所有这些清楚地表明，想在参议院和众议院间将立法工作的所有环节，条理清晰且合情合理地联系到一起，不仅繁杂，还很困难。

相同的国家，在不同的时间点通常会生出不一样的利益和各种各种的权限。而这些利益和权限，在这个国家之后制定宪法时就会发生冲突，变成任意一个政治方针在实现其所有目标时的天然的绊脚石。所以，只有一个时间段，法律能彻底符合逻辑，就是社会刚刚建立的时候。

你若是发现某个国家有这样的优点，应该想到它还稚嫩，而非匆忙得出它很睿智这一结论。

这两种彼此冲突的利益——各州的自身利益和联邦的全国利益，在联邦宪法制定过一段时间后，仍摆在英裔美国人面前。一定要让两种利益取得平衡。

不过不得不说，在这一方面，联邦宪法截至今日也没出现过人们起初担心的那种不好的结果。

诸州都很稚嫩，互相之间有着亲密的联系，有着一样的民情、思想和需求。他们的利益还不会因为规模或者力量的差异，而变得天差地别。所以大州发起的议案，在参议院遭到了若干小州联合抵制的情况，尚未出现过。并且，参议院在众议院的多数票面前，也没有反对的能力，因为法律条文显露的是全国的意愿，它的力量不可阻挡。

另外，别忘了，美国的立法部门没有责任将民众凝聚成一个独立的国家，它的工作只是作为人民的代表制定法律。联邦宪法原本也不是为了让诸州无法单独存在，只是让这种存在的空间变得小一些。所以，立法部门是先舍弃了那种让二级政府迫于多数票的意愿而屈服的惯常作法，然后将一项（交出去就无法再收回的）实权交给二级政府的。既然有了此项规定，那么诸州的号召力自然要渗入联邦政府机器，这很正常。这不过是在接受已经定局之事，也就是说，对于已经得到认可的权力，镇压是不行的，只能支持。

## 参议院和众议院其他不同点

除了代表制度的方针不同，参议院与众议院在选举模式、议员的任职期限及议员的职责上，也不一样。

众议院是由人民来对候选人进行提名，而参议院则是由诸州的立法部门提名选拔。

一个由选举直接产生，一个要走两个选举程序。

众议员的任职期限是两年，参议员的任职期限是六年。

众议院仅有立法的权力，至于司法权，则体现在对公务人员的诉讼上。参议院可以辅助立法，对众议院提交的政治案件进行审讯。与此同时，众议院还是国家最高的执行部门，总统签署的协议，若无众议院的同意，是无法奏效的。总统的提案和任命想要最后起效，必须得到该院的批准[1]。

## 行政权[2]

创建一种行政权，能在依赖多数的同时，又在自己的职务内拥有充足的力量去独立行动，是那时摆在美国立法者面前的一项艰巨的任务。

行政权的代表需要听命于全国人民的意愿，以便保持共和制度。

最高的行政官员——总统，由选举产生。为了回报民众，他在使用权力时，受到资产、自由和性命的限制，绝对不能犯错，而且他也不能主动或被动腐败，因为他的行政权不是绝对自由的——参议院不仅对他和外国的关系进行监控，还会对他的用人方式进行监控。

联邦的立法者们清楚，想让行政权庄重而有力地完成自己的使命，就必须让它拥有的力量和稳定性比诸州赋予它的力量和稳定性强。

总统的任职期限是四年，通过选举可以获得连任。除非他不想连任，否则，他必定会关注公共福利，并想办法将其变成现实。

按照宪法规定，只有总统能够代表联邦的行政权，并且，考虑到总统的意愿若受制于某个委员会的意愿，不仅会损害到政府的行动，还会减小掌权者的职权。所以这种危险的行为，是不被宪法允许的。参议院可以让总统的一些指令失去效力，可是逼迫总统采取某些措施或者和总统共享行政权，它就做不到

[1] 参见《联邦党人文集》第 52 ～ 56 篇；斯托里编著《美国法律》第 199 ～ 314 页；宪法第 1 条第 2 点和第 3 点。——原注

[2] 参见《联邦党人文集》第 67 ～ 77 篇；斯托里编著《美国法律》第 315 页和第 518 ～ 580 页；肯特编著《美国法解读》第 255 页。——原注

了。立法部门或许会直接针对行政权展开行动，不过美国人始终在避免此种情况，这点我刚刚已经说了。此种行动或许是迂回进行的。

例如，两院通过免除公务人员工资的办法，让公务人员失去一些自由；身为法律的首要制定者，两院还能让公务人员始终担心，总统按照宪法赋予他们的权力会被两院慢慢夺走。

对于共和制度来说，行政权的这种制约性，是一种天生的缺陷。立法部门试图掌控政府的趋向一直都在，美国人未能将其消灭，但他们让这种趋向变得可以接受了。

从委任开始，总统的薪酬就有明确规定，并且这种规定是针对全部任职期间的。另外，总统还有一个武器——搁置否决权，通过这一权力，那些会危及总统独立性——宪法赋予的——的法律，无法得到批准。不过，除非立法部门愿意变更提案，否则肯定会逼迫总统妥协，所以这只能引发总统和立法部门的不对等的争斗，好在搁置否决权起码能让立法部门重新研究自己的方案，并且对议案进行重审时，没有三分之二的多数赞成，是通不过的。另外，搁置否决权也是对民众的一种求援。

如此，有了这一保证即可免于被私下压制的行政权，就能发起辩论，将自己的道理告诉给民众。不过，立法部门若是不肯更改议案呢？它是不是一定能将对自己的抗拒压制下去？我的答案是：无论是哪个国家何种属性的宪法，都要求立法者以民众的善心与品德为根基。相比于共和制国家，这点在君主制国家更难落实，而且总是被层层包裹起来，不易被发觉。不过，这点在某个方面肯定能显露出来。任何国家的法律都无法事先确定所有的事，而理性与民意，则是任何国家的体制都无法取代的。

## 美国总统和法国的立宪国王地位上的差异

此间，我们必须先对行政权在美国所处的地位进行详细介绍，因为它对国家的命运影响极大。为了确切理解美国总统的地位，以欧洲的一个立宪国国王的地位与之进行对比，最为妥当。

权力的外部特征容易吸引观察者的目光，却无法给观察者提供多少帮助，所以在对照时，我不会过于看重它。

事实上，皇权在一个君主国慢慢转变成共和国时早就覆灭了，可是国王却因为行政权仍旧留有职位、荣耀，甚至是财产。在砍下了一个国王的头颅，将另一个国王赶下王座之后，英国跪着和这些君主说话的习惯仍未改变。

另一边，一个独断的人掌握了共和国，却仍能过着朴素的生活，温良谦恭而不追逐虚荣，似乎自己没获得无可匹敌的高位。作为皇帝，他们凭借手中的权柄，霸道地掌控着他的同胞们的资产和性命，被人们称之为恺撒，而他们自己却也能屈尊降贵去朋友家中拜访。

所以，应该掀开面纱，去深层探访。

美国的主权由联邦和各州共享；而法国的主权则是不可分割的整体。在我看来，美国总统和法国国王最大也最重要的差别，就是这样产生的。

美国的行政权如它所代表的国家主权一般，既不是无限的，也不是广泛的；法国的行政权却能扩展到所有的事情上，就像它的国家主权一般。

美国人的政府是联邦政府，法国人的政府却是国家当局。

美国总统在地位上比不过法国国王的第一个理由，就是这样自然而然地出现的，不过，这并不是它产生的仅有的原因。两者代表的主权，在内容上的差异，是第二个关键原因。主权，准确来说，可被定义为立法权。

法国的法律都是经过国王认可的，国王不同意，法律就无法奏效，所以国王其实是主权的分身。与此同时，他还是法律的实施者。

美国总统也负责落实法律，可是他并不在事实上参与立法，因为法律的存续，无须经过他的批准。所以，他只是主权的管理者，而非分身。

法国的国王除了是主权的分身，还是立法部门的一员，并有自己的权力。国会的一个议员在选取议员时，他会参与提名，而且别的议院成员的任职期限，会因为他的意愿而结束。在美国，立法部门的建立，总统是不会参与的，他也无权将立法机构解散。

国王和国会共享提交法律提案的权力。而总统却并不具备这种提案权。

在国会的两院中，国王均有相应数量的代言人，他们会在国会里阐述国王的见解，支持国王的主张，让他的政见得以取胜。

无论是总统还是总统的阁员，都不能参加国会，成为议员。他们若是想让自己的威信和主张渗入国会这个巨大的机构，只能采取迂回的措施。

所以，在法国，国王和立法部门的地位是一样的，立法部门需要依赖国王才能行动，而国王想要有所行动，也得依赖立法部门。至于总统，则处于立法部门的外面，如同一个下级的、分支的权力。

总统的地位在所谓的行政权方面，看上去和法国国王的地位差不多。不过，因为地位不足等首要原因，总统就算是在使用这个权力时也会遭遇羞辱。

首先在权力的期限上，美国总统就比不上法国国王。我们清楚，对于权力而言，期限是一个重要原因。除非存在的时间足够长，否则人们是不会生出敬畏和拥戴之心的。

作为行政官员的美国总统，其任期是四年；而作为君王的法国国王，却是世袭的。

在使用职权时，美国总统始终会受到某种嫉恨的监控。他有权签署协议，却无法直接使协议生效，他有权提名候选人，却无法直接委任官员[1]。

在行政权上，法国国王是完全的主宰。

美国总统做的事要自己负责，而按照法国的法律，国王的人身权利不可侵犯。

自然，法国国王和美国总统都会受到舆论这种有着引导能力的力量所左右。

虽然表现得不如美国明显，也没得到一致的认可，或者白纸黑字地写入法律条文，可是这种力量的确影响着法国。在美国，此种力量借选举和法院宣判起效，而在法国，则是借革命起效。两国的宪法确实不一样，但对两国而言，舆论却有个相同点，就是它都是一种有控制力的能量。所以，法律在两国的原始动力归根究底是相同的，虽然这个原始动力在两国推进的过程中一个过于独立，一个又太过不独立，发展的结果也始终存在差异。这个原始动力究其根本，是共和主义。因此，在我看来，有总统的美国与君主国的距离，比有国王的法国与共和国的距离要远。

我在上述阐述中只是对首要差异进行了说明。我探查得更加深入，对照的结果会更让人吃惊。不过写这么多已经太长了，原本我打算简短点的。

美国总统的行政权的范围只能在其享有的那部分主权内，而法国国王却能在所有的主权区域内行权，这点我已经说过了。

我做证，国王在法国拥有的控制权不仅大得让人吃惊，又通过各种措施延伸到对个人利益的把控，他在使用这一权力时，还越过了该有的界限。

---

[1] 在任命、罢免联邦官员时，总统虽然必须得到参议院的认可，不过宪法却并没有对此作出明文规定。《联邦党人文集》第 77 篇，有建议确立批准体制的意思；不过，1789 年国会以充足的理由声明：总统是要自己负责的，既然如此，怎么能逼他使用他不相信的人呢？参见肯特编著的《美国法解读》第 1 卷第 289 页。——原注

在国王控制权的这一作用之外，我还可以对大量使用公务人员的影响进行说明。差不多所有这些公务人员都是替国王使用行政权的傀儡。法国当前公务人员的数量有 138000 人[1]，比之前所有时期都多，这些人中的每个人都该被看作是权力的一环。

美国总统完全没有专权去使用公务人员，并且美国公务人员的数量也在 12000 人以下[2]。

## 加大行政权效力的偶然性因素

若说美国行政权的力量比不上法国，那么究其原因，环境比法律更重要。

通常来说，一个国家在与别国交往时，才会有机会用到行政权的力量和技术。

美国若是持续遭遇生存危机，它的主要利益没有一日不和其他大国的利益彼此缠绕，那么，随着人们对行政权的期望越来越高，随着行政权所做事项的越来越多，行政权的威望也会得到增强。

美国总统的确是部队的首领，可这支军队的兵丁不过六千人。他的确统御着舰队，可这支舰队的军舰也不过几艘而已。他负责联邦和别国的外交，可是美国并无邻里。它和世界上别的大洲之间是茫茫的大海，它并不十分期待称霸海洋。它并无对手，它的利益与世界上的别国的利益相互矛盾的情况，只是偶然才会发生。

美国总统手里的权柄和皇权相近，却无用武之地。

截至目前，他的权力可以使用的范围非常小。他可以强劲，这点法律并未予以限制，可是他所处的环境却让他难以强大。

法国不是这样，王权强劲的力量，相比于法律，更多是环境所提供的。

法国的行政权总是会遭遇重大危机，并与之进行接连不断的斗争，它有着强有力的解决这些危机的措施。它凭借所解决事项的广泛性与所负责事项的重要性，无须改动宪法，就能变强。

---

[1] 各个种类的这些官员，国家每年要付给他们两亿法郎的薪俸。——原注

[2] 美国有本名为《美国年度大事记》的年鉴，每年一出，上面会公布公职人员的数量，这一数值是 1833 年出版的年鉴摘录的。由以上可知，法国国王所雇人员的数量是美国总统所雇的人数的 11 倍，可相比于美国的人口总量，法国却只多了 150%。——原注

在美国它是那样的脆弱虚软，承受着种种制约，若是它在法国因为法律而落到了那样的境地，很快环境就会让它的影响得到极大的提升。

## 美国总统为什么不用在两院赢得多数，以便统领国务工作

作为立法部门，两院若是反对立宪君主的主张，这个君主是无法掌控国家的，这点在欧洲已经达成了共识。

不过，众所周知，在美国，好几个总统都没能得到立法部门的多数，可是他们仍旧手握重权，社会也没遭遇重创。

我发现有人为了证明美国行政权独立、强大而使用了这个事实做例子。可是，实际情况却正好相反，它能够证明的只是美国行政权的虚软脆弱，这点只要仔细地想一会儿，就能发现。

欧洲的国王想将宪法赋予他的无限的职责落实，就得先得到立法部门的认可。

欧洲的立宪君主除了要推进法律，还得让法律的推进和自己的想法一模一样，若是法律和他们的意愿相违背，他们有权废除法律。国王需要国会立法，国会需要国王行法。离开对方，这两个权力部门就断了生机，只要双方发生争斗，政府的车轮就无法前行。

美国的总统没有阻挠立法的权力，而且推行法律是他无法回避的责任。他衷心而热切的配合，自然有助于政府工作的落实，却不是不可或缺。立法部门直接或者间接地掌控着他所有的要务；可他若是全然脱离立法部门，他又近乎什么都做不了。所以，他若是和立法部门敌对，原因绝不会是他有力量，只能是他虚软脆弱。

在欧洲，国王和国会若是不和，后果或许会非常严重，所以他们一定要和睦共处；可这种和平共处在美国就不是必不可少的了，因为争端是不会出现的。

## 总统的选举

无论是经验，还是历史学家都已用充足的理由告诉我们，对于一个大国来说，以选举的形式来选拔行政首领是非常危险的。

所以，我准备针对美国，讲讲此种危险。

选举制度引发的危险让人们感到忧心，而这种危险的大小，会因为行政权的位置、行政权在国家中的价值、选举模式和国家环境的差异而有所不同。

他们认为对于野心家而言，此种制度的吸引力非常大，会对野心家的名利心产生强烈的刺激，使其野心膨胀到以合法渠道无法满足的地步，当权力即将离开他们时，他们会使用暴力。于是，人们开始毫无依据地对国家领袖选举制度进行指责。

显然，吸引力会随着行政权的增大而增大；二流野心家为了能和选举的获胜者共享权力，会选择更有欲望的野心家。

所以，行政权越能左右国家事务，选举制度的危险系数就越高。

引发波兰数次革命的，不仅仅是一般选举制度，还在于大君主国的领袖由获选官员担当。

所以，要先处理一个先决条件，才能探讨选举制度的纯粹的优势。这个先决条件就是，要先弄清那个国家的地理环境、法律、习俗、国情和民情能不能接受以选举制度，构建一个虚软无力、束手束脚的行政权，因为我认为这两种目标——一边让国家的代言人享有重大的权力，一边让这个代言人通过选举产生——彼此矛盾。让世袭王权变成选举制度的方法，我只知道一种，即首先减少王权的活动空间，然后慢慢消除它的专权，之后，让民众渐渐习惯不仰仗王权的生活。可是，这种办法是欧洲的共和主义者们从未想过的。他们之中的很多人，仅仅是因为受到了专制的压迫才仇视专制的。行政权的扩张没有影响到他们，所以他们打击的对象只是专制的起源，将这两者紧紧联系到一起的枢纽，他们不曾留意。

在美国，总统一职是有期限的，并且会受到约束和限制，所以迄今为止，也没有哪个人愿意为了当选总统而将名誉和性命放在一边。想让无望的赌徒背水一战，就必须在赌桌上下重注。迄今为止，任何一个候选者都无法让民众为了拥护他而生出极强的同情和过于高涨的热情，为什么？太简单了，因为就算他成了政府的领袖，他的朋友也无法从他那分享到多少权力、财富和名誉，并且他掌权的时候，也影响不了盟友事业的成败，因为他在国内没多少感召力。

世袭君主政体有个极大的优点，就是从不会忽视国家利益，因为家族的个体利益和国家的利益始终紧紧相连。难道君主国的工作就做得比共和国好吗？这个问题我先不说，可是无论好，还是不好，在君主国始终有个人在竭尽所能地做着。

可是一个选举领袖的国家，其当局的运行，在选举即将开始，甚至距离选举还有些时间时，就主动停止了。制定合适的法律让选举的速度加快且马上结束，也就是让行政权不会出现空缺，当然可以这么做；可是，就算做了此种防御措施，人们仍会觉得行政权空置了，而不会明白立法者的辛劳。

行政权的领袖在选举临近时关注点只有一个，就是即将启动的战斗。他停下脚步，一个新计划都不会提，只是慢吞吞地做着手里的工作——而这些工作或许会被别人终结。1809年1月21日（距离选举还有六周）杰斐逊总统写道：“现在我离我卸任的期限已经这么近了，我无须再参与切实的工作，只给出意见就行。在我看来应该让我的继任者主动推进他将采取并且为之负责的举措。[1]”

全国人民的视线都在这件事上：目不转睛地看着分娩前的阵痛。

行政权引发的危险的强度，与行政权负责的国家事务的范围，及它活动的频繁性和重要性的大小成正比。一个国家若是已经适应了由行政权掌控，或者说得好听一点，由行政权管理，那么选举肯定会引发大地震。

行政权的运作原本就不够强大，会受到种种限制，所以美国人并不会因它动作得缓慢轻柔，就严词指责。

国家的内外政策在政府通过选举选择领袖时，几乎总会出现一段震动期，

这是这种体制的一大缺点。

并且领袖拥有的权力越大，这一缺点就越严重。古罗马的执行官一年一换，可因为掌控着引导权的元老院是世袭部门，所以政府的工作方针都是一样的。

欧洲大部分君主国的国主若是由选举而来，那么每次发生选举，国家都会换个样子。

美国的总统对于国家工作的影响极大，可是他并不掌管国务，至高的权柄握在代表全国人民的议员的手里。所以，政治原则，总统是没办法改的，只有全国人民能改。

最后，美国政府的稳定性并未因为行政首脑的选举体制受到恶劣影响。

可是，选举制度终究存在这样一个内在缺陷，总统的活动空间虽然不大，可这个缺点仍显露得十分清晰。

为了完成职责，扛起所有义务的重任，行政权的领袖应该拥有足够的亲自选拔臣僚、罢免臣属的自由，立法部门的主要工作可以是监督总统，但不能是

[1] 参见《杰斐逊文集》第9卷第243页。——译者注

控制总统——美国人的想法一点儿没错，可它带来的结果却是每次举行新选举，所有联邦官员的命运就像在等待宣判一般。

在欧洲，立宪君主国的人因为大臣们的命运通常决定了行政部门的小职员的命运而愤愤不平。这种情形在政府领袖选举制的国家更明显。为什么？非常简单，立宪君主国的继任大臣赴任的速度极快，行政权的首要代表还是那些，发生改革的范围也有限。所以此种国家的行政方针没变，变得只是某些细枝末节的地方。因为这里不是忽然用某种制度去取代另一种，所以不会带来革命。可这种革命在美国却是每四年发生一次，而且是合法的。

不过要说个人会因为此种立法遭遇厄运，我们不得不说，在别的地方官员因官位变化而遭遇的灾祸，美国的官员并未遇到。

在美国，失去官位容易，可是自力更生寻找别的谋生办法也不难。有时候，失去官职会让生活水平下降，可因为这样就找不到糊口的办法，绝无可能。

一个国家通过选举得到政权首脑，它采取此种制度的危险的强度，会因为这个国家的环境的不同而有所差异，这点，本节一开始，我就说了。

行政权对国家外交政策的影响非常大，因为它虽然行使的空间有限，在法律上的地位也不高，可是谈判想要启动并顺利进行，没有一个负责人是不行的。

对一个局势不稳、处境艰难的国家来说，这种情形越是严重，它对持之以恒的稳定的外交政策的需求就越高，而它以选举的形式来得到国家领袖的行为也就越危险。

对于整个世界，美国人的策略简明扼要，简直可说是别人用不到他们，他们也用不到别人。没人干预过他们的自由。

所以，他们那儿的行政权的职责，除了受限于环境，还受限于法律。总统一再改变个人主张并不会使国家遭遇厄运或者灭亡，所以他可以这么做。

国家在选举之前和选举的时候总会发生激烈变化，无论行政领袖的选举模式是什么样的。

一个国家，内部越不安稳，边境就会越动荡，这个时候发生的灾祸对国家的危害也就更大。在欧洲，几乎每次国家变更元首，人们都要为外来侵略和无政府状态的出现而忧心。

美国的社会结构使它无须扶持即可独立生存。美国不存在外敌。对它来说，选举总统不会引发灭亡，而是一件让人热血沸腾的盛事。

## 选举的手段

除内在的危险之外，选举手段也会引发不少危险，不过立法者只要留心就能防范。

为了选举自己的领袖，整个国家的人都全副武装地去了公共场合，这时危险不仅仅来自选举制度自身，还来自以此种手段选举很可能引发内战。

按照波兰的法律，独裁者可以拒绝承认选举出的国王。这时，法律摆明是在教唆大家杀了独裁者，或者预订无政府状态。

在进一步探查美国制度，认真研究美国的政治、经济状况的过程中，我发现，人们之所以在那里得势，与他们的力量有着极高的匹配度。美国这个国家虽然兴起的时间不长，可是这个国家的人却早就适应了自由，美国的内部秩序正是因为这两个首要因素才得以持续。并且，美国完全不需要担心外国的侵略。这些好处使得美国的立法者能够轻易创建出一个软弱且无法独立运作的行政权，让他们在创建行政权时启用选举体制，却不会发生危险。

接下来，他们只要在各种选举体制中，选一种最为安全的体制，并确保本国的环境和政治体制所给出的保证不与这方面的原则相冲突即可。

找到某种既能彻底展现民众真实意愿，又不会让人民过于亢奋，觉得政权闲置的时间过长的选举模式，是摆在他们面前的第一个问题。首先，他们用了个简便的法子，让法律认可多数。不过由于人们并不介意为得到多数而多花时间，所以这件事并不容易做到，虽然立法者希望尽快进行。

其实，几乎没有人能在一个大国举行的选举中，只通过一轮表决就得到多数。而这个共和国是由若干地方势力十分雄厚、强大的州组成的，更有难度。

将全国人民的选举权交给一个代表所有民众的团体，是针对第二个难题提出的解决方案。

由于参加选举的人越少越容易达成共识，所以以此种形式选举，提高了产生多数的机会。用此种方法，也有利于人们更好地进行选择。

可是，应该将选举权交给谁？是本就代表着全国人民的立法部门，还是为选举专门成立一个选举机构？

美国选了后者。在美国人看来，那些人是被选出来制定普通法的，让他们再扛起选举国家首席行政官的职责，他们很难充分表达人民的意志；而且他们一年之前就已经成了议员，他们所代表的选民，此时或许已经有了不同的想法。美国人坚信，若是将选举行政领袖的工作交给立法部门，议员们在选举开始前很久就会受贿和置身阴谋诡计之中；至于那些特殊的投票者，则会藏身在民众中间，就像大陪审团的成员一般，无人知晓。不仅如此，投票不过几分钟的事，他们不到动手的时候，都不会露面。

所以，决定一个州选出一定数量的投票者[1]，将选举总统的工作交给他们。可是，就像之前说的，一个国家采取此种选举制度，那么负责选举政府领袖的机构，免不了要被争斗与阴谋包围。有时，它会抢掠别人的权力；有时，它的犹豫不决以及它犹豫不决导致的无休止的争斗，还会让国家濒临灭亡。因此，美国人决议，投票者无须走到一起开会磋商，在同一天投票表决就行[2]。

这种两段式选举的方法有利于多数的出现，不过，既然这些投票者身后的委托者能够有不同见解，这些投票者自然也能有不同看法，所以多数未必一定会出现。

如果发生此种情况，就得在以下三种方法中选一种了——重选投票者，让原本的投票者重新讨论，或者将选举工作交给别的权力部门。

前两种方案不仅不稳妥、浪费时间，还会造成可怕的没完没了的口角。所以，他们选了第三种方案，将选票封存交给参议院议长，议长会在确定的日期，在参议员和众议员面前将其解封统计票数。除非有候选人得到多数，否则，选举总统的工作将由众议院接手。不过众议院的权力不是没有限制的，众议员得到的候选人只能是之前得票最多的三个候选人，众议员要从中选一个出任总统[3]。

人们已经看见了，众议员接手总统选举工作的情况非常少，也极难预料，

[1] 投票人的人数是按该州在国会中议员的人数定的。1833年有288位投票者参与表决。参见《美国年度大事记》。——原注

[2] 相同州的投票者投票的地点是一样的，不过多数票的结果不会在当地公布，而是将记载表决结果的名录送到中央政府那里。——原注

[3] 总统这时其实是按照各州多数票的结果获选的，而非按照众议院的多数票获选。所以，相比于罗德岛州，纽约州对投票选举总统的影响就相对较小。由此可见，起初是将国内所有民众看成一体，投票也是全国范围内的，可是因为公民的看法不同，所以权力下放到诸州，让诸州选代表各自投票这是在联邦宪法中出现的一个奇怪的情况，唯一的解释就是，彼此冲突的利益的碰撞。——原注

并且摆在他们面前的总统人选都是多数强大的专门投票人选好的。这种折中的方案非常好，它将对人民意愿的尊重、选举进程尽量短、不能损害国家利益进行了调和。另外，考虑到众议院不一定能得到多数，宪法又没针对这一情况进行补充，所以将权力交给众议员，未必能解决所有问题。

但是，因为对候选人必需的资格进行了限制，将候选人的人数限定为三人，又将选举工作交给了一个没有成见的部门，所以这种方案为它解决了所有困难——这些困难它原本只是偶尔有机会解决[1]。而别的麻烦，就是选举制度自身的了。

从联邦宪法生效开始到现在已经有 44 年了，在这之间，美国的总统已选了 12 次。其中各州专门投票人在本州投过票之后就产生的有 10 次。

共享此种特别权力的机会，众议院只得到过两次：第一次是 1801 年杰斐逊先生获选，第二次是 1825 年昆西・亚当斯先生获选。

## 选举是危险期

我已经说过了哪些有利环境让美国得以启用选举制度选择领袖，我还对立法部门采取的预防此种制度所带来的危险的方法进行了说明。

召开各类的选举，对美国人来说，已经十分平常。经验告诉他们，浪潮可以走到哪一步，不可以走到哪一步。政党之间的矛盾因为美国辽阔的地域和民众的不够集中，不如别的国家那般鲜明、破坏力十足。截至目前，整个国家在选举时出现的政治环境尚未导致任何切实的灾祸。不过美国选举总统的那段时间，仍可将其视为国家的危险期。

对于选举的过程，总统的作用明显有限而且不够直接，不过这一作用能够延伸到整个国家。总统的选举对单个公民来说，或许微不足道，可对公民整体却至关重要。别忘了，再怎么不值一提的利益，只要成了普遍利益，就会变得非常重要。

相比于欧洲国王，美国总统培植党羽的方法无疑很少。可是他能够委任、罢免的官职却非常多，足够让数以万计的选民直接或者迂回地关注总统的胜负了。

另外，和别的国家没什么不同，为了让民众知道得更加容易，美国的政党

[1] 不过 1801 年，杰斐逊在获选之前还是经历了 36 次投票。——原注

也觉得应该聚集在某个人周边。所以，它们通常在总统候选人的大旗下谋求私利，让他来落实该党的理念。对它们来说，让选举对自己有益才是重大胜利，而非通过获选总统让自己的理论取胜，它们并不准备以总统的获选来证明自己的理论得到了多数的认可。

在距离确定的选举日期还有很久，选举就已成了最重要的事，可以说被整个国家关注着的也只有这件事。所以，各个党派再次活跃起来，一切能够想到的党派热情，就都在此时，在这个幸福宁静的国度，游荡开了。

至于尚未卸任的总统，则专心致志地想办法进行自保。为了国家的利益在政务中奔忙？他不会这么做了，他的工作目标只是再次获选。为了赢得多数，他要讨好选民，原本他应该按照职务的需要约束自己的脾气，可他并不这么做，反倒总是肆意而为。

各种各样的阴谋诡计的活跃度会随着选举的日期临近而提高，选举的浪潮也会变得更加激昂和广泛。

公民们分属于几个不同的营地，所有的营地都举着各自候选人的大旗。此时，整个国家的各个地方都异常亢奋，报纸头条的新闻，私下交流的内容，所有行为的目标，所有理论的核心以及目前唯一的爱好，都是选举。

这种激情会随着选举结果的发布而消失，确实如此，万事万物再次平静下来，看上去马上就要破堤而出的河水，却在原本的河道中宁静地流淌，可是人们自然要吃惊的，这看上去明明是一场即将刮起的大风暴啊。

## 总统的再次竞选与连任

美国的立法者那时同意总统再次参加竞选及连任，这是对是错？

猛一看，行政首脑没道理不能再次参加竞选并且连任。

整个国家的命运，尤其是国家遭遇困境、处在危急关头的时候，会因为一个人的才干和品性发生怎样的变化，这是众所周知的。如果法律不允许公民再次竞选并连任首席行政官，那么公民将无法以最有力的措施为国家昌盛奔波和救国家于危难。并且或许会造成一种怪异的结果——事实证明一个人有着出色的管理才干，可他却不能加入政府。

无疑，这些论点都强劲有力。可是，难道没有能将它们驳回的更有力量的论点？

对民选政府而言，阴谋活动和腐化堕落是其固有的缺陷。这种缺陷在国家领袖能够继续竞选并连任时，会被无边无际地放大，甚至引发国家的生存危机。候选人或许想以阴谋诡计来达成目标，可他的阴谋并不会有多少发挥空间。但当国家领袖的名字出现在候选人名录中，他就能通过政府的力量实现自己的目标了。

这两种情况比较起来，前一种，候选人的手法没多少能量，可后一种，却是国家自己通过强有力的措施来搞阴谋活动，主动堕落。

阴谋诡计理当受到斥责，使用此种办法争权的一般公民不但不能促进国家昌明，反而会间接使其受损；行政权的代表若是自己也参与竞选，那么政府就会调转大部分视线到次要工作上，将选举视为当下的首要工作。它满心都是选举的事，已经不再把外交磋商与法律放在心上。

政府官员继续领薪俸，可他们的工作的对象已经从国家变成了他们的上级。这时，政府行为就算不是始终与国家利益相悖，起码它所服务的也不是国家了。可国家难道不该是政府行为唯一的效忠对象吗？

连任的欲望成了总统思维的主宰，它是他所有的政治原则的核心，它是他一切行为的终点，特别是选举即将启动的关键时刻，他希望整个国家的一般利益都服务于他个人的私利。这所有的事，除非你不打算弄清美国总统解决国家事务的一般规则，否则，就必须看到。

民选政府的腐化趋势，因为连选连任的方针格外普遍和危险。它让人民的政治品德下滑，让爱国活动被合纵连横所取代。

不仅如此，这一方针还对美国国家的生存基础构成了威胁。

所有政府都有一种与其生存方针相互连接的内在缺陷，而这种缺陷，立法者中的精英必须有明确的认识。清楚众多不好的法律或许不会影响国家的生存，可是不好的法律通常也没有人们说的那么糟。任何法律，只要会带来毁灭性伤害，就绝不会长时间不发生，虽然人们或许无法马上发觉这种伤害效果。

王权的没有极限及过度地延伸导致了专制君主国的灭亡。所以，就算采取相应的举措将宪法中为王权加码的条款去除，它们的危害也是非常大的，除非这些举措能时常发挥效力。

与之相同，那些让民众的活动越来越积极和势不可当的法律，也会在这样的国家——民主开始掌握全局、人民慢慢成了所有事务的主宰——直接造成政府的生存危机。

对这一真理有明确的认知，而且有胆量将其变成现实，是美国的立法者们最大的功劳。

在他们看来，不仅要将权力交托给人民，还要让相应数量的机构负责行使权力。这些机构确实在一定程度上依托民众，可是只要不超出职权范围，它们还是有一些自由的。所以，在顺从公民中的多数给出的共同决断的同时，它们还能驳回这一多数的胡搅蛮缠及不安全的诉求。

美国的立法者之所以将整个国家的行政权交托给一个人，让总统有普遍的权力，又有否决权这一抵御立法部门攻击的武器，就是为了这一目标。

可是，立法者又毁了自己的一部分工作——采用了总统能够连选连任的方针。他们将权力交托给总统的同时，又遏制了总统行使权力的欲望。

总统若是不能连任，他就不会为了竞选停下为人民服务的脚步，也就不会将自己从民众中剥离出来了。

不过，对他而言，他并不是为了讨民众喜欢，就必须要绝对顺应民意。

对多数人来说，能够连任的美国总统不过是手里的一个非常顺手的工具。如今政治品德下滑，伟人数量有限，情况就更是这样了。多数民众喜欢什么，他就得喜欢什么，多数民众讨厌什么，他就得讨厌什么；无论是多数的意愿，还是多数的埋怨，他都得为其出头，就算是多数微小的诉求，他也得想办法达成；立法者的目的是让他带领多数，可他却成了多数的仆人。

可见，立法者原本希望让国家可以不遗漏人才的，可最后这些人差不多都成了庸才；立法者原本是希望采取一种措施来应对此种特殊环境的，可最后却让国家波折不断。

## 联邦系统法院[1]

美国的立法权和行政权我已经讲了，至于司法权，还要再观察观察。

此间，我应该向读者承认：我怕自己的讲述会让读者厌烦。

司法制度让英裔美国人的命运发生了极大的变化，在政治制度的字面意思

[1] 参见第六章第一节《美国的司法权及它对政治社会的影响》，本章讲的是司法工作的一般方针。另外，参见联邦宪法第三条。

参见《联邦党人文集》第78～83篇；萨金特的《宪法是美国各级法院工作和办案的依据》，波士顿，1830年；斯托里的《美国法律》第134～162页、第489～511页、第581页和第688页；斯托里的《美国法律》第1卷第53页记述的1789年9月24日组织法。——原注

中，它有着极为关键的地位。以这个主张而言，我们不该忽视它。

可是，想要弄清美国法院的政治效用，就必须探明美国法院的架构模式及审讯程序的一些技术点。这个课题原本就没什么趣味性，要怎么讲才能让读者不对这些细枝末节感到厌烦呢？最后，要怎么讲才能言简意赅和一脉相承？

我不会避开这些繁复的难题，并为此感到荣耀。在普通读者看来，我讲得太多，可在法学家看来，我讲得却太少。不过，我在整本书的讲述中的一个无法两全的地方，就是此节，尤其是现下讲的这块儿。

弄清联邦政府的架构模式不是最难的，最难的地方是探明美国通过什么办法让民众遵从联邦法律的。

各国政府让治下子民屈服的办法一般只有两种：一种是政府有自己的物质上的实力；一种是政府通过法院的裁决获得了道德力量。

一个政府若是只能通过暴力让人们对法律低头，那它必定很快就会灭亡。

这时，出现的情形有两种，它肯定要选一个：政府若是虚软无力且不很任性，只有逼不得已的时候才会诉诸暴力，对于局部此起彼伏的违法行为，通常采取视而不见的办法，那么，国家将慢慢处于无政府状态；政府若是强悍且粗暴，没有一日不动用武力，那么用不了多久，国家就会成为彻底地武装独裁的国度。对于被统治的民众而言，政府无论是低迷消沉，还是躁动积极，都是致命的。

用权力思想取代武力思想，在国家管理和使用物质力量中间插入隔断，是司法工作的首要目标。

所有人都觉得，法院获得的干预力量是个货真价实的妖魔。法院都没了，这个力量却还在司法程度上残存，而且活力十足，让人觉得法院并未消失，没的只是形体。

国家因为法律拥有的道德力量而很少使用物质力量，并且物质力量在大部分场所都能被道德力量所取代。不过，当最终必须诉诸武力的时候，武力还能因为道德力量的加持而变得更加强大。

相比于别的形式的政府，因为先天不足而极易遭受种种抵制的联邦政府，更希望获得司法机关的认可[1]。它不能频繁地或者起初就借助武力，因为它若是这么做，将无法完成自己的使命。

[1] 迄今为止，联邦的法律都很少向法院求援，虽然它对法院的需求度最高。之所以如此，是因为在加入联邦以前，大多数联邦成员都各有政府。它们不过是假意听命于中央政府，只要从中央政府手中拿到指挥权，它们就会想方设法保住和中央政府对抗的权力。——原注

联邦于是尤其需要建立法院，好让公民遵从自己的法律，或者保证公民的安全。

可是，它建立的法院应该是什么样的？很早之前，诸州就有各自的司法部门了。它用不用向这些法院求援？它用不用设立直接归联邦管辖的司法部门？诸州早已设立的司法部门是不会习惯联邦的诉求的，这点轻易即可证明。

不管是出于州的安全方面的考虑，还是出于州的自由上的思量，都应该将诸州内部的司法权和别的权力分开，这点毋庸置疑。

可是诸州的若干种权力，它们的来源也好，遵从的方针也罢，或者是使用的范围，都应该相同。简单来说，就是要互相关联，属性一致，并且不如此，国家都难以生存。

为了让法官作出公正的裁决，而将法国的罪犯送去别国法院审讯，我猜没人这么想过。

以美国人与联邦政府的关联来看，美国人同属于一个民族，不过这个民族不必全盘听命于政府，除了那些必须服从的，剩下的各个方面都和国家政权的政治机构相互独立。这些政治机构有着各自的来源，不同的原则和特别的行为模式。让这些政治机构组建法院去落实联邦法律，就等于将国家交给别国法官审讯了。

更重要的是，在整个联邦面前，各个州不但看上去如同外国，还因为要从联邦手中夺权而永远不会和联邦同心同德。

所以，让诸州落实联邦法律，不但等于委托别国法官来对国家进行审讯，还等于找了个戴有色眼镜的法官。

除此，因为属性的原因，州法院也无法为国家工作，更何况州法院的数量那么多，就更是这样了。

拟定联邦宪法时，美国已经有 13 个法院不能在宣判后向联邦上诉。如今这一数值已经增加到了 24 个。除了要让国家的首要法律拥有 24 种解释和运用，还得确保国家不会消失，这根本实现不了。

这种制度不但有悖常理，也与经验不符。

美国的立法者于是决定创建一个联邦司法机构，去推行联邦法律，对之前明确规定的关系到全国利益的案件进行审理。因此，一个名叫“美国最高法院”的法院获得了联邦所有的司法权。这个法院还设立了若干下级法院好方便审案，它们可以对某些重要性稍逊的案件进行终审判决，或者对某些重要的案件进行初审。最高法院法官的来源，是美国总统咨询过参议院后委任，而非人民或者立法部门选举。

最高法院的法官是终身制的，他们的薪俸在确定之后，司法部门将不会再过问，如此安排是为了让最高法院的法官拥有自由，不会被别的权力部门所左右[1]。

联邦司法体制的方针，如果只是笼统地概括，非常简单，可如果想进一步阐释它的职责，就困难重重了。

## 如何确定联邦系统法院的职权

遇到的一个难题是：对于两种不同的主权的共存，美国宪法并不否认，可这种主权在司法体制上的代表，却是来自不同体系的法院，因此就算再如何谨慎地界定两个体系里的法院独有的审理权，两者也会频繁地发生碰撞。如此，在这种情形下，应该让谁来确定法院的职权呢？

一个国家的政治社会若是简单且属性相同，那么当这个国家的两个法院出现职权之争，通常会让另一个法院作出裁断。这样的国家，其司法权力和国家主权是不会出现对立状态的，所以问题解决起来也不难。可是美国能在州最高法院和联邦最高法院上面建立一个这样的仲裁法院吗？——不仅与前者不是一个体系内的，和后者也不是一个体系内的——它做不到。

所以，这两个法院，必须有一个能够独立审案，能够接受或者驳回案件。

---

[1] 第一，联邦设立若干审判区，每个审判区派一名法官长期驻守，这个法官所在的法院就是所谓的联邦地方法院。

第二，每年最高法院的法官都要在全国相应的区域巡视，并在当地裁决某些大案。这位法官所在的法院就是所谓的巡回法庭。

第三，最高法院接到大案要案，无论直接审判，还是上诉审讯，一年之内，每个巡回法官都得在最高法院的所在地开庭，将这些案件审理一次。

联邦法院也采用陪审制，至于用什么方法和对哪些案件适用，则和州法院没什么不同。

美国的最高法院和法国的最高法院简直天差地别，这点我已经谈过了。法国的最高法院只能受理二审和三审的案子，不能进行初审，可是美国的最高法院却是可以初审的。事实上，在负有对宪法作出解释的责任上，美国最高法院和法国的最高法院是一样的。不过，美国的最高法院事实、权利都能审，还可以独立宣判，法国的最高法院就不能了。

参见 1789 年 9 月 24 日组织法；斯托里的《美国法律》第 1 卷第 53 页。——原注若各州的法院可以独立解释宪法，那么用不了多久，它们就会恢复被宪法相关条款剥夺的那部分自由，进而在事实上损害联邦的主权，所以诸州的法院不能享有这一特权。

为什么将这方面的事宜交给联邦最高法院审理？又设立一个共同的司法仲裁机构解释联邦法律？就是为了防止诸州的法院在处理有关全国利益的事项时各自为政。而想要实现这一目标，必须要保证各州的法院不会将自己负责的案件说成是联邦的，交托出去，或者从联邦索要本不归自己负责的案件。

所以，联邦最高法院有权处理所有涉及法院职权的问题[1]。

对州的主权来说，这是一记重创。如此，州的主权除了要受法律制约，还要看法律如何解释，除了限制在已知的范围内，还有一个未知的范围，除了白纸黑字的条款的限制，还有些限制是没被写出来的。宪法虽然已经对联邦主权进行了明确的界定，可是与此同时，还表示，当联邦主权和州主权出现矛盾时，仲裁机构应该是联邦法院。不过，就算这样，此种案件对州的主权的威胁，其实也没有看上去那么厉害。相比于联邦政府，美国诸州的拥有的切实的权力要大得多，这点我之后会说。联邦的法官们觉得在自己的旗号下可用的权力，没什么力量。法律规定他们有权审讯案件，他们若是在审理时还要满足某些过分的要求，他们宁可舍弃裁决的权力，不去受理。

## 联邦体系法院审讯的各类案件

美国的立法者们找到办法确定联邦体系的法院的职权以后，对联邦体系的法院所负责的案件又做了界定。

他们规定了原诉人的范围，无论案件的类型为何，只要原诉人在这个范围内，就都由联邦体系的法院负责审理。

之后，他们又界定了讼案的范围，无论原诉人是谁，只要是讼案在此范围内，

[1] 另外，为了尽可能减少在职权上的争执，又作出了规定：考虑到联邦法院负责的案件太多，州法院可以替联邦法院审案，不过有个前提，就是州法院审理的案件必须能够向联邦最高法院上诉。弗吉尼亚州的最高法院曾经和联邦最高法院抗议说，自己审理的案件出现的上诉，联邦最高法院没有权力受理、审讯。

参见肯特的《美国法解读》第1卷第300页、第370页及之后若干页；斯托里的《美国宪法释义》第646页；斯托里的《美国法律》第1卷第53页记述的1789年组织法。——原注

都由联邦体系的法院负责审理。

所以联邦体系的法院审讯的两个重要条件，就是原诉人和案件。

外国使者是联邦友善国的代表，任何牵涉到外国使者的案子，都可以说与整个联邦相关。当外国使者涉案，讼案必定牵涉国家利益，所以，理当由联邦法院审讯裁决。

联邦自己也会牵涉进讼案里。此时，它如果向作为联邦本身主权代表的法院提起诉讼，那么审案判案的，也只能是联邦体系的法院，因为，若是交给别的法院，不仅违背常理，也不合乎国家的习惯。

如果涉案双方属于不同的两个州，那么，无论将案件交给哪个州的法院审，都不合适。最佳方案是找一个两边都信得过的法院，至于哪个法院合适，当然是联邦体系的法院。

如果涉案的两方是州，不是个人，那么除了上面说的公平的原因，要再加一个政治上的原因。此时，整个案件因为争讼双方当事人的性质而有了全国性的影响。两州的小小的争执，会对国家的和平安定造成影响[1]。

通常，看诉讼自身的属性，就判断应该由谁负责。例如，一切关于海商的事宜，都应该交给联邦体系的法院负责[2]。

为什么这么做，很容易解释：此类问题，近乎每一个都得从国际法的层面去看。这一论点表明，此类问题无不牵涉到整个联邦和外国的关系。并且，和国内不同，海上是无法划分司法责任区的，因此，要有一个国家法院处理海上发生的案件。

差不多所有属性上应该归联邦体系的法院负责的案件，都被联邦宪法限定在了一个条目里。

在这方面作出的规定确实非常简练，可是在这之中，人们会发现立法的思维模式和罗列的问题。

美国宪法表示，任何案件只要能从合众国的法律中找到依据，联邦宪法就

[1] 宪法又规定，若当事人分别是一个州的州政府和另一个州的公民，那么审判权则归联邦体系的法院所有。很快就又出现了一个问题——宪法的意思，是不是无论谁是原告，只要当事人是一个州的州政府和另一个州的公民，讼案都由联邦体系的法院负责？最高法院给出的裁决是，确实如此。诸州因为这个裁决而担心起来，怕联邦政府的法院随时都能传讯它们而无须先行告知。所以，宪法做出订正——外国公民对合众国的州的起诉，联邦的司法权不会覆盖。——原注

[2] 比如，所有关于海盗的讼案。——原注

能审。

立法者有什么目的，只要举两个实例，一眼就能看明白。

比如，一个州无视宪法的禁令——严禁诸州拟定与货币流通有关的法律条文——拟定了一项接近的法令，而因为这一法令与宪法相悖，相关方面可以拒绝执行。于是联邦体系的法院就可以对此进行审理，因为联邦法律中有惩处此种行为的相关条款。

再比如，国会对某项进口关税作出了规定，可无法顺利征收。因为此案件在解释联邦法律上有不同看法，所以这个案子也会交给联邦体系的法院。

这一规定和联邦宪法采取的基本方针毫无矛盾。

联邦是按照1789年通过的宪法构建的，它的主权确实受到了限制，可是宪法也希望在这个区间内，联邦能变成一个统一的国家，享有一元化体制[1]。也就是希望它在这个范围内，是主权国家。只要将这点拿出来，并得到认可，所有的问题就都不是问题了，因为既然承认合众国主权国家的身份是宪法所认可的，那么，就应该让它运用国家拥有的所有权力。

可是，关于本国法律的落实问题，所有国家都有权让国内的法院审理，这一点，从国家出现起，就已经成了人们的共识。不过有人表示反对，说在这件事上联邦的地位与众不同：它虽然在特定的层面上是国家，可是在剩下的各个方面，它都算不得国家。于是，结果如何？结果是，除非那条法律和特定层面相关，否则它都无权成为拥有完整主权的国家。现实的难题是，特定的层面要如何界定。一件案子，只要确定应该归联邦体系的法院负责，即宪法规定它牵涉联邦主权，案件的审理宣判理当交给联邦体系的法院，所以只要解决了这点（至于这一点是怎么解决的，在前面讨论审判权归属时，我已经说了），事实上，所有问题都将迎刃而解。

所以，联邦的法律若是受到侵犯，或者需要想办法捍卫这些法律了，就该向联邦体系的法院提起诉讼。

所以，联邦的主权越大，联邦体系法院的审判权就越大，反之，联邦的主权越小，联邦体系法院的审判权就越小。

1789年立法者们的首要目标是将主权分成两个模块——一个负责联邦所有

---

[1] 这一原则，事实上又受到了一些制约。例如，宪法规定，在参议院，诸州拥有独立的主权，在众议院，诸州又能独立竞选总统，不过后者的情形比较少见。所以，获胜的是反对者的主张。——原注

的一致的利益，一个负责诸州各自的利益，这点我们已经讲过了。

那时，让联邦政府有充足的权力武装自己，让它可以在职权范围内抵御各州的进犯，是立法者最关注的事。

诸州在州内拥有自主权，则是立法者们针对各州采取的一般原则。中央政府无权去指挥诸州的活动，连审查都不行。

在介绍权力划分的那节，我已经说了，这一原则获得的敬重不是一贯的。有些法律看上去只牵涉到某个州的自身利益，可是该州却没有制定这些法律的权力。

联邦的某个州若是颁发了此类条令，那么因执行此项法令而使公民受到损害时，公民可以向联邦体系的法院起诉该州。

于是，联邦体系的法院的审判权不但能审理以联邦法律为依据发起的所有讼案，还延伸到了各个州因为拟定了违宪法律而引发的讼案。

诸州严禁制定追究过往的刑法。如果有人因为此种法律受到惩处，可以向联邦体系的法院提起诉讼。

宪法还规定，严禁各州颁布法律使合约的既得权益发生变化或者受损（损害合约义务的法律）[1]。当公民坚信本州法律破坏了自己的合同利益，他可以不接受这项法律，并且向联邦体系的法院提起诉讼[2]。

在我看来，相比于其他所有条款，这一条款对诸州主权的冲击大多了。

---

[1] 一切法律，只要引发了合同条款所规定的双方的本意，发生增减或者形式上的变化，均是破坏了合同，这句话是斯托里先生在自己书（《美国宪法释义》——译者加）的第 503 页说的，一点儿没错。在该页，这个作者用众多例证说明了法律与合同相悖的情况，例如，一个州和一个人签约，将某块土地租给了这个人，之后却按照一项新的法律，剥夺了这个人对这块土地的权利；一个州颁发一个公司的许可证原本属于一份合同，可是对这个公司而言，在这之外，这个许可证还是法律。我们如今谈及的这一宪法条文，是无法保证所有既得权限的，只能保证一部分。例如，不用签合同，我也能让一笔财产合法地为我所有。这笔财产是我的既得利益，却无法得到宪法的保护。——原注

[2] 下边这个例子是斯托里在以上著述的第 508 页引用的。有几个人按照英国国王在美国革命前颁发的许可证创建了新罕布什尔州达特茅斯学院。这一学院的数位管理者按照这一许可证建立了美国人口中的自治团体——Corporation。新罕布什尔州的立法部门想对该学院原本的许可证进行修改，并将该院拥有的所有权利、专权、许可证带来的豁免权交给新的管理者。可原管理者不同意，向联邦法院提起诉讼。联邦体系的法院认为原许可证是州和许可证拥有者签的实实在在的合同，这一许可证的条款及其授予的既得利益，不可触犯，否则，就是在违背美国宪法第 1 条第 10 点的规定，所以裁定原告胜诉。——原注

联邦政府因为显而易见的全国性的目的而得到的权力，是清楚而易懂的。不过我刚刚援引的这条宪法条文，让联邦政府间接得到的权力，就没那么易懂了，并且它的界限也比较模糊。事实上，不少政治性法律都对合同的签署有影响，进而损害到中央的主权。

## 联邦法院的诉讼程序

联邦法院的权责我已经谈过了，现在让我们看看它们是怎么用这些权利的。

一个主权没被分割成两个部分的国家，法院是以整个国家的身份惩处那个违法的个人的，所以司法权力无往不利。权利的思想和为权利提供力量的思想在这里凝结到了一起。

可是，事情到了主权被分割成两部分的国家，就不是一直如此了。

这种国家的司法部门，与之来往最频繁的是国家里的各个党派，而非独立的个体。

最后，司法部门的道德力量和物质力量都被极大地削弱了。

所以，联邦国家的司法部门的力量理所当然地减小了，可接受审讯的人，他的力量却非常强劲。

联邦制国家的立法者应该奋斗不止，好让法院的地位如同在主权被分割成两个部分的国家一般。换言之，立法者要以持续的努力换取司法部门可以代表国家，使应讯者也只能代表个人的利益。

一个政府总要统领治下子民，让他们践行自己的义务，无论它的属性如何；另外，它还得保护自己不被臣民攻击。

美国的宪法规定，联邦体系的法院可以直接采取措施逼治下子民依法行事（这也是美国宪法的一大发明），也就是联邦体系的法院有责任让应讯者只代表个人。

宪法规定的那部分主权归联邦这个一元化的统一的国家所有，既已如此宣布，那么全国政府享有的所有权利，按照这部宪法组建、行动的政府自然应该拥有，而这之中最重要的权利就是直接命令公民的权利。所以，例如，政府颁布征税的法律，这时，征税的对象不是各个州，而是每个需要纳税的美国公民，让他们依照规定的税率交税。

联邦司法部门有责任确保联邦此项法令的执行，它无权处罚拒绝交税的州，但它可以处罚犯法的纳税人。和其他国家的司法部门没什么不同，联邦的司法部门的惩处对象只能是个人。

需要说明的是，在这件事上，联邦有权自己选。它选了弱小的对手，当然总是取胜。

不过，联邦若是自保的那方，而非进攻方，难度就加大了。

诸州有权立法，对此宪法是认可的，可是，所立的法律或许会损害到联邦的权利。此时，联邦势必要和立法的州展开主权之争。为了达到平息争端的目的，所采取的解决方案只能是最安全的。我之前谈过的基础原则[1]早就限定了要如此解决。

照常规思维，如果有我刚刚提及的这类案件发生，那么联邦必须向联邦体系的法院提起诉讼，控告该州侵权，联邦系统法院则会宣布该州拟定的法律无效。这是最合理的做法。可这么做等于让联邦体系的法院站到了该州的对立面，与该州交锋，而联邦体系的法院是不愿意出现此种情况的。

在美国人看来，一项新法律的推行必定会让一部分人的个人利益受损，几乎没什么例外。

联邦宪法的立法者立法时，对这种个人利益进行了保护，因为他们相信，联邦可以凭借这种个人利益抵挡诸州以立法形式发起的攻击。

例如，某个州卖了块土地给一个公司，一年之后，它通过一项新法案，又将土地收回用到了别的地方。如此一来，它就违宪了，因为宪法中有关于合同确定的权利不容侵犯的条款。新法律认同的土地购买者如果要求得到土地，旧法律认同的土地拥有者可向联邦体系的法院提起诉讼，让其裁定新持有无效[2]。所以实际上，这就是逼联邦司法部门侵害州的主权。可是，联邦司法部门并没有直接对州进行攻击，它只是引用了该州制定的法律的某个小地方。它进攻的对象不是法律的原则，而是它的结果。它只是打击那条法律的威力，却没有裁定将其删除。

最后，再假定一个案件。

美国的各个州都是单独的自治体，拥有公民权，因此它们除了能向法院提起诉讼，也能被告上法庭。例如，一个州有权向法院起诉另一个州。

[1] 参见第六章有关司法权的部分。——原注

[2] 参见肯特的《美国法解读》第1卷第387页。——原注

此时，讼案和联邦打击地方发布的法律无关，不过是两边都是州罢了。这种案子和别的案子没什么不同，只是当事人的属性有些特别。本章开头指明的危险，在这儿并未消失，且难以避免。这种危险，是联邦体制的先天问题，使得国内出现的某些阻力十分强劲，司法部门难以招架。

## 最高法院在诸州的大权中占有重要地位

如此强大的司法权，是任何别的国家都不曾创造过的，这点在认真研究过最高法院的架构，充分考察过它拥有的职责之后，轻易就能发现。

美国的最高法院的职权性质远高于一切已知的法院，它负责的应讯者的范围也是最大的。

在欧洲，没有哪个文明国家的政府，愿意将与自身利益密切相关的案子的审判权交给司法部门。这种抵触情绪随着政府独裁程度的增加而增加。相反，自由的程度越高，法院的权责范围就越广。可是，截至目前，任何一个欧洲国家都没如此想过——所有案件的审判权都能交给推进普通法的法官，无论这个案件是因为什么。

可是，这个理论在美国已经走入了现实。美国最高法院就是国家的最高法庭，而且只有它是。

对法律、条约作出解释是它的职责。关于海商的事宜，一切与国家法率有关的事宜，都归它管辖。甚至可以这么说，它有着纯粹的司法性的架构，职责却几乎全都是政治性的。

它只有一个原则，就是落实联邦法律，至于联邦政府，它的使命是调节政府和被统治者、本国和别国的关系。而公民和公民间的关系，差不多都交给了诸州的首要管理部门负责。

为什么说美国最高法院责任重大？除了上面说的这一主要原因，还有一个原因更重要——各个欧洲国家的法院所审理的案件，只是个人之间的，可美国最高法院，却可说是能对州的主权进行审判。

法院的执法官走进法庭简明扼要地说“纽约州起诉俄亥俄州”，这时，人们会觉得这个法庭和普通的法庭是不一样的。当你念及两个当事人，一方背后站着一百万人，一方背后站着二百万人，七位法官的裁决会影响这么多同胞的喜怒，就不由得深觉七位法官肩上的担子非常沉重了。

七位联邦法官决定了联邦的安宁、兴旺和存亡。因为他们的存在，宪法才得以名副其实。他们帮助行政权抵御立法部门的进犯，帮助立法权在行政权的攻击中自保。联邦通过他们让诸州俯首，诸州通过他们拒绝联邦的非分之想。他们协助公共利益抵御个人利益，也协助个人利益抵挡公共利益。保守派仰仗他们打击民主派的过激行为，民主派仰仗他们防御保守派的倔强。他们的权力非常大，可是舆论对此事是赞成的。他们的力量无穷无尽，只要人民愿意遵从法律；反之，人民若是不愿意，他们将虚软无力。舆论力量的边界在哪儿，没人知道，而且通常界内的危险并不会比界外小，所以眼下在所有力量中，舆论力量是最难掌握的。

所以，成为联邦法官的公民，除了要品性出众、众望所归、知识渊博，拥有所有行政官必备的素养，还得是国家事务的专家。他们应该擅长确定当前的时代精神，清除能够被努力扫除的障碍，将淹没他们自己、联邦主权和法律尊严的危险浪潮平息下来。

总统的权力有限，他就算犯错也未必会让州受到损害。国会的权力比不上国会选举团，后者通过改选议员，能让前者大变样，所以国会犯错未必能让联邦受损。可最高法院的成员若是些偏激冒进或者腐朽靡费的家伙，联邦就有机会落入无政府状态或者爆发内战。

可是，一定要清楚，这种危险的起因是联邦政府的性质，而非法庭的架构。我们知道，其他制度的国家，其政府在以武力压制个人时，个人是无法在更强大或者更好的位置上予以回击的，所以那些国家无须像联邦体制的国家一般，构建强大的司法权。

然而，政权对于强大的诉求越高，它对于扩张和独立的诉求就越高。它扩张、独立的程度越高，肆意行权的机会就越大，就越会引发危险。所以，问题的根本是创建这一政权的国家制度自身，而非这个政权的架构。

## 联邦宪法比各州宪法好的地方

联邦宪法的目标和诸州宪法的完全不同，可是两者实现目标的办法却非常接近。联邦政府和州政府的架构是一样的，虽然它们的职责并不相同。从这种特别的情况去比较联邦宪法和各州宪法，或许正合适。

在我看来，整体而言，联邦宪法好于诸州宪法。造成这种优势的原因有几个。

当前的联邦宪法制定的时间比大部分州宪法晚，能够从中获得经验教训。

不过，从联邦宪法制定到现在，新加入美利坚合众国的州已经有十一个，这些新成员几乎无时无刻不在吹嘘它们对之前各州宪法的缺陷进行的弥补，当我们想到这个，就不得不说，联邦宪法更优越的各个原因中，制定的时间更晚并不是最关键的。

立法者们的德行才是联邦宪法更优越的关键原因。

在制定联邦宪法时，将诸州凝聚到一起这件事，看上去非常难。这种危险，可以说所有人都看得见。人们在这个关键时刻，坚定不移地选了自己最敬重的人，而非自己最喜欢的人。之前我已经说了，近乎每个联邦立法者都有为人称道的才华，而且他们更出名的是爱国精神。

他们每个人都是在危机中长大的。当时，自由精神始终在和一个强有力的蛮横的权力部门战斗。之后，战争结束，可人们因战争激发的热情却还在和已经消散的危险战斗着，于是立法者们呼吁大家平复情绪。他们探究国家的形势的目光敏锐而镇定，在他们看来，关键的战事已经结束，以后只有对自由的过度使用会引发危及国家的灾祸。因为心灵深处有着对自由诚挚而热烈的喜爱，所以他们敢于吐露此种观点。因为他们真心希望自由永存，所以他们有胆量呼吁人们约束自由[1]。

在大多数州的宪法中，众议员的任职期限都是一年，参议员的任职期限都是两年。所以两院的议员时常被选民最细微的意志严厉制约。

可是，立法部门的这种依赖太严重了，不仅把权力的基础送到了人民手中，

[1] 此时联邦宪法的主要制定者之一，声明赫赫的亚历山大·汉密尔顿，就有胆量在《联邦党人文集》第7篇写道：

“有人觉得行政权在人民和立法者的诉求面前卑躬屈膝是行政权的优点，这我清楚。可在我们看来，这种人是期望政府治下人民非常蛮横的，并通过这样的人民来建立繁荣富强的社会。

“人民的意见如果太稚嫩，不够合理，怎么能引导受命的民众？然而，人民肆无忌惮和惹是生非，并不符合共和主义的原则，而在大量的人被不安好心的奸狡之辈所蛊惑的情况下，却有机会发生。

“一般来说，人民都是渴望社会幸福的，的确如此，可是人们在追寻社会幸福的路上，却总频繁出错。因为阅历告诉他们，他们有时会受到欺骗，所以囿于自己眼界的他们不会重视这种善意。

“当人民的期望与他们切实的利益不符，面对这一暂时的错误，一切此种利益的保护者都该为了让人民获得冷静思考的时间予以修正。这一措施有时能将人们从他们所犯的错误中救出，并让有胆量、有气魄的救援者有所慰藉。”——原注

连政府也送过去了，所以联邦的立法者们觉得，代议制重要成果的性质，因立法部门的这种过度依赖发生了变化。

为了让议员行权的自由度更高，他们增加了联邦议员的任职期限。

联邦宪法也把立法部门分成了两院，就像诸州宪法做的那样。不过各个州的两院议员，他们的参选资质却是一样的，并且参加选举的方法也一样。所以，两个院都能轻易地了解多数的情感和意愿，并迅速地给出代表和武器，如此一来，制定法律的过程难免粗暴、草率。

按照联邦宪法，联邦的两院也由人民来选，不过候选人的资质和选举的方法发生了变化。之所以做出这种改变，就是为了让两个立法部门之一，起码能成为出众的才华的代表，就算它代表的利益无法和另外那个一样。

想成为参议员，年龄必须到一定的成熟的界限。第一步，找一个人数有限的会议，之后，将选举参议员的责任交给这一会议。

民主体制固有的趋势就是让立法部门掌握所有的社会力量。立法部门的权力是人民直接赋予的，既然如此，它也要分享人们别的所有大权。

所以立法部门有种趋势，习惯性地兜揽所有权力。

这种集权不但对好政策的落实十分不利，还为大部分独裁的发展打下了根基。

面对民主的这种恣意放纵，州的立法者们通常选择屈服，但联邦的立法者们通常却会予以遏制。

掌控诸州行政权的行政长官——州长的地位，看上去和立法部门平等，其实不过是立法部门手中没有思想的傀儡和消极的工具。他力量的源泉是什么？任期能为他提供力量吗？通常他的任职期限只有一年。难道他的特权能为他提供力量？他根本没有特权。立法部门只要在内部成立专门的委员会，将落实自己所立法律的工作交给它，就能让行政长官成为摆设。立法机构若是想，还能停了行政长官的俸禄，让他的情况和被免职差不多。

联邦宪法却让总统独力承担行政权的所有权力和职责。宪法规定的总统任期是四年，在他的任期内，必须为他支付薪俸，有一队护卫负责他的安全，他拥有搁置否决权。简单来说，在详尽地划定过执行权的范围后，宪法想方设法地确保他在此范围内拥有的地位至高且独立。

在诸州宪法确定的所有权力中，立法最难以管制的权力就是司法权。

可是，每个州的立法部门都留有一项权力——规定法官的俸禄，如此，立法部门就能对法官造成直接影响。

法官在一些州是临时委任的，如此一来，法官就失去了大多数权力和自由。

另外一些州的立法权和司法权根本没有分开。比如纽约州，该州裁决某些讼案的最高法院就是参议院。

联邦宪法不是这样，它将司法权与别的权力进行了彻底地隔离。此外，它规定法官的工资和职责都不可变更，进而让法官拥有了独立的地位。

这些区别的现实作用轻易即可发现。政务方面，没有哪个州比联邦做得更好，这点仔细的观察者马上就能看出来。

相比于诸州，联邦政府推行政务时更加公平、稳健。它的见解更睿智，它规划的蓝图更长久、理性，它的举措推进更灵动、有条理。

本章的内容，几句话就能概括。

有两大危险会危及民主制度的生存：

一、立法权对选举团的意愿毫无抵抗力；

二、政府的一切别的权力都在朝立法权挺进。

州的立法者和联邦的立法者，前者促进了这两大危险，后者则尽可能抑制着这两大危险。

## 和其他所有联邦制国家的宪法相比，美利坚合众国的宪法有什么不同之处

美利坚合众国并不是联邦制度的首个应用者，也不是仅有的应用者。

不说古代，现代的欧洲也出现过几个联邦：瑞士、德意志帝国、尼德兰共和国，有的曾经是联邦，有的现在也还是联邦。

这些不同的联邦，探究过它们的宪法后，我们发现它们赐予各自联邦政府的权力，和合众国政府从美国宪法手中得到的权力一模一样，这让我们非常吃惊。和美国没什么不同，这些国家的宪法也将谈判的权力、宣战的权力、征兵的权力、征税的权力、解决国家危机的权力和寻求国家共同利益的权力交给了中央政府。

可是，能够雷厉风行、效果显著地决断政治工作的，只有美国的联邦政府，这几个国家的联邦政府差不多都没什么力量。而且美国最开始建立的首个邦联也是因为其政府的力量太小而覆灭的。可是和如今的美国政府比，那个政府的力量虽然小，拥有的权力却不小，甚至在某些地方有更大的特权。

所以，现今的美国宪法确定了几个新方针。这些方针，人们原本并没放在心上，可是它们之后却带来了极为重大的影响。

这部宪法粗一看，似乎和之前的几部宪法差不多，其实遵循的思想却是全新的。这一思想，我们应该将其看成是当今政治科学的一大创新。

为了同一目标走到一起的所有联邦——只要建立的时间在 1789 年美国联邦之前——民众，确实同意服从一个政府的命令，可他们有权自己修改和推进联邦法律。

而 1789 年美国诸州凝聚到一起时，除了答应联邦政府有颁布法律的权力，还答应它可以独自执行。

权力本身在这两种情形中并无不同，但权力的运用发生了变化。而这种变化带来的结果也格外不同。

所有比如今的美国建立得早的联邦，其政府若不向那些成员政府求援，就无法实现自己的诉求。它发布的指令，某个成员政府若是不赞同，就有办法不予执行。联邦政府若是实力强劲，就会使用武力；若是实力弱小，就只能对它的反抗视而不见，承认自己没用，顺其自然。

此时，以下两种情况，肯定会发生一种：一种是联邦中实力最强的成员政府夺了联邦政府的权，打着联邦的旗号对别的成员政府指手画脚[1]；一种是联邦政府主动舍弃权力，让联邦走到无政府状态，然后联邦陷入瘫痪之中[2]。

美国的联邦，是在统治各州的民众，而非各个州。联邦需要征税，它是向州（例如说马萨诸塞）政府征税吗？不是，它是向州民征税。之前的联邦政府统领的是成员政府，可美国的联邦政府统御的对象却是公民个体。它的力量源于它的创造，而不是从谁手中借的。它的行政人员、法院、司法人员和部队，都是自己的。

联邦的职权明显仍被民族思想、集体热情和诸州的地方成见强有力地制约着，这些东西会形成某些抵制联邦意愿的中心。联邦的主权受到了限制，而它的力量还不足以让它肆意地使用自己拥有的所有权力。然而这正是联邦体制拥

[1] 在菲利普掌权的时代，希腊就是这样，那时这位亲王已经将自己封为近邻同盟决议的执行官。这种情况在尼德兰共和国也发生过，就是国内的荷兰省总是独自制定法律。如今德意志联邦也是这样，奥地利和普鲁士总将自己当成国会的代言人，打着国会的旗号对整个联邦指手画脚。——原注

[2] 瑞士联邦素来如此。数个世纪来，若非瑞士的邻国互相牵制，它早就消失了。——原注

有的一个天然的缺陷。

美国的各个州通常不会出现叛乱阴谋和行动。一个州如果想发动叛乱，它能够采取的模式只有一种，就是公然违背联邦法律、扰乱正常的司法程序以及采取武力行动。总之，它一定要马上果断地行动起来，可是在走这一步之前，人们通常都会举棋不定。

之前的联邦制国家是因为战争需要，而非治国需要，才把各种权力交托给联邦政府的。要知道，联邦政府的需求会因为这些权力变得更多，可它却没办法获得更多力量，达成这些需求。所以这些联邦政府拥有的权力的种类越多，切实要害就越多。

美国的联邦就不是这样了。在美国，联邦政府可以做任何它有权去做的事，就和大多数普通政府一般。

相比于创造新的词汇，人的脑袋更擅长创造新的事情。所以我们只能用那些较为模糊的词汇和较为片面的说辞。

一些国家创建的联盟非常稳固，还建立了最高政府。

这个政府可以直接干预各个成员政府，虽然它无法如国家政府一般直接掌控公民的个体。这个名为联邦政府的政府，与别的所有政府有着本质的区别。

后来，另一种社会组织形式出现了。这一社会中的若干政府不过是结成了同盟，只有在利益一致的方面才会真正聚合成一个整体，而在别的方面仍旧彼此独立。

这里的中央政府也能直接统领治下子民、行政官员和司法人员，和其他国家政府并无不同，只是在活动空间上受到了一定的制约。显而易见，这个政府成了不完全的国家政府，而非联邦政府。所以有了另一种政府。准确来说，它算不得国家政府，但也不属于联邦政府。可是还没有哪个新的词汇能够展现这一新情况，所以眼下我们只能停在这儿了。

因为没见过这种新型联邦，以往的各个联邦要么引发内战与压制，要么变得死气沉沉。成员国要么学识不足以制定方案解决自身缺陷，要么没有落实此种方案的胆量。

美国的首个邦联之所以会解体，也是因为这种缺陷的存在。

不过，美国联邦的各个州独立之前，曾经长时间为一个帝国掌控，绝对自治的习性尚未形成，民族成见也不够坚实。相比于世界其他地方，它们的文明程度更高，而且彼此之间的文明程度接近，它们的人民通常不会有强烈地增加联邦权力的欲望，如果有了此种欲望，也会被它们里面的几个伟人安抚下来。与此同时，只要发现缺点，美国人就会想办法果断弥补。他们修正法律，救了自己的国家。

## 联邦制的普遍优势及它们对美国的特殊效果

社会的关注点，如果是在小的国家，可以深入到国家各个地区，连最细小的事物也被改革精神覆盖到；人民的才华和精力近乎能够全部投入到国内的福利事业上，而非消磨在对名利的追逐中，因为大家的野心相对较小，可以被轻易安抚下来。此外，通常在小国家，个人的力量都不会很强，因此欲望也有限；他们因为宽裕的生活，几乎人人平等；民风淳朴仁善。所以，整体而言，虽然道德和文明程度各异，但相比于大国，在小国更容易安身立命、丰衣足食。

推行暴政的区域小到一定程度，暴政就将覆盖该区域的所有事物，所以和一切其他地方比，发生在小国的暴政会更严酷。它的力量不足以做一番大事，只能用暴力和折磨去摆布不计其数的小事。它将自己的统治从政界扩张到个人的生活。先是掌控民众的行为，然后又插手民众的喜好；先是控制国家，之后又想控制家庭。不过，小国生来就有自由的优点，所以这种情况很少出现。小国的权柄通常掌握在一个人手里，一方面是因为小国的政府给不了公民中的野心家太多诱惑，另一方面则是因为公民自身才干不足。不过对于民众而言，遇到此种情况，大家众志成城、团结一心打倒暴君，颠覆暴政，并不是什么难事。

一个大国长时间推行共和体制的例子在世界历史上并未出现[1]。这一实际情况表明，这种事不会发生。在我看来，不肯面对现实，只是吃惊于眼见耳闻的事，却为了推测和畅想未来而左思右想，太荒唐了。不过有件事是可以确定的，就是相比于小共和国，大共和国的存在更容易滋生事端。

领土越大，所有钟爱共和制度的热情就越强烈；可有助于此种热情的品德却不会一起提高。

国家的实力越强，个人的欲望就越大；政党为自己确定的目标越重要，政党的实力就越强劲，可是相比于大共和国，能够与此种有害的热情或者力量抗衡的爱国心在小共和国才更强烈。

[1] 我指的是统一的大共和国，而非由若干小共和国构成的联邦。——原注

爱国心在大共和国难以展现，作用也不大，这点也同样容易证明。贫富差异巨大、城市巨型化、道德品质下滑、个人利欲熏心、利益对立，所有这些差不多都是国家极度扩张带来的不良结果。对于君主国的存在，其中大部分并无不利影响，有几个——不多——甚至能让它存在得更久。

此外，君主国的政府有种特别的能力：政府能够驱使民众，可无须依靠民众；君主的力量会随着人口的增多而增强。可是，这些危险，共和制政府想要化解，只能仰仗多数的扶持。

此外，对共和国来说，这种力量不会因为国家的疆域更辽阔就等比例地提升。所以，一边是袭击手法的数量和强度持续提高，一边是防御能力的停滞不前，甚至变低。因为若人员越多，人的喜好和利益就越分散，能够凝结成一个坚实的多数的难度就越高。

还能证明，人的热情的迸发除了要看所求目标的宏伟程度，还要看有多少人被热情激励。

所有人都会觉得，相比于一个人独处，与同心同德的人在一起，他的情绪更高涨。政治热情在大共和国中为什么会变得势不可当，一方面是因为所求目标非常宏大，一方面则是因为在相同的时间、以同一种方法激励着几百万、几千万人。

所以，通常情况下，最见不得人民幸福和自由的，就是大的帝国。

不过，大国也有独属于大国的优点，这毋庸讳言。

相比于别的地方，人在大国的权力欲更强，同样的，相比于别的地方，某些人的名誉感在大国也更强。之所以如此，是因为民众的欢呼声会让他们找到前进的目标，并且他们在某种程度上，还会因为这一目标变得更努力。在大的国家，思想能够迅速地在所有方面得到热烈地回应，观念的流传受到的限制较少，大国的都市是人类理性的光芒绽放与汇聚的巨型枢纽。这一实际情况就可以告诉我们，为什么和小国相比，大国启蒙得更早，文明发展得更快。还要多说一句，大的发明创造通常少不了强大国力的支持，小国政府终究力量有限。大国的政府通常理想远大，能够大面积破除陈规陋习和地方本位主义。也有更多的思想方面的智者和事业方面的开拓者。

小国的福利事业相对完善、普及程度也较高，并且国家的安定能够持续下去；不过若是发生战争，小国的受损程度会比大国厉害。大国就算刀兵不断，辽阔的地域也能减少战争对民众的伤害。在百姓看来，相比于将战争归结为灾祸的根由，将其归结为亡国的根由更合适。

再有一个问题是，和其他众多地方一样，事物的必然性也是此间应该研究的最关键的内容。

毫无疑问，若是没有大国只有小国，人类会过得更自由更美满。可是，真没有大国也不行。大国在世界上的存在让国家多了一个繁荣昌盛的诱因——力量。一个国家若是每天都会遭到抢掠和攻击，那富有和自由的外观不过是毫无价值的摆设。当大海被外国掌控并限定了种种经贸条例，那国内的工商业又有什么出路？通常小国绝不是因为小才穷的，而是因为不够强大。所以，实力素来是国家美满和生存的一大要素。因此，小国只要环境允许，总会主动团结到一起或者被团结到一起，变成大国的成员国。

就我所知，对一个国家来说，最糟糕的情况就是无力自保，也无法自力更生。

联邦制度之所以产生，就是为了将大国拥有的优势和小国拥有的优势融合到一起。

集权型大国的立法者必须让种种法律保持一致，就算地域、风俗不同，法律也是一样的。立法者制定法律的标准是常规情况，而非特殊情况。如此一来，因为法律无视人民的需求和风俗，人们只能对法律的诉求低头。国家之所以多灾多难和发生暴动，这是一个重要原因。

因为国会只拟定国家基础法律，具体细则由地方立法部门负责，所以这种缺陷，联邦制国家是没有的。

如此分配主权对联邦的所有成员都有益处，构想得再多也不会越界。这些小型社会的成员用不着绞尽脑汁地筹谋自保或者扩张，公共机关和个人都把注意力放在推动内部发展上了。中央政府能够时常掌握社会需求，因为它负责的是各个成员，并且和他们站在同一战线。它每年都有新构想送往国内的议会或者立法部门研究讨论，之后为了吸引一般民众的注意力和兴趣，研究结果会被刊登到报纸上。例如，这种积极进取的精神始终激励着美国的各个州，从未引发过骚乱；热心公益的思想代替了追逐权力的欲望，热情更加高涨，但通常不会引发灾祸。美国人有个共识——正是联邦制度的存在与长存，才使得新大陆的共和制度得以存在和长存。南美的某些新的国家为什么总是覆灭，一个重要原因就是它们不愿意分割主权，却想构建一个庞大的共和国。

我们知道，美利坚合众国对共和制度的尝试和切实应用，是从乡镇和地方议会内部开始的。例如，挖掘运河和铺设公路，对康涅狄格这种小州来说，已经是政治上的大事件。它没有军队，也不需要战斗。它无须支付高额薪俸给领导人，也无须给他们名誉称号。这儿的人觉得，共和制度是最自然、最合理的。就这样，这种共和观念——一个自由民族的共和风气和共和习性——先在诸州出现和发展壮大，之后又顺利地席卷全国。联邦公事公办的观念，在一定的程度上，不过是地方爱国主义的融合统一。

可以这么说，美国的所有公民都将他对自己所在的小共和国的依赖，变成了对共同的国家的敬仰。他们对联邦的捍卫，就是对自己州的繁荣富强的捍卫，对共同处理国家大事的权利的捍卫，对那种联邦制定出改进方案让他们更加富有的愿望的捍卫。和共同利益与国家名誉比，这些更有魅力。

另一边，如果百姓的思想和风尚是最能帮助一个大国繁荣昌盛的东西，那联邦制度会让这一工作的难度降到最低。通常人群大量聚合会引发的大部分缺点，美国各州的共和制度并没有引发。如果看疆土的面积，联邦自然是大共和国；可如果看所负责事务的数量，联邦又和小共和国差不多。它负责的事务少，但都非常关键。联邦对主权的行使既不会损害到自由，也不会激发那种会为大共和国带来生存危机的追逐权力的野心，因为联邦的主权数量有限且不完全。因为大家对相同的中心没有期待，因此不存在巨型城市，贫富差异也不会非常大，也不会出现忽然引爆的革命。政治热情一点点延伸开去，而不是如荒原大火一般瞬间席卷全国，至于政治热情的发挥目的，则是抵制各州的自私和成见。

不过，工作和思维在美利坚合众国也都是自由的，任何遏制进取精神的事物都不存在，这和体制一元化的国家没什么不同。它的政府敬重学问，也仰慕天赋异禀的人。在国内，整个联邦无处不平和安定，如同一个帝国所管理的国家。在国外，它和世界上各个强国分庭抗礼。它对外通商的海岸线有800多里约。它的旗帜，就是在偏远的海边也受到敬重，因为它找到了向新大陆迈进的钥匙。

无论是小国的自由和美满，还是大国的荣耀和强大，联邦全都有了。

## 为什么不是所有国家都采用联邦制和英裔美国人又为何能够采用

有时候，一个立法者付出极大的努力才能间接地让国家的命运发生很小的变化，可他的才干马上就会得到称颂。事实上，反倒是国家的地理环境——这是他无法影响的，国家的社会状况——这是在他之前就已存在的，国家的民情和观念——这是他探不到起点的，国家的起源——这是他无法追根溯源的，会频繁而势不可当地影响社会进程。在这种势不可当的影响面前，他的抵抗毫无作用，结果连自己都被裹挟进去了。

立法者如同海上的航行者。他虽然能控制船体，却无法改变船的构造，他不能召唤风，也无法安抚脚下的海。

联邦制度带给美国人的好处，我已经说过了。接下来我要讲的是，这个并未将好处带给所有国家的制度，他们又为什么能够采用。

联邦制度里的某些缺点，是偶然由法律引发的，立法者可以将其清除出去；而有些缺点，却是制度本身天然拥有的，它的使用者无力将其击退。所以，使用此种制度的百姓，要有足够大的力量承受这种制度掌控下的天然缺陷。

联邦体制本身有不少缺陷，而其中运作的复杂性是最明显的缺陷。这种制度接受两种主权同时存在。立法者虽然能让这两种主权在行为上尽量简练和拥有同等地位，还能为两者界定清晰的活动空间，可是两者的相互影响他们防止不了，两者在某些方面的对立，他们也拦不住。

所以，联邦制的任何行动所遵循的理论都是繁复的。被统治者如果不了解这一理论，就无法应用，因为它要求被统治者每天都用相关的知识。

通常有几个简单的概念是人们必须知道的。内容对但表述不清的思想和内容错但表述清晰的思想哪个更容易为民众掌握？往往是表述清晰的那个。所以，身处国中之国的政党，总是无所不用其极地托庇于某个名义或者主义的大旗之下——这面大旗是无法充分表达它们的诉求和它们采取的举措的；它们没了这面大旗就无法生产，更无法行动。一个政府，构建的基石是一个易于界定的简明的方针或者理论，或许不是最佳的，但一定是最强悍和最长寿的。

然而，美国宪法——这个世界上最完善的联邦宪法，在观察它时，我们却吃惊地发现，这个宪法的条款如此繁杂，还要求被统治者必须拥有判断力。联邦政府近乎全盘以法律的假定为基础建立的。联邦可以说是个只在人们脑海中存在的乌托邦，它的领地与范畴如何，全看你心里怎么想。

整个理论不难掌握，事实上，需要指出的是应用上的难题。联邦主权和诸州主权彼此交叉，使它们的界限无法一望即知，所以难题不胜枚举。所有的事，放在这种政府里，都得经历再三协商和繁复的过程，一个民族如果不是已经自治了很久，连社会底层也懂政治知识，是无法使用这套理论的。面对联邦宪法引发的如此多的难题，美国人展现出了渊博的学识和强大的能力，这让我着实钦佩。我遇见的每个美国人都能轻易分辨出哪项义务是国会的法律赋予他的，哪条又是州的法律赋予他的；都能在分辨出哪个案子该归联邦的普通法院负责，哪个案件该由地方的司法部门处理后，指明联邦法院职权起于何处，州法院的职权又终在哪里。

瑰丽的联邦宪法似乎是熟练的匠人打造的一件漂亮的工艺品，只能让创造者得到名望和钱财，到了别人手中就没什么用处了。

墨西哥如今的情况就是能够揭示这一点的实际案例。

想要推行联邦制度的墨西哥人，将邻居英裔美国人的联邦宪法作为范例，几乎是全盘照搬了过来。可是他们能拷贝宪法条款，却无法赋予宪法生机和活力[1]。所以，他们政府的两个车轮走一会儿停一会儿。诸州的主权和联邦的主权频繁交锋，因为它们总是超出宪法所规定的界限。直至今日，墨西哥仍旧无法摆脱无政府状态和军人专制的交替循环。

相对而言，联邦政府力量较弱，在我看来，这是联邦制度的所有缺陷中，自身存在的第二个严重缺陷。

将主权一分为二，每个联邦制国家都遵循这一原则。立法者们做出的分割并不明确，他们可以描述得含糊不清，却无法始终如此。此外，主权经过分割必定没有完整时强大。

美国人是怎么高明地将联邦的权力局限在联邦政府有限的职权范围内，与此同时，又让联邦政府维持国家中央政府的外观，并且在某些事情上，具有国家中央政府的权威，这点我们在阐述美国宪法时已经说过了。

联邦制的内在危险，联邦的立法者们虽然不能彻底清除，却以高明的手段降低了。

听说美国政府会将指令直接传达给公民，然后一个个强迫他们听从国家的需要，而不是直接和诸州来往。

可是，当联邦法律侵犯的是整个州的利益和习惯，当该州的某个公民因不遵从这一法律而受罚时，难道该州的所有公民不会觉得自己的利益也受到了损害？该州的所有公民当然会觉得，联邦主管部门的惩处同时也让他们受到了同等的损害。他们本能地知道大家必须团结一致进行反抗，并且相信他们所在的州拥有的那部分主权会帮助他们，所以联邦政府若想离间他们，然后各个击破，

[1] 参见1824年墨西哥宪法。——原注

不过是白费力气。法律此时只能同现实妥协，任由中央当局被国内的某个有组织的权力机关奚落。

在我看来，联邦的司法权也是这样。联邦的法院若是对某个私人案件的裁决触犯了某个州的一项基础法律，那么这场官司就会变成这个被触犯的州和联邦的——表面上看不是如此，但事实就是如此，区别只在于前者以公民为代表，后者以法院为代表[1]。

若是有人觉得，让人获得表达热情的手段，凭借法律的假设的扶持，他们就能以对法律的了解和使用将热情安抚下来，那只能说此人对这个世界还不够了解。

在美国，立法者确实将两种主权间的矛盾降到了最少，可是矛盾的根源却没消失。说得再严重一些，当两种主权出现交锋，他们还无法确保不是联邦主权落败。他们能让联邦有钱有军队，可是诸州能捍卫人们的喜好和习惯。联邦主权只表现在少量的外交事宜上，它的存在是抽象的。诸州主权的存在绝对能够被人感受到，它容易被大家所知，它们的行动时时刻刻都能让人看见。前者是新兴事物，后者出现的时间却和人民相同。联邦主权源于人的创造；诸州主权却是自然生长的，它就像是家庭中父亲的权威，不需要如何努力就能破土而出。

除非牵涉到某些严重的问题，否则联邦主权与个人利益无关，它是地大物博的国家和某种只可意会的情感的象征。好像每一天，诸州主权都围绕着所有公民，细心地管理着所有公民。捍卫着所有公民的生命财产和自由的是它，每时每刻都影响着所有公民的安危的也是它。人民的传统和习俗、地方的成见、地方和家庭的私利，是各州主权的基石。总之，它是一切能让对故乡天然的依恋在人民心中扎下坚实的根系的事物。它的优势毋庸置疑。

同时存在于联邦制度中的两种主权，立法者没办法防止它们出现危险的交锋，既然如此，那就该竭尽所能让结成同盟的各个成员不去寻求武力，而是摆

[1] 比如，按照宪法的规定，联邦可以对空地进行售卖，并拥有所得款项。我们假定俄亥俄州宪法规定的土地是指那些从未归属于任何州的土地，并坚持联邦卖出的那块空地是自己的，然后想自己卖这块地。事实上，因为此种原因发生的案件，不是联邦和俄亥俄州的案子，而是从联邦手中购买土地的那个人和从州手中购买土地的那个人之间的案子。不过，联邦体系的法院若是裁定胜诉的是从联邦手中买地的那个人，可俄亥俄州的法院却觉得胜诉的应该是争竞土地的那个人，又该如此解决这一法律假定？——原注

出能够带来和平的姿态。所以，联邦成员间如果没有足够的能够让联邦国泰民安的团结的理由，用不了多久，联邦公约就会被撕毁。

类似的，联邦制若想成功，除了好的法律，还得有好的环境。

所有走到一起成为联邦一员的国家，都曾经有过某些共同利益，这些共同利益是将它们连到一起的精神桥梁。

可是，人不仅有物质利益，还有思想、有情感。联邦想要长久存在，各个成员的联合的诉求很重要，但必不可少的相同性质的文明，其重要性并不比前者更小。

瑞士的沃州和乌里州，其文明程度的差距，就像十九世纪的文明和十五世纪的文明，所以，瑞士严格意义上讲从不存在什么联邦政府。

由若干州组成的瑞士联邦，不过是地图上的标识。我说的这点，除非中央政府永不奢望让相同的法律覆盖整个瑞士，否则，马上即可证明。

美国联邦政府的建立因一个让人称羡的实际情况的存在容易了很多。诸州不但利益大体一样，还有一样的起源和语言，连文明程度也一样。它们的联合由此近乎永远不会困难。欧洲有哪个小国各个地区的同质性比美国——其面积近乎多半个欧洲——的同质性更高吗？我是不清楚了。

缅因州距离佐治亚州大概 400 里约 [1]，可两者在文明程度上的差别却比不上诺曼底和布列塔尼之间的。所以，诺曼底和布列塔尼虽然只隔着一条小河，可结成联邦的难度却远高于隔着一个广阔区域的缅因和佐治亚。

人民的风尚和习俗因为国家地理环境具有的优势而得到了增强，如此，让立法者得到了这种便利。国家的地理环境是联邦制得以建立和延续的首要功臣。

战争在一切能对国家生活造成影响的事物中，分量最重。当发生战争，整个国家都将团结得如同一人：一致对外，为国家存亡而战。

当问题仅仅是为了保持国家稳定，推动国家发展，那么只需要政府勤政，子民和顺，民众常怀天然的爱国之心即可。可是如果这个国家正面临一场庞大的战争，民众就需要付出巨大的代价，承受无尽的折磨。面对社会的此种需要，若是有谁觉得大部分人会心甘情愿地付出，那此人必定对人性极不了解。

所以，一个国家若是在一场庞大的战争中取胜，它往往在不得已间增加了政府的力量。至于那个落败的国家，则将被占领。持久的战乱通常会引发两种

[1] 1000 英里。——原注

悲剧——失败的国家将覆灭，获胜的国家将专制，二者总会出现一个。

所以，战争通常会让政府的缺陷表现得最为鲜明、最为危险；而联邦制国家，其政府的缺陷是过于虚软无力，这点我已经说了。

为什么联邦制国家在和推行完备的中央集权的国家发生战争时候，看上去如此虚软无力，一个主要原因就是，联邦体制没有中央行政集权及与之相近的东西，不仅如此，中央政府集权自身也不完全。

任何一个联邦制政府所拥有的实际权力都比不过美国宪法授予联邦政府的，可是这种缺陷仍旧一看即知。

这种情况，只需一个例子，读者就能明白。

按照美国宪法，为镇压叛乱或者抵挡外敌，国会有权向各州征集民兵；还有一条法律将总统任命为合众国陆海军总司令。在1812年的那场战争中，总统曾经下令让北方部队上战场，可是康涅狄格和马萨诸塞却因参战对自己不利，坚决不肯从命。

这两个州称宪法规定的是，联邦政府在发生叛乱和外敌入侵时，有权征集民兵，可现在一没有发生叛乱，二没有外敌入侵。它们还说，宪法除了授予联邦征集民兵之权，还授予了诸州委任将领的权力。所以在它们看来，宪法的意思是任何联邦军官都无权统御民兵，只有总统自己可以。可是，只靠一个人怎么指挥军队？

这种荒唐的言论得到了两个州的政府、立法部门，以及两州法院的支持。最后，联邦政府只得去别的地方征集部队[1]。

如此，既然美国联邦的守护者只有较为完善的法制，那它怎么没在某场大规模战争中灭亡呢？原因是让人恐慌的战争从未降临在它身上。

美国位于一个地域广阔的大陆的中部，那里民众能够永无止境地推动事业的发展，而大陆两边的海洋几乎让它成了世外桃源。

加拿大由两个互相对立的民族组成，人口只有一百万。因为气候寒冷，它的疆域无法进一步扩张，它的港口也有六个月无法通航。

[1] 肯特：《美国法解读》第1卷第244页。需要注意的是，美国当前宪法推行之后，我上面所举的事例才发生。我若是回溯到第一个联邦的时候，能举出些更有说服力的例子。那时，整个国家欢声雷动，革命的领头人是个最得人心的伟大人物。可这一时期的国会，称得上家徒四壁，不管是人还是钱，从没够用过。国会提的一些好的构想总是半途而废；联邦一度濒临崩溃，多亏了它的对手虚软无力。——原注

在六千士兵面前，从加拿大开始到墨西哥湾，加上中间的若干野蛮部落，就算不会完全覆灭，也得覆灭一半。

美国的南部和墨西哥国相交。或许哪天这里会爆发一场大战。可是墨西哥因为文明程度不足、道德品质堪忧、国家穷困潦倒，没有漫长的时间，是不会出现在大国的行列中的。

而欧洲的那些强国则不必放在心上，因为它们和美国距离太远了。所以，对美国来说，最大的幸运是所在的地理环境使它不必为战争忧心，而非联邦宪法能让它在大规模的战争中存活下来。

我是最欣赏联邦制好处的人。在我看来，所有最能促进人类兴盛和自由的强劲的组织架构中，有一个就是联邦制度。已使用这一体制的国家的命运，实在让我羡慕。可是，我总觉得在实力一样的前提下，联邦制国家是无法长时间和推行中央集权的强国抗衡的。在欧洲的数个武力强悍的君主国面前，哪个国家若是有胆量将主权一分为二，无异于直接舍弃了它的政权，或许它还舍弃了生存机会，致使国家名号的覆灭。

新大陆能够独自拼搏，这正是让人渴慕的地方。

幸福和自由，你只要去追，就能得到。

# 第二部分

## 第一章　为什么说严格意义上讲统治美国的是人民

美国的立法者和执法者都是人民选的，惩处罪犯的陪审团也是人民自己构成的。各种体制不仅原则上是民主的，在效果的体现方面也具有民主性。所以，人民直接选定自己的代表，并且为了彻底掌控代表，会每年重选一次。可见，切实的引导力量掌握在人民手里；政府采取了代议制模式不假，可是人民的意志、喜好、利益甚至热情会时常轻易地对社会造成影响。

所有由人民统治的国家，管理工作都是多数打着人民的大旗进行的，美国也是如此。这一多数基本都是和善的公民，在喜好或者利益的推动下，他们真心期望国家繁荣昌盛。试图将他们拉入党派和得到他们认可的政党，围在他们身边怂恿个不停。

## 第二章　合众国的政党

首先，请允许我对政党做一次大的划分。

一些国家地大物博、人民混杂，大家虽然被相同的主权联结在了一起，可彼此的利益却互相对立，因此人们永远无法真的站在一个阵营。所以，相同国家的不同阵营无法构成真正意义上的政治党派，却能成为不同的国家。比如内战爆发的更准确的说法应该是敌国交战，而非派系之争。

可是，在全国性的问题上，例如政府整体的政治方针上，公民存在不同意见时，就能出现我所谓的真正的政党。作为自由政府内在的缺陷，政党无论何时都是性质各异、天性各异的。

有时候，国家觉得灾难过于沉重，难以抵挡，会生出彻底革新政治架构的想法。有时候，灾难继续加重，连社会状况都会被牵连。这个时期就会出现大的变革和大的政治党派。

社会会在这个动荡、凄惨的时期暂时停滞下来，人类也要趁此机会喘口气。

事实上，这种宁静不过是外观上的，时间怎么会在国家和人民面前停下脚步？每一天，国家和人民都在朝着无法预料的未来挺进；因为我们感觉不到国家和人民的运动，所以才觉得国家和人民停下脚步。跑步前进的人觉得走着的人没动，就是这个道理。

时间虽然还在流逝，可有时国家的政治架构和社会的状况改变的速度太慢，人们就会觉得自己正处在最好的状态。此时，人类的理智自认为基础比较坚实，视线就局限在了限定的空间内。

这一时期，对政治阴谋和小党派的行动有利。

我所谓的大党指的是这样的政党：相比于结果，更看重原则；相比于特殊，更重视一般；相比于人，更看重观念。通常，它们的行事比别的政党道德，情感比别的政党肃穆，信仰比别的政党现实，行动比别的政党豪爽、英勇。在这儿，公共利益的薄纱非常高明地披覆在时常会对政治热情发生巨大影响的个人利益之上，有时，人们明明是被个人利益所激励进而展开行动的，可是连他们自己都被骗过去了。

与之相反，小党派通常没有政治信仰。自私的印记刻在它们的天性上，在它们的一言一行中明晃晃地先露出来，这是因为它们觉得自己是卑微的，目标并不伟大。它们表现得朝气蓬勃，说起话来慷慨激昂，可做起事来却畏首畏尾。它们的目标不值一提，用的手段也一样。所以经过一场武装革命，步入稳定期后，伟大人物瞬间消失，智慧也藏了起来。

大党派让社会涌动，小党派让社会不宁；社会因前者分崩离析，因后者腐朽没落；前者有时能打破社会秩序使社会得救，后者却只会让社会混乱，对社会没有半点好处。

美国曾经存在的几个大党派现在已经消失了，这对美国的国祚极有助益，但对美国的道德品质，就不是了。

整个国家在独立战争结束，新政府的基石将要奠定时，被分成了两个理念不同的阵线。这两种理念的历史和世界一样悠久，不过社会不同，表现形式和名号也不一样。两种理念，一种是希望对人民的权力进行约束，一种是希望尽可能地让人民拥有更大的权力。

在别的国家，这两种理念的斗争通常有一种暴力属性，可在美国人那儿却不是如此。美国的两派在那些重大事宜上看法相同，为了赢得胜利而打破旧秩序，变革整个社会制度这种事，两方都不会做。所以，两派均未将大部分民众个体的存在和本派方针的取胜联系到一起。可是，比如崇尚平等和自由这种大事，两派都非常关注。只这一点，就能够带来极大的热情。

认为应该对人民的权力进行约束的那一派名叫联邦党，因为它极希望联邦宪法能够启用自己的理论。

另一个派别名为共和党，它认为，它只崇尚自由。

因为是民主国家，所以美国的联邦党人总是处在少数的位置上，不过独立战争的伟人近乎都来自这一派别，而且他们不仅有广泛的道德感召力，连环境也对他们有益。人们因为首次联合的分崩离析，产生了心理阴影，担心再次落入无政府状态。民众的这种迟疑的趋势对联邦党人有益。他们负责国家事务的时间长达10年或者12年，并将自己的方针付诸现实。可是敌对思想的不断发展，最终打败了他们，以至于他们的方针只用了一部分，而非全部。

共和党终于在1801年掌握了政权。托马斯·杰斐逊获选成为总统，凭借自己显赫的声名、优秀的才干和出色的人缘，他得到了人民的认可。联邦党人之所以能够保持自己的地位，是凭借那些不稳妥的措施和草率地作出的决定。他们是依靠党派领导人品德、才干和有助于他们的环境，才得以掌握大权。当他们的地位被共和党取代，他们就成了反对党，一蹶不振。当他们听说完全占据上风的多数将与他们为敌，他们马上觉得自己成了不值一提的少数，消沉委顿起来。至此，共和党或者民主党就一个胜利接着一个胜利地一直掌控了整个国家。

发现自己落败，联邦党人毫无办法，他们在国内受到了冷落，于是一分为二：一些投身胜利者阵营，另一些丢掉原本的旗帜，连名号都改了。他们已经有很多年彻底不是政党了。

我认为联邦党的掌权是偶然，这件事能够和神圣的美国联邦的组建一起发生，实在是再幸运不过了。他们的时代和国家的某些无法抵挡的喜好受到了他们的抵制。先不说他们的理念好不好，但整体来说，它有个缺陷不适合他们想统治的社会，所以这个社会的治理者终究要换成杰斐逊。可是，联邦党政府起码让新共和国稳定下来，又豪爽地推动了与之对立的理论的飞速发展。而它的对手最终将它的原则当成自己的政治原则予以了应用。当前美国仍在使用的联邦宪法，是他们的爱国心和智慧所凝结出的永不磨灭的功绩。

所以，美国如今已经没有大党派了。虽然仍有不少党派会危及美国的未来，可是它们全都支持政府当前的架构和社会发展的总体方向。会危及美国未来的党派所依赖的是自己的物质利益，而非行事准则。一个国家疆域如此广袤，在利益互不相同的地区所形成的团体，说是政治党派，其实更像是敌国。举个例子，近来北方准备采取贸易禁运政策，而南方则为了保护贸易自由武装起来。之所以出现这一矛盾，只不过是因为北方和农业区的南方不同，是工业区；而禁运政策对这边好，对另一边却不好。

虽然美国没有大党派，但小党派却不少，且随着舆论在小问题上的差异，形成了众多不同的政治主张。那时人们可以随心所欲地建立政党；到了今天，建立党派已经很难了。在美国，所有的宗教都受人敬重，任何一个教派都无法独占鳌头，所以并不存在什么宗教仇恨；在美国，人民即是一切，没有人敢站在人民的对立面，所以也不存在阶级仇恨；最后，在美国，国家的物质状况为勤恳铺设的道路无边无际，只要亲自劳作，就能创造奇迹，所以，民众也不用承受被剥削压迫的苦。可是，也有希望建立政党的野心家，因为他们清楚，想把台上的人拉下来，自己顶上去，光有期望很难做到。因此，政治家的全部伎俩都用在了建立政党上。

美国的政治家，首先得想办法弄清自己的利益，找出那些能够聚拢在自己身边的相近的利益。之后为了让自己的新团体有权独立行动和自由发展，再尽量为它配上一种合适的理论或者宗旨（在某些偶然因素的影响下，这种理论或者宗旨或许会首次出现在世界上）。以前书籍出版时，要将国王的出版许可印在扉页上，虽然它和这本书的内容完全无关，却必须放在书里，它们的道理是一样的。

所有这些事都做完，新政党就步入政坛了。

美国人的一切国内争端，外国人粗一看差不多，都是无法理解，也不在意。对于美国人这种将繁杂细碎的小事当成大事来做的行为，他不知道应该感到同情，还是该羡慕，毕竟这些人所奔波的，是国家的命运。可是，控制着美国各个党派的秘密驱动力是什么，当他认真研究过这个问题后，轻易就会发现这些党派大多数或者多少都和那两个大党派——从这一自由社会建立起就将人们分成两类——有关：不是和这个党派亲密，就是和那个党派亲密。对这些党派的内心世界，认知得越是深入，就越发明白，它们一个专注于制约人民的权力，一个专注于扩张人民的权力。

难道我是想说，美国的政治党派表面上，甚至私下的目标，是让贵族政治或民主政治掌握国内的大局？并非如此，我是说可以发现所有政党的心里都藏着贵族政治的热情或者民主政治的热情。这种热情仍旧占据着美国政党的痒处和灵魂，虽然人们看不到。

我举个最近发生的例子：合众国总统对银行发起攻击，震动了全国，意见出现分歧，社会上层支持银行，人民则支持总统。

这是一个非常直白，且会让阅历丰富的人感到费解的争端，在你看来，人民能从中找出理由，对自己的想法的正确性予以证明吗？

他们肯定找不到。

人民可以颠覆或者构建所有权力，可在银行这个独立存在的大型系统面前，却无能为力，这让他们非常吃惊。为了弄清自己是否可以像别的事物一样保有活力，银行这个坚实的堡垒在社会持续不断的一般运动中，对人民发起攻击。

## 贵族党在美国的残余

有时，一个言论纷纷、说法各异的国家，会出现党派失衡，致使某个党派占据绝对上风。这时，为了让整个社会都为它的利益效力，它将清除所有障碍，打压政敌。一旦受到打压的政党自觉无力取胜，就会暂时蛰伏下来，缄口不语。所有地方都失去了活力，四处寂静无声。

整个国家似乎都被一个思想所统治。获胜的党派飞扬跋扈，他们说：“我们让国家得到了和平，你们应该恭喜我们。”

可是这种统一只是外在，严重的思想鸿沟和本质的对立仍在它的下方埋藏。美国就是这种情况。如果民主党占上风，它便独掌处理国家事务的所有权柄。之后，它会持续地依照自己的意愿对民情和国家的法律进行变革。

如今，美国有钱的社会阶层可说是近乎完全脱离了政治活动；而真正地让人无法在政界高升的原因，阻碍人们投身政坛的，则是无力在政治活动中为人谋得权力的财富。所以，为了不和最贫穷的公民对战——通常还是不公平的对战，有钱人宁可离开政坛。

他们在个人生活中拥有的那种地位，是公共生活无法提供的，所以他们专注于前者，舍弃后者。

他们在美国社会的内部构建了一个特别的社会，那个社会有他们自己的爱好和趣味。

在富人眼里，这种情况是一种无法解决的灾难，只能哑忍，并且小心谨慎地将自己因这种情况而受到伤害的愤懑掩藏起来。

所以，人们在公共场合时常听到他们称赞共和党政府仁爱和民主制度极佳。世间最普遍的事，就是一边仇视敌人，一边奉承敌人了吧。

这种有钱人，大家看到过吗？听说中世纪的一个犹太人担心别人觊觎他的富有，就穿朴实的衣服，行动之间一片平易近人，可是他的宅邸内部却非常奢华；能够走入这座殿堂的，只有他洋洋自得地引为知己的贵宾。在享受方面，任何一个欧洲贵族都比不过他，特权身份所提供的一点点助益，都会让他心存嫉恨。可是，只要他走出自己的宅邸，到市中心满是灰尘的狭小的破房子中做起买卖，所有人都能自由地与他讲话。

他若是路上看见自家鞋店的经理，他们还能站在一起说几句客套话。

他们交谈的内容会是什么？这两位公民说的是国家大事，并且在分开之前一定会握手。

富人极端仇视自己国家的民主制度，而这种刻骨的仇视就掩藏在这种假仁假义和这种对掌权者的曲意逢迎的背后，这点轻易即可发现。他们看不起人民的力量，却又恐惧人民的力量。要是有一天，民主因为政策失利引发政治危机；要是有一天，君主制掌控了美国，大家当即即可发现我的上述言论是对的。

开办报纸和建立社团，是政党为赢得胜利而掌握的两员大将。

## 第三章　美国的出版自由

出版自由所改变的，除了政治主张，还有民众的所有观点。国家法律和社会风气都会被它影响。此间，我想要探查的仅仅是出版自由对政坛的影响。至于出版自由给美国社会带来了多大的影响，它为美国人的思想指引的方向和美国人的思维观念因它形成了哪些习惯，我会在这本书的另外一个地方，想办法估测和阐述。

毋庸讳言，对于出版自由，我是不会因为事情本身是非常有益，就予以绝对的肯定的。我会喜欢出版自由，最重要的原因是它可以预防缺陷，之后才是它自身有益。

在思想绝对自由和臣服中间，若是有人能找出一个我可以相信的中间立场给我，我或许会选择置身于这一立场。可是没人能够找到这个中间立场。现在，如果要求你根据出版许可做事，听命而行，你会怎么做？首先，你或许会把作家送交陪审团，可是陪审团将裁定他们是清白的。如此一来，一个人的看法就成了整个国家的人民的看法。于是，你有很多事要做，可能够做成的却非常少，而你又不得不继续做。

这次，你被要求把作家送往常识法院，在作出裁决之前，法官要求被告作出解释，先前不敢明目张胆地写在书里的内容将出现在辩护词中，却不会触犯法律，原本写在文章里的暗示性话语，在别的众多文章或者资料中反复出现。言谈和文章仅仅是思想的一种表现形式，要问我的意思，我将会说，它显露的并不是真实的思想，而是思想的外衣。被告的思想，你的法庭是惩处不了的，它仍在被告身上发挥着玄妙的效力，而被惩处的仅仅是思想的外衣。于是，你仍有很多事要做，能够做成的依旧很少，而你也仍旧不得不继续去做。最后，你为作家建立了出版核查机制。太好了，这一机制，我们支持。

可是这样一来，政治法庭岂不是要忙到焦头烂额？所以，你仍旧一无所获。就算我说得不对，你的麻烦肯定也增多了。你忽然想到思想这种物质力量，宣传的人越多就越强悍；在你看来，作家如同部队里的士兵。可是，思想的力量却和所有强劲的物质力量不同，它通常是阐述思想的人越少越强劲。相比于一千个演说家声嘶力竭地呼喊，一个能力出众的人，在宁静的民众大会上发表的肺腑之言更有威力。就算只有一个公开场合能够进行自由演讲，其影响力也会和在各个乡镇对着所有村民演讲一般。所以，你还得去打击演讲自由，就像打击写作自由一般。这次，所有人都闭上了嘴巴，你终于得偿所愿。可是你还记得你原本的目标吗？你原本是想对自由做一些约束，可我却将你送到了一位暴君的脚边。

从过度自由到过度盲从，在这样漫长的路途中，你甚至没遇见一个能停下来歇歇脚的地方。

除了我刚刚谈及的一般原因，还有些特别的原因会让某些国家必须推行出版自由。

一些国家说是自由国家，可是宪法却没授予受压迫的民众向法院起诉官员的权利，致使政府的所有公职人员都能不受法律的制裁。出版自由在这种国家不但是公民的自由与安全的保障，还是其自由和安全仅有的保障。

所以，这种国家的掌权者若是宣称废除出版自由，所有民众可如此作答："想让我们考虑不去舆论的法院披露你们的罪责，除非允许我们去一般法院对你们的罪行提起诉讼。"

一个国家的施政方针如果完全遵循人民主权思想，那么在这个国家构建出版核查机制不但危险，还非常荒唐。

既然所有公民都有权管理国家，那又怎么能质疑公民对自己所在时代的种种观点进行辨别的能力？怎么能觉得人们在了解了各种事实之后，无法判断哪种事实能引导自己的行为？

所以，出版自由与人民主权这两件事有着极为紧密的联系；而出版检查和普选这两件事却彼此冲突，没办法在一个国家的政治体系内长时间共存。迄今为止，美国国内的1200万人中，一个有胆量提出制约出版自由这种建议的人都没有。

到了美国之后，我看到的第一份报纸中刊载了这样一篇文章，现在我将它如实翻译下来：

"杰克逊（总统）在这整件事上所用的语言，都是一个冷血无情，只想着保住自身权力的暴君才会说的。他的罪恶源于他的野心，而他终将为野心所累。他喜欢阴谋诡计，而阴谋诡计终将扰乱他的计划，抢走他的权柄。他在治理国家上腐败奢靡，他应该受到指责的行为将会让他声名狼藉，遭人唾骂。他如同一个走进赌场的寡廉鲜耻又胆大包天的赌徒一般登上政治舞台。他赢了，可审判的时间也要到了。赢了的东西，他必须退回去，他要将虚假的赌博设备扔掉，让他离任后死掉吧。他退休后，自由的降临或许让他对自己以往的荒唐行径感到惊异，并为此咒骂自己，可是因为良心发现而忏悔这种品德，他并不具备。"（《文森斯报》）

不少法国人觉得，社会状况动荡不安、我们的政治热情以及由此引发的广泛的不安，导致了我国的报刊暴力。所以，人们满心期待等社会稳定之后，报刊能安静下来。而以上各条，我虽然也愿意说是报刊因为这些原因对我国影响极大，可我相信这些原因对于报刊所用的语言，效用有限。在我看来，无论何时，报刊都该拥有自己的特点和热情。美国当前的情况已证实了我的想法。

革命的幼芽如今或许最难以在美国发展壮大。可美国报刊喜欢破坏的趋向，和法国的并无不同。然而，趋向虽然相同，可美国报刊激怒民众的原因和法国报刊激怒民众的原因却不一样。美国和法国的报刊都是一种融合了善、恶的奇异的力量，自由依靠它存在，秩序因它而维系。

有一点需要注意，即相比于法国，美国报刊的力量相对较弱。可美国的报刊通常不会受到司法部门的处罚。这很容易解释：认可了人民主权理论之后，美国人马上一丝不苟地将其用到了实处。

能以日新月异的因素建立起永恒的体系，这完全出乎他们的预料，所以，除非用武力和法律对抗，否则，挑衅当前法律也算不上犯罪。

除此，他们还坚信法院管不住报刊。人类语言的奇妙差异使司法部门抓不到把柄，因此试图惩处此类罪行的人，往往会让此种性质的罪行逃过去。所以，他们觉得应该有一个既能维持当前秩序，又能不被周边舆论所左右的法庭，对报刊施加有力地攻击。这个法庭需要私下审案，不公开惩处的理由，以动机而非用词为首要攻击目标。

无论有权建立这种法庭的人是谁，负责人的又是谁，既然它作为社会自身的独裁君主，能将作者和他的著述连锅端掉，那么我相信再如何追寻出版自由都将徒劳无功。

所以，在出版这件事上，并不存在位于服从和同意中间的折中之路。除非放弃出版自由带来的巨大利益，不然，就只能容忍它势必引发的折磨。国家生病时经常生出只得好处不受磨难的幻想。国家此时已经打累了，筋疲力尽之下，试图找到一种措施，好让敌对观点和对立宗旨长在相同的土地上。

美国报刊作用有限的原因有很多。现在将主要原因罗列在下边。

和别的自由一样，国家最担心写作自由的时候，是这一说法刚被提出来的时候；对于首个在自己面前出现的法院，从未被别人当面评判过国家大事的民众坚信不疑。写作自由，英裔美国人在殖民地初建时就已经享有。可是，报刊虽然能让人的热情变得更加高涨，却无法独立创造热情。美国的政治生活虽然频繁、多变，甚至不太稳定，这我们都知道，可通常它不会被狂热的情感打破。连物质利益毫不退让的碰撞，都极少引发疯狂的热情，美国的这种利益又不难满足，自然更不能了。

只要看看两个国家的报刊，就能弄清英裔美国人和我们法国人在这件事上的差别。法国报刊留给商业广告的版块极少，连商业报道都不多见，报纸的各个版面多是探讨政治问题。你再看看美国的报纸，广告占了四分之三的版面，剩下的地方，通常是政治报道或者有趣的小故事。刊登在我们法国报纸上，供读者每天热议的内容，要翻过来调过去，才能在人们不太留心的边角中发现，并且还没有几个字。

无论何种力量，其威力都是使用的方向越集中越大。这个自然定律，观察者已经通过实验得到证明了。某些不值一提的暴君，凭借自己比实验还可信的本能，从未怀疑过这一定律的效果。

法国的报纸有两个不同的集中点。

第一，报纸将一切力量都朝向了一个地方；第二，开办报纸的机构极为有限，称得上控制在少数几个人手中。

一个国家所有人都非常多疑，创建于这种国家的权力自然有着近乎没有止境的影响力。它和政府是敌人，二者虽然签署长期或短期的停战协议，却很难长时间共存。

在美国，我刚刚谈及的两种集中，都不存在。

美国没有大都市。那里的人员、物资散落在辽阔疆域的各个地方，人类智力的光芒在各个地方交相辉映，而非从一个统一的中心点向周边扩散。无论在哪个方面，美国人都不限定思想的指导方针和工作的总体原则。

所有这些都是因为人力无法左右的地理位置，除此之外，法律也有所贡献。

在美国，印刷业不需要得到执照，报纸不需要进行登记，人们更不知道什么是保证金。

所以，办报纸既简单而方便，做出的投入只要有点用户就能收回，因此美国的定期期刊和半定期期刊的种类繁多得让人吃惊。报纸的影响力为什么这么小？有些非常有学问的美国人认为原因是出版力量过于不集中。所以，美国政治学有这么一个理论——只有一个办法能减小报纸的影响力，就是让报纸种类更多。这个真理如此浅显，怎么还没在我们法国推广？我实在无法理解。所以，我可以轻易理解，那些想通过报纸发动革命的人为什么不多办几种报纸，而是少数几个大机构掌握报纸。可是，我不明白当前秩序的官方捍卫者和当前法律的天然拥护者，怎么会觉得报纸的影响会随着报纸的集中而变小。在我看来，欧洲各国政府打击报刊的手法，似乎是中世纪骑士打击对手的那种。经验告诉它们，集中这一武器力量强悍；若让敌人拿到这一武器，那么当它们将其击败，得到的荣耀会更绚烂。

差不多所有的美国小镇都有自己的报纸。想在如此多的勇士中形成秩序，实现步调一致，非常困难。所以，人人自立旗帜，各凭本事。所有报纸团结一致对抗或者支持政府的情况，在美国并不存在，而且，它们攻讦政府和声援政府的办法也是多种多样，不一而同。所以，在美国，报纸成不了能够打击或者击垮坚实堤坝的巨流。报纸的此种分散还带来一些别的非常鲜明的结果：所有人都能办报，因为这没什么难度；另一边，竞争使得所有报纸都无法获得暴利，进而让睿智干练的实业家不会投身此类事业。另外，就算办报可以赚钱，报纸种类的多样性也难以让文笔出众的笔者发财致富。

所以，美国从事报纸行业的人通常地位有限，受教育程度较低，思维也不够敏锐。众所周知，决定一切事宜所有情况的是多数，每个人都应该遵循的行为规范是由多数制定的。这些统一惯例的集合叫作原则。因此，出现了律师行业的原则、法院的原则等。

法国报纸的原则是在讨论国家大事时使用激烈而崇高的方法，通常通过有说服力的辩论进行。有时，也会采用别的做法，这说明一切规律都有例外。美国报业人员的原则是，通过蛮横、豪爽、开门见山的方式，惹怒他们的敌人，而非与人讲道理，他们甚至会将对手的私生活作为标靶，披露他们的缺点和问题。

对于此种滥用思想自由的行为，应该感到可惜。报纸让美国人的喜好和道德发生了哪些变化，这点我之后会讲，现在我要说的是政坛，因此，对于此种影响将一笔带过。应该承认，这种让出版界顺其自然的行为，曾经带来了一个政治结果：间接推动了公共秩序的稳定。于是，为了继续保有煽动民众情绪的最强大的武器，在为自己谋利时使用，那些已经在同胞的思想中占有一席之地的人，是不会将文章刊登在报纸上的[1]。可见，读者通常不会将出现在报纸上的个人意见放在心上。读者希望从报纸中看到时事新闻。除非新闻篡改或者扭曲了事实，否则，作者的意见没什么影响。

报纸在美国仍然是一种影响力很大的权力，虽然它只能够做到这一步。它让政治生活在这个疆域广阔的国家的各个地方传播开来。

---

[1] 他们很少在报纸上发表文章来对民众发起倡议或者陈述自己的观点，除非要对恶意的诋毁进行澄清或者对实际情况进行解释说明。——原注

它总是目不转睛地探究着推动政治的隐秘力量，将政治活动家轮流送上舆论的法庭。在它的引导下，人民的视线被集中到某种主义或者理念周边，帮政党建立大旗。它为那些有过交流，却没见过对方的政党传声，让它们频繁往来。当众多报纸都沿着一条路走，时间久了，它们将形成近乎势不可当的影响，至于其他方面所控制的言论，在它们的打压下，最终只能低头。

美国的各家报纸都有少量权力，不过相比于报纸，期刊的权力更大，只比权威最高的人民逊色。

## 和别的受核查体制环境中形成的观点相比，在支持出版自由的美国的环境中形成的观点，通常更坚实

美国政府的政治工作通常无法贯彻始终和有次序地推进，因为那里的民主制度不停地挖掘管理国家事务的新人。可是，相比于别的大多数国家，美国政府的总体方向却更加稳定，掌控社会的首要言论所坚持的时间也更长久。当人们的头脑被一个观念掌控，再想将其赶出人们的头脑，难度都非常大，无论这一观念合不合理。

这种情况，在欧洲的英国也能发现，在之前的一百多年里，这个国家所拥有的思想自由，比所有国家都大，所拥有的成见比所有国家都坚实。在我看来，导致这一情况的正是出版自由，虽然乍看上去，出版自由应该起到遏制这一情况的作用。推行此种自由的国家，傲慢和自信在左右观点方面的效用毫无二致。如果他们热衷于哪种观点，那么这种观点必定是他们认可的，以及他们自己选的。如果他们拥护哪种观点，除了它是真的这个原因，还有一个原因，它为他们所有。除此，还有若干其他原因。

有位圣人说：知的两边是无知。我倒觉得更正确的说法是：怀疑的两边是自信。事实上，一般来说人的智慧通常会经历三个彼此相连的不同阶段。为什么人会对一件事毫不怀疑？原因是他尚未认真调查就认可它了。当出现不同意见后，他开始心存疑虑。最后，他通常会扫除所有疑虑，再次相信。不过这次，他是实实在在地研究真理，在真理的光芒的指引下前行，而非轻易而草率地接受真理[1]。

[1] 在理智信仰的鼓动下，人的激情和信心有没有被这种经过周密考虑的自信和对此种自信的掌握推上相应的高度呢？我对此并不确定。——原注

当发现民众的智慧处在第一阶段——人们习惯于不假思索地相信且毫无怀疑——出版自由会顺其自然很长时间，慢慢影响人们轻信的对象。所以，人类的理性在智慧的整个发展进程中，每次只能学会一点，如此前进，不过学会的那点却在不停地发展着。革命就是在这一时期发生的，因此，在忽然间率先认可出版自由的那代人，就要受些磨难。很快，新思潮在它之后也到了。上次的经验教会人们在不相信和广泛的质疑中试探着前行。

我们可以这么看，大部分人通常会在以下两个阶段中二选其一裹足不前：要么是不知其根由地相信，要么是全都不信。

而打破怀疑的滋扰，得到来源于真理的经过严密推敲的自信，并掌握此种自信这一阶段通常没什么人能够到达。

不过，有人曾经表示：在宗教繁荣鼎盛的时期，有时，人们会更改信仰，可是在怀疑之风肆虐的时期，人们却对自己的信仰坚信不疑。在出版自由盛行的时期，在政治上能见到此种情况。在彼此怀疑、争斗不休的所有社会观念中，人们若是选择了哪个观念，并予以保护，一定是因为人们觉得它比其他观点要好，而非真的觉得它最好。

我们这个时代的人，很难让人为了自己的观点拼死拼活，可若是想让他改弦易张，难度一样很大。与此同时，殉道者和变更信仰的人都非常少。

再给这个因素添加一个更强大的要素：由于和观点相比，本能和物质利益更容易被发现，更容易被感知，也更长久，所以人们在质疑一种观点时，最后总会考虑到自己的本能与物质利益。

民主制度真的就比贵族制度治理得好吗？这个问题，回答起来难度极大。不过，民主制度会让某些人愤懑，贵族制度却是剥削别人，这一点毫无疑问。

你有钱，我就没钱了，这个真理自动成立，用不着争辩。

## 第四章　美国的政治团体

在世界上，再没有哪个国家比美国更方便建立党派、社团，并将这一强有力的做法应用到各种各样的目的中。

不算那些遵照法律将乡、镇、市、县作为名号组建的常规机构，还有不少团体只能以自愿为原则创建和发展。

美国的民众从小就清楚，面对生活的磨难，他们只能自己解决。他们看着社会的主管机构时，目光充满了质疑和挑剔，除非实在没有办法，否则不会求助于它们。这种习惯的养成始于他们上小学的时候。在学校嬉戏玩耍的时候，孩子们会自己制定游戏规则，并遵从这一规则，若有人犯规，也会依此进行处罚。

这种思维模式会在社会生活的所有活动中再次显露。例如，公路发生事故导致交通堵塞，周边的人会主动联合起来探究处理方案。临时联合到一起的这些人，可以找一个部门落实方案，相关主管机构还没听说这一事故，该部门已经开始解决问题了。例如，想举办一个庆典，为了让节日更加热闹，庆典井井有条，人们会自发建立一个活动小组。而且还有各式各样抵制不道德行为的团体。例如，将大家联合到一起抵制酗酒。美国还有推动公共安全、商业、工业和宗教的团体。凭借个人组建的大型团体的自由活动，必定可以实现人们的意愿。

社团对公民生活的影响我以后再找机会谈，现在，我要说的只有一件事，就是政坛。

结社权已经得到了一致认可，于是公民可以通过各种各样的形式去使用这一权利。

一些人一致推崇某种理念或者学说，即可组成社团，相约通过某种措施推动这一理念或者学说的胜利。所以，结社权和写作自由几乎一模一样。可是，以前成立的社团所拥有的权力，是出版界比不上的。当一种理念成了某个社团的旗帜，它必须有清晰简练的形式。这个社团不但要有自己的拥护者，还得让拥护者为自己的事业效劳。拥护者们互相认识之后，人员越多，他们的激情就越高涨。社团集中大部分人的精神力量，并将仅有的目的地告诉他们，让他们精神抖擞地冲向那里。

应用集会权是应用结社权的第二步。如果某个政治社团的活动中心位于国内的一个重大场所，那么它的活动明显强而有力，影响力也会更大。人们在那儿容易见到对方，各种应用措施能够彼此协调，思想扩散的力量和激情将是通过文字永远无法达到的。

最后，结社权在政治上的第三步是：相同理念的拥护者们建立选举团，派代表去中央立法部门充当社团代言人。这就是切实地让政党使用代议制了。

所以，首先，同一理念的支持者要彼此建立起纯粹的思想上的互通；其次，他们要形成一个小团体，作为该党的唯一派系代表；第三，他们要在国家再建立一个国家，在政府中再建立一个政府。

他们的代表看上去代表的是多数，但事实上只代表了他们的拥护者团体。他们的拥护者也给人这样一种感觉，他们代表的是国家以及随之产生的所有道德感召力。这些拥护者确实无法如他们一般拥有立法权，可是他们可以对当前的法律发动攻击，并辅助他们起草法律条文。

在我看来，一个民族若是没有一丝半点地使用自由的习惯，或者让政治风起云涌的热情，只有一个展开讨论和敦促落实的少数在其立法者多数身边，那么，其公共秩序的处境必定非常险恶。

毫无疑问，对两项法律哪一个更好进行证明完全不同于对一项法律是否应该被另一项法律取代的证明。可是，当智者的智慧又发现了一个巨大差异，大众的设想就不再是他会顾及的内容了。

国家有时会分成两派，它们力量相当，却都想代表多数。领导权身边若是多了一个权力几乎与之相等的道德权威，你觉得领导权有可能继续长时间地光说不做、闲散度日吗？

结社不是为了控制舆论，而是为了引导舆论，不是为了制定法律，而是为了考察法律，这种想法不过是形而上学。谁能停留在这种想法上呢？

对于出版自由的首要成果，我研究得越深入，就越坚信，在当今世界，它是自由的首要因素，甚至是自由的基本组成部分。

所以，一个国家若决心捍卫自由，它就有权让民众竭尽所能地给自由以敬重。可是，组建政治团体的极端自由和出版自由并不完全一样：相比于前者，后者更有需要，可是若论危险性，却是前者更高。

节制结社自由，让其永远无法脱离国家的控制，这点国家能够做到；可有时，国家想保留结社自由，也得想些办法。

组建政治性社团在美国拥有无尽的自由。对于这项权利的容忍已经到了我们想象的极限，下边这个例子清楚地表明了这一点。

让我们回忆一下，曾经引发了美国民众极大热忱的美国关税问题和贸易自由问题。关税制度除了对舆论造成了影响，对物质利益也有着极大的影响。北方将关税制度视为其兴旺发达的一部分原因，南方则将关税制度视为其所有灾祸的根由。那时让美国烦恼的仅有的政治激情的缔造者可以说只有关税制度了，而且存在了很长时间。

1831年，辩论到了白热化的程度，这时一个默默无闻的马萨诸塞州公民想了个办法，他在报纸上提议说，让当前税制反对者派代表去费城，一起探讨如何才能恢复贸易自由。报纸杂志的接连转载，使得这一提议不出几天就从缅因州传到了新奥尔良。当前税制的反对者激情澎湃地接受了这一提议，他们去各地开会，推举代表。获选代表全都是名人，有些还是赫赫有名的名人。因为这件事南卡罗来纳州连武器都准备好了，它一个州就派了63名代表出去。

1831年10月1日，大会在费城举办，美国人按照惯例将其命名为全国代表大会，与会者在二百人以上。大会进行公开辩论，从会议开始那天起，大会就有立法性质。大会就国会的职务、自由贸易的概念和税收条例进行了讨论。第十天大会起草了一封信给美国国民，然后大会结束。

这封信说：（1）国会没有制定关税条例的权力，当前的关税条例违反了宪法；（2）严禁自由贸易对所有国家都没有好处，对美国就更是如此。

迄今为止，无尽的政治结社自由，尚未给美国带来在其他地方或许会发生的严重后果，这点毋庸讳言。美国的结社源自于英国，之后就从未消失。如今使用此项权利已成了美国人的习惯和风气。

到了当代，为防止多数独裁，结社自由已成了一种必不可少的保证。占据优势地位的党派，能够掌握美国所有的国家权力；党内成员将占据各种职务，将所有组织的势力控制在手里。即使是反对党中名望最高的人，也无法冲破围着政权的栅栏，反对党入不了庙堂，只能动员少数的道德力量去和打压他们的强有力的物质力量对抗。由此可见，这是以危险制衡危险，这种危险更恐怖。

我觉得和多数无尽的权利相比，用以制衡它的那种危险的措施更为妥当，因为我相信对于美国的共和体制来说，多数无尽的权利害处极大。

此间我有个想法——或许会让读者想起我在本书的第一部分介绍乡镇自由时说的话——最需要防范政党独裁或大人物独裁的社会状况，就是民主制国家的社会状况。贵族社团是贵族制国家中固有的抵御滥用职权的社团。在我看来，一个国家没有此种社团，那里的人要是无法即时创造出相似的社团，那么暴政的堤坝终将筑起，他们将毫无办法。此外，一个崇高的民族身处此种国家通常只有两个选择，要么被一小群无赖冷血压榨，要么被一个独裁者冷血压榨。

就算是美国，大型政治集会——通常会变成一种必不可少的措施——也不是什么小事，会让国内热心肠的人觉得吃惊。

1831年的大会将此种情况展现得淋漓尽致。每个优秀的参会者都想方设法不让自己的言论过激，让目标不会超出一定的界限。对政府政令心存不满的人或许受到了 1831 年的大会的极大鼓舞，以至于在 1832 年，他们开始明目张胆地攻讦联邦商业法。

应该承认，在所有自由中，无尽的政治结社自由得到人们支持的时间最短。可以说，这种自由就算没让人民落入无政府状态，也无时无刻不在将人民推向这一状态。

可是，这个自由虽然极端危险，却提供了一项保证——既然国家允许自由结社，就不必暗中结社了。美国没有藏在暗处的叛乱者，只有党派人士。

## 对于结社权，欧洲和美国的认知差异——它们行使结社权的差别

只比人们独立行动的自由稍有逊色的最理所应当的自由，就是人们将自己的力量和战友的力量合到一处一起行动的自由。所以，在我看来，结社权和个人自由有着近乎同等的不可交易的性质。立法者是无法在不影响社会自身的情况下损害结社权的。可是，结社自由虽然在某些国家会能够加速昌盛的脚步，可如果受到滥用和扭曲，也会在某个国家从动力变成阻力。

对自由有正确认知的国家通常是如何结社，过度使用自由的国家通常又是如何结社的，我认为对二者进行一番比较，不论是对政府，还是对政党都有助益。

现在，大多数欧洲人仍将社团看成是一种匆忙地在战斗中组建起来，并立即在战场上应用的武器。

为什么建立社团？这点结社时就该讲明白，可是创始人的精神却因为急着开始而受到了限制。社团就如同军队。同战士讲话的目的是什么？是想检查军容和激励斗志，之后使他们朝敌人冲锋。对社团成员来说，通过合法的措施或许能得到成功，可是成功的途径绝非只此一条。

可美国人对于结社权的认知却不是这样。处于少数的美国公民组建社团的目的，第一，是想显露自己的实力和打击多数的道德感召力；第二，是为了找出最能触动多数的说辞而团结到一起竞争，因为他们总想在获得多数的认可后，打着多数的旗号掌握大权。

所以，美国政治方面的社团，目标柔和，措施正当。它们通常不会说谎，因为它们只想通过合法渠道获得胜利。

美国人和欧洲人在这点上出现差异的原因，有如下几个。

欧洲的一些政党和多数完全是两个阵营的，它们对于多数的认同永远不抱希望，又坚信自己足够强大，能与多数一战。建立社团的若是此种政党，那么对它说来，讲理是没有必要的，打一场就行了。美国无人不想笼络多数，所以一个和多数意见截然不同的人，如何抵挡得住多数的权威？

所以，结社权的使用会随着大党成为多数的可能性的降低而变得越发安全。美国各个党派的主张差异不大，结社权在这样的国家，通常能永远存在。

因为我们没有多少自由的经历，所以才将结社自由仅仅看作是打击政府的权限。当一个人发现自己非常强大，他产生的第一个想法就是武力解决问题，政党也是如此。以理服人的想法来自阅历的累积，所以要很长时间之后才会有。

因为已经使用了很长时间，有了足够的阅历，所以观点截然不同以致形成种种派系的英国人一般不会滥用结社权。

至于我们法国人，则在一种热烈的战斗思想的煽动下，疯狂地投身于一切有关国家存亡之事，将拿着武器战死沙场视为一种荣耀。

可是，以最强的力量将美国的政治结社暴力安抚下来的，或许是普选权。一个施行普选的国家，多数素来易于辨认，因为任何政党都无法假冒未推选自己的选民的代表。所以，哪种党派代表的不是多数是一切社团和民众全都清楚的。而它之所以存在，也正是因为这个原因，要知道，它们代表的若真的是多数，那它们自己就能革新法律，哪里还需要呼吁修改法律。

与它们对抗的政府的道德力量一定会大幅提升；至于它们自身的此种力量，则一定会大幅下降。

通常欧洲所有社团都认为或者标榜自己代表的是多数的意愿。它们的实力因为这种标榜与相信迅速增强，它们的手法因为这种标榜与相信出乎意料地变得合法起来。通过武力镇压权利这样的事难道不是最值得宽恕的吗？

所以，在人类浩瀚而繁复的行为准则中，有时不为自由设限反倒能遏制对自由的滥用，有时民主到了极致反倒可以抵御民主的危险。

欧洲的社团通常有这样一种想法：人们无法表达他们的见解，而自己则是他们的立法部门和执行部门，他们在这种思想的指导下活动、发布命令。而在美国，所有人都觉得社团所代表的是人民的少数，所以社团能够采取的手段只有讲道理和进行呼吁。

这些社团组织当然要完全杜绝和平之气，融入军事生活的习惯和原则，因为它们的首要目标是切实的行动，而非纸上谈兵；是战斗，而非讲理。它们尽可能将属下集中到一起统领调度，让有限的几个首领掌握所有权限。

这些社团里的人要听命行事，就像战场上的战士一般。他们被盲从的思想统治着，或者说得更准确一些，他们只要凝结到一起，当即就把自己的决断和自由意愿扔到了一边。所以，他们所攻讦的政府掌控社会的专制，其实还没有社团掌控内部的专制让人忍受不了。

它们的道德感召力因此受到了极大的打击。它们的这一斗争——以受压迫者的身份对压迫者进行反抗——的崇高性也消失了。一个人若是能在某种情况下，卑躬屈膝地对伙伴中的几个人俯首，将自己的意愿甚至是精神双手奉上，任由别人掌控，又怎么指望他去追逐自由？

在美国，人们也在自己的社团里设立统治机构，可是这种统治机构无不是和平的机构，如果我能用“和平”这个词。个人的自由，社团是认可的，在同一时间所有人都向着一个目标迈进，如同身处社会之中，但走哪一条路，则由个人自己决定。人们不用舍弃自己的意愿和理智，只需将它投注到一致的事业中即可。

# 第五章　美国的民主政府

讨论中会有一些不好解决的问题，这我清楚。本章的每句话都会使分裂我国的每个党派如坐针毡。但这并不能阻挡我吐露自己所有的想法。

欧洲有两个彼此冲突的理论正在交战，面对那些争辩，我们无法确切判断出哪个源自于理论自身，哪个又是源自于争辩产生的情感，所以，我们难以在欧洲探明民主的真理性和永恒性。

美国的情况与之截然不同。那里的人民直接统治国家，不需要担心危险，也不用因受到了伤害而复仇。

所以，民主在美国可以按照自己的喜好行动。它的行为顺应自然，它可以无所顾忌地进行任何行动。想准确地评判民主，必须选择美国。无论和哪个国家相比，这一研究都对我国最有用处，因为我们没有一天不是被某种势不可当的运动推着胡乱前行的。我们的目的地是哪里？

或许是独裁，或许是共和，但无论我们迈向哪里，社会一定是朝着民主走的。

## 普选权

美国在普选权方面已达成了共识，这点我前边已经说过了。这一权利是所有人都有的，无论社会地位高不高，都是如此。

普选权的落实情况，我在一些不同地区，在一些如外国人一般的种族间——因语言、宗教和习俗不同导致的——都看到过。人们期望普选权在欧洲引发的所有好处和所有坏处，在美国都远没有出现，它的推行结果通常也和想的不一样。

## 人民的选择，以及在这种选择中，美国民主的本能

欧洲有不少的人都是这样：心存疑虑但不说出来，或者心里完全不信嘴上却说：在普选权最大的优点中，有一个是它可以呼吁民众最信赖的人成为公务人员。在他们看来，人们虽然无法独立治理自己，却真心期盼着国家能够繁荣昌盛；人民绝对可以选出与他们志同道合且最出色的人物去负责政治工作，而不受自己的喜好干扰。而我，我不得不说，我在美国的见闻告诉我，他们绝非如此。

到了美国之后，我发现被治治者中间实在是藏龙卧虎，统治者中却没什么名人，这让我非常诧异。最优秀的人不会去做官是如今美国的一个普遍情况。而且不得不说，这种情况是民主在全面打破界限前导致的。这五十年来，美国的政治家家族的数量明显下滑。

能够指明的导致这个情况的原因，有以下几个。

人民的文化水平仍未能达到相应的标准，虽然已经做了不少事。减少学习内容，改革教学措施，选择正确的学习之路，都不难做；难的是没有足够的学习时间让人学会知识并加以运用。

所以，人们有多少必不可少的学习时间，得看他们有多少不用劳动就能生活的休息时间。这一时间，有的国家多，有的国家少。要是一点儿没有，那么人无法以真实的人的身份生活，只能为了满足生活的物质需求而劳作不休。无论是一个社会所有人都博闻强识，还是一个国家所有公民都财大气粗，这都很

难想象。这两种情况没什么关联性。人民大众无不期望国家繁荣昌盛，这点我乐于承认；我还可以承认得更多一些，我曾经说过的，相比于社会上层，社会下层的民众掺在这一期望里的私欲通常更少。可是，他们为了实现真心期望的目标所采用的措施到底好不好，他们——虽然程度不同——却通常无力辨别。在这方面，一些杰出的天才都会犯错，一般人就更不用说了。这份工作，人们没时间做，也做不了。他们通常只看事物的外部特征，在匆忙间下结论。所以，人们最诚挚的朋友无法得到人民的信任，可各种骗子却能耍弄讨好人民的把戏。

此外，人们有时会不喜欢或者不想通过民主的手段来推选他们信赖的人。

不得不承认，民主制将人们心里的嫉恨之情挑拨到了极致。这是因为民主制度为所有人提供了让别人和自己平等的办法吗？相比于这个原因，更合理的解释是人们通常无法驾轻就熟地应用这些办法。对于平等的诉求，永远无法彻底满足，而民主制度唤醒和煽动这一诉求。每当人们觉得得到了这种绝对平等时，它就会从指间逃走、消失。按帕斯卡的话说，就是这样永远消失了。

人们总是乐于追逐那些近到触手可及，远到无法企及的首要利益。若成功的机会很大，大家就兴高采烈，若成功的机会很小，大家就意志消沉。

他们一时满心欢喜，一时灰心丧气，一时怒不可遏。除非每个点都在他们的能力范围之内，否则，他们会将其当成使他们的期望无法逾越的阻碍。所以，上级就算再遵纪守法，他们也全不理会。

这种蛰伏在暗处，怂恿社会下层将上级拉下管理公事的职务的天性，不少人觉得只有我们法国才有，其实不是。

我说的这种天性是民主的天性，而非法国人的天性。特别的政治环境无法制造这种天性，虽然它能让人觉得这种天性是严厉的。

美国的民众只是不喜欢社会高层，想办法不让他们掌权，却不会仇视他们。

民众不会因为存在天才而忧心忡忡，只是不会重用他们。除非天才已经出人头地，否则人民是不会赞扬他的。

一边是人们因为这种固有的天性不愿意让出色的人掌权，一边是另一种力量——它并不比这种天性逊色——因这些人无法在政坛的竞争中保护自己，让自己不被腐化，所以将他们带离政坛。

衡平法院第一法官肯特就非常直白地袒露出此种想法。对于宪法赋予总统的提名法官之权的相关条款，我谈及的这个声名赫赫的作家在称颂过之后，说："因为不想在普选中取胜，最胜任的人或许不会积极行动，精神也完全无法放松。[1]”

这一论调是1830年在美国发布的，人们并未表示反对。

我说这些，只是想证明那些觉得普选权能够确保人们选出最佳人选的人，绝对是在做梦。普选权的优点确实不少，可是没体现在这儿。

## 有哪些要素能够对民主的这种天性进行相应地修正

如果国家陷入险境，人们通常能够顺利地把最能救国家于水火的那个公民选出来。

我们发现，人处于危险之中，他的表现通常和平时的水准不同，不是比平常的水准好，就是比平常的水准差。

这种情况，放到国家身上也是一样。危险到一定程度，国家不仅不会振作，有时还会被吓住。

这种危险可以刺激民众的情绪，却无法指引民众的情绪。它能够碰到民众的思想，却无法唤醒民众的思想。当初犹太人的神殿已经被战火烧成废墟，可他们仍在上面互相残杀。

不过最多见的是，当灾难来临，某些国家和个人反倒非常镇定，做出不同凡响的平复灾难的事。此时，一些伟人如矗立在夜色中的高楼一般高大，刹那间，被大火照耀得清晰可见。天才不再迟疑，勇敢地站了出来；被苦难折磨的民众，暂时将他们的嫉恨抛到一边。有很多伟人的名字就是这时从选票箱中出现的。如今在美国从事国家事务的人，和50年前掌政的人相比，差得很远，这点我前边已经说过了。之所以如此，法律是一方面，环境是另一方面。

为了获得独立而斗争不止，当美国进行这一正义事业时，这个国家是想从他国的压迫中得到解脱；而等美国作为一个新的国家登上世界舞台，这个国家所有民众都具备他们所追寻的目标必备的思想道德水平。伟大的人物在整个国家欢声雷动中走到人前，人民举起双手迎接他们，关注他们的言行。可是，这种情况终究不多，必须再看看事物的另一面。

过于短暂的事物会抑制民主的激情；而激情的走向会强有力和长时间被人民的文明程度，尤其是民情所影响。这种情况在美国十分平常。

---

[1] 肯特：《美国法解读》第1卷第273页。——原注

在新英格兰，道德和宗教掌握着所有的教育和自由，当前的社会形式是早就构建完成，传承了很长时间的，已经形成系统的道德原则和习俗。因此，财富和出身素来能够带给人们的优越性，人们并不关注，与此同时，还十分推崇知识和道德带来的优越性，且心甘情愿地听命于它。所以，相比于其他任何地方，在新英格兰，民主做的选择都是最好的。

可是朝南走，情况就不一样了。南部诸州的社会纽带出现的时间短，还不够坚实，受过教育的人有限，道德、宗教与自由的融合还无法让人满意。所以，那些州的政府中，没几个人有足够的德行、才干或者二者兼备。

西南部各州的社会体系才刚刚建成，若是去那儿，人们会发现全是冒险者和投机家的庄园。此处治理社会的权柄居然控制在几个人手里，着实让我们惊异，心想：想让国家富强、社会昌盛，在立法部门和个人自由之外，还能有何种力量可以做到？

有些法律虽带有民主色彩，却在一定程度上对民主的危险天性进行了修正。

走进华盛顿众议院的会议大厅，你会为厅内粗鲁的言行与举止而大吃一惊，虽然你看遍整个大厅都找不到一个名人。所有议员近乎全是不值一提的小人物，我们的脑海中没有任何与他们的名字有关的印记。他们大多数人，不过是乡村律师、商人，甚至还有社会最底层的人员。这个国家虽然大致完成了教育普及，可听说人民的代表也不全都是能说会写之士。

参议院大厅的大门就在几步之外。可这个小小的会议厅却汇集了美国的大多数名人。在这儿，你看到的所有人都能让你记起他最新的成就。他们中间有雄辩滔滔的大律师、威名赫赫的将军、公正廉明的行政官和家喻户晓的国务活动家。这个会议厅里的所有演说，即使是与欧洲各个国会最卓越的辩论相比，也不会有丝毫逊色。

这两个对比如此诡异的场景，是怎么出现的？为什么众议院看不到的国家精英，都集中到了参议院？为什么前者都是一些粗人，后者却被天才和名人所霸占？可这两个院的议员都是从人民中选出来的啊？而且直至今日也没听说哪个美国人指控参议院与人民的利益为敌。那如此让人惊异的差别，是怎么来的？在我看来，唯一的解释就是这一事实：众议院的成员来自人民的直接推举，而参议院成员要经历两个阶段的推选。各州所有公民推选本州立法部门，联邦宪法授权诸州立法部门为选举团，参议员由这些选举团推选。自然参议员也代表了（虽不是直接代表）普选的成果，因为推举参议员的诸州立法部门，本质上是为诸州的所有公民效力，而非贵族集团或者自身拥有选举权的特权阶层；还有诸州的立法部门通常每两年或者每一年重选一次，所有公民以改选来更换立法部门的成员进而掌控参议员选举。可是这个选举团在转达人民的意愿时，或许出现了某些变化，给自己添加了更威严和肃穆的色彩。所以，通常情况下，选举团推举的参议员确实能够代表管理国家的多数。不过，他们代表的只是国内盛行的崇高理念和为国家指明前进方向的国家精神，至于那些会让国家发生动荡的小众激情与让国家声名狼藉的恶念，就不是他们所能代表的了。

美国的各共和州，早晚有一天会因为在选举制度中添加了两级选举而变得繁荣昌盛，这点不难想象。不然，他们可能要掉到民主的圈套中饱受磨难了。我对此毫不怀疑。

在我看来，各个阶层的民众只有通过两级选举才能共享政治自由。我相信，无论是指望将这一举措变成政党独有的武器，还是对这一举措心存恐惧，都不正确。

## 美国民主对选举法的影响

选举的间隙如果太长，那每次选举国家都有出现动荡的可能。

为了抓住这个难得的好机会，此时，每个政党都会竭尽所能地想尽所有办法。选举失利对候选者来说几乎是致命的，这或许会让他们暴跳如雷，无所不用其极。可这种合法的竞赛，若是用不了多久，就能再来一次，那么落败的政党就能忍一忍了。

如果选举络绎不绝，发生的频率太高，会让社会无法安定，让政府工作处在变幻不定的状态中。

所以有两种不同的危险，一种是让国家小病不断，一种是让国家突发重病，也就是发生革命。前一种体制不利于政府的良好形象，后一种体制会让政府遭遇生存危机。

相比于第一种缺陷，美国人宁肯忍受第二种。因为他们对变化的热爱被民主演变成了激情，所以此间指引他们行动的通常是本能，而非理智。最后，美国制定的法律易变得让人惊奇。

大部分美国人将其法律的易变性，视为一种整体来说效果显著的制度的不可阻挡的结果。可是我敢说，所有美国人都清楚这种易变性是有缺陷的，或者它本身就是一大缺陷。

在论述完某项或许会遏制或者延迟颁布不良法律的权力之后，汉密尔顿又说："有人可能会说，这种权力除了会防止不好的法律的颁发，也会压制好的法律的颁发。可是，只要你对法律的动荡性和易变性有正确的认知，就不会将这一反对意见放在心上。法律的动荡已经给我国政府的性质和方针泼了最大一份污渍。[1]"

麦迪逊说："看上去，我国政府最大的问题是立法简单且不受限制。"（《联邦党人文集》第62篇）

这种危险，杰斐逊自己——截至目前在美国的民主体制下出现的最伟大民主主义者，也谈到过。他说："我国法律的动荡不安的确是一个大问题。在我看来，我们应该把这个问题解决掉，也就是有必要作出规定：某项法案提出的时间和批准执行的时间可以有一年的间隔。法案提交之后，先进行讨论，等没有其他修正意见之后再进行投票。如果法案需要立即批准执行，那么必须在两院都得到三分之二以上的票数，而不能按照简单的多数进行。[2]"

## 美国民主体制下的公职人员

在美国，公职人员没有府衙和侍卫，也没有官服，和人民群众没什么不同。掌权者的这种朴素的风气，一方面是因为美国人的性格，另一方面也是因为美国社会的基础方针。

组建政府对民主来说非但不是好事，还将不可避免地引发灾难。官员必须有权，否则，他们将毫无用处。可是，官服不过是权力的外在体现，对工作来说并不是不可或缺的，更何况，群众也不喜欢见到。

作为公职人员，自己之所以能对别人发布命令，一个前提就是言行举止不能高高在上，这点他们非常明白。

据我所知，没有任何一个国家的官员作风比美国的公职人员更简朴，更和蔼可亲，他们问问题时语气温和，回答问题时和颜悦色。

民主政府的这种自然的风气，我觉得很好，这种相比于职位，更重视职责，

[1] 《联邦党人文集》第73篇，着重号是托克维尔所加。——译者注

[2] 《1787年12月20日写给麦迪逊的信》，法文版，孔萨义先生译。——原注

相比于权力的外观，更看重品德的公务人员的身上有一种男子汉的工作作风，让我敬佩。

在我看来，我国这一百多年来高估了官服的作用。在美国，我没发现哪个公职人员因为工作时的着装与身份不匹配，就不受敬重或被人小瞧了。

此外，公职人员假模假样地穿着官服就能特别为人民所敬重了吗？我非常怀疑。在我看来，不可能发生公职人员因为衣服而非品德受到敬重的情况。

看见我国某些官员蛮横地对待别人或者嘲讽别人，耸着肩表示不同意或者洋洋自得地笑着发号施令时，我真想将他们的官服扒下来，一直扒到他们恢复一个公民的本来面貌为止，看他们能否想起人民理当得到的敬重。

在美国，公职人员虽不需要穿官服，但可以拿俸禄。

相比于以上各条，这点更理所应当，是民主原则所要求的。民主体制并不反对官员炫富，只要不直接损害民主原则，他们可以用丝绸、金银装扮自己。这种特权不是永久性的，而且和个人无关，只与职位相关。不过，公职人员若是没有俸禄，就会出现一个有钱且独立的公职人员阶层、一个贵族中心。此时，人们就算没失去选举权，也不能得心应手地使用这一权利了。

一个民主共和国若是取消了公职人员的俸禄，那这个国家正在朝着君主体制前进，这点我百分之百可以确定。一个君主制国家若是开始不为公职人员提供薪资，毫无疑问，这种行为表示这个国家在朝独裁政体或者共和政体迈进。

所以，以有薪公职人员取代无薪公职人员，我认为这一行动本身就是场货真价实的革命。

美国所有公职人员都有薪俸这件事，在我看来，是民主在这一国家彻底占据统治地位的最鲜明的标志中的一个。无论性质如何，只要为公共事业效力就得拿俸禄。所以，所有公民都有为公共事业出力的权利，而且在这一过程中，还能养家糊口。

民主国家确实人人都有机会成为公职人员，但不是所有公民都能成为公职人员。这是受候选人的数量和获选要求所限，并非因为候选者没有资格，要知道，选举总会有所限制。

严格意义上讲，一个国家若是各个方面都严格遵循选举原则，那么所有公职都将是临时的。人们通常是偶然之间得以出任公职，谁都无法永远继任。如果每年改选一次，就更是这样了。所以，公职在稳定的时期，对人通常没多少吸引力。在美国政坛里讨生活的人，通常都没什么大志向。才华出众和志向高远的人，通常不会参与政治，而是去追逐财富。不少人是因为没有信心做好自己家的事业，才去统领国务工作的。

就是因为这些原因，以及民主的选择弊端，使得不少庸才成为了公职人员。在美国，就算哪个杰出的人才想要获选，人民是否愿意选他，也是未知之数，不过我敢说，他们是不会站出来参选的。

## 美国民主体制下的行政官[1]独裁

让行政官员拥有众多特权的政府有两种，一种是政府掌握在一个独夫手中，一种是民主政府。

引发这一相同结果的，几乎是同样的理由。

独裁的国家不仅民众的命运得不到保证，连官员的命运也是如此。为统治者所聘用的人，他们的性命、财产都掌握在统治者手里，有时他们的名誉也不例外。统治者相信他不必担心这些人，他们不会用他给他们的自由来对抗他，所以还让这些人拥有了不小的行动自由。

独裁国家的君主对自己手中的政权非常重视，甚至担心自己规定的体制会损害到政权；只要臣属越界的行为不十分严重，他都乐于将其当成偶然事件，相信这并非源自臣属真心的反意。

民主国家的多数并不担心自己委托的人行权过度，因为他们每年都能从这些人手中将权力拿回来。多数乐于让掌权者展现他们的才华，因为他们随时都能将自己对政府的看法传达给掌权者，他们不愿用一条规定约束掌权者，因为死板的规则对他们来说，所限制的不仅是掌权者，还有自己。

可是，民主体制下的行政官员的特权，甚至比独裁国家的还要大，这点只要研究得再深入一点儿，即可发现。

独裁国家的君主，能够马上对他见到的所有违法行为进行惩处，可是他能及时发觉所有应该进行处罚的违法行为吗？他自己都不敢作此保证。而民主体制下的施政者，不但权力非常大，还渗透到了各个角落。例如，我们会发现，欧洲任意一个官员的行动自由，都比不上美国法律为其公务人员限定的职务范围内的活动空间大。

[1] 此间，我说的行政权是广义上的，所有推行政府指令的官员都在其中。——原注

通常，他们被告知的只有应当完成什么工作，至于以何种方式完成，他们可以自行判断。例如，按照规定，新英格兰各个乡镇的行政委员需要举荐陪审员。不过值得一提的是，他选择陪审员必须是拥有选举权，且名声不错的公民[1]。

若是哪个法国的公职人员有了如此恐怖的权力，人们势必觉得威胁了民众的生命和自由，无论这一官员如此行使此项权力。

新英格兰乡镇的行政委员还可以将酗酒者的名字贴在酒店里，严禁民众卖酒给他们，并对违反的人员予以罚款[2]。

就算是最独裁的君主制国家，这种禁止之权也受到民众的激烈反抗；可是在新英格兰却轻轻松松地就被认可了。

民主共和国的法律赋予行政官员的特权，比任何地方的都大，因为这种特权是安全的。甚至可以这么说，选举权越往社会下层普及，行政官员的任职期限越短，行政官员的自由程度就越高。所以，民主共和国变成君主制国家的难度极大。若是行政官员保有民选官员的权力和习惯，却不再由人民推选，那么势必引发独裁专制。

法律不仅能为官员限定活动空间，又能引导官员的所有行动这种情况，只有立宪君主国才会发生。之所以如此，很容易解释。

立宪君主国的权力由国王和人民共享，两者都不希望行政官的职务变幻不定。

国王担心行政官员对王权不利，所以不希望人民掌控行政官的命运；至于人民，他们则担心行政官员对国王唯命是从会损害自己的自由。所以，无论是君王，还是人民，行政官员都留有距离。

君主和人民之所以愿意官员保持独立是因为这个原因，国王和人民之所以想方设法确保官员不会滥用此种独立，进而危及王权或者人民的自由，也是因为这个原因。所以，两方均认为预先为官员限定好活动空间是有必要的，并且相信让官员遵循一套严格的规则有好处。

---

[1] 参见载于《马萨诸塞州法令汇编》第2卷第331页的1813年2月27日法令。有一点需要说明的是，陪审员的最终名录是抽签决定的。——原注

[2] 参见载于《马萨诸塞州法令汇编》第1卷第302页的1787年2月28日法令，上面写道："各个乡镇的行政委员有权命令有司将素有酗酒、耍酒疯、赌博和胡言乱语习惯的人的名单，张贴在本乡镇的旅馆、酒馆、小商铺等场所的室内和作坊内。以上店铺的所有人收到这份名单之后，如果还有这些人到店内喝酒、赌博的情况出现，那么店主将被处以罚款，罚金为60先令。"——原注

## 美国行政的不稳定性

美国的掌权者在家庭活动中留下的印记，通常比在社会活动中留下的深刻，因为他们不会在台上停留很长时间，很快就会回到外观日新月异的民众中。在美国，公共行政工作几乎全靠口述和惯例进行，而没有白纸黑字的明文规定，就算曾经写过，也如古代巫女写在棕榈叶上的预言一般，一阵轻风就能吹散，不留一丝痕迹。

报纸是美国仅有的历史资料。要是报纸少了哪一期，时间的链条就将无法连接，现在和过去之间就会出现空白。关于如今美国社会情况的确切资料，若是 50 年后再找，我敢说，比找法国中世纪行政管理的资料还难。若是哪天美国被原始部落征服了，那么除非翻查其他国家的历史资料，否则是无法探明如今在这里生活的民众的情况的。

民众的习惯已经开始被行政管理的动荡影响了。我甚至敢这么说，如今所有美国人都认为这样更好。人们对发生在自己之前的事漠不关心。任何人都不考察管理措施，都不做经验总结。收集资料原本再简单不过，可是没人这么做。人们偶然间得到的资料，也不会认真保管。知道我手里这几份原始资料是怎么来的吗？是因为我问了几个官员一些问题，那些行政机关才找给我的。美国的社会没有一天不像一个正在作战的军队。可是，行政管理技巧是一门学问，这毫无疑问，而一切学问都是需要一辈辈对前人的经验进行总结，如此才能持续发展。人生短暂，有人笃信行为，有人笃信灵魂；前者创造方法，后者塑造理论。人们是怎么创建出来各门学问的？就是这般一面前行，一面总结着个体的各种经验成果，如此创造的。美国最大的问题就是行政管理人员完全不互相借鉴，并且引导社会工作应该具备的科学知识，他们并不具备，而是全靠自己积累的经验去工作。所以，民主走到行政管理工作时，反倒成了妨碍管理人员学习管理技巧的阻力。若只看这一点，那么相比于这方面经验不足的国家，民主更适合已经学会行政管理的国家。

不仅如此，这个结论的使用空间并不只是行政科学。可是，一个民主政府想拥有这样简单而自然的创建理念，那它的社会一定要十分文明和开通[1]。起初，人们以为这种政府只有远古时期才有；可是经过进一步研究，人们很快发现，只有社会发展到最终阶段，这种政府才会出现。

## 美国民主统治下的公共开支

想要知道民主政府是不是一个节俭的政府，首先我们得确定一个评判标准。

如果做对比的是民主共和国和专制君主国，那么，这个问题不难回答。此时，我们会发现，相比于后者，前者的公共开支要大得多。并且这也是所有自由国家和不自由国家的状况。独裁体制下的民众之所以穷，首要原因不是独裁体制夺走民众的劳动果实，而是它阻碍了人民的生产制造。它目不转睛地关注着已经得到的资产，却阻断了财富的源泉。自由正好反过来，相比于毁掉的财富，它产出的多了成百上千倍。一个国家若是知道自由的益处，它的财富的增长速度，通常都比赋税的增长速度快。

现在我的主要目的，是通过对各个自由国家的对照，指明民主对各国财政的作用。

在结构上，有机体必须遵守它确定的规则，不能有一时一刻的脱离，社会也是如此。组成社会的要素每时每刻都在，随时随地都在。

一个民族通常会被科学分为三个阶层。

第一个阶层是由有钱人构成的。第二个阶层是由那些虽然不十分富有但生活宽裕的人组成的。第三个阶层的成员，则是那些几乎或者根本没有资产，只能通过为前两个阶层服务来谋生的人。

社会情况不同，这三类人的数量也会有所差异，但必须承认，这三类人任何一个社会都有。

对于国家的财政管理，各个阶层都有自己的诉求，这非常明显。

若国家法律的决定权完全掌控在第一个阶层手里：因为数额巨大的财产税对这些人来说不过是九牛一毛，不值一提，所以他们通常不会思考如何节省国库支出的事。

---

[1] 我此间谈及的民主政府指的不是一个小部落建立的民主政府，而是一个民族建立的民主政府，这用不着多说。——原注

若国家法律的决定权完全掌握在中间阶级手里：因为对他们来说，最可怕的事就是小资产高税赋，所以他们必定会尽量节约国家税收。

在我看来，中间阶层组成的政府应该是自由政府。它或许不是最有学问、最豪爽的政府，但在节俭这方面，谁也比不过它。

现在，我假定立法权完全掌握在第三个阶层手里。在我看来，公共开支不会变少，反倒会增加，原因有两个：

第一，立法者大多没有需要缴税的资产，国家的公共支出看上去绝不会让他们受损，反倒会给他们带来好处。

第二，拥有小额资产的人轻易即可想到办法让缴税的担子由有钱人承担，让穷人只得到好处。这种情况在有钱人掌权的时候，是不会发生的。

所以千万不要以为当所有立法权限都由穷人包揽时，公共支出会明显变少，这绝对无法实现[1]。要知道确定缴税法案的人通常不用缴税，或者他们会想办法逃避缴税义务，所以这项支出通常不会小。换种说法，除了民主政府，任何政府都不会让制定税收法案的人避开缴税义务。

就算你表示反对，也不过是白费力气。引导民众捍卫富人的资产，是人民的切实利益所在，如果不这么做，人民很快就会明白什么是搬起石头砸自己的脚。而且人民的幸福也可以归结到国王的利益上，贵族的利益无时无刻不在欢迎着人民。一时的冲动和诉求若能被长远的利益压制住，那暴政或者蛮横的贵族制度就永远不会存在了。

有人或许会反问我说：难道没人建议将立法的权力全部交给穷人？

这些人是谁？是创建了普选制度的人。毫无疑问，制定法律的人是多数，不是少数。

如果证实说通常多数是由穷人组成的，那么应该可以再加一句：推行普选制的国家，其立法权不就完全掌握在穷人手里？

纵览世界各国，迄今为止大部分人都没有资产，或者没什么能够让其在不工作的情况下维生的资产，这毫无疑问。所以，普选体制其实是将管理社会的工作交给了穷人。

有时民权会给国家财政带来毁灭性的打击，在古代的一些民主共和国中，

[1] 此处以及本章其他部分所说的“穷人”只是相对上的穷困，不是绝对的贫穷，这显而易见。和欧洲的穷人相比，致富对美国的穷人来说，难度不大。不过，如果将他们与比他们更富有的同胞相比，说他们是穷人，并无不妥。——原注

这种情况并不罕见。

这些共和国近乎倾尽国库所有的力量，以救助贫苦的民众或者为民众建造娱乐设施。说实话，古代没什么人知道代议制。至于现在，人民的热情虽然难以在公共事务上表露，可是时间长了，代表们势必会对选民的诉求低头，关注他们的喜好和利益。

另外，人民有了钱之后，就不用富人花钱了，何况若是加税，自己也免不了要有所损失，所以人们越是富有，民主所带来的恐怖浪费就越小。考虑到英国几乎所有需要缴税的资产都掌握在少数人手中，所以若只看这一点，在法国推行普选制比在英国安全。美国的大部分人都有自己的资产，并有着远比法国人优越的社会地位。

除了这些，还有一些别的能够增加民主国家公共支出的因素。

当国家的统治权掌握在贵族手里时，国务工作的负责人得益于自己的地位而不用过着缺衣少食的生活。他们觉得自己命好，一直跟社会索要权力和荣耀；他们将劳苦大众踩在脚下，民众的安居乐业对他们养尊处优的生活有什么推动作用，是他们从未想过的。他们有时的确会同情穷人的悲苦，可是对于此种痛苦，他们的体会没有穷人深。人民安于贫困，是他们所乐见的，他们唯一的期望就是维持统治者的身份，除此，再无索求。

相比于有所发展，贵族体制更重视保持现状。

与之相反，当国家的统治权掌握在人民手里，掌权者因为饱受磨难，便会四处除旧布新。

改革的思想此时会遍及各个行业，渗入到最细微的层面上，而需要耗费金钱的事业因为以改善穷人无力改变的生存环境为目标，更会善加运用这种思想。

而且，民主社会还有一种模糊不清的进取思想和改革激情——这种激情所追逐的各种革新几乎都是需要持续耗费金钱的。

君主体制和贵族体制下的野心家们总会让掌权者做一些劳民伤财的事，因为他们清楚掌权者想要成就一番大事的本能。

一个民主国家的掌权者如果是穷人，那么他的豪爽将只会在提高社会福利的事业上有所体现，可这种事业通常都得花钱。

此外，人民一旦开始思考自身环境的问题，就会发现很多一开始没注意到的需求，而没有国家的支持，就满足不了这些需求。所以通常来说，文明程度越高，公共开支就会越高，教育的普及情况越好，赋税的额度越高。

最后，还有一个使得民主政府好于其他政府的因素，就是民主政府没有节约开支的办法，所以虽然它有时想节省，却做不到。

时常性的更换目标及政府人员，使得民主政府的事业无法做到一脉相承或者有始有终：第一种情况，国家支出金钱，可是结果与初衷不符；第二种情况，国家支出金钱，可什么都没得到。

## 美国的民主确定公职人员薪资时显露出的本能

一般来说，民主制度之所以会节制公职人员的俸禄，有一个首要原因。

民主体制中有不少人有权制定薪资体制，可是能够以权谋私的人却几乎没有。

相反，贵族制度中有权制定高薪体制的人却总能发现点儿以权谋私的机会。这就算不是他们为自己累积的本钱，起码也是为他们的孩子预备的财路。

不过不得不说，民主国家对自己的主要公职人员未免太过吝啬了。

和别的国家相比，美国基层公职人员的薪资水平更高，可高级公职人员的薪资水平却差得很远。

这两种相反的情况是由一个原因引起的。人民在这两种情况下，按照自身需求，比照下层公职人员和高级公职人员的功劳确定了公职人员的俸禄。日子富裕的人民认为公职人员也该享有富裕的生活，如此才合理[1]。可是，这个想法在决定国家高级公职人员的薪俸时，并未发挥效力，是随便定的。

穷人不清楚社会高层的生活需求。一笔穷人觉得非常富足的资产，到了富人眼里却根本不值一提，因为前者觉得金钱若能够满足日常所需，就已很好了。在他们看来，州长一年获得两千埃居（6000 法郎），就已经称得上幸福，值得人称羡了[2]。

你若是想办法劝服他们，跟他们说在外国人跟前，一个大国的代表必须有相应的排场气度，一开始，他们或许对你的意见深信不疑；可是当他们念及自

[1] 还有一个原因使得美国下层公职人员生活宽裕。这一原因与民主的共性无关，是说国家必须让公职人员拥有较高的薪俸，因为美国的所有私人营生都比出任官职更能赚钱，若不如此，就没人愿意出任下层官员了。因为即使是在激烈的竞争面前，人们还是更愿意去锱铢必较地从事商业活动的。——原注

[2] 俄亥俄州的人口数量是 100 万，可州长每年的薪俸只有 1200 美元，也就是 6504 法郎。——原注

己破败的小屋，念及自己努力劳作得到的少得可怜的回报，发现他能用你眼中不值一提的钱成就一番大事，他会为这笔款项感到惊异，甚至被它吓住。

此外，如果下层公职人员和人民没什么差距，有些人却高于这一水准，人民便会同情前者，妒忌后者。

这种情况在美国也有清晰的表现——美国公职人员的薪资看上去是和权责成反比的[1]。

这种情况正好与贵族制国家的相反，贵族制国家高级官员的俸禄非常高，下层官员的俸禄只够生活，而原因——从我们上边谈及的相似的原因中——很容易发现。

富人不该享受，穷人也不该妒忌富人，如果说民主制度是这样看的，那么贵族制度就是无法体谅穷人的苦楚，或者说贵族体制连穷是什么意思都不知道。准确地说，穷人和富人根本就不是同类，他们是人的不同品种。所以，贵族体制通常不会留意下层官员的命运，除非下层官员因为俸禄太少而不肯为贵族体制效力，否则它是不会给他们提一提薪俸的。

在处理高级公职人员的薪俸时，并不崇尚节省的民主制度却摆出了节省架势，使得它有薄待他们和对他们吝啬的趋势。

[1] 想将这一明显存在的事实说清楚，只需要看一下联邦政府部分官员的薪俸即可。为了让读者更容易理解，我觉得应该以法国同类官员的薪俸进行对比。

| 美国（财政部官员） | |
|---|---|
| 传达员 | 3734 法郎 |
| 低级科员 | 5420 法郎 |
| 高级科员 | 8672 法郎 |
| 科长 | 10840 法郎 |
| 部长（国务卿） | 32520 法郎 |
| 政府首脑（总统） | 13500 法郎 |

| 法国（财政部官员） | |
|---|---|
| 大臣的传达员 | 1500 法郎 |
| 低级科员 | 1000 ～ 1800 法郎 |
| 高级科员 | 3200 ～ 3600 法郎 |
| 科长 | 20000 法郎 |
| 大臣 | 80000 法郎 |
| 政府首脑（国王） | 12000000 法郎 |

我以法国作为参照系或许不太合适。如今在法国，民主的天性对政府的渗透越来越深，国会已经出现提高最低薪资和大规模调低高额薪资的趋向，而且这种趋向非常强势。所以法国第一帝国时期拥有 16 万法郎年薪的财政大臣，1834 年年薪已经减少到了 6 万法郎；财政部各司长的年薪也减到了 2 万法郎——之前是 5 万法郎。——原注

民主制度的确让掌权者的日子不太如人意，可是为了满足人民的生活所需，为了让人们能够丰衣足食，它却可以花费大笔金钱[1]。税收是这些支出的主要来源，但并未遭到挥霍。

民主制度通常将支出放在被统治者身上，花在统治者身上的不多。贵族制度则刚好相反，国家资产基本都被用在了统领国家事务的那个阶层。

## 美国政府崇尚节约的原因难以辨别

法律对人类命运的切实影响是最难以辨别的事情，所以一个人只要想探明这件事，就会犯下大错。

一个民族生就活泼好动、激情四射，另一个民族却乐于小心谨慎、擅长运筹帷幄。至于为什么会产生这些特点，或许是因为他们的身体素养或者某些我们不知道的久远的因素。

有些民族崇尚体面、喧闹和游玩，一掷千金只为一时的快乐也不觉得可惜。有些民族喜欢修身养性，觉得自己富裕即可，不该摆阔。

一些国家喜欢美轮美奂的建筑，一些国家却对艺术毫无感觉，对任何不实际的东西嗤之以鼻。最后，有些国家追名，有些国家逐利。

所有这些情况都和法律一起对国家的财政产生了巨大的影响。

美国人为什么不在公共庆祝活动中耗费国家经费？除了美国税收取决于人民表决这一原因，还有美国人民不崇尚大肆庆贺的原因。美国人为什么不喜欢修饰建筑物，不看重外在的华美？除了他们的民族崇尚民主这一原因，还有他们崇尚贸易的原因。

公共生活中融入了个人的生活习惯。可是美国源自自身制度的节约，和源自民众习惯和社会风尚的节约，我们不该混为一谈。

---

[1] 为了让穷人得以生活和免费接受教育，美国花了多少钱，只要看看美国的预算就能知道。1831 年，为维持穷人的生活，纽约州一共花费了 120 万法郎（245433 美元），而在民众的教育上，起码花掉了 542 万法郎（1080698 美元）之多。参见威廉斯：《纽约年报》，1832 年，第 205 和第 243 页。

纽约州 1830 年的人口总数是 190 万，大概两倍于法国诺尔省人口数量。——原注

## 是否可以用美国的公共支出和法国的进行对比？

人们近来对美国的公共支出和法国的公共支出做了大量对照性研究，可结果都不合乎人意，他们因何没能得偿所愿，我觉得几句话就能解释清楚。

想要探明一个国家公用支出的费用，首先必须做好两件事。第一件事，一定要弄清国家资产到底有多少；第二事情，一定要弄清它在公共支出上花费了多少。既然不但要了解支出金额，还要了解支出和收入的联系，那么就不该只研究税收总额，而不探查应当缴税的资产，否则不过是白费功夫。

一笔富人缴纳起来轻而易举的赋税，却能让穷人一贫如洗。

人民的资产的组成成分很多，不动产是主要成分，动产是次要成分。

想要确切探明一个国家的可耕种面积和它的自然价值与增益，难度很大。想要探明人民持有的动产的价值，难度更大。就算你探明了总数，也很难作出正确的判断，因为资产的类别太多，数量太大。

所以，我们可以看到，就算到了今天，一些历史悠久的欧洲国家都没能准确地计算出它们的财产总量，连中央集权的国家也不例外。

美国人甚至没想过要统计资产总量。这个新兴的国家，它的社会尚未稳定，它的国家机关能够得心应手地使用的下层官员的数量也远比不上我国政府，因为没人整理或者没时间研究，统计资料都不全，你觉得在这种情况下能得出正确的统计结果吗？

所以，我们得不到统计必备的资料。我们没办法用法国的资产来和美国的资产对照。法国的资产是尚未算出确切数值，美国的资产却是连算都算不了。

可是，“对比”这个应该使用的词，我却愿意先把它放在一边，只统计税收的确切数额，而不去探究税收和资产的联系。

读者会发现，我的工作量并未变少，虽然我观察的范围变小了。

我敢说，虽然有很多官员在法国中央集权行政管理体系中勤勤恳恳地劳作，可是公民直接缴纳和间接缴纳的税赋的总数值，他们却给出不来。这项工作别说一个人做不了，就是法国政府都完成不了，或者起码还没将结果公布出来。现在，我们虽然能知道国家支出的金额和各个省支出的金额，可是乡镇的支出金额，我们却无法探明，因此说我们已经掌握了法国公共支出的全部情况，并不合适。

我们现在若是调转视线，再来观察美国的公共支出，会发现棘手的问题更多，还都是无法解决的。

美国将公共支出的准确的总体金额告诉我了，其二十四个州的预算，我也看到了，可是美国公民让自己的乡镇消耗了多少行政支出，谁又能告诉我呢[1]？

与此相关的材料，不要说联邦政府无法逼迫各州政府拿来给我，就算各州政府愿意帮我，我也不觉得自己拿到了就能得偿所愿。先不说这一工作天然的苦难，国家的政治架构也阻碍了诸州政府努力的成效。乡镇和县的行政委员的任命不由州长负责，州长也管不到他们头上。所以毋庸置疑，拿资料给我这件事，就算诸州政府不反对，也有很大的阻碍——那些原该为州政府效劳的下级官员说不定会敷衍了事[2]。

---

[1] 我们知道，美国有四种预算：联邦有联邦预算，各州有州预算，各县和各个乡镇也都有自己的预算。为了探明几个重要州的乡镇和县的公共支出总体金额，在美国停留的那段时间，我做了很多调查。几个大乡镇的预算资料我获得的非常容易，可是小乡镇的支出材料，我并未拿到，所以我无法准确推断出乡镇的支出情况。我针对县的支出情况收集了一些资料，虽不齐全，但我相信读者会感兴趣的。费城原市长理查德先生将1830年宾夕法尼亚州13个县的预算材料给了我，对此我要向他表示感谢。这13个县是：南巴顿、森特、富兰克林、菲亚特、蒙哥马利、路泽恩、多弗恩、巴特勒、阿勒格尼、哥伦比亚、诺森伯兰、北安普敦、费城。宾夕法尼亚州1830年人口总量是495207人。我们不能说从这13个县的情况中，得出有关宾夕法尼亚各县财政状况的准确意见，虽然这13个县分散在各个地方——这点只要看一看地图就能发现，但它们遵从的是一个指引整个州的总原则。1830年该州总计支出1800221法郎，人均承担的费用是3法郎64生丁。统计过后我发现，在1830年这些民众每人上交了12法郎20生丁给联邦政府，上交了3法郎80生丁给宾夕法尼亚州。如此，1830年这些公民为承担公共支出（乡镇支出尚未计算在内），共缴纳了20法郎14生丁给社会。这一统计虽然不够全面，只是一年的部分支出，但我相信还是值得相信的。——原注

[2] 那些想对美国的预算支出和法国的预算支出进行对比的人，都很清楚，将美国公共支出的总数和法国公共支出的总数进行对比，并不合适，可他们却想对两个国家总金额的各个构成部分进行对比。相比于第一种方法，第二种方法的不足也不少，这点轻易即可证明。

例如，与我国预算对比的应该是什么？美国的联邦预算吗？可美国联邦预算的内容远远比不上我国的，它的支出金额自然也要少很多。难不成要以我国各省的预算和美国各州的预算比？可美国各州的工作支出通常在重要性方面是我国各省的工作支出所比不上的，不仅如此，其组成部分也多于我们的，于是支出金额也理所当然地远多于我们。而各县的预算又有着和我们截然不同的财政体制。难道要去比较各州或者各乡镇的预算的组成部分？两个国家均有针对乡镇的财政预

在这方面，美国肯定没做过任何工作，所以问美国人能不能给我们这方面的资料，不过是白费力气。

所以，如今任何一个欧洲人或者美国人都无法告诉我们，美国平均一个公民要为社会提供多少金额[1]。

总而言之，想从美国和法国的社会支出的对比中得出结论，难度很大，想从两国财富的对比中得出结论，也是如此。我再多说一句，此种尝试也一样不安全。

除非统计资料的统计基础准确可信，不然，不要说指导工作，还会将你带入歧途。那些看起来对，其实不太正确的事情会轻易迷惑人心，一个错误若是在数学方面穿上真理的外衣，是能让人坚信不疑的。

所以，让我们将数学丢在一边，想办法去找别的证明吧。

没有切实可靠的材料，却想探明人民为社会支出承担的费用和他们的资产是否匹配，方法就是看这个国家物资够不够富足，人民缴纳过国家规定的税赋

---

算，可是两者仍旧存在差异。美国的乡镇支出，大多由公民自己承担，可法国的乡镇支出，大多由省或者国家承担。美国的乡镇支出要如何研究。在美国，不同的州、乡镇架构也不一样。新英格兰和佐治亚州或者宾夕法尼亚州的乡镇，难道能用一个标准去评判?

对于两个国家整体的预算，能进行准确地对比吗？要知道，这两个国家的预算中虽然能够轻易找到相似之处，预算所包含的项目可总有这样或者那样的不同。——原注

[1] 美国各个公民缴纳给国库的确切税额，我们就算知道了，了解的也不过是真相的一部分。

政府让纳税人交钱的同时，还让他们提供能够换算成钱的人。国家需要征兵，征兵之后要让所有民众共同负责这些兵丁的生活，而这些兵丁也要按照所服兵役的期限付出相应的时间。在我看来，民兵值勤也是一个道理。公民成了民兵就得为公共安全即时奉献自己珍贵的时间，可这种对国家的付出其实是无偿，拿不到报酬。这方面的例子我已经讲过了，现在再讲一些。此种性质的义务劳动，美国政府和法国政府都做了规定，至于这种义务劳动的承担者，除了公民还能有谁?可是这两个国家为了此种劳动所征集的确切人数，却是任何人都统计不出的。

在对美国和法国的公共支出进行准确比较时，这个难题并不是你将遇到的最后一个难题。有些义务，法国有，可美国没有，有些义务法国没有，可美国有。神职人员可以从法国政府手中得到薪俸，可是美国政府要求教众独立经营教会。在美国，扶贫工作由国家负责，而在法国，国家将扶贫工作交给了社会慈善机构。法国的官员只能得到固定的薪俸，可是美国的官员却能享有一定的权益。在法国，道路的养护工作，公民只承担很少的一部分，可是在美国，几乎所有道路的养护工作都是公民的义务。在法国，一切游客用得到的道路，他们都可以免费使用，可是在美国，你会发现一切道路都设立了向车辆收费的栅栏。想对这两个国家进行对比？存在纳税人义务方面的所有这些差异告诉我们，难度极大，因为有些款项，公民完全不用出钱，或者除非国家正式作出由公民承担的决议，否则公民只需要承担极小的一部分。——原注

以后，穷人是不是还能生活，富人有没有变得更富，对于自身的命运，两方自觉满意与否，每天双方有没有为了让生活更加富足而努力，使资金有足够的投资空间，使需要融资的产业获得足够的资金。

毫无疑问，当一个人以这些标准来进行研究时，他必定会得出这样的结论：法国人民交给国家的税款在其收入中所占的比例，远比美国人的大。

可是，两者间的差异，要如何确定？

法国的有些外债来源于两次遭受侵略，可美国却没有被侵略的威胁。我们必须有一支常备的大军，这是我们的地理环境所要求的；可美国的士兵只要有六千人即可，因为它被独自隔绝在大西洋另一边。我们的军舰是 300 艘，可美国只需要 52 艘[1]。所以，美国人民的压力比不上法国人民。

可见，两国财政差异巨大，没有可比性。

我们推断美国的民主制度是切实节俭的制度，依据是什么？是通过美国和法国的对照吗？不是，是通过对美国现实状况的观察。

我们研究过联邦诸州后，发觉诸州政府在计划方面通常前后不一，对所聘职员的监控也不严格，所以理所当然地认为它们一定不会珍惜纳税人的钱，或者会在某些工作上浪费金钱。

可是我发现政府对选民是忠诚的，它为了满足社会下层的需求，为了帮他们打开监控政府之门，为了让他们得到幸福和学问，而不懈地努力着。它让穷人能够维持生活，每年耗费巨额经费用于办学，让所有的工作都有薪酬，连小人物也不肯亏待。我承认以这种方式治理国家合乎情理，可我仍然要说，它耗费的金额过于巨大。

我发现此间处理公共事务和统领国家财路的人是穷人，我相信这里的国家时常会有新的支出，因为这对穷人有益。

所以，不用残缺的统计数字，也不用做不可靠的对照，我就敢说美国人的民主政府和人们想的不同，它并不是一个吝啬的政府；我也敢说大部分州贵族国家或者君主国家的税赋水平，美国在遭遇重大危机时也会达到。

---

[1] 参见法国海军部的材料，至于美国的材料，参见《1833 年美国大事记》第 228 页。——原注

## 民主国家掌权者的贪贿行为及这种行为对公共道德的影响

贵族体制与民主体制都控诉对方易于引发贪贿行为，有必要对此事进行讨论。

在贵族政府中处理政事的都是富人，他们追求的是权力。在民主政府中处理国家事务的都是穷人，他们追求升官发财。

最后，贵族体制国家的掌权者通常不会贪污，钱财对他们的吸引力不大；可民主国家的情况则正好相反。

想在贵族体制中掌权的人，没有一个是缺钱的，可因为职位少，能掌权的人就不多，于是贵族政府就成了囤积居奇的政府。相反，想在民主体制中掌权的人，不仅几乎全都穷困潦倒，还人数众多。所以，民主体制下，买官的人远多于卖官的人。并且想要成功，一次要贿赂不少人。

这四十年，法国有不少执政者被控为追逐钱财而罔顾本国及盟国利益，可这种指控，却很少发生在以前君主制时期的官员身上。不过，在英国习以为常的贿赂选举的实例，在法国却极为罕见。

我从没听说过美国有买官卖官的情况，可我不认为美国的公职人员就清廉正直。不仅如此，我时常听闻他们之所以成功是用了无耻的阴谋诡计和应该受到唾弃的手段。

所以，在变坏这件事上，若说贵族体制的掌权者有时会尝试一下，那么，民主政府的领袖却是主动进行的。

前一种情况，腐败的官员会直接冲击人民的道德品质，而后一种情况，人民的思想观念势必会受到腐败的官员更严重的影响。

民主国家的国家领袖通常都会受到使之不满的质疑，所以他会想方设法让政府对他承受的指控进行保护。如此一来，正在与恶厮杀的善从他那里看到了一个危险的例子，让潜藏的恶有了名誉的外衣。

有人说，各个阶层都有不好的情感，王位通常来自天赋的权力，贵族国家也好，民主国家也罢，谁能彻底避免让极端无耻的人成为国家领袖呢？可是，这种争论毫无意义。

因为意外掌权者的腐败堕落中，有一种粗鄙的东西让人民群众也跟着腐败堕落，而那些有钱人的腐化堕落中，却有一种贵族的文雅气度和高高在上的排场让腐化堕落局限在相应的区域内，所以在我看来，这种争论没什么用处。

宫廷斗争的诡秘，人们永远不会知道，而且无耻的行径通常掩藏在高雅的行为、高尚的喜好和优美的言词之下，难以被人发现。可是，即使是最不值一提的小人物也看得到盗用国家资产或者售卖国家利益的行为，并且为了想要尝试而心痒难耐。

此外，让人忧心的不是大人物品德败坏，是要道德败坏才能变成大人物。民主体制下的某些民众，发现他们之中有人不过几年就从籍籍无名的小人物变成了有权有势的大人物，如何不惊讶、嫉妒？如何不会在心里思考，这个昨天还和自己一般无二的人，今天怎么就成了他们需要俯首的人？如果说此人能够得势，是因为他品德出众，这不是表示自己德行不如别人？没人愿意这么想。所以，人们会把主要原因归结到此人的一项劣迹之中，并且通常坚信就是如此。

最后，在无耻和权位中间，在卑下和成功中间，在脸面和现实中间，出现了概念上的混淆，这非常悲哀。

## 民主可以进行的尝试有哪些

读者们，请允许我提醒你们，此间我所说的政府不是打着人民旗号对人民发布命令的政府，而是切实地按照人民的意愿组建的政府。

一个打着人民的旗号发布命令的政府，可以以大部分人的意愿作为托词进而形成道德力量，将独裁者的意愿坚定、迅疾、强硬地变成现实，所以最难抵抗。

当国家遭遇危难，一个民主政府能努力到哪一步，难以预料。

截至目前，还没有一个强有力的民主共和国。1793 年掌控法国的寡头政治，若给它冠上共和的名号，就是在羞辱共和政体。共和体制最新的良好范例只有一个，就是美国。

到现在已有 50 年历史的联邦政府所遭遇的生存危机只有一个——独立战争。这场耗时长久的战争，人们起初为之奉献的激情十分高涨，这非常少见[1]。可是，战争进行得越久，人们心灵深处的自私就越茁壮：人们拒绝为国

[1] 在我看来，国家决定暂时放下茶杯是最伟大的事了。为了养成不可缺少的在日常生活中喝茶的习惯，所有美国民众付出了多少重要而难忍的努力，一切对此有所了解的人都会感到吃惊，这毫无疑问。——原注

库提供钱财，不再去军队服役；人民当然想独立，可却在独立的措施前停下了脚步。

在《联邦党人文集》（第12篇）中，汉密尔顿写道：“我们增加了不少税收条款，推行了一些新的税赋措施，可是毫无用处。民众的期待全都变成泡影，国库一穷二白。硬通货极端缺乏的情况，摆在了我们民主政府内在的民主行政体制这一属性面前，而这种情况又让商业掉入了萎靡不振的深渊。迄今为止，民主行政机构尚未停止增加税赋的努力，不过徒劳无功，连各州的立法部门也发现这种做法的愚蠢了。”这是美国至今遭遇的最后一场需要坚持到最后的大战。

所以，当美国人民如英国人民一般必须交出一半收入给政府处置，或者如法国人民一般不得不将国家二十分之一的人送往战场时，我们才能知道民主制度所能承受付出的极限在哪儿。

美国人不接受征兵制，除非有薪水可拿，否则不会服役。我敢说，没人有胆量将征兵制写入法律之中，因为强行征兵的手段和美国人的观念冲突，和美国人的习惯不符。

毫无疑问，法国嘴里的征兵制是我国民众最大的负担。可是，只要我们想赢得陆地战争的胜利，我们就必须实行征兵制。

无论是英国的那种强行征募海军的措施，还是我们法国的那种征集海军的体制，在美国都不存在。美国海军和商船上的水手没什么不同，招募的原则都是自愿。

可是，一个国家想要维持一场大规模的海战，不用以上两种方案，你觉得可能吗？

所以，有过光辉灿烂的海战历史的合众国，一支大型舰队都没有，但美国也曾耗费巨资去装备少数几艘舰艇。

美国的国务活动家们曾经同我说过，它若想维持海上优势，就必须施行海员强制服役制度或者海军征兵制，可是对于掌控国家主权的人民来说，这种制度是难以忍受的。

在国家遭遇危难时，相比于非自由体制的国家，自由体制的国家所展现的毅力更强劲，这点不需要证明，可是我更相信，在贵族成分较大的自由国家，这点会表现得更明显。我认为，相比于长时间地与损害国家政治生活的大动乱对抗，民主制度更适合管理安定的社会，或者在需要的时候以它来激励民众的情绪。这不难理解：在长久的苦难面前，镇定多思比激情澎湃有用，尽管后者能让人奋不顾身。和不经过大脑的行动相比，天性勇敢无畏也是颇具城府的。一开始的冲劲儿，通常只靠激情就能产生，可是最后结局如何，要看这股冲劲儿能不能持之以恒了。人们是为了救下其他部分，才会牺牲某些贵重的东西的。

可是，通常来说，民主就缺少这种对未来的明确的认知，而这种认知是构建在知识和阅历上的。

和理智相比，人们用得更多的是情感。当前的灾难确实不小，但并不值得畏惧，让人畏惧的是不去思索被苦难压倒的结果，进而引发的更大的灾难。

民主政府之所以坚持得没有贵族政府坚定长久，还有另外一个原因。

对于将来的好坏，人民看得不如社会上层清晰，可忍受的磨难却比社会上层沉重。贵族确实置自身于险境，可是他们赢得荣耀的机会和蒙受损失的机会是一样的。

当贵族把大多数资产交给国家，它不过暂时失去了一些物质上的享受。可并不追逐死得荣耀的穷人，其谋生手段却总要面临连富人都厌烦的赋税的重担的威胁。

妨碍欧洲建立此种共和国的最强劲的阻力，或许正是民主共和国会在困境期出现的这种相对而言的弱点。除非欧洲所有国家都施行此种体制，否则没有哪个欧洲的民主共和国能够长存。

随着时间的流逝，民主政府的社会力量必定会增强，这我毫不怀疑，可是它无法如贵族政府或专制君主国一般马上将力量凝聚到一个地方和一个时间点上。我相信若是将一个民主国交给共和政府治理一个世纪，等这个世纪结束，无论是比国富民强，还是比人丁兴旺，还是比安居乐业，临近的独裁国家都比不上这个国家。可是，这个国家在这世纪之中将会有多少次要面临那些独裁国家的侵略威胁呢？

## 美国民主经常表现出的自控力

为了有益于将来而暂时抑制激情和诉求，我们可以从发生在美国的一些小事上看出民主在这方面遭遇的苦难。

一个喜欢受人追捧的人，通常自控力有限，若有人请他们帮忙或者进行救援，一般在最开始都会被他们拒绝，就算他们觉得对方的目的没什么问题。人们公正地称颂着美国人对法律的遵从。不过有一句话必须要说，就是美国的法律是人民自己制定的，为的也是人民。所以，美国法律的获益者是那些无时无刻不想脱离法律的人。于是，可以作出这样的假定：一项法律，若是大部分人都觉得无法让自己获得现实利益，让人厌恶，那么这项法律将难以通过，就算通过也得不到遵守。

美国没有哪项法律是惩处谎报破产者的，为什么？难道是因为美国没人破产？不，正相反，原因是美国有不计其数的破产者。相比于因别人破产而受到连累，大部分人更担心自己被控诉成破产者，并且某种犯罪行为的披露若是源自个人检举，民众会有一种宽恕心，尽管不该如此。

新兴的西南诸州，其司法权近乎全由民众自己掌控，谋杀案此起彼伏。

为什么会发生这样的事？因为生活在那片荒漠上的民众蛮横而无知，对他们来说，互相决斗好过向法律求助。

一天，在费城，有人告诉我，酗酒几乎是美国所有罪案的原因；因为酒非常便宜，所以下层民众可以敞开肚皮大喝特喝。我问他说："你们可以向酒收税啊，为什么不这么做呢？"他回答说："我们的立法者有这个心，却没这个力量，他们担心人民不同意，要是哪个议员给这一法律投了赞成票，下次他就无法获选了。"我又说："看上去，在你们国家，喝酒的是多数，禁酒就失了民心。"

你和美国的国务活动家说这件事，他们只会和你说："把这件事交给时间吧，痛苦的经历能唤醒民众，告诉他们，他们到底要什么。"真相通常确实是这样。和一个国王或者一群贵族相比，民主制度拥有的犯错的机会更多，可是民主制度的自身利益通常和大多数人的利益是相符的，也并不抵制理性，所以它回到正途的机会也多，只要它意识到自己错了。可是，民主制度承认的真理必须经过实践的考验，而不少国家还没看到错误的后果就已覆灭。

所以，美国人极大的优势除了是因为他们比别的民主更睿智，还因为他们有改正错误的机会。

有一点需要补充——民主制度应该让民众的文明和文化到达一定的水准，这有利于民众从以往的经历中吸取经验。

在一些初等教育非常糟糕的国家，冲动、蒙昧和对所有事物的误解融合到一起形成人民的秉性，所以他们探寻不到自己悲惨的根由，受到了他们无法理解的灾祸的压制。

我曾经路过几处印第安人的故乡——在那片广阔的区域中，那些曾经强有力的印第安人现在已经消失了；我曾经在垂死挣扎的印第安部落待过几天——

那支部落眼见着自己的人口越来越少，过往的彪悍和荣耀渐渐消失；这些印第安人曾经向我预言，他们的种族末日将至。那时所有的欧洲人都觉得，为了不让这些悲惨的人走上末路，应该想办法去保护他们。可是，他们自身却什么都不做。

灾难每年都会降临到他们身上，他们不是没有感觉，可他们就是不要援助，就算被迫害得只剩一人。想让他们继续生存，日后只能以强迫的办法进行。

25 年来，某些南美新建的国家始终在革命的交锋中厮杀，看到这种情况，实在让人惊异。因为盼着这些国家回归正途，人们没有一日不在等待。可是，对南美的西班牙人来说，谁又敢说革命不是他们当前最自然的正途呢？处在深渊底层的这个地区的社会，正在向上攀爬，可社会却无法依靠自身的努力从中走出来。

这片占了西半球一半的土地如此美丽，可生活在上面的民众，看上去却满心都是消灭彼此，完全没有改变心意的意思。他们耗尽所有力气之后，会停下来休息一会儿；休息过后，疯病又会再次发作。

当我们发现他们处于此种状况之中：要么是在承受磨难，要么是在犯罪作恶，我只得承认，对他们来说独裁或许能为他们带来福泽。

可是，在我的思维里，独裁和福泽格格不入。

## 美国民主如何解决国家的外交事宜

按照联邦宪法，外交事宜的处理工作由总统和参议院负责[1]，而在一定的范围内，总统和参议院是能够让外交的总体策略脱离人民的直接和常规监控的，这点我们可以看到。所以，说美国民主地处理外交事宜，并不合适。

对于美国的外交策略，华盛顿和杰斐逊的指导直至今日仍在发挥作用。

华盛顿给自己的同胞写过一封值得称颂的信，我们可以将其视为这位伟人在政治方面所立的遗嘱。

他在信中说：

“我们在外交政策上的基本原则是：尽量不和别国缔结政治联系，但要增加我们和它们的贸易关系。我们要尽量遵守我们已经签署的条约。不过，只做

[1] 联邦宪法第二条第二点说：“经参议院提议、批准……总统有权签署协议。”请读者千万记得，参议员由诸州立法部门选举，任职期限是六年，且每两年会有三分之一的参议员被改选。——原注

到这一步即可。

“欧洲各国有一套基础利益彼此羁绊，这些利益就算不是和我们完全没有关系，也没多少关系。所以它们势必争斗不休，而说到底，这些争斗也影响不到我们。所以，日后要是有人牵线搭桥，将我们和欧洲平常的政治斗争相连，或者和欧洲各国一时结盟一时敌对的分分合合相连，未免太过愚蠢了。

“我们之所以能够被引导和批准走这条与众不同的路，就是因为我们和别国距离遥远，孤悬海外。如果我们能在一个高效的政府的管理下，以一个民族的身份继续存在，那么很快，我们就不会遇到了因外国侵略而导致物质损失这种事了；我们可以保持中立这种无论何时都能让我们受到敬重的态度；我们可以让各个参战国不会轻易向我们寻衅，因为他们无法从我们身上获益；我们可以以自身利益与正义为原则来决断是战争还是和平。

“这种源自于地理环境的利益，我们没道理舍弃。我们没理由丢下自己的领地，到别国的领地上乱蹦。我们没理由将我们的命运和一部分欧洲的命运缠绕到一起，让欧洲人的野心、抗拒、利益、肆意或放纵，干扰到我们的和平和昌盛。

“不与任意外国缔结永久盟约，这是我们切实的外交政策。我说得是，我们要继续自由地行动，就像现在一般；请不要以为我说的是我们不该遵循现存的条约。最佳的策略就是诚实守信，我在公事上对这一信条的遵守，并不比在私事上逊色。所以，我再说一遍，我们要按照协议的本义遵守协议。不过在我看来，没必要对原本的协议进行扩展或者签订新的条约，这并非明智之举。

“为了让自己处于受人敬重的防守立场，遭遇突发的危险也能安全地借助临时结盟获得保护，请时刻注意采取适宜的手段。[1]”

华盛顿在这段话之前，还有一句让人敬佩的金玉良言：“一个习惯于憎恨或者喜欢另一个国家的国家，就像是一个奴隶，就是说，它被自己的喜爱与憎恶奴役着。[2]”

华盛顿一直按照这些忠言来进行政治活动。当世界上所有国家都处在战火之中，他却让自己的国家得享和平。在他看来，绝不插手欧洲的内部斗争，就是美国人的基本利益所在，并根据这一原则行为处事。

杰斐逊做得比华盛顿更决绝，在外交政策上，他坚守的格言是：“未免外

[1] 参见马歇尔：《华盛顿生平》第5卷第778页。——译者注

[2] 参见《华盛顿生平》第5卷第775页——译者注

国向美国索要特权，美国人坚决不向别国索要特权。”

这两项方针显而易见的公平，民众理解起来毫无难度。美国的外交政策因它们得到了极大的简化。

在美洲，美国所有邻国的力量都不足以和美国对抗，联邦政府既然不插手欧洲事宜，那么，严格意义上讲，就没有它需要拼抢的外国利益了。出现在旧大陆的那种骚乱之所以没在美国出现，一方面是因为美国的地理环境，另一方面也是因为美国自身的心愿。对于骚乱，它不维护也不扶持。而新大陆的骚乱，还在将来里藏着呢。

因为联邦政府不让自己受限于旧有条约，所以它不仅能从欧洲某些旧国家的经验中吸取教训，又不必非得如它们一般使用过去、强迫过去与现在保持一致。如此一来，它们不得不接受的先辈留下来的大笔遗物，它就可以舍弃了。在这些遗物里，不仅有荣耀，还有苦难，不仅有国家间的睦邻友好，还有国家间的血海深仇。在对外事宜上，美国采取的是一种观望政策，并且得到妥善的执行。这种政策不是让你做什么，而是让你不做什么。

所以，在处理国家外交事宜时，美国的民主能够展现出何种程度的成熟，眼下人们还无法确定。暂时来说，它的朋友和对手对此都有疑虑。

如果要问我的个人看法，我会果断地回答说：我认为，在引导国家外交关系方面，民主政府和别的政府相比，绝对有差距。可是民主体制近乎总会从经验、习惯和教育中学会一些对日常生活有益的知识，以及和生活小事相关的名为常识的知识。人的常规行动，有常识引导即可。

一个国家如果教育工作非常完善，那么民主应用于国内事务时所拥有的自由，通常超过了民主政府因失误而引发的灾难。不过，在解决国家和国家的关系时，这种情况就不是一定的了。

民主内在的一切素养，在外交政策上，通常都不适用；反倒是那些民主近乎完全没有的素养，才是外交政策需要使用的。民主可以提升国内资源，让人民过上闲适的生活，促进公益思想，推动社会各阶层遵法守法；连国家的对外关系也能间接受到所有这些事的影响。可是，在一个宏伟事业的各个具体环节上，民主却力量有限，它拟订计划，之后扫除阻碍，并对落实的情况进行监督。暗中制订方案、平心静气地等候这一方案开花结果这种事，民主通常无法实现，而这种素养正是单独的个人或者一个贵族拥有的。

可是，这种培养出来的个人的素养，国家在长时间地经营之后，也能拥有。

相反，在指导国家外交事宜上，贵族体制的内在缺陷所带来的结果，几乎没什么明显的效果，这点你只要研究一下这些缺陷，就会发现。人们之所以指责贵族体制，主要是因为它服务的对象是自己，而非人民群众。贵族体制在外交政策上，通常不会区别对待自身利益和人民利益，因为在它眼里，自己就是人民。

法国革命时期出现的那种趋向——在政治上，让民主听命于感情而非理智，为了一时的激情，舍弃完善而长久的计划——美国也出现过。那时，那些还有理智的人想方设法让美国人接受这种观点——美国的利益在于不让美国卷入屠戮欧洲的战争，不让美国蒙受丝毫损失——就和现在一般。

可是，人民声援法国的心情非常激烈，若非华盛顿的性格坚韧不拔，且颇受人民敬重，美国怕是已经和英国宣战了。可是，这位伟人凭借其周密的理智对自己同胞豪爽而草率的冲动进行的压制，几乎葬送了他的国家对他的敬重——这是他所追求的仅有的回报。那时，他的政策遭到了不少人的指责，虽然它现在得到了全国人民的认可[1]。

引导国家外交事宜的工作，如果宪法那时没交由华盛顿负责，人民也不支持华盛顿，那么，那时美国将采取的举措，势必会是它今日指责的那种。

这并不奇怪。从罗马人算起，一直到如今的英国人，一切民族，只要对世界产生过严重影响，拟定过、遵守过、施行过宏伟计划，几乎无不以贵族体制进行统治。

事实上，这些国家相信世界上任何制度都不如贵族制度稳固。蒙昧和激情或许会让民众受到欺骗，意志动摇或许会让国王在落实方案时瞻前顾后，此外，国王或许也没办法与天地同寿，可是，贵族集团却能因为人数众多而不会轻易走上歧途，因为战斗力强大不会轻易被激情俘虏。一个贵族集团，无异于一个长生不老且坚如磐石的智者。

---

[1] 参见马歇尔：《华盛顿生平》。该书第 314 页写道："在美国建立的那种政府中，就算首席执行官再如何坚定果决，自信满满，也无法长时间和舆论的洪流相抗。人民的舆论当时似乎是支持战争的。其实人们会发现，这一时期召开的国会会议上，华盛顿不止一次在众议院失去多数的支持。"另外，用以谴责他的言辞十分激烈。例如，一次政治会议上，居然有人将他和卖国贼阿诺德（第 265 页）相比。马歇尔在第 355 页说："反对派的拥护者信誓旦旦地说：政府的拥趸已经组成了一个获得英国扶持的贵族集团，他们想建立君主政体，进而和法国对战；它由一批拥有银行股票的富人组成，这些人惧怕一切损害其财产的措施，所以能够无视国家的荣耀和利益受损。"——原注

# 第六章　民主政府让美国社会得到的切实的利益

我希望读者能先回忆一下我前边已经说过很多次的想法，之后再看本章的正文。

我认为美国的政治架构，并不是民主国家所能建立的仅有的和最佳的模式，它仅仅是民主国家的政府可以采取的所有模式中的一个。

所以，在介绍民主政府能为美国人提供哪些好处时，我不会说不采取类似的法律就无法得到相似的好处，我也不是这样想的。

## 法律在美国民主统治下的整体趋向和使用者的本能

想要发现民主政府的缺陷和劣势并不难，不仅如此，还可以用一些显而易见的事实加以证明，可是民主政府的好的作用，却没有足够明显的外观，甚至只能以隐晦的形式展现。民主政府的问题一看即知，可想要发现它的好处，却必须经过长时间地观察研究。

美国通常缺少完备的民主法律。有时候，美国的法律会损害到既得利益，或者让侵权的危险行径因此而被接受。就算美国完全没有不良的法律，可终究存在法律的不稳定性这一重大缺陷。

所有这些都是显而易见的真相。

既然如此，美国的共和制度为什么还未消失，仍在兴旺地发展着？

这些事：法律追逐的目标和为了实现这一目标而采取的措施，法律纯粹的善与法律相对的善，在研究法律时应该认真地加以区别。

现在，假设法律追逐的目标是以多数人的利益换取多数人的利益，还确定了最快捷最简便的方法以实现这一目标。如此一来，法律就算制定得再详细，它的目标也是恶的。不仅如此，它越是效果显著，就越是危险。

因为民主的法律由公民中的多数决定的，所以它通常有一种维护大多数人利益的趋向。公民中的多数当然也会犯错，可它不会与自身利益为敌。

贵族是天生的少数，所以贵族的法律正好相反，它有一种让少数人掌控权力和财富的趋向。

所以，往往可以得出此种结论：在制定法律的目标上，相比于贵族，民主对人类更为有益。

然而，民主立法的优点也只是如此了。

立法这门学问，贵族体制比民主体制擅长得多。贵族体制可以控制自己不被暂时的激情俘获。它制定了长期的规划，抓住时机让其变成现实，是其所长。贵族体制行事严谨，知道要怎么做才能将法律的力量叠加到一起并聚集到一个地方。

可这些事，民主体制做不到，它的法制不是有所欠缺，就是不太合适。

所以，和贵族体制相比，民主体制的措施不够完善；它行事时很少使用策略，甚至不顾自己的意愿，可它追逐的目标更有益于人民。

假定一个社会，它的自然环境和政治制度允许不好的法律暂行一段时间，并且这个社会在这种法律的整体趋势终止后并未消失，那么，我们仍可以说，最能让社会繁荣昌盛的政府就是它的民主政府，虽然这个政府有很多缺点。

美国就是这种情况。

我前边说过的话，请允许我再说一次：美国人的一个极大的优势是他们可以犯错，也有改正错误的机会。

在我看来，这点在选拔公职人员方面通常也是一样的。

美国的民主在甄选掌权者时经常犯错，这点很容易发现；可在错误的掌权者的治理下，美国为什么仍然可以繁荣昌盛，想说明这点，就很有难度了。

第一，你会发现，民主国家的统治者虽然不够忠实或者才华有限，可是其治下的子民却非常聪慧和非常谨慎。

民主国家的人民，无时无刻不在关注着自己的事业和权益，他们为自己的代表制定了一个总原则，并会节制自己的代表不让他脱离这一原则。

第二，你会发现，若是相比于别国的行政官员，民主国家的行政官员更容易滥用职权，那么人民往往很快就会让其下台。

不过，和这个理由比，还有一个理由更普遍，更有力。

统治者德才兼备对于国家的繁荣而言无疑非常重要；可是更重要的或许是统治者的利益和人民群众的利益并不对立，要知道，如果出现对立，那么品德通常效果甚微，而才也成了作恶的帮凶。

统治者没有与人民群众对立的或者不同的利益，在我看来非常重要；至于统治者的利益和治下的子民的利益相同，是不是也非常重要，我就不知道了，毕竟这种利益我尚未看到过。

截至目前，我还没见到哪个政治体制能够平等地推动社会各个阶层繁荣和富足。一个国家内部有多少社会阶层，就如同有多少不同的国家，不仅如此，经验告诉我们，让一个阶层掌控别的所有阶层的命运是非常危险的，就像是让国家里的一个民族，去为其他民族进行仲裁。如果国家掌控在富人手里，穷人的利益就要受损；当制定法律的权柄掌握在穷人手中，富人的利益就会受到重大威胁。

如此，民主到底有什么优势？它切实的优势在于只效力于最大的多数，而非大家说的，推动所有阶层共同发展。

美国国家事务的领导者，无论品德还是才华，都比不上贵族国家的掌权者，可是他们和大部分同胞却有着相同的利益。所以，他们或许时常玩忽职守、出现重大失误，可是他们所贯彻始终的原则，不会是与这一多数为敌的，他们也没办法让人觉得政府独裁和恐怖。

并且，民主体制下的行政长官，若是政绩欠佳，只能算是个人情况，其影响也不会很久，仅仅是任期内的。腐败和无能，绝对不是能够时常将民众团结起来的共同利益造成的。

一个腐败或者无能的行政官员，想要和别的行政官员勾结，不能指望那个官员也如他一般腐败无能，然后他们团结在一起让腐败无能繁衍生息。反倒是行政官员会因为自己的野心和谋划而揭发检举别的行政官员。民主体制下的行政官员，其恶行通常只是他们的个人行为。

可是，在贵族制国家，政府里的官员却要受到所在阶层的利益的掌控。他们所在阶层的利益，偶尔才会和多数的利益相符，通常都是和大多数人的利益对立的。这一阶层的利益形成一条坚实持久的纽带，将官员绑缚到一起，逼迫他们将力量聚集起来，朝着与大部分人的幸福相悖的目的地飞奔。

由于不少完全没有公职的民众也是贵族，所以它所联合的除了统治者，还有一大批被统治者。

所以，在贵族体制中，行政官员所得到的坚实的扶持，不仅来自社会，还来自政府。

贵族体制的一致目标，就是让行政官员的利益和他们同时代的部分人的利益融合，从而和他们的后代的利益结合起来，甚至为后代的利益服务。贵族体制的行政官员，不仅在为当前服务，还在为将来服务。所以，让贵族体制的行政官员奔赴共同目标的，除了有他们自己的热情，还有治下子民的热情，我甚至可以断言还有他们子孙的热情。

这种情况太正常了。所以，人们总会发现，贵族体制的阶级特性往往会遏制行政官员的腐败堕落，使他们在潜移默化中把自己的习惯传递给社会，并做好了将这个社会交给后世子孙的准备。

据我所知，任何一个国家的贵族体制，都不如英国的贵族体制自由，无法像它一般持续地供应如此崇高而贤达的人才。可是，英国的法律经常牺牲穷人的利益来换取富人的利益，让大部分权柄掌握在有限的几个人手里，这点不难发现。最后，当今英国的两极分化极端严重，穷人的惨况与其国家实力和荣耀形成了鲜明的对比。

在美国的公职人员面前，并没有任何所谓的阶级利益可以使他们占据上风，上位者虽然总是些平庸无能的人，偶尔还会是一些无耻之辈，但政府的一般工作仍旧对人民有益。

所以，民主体制中有一种持续将人们从错误和缺陷中带离并导向普遍兴旺的隐秘趋向；贵族制度中则有一种怂恿官员们用他们的才华、品行为他们的同胞带来磨难的隐秘趋向。由此可见，贵族政府中的官员或许并不是有意为恶；而民主政府中的公职人员可能也不是真心为善。

## 美国的公共精神

有种爱国心，其主体是那种将人心及其出生地联结到一起的，直觉的、慷慨的和无以言表的感情。这种爱国心是一种本能，它包含的元素非常多，有对旧传统的钟爱，有对先辈的敬仰，有对过往的依恋。拥有此种感情的人，会像珍惜先辈留下的房屋一般，钟爱自己国家的土地。

他们喜欢在祖国过着宁静的生活，对于在祖国形成的平和的习惯并不抗拒，对于出现在脑海的回忆怀有眷恋，甚至能从自己驯服的生活中感受到慰藉。对宗教的虔诚通常能够激励此种爱国心变得更加炽热。

此时，人们会创造奇迹。这种完全不需要推理判断，只靠信仰和情感行动的爱国心，自身就是一种宗教。一些民族通过某种形式将国家比作个人，将君主视为国家的化身。所以，他们部分爱国主义情感转变成对君主的忠诚，他们骄傲于君主的成功，自豪于君主的强悍。法国人民在旧贵族掌权时期，有段时间就曾经为此欣喜过，那时，他们觉得仰仗国王的蛮横生活并不是难以忍受的。他们说“统治我们的是世界上最强悍的君王”这句话时，是那么的自豪。

这种爱国心和一切鲁莽的冲动并无不同，它确实可以在短时间内让他们冲劲儿十足，但却无法长久。将国家从困境中解救出来之后，它通常会任由国家在安宁中走向衰败。

这种天生的爱国心通常盛行于这种时期：民族崇尚简朴，宗教信仰坚定；社会稳定地遵守着事物受到法律保护而未受质疑的旧秩序。

还有一种爱国心比这种更加理性。它或许在热情、无私方面有所欠缺，却十分坚定和长久。它是切实明悟的产物，在法律的护持中发展，随着权利的应用而壮大，不过若掺杂了私人利益，就会消退。国家利益会对个人利益造成哪些影响，按照法律规定，他应该为国家利益付出什么，这些都是个人应该知道的。他为什么要关注国家的发展？第一，是因为这件事对他有益。第二，是因为国家的发展也有他的付出。

可是，人民的生活并非始终处于发展期，偶尔也有停滞期。这时，旧习惯会发生变化，社会风气会受到损害，宗教信仰会受到冲击，往日的荣耀覆灭，知识仍旧短缺，政治权利无法保证或者伸张。此时，人民眼中的国家成了一个脆弱迷蒙的幻影，对他们来说，国土已成了一片蛮荒，代代相传的风俗已成绊脚石，宗教已经不可完全信赖，立法部门已为他们所轻视和恐惧，所以他们不能再从这些事物中去看国家了。所以，他们认为毫无可取之处，除了自己正确外，别的全是错误的。结果，他们彻底被偏狭而闭塞的自私俘获了。这种人确实舍弃了原本的成见，却无法步入理智的王国。无论是君主国固有的爱国主义，还是共和国理性的爱国主义，他们都没有，他们在两者间裹足不前，在羞惭和烦恼中沉浸着。

处在此种境地，除了衰败，还能如何。就像人无法重新拥有儿时的天真，一个民族也无法重新拥有青春的朝气。这看上去让人遗憾，可是谁能重新拥有青春和童年呢？

所以，只能继续前行，既然慷慨的爱国心已经再难回头，那么就要尽快在民众面前，将个人利益和国家利益整合起来。

只有马上将政治权利的使用权授予所有的人，才能实现这一目标吗？对此，我不确信；不过我不得不说，想让所有人都关注自己国家的命运，最强大，甚至也可以说是仅有的举措，就是让所有人都可以参与政府的管理工作。在我看来，我们所处时代的公民精神，与政治权利的使用有着紧密的联系；至于未来的欧洲，我的看法是，这一权利会随着公民数量的增加而扩大，随着公民数量的减少而变小。

所以，美国这个刚刚由移民建立的国家，移民没给它带来任何东西，无论是必须严守的习惯，还是让人印象深刻的回忆；移民们到了这里才第一次相识，之前是不认识的。简单来说，想让人们对这个地方生出爱国本能来，难度极大。那为什么所有人都如此关注自己所在乡镇、县城和州的事业，就像关注自己的事业一般？

原因是，所有人都在自己的行动中踊跃地参与了社会的治理。

所有美国民众都很清楚，社会普遍的繁荣兴盛关系到他们自身的幸福。几乎没什么人能够说出这一观点，虽然它是那样地简单明了。并且，这种繁荣兴盛，美国人总是将其视为自己努力的结果，所以他们相信自己拥有公共财富中的部分财富，也愿意为国家的昌盛贡献力量。他们之所以如此，除了责任心和自豪感，还有一种心态——这种心态，我甚至敢将其命名为贪婪。

不用观察美国的体制和历史，就能证明这种观点是对的，因为想让大家相信这一点，只需要看看美国的民情即可。美国人不仅会参与国家承办的所有事业，还会维护一切无故受到指控的事情，之所以如此，是因为此事无故遭受攻击，除了国家之外，还有他们自己。所以，他们想方设法，甚至为了自己的脸面要一些把戏，以此来捍卫国家的名誉。

日常接触中最让人感到窘迫的，就是美国人的这种让人难受的爱国主义。美国有不少值得外国人称赞的事，可是如果你问，有什么事是他们需要指责的，他们肯定不会回答你。

所以，美国是个自由的国家不假，可是外国人除非想引起美国人的不满，否则无论是个人的私事，还是国家的大事；无论是统治者，还是被统治者；无论是公共事业，还是个人事业，都不是自由讨论的话题。总之，那里能够自由谈论的，或许只剩下天气和土地了。并且，就算说的是天气与土地，美国人也会如同自己曾经为天气和土地的出现效力过一般，随时替两者说话。

因为我们无法将社会力量和社会踊跃性与社会稳定的保障融合到一起，所以现在，我们必须勇敢地在引发前者的全体民众共同拥有的爱国主义和引发后者的少数人掌控的政府间进行选择。

## 美国的权利观

据我所知，能够和权利观比肩的只有道德观，或者更妥当的说法是，两者是不可分割的。权利观只是道德观在政坛的运用。

人们之所以能对跋扈和暴政进行界定，就是因为权利观。一个人权利观清晰，就能自由而不傲慢地显露自己的意愿，公正坦然而非卑躬屈膝地表明自己顺服的立场。一个人在武力面前妥协，只会觉得屈辱而卑微。可是，如果他遵从的是和他同等的人的领导权，他却能摆出一副比那个指挥者更高的姿态。要知道，如果只靠武力，理智和仁义是无法融合成一体的，所以，所有崇高的人物都德行出众，所有伟大的民族都敬重权利。

我曾经思考过，想培养我们这个时代的人民的权利观，有什么方法是可行且能被民众铭记的。最后发现，办法只有一个，就是让人人都温和地使用相应的权利。我们知道，孩子的能力和经验都是后天慢慢养成的，一个婴孩刚学会移动身体时，本能会让他抓住一切触手可及的物品。他不知道什么是财产，也没有这个财产归属的概念。可是，等他慢慢长大，他知道了事物的价值，发现他手里的东西也会被别人抢走，于是他学会了谨慎，为了让别人敬重他，他开始尊重别人。

慢慢地，孩子想要得到玩具的心态，变成了大人想要得到钱财的心态。通常在欧洲各地回荡的那种因为资财短缺而出现的叹气声，美国这个民主到极致的国家的人，是不会发出的。为什么？这还需要解释吗？自然是因为在美国，人人都有产业。原则上所有人都认可财产权，因为所有人都有需要捍卫的个人财产。

这种情况在政界也是一样。美国的所有成年人都有参政的权利，所以他们非常重视政治权利；他们不会攻击别人的政治权利，因为他们要保护自己的这一权利。有政治权利的欧洲成年人甚至不重视国家主权，可美国人却能心甘情愿地对行政官员的微小的权力俯首。

在人民日常生活里的最细微的环节中，也能看到这一真理。法国几乎不存在专门为社会高层建立的娱乐，一切地方，只要富人能去，穷人就能去。所以人们行事大方得体，敬重他们参加的所有娱乐。英国的所有娱乐和权柄都为富人把持着，所以，民怨沸腾，穷人不但喜欢悄悄跑去专门为富人准备的休闲胜地，还乐于在里面搞怪，将这些休闲胜地弄得一塌糊涂。这太正常了，他们肯定知道这对他们没什么影响。

成年人因为财产的划分而有了财产观，同样，民主政府让所有公民都有了政治权利的思想。在我看来，在民主政府最大的优势中，这也是一个。

我的意思并不是说，让每个人都学会使用政治权利不难；我是说，如果做成了这件事，它会发挥巨大的作用。

我再说一句：这个观点，正是产生在我们这个时代。

看见了吗？宗教信仰已经受到怀疑，君权神授的思想已经没落。看见了吗？社会风尚已经腐坏，正义的权利观也和它一起虚弱下来。看见了吗？强辩取代了所有的信仰，阴谋替代了所有感情。

在这场巨大的动乱中，除了将权利思想和根植于人心的个人利益凝结到一起，还有什么别的办法让你有胆量管理社会吗？

所以，要是有人告诉我不该扩张民主权利，因为法律已经无能为力，被统治者乐于惹是生非，人心易于冲动，品德已经没落。那么我会告诉他，我之所以认为应该扩张民主权利，正是因为这些实情。而且政府终会消失、社会却会永远存在，我坚信，相比于社会，政府更关注对民主权利的扩张。可是我完全没有过多地将美国作为典范的意思。

在美国，人民享有政治权利时，正处于公民数量有限，社会风气简朴而不擅长使用政治权利的困境中。后来，美国人数增加了，但民主的权利可以说并未扩张，扩张的不过是民主的范围。

一个民族，从来没享受过政治权利，当它获得这一权利时一定会发生巨变，这毫无疑问。这种巨变通常并不安全，虽然它总是不可或缺。

孩子在不了解生命的可贵之时，或许会杀人，在不知道自己的东西也会被别人抢走时，或许会抢夺别人的东西。成年人得到政治权利时，对政治权利的观感，就像懵懂的孩童对自然的观感一般。homo puer robustus（意气风发之辈）这句名言说的就是此时的成年人。

这个真理在美国也一样适用。最先让公民享有政治权利的州，通常就是公民对政治权利运用得最出色的州。

以下言论也算得上中肯：最能让人大有斩获的才能，就是维系自由的技术，最难以学会的事情，就是如何使用自由。

可专制不是这样。专制体制通常给人这样一种感觉——它在救助受难者，它在弥补过往的缺陷，它认可合理的权利，它维护遭受剥削之人并建立秩序。它创造暂时的兴盛以迷惑人民，让人民陷入昏睡，然而等人民醒来，却无法从苦难中脱身。和专制不一样，自由往往是在狂风暴雨中产生的，它在内战的苦难中发展壮大，除非已经瓜熟蒂落，否则它的优势，人们是感受不到的。

## 美国敬重法律

无论是直接呼吁，还是间接呼吁，想让人民制定法律，并不是总能成功。不过应该承认，一旦成功，法律所拥有的权威会非常大。立法者的德行和才华，或许会受到这一群众基础的巨大冲击，可它的力量却会得到极大的提高。

全民的意愿蕴含着一种势不可当的力量。这种力量的绽放会让任何想与之为敌的人主动蛰伏起来。

至于这种情况是否真实，我想所有党派都非常清楚。

所以除非无法做到，否则每个党派都会去拉拢多数。如果参与投票的人没能构成多数，各个党派就会去弃权的人中寻找；如果这些人也无法构成多数，各党派就会去无权投票的人中寻找。

在奴隶、仆人和仰仗政府救济的穷人之外的所有美国人，都有权参加选举，并以此对法律制定造成间接影响。所以，一个人如果想要攻击法律，必须在以下两种办法中选择一个——要么想办法改变整个国家的言论，要么无视人民的意愿——公然付诸应用。

这是一个重要原因，而在此之外，我还可以列举一个原因。这个原因更直接，也更有效，即现在不是多数的人，以后或许会成为多数，眼下说会尊重立法者意愿的人，很快也会让别人尊重他的意愿，所以美国没有哪个人的个人利益是和他所遵从的法律无关的。因为法律除了是大多数人的成果，也是民众个人的成果，所以一项法律，就算再惹人气愤，美国民众也不会轻易反抗。对他们来说，立法就是签署协议，而自己已经在协议上签字了。

所以，大量将法律视为天然的敌人，因恐惧、质疑法律而总是聚集到一起惹是生非的情况，在美国并不存在。恰恰相反，你肯定会发现，对于国家当前的法律，各个阶层都怀着极大的信任，如同爱戴父亲、母亲一般爱戴它。

我说各个阶层好像不太合适。美国人颠倒了欧洲人的权力阶梯，让富人的地位如欧洲的穷人一般，使得富人倒成了总是抵制法律的人。有时人们将民主政府的优势认定为维护所有人的利益，而我在本章前边已经说了，并非如此，它的优势在于维护了大部分人的利益。在美国占据统治地位的是穷人，因为担心穷人肆意使用手中的权力，富人通常非常谨慎。

这种精神状况或许会让富人感到不快，可是富人质疑立法者的那个原因，也让他不得不听命于立法者，所以社会不会因此发生剧烈震荡。作为富人，他们无法参与立法，而为了守住自己的财产，他们也不敢违背法律。文明国家的人，除非一无所有，否则是不会发动叛乱的。所以，或许不是每项民主的法律都值得敬重，通常来说，却都会受到敬重，因为自己制定的且对自己有益的法律，就是准备违法的人也会遵守。不仅如此，就算违法能让自己获益，顾及自己的德行和地位，公民也会对立法者的所有决议俯首听命。

此外，除了法律是自己制定的这个理由，美国人还有一个遵从法律的理由，就是如果万一法律危及了他们自身利益，他们可以修改法律。这意味着，他们视法律为他们自己用以磨砺自身的苦难来承受，一方面他们又将法律当作能够随时消除这种苦难的钥匙来看待。

## 美国各党派在政界的活动及其对社会的影响

从一个自由国家到一个非自由国家，其中的差别非常大，会让你非常惊讶：前一个国家，人们干劲儿十足地为了筹备各种活动而奔忙着；后一个国家，四处静静无声，行动中规中矩，似乎所有的事都静止了一般。一个国家，人们研究的是变革和发展的问题；一个国家，社会只会传承原本的资产而不会创造发展，人们不从事生产，只知在享受中醉生梦死。可是一个国家，激励人民制造幸福的，通常比对自己的命运无动于衷的要繁荣和兴盛。对比这两种国家：前者没有一天不觉得需要革新，可后者看上去却对那些新事物没什么需求，人们实在无法理解为什么会如此。

此种观点，若是在一个仍维持君主政体或者仍保有贵族体制的自由国家中，都能说得通，那在民主共和国就更说得通了。推动社会发展这种工作，在民主共和国已经不是部分人在做，是所有人都以极大的关注之情在做。此时生活的必需品和闲适是供应给所有阶层，而非某个阶层的。

美国人普遍拥有自由，这并非不可想象；对于美国人非常平等的状况，大家也可以有一个简单的印象。可是，你若想了解席卷美国的政治风潮，就一定要去亲眼看一看。

只要你踏上美国的土地，就会被喧嚣热闹包围。四周都是嘈杂的大声疾呼，你的耳朵会同时听到不计其数的呼喊，而一种呼喊就是一种社会诉求。你向各处探看，发现所有人都在行动：

这儿是一群开会研究怎么修建一所教堂的人；那儿是一群忙着选举议员的人；更远一些，某个选区的代表正为了讨论地方上的一些改革事宜，着急忙慌地奔赴乡镇；另一边，一群农夫丢下田里的工作，正为乡里修建公路或者学校的计划争执不休。公民们聚到一起做什么呢？有些是为了告诉大家，他们对政府的工作不认同，有些是想告诉大家，一个官员成了当地的掌权人。有的美国人认为国家的灾祸主要是酗酒引起的，这些人聚集到一起召开会议，郑重宣布，他们会身先士卒地带头戒酒[1]。

外界只能看到一个活动，就是美国立法部门接连举办的大型政治运动。这一运动，不过是那个全国性运动——从最下层民众开始慢慢扩张到所有阶层的运动——的一个插曲或者延伸。这是为了寻求幸福而进行的最艰难的运动。

在美国，成年人参与政治生活时，关注的职位是哪些，很难分辨出来。对美国人来说，最重要的事，也可以说是他们知道的仅有的趣味，就是参与到社会管理之中，并对管理的相关事宜进行探讨。你从这里能够发现美国人生活习惯的细微之处。女性可以通过聆听政治讨论来缓解家务的烦闷，所以她们也时常参会聚会。在某种程度上，讨论协会对女性而言可以说是休息娱乐的地方。一个不擅长与人聊天的美国人，却可以是个辩论的高手，他或许不会夸夸其谈，却能一语中的。

他会如同在大会上演讲一般和你讲话；若是说得兴起，他还会和自己的听众来一句：先生们！

一些国家的民众，对于法律赋予自己的政治权利，总是摆出一副厌烦的样子。他们觉得没必要把自己的时间浪费在为公共利益奔忙之中。他们热衷于将自己封闭在狭窄自私的圈子中，在身边修筑高耸的墙壁，挖掘深邃的沟渠，将自己和外界彻底隔绝开。

---

[1] 一些承诺戒酒的人组成社团，成立了各个地区的禁酒协会。我在美国停留的那段时间，禁酒协会的成员总人数已超过 27 万；收效甚微的只有宾夕法尼亚州，那里一年要消耗掉 5 万加仑的酒。——原注

美国人则截然不同。你若是想让他们只为自己的私事奔忙，他们生活的乐趣就少了一半；他们会觉得生活在无尽的空虚中，承受着难忍的折磨[1]。

要是哪天专制制度居然得以在美国掌权，相比于遏制民众对自由本身的向往，更难的是解除自由所养成的习惯。

没过多久，整个居民社会都被民主政府带入政坛的这种接连不断的疯狂的激励席卷了。我不清楚民主政府最大的优势是不是这个，但我期望相比于现在，民主政府将来的成就，会更加出色。

人们干预公共事务通常会将事情弄得一塌糊涂，这毫无疑问。

可是，想让人民参与公共事务，必须提升人民的思想水平，让人民从旧的风俗习惯中走出来。

所有得到授权，可以参加社会管理的人，对于自己的身份都有相应的了解。如此，他凭借手中的权力就能使用那些知识极为渊博的人了。向他求助的人蜂拥而至，这些人在想方设法蒙骗他时，也教会了他一些东西。政治活动虽然和他之前的工作不同，却让他生出了浓厚的兴趣。

他每天都能从人们口中听到新的增加公共财产的建议，所以也想让自己的财产有所增加。和前任相比，他或许在德行或者幸福感方面有所不足，可是他的眼界和积极性却更高。人们觉得美国的民主制度和物质环境的结合对美国庞大的实业活动是一种直接的促进，实际情况虽然并不是如此，但我坚信也是一种间接的促进。这种实业活动虽然不是法律创建的，可却是人们学会了制定法律之后掌握的一种能力。

抵制民主的人说，将管理政府的工作交给很多人的效果，比不上交给一个人承担时的效果，在我看来，这种说法是对的。如果双方能力不相上下，那么和由多人统领的政府相比，由一个人统领的政府更能前后一致，更能矢志不移，观念更加统一，工作更加仔细，对于官员的选拔也更精准。所有人都会承认这一点，除非他从未见过民主共和国，或者只看了有限的几个例子就下定论。

毫无疑问，就算那时当地的条件与人民的喜好接受了民主制度，它也无法立即拿出一套措施，解决行政管理和政府建设方面的问题。想让民主的自由，如同开明的专制一般将所有事业都做得尽善尽美，绝无可能。通常情况是，一

[1] 古罗马最开始的几位帝王已对此种情况有所察觉了。

孟德斯鸠在某个地方曾经说过，最让某些罗马公民感到难以忍受的，是做过一项政治活动之后，马上就得过回平静的个人生活。——原注

项事业尚未开花结果，就被它搁置，或者用以冒险了。可是时间越长，民主开创的事业就越比专制开创的多。民主确实拥有很多事业，虽然成功的不多。民主体制下，宏伟的事业是由个人独立成就的，而非政府。民主的确给不了人民最睿智干练的政府，但它却能让人民拥有一些最睿智干练的政府通常无法提供的东西——让整个社会长时间充满活力，干劲儿十足，洋溢着只能依存于它和即使处在最恶劣的环境中也能创造奇迹的斗志。民主真正的优势就在这里。

如今，基督教世界的命运看上去正处于迷雾之中，一些人甚至等不及民主发展起来，就将它视为敌对势力，急切地加以攻击；其他一些人却崇拜信仰它，好像它是一个凭空出现的新的神祇。可无论是仇视，还是崇拜，双方都未曾对民主有过充分的了解。他们在黑暗中互相厮杀，通常偶然间才能打中对方一回。你希望社会和政府怎么做？这是一件需要解释的事。

这是你所希望的吗？让人有足够的智商，可以用豁然大度的眼界看待世间万物，让大家可以视金钱如粪土？

你想拥有并且长期拥有坚实的信仰吗？

你想让风气高贵，让言行举止文明典雅，让艺术异彩纷呈吗？

诗歌、音乐和名誉，这是你所期盼的吗？

你想将一个民族团结起来，以武力征服所有其他民族吗？

你准备开创一个无论成功还是失败，都可以名垂千古的宏图大业吗？

如果你认为这是人活着的首要目标，那么放弃民主政府吧，因为这一目标，在民主政府中是绝对无法实现的。

不过你若是觉得，将人的脑力和道德用在获得物质生活所需和制造福利上是有价值的；你若是觉得，相比于天赋才能，理智的判断对人更有好处；你若是觉得，你想要的是培养平和的习惯，而非无畏的品德；你若是希望来自缺陷的罪恶更少，并且宁可让伟大的行为不那么多，也要减少罪大恶极的行为；如果你不是必须生活在一个金碧辉煌的社会中才能满足，只要生活在一个兴旺的社会即可；最后，如果你认为让国家的实力或者名誉尽可能达到最高不是政府的首要目标，让国内所有人免于苦难，拥有最多的福利才是；如此，你要做的就是让大家拥有平等的身份，并组建民主政府。

如果一个压制所有人的最高权力在你尚未选择的时候，就已经无视你的意愿，在这两种政府中选了一个推你进去，那么，你起码应该从你所处的那个政府中得到它能给予的所有利益，探明这个政府善与恶的本能趋势，之后竭尽所能地发展前者，压制后者。

# 第七章　多数在美国的无上权威和它的结果

因为在民主体制下，多数所向披靡，所以民主政府的实质，是多数在政府中占据着绝对的统治地位。

多数的此种天赋力量，还受到了美国大多数州宪法的人为加持[1]。

立法部门是所有政权部门中，最容易被多数的意愿影响的一个部门。美国规定人民可以直接委任立法部门的成员，并且为了确保他们对人民长期意愿和临时动议都能俯首听命，规定的任职期限非常短。

他们挑选两院议员的阶层和方法，并无不同。所以相比于一个立法部门，由两院组建的立法部门也有同样迅疾的效率和不容违逆的权威。

立法者们通过此种形式组建完立法部门，又将政府近乎一切的权柄都交付于它。

立法者一边扩大本就实力强劲的权力机关的力量，一边又压制实力本就很小的权力机构的力量。使用政权的代表们既没有从立法者手中得到稳定性，也没有得到独立行事的权限，不仅如此，还被要求必须对立法部门的任用绝对服从，连民主政府原本同意他们使用的有限的权力也被剥夺了。一些州的立法者将司法权也交给了多数，让他们投票决定；因为立法部门授权让自己的代表每年对法官薪俸进行决断，所以立法部门决定着每个州的立法者，甚至司法人员的生活。

相比于成文法，习惯法做得更绝。

除非颠覆代议制政府给出的各种承诺，否则绝不肯息事宁人，这种习气在美国越来越盛行。

例如，经常会发生此种情况，选民推选议员时，不但会给他制定行动方案，

[1]　联邦立法者曾经对此种力量进行过节制，这点我们研究联邦宪法时已经发现了。相比于州政府，联邦政府为什么能在工作中拥有更多的自由，就是因为立法者的此种努力。可惜，联邦政府主要负责的是外交，诸州政府才是美国社会的真正治理者。——原注

还会给他制定相应数量必须时刻铭记的强制性工作。这种多数投票就像市场上的小商贩一样一边吆喝，一边斤斤计较。

一些特别的地理环境，不但让多数在美国占据了统治地位，还让它拥有了所向披靡的力量。

三个臭皮匠赛过诸葛亮，所以相比于选举，立法者的数量更为重要，这种思想也是构成多数道德影响的一部分元素。这是智力平等思想的一种应用。少数并不认同这种否定个人的才华，并对其穷追猛打的思想，但时间长了，也就习惯了。所以，和所有其他权利一样，多数的权利也要经过时间地淬炼，才能得到法律的认可，或者它是所有权利中，最需要这样做的权利。多数的权利刚刚建立时通常以武力让人俯首，它必须在法律下生存很长时间，才能获得民众的信服。

让美国的多数认识到自己有权利管理社会的，是最开始那批移民。这是一种只靠自身力量，就能建立一个自由之国的思想。如今，这种思想已经席卷整个社会，渗透到日常生活的所有细枝末节之中。

在旧的君主体制掌权的时代，法国人坚信国王不可或缺；当国王给他们带来灾祸时，他们觉得这是国王的幕僚的问题。这种观念对统治极有好处，让人民将法律作为指控的对象，却对立法者尊敬、仰慕依旧。美国人也是这样对待多数的。

少数的利益服从多数的利益这一原则，也是多数道德影响的一个构成元素。所以，多数的此种权利，政党的情况越好对其就越是尊重，政党的情况越差对其就越是轻视，这很容易理解。一个国家，若是有一些互相敌对的利益集团正在交锋，那它通常不会将多数的特权放在心上，因为人们不愿意对这种特权俯首。

美国若是有个特权阶层处于少数的位置上，可立法者却想取缔他们长期独有的一些特权，将他们从不可一世的高处拽到和大家平起平坐的位置上，你觉得这个少数会简简单单地就接受立法者制定的法律吗？

可是，建立美国的那些人是绝对平等的，在不同的民众间还不存在产生于自然的长期敌对的利益。有些国家的少数因为社会制度，只有舍弃自己与多数进行斗争的目的，才能将多数拉拢到自己这边，所以他们永远不会这么做。例如贵族制度，贵族若想保留特权，就成不了多数，若让它放弃特权，那贵族体制也就消失了。

美国是不会以如此普遍而绝对的形式，来讨论政治问题的，因为各个党派都希望有一天能让多数的权利为自己的利益服务，所以都接受多数的权利。

所以，多数在美国不仅拥有强有力和切实的统治国家的权势，还有与之几乎同等强悍的左右舆论的能力。多数提出的动议，可说是无往不利，无论是想让动议无法通过，还是想推迟对动议的投票，还是在投票前为反对者留一些发表言论的时间，都难以成功。

如此行事所产生的结果，不仅对未来不利，还非常危险。

## 在美国，立法和行政的不稳定性作为民主的内在缺陷，是如何被多数的无上权威增强的

民主政府的内在缺陷，我已经说过了。所有这些缺陷都会随着多数权力的增强而加剧。

现在，让我们首先谈一谈最突出的缺陷。

民主体制对新掌权者的本能需要，让民主政府拥有了一个必然存在的缺陷——立法的多变性。不过，这一缺陷是大还是小，得看立法者拥有的权责和行动措施是多还是少。

立法部门在美国享有最高权威。它的所有动议，都能迅速且势不可当地发起，并且它每年都会对议员进行更新。这表示，它拥有一切有助于民主的不稳定性的措施，这些措施可以逼迫民主政府任由议员在某些重要问题上一再改变看法而无动于衷。

于是，若说如今世界上哪个国家的法律最为短命，非美国莫属。美国诸州的宪法在这 30 余年间近乎全都改过。所以美国各个州在这段时间内全都对自己的立法宗旨进行过修正。而法律自身，你要相信美国的立法者一直在制定法律，不停地颁布或者修正法律，这点只要扫一眼美国诸州的档案即可发现。难道这表示美国的民主和别的国家相比，天生就不够稳定？不，这表示民主所固有的对变化的喜爱，美国民众想办法将其融入了立法工作中[1]。

---

[1] 仅仅是 1780 年到现在，马萨诸塞州颁布的立法资料就有三大卷。还需要指明的是，这一法律汇编是 1823 年的修订版，已经去除了众多旧的或者已经无效的法令条文。别忘了，这个人口数量不足法国一个省的马萨诸塞州，在美国可是出了名的法律稳定，可仍有大批人员在持续地为立法工作努力着。——原注

在美国，多数无上的权威和它迅速而果决地表述意见的手法，让法律自身、法律的推行以及国家的行政活动都产生了不稳的趋向。

人们争相涌入多数倡议的活动中，因为人们唯一需要讨好的权威就是多数；不过，一旦多数的视线换到了别处，人们就会对手中的工作失去兴趣。在欧洲的某些自由国家，其行政权是独立且被保护的，所以那里的行政机关，在立法部门的注意力从一件事转移到另一件事时，仍可以将立法部门之前的决议推行下去。

美国的民众对这些改革工作的积极与热情，是别的国家远远比不上的。

欧洲的民众对此类工作所投入的力量或许不够强大，却更为长久。

一些虔诚的信徒，多年来，一直专注于改进监狱的情况。他们的宣扬触动了民众，于是，让罪犯改邪归正成了热门工作。

所以，一批新的监狱应运而生。改造罪犯的思想和惩处罪犯的思想首次以分庭抗礼之势走进监狱。

可是，这场值得庆贺的改革，虽然凭借着民众的积极参与和团结一心的努力而变得无法阻挡，却没能马到成功。

在新的感化院建立起来，多数也积极踊跃地想要成就这一功业时，旧监狱并未消失，仍旧羁押着大量的罪犯。新的感化院越是完备和健全，人们就越觉得旧监狱腐朽、不利于健康。这种水到渠成的工作太容易被人理解，居然让意气风发地忙于构建新的改造设备的多数，忘掉了旧监狱。因此，所有人都将视线放到了旧观念看不到的事情上，不再关注旧监狱。一连串良好的管理体制，从主动废弛最终到了彻底败坏的地步。所以有些监狱建筑得十分雄伟，彰显着当代的艺术与文明，可有的监狱看上去却让人不由得想到中世纪的野蛮的窑洞。

## 多数的暴政

“在治理国家上，人民的多数可以裁决一切”这句话，在我看来不仅亵渎了神灵，也让人厌恶；不过我也相信，多数的意愿是所有权力的源泉。这让我看上去有些矛盾。

什么样的法律才是公正的法律？如果是一个国家，那么制定并最终启用这项法律的，要是人民的多数，如果是整个世界，那么制定并最终启用这项法律的，要是整个人类的多数。

因此，公正对一切国家权利的范围进行了界定。

国家就像是一个被授权代表全社会，并维护正义的大型陪审团，国家的法律就是正义。

这个代表社会的巨型陪审团，是在社会内部行使权力的，那么它的权力可以超过社会自身的权力吗？

一项不公正的法律，我在拒绝它时，不过是将依凭的对象从人民的主权变成了人类的主权，并不是否定了多数发布命令的权力。

有些人曾经勇敢地说，当事情只与人民自身相关，就必须接受公正和理性的制约，也可以放心大胆地将放权给代表他们的多数。可这种言论是奴隶才会有的。

多数之所以是多数，是因为他必须团结一致像一个人一般行动，以此在意识，通常也在利益上压制那个也如一个人一般行动的少数。可是如果你承认这点：一个有了无上权威的人，为了压倒他的敌人，会肆意使用手中的权力，就得承认这种行为也会发生在多数身上。

人们的性格会因为联合在一起的人有很多就发生变化吗？当遭遇危难，力量的强大能让人们的毅力也随之增强吗[1]？这种事，我是不相信的。我所有的同胞，无论是其中之一，还是其中几个，我都坚信不该授予他或者他们裁夺一切的权力。

为了捍卫自由，而让一个政府同时采用几种不同的宗旨，在我看来并不合适，因为这会让这些宗旨直接发生冲突。

我素来相信，混合政府只是不切实际的幻想。无论是哪个社会，最后都会变成由一个基础行动准则控制所有其他行动准则的模式，所以说实话，混合政府（混合政府的意思，请按照这个词的原意理解）从未存在过。

18世纪的英国，是人们引用的最多的此种政府的范例，它的法律和习惯一直都是遵照贵族的需要构建完成的，而且时间越久就越是处于统治地位，越会依照自己的意愿去引导公共事务，所以虽然有一些关键的民主成分，但英国的本质仍是贵族国家。

这个例子错在哪儿呢？错在以它为例的人，在研究贵族利益和人民利益的交锋时，没看到交锋的结果，只看到交锋这件事，可问题的关键是交锋的结果啊。

[1] 让一个国家凭借武力肆意侵略另一个国家这种事，没有人会赞成，可是一个大国中的政党却能变成国家中的小国家。只要你不否认国家可以对国家施行暴政，就必须承认这种情况也能发生在政党之间。——原注

一个社会要是真的构建了一个混合政府，这表示在面对那些不可调和的原则时，它一视同仁，那么它所处的状态只有两个，不是即将发生革命，就是即将分崩离析。

所以，我相信肯定有一个社会权力会超越别的所有权力；同时我也相信，如果一切阻碍都不足以抵挡，甚至延缓这一权力的行进，那么，自由就会受损。

在我看来，无上权威既恶毒又危险。我认为任何人都不足以掌控它。上帝的智力和公正一直能和它的权力相抗，所以在我看来，只有上帝能够安全无虞地掌控无上权威。人间之人，谁又能凭借他自身值得敬重或者他具有不可亵渎的权力，让我心甘情愿地相信，他可以不受约束地自由行动，无可抗衡地随意下达指令呢？如果哪个权威，我发现它得到了可以裁决一切的权力和才干，无论人民如何称呼它，国王也好，人民也罢，民主政府也好，贵族政府也罢，无论它存在于哪种制度之中，君主国也好，共和国也罢。我都会说：我要想办法离开那儿，去其他法律的治下生活，因为这是在为暴政播种。

大部分欧洲人对美国构建的民主政府的指责，在于它虚软无力，可最让我不满的地方却刚好相反——是它拥有的力量无法阻挡。美国最让我忧心的不是它过度民主，而是它抵御暴政的手段，极端缺乏。

在美国，如果一个人或者一个政党遭遇了不公，你觉得，他或者它能够找谁申辩？

舆论？不行，它是多数创造的；立法部门？不行，它代表的是多数，且对多数唯命是从；行政当局？不行，行政领袖是多数推举出来的，是多数得心应手的武器；公安机关？不行，警察不过是多数手里的部队；陪审团？不行，陪审团是具有裁定权的多数，要知道，一些州的法官，都是多数委任的。所以你只能俯首听命，就算你揭露的事情再不公、再荒谬，也是一样的[1]。

---

[1] 1812年战争时期，在巴尔的摩爆发了一次由多数专制引发的暴动。当时这场战争得到了巴尔的摩人的热烈支持。一家当地报纸却不赞成民众热烈支持的行动。民众主动聚集到一起，砸毁了报社和报社工作人员的住处。有人甚至想调集民兵，但遭到了拒绝。最后，当局不得不将这些生命安全受到暴怒的民众威胁的无辜者，当作罪犯送往监狱，希望以此来保全他们。可是这一保护措施失败了。民众晚上再次聚集到一起，行政官员调集民兵想要驱散他们，可是失败了，民众冲入地牢，在打死了一名记者之后，还想将报社的其他工作人员也一并处死，好在陪审团经过审判之后，认定这些人无罪。

一天，我问一个宾夕法尼亚的居民说："已经得到解放的黑人，在一个由教友会的教众建立且因宽容大度而闻名的州中，为什么不能拥有公民的选举权？你能告诉我原因吗？他们既然依法反过来，若是立法部门能在代表多数的同时，完全不受多数的情感左右，让行政权有独立行事的权利，让司法机关不受立法权和行政权控制，如此，就能组建一个让暴政几乎没有施展空间的民主政府了。

难道我的意思是，如今在美国，人们总是通过暴政行动？当然不是。我是说，美国缺少抵御暴政的手段，而相比于去美国的法律中探寻美国政府待人宽和的原因，去美国的地理环境和民情中寻找更为合适。

## 美国公职人员的专断权如何被多数的无上权威所影响

专断权和暴政是两回事，一定要区分开。暴政不同于独断权，它通过法律自身就能推进。专断权绝不是暴政，它可以为被统治者的利益服务。暴政往往会使用专断权，可是如果有需要，是可以不用的。

多数的无上权威在美国为立法者的合法专制服务时，也促进了行政官员的专断权。作为立法和监督司法的主宰，多数同时掌握着统治者和被统治者，所以它将公职人员当成唯命是从的属下，放心大胆地把自己的任务交给他们实施。所以，它既不关心公职人员职责的具体内容，也不将心思、精力放在为他们详细界定权利上。它像对待仆从的主人一般，看待他们。它随时都能对他们的行动进行指导或者订正，因为它一直监控着他们的工作。

法律赋予美国公职人员的自由，通常比法律赋予法国公职人员的大，公职人员偶尔越过法律的雷池，甚至也会得到多数的支持。他们之所以敢做那些连见惯了专断权的欧洲人都觉得惊讶的事，是因为他们有舆论的支持，万众一心。

---

纳税，那么参加选举是一件非常公平的事啊？”

他回答说：“请不要羞辱我们，你去看看，我们的立法者制定的法律是非常宽的。”

“这么说，你们这儿的黑人拥有选举权了？”

“当然。”

“可是为什么我在今天早上的选民大会上，一个黑人都没看到？”

这个美国人说：“这怪不到法律身上。黑人的确有选举权，可是他们通常不会来参加。”

“他们真是太谦逊了！”

“啊！他们不是不想出席，是担心到这里会受到欺辱。法律因为得不到多数的认可，在我们这儿，偶尔会难以推行。我们知道，黑人不讨多数喜欢，各级行政官员也无力确保黑人能够享有法律赋予他们的选举权。”

“我知道多数拥有立法权，难道他们还有违法的特权？”——原注

## 在美国，多数对思想观念的影响

在改变思想观念方面，我们在欧洲熟悉的所有权威所做到的程度，都比不上多数在美国做到的，这点，我们只要看看美国这方面的情况，就会清晰地发现。

作为一种看不到，也触碰不到的力量，思想可以视所有暴政于无物。

对于暗中流传于国内甚至宫廷中的某些蔑视自己权威的思想，如今欧洲的某些最专制的君王也无法遏制。这种情况在美国却不会发生。在那儿，除非多数达成最终的共识，否则就会一直讨论下去，不过，只要多数下定决心，所有人都会闭上嘴巴，拥护者和反对者会联合起来表示支持。

为什么会这样，很容易解释：多数集立法权与执法权于一身，极端专制地掌控了所有的社会权力，压制了所有反对者，而这却是任何一个君王都做不到的。并且国王拥有的只是物质力量，它虽然能左右人民的行为，却无法左右人民的思想。可多数不仅有物质力量，还有精神力量，二者结合到一起，不仅能左右人民的行为，还能影响人民的思想；不仅能压制已经发起的叛乱，还可以抵御筹谋中的骚乱。

就我所知，通常任何国家都没有美国更能拥有思想上的自由，更能讨论真实的自由。

欧洲一切立宪国家都可以自由地传播宗教和政治观念，或者将其传往国外，因为没有哪个欧洲国家的独裁者曾经让所有人都不敢拥护说实话的人，使其独立成果付诸流水。一个敢说实话的人要是运气不好，住在专制政府中，那么人们通常会和他站在一起；若是运气不错，生活的地方是一个自由的国度，那么如果需要，他可以用王权做护身符；若是在民主国家，会得到贵族阶级的拥护；若是别的国家，会得到民主力量的拥护。可是一个国家若如美国一般架构民主，那这个国家的权威，也就是力量与成功的源泉将只有一个，绝无其他。

美国的多数在思想周边建造一道围墙，作家在这道围墙之内，可以随意写作，但他若是敢越界，就一定会遭受处罚。这种处罚不是由宗教裁决出面烧死他，而是他会受到大家的厌恶和每日的羞辱。他触犯了唯一能让他叩开政坛之门的权威，自然要被政界拒之门外。他无法从民众那里得到任何东西，即使是名义上的。他阐述自己的思想之前，还以为民众会拥护他，等他敞开心扉才发觉他们的抵触。于是，和他意见相同的人，在声势浩大的辱骂他的人面前，丧失了信心，闭紧嘴巴蛰伏下来。于是，他只能妥协，最后彻底臣服，如同后悔实话实说一般沉默下来。

往日的暴政才将锁链和刽子手作为武器，原本自觉无所不能的专制已经在文明的推动下，有了进一步的发展；往日的君王只知道凭借武力进行镇压，如今的民主共和国却学会了掌控思想的力量，连人民的精神都想压制。在独裁者掌控的专制政府中，专制通过野蛮的伤害身体的方法约束精神，可是它挥出的重拳却未能集中精神，反倒让精神变得更加崇高；暴政在民主共和国采取的就不是此种办法，它直接约束精神，而让肉体拥有自由。国家领袖此时还会说“除非你死，否则只能遵从我的意思”这样的话吗？不，他说的是：“你拥有自由，不用遵从我的思想；无论是生活、财产，还是其他东西，我不会剥夺你的任何东西；但从现在开始，你不是我们这个阵营的人了，你是外人。你在社会上的特权虽然还在，却等同于没有，因为你无法指望你的同胞推举你，他们不会给你投票；你无法指望他们敬重你，因为他们不会对你真心。你已经被剥夺了做人的权利，虽然你还在我们身边。你想和你的同胞亲近，可他们却如躲避瘟神一般躲着你；连那些清楚你纯洁无瑕的人，为了不被其他人孤立，也会避开你。你安静地活着吧，虽然这样活着还不如死了。”专制的君主政体已经让人们对专制起了厌憎之心，为了防止专制在民主共和国复苏，成为少数人的重担，却被大部分视为可以接受的不十分惹人憎恶的东西，我们必须小心谨慎。

旧大陆某些自以为是的国家，其国民曾经毫不避讳地针砭时弊，对同时代的人的愚昧予以嘲讽。比如拉布吕耶尔的那本巨著中的《论伟大》一章，就是他在路易十四的王宫大内居住时写成的[1]；比如莫里哀的戏剧，观众是大臣，批判的却是王室。可是，谁又敢嘲讽掌控整个美国的权威？即使是最轻微的责备也会惹怒权威；若是话中带点尖刺，权威甚至要火冒三丈。多数的所有言辞，所有行为，只能予以称颂。即使再有名望的作家，也得讨好自己的同胞。所以多数的生活始终盈溢着自己对自己的吹捧。美国人只能从外国人的嘴里，或者从经验中发现国内的某些实际情况。

为什么直到今日美国也没有伟大的作家出现，原因只能在这方面找。对文学大家来说，精神上的自由不可或缺，可这种自由在美国并不存在。

[1] 《论伟大》是拉布吕耶尔1688年初在巴黎出版的名著《品格论》中的一章。——译者注

大量抵制宗教的书籍在西班牙畅行，难道是因为宗教裁决处没有行动？当然不是，是因为他们阻拦不住。而在这方面，美国的多数就做得巧妙多了：它直接遏制了人们预备出版此类书籍的意愿。在美国，虽然存在不信仰宗教的人，可他们没有自己的报刊。

一些政府为了保证社会风气而攻击写淫秽书籍的人。美国无人愿意写这样的书籍，自然也就无人因此受到指责。但是，这并不表示所有公民都纯真无邪，只能说多数公民摆出了一副凛然的姿态。

毫无疑问，权力在这方面应用得不错，可是我指的仅仅是权力本身。这种所向披靡的权力虽然总是存在，但使用正确的时候却不多。

## 美国人国民特性因多数暴政而发生的变化和逢迎思想在美国的体现

我刚刚谈及的那种趋势，已经让美国人的国民特性发生了不好的变化，尽管政界还没有明显变化。在我看来，多数越来越专制，就是美国直至今日也没多少伟大的人物在政坛上活跃的原因。

美国独立战争时期，伟大人物层出不穷。那时人民的士气被这些人的政治思想点燃，而非抑制。这一时期的名人无拘无束地参与着民众的思想活动，而他们所独有的崇高的性格，则在这一过程中得以显露。他们没有让整个国家来为自己增色，而是让自己崇高的性格照耀整个国家。

专制政府中靠近王权的大臣会为了逢迎主子的心意而卑躬屈膝，面对主子的无理取闹，俯首听命得甘之如饴。可是国家民众却不愿意卑躬屈膝。他们通常是因为自己性格懦弱，因为习惯或者蒙昧，偶尔也是因为对皇权或者君王的忠诚，才会表现出臣服。对一些民族来说，牺牲个人意愿去达成君王的心愿，是一件能够获得慰藉，值得自豪的事，所以尽管有着驯服的行动，可精神却是自由的。这种民族虽让人叹息，却并不腐朽。何况，做一件自己反对的事和做一件自己假意支持的事，天差地别：前者是因为无力反抗，后者是因为奴性的驱使。

在自由国家，人人都可以阐述自己对国务的看法，无论多少；在民主共和国，个人生活不停地影响渗透到公共生活中，而公共生活的所有层面都在向主权靠拢，至于主权，它为了引起民众的兴趣，也愿意倾听民众的见解。所以，相比于专制的君主国，妄图利用主权的弊端和逢迎主权的人，在这两种国家中更多。这并不表示，这些国家的人生来就比其他国家的人坏，只能说，这些国家腐化人心的东西比其他国家多，并且很多人同时被这些东西吸引了。最后，人心有大规模堕落的趋向。

民主共和国的人有逢迎多数的思想，并且各个阶层都被这个思想渗透了。这是民主共和国能被指责的一处首要环节。

这种指责对美国这种民主共和国更加适用。多数的统治极端霸道，容不得一丝违逆，若是有谁想摆脱多数选择的道路，除非舍弃部分作为公民的权利，甚至是人的属性。

那种慷慨的性格和公正的精神，无论何时何地都该被视为伟人的鲜明特质，往日曾让美国人倍感骄傲，可如今在挤进美国政坛的那些人身上，已经非常少见了。美国人的头脑猛一看似乎都是一个模板刻出来的，要不然，他们怎么能在一样的轨迹上不错分毫。偶尔，外国人也会见到一些大逆不道的美国人，看到些因为法律弊病众多和民主变幻不定而叹息、愤慨的人。这些人不但会谈及腐坏了国民特性的弊端，还会指明要如何做才能修正这些弊端。可是，他们只会和你说，而不会和其他人说，至于为什么是你，因为你是外国人，一个路人。你听到了他们的实话又能如何，他们在公开场合是不会这样说的。

若是哪天美国读者看到了我代为转达的这些话，那么我认为会有两种状况：一种是他们大喊大叫地指责我，一种是他们中的大部分人在心里宽恕我。

在美国，我能听到人们讨论自己的祖国，在民众中也见到了切实的爱国主义行为，可是这种行为我在国家领导人身上，却往往难以发现。

为什么专制主义对治下子民的腐化，比对统治者的腐化要严重得多，用类推法很容易解释。专制君主国的君王通常德行出众，可那里的官员往往卑鄙下流。

君主国的官员管自己的主子叫“大人”或者“陛下”，可是在美国获选的官员却没这样称呼他们的主子选民，的确如此。可是，他们不停地说他们的主人如何通情达理，因为坚信自己主人拥有所有美德，就算眼下没有或者不想拥有，以后也必定会有，所以他们从不争论自己的主人到底有哪些德行值得称道。他们没有将自己的妻女献给主人宠幸或者为妃为妾，而是通过抛弃自己的意愿来出卖自己。

的确，美国的道德家们和哲学家们不用将自己的主张掩藏在寓言之中，可是他们战战兢兢地陈述一个惹人不满的真理时，总会在前边加上一句："众所周知，我们的聆听者拥有非常崇高的品德，没有任何缺陷会让他们失去主人的资格。我的聆听者们，我之所以会在你们面前说这些话，就是因为你们的品行和学识极端出众，比别人更值得拥有自由。"

就是逢迎路易十四的人，也不会吹捧得比这更好了。

我个人坚信，无论政府是什么属性，卑微的必定攀权，阿谀的必定捧高。而且在我看来，只有不将无上权威交付给任何人，也就是说，不将能够腐化他人的最高权柄交给任何人，才能防止人们侮辱自己。

## 多数的无上权威导致了美国共和政体的威胁

一般来说，政府的崩溃如果不是因为它软弱，必定是因为它暴政。前者是权力主动脱离政府，后者是权力被动让人抢走。

看到民主国家落入无政府状态，不少人会觉得这是因为这些国家的政府天性软弱。其实是这些国家的政府在其政党发生火并时，失去了对社会的统治力。不过，在我看来，民主政权在人员、物资上的短缺，不是先天的，民主政府会崩塌反倒是因为对人员、物资的过度使用。无政府状态并不是因为政府软弱才出现的，往往是因为暴政或者治理失当。

请不要觉得稳定意味着实力，或者事情的伟大意味着事情的长久。要知道，民主共和国的社会控制权往往变幻不定，因为对它来说主人的更替或者方向的改变，不过是寻常事[1]。可是控制权的易主与变换，对它近乎所向披靡的力量却不会造成损害。

我认为在集权上，美国的共和制政府不仅不比欧洲专制君主国的政府逊色，甚至更胜一筹。所以我相信它若是灭亡，原因绝不会是软弱[2]。若是哪天自由在美国消失了，原因必定是多数的无上权威，要知道当少数再也无法容忍多数的无上权威时，终会暴力反抗的。到时美国就会在专制的影响下陷入无政府状态。

[1] 权力掌控在一个议会手里时，强大却不稳定，掌控在单个人手中的时候，稳定却或许不够强大。——原注

[2] 我相信，读者不用我提醒也知道，不管是在这儿，还是在本章的其他地方，我所说的多数专制除了联邦政府，还有各州政府。——原注

麦迪逊总统就表露过此种意见（参见《联邦党人文集》第 51 篇）。他说：“在保证社会不会被统治者压榨的同时，保证社会上的一部分人不会受到另一部分人的压榨，是摆在共和政体面前的最重要的事……政府和公民社会都以公正为追逐的目标。人们曾经马不停蹄地追寻这一目标，用尽全力地想要实现这一目标，除非得偿所愿或者在追寻的路上失去自由，否则不会止步。

“我敢说一个这样的社会——社会内更强的团体随时可以借助此种社会状况团结一致地对付更弱的团体——必定会走向无政府状态，让有力量的人能够彻底掌控没有力量的人；而社会秩序混乱的情况也会让之前有力量的人感到不满，他们更喜欢那种既可以保障弱者的安全，又可以保证他们的安全的政府；这种心愿出现之后，强大的团体和弱小的团体又会慢慢在它的激励下共同组建一个能够保证，无论强弱的所有团体的政府。罗得岛州若是离开联邦宣布独立，那么打着人民的旗号统治着面积极小的土地的权力有多不稳定，看看多数的暴政就知道了，至于谁急不可耐地制造了此种与人民彻底脱节的权力，自然是需要此种暴政的多数。”

杰斐逊又说：“我担心的，或者说我首要担心的问题，不只是我国政府的行政权。在以后的很多年里，立法部门的暴政都是切实的最恐怖的危险。行政权的暴政的确也无法避免，但终究是很久之后的事。[1]”

在我看来，截至目前杰斐逊是传播民主的最忠实的信徒，所以相比于别人，我更愿意引用他的言论来说明这一问题。

## 第八章　美国如何减少多数的暴政

我曾经在这一卷的第一部分解释过两种集权的区别，并将其中一种命名为政府集权，另一种命名为行政集权。

美国没有第二种集权，只有第一种。

解决一切问题的能力与习惯以及发布命令的权力，统治美国社会的权力若是将治理国家的这两种举措全都握在手心；如果它不仅制定国家的一般原则，

[1] 参见《1788 年杰斐逊写给麦迪逊的信》。——原注

还屈尊降贵地解决执行中的具体情况；如果它不仅划定国家的首要利益，还屈尊降贵地插手个人利益，那么，在新大陆怕是早就没有自由可谈了。

在美国，多数尚未掌握最完善的推行暴政的措施，虽然它经常显露出暴君的喜好和秉性。

迄今为止，美国各州事项，除非特别需要关注，否则中央政府很少插手。治理社会的次要工作，它不要说参加，甚至连这种想法都没有。多数确实日渐专制，可是所有最高权限，它都是握在自己手里的，并未让中央政府拥有更多特权。所以得到极大增强的只是点上的专制，而面上的，还未被波及。全国的多数没办法同时让国家各个地方的所有民众都遵从它的意愿，虽然它的激情让人折服，呼吁让人振作。作为多数的代言人，当中央政府颁布国家法令时，落实的工作必须交给官员，可是官员总有脱离的时候，它也无法时刻引导官员。所以，饱含人民意愿的法令，在一个个暗礁般的镇和县的行政部门的层层拦截下，要么减缓了速度，要么改变了指向。诏令可以是强迫性的，可在诏令执行的过程中，自由会主动寻觅掩体，更何况多数也没办法顾及事情的细微之处，我甚至敢这么说，它连行政机构的玩忽职守都管不了。事实上，因为对自己的权力认识不足，连多数自己都觉得这件事无法达成。它只掌握了自己原有的力量，而如何扩张这一力量，它并不清楚。

一定要注意到这一点。若是有朝一日哪个原本受独裁者统治，遵循习惯法和成文法推行行政集权的国家，开始施行美国这种民主共和制。那么我敢断言，这个新兴的共和国，其专制程度将比任何欧洲君主国更让人无法忍受。专制到这种程度的实例，恐怕只有亚洲能找到一些了。

## 美国的法学家思想以及此种思想如何成了均衡民主的力量

如今美国抵御民主走上歧途的一道最坚实的藩篱，就是法学家从美国人手中得到的权威，以及对政府的影响，这点是我在拜访过一些美国人，分析过美国的法律之后发现的。至于这一效果是如何出现的，我认为是一个一般原因。这个原因或许会在别的地方再次出现，所以我相信对其进行研究是非常有价值的。

在欧洲，法学家的身影在这500余年来，从未从政坛和各种运动中消失。

他们有时为政权效力，有时让政权为他们效力。中世纪时他们尽心竭力地推动王权的扩张，可是在那之后，他们又态度坚决地专注于节制王权。他们在英国和贵族间建立亲密无间的同盟；他们在法国成了贵族最大的对手。难道这表示法学家曾经被突然的和暂时的激情影响了？或者，难道在环境的影响下，他们受到了自己固有的且时常出现的本能的推动？在即将到来的民主政治社会中，法学家可能肩负要务，所以我想将这个问题弄明白。

所从事的工作，让专门研究法律的人习惯了循序渐进，他们追求规范，本能地希望思想有内在联系。所有这些让他们对革命思想和民主的盲目冲动十分抵触，这理所当然。

法学家之所以能在社会中开辟一个独立的行业，在学术界建立一个特权阶层，就是因为他们在研究法律的过程中学到的专业知识。他们工作时自觉高人一等，他们学的这门学问虽然还未普及，但不可或缺，而作为这门学问的专家，他们时常帮助公民进行仲裁；他们习惯于将诉讼当事人轻率的激情导向正途，而这种习惯又让他们轻视起民众的判断力。此外，他们还自动结成了一个团体。这指的自然不是他们彼此了解，准备团结一心向相同的目标迈进，而是他们的思想因为相同的专业和手段而彼此交融，就像利益能聚拢人心一般。

所以，法学家的内心深处潜伏着贵族的某些喜好和天性。贵族喜欢循序渐进，讲求规范，他们本能地也喜欢这样。贵族非常厌恶民众的行动，鄙视民主政府，他们在这点上也是如此。

这些天性已经强大到让法学家寸步难行的地步了吗？我不想这么说。既然普通人被私人利益，特别是当前的利益掌控着，那么法学家也一样，他们也不能免俗。

我们可以断言，一个让法律工作者无法在政界获得其在民间所得地位的社会，法学家肯定会成为革命的领头羊。可他们为什么会去损毁或者改进现状？是因为内在的本能还是因为偶然？这点应该予以研究。法学家是 1789 年颠覆君主政体的首要功臣，的确如此。可是他们到底是因为研究了法律，还是因为自己无法参与制定法律，才会做出此种行为，仍需要进一步探查研究。

英国的贵族这 500 余年，有多少次曾经统领和代表民众发言；可是如今他们却成了王权的捍卫者，为了保护王权而战。可是贵族的本能和喜好，他们并未丢掉。

所以，千万留心别一概而论，也就是说，别把个别的团体成员当成了整个团体。

无论哪种形式的自由政府，法学家通常都在各个党派中位居前列。这种论调用在贵族体制中也一样合适。几乎所有民众发起的民主运动，都有贵族作为推手。

一个聚集了大量精英的团体，是无法将所有成员的野心都变成现实的。成员的天赋和热情通常缺少施展空间，享受不到作为团体成员应该享受的特权，于是为了尽快挤入上层或者建立别的团体，不少成员开始对这些特权发起攻击。

所以，我相信法学家掌控全局的情况是不会出现的，我也相信，法学家不会长时间与秩序为友或者与改革为敌。在我看来，一个所有人都支持，法学家地位崇高的社会，那里的民众必定思想极其守旧，并且抵制民主。

贵族体制若是堵死了法学家的升迁之路，法学家就会成为它最大的劲敌。这个敌人或许不如贵族有权有势，可是它能撇开贵族独立行事，并且相信自己的智商并不比贵族低。可如果贵族愿意将自己的部分特权拿出来与法学家分享，这两个阶层就能轻易结成同盟，甚至亲如一家。

我也倾向于这一看法：对国家的君王来说，将法学家变成巩固自身政权的最有力的工具，不过是手到擒来之事。

法学家确实经常和人民一起攻击行政权，可是相比于人民，法学家对行政权更有一种本能的亲近，而且强烈得多。同样地，社会上层和别的阶层一起抵制王权的情况也十分常见，可是相比于人民，贵族和国王间的亲近感要浓厚得多。

法学家对秩序的喜爱高于一切，而权威则是最能保护秩序的人。此外，别忘了，就算喜欢自由，法学家通常也会要求自由屈从于法律。相比于暴政，他们更惧怕专断。并且在法学家看来，立法部门若以立法的形式让民众失去自由，并为此负责，可以理解。

所以我相信，当民主越来越强大时，一国之君最不该做的，就是对国家的司法权和法学家的政治号召力进行遏制。他若是这么做，就会失去权威，只剩权威的外壳。

我认为对国王来说，让法学家加入政府更有益处。若政府以武力施行专制统治，等法学家开始治理政府，他会给专制披上正义和依法行事的外衣。

民主政府对增加法学家的政治权限有益。富人、贵族和君王，如果将这些人从政府中驱逐出去，那么政府的所有权柄都将落入法学家手里，因为到了那个时候，人民可以找到的最精明强干的人，就只有他们了。

天性喜好驱使法学家自然而然地亲近贵族与君王，自身利益又驱使法学家自然而然地亲近民众。

所以法学家对于民主政府的喜爱，并不包含对民主的喜爱，它没有继承民众的弊端，于是在借助民主加强自身的同时，又能超越民主。

民主体制下的民众清楚，法学家想要维护自身利益就得为人民的事业服务，所以他们相信法学家；他们断定法学家不会使坏，所以愿意听命于他们而不会抵触。其实，法学家本就不想颠覆民主政府，他们只是不停地想办法，遵照专制本能的趋向，通过专制的手法来统领政府。法学家有着和人民一样的利益和出身，但其习惯和喜好却和贵族相同。法学家是天然的联结人民和贵族的绳索，是将人民和贵族罩在一起的套子。

在贵族的所有成分中，只有法学家这一行能够轻易和民主的自然成分融合，并通过增强自身的方式与之永远融合起来。法学家思想的内在弊端，我是知道的，可是我认为除非民主思想与法学家思想相融合，否则，民主恐怕无法长时间治理社会；并且，随着人民的权利的增加，法学家对于公共事务的影响也要增强，否则，我怀疑在我们这个时代，民主共和国能不能维持下去。

相比于其他，我见到的法学家思想里的这一贵族特征，在美国和英国有着最明显的表现。之所以如此，一方面是因为英国和美国的法学家有参与立法，另一方面也是因为立法工作自身性质和这两个国家的法律解释人拥有的地位。

英国人和美国人使用了比照先例的办法制定法律，也就是说，他们在构建自己的法律思想和原则时，参照了先辈的法学思想和法律原则。

在英国或者美国的法学家所钟爱的正规和合法的东西中，往往都夹杂了对旧事物的敬重和喜爱。这让法学家的思维模式发生了另一种变化，之后又改变了社会的走向。

英国或美国的法学家看重结果，法国的法学家看重导致此种结果的原因，也就是说，前者看重宣判的内容，后者看重为什么如此宣判。

聆听英国或者美国法学家的阐述，你会惊异于他们几乎不吐露自己的观点，反倒是一再引用别人的观点。法国却不是这样。

法国的律师就算处理的案件非常小，也会在一般陈述之外，对自己主张的那套法学思想进行论证。为了让法庭稍作转圜，他会侃侃而谈，不停地引用法律的立法原则。但是这种观念和英美两国法学家先祖的思想是相悖的，所以他们从心里就抵触此种行为。法学家的思想，必定会因为这种对先辈的思想轻率地唯命是从，染上畏缩懦弱的习惯，让它在英美两国不如在法国活跃。

法国的成文法通常比较深奥，但所有人都能研究探讨。可是，最让普通人感到摸不着头脑和无法理解的法律，恐怕就是在先例的基础上制定的法律了。在教育中，英美两国的法学家因为这种对先例敬重而形成了一种尚古的思想，这种思想让他们和人民的距离越来越远，最终将自己变成了一个独特的阶层。法国的法学家是学者，可英国或美国的法律工作者，却无论是在地位还是在职责上，都和埃及的祭祀一般，成了一种解读玄妙学问的人。

英美两国的法律工作者的思维和习惯，并未因为他们的社会地位而受到很大影响。英国贵族——专注于拉拢所有天性与自己相近的事物——对法学家非常敬重，让他们拥有了非常大的权力。法学家虽然并未成为英国社会中的最上层，可所在的阶层已经让他们心满意足。作为英国贵族的少壮派，他们对于自己的大哥既敬重又喜爱，也不去和他们争夺权力。就这样，英国的法学家将自己生活圈的贵族思想和喜好，与自己所处行业的贵族利益融合到了一起。

我想要描绘的这种法学家的状况，表现得最为明显的国度，就是英国。英国的法学家是因为法律出众才推崇法律的吗？不是，而是因为法律有悠久的历史。为了让法律顺应时代的发展，他们或许会对法律进行一些改动，可也是换汤不换药，他们只是以扩展先辈的思想，扩大先辈的成果的形式来修补先辈的遗存。别以为他们会成为改革者，这种亵渎祖先遗训的重罪，他们哪里敢犯，就算被人指责说是荒唐至极也是一样。英国人就是如此看待法律的。这种态度，让他们无视事物的本质，一心只看重法律条文，就算背离人性、理智，也不会动法律条文一根手指。

在英国，立法工作如同照顾一棵古树，立法者为了让这棵树长出各式各样的果子，或者起码让它的树干被茂密的枝叶环绕，为它嫁接了各种树枝。

无论是文人还是老式贵族，美国都没有，美国人不相信富人。于是，法学家作为社会上最有学识的人，成了政治上的高层，于是，他们必须放弃改革，让自己喜欢秩序的天性拥有了守旧的爱好。

美国的贵族在哪儿？若是有人问我这个问题，我会果断地告诉他：富人之中是没有的，因为富人没有将他们和自己捆在一起的纽带。那些法律工作者，那些在法官的席位上就座的人，就是美国的贵族。

在美国，法律界是最能均衡民主的一股强大势力，甚至称得上是仅有的可以均衡民主的力量，这点对美国所有事物探究得越深入，就越会坚信不疑。

法学家思想怎样凭借着自己的优势，甚至还有缺陷，对平民政府内在的缺点进行了平衡，以及它在这件事上有多适用，这点我们在美国轻易即可发现。

当美国民众放纵着自己的情感，让自己沉迷于理想忘乎所以时，会受到法学家竖起的无形绳索的压制，恢复镇定与从容。法学家暗中以自己的贵族习惯去节制民主的天性，用自己的尚古之情去抵制民主对新兴事物的喜爱，用自己慎重的思维去约束民主的贪功好利，用自己对秩序的欣赏去抑制民主对制度的蔑视，用自己深思熟虑的习性去遏制民主的急切。

法律界打压民主最鲜明的利器，就是法院。

法官无一不是法学家，他们乐于通过研习法律来了解秩序和制度，因为身上的职务是终身制的，所以他们对稳定异常喜爱。他们早就凭借自己掌握的法学知识成了同胞中的佼佼者。手中的政治权力使他们能够获得比众人更高的地位，进而让他们拥有了特权阶层的习惯。

在美国，颁布法律的司法官员负责一般的司法工作[1]。他们确实无法强迫人民制定法律，但起码，他们可以让人民遵从自己确定的法律，让他们说话算数。

我知道，在美国有一种促使民众压制司法权的趋向在暗处潜藏。按照大多数州的宪法，如果两院提出请求，州政府是可以罢免法官的。一些州的宪法规定，通过选举来选定法院成员，并且这些成员可以连任。我敢断言，此项革命早晚会带来最糟糕的恶果，并且有朝一日，大家会发现，如此压制司法官员的独立性，受到冲击的除了司法权，还有民主共和制度自身。

另外，在美国，法学家思想可不是只会在法院内出现，这种思想早就扩展出法院外很远了。

因为得人民信任的知识阶层只剩下法学家了，所以他们掌握了大多数官职，这理所当然。立法部门和司法部门都在他们手中，所以法律的制定和执行都受他们影响极重。不过，舆论会约束他们，他们也必须受舆论制约。就算他们可以不受约束独立行事，一旦行差踏错，也马上会轻易被人民发现。美国人在政治上的革新非常多，可是在民法上所做的改变却非常小，不仅如此，这微小的一点儿改革还是历经千辛万苦才赢得的。确实有不少民法条款与美国的社会状况冲突，可是他们仍旧稳如泰山一般。之所以如此，是因为多数通常将公民的权利问题交托给法学家负责，可是独立的美国法学家却不愿意革新。听到美国

---

[1] 参见本卷第一部分介绍司法权的部分。——原注

人埋怨法学家被动和安于现状，法国人的确非常吃惊。

被法学家思想波及的范围，已经远远超出了我所明确界定的那一区域。

美国的政治问题变成司法问题不过是早晚的事。所以各个党派都以司法的理论和言辞进行日常辩论。大多数公职人员在处理公共事务时都保留着法学家本能的习惯和思维方式，因为他们要么是法学家，要么曾经做过法学家。

所有这些都被陪审制度延伸到了各个阶层中。所以，司法语言近乎成了一般语言；原本归属于学校和法院的法学家思想慢慢踏出学校和法院的高墙，席卷了整个社会，渗透到社会的最底层，让所有民众都有了些司法官员的秉性和喜好。

美国的法学家构成了一个微小且不易被发现的权力。这个没有独立旗帜的权力，可以非常自如地顺应时代需要，不和任何社会运动发生冲突。可是这个权力席卷了全社会，渗透到社会的各个阶层之中，在暗处对社会进行引导和影响，并最终将社会建成自己想要的样子。

## 陪审团是美国的政治部门

此间，我必须介绍一下美国的陪审制度，因为我所讲的题目使我本能地要对美国的司法体制进行讲解。

陪审制度的作用有两种：一是司法作用，一种是政治作用。在叙述司法体制时，这两种作用必须区分清楚。

陪审制度对司法行政的作用体现在哪儿，尤其是它在民事方面，对司法行政的完善有作用吗？若要回答这一问题，我不得不说，陪审制度是一个会造成争议的问题。

陪审制度确立的时候，社会还较为落后，那时法院处理的都较为简单。可是，在高度发展的社会中，人与人之间的关系变得十分复杂，种类繁多，且带着需要科学和理性的评判的属性，这时，陪审制度就难以满足社会需求了[1]。

---

[1] 从司法制度的角度来研究探讨陪审制度，分析这一制度对美国产生的影响，观察美国人是怎么用这一制度来约束政党的，称得上是一项有趣而有益的工作。你在研究这一问题时，可以找一本专门分析这一问题的书籍和一本特地写法国人的著述。如此一来，你就能探究我国能采取美国的陪审制度中的哪些内容以及能有多少助益了。美国的所有州中，路易斯安那州最能将这一问题清晰地呈现在我面前。该州的民众，不是英裔，就是法裔。两种不同的法律系统，让该州的这两

朝着陪审制度的政治性迈进，是我现在的首要目标，一切其他路径都会让我脱离主题。

针对以陪审制度为司法措施的情况，我不能说太多。英国人启用陪审制度时，尚未完全开化。之后他们成了世界上文明程度最高的国家之一，可他们越是文明，似乎就越钟爱这一制度。他们离开自己的国家，去世界各地开疆拓土。最后一些地方成了他们的殖民地，一些地方成立了新的国家。部分国家仍然把英王视为他们的国王，不过也有不少殖民地建立了强有力的共和体制，但没有哪个英裔国家是没有陪审制的[1]。它们要么四处设立陪审制度，要么立即重建陪审制度。最终，这一伟大的民族所倡导的司法体制并未消失，各个地区和各个政府在各个文明阶段对其进行了应用，并得到了司法界的认可[2]。

不过，我们要说的不是这个问题。既然陪审制度对诉讼的结果影响极大，自然对诉讼人的命运也有着极大的影响，所以怎么能只是将其作为一种司法制

---

个民族彼此独立，不过，也正在慢慢地融合之中。《路易斯安那州法令汇编》和《论民事诉讼程序》这两本书不错，读者可以看一看。前者（全名《路易斯安那州 1804 ～ 1827 年立法机关通过的法律汇编》，1828 年在新奥尔良出版——译者注）包含两卷，后者讲的是民主诉讼的程度，相比于前者，它或许更为合适，它有英语和法语两种版本，1830 年，由布依松先生在新奥尔良出版。该书不但配备了英语、法语的对照表，还给出了行业大师对相关术语的精准解释，非常适合法国人翻阅。每个国家的法律术语都有自己的意思，尤其是英国的法律术语，相同的术语，其含义却和别的国家并不相同。——原注

[1] 英美两国的法学家在这件事上达成了共识。在《美国宪法释义》一书中，当前联邦最高法院法官斯托里先生对民事案件推行陪审制的益处大加称颂，说：“让陪审团既拥有参与刑事案件的珍贵特权，又拥有参与民事案件的珍贵特权，相当于让所有民众在事实上，既享有政治自由，又享有公民自由，所以，前者并不比后者逊色。”（第 3 卷第 38 章第 654 页）——原注

[2] 将陪审制度作为制度有什么好处，要想详细阐述这一问题，能够列举的实例还有很多。现在列举几个：让陪审团参与审判，能够在不影响审讯工作的前提下，减少法官的数量。这个好处就非常可观。如果法官数量众多，且遵循晋升原则，除非当前的法官离世别的法官才能升职，那么，司法工作者就会期望别人短命，在此种心态的驱使下他们自然要拉拢多数或者能对空缺职位进行任命的人。这种升职制度就像部队里的职衔晋升，并不符合好的司法行政和立法部门预定的目标。于是有人提议，为了让法官保持独立，将法官定为终身制。可是，除非法官主动辞职，否则任何人无权罢黜法官，这也算得上是个不错的办法。

如果法官人数众多，免不了有人要鱼目混珠。可是法官责任重大，一般人绝对难以胜任。所以法庭最糟糕的部分就是由普通人构成的法庭。要我说，相比于将案件交给一群对法律和法学所知不多的法官，我宁可将案件交给一个精明干练的法官所带领的对法律懵懵懂懂的陪审团。——原注

度来看呢？那太狭隘了。

所以，在评判陪审制度时应该时刻记得这一观点——首先陪审制度是一种政治制度。

什么是陪审制度，是任何时候都能邀请若干公民，建立陪审团，并暂时将参与审判的权力赋予他们的制度。

在我看来，政府通过陪审制度来对违法行为进行惩处，可以构建完善的共和制度。以下是支持这一观点的依据：选择陪审员的阶层不同，陪审制度的性质也不一样，既可以是贵族性质的，也可以是民主性质的。不过，只要此项工作的领导权掌握在，或者部分掌握在被统治者手中，而不是切实地掌握在统治者手中，它的共和性质就不会消失。

强迫带来的成功是极为短暂的，受到强迫的民众马上就会生出权利思想。一个政府若是只能打败战场上的敌人，用不了多久就会被人消灭。所以必须增强政治工作，要将政治方面切实的法律惩治条文写进刑法之中。若是不进行惩处，法律的失效不过是早晚的事。所以，社会掌握在负责刑事审判的人手中。推行陪审制度能让人民，或者起码能让部分人民获得地位上的提升，变成法官。究其本质，这是陪审制度赋予了人民或者部分人民领导社会的权力[1]。

英国的陪审团是从国内的贵族中选的。贵族包揽了制定法律、执行法律和惩处违法行为的工作。英国可以说是个贵族共和国，因为在那里，没有一件事是不需要寻求贵族的认可的。而美国，则将这一体制用在了所有民众身上。所有的美国民众都有选举权，都可以参加选举和成为陪审员。

普选权是人民主权理论的直接且最终的结果，而我认为美国人推行的这种陪审制度也是。陪审制度和普选权一样，都是支持多数进行统治的措施，而且二者实力相当。

所有统治者，只要想让自己成为统领社会的力量之源，并以此将社会对自己的统治变成自己对社会的统治，必定做出损害或者压制陪审制度的行为。例如，都铎王朝曾经将不愿意裁定有罪的陪审员关进大牢，拿破仑曾经将选择陪

[1] 不过应该重点解释一下：

陪审制度确实让人民具备了对公民行为进行监督的一般权利，可是人们不是在任何场所都行使这一权利，也不能总是以武力来实现此种监督。

一个独裁者若能主动指派代表处置犯人，那么这个犯人的命运还会有什么变化吗？可是审判的如果是人民，那么清白之人还有机会因为陪审团的决定以及这一决定必须执行而翻身。——原注

审员的工作交给自己的心腹。

先辈给出的大多数真理确实都非常鲜明，可并不是每个人都被说服了，并且，我们法国人对陪审制度的看法还处在混乱之中。谁能成为陪审员？想知道这个问题的人不过是将陪审制度当成了一种司法制度，只需要确定参加陪审的陪审员需要哪些知识和才干即可。事实上我认为这不是问题的关键，因为作为一种政治制度，陪审制度应该被视为是人民主权的一种外在表现。

人民主权如果被颠覆了，陪审制度自然可以放下不谈，可是只要人民主权还在，就应该让陪审制度和构建这一主权的种种法律相互协调。

就像国家的立法部门是议会一般，执行国法的机构是陪审团。为了让社会获得稳定而一致的管理，选民的名单越长，陪审员的名单就该越长，反之，选民的名单越短，陪审员的名单也要随之变短。我认为立法部门最需要时常关注的一点就是这个，可以说在重要性方面，其他的都要差一些。

因为我相信陪审制度先是一种政治制度，所以当这一制度用在民事诉讼方面时，这种观点仍然说得通。

除非以民情为基础，否则法律往往难以稳定。对于一个民族来说，坚实而长久的力量只有一个，就是民情。

如果陪审团只参加刑事案件的审讯，它的作用人民只能从个别案子中慢慢发现。陪审制度还不是人民日常生活中的一种习惯，对他们来说，陪审制度不是赢得公正的仅有的措施，只是其中一种[1]。

相反，如果陪审团参与审理民事案件，就会时常看到它的作用。此时，因为牵涉到每个人的利益，它会是所有人求助的对象。它由此渗透到人民生活的所有习惯中，人的思维将习惯它的行为方式，甚至认为它就等于公正。

所以，陪审制度如果只是用在刑事案件中，那么它势必永远无法从困境中脱身；如果让它参与民事案件的审理，那么无论是时间的磨砺，还是人为的抵抗，它都承受得住。对英国的统治者来说，将陪审制度从英国人的民情中剔除远比将陪审制度从法律中剔除艰难，否则，早在都铎王朝时，英国就没什么陪审制度了。

所以，在英国，民事陪审制度是自由实际上的救星。

国民性并不会因为陪审制度使用的情况而发生重大变化，可是民事案件越

[1] 这一观点的正确性，在陪审制度只在一些刑事案件中使用时，就更高了。——原注

早使用陪审制度，国民性受到影响的程度就会越深。

每个公民都能因为陪审制度，尤其是民事陪审制度而沾染到一些法官的思考方式。人民对自由的追逐使他们需要养成以此种方式进行思考的习惯。

要尊重已经宣判的事实，形成权利思想，这是这种制度教给所有阶层的事。在学会这两件事之前，人民对自由的喜爱不过是一种破坏性的情感。

这种制度告诉人们应该公正行事。当一个人作为邻居的陪审人员时，必定会意识到有一天邻居也会成为自己的陪审人员。此种情况放在民事陪审员身上，就更加确实了。人人都可能被卷入讼案之中，又有几个人能对自己或许某天会成为刑事诉讼的当事人凛然无惧呢？

陪审制度告诉所有人，必须为自己做的事承担后果。这是男子汉的胆魄，所有政治道德都是以这种胆魄为前提的。

陪审制度让所有公民都有了主掌政务的身份，让所有人都相信自己背负着社会的责任，是政府的一员。陪审制度强制性地将人民拉进与他们自身无关的其他事项中，以此来压制人的私心私欲，而这种私心正是社会一直没办法去除的陈年污渍。

在形成判决和提高人的知识水平方面，陪审制度功勋卓著。在我看来，它最大的优点就是这个。难道不该将陪审团看作一种常备的免费学校吗？在这儿，所有陪审员都能使用自己的权利，能够时常和社会上层的最有素养和学识的人来往，了解使用法律的技巧；人们可以通过律师的帮助、法官的点拨，甚至讼案双方当事人的控诉，彻底掌握法律。在我看来，正是民事陪审制度长期的应用教会了美国人政治常识与实践的知识。

陪审团对诉讼人有没有好处，我不清楚，但我肯定它对主审的法官有好处。我认为在社会教育民众的所有工具中，陪审团位居最有效的那一行。

上述言论针对的是所有国家，以下言论针对的就是美国和普通的民主国家了。

在民主政体下，能够缓和人民运动的贵族团体只有一个，那就是由法学家和司法工作者所组成的团体，这点我在前文中已经说过了。这部分完全没有物质力量的贵族，只能按部就班地对人民的精神发挥影响。

可是，民事陪审制度才是他们权威的首要源泉。

刑事诉讼这场争斗发生在社会和个人之间，参与此种讼案的陪审员喜欢将法官当作社会藏在暗处的属下而对法官的见解心存疑虑。可是，刑事诉讼的判断依据必须是用常识即可轻易辨别的纯粹的事实。法官和陪审员在这方面并无高下之分。

民事诉讼却是另一种情形。此时，在争执得面红耳赤的双方当事人面前，法官是一位公正的仲裁人；陪审员的法律知识远不如法官，所以他只能相信法官，对法官的裁决言听计从。法官在陪审团面前引述各种作为依据，可陪审员们已经忘记的法律条文；法官带领陪审团完成复杂的审讯程序；法官告诉陪审团事实的关键点，告诉陪审团应该如何解答法律问题。对于陪审团，法官的影响近乎没有止境。

陪审团参与民事案件时，表现出援引法律条文的能力有所欠缺，大家可能会问我，为什么我对此事无动于衷。这是因为在民主诉讼中，一切和事实无关的问题，陪审团几乎都插不上话，他们对司法审讯的参与只是形式上的。

陪审团公布法官所做裁决这一行为，通常意味着法官的裁定得到了理性和法律的权威，以及陪审团身后的社会权威的认可。

英美两国的法官对刑事诉讼结果的影响，是法国的法官闻所未闻的。之所以如此，很容易解释：首先，英美两国的法官在民事诉讼中建立了自己的权威，之后，他们将这种权威整个带到了另外一个舞台上，而这个舞台原本是不存在权威的。

在美国，法官可以对一些案件，通常是大案要案进行独立宣判[1]。他们此时在地位上虽然和法国的法官一般无二，但他们却有着远比法国法官强大的道德感召力，之所以如此，是因为他们有陪审团的影响作为加持，进而有了和陪审团代表的社会一样响亮的声音。

在美国，法官的影响力远比法院自身要大，之所以如此，是因为那些习惯性地认为自己没有法官睿智的人不停地向法官表达自己的敬意，无论是在个人休闲娱乐时，还是在政治工作中，无论是在公共场合，还是在立法部门之内；不仅如此，在案件中与法官相识的人，他们的整个思考方式，甚至内心世界，在案件结束之后，仍被法官的权力影响着。

所以，陪审制度看上去是在制约司法权，其实是在壮大司法权的力量；而且，一个法官和人民共享权力的国家，其法官所拥有的权力将比一切其他国家都要强大。

---

[1] 直接危及联邦政府的事情，联邦法官几乎总是独立处理。——原注

最能将我口中的法治思想推广到社会最下层，用以推动民事陪审制度施行的，就是美国的司法工作者。

所以，陪审制度这个让人民掌权的最有效的措施，也是最有力的让人民学会掌权的措施。

## 第九章　一些对维持民主共和体制有利的要素

本书的首要目标，就是对美国采取民主共和体制的原因进行论述。

因为我要对一个问题进行连续性的论述，所以这些原因中有几条我没有谈到，或者谈得极少。所以，还有一些原因是我没有提及，或者我虽有提及，却因包裹在细枝末节中而被我遗忘了的。

所以我认为，我应该先对导致美国现状的所有原因进行集中说明，之后再继续往下阐述和推断美国的将来。

因为我只需要读者大致回忆一下我已经介绍的内容即可——至于我尚未谈及的那些，也只是介绍些重点内容——所以我会用简练的语言来集中讲述这些原因。

我始终坚信，整体来说，对保持美国的民主共和体制有益的原因，有以下三点：

首先，上帝给了美国人一个特别的且有利的地理环境；其次是法制；最后是生活习惯和民情。

### 对美国维持民主共和体制有利的偶然因素或者先天因素

美国易于推行民主共和体制，得益于众多人力无法更改的环境因素。在这之中，有些众所周知，有些易于发现，不过我只说最重要的。

美国人不用为大型战争、金融危机、侵略和战败忧心，它不需要收取大量税赋、不用大规模的部队和出类拔萃的将领，不用被军事名誉，这个比前面所有的灾难累加到一起都更能损害共和体制的灾难连累，因为它没有强大的邻国。

军事名誉对人民的精神有着让人惊异的影响力，这点我们必须承认。杰克逊将军曾经两次被美国人推上国家首领的高位，而此人性格暴躁，才干普通，他任职期间没做过一件能够证明自己有能力管理这个自由的民族的事，因此联邦学术界的人，大多数都不赞成由他掌权。可是他不但登上了总统的王座还获得了连任，这是怎么回事？是因为人民记得，他二十年前曾经在新奥尔良城有过一场胜利。可是新奥尔良城的那场胜仗非常普通，并不是什么著名战役，若非国家极少出现战争，人们早就忘了。而且，毫无疑问，在世界上所有民族中，最残忍冷酷、锱铢必较和对军事一无所知的民族，就是被虚荣迷惑的民族了，而且恕我直言，这种民族也是最普通的民族。

当首都的规模大到一定程度，就可以通过直接或者间接的方式将自己的影响力扩展到国内各个地方，可美国却没有这样的首都[1]，在我看来，这是美国能够保持民主共和体制的一个重要原因。在城市里，居民聚集到一起讨论问题、闹事或者忽然发动暴力活动的情况，无法遏制。城市就像一个人民大会，市民就是大会成员。司法和行政官员受城市居民影响的情况非常严重，城市居民通常不会在行动前征询官员的意见。

所以，让地方对首都俯首，不仅意味着将整个国家的命运不公地交到部分人手里，还意味着极端险恶地交给了一些各自为政的人。

如此，首都完全占据上风，让代议制的安全受到极大的影响。古代共和国所犯的错误，当代的共和国因为此种上风也犯了，要知道，古代的共和国之所以无一例外地走上了末路，就是因为没意识到这件事。

那些曾经有助于美国民主共和体制，现在也仍在维持美国这一体制的次要

---

[1] 美国确实没有规模巨大的首都，可它有些城市已经颇具规模了。1830 年费城的居民数量已经达到了 161000 人，纽约的人口数量是 202000 人。在这些大城市生活的下层民众作为贱民，其危险性比欧洲的贱民还高。这些贱民的主体是得到解放的黑人，不管是法律，还是舆论，都将他们视为卑贱且世代穷困的贫民。其中还有不少欧洲人，他们是因为运气不好或者做了坏事被驱赶到新大陆的。这些人带了一些我们欧洲的不良习性去美国，并且完全不想改掉这些恶习。他们抵达新大陆时，没能得到在那里生活的资格，为了浑水摸鱼，就想胡作非为。所以，从某一时期开始，我们就发现费城和纽约经常会发生严重暴乱。可是这种情况在别的地方尚未发生，而城市居民截至今日也完全无法对到农村的居民造成影响，所以整个国家还处于安定之中。

不过在我看来，对新大陆民主共和体制的未来最有危险的，是美国某些城市的富丽堂皇，尤其是生活于这些城市的居民的秉性；不仅如此，我敢说政府若是不建立一支军队——这支军队不但要随时听候全国多数的诏令，还要在保护城市居民自由的同时，压制他们的暴行——这种危险早晚会让某些地区的民主共和体制走上末路。——原注

原因，此间，我可以轻而易举地罗列出很多。可是在众多有益的环境因素中，我发现了两个重要因素。现在，就让我们来看看这两个要素。

在本书第一部分第二章中我曾经说过，美国人之所以能有当前的兴盛局面，美国人的起源——或者也可以像我一样称其为他们的出发地——居功至伟，它的功劳最大，最强劲。美国人能够在那里出生实在是幸运，对他们来说，那里是最好的地方。很久以前，美国人的先辈就将身份的平等与才干的平等播撒在了如今美国人居住的那片土地上。因此，在环境适宜的时候，民主共和体制必定生根发芽。不仅如此，他们的先辈在共和体制之外，给他们留下的还有最有助于共和制度获得成功的习惯、思想和民情。就像当我们看到自己的第一个人类先祖，我们会从他身上看到人类之后的所有命运，在我深入思考这一基本事实引发的结果时，第一个踏上美国海岸的清教徒呈现给我的，似乎是美国之后的所有命运。

纵观所有曾经有助于美国建立民主共和体制，现在也仍在维持美国这一体制的环境因素，其中最重要的，就是美国人选来居住的这片土地。赋予他们崇尚平等与自由的习性的，是他们的祖先，而上帝亲自赐予他们的，是长时间保有平等和自由的方法。

社会广泛的富足对所有政府的稳定都是有益的，对民主政府更是如此，之所以如此，是因为民主政府是否稳定，要看多数的情绪，特别是最穷苦的那个阶层的情绪是否稳定。如果国家掌握在人民手里，那么除非国家覆灭，否则人民一定是幸福的。除非有着称王称帝的野心，否则没人会希望想要国家动荡不宁。看上去，除了法制，美国拥有的促使其达到普遍富足的物质因素，与所有国家比，都更多，与一切历史时期比，都更强劲。

美国的民主不只是法律的制定，连大自然也在支持人民。

大家不妨回忆一下，我们在北美看到的情况，在历史中还有相似的吗？

古代那些声名显赫的国家，哪个不是打败了周边的敌国，夯实了自己的地位之后，才得以建立的。某些现代的民族，发现居住在南美辽阔地域的民族，虽然开始耕种那片土地，却还处于蒙昧之中，于是，他们必须消灭或者打败大量原住民，以自己的胜利辱没文明，才能在那里建立自己的新的国家。

可是北美只有一些居无定所，尚未想过可以借助土地的自然力量的游荡部落。所以严格意义上说，北美还是个荒无人烟，等着人去安家落户的蛮荒之地。美国人的社会状况和法制之所以和各国都不一样，就是因为这个。

不过，还有一个不同之处，就是他们生活的那片土地。

创世主将大地赐给人类时，大地人烟稀少，物产丰饶到了无穷无尽、源源不绝的程度。可是，人们没有使用大地的知识和才干。等人们知道如何从发掘大地的宝藏中获益时，大地已经人满为患了。很快，人们必须通过彼此争斗来赢得生存和自由繁衍的土地。

就在这时，北美出现在人们面前。它如同上帝的珍藏一般，直至现在才从洪水的覆盖下浮现出来。

它在人们跟前出现时，还是一副刚刚创世时的样子，在它上边，一条条河流，水源丰沛，大片大片的原野碧草如茵，广袤的土地尚待犁铧开垦。它出现在人前时，就是这样一幅景象。可是人们此时已经不再是刚刚临世时的那些孤单而蒙昧的野蛮人了，他们已经掌握了大自然的首要秘密，和同胞们众志成城，总结了五千余年的经验教训。

这片丰饶的土地，在我写这本书时，已经有1300余万文明的欧洲人在上面过着安宁的生活，而这片土地到底有多大，又蕴含着多少资源，这些人尚未统计出确切的结果。三四千名士兵在他们眼前驱赶着这片土地上的原住民，此起彼伏的拓荒者跟在这些将士的身后，一路铲除荆棘。他们越过丛林，赶走野兽，挖掘河道，成了文明打败蛮荒的开路先锋。

我经常在文中提及美国人拥有的物质利益，并指明美国人的法制之所以能够成功，这是一个重要原因。至于为什么如此，我在前边已经跟很多读者说过了。因为欧洲人易于接受的理由只有这一个，所以我们也认可了这一理由。所以除了再说明几个事实，关于这个时常被人提及且如此易懂的论题，我不准备再多说什么了。

大多数人都觉得，美国人一直生活在祖先早已开垦出的土地上，开拓美洲蛮荒之地的全是每年抵达新大陆的欧洲移民。这一论调大错特错。穿过茫茫大海抵达美国的欧洲人，在这儿没有任何亲朋好友，并且通常都是籍籍无名之辈。在生活的重压下，他们只能给别人打工，能够离开大洋沿岸的大工业区，去内陆闯荡的人少之又少。想要开荒，岂能缺少资金和贷款；没有强健的、能够适应新环境中的严苛天气的身体，如何能去森林中探险。所以，实际上，是美国人自己长时间离开自己的家乡，去遥远且渺无人烟的地方建立基业。

一开始舍弃自己的破屋，来大西洋彼岸安家落户的，是欧洲人；现在，去美国腹部的蛮荒之地开荒的，是出生于相同岸边的美国人。这种两级移民的活动一直在进行。也就是，开始从欧洲的根据地出发，接连抵达大洋彼岸，之后从大洋沿岸出发，深入新大陆腹地的荒原。数以万计的人，在同一时间朝着地平线上的同一地点进发。他们语言不同、信仰不同、风俗习惯不同，可是目标一致。有人告诉他们，去西部吧，那里可以赚大钱；所以相信了这句话的他们，就马不停蹄地朝西部奔去。

罗马帝国覆灭时出现的那次大迁徙，恐怕是人类历史上唯一可以与此次的接连迁徙相媲美的迁徙了。那时的人们也如今天一般，一群群地朝着相同的目的地进发，总是乌泱乌泱地在相同的地点碰到。可是和今天相比，上帝为那时的人类安排的又是另外一种结局了。那时，抵达目的地的所有人都覆灭、死亡了；可是今天，所有的新人身上都带着兴旺和生命的种子。

对我们来说，美国人向西部迁徙的行为，以后会产生什么结果，还是一个需要解决的谜团。可它的直接结果却人人都能够看见：每年都有老住户离开他们出生的州，所以这些州虽然已经建立了很长时间，可是人口增长得却非常慢。康涅狄格州就是这样，那里一平方英里只有 49 个居民，40 年间英国人口总量却增加了三分之一，可它的人口总量却只增加了四分之一。所以，人口较为有限，正需要为工业补充劳动力的美国，不停地迎来欧洲的移民。他们虽是劳工，却赚到了钱，他们的儿子去了人烟稀少的地方探寻发财的良机，最终成了富人。父亲积攒资金，儿子将资金拿出去增值：不管是外来的，还是在那儿出生的，过得都比较宽裕。

美国的法律是尽量分散资产的利器，可是相比于法律，还有一个更强劲的能够遏制财产过度分散的因[1]素。这种情况，在之后的一些人口渐渐增长的州里，更加显著。在美国，马萨诸塞州开发的时间还是比较早的，可是一平方英里却只有 80 个居民。法国一平方英里的居民数是 162 人，人口密度远比它高。可因为父辈的产业通常都交给年长的孩子继承，剩下的孩子要去蛮荒之地自己赚取产业，所以马萨诸塞州的土地通常不会被切割得更小了。

产业归年长的子女继承这种特权，基本已经被法律废弃了，可是这一权利经上帝之手，近乎复燃，不仅如此，所有人都没有表示过不满，或者起码还算公平。

离开新英格兰去蛮荒之地开疆拓土的人多到什么程度，从一个简单的事实

---

[1] 新英格兰的土地就是以很多小块的形式分散给农户的，不过已经无法分得更小了。——原注

中即可发现。

这个事实是这样的：面积非常有限的康涅狄格州，其人口总数只是整个美国的四十三分之一，可1830年的全体国会中，在康涅狄格出生的议员却有36个之多，也就是在所有议员中，有八分之一的议员来自康涅狄格。可是除了5个是康涅狄格州自己送进国会的，剩下的31个都是西部新建立的州的代表。这31个人要是没离开康涅狄格州恐怕难以变成富人，他们会继续当着籍籍无名的农夫，一辈子都微不足道，无法踏进政坛。更别说成为掌权的立法者，弄不好，他们还会变成不良公民。

我们有这种看法，美国人也一样有。

在自己写的《美国法解读》（第4卷第380页）中，前良心法院[1]首席法官肯特说："如果土地分散到所有小块土地都无法满足一个家庭的生活所需，那么一定会发生重大灾难。可是美国迄今为止还没出现这种恶果，要等到好几代之后才会发生。土地分散过度的情况，在眼下以及之后的很长时间内都不会出现，之所以如此，是因为我们人口少但地域辽阔，我们还有很多可以开发的土地，以及大西洋沿海的居民正在源源不绝地朝内陆迁徙。[2]"

命运为美国人准备了如此丰厚的猎物，美国人以极大的贪婪冲向这些猎物，至于有多贪婪，想要刻画出来，难度很大。为了抓住猎物，他们在印第安人的毒箭和肆虐于荒原的瘟疫面前凛然无惧，他们不因森林肃静而惊怖，不因扑来野兽而退缩。总而言之，一种比热爱生命更浓烈的激情激励着他们的斗志，让他们一往无前。看着呈现在眼前的那片无边无际的大地，他们说，因为担心他人占据那片土地，所以他们为了抢占先机就连忙冲了进去。

旧州的居民朝外迁徙的情况就是如此，而那些新州的居民，又是如何向外迁徙的呢？

俄亥俄州是一个还没到50岁的新建立的州，州内大多数居民都不是在该州出生的；它的都城建成的时间连30年都不到，州内还有大面积的尚未开垦的荒地，可是州民却已经加入了西迁的大军，并且大多数选择在伊利诺伊州的丰饶的草原上安居落户。最开始激励这些人离开第一个故乡的，是对幸福的追逐，而促使他们离开第二个故乡的，则是对更大的幸福的追逐。似乎处处都是

[1] 在此种法院，法官凭良心断案。——译者注

[2] 《美国法解读》第4版。——译者注

静候着他们的幸福，可是这种运气却不是每个人都有的。按捺不住的浓烈的激情，激励着这些渴望幸福的人，一旦收获幸福，这种激情又会变得更加浓烈。

那些将他们和出生地联系在一起的纽带，他们已将其斩断了，而在之后的新地点却并未建立出这种纽带。他们起初是为了追逐幸福才向外迁徙，如今则将迁徙当成了一场赌博，并相信这场赌博能赢多少全看他们的心意。

他们前行的脚步如此迅疾，以至于有时他们身后又恢复成了蛮荒。他们不久前才以刀刃征服的森林因为他们的离开，立即开始了繁茂地生长。途经西部的一些新州，森林中那些废弃的房屋和荒原的深处那些残砖断瓦，会让你觉得垦荒者的行为莫名其妙，从他们身上，我们既可以看到人的才干，又能看到人性的易变。曾经的森林在这些被舍弃的田地中，在这些刚刚沦为废墟的土地上，迅速长出新的枝丫，野兽重回自己的领地。如此，大自然再次笑着以绿茵和鲜花湮没人类的足迹，刚刚才轧出的车辙也被迅速抹除了痕迹。

我记得那时我穿过纽约州的一处林区——那里曾经被森林所覆盖——来到一处湖边，湖水四周都是原始森林，水中有座小岛，岛上的林木用自己繁密的枝叶将小岛包裹起来，让小岛四周都被浓荫笼罩着。

湖边没有任何可以证明有人居住的痕迹。只能见到一缕炊烟在天际之处的枝头上升起，笔直地冲向云霄，它不像是从地上升起的，反倒像是从天上落下来的。

这一个小岛一开始就引起了我的兴趣，看到岸边系着的那只印第安人的独木舟后，我决定用它去岛上瞧瞧。我很快就上了岛。整个岛处在一种让人心情舒畅的清幽之中，连文明人都要因为新大陆的此种清幽而羡慕他们野人一般的生活了。这片土地有多么肥沃，只要看看青翠的草地就知道了。和北美的荒野一般，这里也是处处寂静无声，能够偶尔将此种寂静破开的，只有野鸽咕咕的鸣叫或者啄木鸟啄击树木的声音。这种明显还留着大自然原貌的地方，居然曾经住过人，实在出乎我的意料。可等我走进小岛的中心，呈现在眼前的所有事物，清清楚楚地告诉我，它们有人类活动的痕迹。认真研究过四周的遗迹，我马上坚信起来，这里的确曾经住过一个欧洲人。然而，他劳作的现场已经彻底变了个样子。他当初为搭建小屋而匆忙砍倒的圆木，再次长出了新的枝叶；围着小屋的栅栏已经成了一圈长势良好的树墙；而他的小屋则彻底成了一处小树林。几块被火烧得漆黑的石头掩映在莽莽榛榛的灌木丛里，石头边是一小堆灰烬。

这无疑是当时搭建炉灶的地方，炉灶上还压着烟囱垮塌而成的碎石块。

我无言地站了一会儿，一边慨叹大自然力量强悍，一边叹息人力有限。最后，在我准备离开这个让人着迷的地方时，我再次伤感地哀叹：居然这么快就荒芜了。

人心浮动、贪慕财富和过于崇尚自由，在欧洲，我们总是觉得这些特质会对社会造成极大的损害。可是，美国共和制度之所以能有一个稳定繁荣的将来，正是因为有这些特质。人们就是因为这种求变的激情才没有在某些地方聚集，进而迅速如我们欧洲一般感受到物质的短缺。无论是不良习气还是好的习惯在那儿都对社会发展有利，新大陆的幸运之处，就在这里。

这在如何评判东半球和西半球的人的行为上，极有价值。我们口中的利欲熏心到了美国人口中，通常就成了让人钦佩的勤劳肯干，而让我们赞不绝口的无欲无求，到了他们嘴里通常就成了懦弱无为。

法国人相信爱好纯粹、崇尚简朴、家庭和睦、眷恋故土，最能保证国家的稳定富足。可这些德行到了美国却成了对社会最有威胁的特质。仍然坚守旧有传统的加拿大的法国人，已经有了在当前的地方难以生存的感觉。很快，这个在加拿大新建成的小型人类团体，就会因为自己民族传统上的积弊付出代价。为了让人们不再安于当前的小康生活，加拿大最有学问、最爱国和最有人道思想的人正想方设法地努力着。对致富的益处大加颂扬的他们若是到了法国，那些原本籍籍无名最后成了大财主的人也会得到他们的盛赞。相比于安抚民众的热情，他们把更多的心力用在了激励人们的热情上。他们相信最应该得到的称颂的，不是在家乡安贫乐道，而是去外地发财致富；不是守着家里的田地直到老去，而是破釜沉舟去外地做一番大事，即使要将活着和逝去的人扔下，也要去外地追逐幸福。

如今美国将无穷无尽的土地放到人们面前，任由民众开垦耕耘，唯一的条件就是你的勤劳。

知识在美国有着极大的发挥空间，因为无论你本人是否有学问，一切知识都有机会让你获益。在这儿，几乎一切渴望都能轻易达成，所以不畏惧新的渴望；几乎一切激情都能找到合适且易于实施的渠道，即使变化太快也没关系。这里的人从未想过放纵自由，所以也不会让人滥用自由。

如今美国的共和社会就像一个大型批发市场，它组建的目标就是一起开拓新大陆的土地，团结协作让商业活动兴旺发达。

最让美国人激动的不是政治热情而是商业热情。或者更恰当的说法应该是，他们将商人的喜好带进了政坛。想获得蓬勃发展的事业，就要有稳定的秩序，所以他们推崇有条不紊。因为诚信是商业兴盛的前提，所以他们对诚信尤为看重。相比于凭借天赋异禀冒险致富，他们更喜欢依靠常识一点点积累财富。按部就班的观念让他们处处谨慎，现实无法满足的计划他们是不会做的。相比于理论，他们更看重实践。

因此，到了美国，就必须了解什么力量在使物质福利对政治行动，甚至对合理的舆论发生影响。这方面的实际情况，是外国人应该重点研究的内容。欧洲移民之所以会来新大陆，大多是因为他们在家乡生活困苦，崇尚自由，并渴望从困境中走出来。在美国，我偶尔也会碰到一些因为个人的政治主张而被驱逐过来的欧洲人。

我惊异于他们的言论，其中有个人最让我吃惊。那时我途经宾夕法尼亚的一个最荒僻的地方，因为天色已晚，我只得去找地方住宿。为我打开大门的是一个富有的庄园主，他是个法裔美国人。他请我到壁炉边安坐，我们两个，如同在异国他乡的丛林中——那远离故土在千里之外——偶遇的亲人一般畅所欲言。我这才知道，40 年前屋主曾是一个崇高的平等派活动家和积极的鼓动家，连史书上都有他的名字。

所以，当他如同一个经济学家一般论述土地所有权时，我甚至觉得自己的耳朵出了问题：差点儿大声叫他大地主。他说起人与人之间不可或缺的等级来自财富，说起自己对当前的法律的认同，说起共和体制有助于建立好的民情，说起宗教思想也支持秩序和自由。更有甚者，为了论证自己的政治主张，他还无意识地借用了耶稣基督的权威。

我边听边感慨人类理性的无力。这些是否真实，如何能从理论的不稳定和阅历的变迁中辨别出来？我所有的疑虑都被他的一段自我剖析消除了：我现在过得宽裕，可以前却非常穷；除非我的行动不受富足生活所影响，否则，我的思想就能自由前行。我的想法其实是随着我富裕的程度而变化的，而我在一切于我有利的事情中，真正意识到我原本缺少的关键论据。

相比于别的国家，富足生活对美国人有着更为普遍的影响。美国人一直坚信秩序和社会繁荣会和衷共济互相促进。他们认为秩序和社会的繁荣兴盛关系密切，不可分割。所以，欧洲人会将基础教育教导的东西扔到脑后不予使用，他们却不会。

## 法制在保护美国民主共和制度上的效用

原本将美国的法律体系呈现在读者面前是本书的首要目标。这一目标如若已经达成，那么，读者就能自己评判对民主共和制度有益和不利的法律了。反之，这一目标我若在以上章节中并未达到，那我在本章也做不到这点。

已经走过的路，我不准备再走一遍，只打算用几段话将我已经讲过的各项内容总结出来。

在所有事项中，最能帮助新大陆维护共和制度的事情看上去有三件。

首先是美国人采用的联邦形式，它让美国得以将一个大共和国的强大和小共和国的稳健融合到了一起。

其次是乡镇体系，它在约束多数专制的同时，让人民习惯于追逐自由，并学会了使用自由的技巧。

最后是司法权的架构。法院怎么修正民主的失误，怎么在不禁止多数行动的基础上，对其进行节制和引导，这些情况我已经说过了。

## 民情在美国维持民主共和体制上发挥的作用

在我看来，民情是美国能够实行民主共和体制的一大要素，这点我在前边已经说过了。

此处我所用的民情（moeurs）这个词，和它的拉丁文原词mores是一个意思。它既包括常规意义上的心理习惯上的内容，又包含人们具备的种种观点、社会上风行的各种主张，还有所有对人们生活习惯进行指导的观念。所以这个词在我看来指的是一个民主整体的道德和精神状况。

我要做的是对有利于维护政治制度的若干项民情进行研究，而非将美国的民情全部罗列出来。

## 带有政治机构色彩的宗教及其在辅助美国人维护民主共和制度方面尽心竭力

所有宗教身边都有一种与之意见相同的政治主张，然后两者便联合起来。

如果不对人类的理智进行约束，那么它会用相同的办法将政治社会和天国一并收入麾下；我甚至敢断言，它会想方设法将人间和天堂的相悖之处消灭殆尽。

英属美洲的大多数区域的开拓者都是那样一种人：起初抵制教皇的权威，之后又否认宗教的至高地位，所以他们带往新大陆的基督教，我只能称其为民主的和共和的基督教，除此，再想不到别的名号。这自然极有利于民主共和体制在政治活动中的建立。

宗教和政治和谐一致的情况就是从这开始的，而且从此以后这种关系一直保留了下去。

爱尔兰的天主教徒开始涌入美国的时间，大概是在50年前。美国的天主教因为他们的到来而增加了很多教众。如今在美国已经有100余万基督教徒笃信罗马教会的信条了。

在美国，这些严守宗教仪式，对宗教信条忠实而又热切的天主教徒，居然结成了一个最共和，也最民主的阶层。这种情形猛一看让人觉得惊异，可是只要仔细想一下，就能轻易发现其内在的关节。

那种将天主教视为民主先天的对手的看法，在我看来，并不正确。我认为在基督教的各种派系中，最支持平等的派系就是天主教。神职人员和一般教众是天主教宗教社会中仅有的两种成分。比教徒高等的只有神职人员，可位居神职人员下方的所有教徒，却并不高下之分。

按照天主教的教义，人的资质并无不同，无论是贤达，还是愚者、天才、庸才都要严守相同的教规条文；无论是有钱人，还是穷人都要执行相同的宗教仪式；无论强大，还是弱小，都要进行一样的艰苦修行；它抵制一切恶行，绝不让步，平等看待每一个人；它认为一切社会阶层都该不分你我地一起做弥撒，这样一来，就像是一切社会阶层都被带到了神的眼前。

要求信众驯服的天主教，对信众间的不平等是严格抵制的。

在我看来，新教却并非如此。相比于让人走向平等，新教往往更倾向于让人走向自由。

在这个如同专制君主国一般的天主教中，若是排开君主，人们有着比在共和国更平等的身份。

天主教的教士将神职辞掉，到社会中当官，进而成为社会某个阶层中的一员，这种情况，并不少见。为了确保自己参与建造的社会秩序可以长盛不衰，他们有时会借助个人在宗教方面的影响。人们之所以会发现天主教徒通常从宗教的角度去维护贵族体制，原因就在这里。

可是任何教士，只要从政府中离开或者辞职，就再也没办法如同天主教徒一般向政界灌输自己推崇的身份平等思想，例如美国离任的传教士。

所以美国的天主教徒就算不是因为自己信仰的性质不得不接受民主共和思想，起码也证明了他们不是天性排斥这一思想。并且他们考虑到自身的社会地位，考虑到自身人员稀少，也会制定支持此种思想的法律。

大部分天主教徒都是穷人，为了让自己日后能够参加政治活动，他们要求所有公民都可参政。天主教徒身为少数，为了确保自己使用权利时不受制约，要求所有权利都要得到尊重。他们若是权势显赫就不会如此强烈地支持那些政治观点，现在受到这两个因素的影响，自然而然地就接纳了。

美国的天主教教士从未生出过抵制这种政治趋向的想法，反倒想方设法地证明它合情合理。

在美国，天主教的神职人员将所有的知识一分为二，一类是无须争论即可接受认同的神所授予的教义；一类是他们所认为的，神允许人们自由挖掘的政治真理。所以作为信徒，美国的天主教是最为温驯的，而作为公民却是最为自由的。

所以抵制民主共和体制的宗教理论，美国称得上一个都没有。在那儿，一切教士都有共同语言，他们和法律意见相同，可以说掌控大家的是一个相同的理论。

以前我曾经在美国的一个大城市逗留过一阵儿，期间，受邀参加过一次以支持波兰人，为他们供应武器和金钱为目的的公共集会。

我看见在那个为开会预备的大厅中聚集了两三千人。很快，一个穿着教袍的神职人员走上讲台。场内的所有人都摘下帽子，安静地站在那儿听他发言。他说：

“全能的主啊！统领着军队的主！当我们的祖先，为保护自己民族独立这一崇高权利而奋斗时，增加了他们的信心，引导着他们行动的人，是你。让他们击退了卑鄙的暴君，让我国的人民得到自由与和平的人，是你。啊，主！请用您慈爱的目光看看另一个半球，一个英勇的民主正像当初的我们一般为了捍卫自己的权利而竭力厮杀！主啊！您创造全人类的方式并无不同，既然如此，怎能让暴政毁了您的作品然后将不公带进人世呢？全能的主！请您照顾波兰人的命运，赐予他们自由吧！希望你赐予他们筹谋的智慧、行动的力量。让他们的敌人惧怕他们，让妄图肢解他们的豪强土崩瓦解，让已经切实存在了50多年的不公在今日终结吧。主啊！全世界的人心都在您的掌握之中，而各个民族的心也是如此。希望您能让同盟者参与到为正义而战的伟大事业中，让法兰西民族摆脱其统治者为其建造的中庸状态，在争取自由的战斗中再次一马当先。

“啊！主！请正面看着我们，允许我们成为最忠实也最独立的民族直到永远，不胜感激。

“全能的主！望您今日能接受我们的请求：救救波兰人吧！我们在您心爱的孩子——为了拯救整个人类在十字架逝去的我们的主耶稣基督的名义下请求您。阿门！”

所有人一起虔诚地高呼：阿门！

## 宗教对美国政治社会的间接作用

刚刚我说的是宗教对美国政治的直接作用。我认为相比于直接作用，宗教对美国政治的间接作用更大，而且，它虽然不讲自由，却将使用自由的诀窍告诉了美国人。

美国的宗教派系数不胜数。各个派系对于如何敬拜自己所推崇的创世主上虽然并不一致，可是对于人与人之间的责任的看法，却是相同的。所以各个教派都是以上帝的旗号传播相同的品德，尽管它们礼敬上帝的方法各异。教派对个人来说或许至关重要，可对整个社会而言就未必了。社会不担心来生，对来生也没有期待。社会最在乎的是所有公民都有宗教信仰，而非信仰的宗教是何种派系。更何况，美国社会的一切宗教派系都隶属于基督教，而基督教的品德却是无论在哪儿都毫无二致。

应当承认，某些美国人之所以遵守敬拜上帝的某些礼拜仪式，主要原因并不是信仰，而是习惯。此外，美国的掌权者必须信教，因此假装信教的情况并不少见。

可是，在美国基督教仍旧强有力且切实地影响着人民的思想，并且受宗教影响的美国如今已经成了文明程度和自由程度最高的国家的这一情况，告诉我们，宗教是对人最助益和最符合人性的东西。

美国的教士无不认同公民应当拥有自由，就连那些反对信仰自由的人也是如此，这点我已经说过了。可是，他们并不专门支持哪个政治派系。他们不重视政治，不参加政党之争。所以，说宗教影响着美国的法律和政治主张的具体内容并不妥当，不过它确实在影响民情，以制约家庭的办法来制约国家。

我始终坚信，在美国，民情之所以表现得非常严谨，宗教信仰是首要原因。在美国，人们面对命运为自己安排的众多机遇时总会受到引诱，而宗教通常无法让人在此种诱惑前止步。宗教不会遏制人们赚钱的冲动，可它完全控制了女性的灵魂，而女性正是民情的首要缔造者。

在敬重婚姻关系方面，美国毫无疑问做得最好，美国人对夫妻幸福所持的观点是崇高而正确的。

欧洲社会上的所有乱象，近乎都是由家庭生活问题——而非婚姻——导致的。

在欧洲，男人对于家庭的自然结合与法理之内的趣味有一种蔑视之情；他们追逐混乱，无法维持心灵的宁定，梦想一变再变。这种冲动不但会让欧洲人的家庭生活动荡不安，也会让欧洲人难以遵从国家的立法权。可美国人在离开钩心斗角的政坛回家之后，马上就会感到社会有序、家庭稳定的好处。他在家的所有娱乐活动朴实而又自然，他的乐趣雅致而又恬淡。似乎有序的生活会让他感到幸福，会让他毫不费力地对自己的想法和喜好进行调整。

为了摆脱家庭带来的困扰，欧洲人就打破社会的宁定，可美国人是从家庭中寻找对秩序的喜爱，之后将这种喜爱融入工作中。

在美国，宗教除了掌控民情，还更进一步对人民的素养发生影响。

有些英裔美国人之所以推崇基督教教义，是因为他们笃信教义，而有些英裔美国人却是因为担心别人说他们没有信仰才如此的。基督教为什么能掌控一切，得到每个人的认可，原因就在这儿。最后，就像我前边说的，一切品德也就是思想上的事，都是早就决定和确定好的，而政治上的，则可以任人们自行探讨和钻研。

所以，尽管人们的思想十分英勇，可在某些无法克服的障碍面前，如在基督教面前，却往往止步不前。人们会遵守某些早已界定好的重要准则，以至于其思想再如何变革，他最勇敢的构想也无法突破那些只会延迟甚至遏制其行动的金科玉律。

在美国，人们的想象力总是谨小慎微、犹豫不决，即使想象的翅膀飞得再高也是如此。它的行动束手束脚，自然很难使期待的目标变成现实。这些谨慎的习惯在政治社会中也能看到，并且对国家的稳定和国家所定体制的长久极有助益。美国的民众被大自然和环境塑造成了坚毅勇猛之人，看到他们为了寻求幸福而竭尽全力，你自然会对他们的坚毅勇猛坚信不疑。

美国人若能彻底获得思想上的自由，那么用不了多久，他们中的一部分人就会变成世界上最勇敢的改革家和逻辑性最强的思想家。可是美国的改革家们不得不公开表明自己笃信基督教的道德与公正。当他们获得按照自己的意愿推行法律的权利时，他们也必须遵纪守法，因为基督教的道德与公正制约着他们；他们当然可以不顾良心谴责强行违法，可他们所在党派的其他人也会指责他们，让他们不得不收手。迄今为止，还没有哪个人敢在美国说出社会利益至上这种言论。好像哪个自由时期，有人为了给日后推行暴政奠定舆论基础，提出过这些藐视宗教的言论。

所以法律虽然赋予了美国人自由决定所有事的权利，可是宗教并没有，宗教不允许他们胡思乱想，也严禁他们任性胡为。

宗教虽然不曾呼吁美国人要崇尚自由，可是它却大大地降低了美国人使用自由的难度，所以虽然从未直接参与过社会管理工作，可宗教在美国却被看成了一种最重要的政治手段。

在对待宗教信仰时，美国民众自己采取的也是这个看法。我不是美国人肚子里的蛔虫，自然无法知道美国人是不是真的笃信自己的宗教。不过，他们都坚信应该维护共和体制这点，我倒是可以确定。

这一观点是整个民族都有的，而非一个阶层或者一个政党所特有的。这是所有阶层的共同想法。

一个美国的政治家对某个教派发起攻击，他所在党派的其他人是不会以此为借口，抵制他的。可他攻击的若是国内的所有教派，那么所有人都会躲着他，孤立他。

在美国的时候，我听说有个证人在被传唤到切斯特县（属纽约州）出庭做证时，在法庭上说自己不相信有上帝，觉得灵魂终会覆灭。审判长便说：法庭认为此人不可以宣誓做证，因为在他做证之前，法庭已经不信任他了[1]。这条新闻被刊登在了报纸上，不过没有给出评判。

自由和基督教在美国人的脑海中近乎是一体的，他们很难将二者分割开来。可是出现在美国人身上的这种情况，和那种从古至今，似乎即将消亡可又在灵魂深处根基坚实的那种信仰缺失的情况并不一样。

在西部新建成的各州，我曾经看到美国人派来的传教士，他们在那建造教堂和学校，并建立各式各样的社团。他们怕宗教在诸州的森林中沉寂，怕在故乡所拥有的自由，移居到那里后享受不到。我曾经见到一些为了将基督教和自由带到密苏里河两岸或者伊利诺伊州的大草原上，而离开故乡翻山越岭到那儿去定居的新英格兰的居民。就是在此种爱国主义思想的激励下，美国的宗教激情持续升温。要知道，这些人关注的并不是只有永生一件事，所以你千万不要以为这些人完全是为了来世才会这样。和这些传播宗教文明的人谈过话之后，你会吃惊地发现，他们和你探讨的一直都是现世的优点，明明是传教士，可是他们和你交谈时却表现得像个政客。他会告诉你："美国的所有共和州彼此依存，当西部的某些共和州要是落入无政府状态或者被专制掌控，在大西洋沿岸盛行的共和体制也会遭遇极大的危机。所以，为了不失去自由，我们希望新建的各个州也信奉宗教。"

美国人就是这样想的，可是有些人看书看傻了，却觉得我的研究并不正确。他们为了向我证明除了我称颂的宗教思想外美国无一处不好，而不停地引经据典；我告诉他们，对于自由和人类的幸福，大洋彼岸的那些人就差像斯宾诺莎一般笃信世界永恒，像卡巴尼斯一般认为思想是大脑的产物了。坦白地说，根本不用回答这些言论，唯一能说的就是，这些人之所以这么说，是因为他们没去过美国，也没见过真正的虔诚的信徒和拥有自己民族的人。所以，在他们去看过之前，我不会再和他们讨论此事了。

一些法国人将共和体制视为一种彰显自己神圣的临时措施。他们目测过那条将穷困潦倒的自己和权势显赫的贵族分隔开的天堑之后，指望用废墟上的残

[1] 1831年8月23日，《纽约旁观者日报》针对此事的报道如下：数日前，切斯特县（属纽约州）民事法庭驱离了一位宣称自己认为上帝并不存在的证人。法庭的审判长表示，此人在未做证之前就表示自己认为上帝并不存在，这种言论侮辱了法庭上的所有证言；并且这个人也清楚，我们县信奉基督教，只有相信基督教的人才能作为案件的证人。——原注

砖断瓦将鸿沟填平。他们像中世纪受雇于国王的自由雇佣兵一般拥护自由。无论身上的衣服是什么颜色，他们都是为了自己的目的——期望共和制度能让他们永远从当前低下的地位中拉出来——而战。真正渴望自由的人是另一种人，不是这种。

真正渴望自由的人将共和体制视为一种维持社会稳定的政治体制，相信现代社会在理想和民情的推动下没有一天不在朝着这一目标迈进。他们真心期待人可以被培养得独立自由。这些人如果攻击宗教，不会是因为自身利益的需要，必定是因为自身情感的需要。专制统治可以没有宗教信仰的扶持，可自由国家却必须拥有。和他们攻击的君主制度相比，他们称颂的共和制度对宗教更有需要，而在所有制度中，民主共和制度对宗教的需要程度最高。如果政治桥梁坍塌，可道德纽带却未被强化，社会必然要发生动荡。

一个绝对自由却又不对上帝俯首的民族，将一无所成。

## 宗教能够强烈影响美国的首要原因

对于宗教信仰的日渐没落，18 世纪的哲学家们曾经以一种极为简单的手法进行了证明。他们说人们的自由思想和学问越高，宗教热诚就越衰落。可惜，这一理论完全不符合实际。

欧洲不相信宗教的人都是些蒙昧无知的人；美国人称得上是世界上最自由、最有素养的民族之一，可他们在践行自己的宗教职责时，却非常热诚。

宗教对美国的影响，是我在抵达美国之后，率先注意到的一件事。我在美国待得越久，就越是发现，这个让我惊奇的情况有着极大的政治影响。

宗教思想在法国给我的印象是，它近乎始终与自由思想相悖；可是我发现这两种思想在美国却紧密地结合在一起，携手治理着一个国家。

我越来越想知道为什么会出现这种情况。

我曾经和各个教派的信徒探讨过，对分属各派和终身奉献给宗教事业的牧师团体更是进行重点拜访，希望如此就能探明这一原因。作为天主教的信徒，我非常乐于亲近天主教的教士，希望抓住所有机会和他们大部分人亲密交流。我将我的惊讶与怀疑告诉他们所有的人。最后我发觉他们虽然在具体内容上看法各异，可一致认为宗教之所以能够和平地掌控美国，政治和宗教的分离是首要原因。可以说我在美国遇到了所有人，对这一问题的看法都是一致的，无论是他是教士，还是普通人。

于是，相比于从前，我可以更加专注地研究教士在美国政坛中所处的位置。结果我发现他们全都没有官职[1]，这让我大吃一惊。我发现任何神职人员身上都没有行政职务，他们也没有向众议院和参议院派驻代表。

很多州的法律都封闭了他们步入政坛的大门[2]；没有一个州的舆论是支持他们参政的。后来我调查了教士自己对此事的看法，发现他们大部分人似乎并不想参政，对他们来说，让别人来摘得该行业的荣耀，似乎并不是什么违心之举。

我听见他们大声谴责那些包裹在各种政治主张之下的野心和不良信仰。可在这一过程中，我发现他们相信，上帝不会惩罚持有真实政治主张的人；他们相信相比于盖错了房屋或者犁错了地，政府管理失当的罪责并不会更大。

我看见他们为了避开所有党派而谨小慎微，竭尽全力不和他们来往，以防自己的利益受损。

所有这些实情告诉我，他们并未说谎。因此，我准备研究一下，这些实情是怎么发生的，也就是让宗教外在影响力变小，而实际影响力增强的到底是何种力量。我肯定能发现此种力量，对此我毫不怀疑。

美国人所有的想象力还无法在60年的短暂人生中尽显；只有完美无缺的今生会让他们满足。除了人，世上再没有哪种生物会有一种先天的欲望上的升级，总是渴望人生前途远大。人在蔑视生命的同时，又惧怕死亡。人的灵魂在这些各异的情感的驱使下，注视着来生，而宗教正是将人引向来生的媒介。

所以，作为理想的一种特异的外在形式，宗教自然符合人们的意愿，这就像理想绝不会和人心相悖是一个意思。一个有理智的人，一个本能未被思想的暴力压制的人，是不会舍弃宗教信仰的。可是有一种力量在重塑人的宗教信仰，

---

[1] 他们在学校中出任的教职并不在这之内，美国的学校大多由教士所建。——原注

[2] 参见《纽约州宪法》第七条第四款。

参见《北卡罗来纳州宪法》第三十一条。

参见《弗吉尼亚州宪法》第一条第二十三款。

参见《肯塔基州宪法》第二条第二十六款。

参见《田纳西州宪法》第八条第一款。

参见《路易斯安那州宪法》第二条第二十二款。

以下是《纽约州宪法》的相关条文：

“鉴于神职人员的天职是服务上帝、救助灵魂，这是一种不容半点儿疏忽懈怠的重大责任，所以严禁一切神职人员或者教士……出任州内任何文职或者军职。”——原注

且所向无敌。人类通常都是有信仰的，没有信仰不过是偶然事件。

如果只从人的视角来研究宗教，你会发现人的身上有一种无穷无尽的力量可以提供给一切宗教，之所以如此，是因为它是人性的一个主要成分。

在以往的时代中，宗教不仅有自身固有的这一效力，还能通过法律得到人类的扶持，并对统治当前社会的政权提供帮助，这我是清楚的。宗教那时曾经和人间的政府紧紧相连，一边通过恫吓来掌控人的思想，一边通过信仰来掌控人的思想。可是，我相信一个和现世政府结成此种同盟的宗教行动起来，也会如同人一般犯错，也就是为了现世舍弃未来，扔掉自己手中的权力，去求取不属于自己的权力。

宗教如果以每个人都满心期待的永生为基础建立王国，那么，它就能得到一般性。可一旦和政权联盟，它势必要启用某些只对部分人有利的原则，于是和政权联盟后的宗教，会强化部分人的权力，而放弃掌控所有人的理想。

宗教想要将人心聚拢到自己这边，只有一个办法，就是让每个人都获得慰藉。如果它和人的悲苦之情联结起来，那么有时它将不得不协助那些追逐利益而非爱的同盟者，去打击那些仍旧爱它，但竭尽所能抵制其盟友的人。所以，统治者激起的怨恨的结果，宗教在不与统治者共享物质权力时，是无须承担的。

相比于一代人的思想或者一代人的利益，看着坚不可摧的政权也未必就会更加长久，甚至通常寿命还比不过一个人。看上去非常坚实和稳固的社会状况会在法制的影响下而发生变化，在这一过程中还会改变别的一切事项。

人生短暂，倏忽而逝，人们在社会中创建的权力也是如此。权力更迭如此迅疾，就像人生悲喜变幻不定一般。迄今为止，尚未见到哪个政府能够一直得人心或者一直仰仗某种永恒的利益。

从古至今，人们的感情、喜好和冲动往往以相同的形式一再出现。只要得到它们的认同，宗教就能出头一段时日，或者起码不会被另一种宗教打败。可是只要宗教和人世的利益结盟，就会变得如同世间的所有权力一般虚软无力。唯一有机会永存的就是宗教，可是它若是和那些寿命有限的权力联合，就等于将自己的命运和这一权力的命运绑到了一起，等原本支持这些权力的情感沉寂下来，这个宗教往往也会走向末路。

所以与政权联盟，只会让宗教肩负结盟需要撑起的义务的重担。宗教的生存无须仰仗政权的扶持，而它若扶持政权，还会让自己灭亡。

无论在哪个时代，都存在我刚刚谈及的危险，不过显著程度有所差异。

在一些时代中政府给人一种能够永存的感觉，可在某些时代里，社会看上去还没有人长寿。一些政体让公民混沌不堪，有些政体却能让公民精神振作。

政权和宗教结盟的危险，在政府看上去非常强大，法制非常稳健时并不易为人发现，而等政府看上去非常脆弱，法制看上去非常混乱时，就是有所有人都看得见的了。可是到了这个时候，想要避开，往往也已经来不及了。所以，一定要学会及早发现潜藏的危险，未雨绸缪。

在国家的社会状况越来越民主，社会与共和的距离越来越近的过程中，国家权力会时常易主，政治思想将前仆后继，人事、法律和制度自身的变幻不定会持续很长时间，而不会迅速完结，所以宗教和政权结盟的危险一定会越来越高。就像君主制度以停滞和混沌为准则一般，民主共和则以多变和爱动为本能。

在美国，人们四年换一次政府领袖，两年换一批新的立法者，一年对地方官员进行一次重选，让新人不停地用政治做实验，让宗教和政治隔离，如此一来，在舆论变幻不定，思想百花齐放的情况下，宗教什么都仰仗不了。在党争中，它无法得到应有的尊重。身边的所有事物都在走向灭亡，它又怎能独善其身?

相比于其他人，美国的教士早就发现了这一情况，并据此采取相应的措施。他们清楚除非舍弃宗教的号召力，否则，别想赢得政治权力。最后，他们选择不要政权扶持，而和国家的兴衰存亡同悲同喜。

宗教在美国或许不如它在之前的某些时期或者某个国家时强悍，可它号召力持续的时间却更为长久。它的影响完全来自自己的力量，这是任何人都无法夺走的。它的行动确实只能在一个领域内进行，可是在这一区域内，它所向披靡，能轻易掌控一切。

在欧洲，我无论走到哪儿，都能听到人们对信仰缺失的指控，要求人们想办法重塑宗教原有的一些权威。

在我看来，首先，我们得认真研究一下我们这个时代的人，他们在宗教上的自然面貌如何。想让我们应该努力追寻的目标清楚地呈现在我们面前，我们必须弄清自己渴望什么，又应该畏惧什么。

宗教的派系之争和人们的无视是影响宗教生存的两大危机。

宗教盛行的年代，也有人会放弃自己所信仰的宗教，但他并不是摆脱了宗教的约束，而是将自己放到了另一种宗教的约束之中。信仰虽然改变了方向，却并未消失。此时旧的宗教，要么得人喜爱，要么惹人厌憎。有人怨声载道地离开，有人带着一种新的忠实投奔而来。也就是，宗教信仰仍在，只是信仰方向发生了变化。

可是，当我口中的否定的理论暗中损坏了某种宗教信仰时，又是另一种情况了。此时否定的理论只是证明这种宗教是假的，却未证明哪种宗教是真的。

因此，人们的思想，在没有激情参与的情况下，甚至可说是在人们无意识中发生了巨变。人们舍弃了最钟爱的理想，就像记忆出现了一段空白一般。面对冲向他们的那股冷酷的思想，他们非但没有英勇战斗，反倒懦弱地低下了头颅。就这样，他们舍弃了钟爱的理想，任由自己被追击到失望的质疑前。

我刚刚刻画的那个时代的人们，为什么会舍弃自己的信仰？是因为厌憎？不，相比于厌憎，麻木更可信。应该说是信仰离开了人，而非人离开了信仰。宗教的作用，人们并不会因为自己不再相信其真实性，就予以否认。他们从人生的角度来研判宗教，于是得出这样的结论，宗教可以引导民情，对法制也能有所影响。他们清楚，宗教能让人平心静气地生，从容不迫地死。信仰的离开，让他们感到可惜，他们非常清楚这一财产的价值，失去它之后，他们怕手里的其他财产也会被抢走。

在此之外，那些仍旧笃信宗教的人，并不担心别人知道自己的信仰。在他们看来，那些人不信自己的信仰，实在可怜，并不将他们视作自己的敌人。他们绝不会追随任何人，因为他们清楚，不是只有和别人一样才能得到他人的尊重。当前的社会在他们眼中并不是宗教必须与不计其数的敌人不停厮杀的战场，因此他们一边保护着自己同时代的人，一边指责着他们的脆弱，感叹着他们的错误。

不相信宗教的人未必决然不信，笃信宗教的人又将自己的信仰公之于众，这种情况使得舆论对宗教大有助益，也就是说，舆论能够引导人们喜爱宗教，支持和称颂宗教，并深入人们的灵魂内部，探寻灵魂所受到的伤害。

任何永远坚守宗教情感的民众，都会将这种情感永远融入已经确立的信仰中。对来生的渴望是人类固有的期盼，它能让人轻易走进教堂受洗，打开心扉聆听信仰的忠告和劝慰。

这种描绘在我们身上并不适用，为什么？

我发现，我们法国的一些人在离开基督教之后，并未加入别的宗教。我看到有些人在疑虑中左摇右摆，还有些表明自己将不再相信宗教。甚至我还看见有些基督徒明明信教，却不敢将自己信教之事公之于众。

最后，我在这些平和的教众和暴躁的抵制者中发现，有些教众——虽然数量不多——预备为了捍卫自己的信仰而破除所有阻碍，不顾任何危险。这些人居然无视舆论压力，通过武力对人的缺陷发起冲锋。这种激情激励着他们，让他们得意忘形，连在哪儿停手都忘了。

可是，他们又怕同时代的人惹事，因为他们清楚自己的同胞如果想赢得独立，宗教将首当其冲，于是他们在畏惧之心的驱使下，阻碍同时代的人对自由的追寻。他们将不相信宗教视为一种新鲜事物，因此抵制一切新鲜事物。他们和同时代的人以及他们的国家战斗，认为那时人们提出的所有主张都和信仰相悖。

如今人们在宗教方面的自然风貌不该是这样。所以有一种特别和偶然的因素在我们中间，让人们的思想无法顺其自然地发展，让人们的思想无法超出自己的活动空间。这个特别而偶然的因素，我坚信就是政治和宗教结盟。

欧洲不信仰宗教的人攻击基督教教徒时，并不是将其视为信仰上的敌人，而是将他们视为政治上的对手。他们通常不是认为宗教是一种错误的信仰因此仇视宗教，而是将其当作了一种政治党派的主张。他们对神职人员的憎恶，通常不是因为他们代表了上帝，而是因为他们是政府的盟友。

基督教在欧洲曾经和人世的政权结成了紧密的同盟。如今，和基督教结盟的那些政权已经灭亡，基督教自己似乎也被那些政权坍塌成的废墟掩埋了。然而，它并没有死，只是被已经覆灭的政权压在了下边；只要将它身上的残砖断瓦除去，它马上就能站起来。

要怎么样，才能让欧洲的基督教焕发新的生机，我并不清楚。这是只有上帝才能做到的事，可是不管怎样，首先得让人们相信它残存的所有力量仍旧有用。

## 民主制度是如何在美国人的教育、习惯和实践的激励下成功的

美国的政治制度是如何被他们的教育和习惯影响的，这点我在本书的很多地方都和读者说起过。所以，此间我只准备再说一些新的事实。

迄今为止，美国只有数量极其有限的几个作家称得上名声显赫，那里没有伟大的历史学家，诗人更是一个都没有。那里的居民看到货真价实的真正的文学，总是会流露出不认同的目光。美国二十四个州一年出版的文学作品的数量加到一块儿，也没有欧洲一个三流城市出版得多。

美国人在思想方面缺少普遍观念，完全没有探寻理论发现的意愿。政治和实业不会促使他们展开此类研究。美国虽然不停地在制定新的法律，可是还没有哪个权威对法律的普遍原理进行过研究。

美国人虽有自己的法律顾问和评论家，但没有政治家。他们呈现在世界面前的是实例，而非经验教训。

技术方面也是如此。欧洲的发明在美国得到了善用，并且为了满足本国特殊需求，还对其进行了让人惊叹的改进。美国的实业家不是科学培养之后的结果。美国有出类拔萃的工人，可是没多少发明家。在为外国人效劳了很多年之后，富尔顿才有机会将自己的天赋才华用于自己的祖国。

任何人想要探究英裔美国人的智商，都得从两个不同的角度进行探究。你探查的如果只是学者，你会震惊于美国的学者稀少的程度，可如果你探查时，将蒙昧无知的人也算在内，你会发现在世界上的所有国家中，文化程度最高的国家就是美国。

美国人的整体文化水平处在最高和最低中间，这点我在本书的其他部分已经说过了。

新英格兰的所有公民都接受过基础教育，并且他们在此种教育中，还学到了一些宗教知识和故事。对于国家的历史和本国宪法的关键点，他们都有所了解。你几乎无法在康涅狄格州和马萨诸塞州遇到一个对这些事懵懂无知的人；一个完全不了解这些事的人，在那里说是异类也不为过。

当我对希腊、罗马的共和制度与美国的共和制度进行对照，以前者的手抄珍本和蒙昧之民，与后者数之不尽的报刊和有文化的民众进行对照之后，我又回忆了一下，我们为了将古代的文化遗产用到今天，为了按照两千年前的经验对我们的未来进行预测，所做出的并且仍在推进的所有努力，我恨不得把所有的书都付之一炬，希望如此就能用全新的视角来看待当前的这种截然不同的社会状况。

可是若将我说的有关新英格兰的所有内容全盘放到联邦身上，也是行不通的。人们的文化水平越是向西或者向南推进，就越低。临近墨西哥湾的各个州，也有一些并未接受过基础教育的人，就像我们欧洲一般。可是在美国，你绝对不会找到一个地区那里所有人都蒙昧无知。

这很容易解释，欧洲的各个国家无一不是从蒙昧和野蛮的状态，一点点朝文明、开化的状态迈进。只是各个国家的发展速度不均衡：有的发展得快，有的发展得慢，还有些干脆停下脚步酣睡起来。

可美国却不是如此。

英裔美国人原本就有了文明，不过是到新大陆继续繁衍发展。他们只要别将原本学会的东西忘记就可以了，不必重新学习。然而，这些美国人的后代后来又一年一年地向内陆的荒原中迁徙。他们将自己已经掌握的知识带到了他们安家的地方，并没有改变自己敬重知识的习惯。他们从教育中知道了知识的用途，然后将其传递给子孙后代。所以美国的社会是不存在幼年时期的，它建成之时，就已长大成人了。

农民这个词，美国人是不说的，因为他们不知道这个词是什么意思。原始时期的蒙昧，田地的单一和农村的粗鄙，在他们的脑海中是没有痕迹的。文明初期的那些品德、不良习气、粗俗和鄙薄他们全都不知道。

有一些勇敢的冒险家在邻邦的偏远地区或者在临近人口密集区的荒原中定居。为了摆脱家乡的贫困，他们克服艰难险阻，跋涉到美国的腹地荒原，把新家建在那里。垦荒人一找到能够安身立命的地方，就马上砍伐树木，在林荫下搭建木屋。还有什么能比这些形单影只的房子更让人心酸的呢？夜色低垂，当旅行者走向这种房屋，远远地看见灯光闪烁；走进屋内，看到红彤彤的炉火；夜色中，覆满树叶的屋顶，每当有风吹过，就能听见它在树林中摇晃不休的声音。所有人都会觉得这座小屋的主人一定是个蒙昧无知的人。可是垦荒人的精神状态却和他的住处截然不同。他身边的一切都是原始、粗陋的，可他自己却称得上是展现出了十九世纪的劳动和经验教训。他的衣着是城市的模样，他的言辞是城市的模样；他了解过去，幻想未来，敢于直面当前。在一段时间之后，这个原本非常文明的人就习惯了丛林中的生活。进入新大陆的荒野之时，他身上只有一本圣经、一把斧子和一些报纸。在这些荒野中，思想扩散的速度之快，用文字难以描述[1]。

如此大规模的知识传播行动，我敢说即使是在法国最文明、人口最密集的

[1] 我曾经坐着一种没有篷的两轮马车去美国的一些偏远地区看过。在漫无边际的丛林里，有一条人工开凿的马路，我们驾着马车在路上跑了一天一夜。天黑得连手指都看不见了，向导点燃用松脂做成的火把，带着我们继续前进。走了很长时间，我们才在森林深处看到一座木屋。这是间驿站旅馆。信差卸下一大包信件，放到这间孤孤单单的木屋门前。我们再次踏上旅程，而这些东西，正是周边的诸位居民所期待的，就等着他们来取吧。——原注

地方，也是没有的[1]。

美国的国民教育对民主制度的维持大有助益，这毫无疑问。并且我认为这种情况在那些不仅用教育开启民智，还以教育培养品德的地区，更为属实。

可是我对这一优点不愿意给出过高的评价，而且不少欧洲人持有的那种人们只要学会读写，就能成为公民的观点，我也极不赞成。

经验是真正的学问的首要来源。美国人若不是慢慢习惯了独立治理自己，如今他们从书本中学会的知识又能给他们的成功提供多少助力？

我和美国人共同生活了很长时间，他们丰富的经验和渊博的知识让我多么敬仰，我难以表述。

千万别和美国人讨论欧洲，因为他们在说起欧洲时，往往表现得极为傲慢，非常瞧不起欧洲。此时他们所发表的言论不过是些缺少实质的空话，在一切国家中，只能蒙骗一下那些蒙昧之辈。

可是，如果你将话题换成他们的国家，你会发现蒙蔽着他们理智的阴云马上散开了：他们有了清楚且精准的言辞、理念。他们会告诉你自己的权利有哪些，要如何使用这些权利。在政坛中平常会采取哪些程度的权利进行活动，他们都知道。你会发现他们不仅熟知政治体制，对法律体系也非常了解。现实知识和实证主义哲学，美国的民众从不会去书中寻找。书本教给他们的只是掌握现实知识和实证哲学的能力，并直接把这些知识灌输给他们。

美国人的法律知识是在参与立法活动中掌握的，而政府的架构方式，他们则是在参与管理工作时学会的。他们每天都在监督社会首要工作的进行，甚至可以说，社会的首要工作都是他们亲手去做的。

政治是美国人所接受的一切教育的目标；而解决个人的生活问题则是欧洲教育的首要目标。通常公民不必先学习，然后再参与公务活动。

这两方面的差异，只要扫一眼美国和欧洲这两种社会，马上就会发现。

在面对公共生活时，我们欧洲人往往会在其中夹杂一些个人生活的思想和

---

[1] 1832年，密歇根州的所有居民人均在邮费上的消耗是1法郎22生丁，弗罗里达州人均消费1法郎5生丁（参见《1833年美国大事记》第244页）。而法国诺尔省这年的所有居民在邮费上的人均消费是1法郎4生丁（参见《1833年法国政府决算》第623页）。可是密歇根州那年的人口密度是一平方里7人，弗罗里达州那年的人口密度是一平方里5人，这两个州无论是教育水平还是实业都和美国的大部分州存在差距，而诺尔作为法国文化程度最高，工业最发达的城市，人口密度却是一平方里3400人。——原注

习惯，而等我们瞬间从家庭的生活中脱离，开始治理国家时，我们争辩国家大事的方式，便总是如同在家中和朋友闲聊一般。

美国人刚好相反，他们在处理个人生活时，往往夹杂了处理公共事务的习惯。在那里，我们会发现学生的游戏中，包含了陪审制度的思想，他们组织宴饮时，用的居然是代议制的手法。

## 在维护美国的民主共和制度方面，地理环境、法制和民情的贡献依次增大

地理环境、法制和民情在美国保有民主制度方面，功不可没，这点我应说过了[1]。

在欧洲，大多数人只看到了这些原因中的第一个原因，并将它的作用夸大到了它其实不具备的程度。

英裔美国人确实将身份平等带去了新大陆。在他们之中，无所谓贵族和平民。人们对出身和行业，都没有成见。如此一来，在民主的社会状况下，民主体制自然容易取胜。

可是这并不是美国所独有的情况。近乎每个美洲殖民地的创建者，都是些互相平等或者迁徙过去之后变平等了的人。

欧洲人虽然在新大陆的所有地区，都没能创建出贵族政体。可是推动了民主体制的地方，却只有美国。

美利坚合众国，没有敌人需要它去交战。在大西洋的海面上，它如同一座孤岛一般在北美的原野中矗立。

可是，在大自然的安排下，矗立在南美的西班牙也一样处于与世隔绝的状态中，可西班牙仍旧设立了常备军队。他们在没有外敌时往往互相交战。直到目前，除了英裔美国人，再没有哪个民族能够以和平的手段独立创建民主体制。

美国的疆域让人类活动有了一望无际的活动空间，为实业和劳作提供了无穷无尽的原料。在这儿，积聚金钱的激情取代了争名夺利的激情，派系斗争的烈焰在社会兴旺发达的氛围中熄灭。

[1] 此间，我希望读者可以回忆一下我对“民情”一词的解释。在我看来，这个词的意思是在相应的社会状况下，人的理智和平的情况的叠加。——原注

可是，世界上还能找到一个地方，有着比南美丰饶的平原，比南美更丰沛的河流，比南美更多的等候发掘无穷无尽的资源的地方吗？但是，南美终究没能建立民主制度。人类的幸福，如果只是简单地在地球上占有一片土地，并能肆无忌惮地朝无人区扩张，就能得到，那南美的西班牙人没道理控诉命途惨淡了。他们虽未感受到美国居民感受到的那种幸福，但已经足以得到欧洲人的羡慕了。可是世界上最惨的国家就是南美的那些国家。

所以，地理环境赋予北美的那种结果，别说南美不曾得到，还让南美在某些方面连位置更差的欧洲都比不上。

所以对于一个国家的命运而言，地理环境的作用远不如人们想象得大。

在新英格兰，我看到有些人打算离开家乡——那里本能让他们过上安定平和的生活——去原野中开创幸福。而在临近新英格兰的加拿大，我却发现那些法国移民宁肯在一个拥挤不堪的小地方密密匝匝地挤着，也不愿意去开垦眼前的荒野。来自美国的移民在劳作了很短的一段时间后，用赚得的钱买了一大片荒地，可是加拿大的法国移民宁可耗费比在法国花费得还多的金钱在人口密集区买地。

所以说这些欧洲人，大自然并非没将新大陆的荒地赐予他们，只是他们没有善用到手的礼物而已。

在我看来，美洲的其他国家比英裔美国人逊色的不是致富的地理环境，而是法制和民情。这些国家目前都十分穷困。所以，法制和民情是使英裔美国人变强的特殊和关键原因，而我所要研究的，正是这一原因或者要素。

我绝没有这个意思：美国的法制已经毫无破绽，可以用于所有民主国家。我认为在美国当前的法律中，有些甚至对美国自身也不安全。可是，应该承认，美国的法律整体上对其治下民众的天赋和国家的性质来说，是极端匹配的。

所以，美国的法制是好的，美国民主政府之所以能取得这样的成绩，它功不可没；可我相信，它并不是美国获得成功的最大原因。相比于地理环境，我认为美国的法制对社会幸福的功劳更大，可是如果与民情比，我则认为对社会幸福更有助益的是民情了。

毫无疑问，在美国的法律系统中，最重要的法律的就是全联邦性的法律。

美国自然环境有利，墨西哥的自然环境也不遑多让，而且墨西哥推行的法律也和美国的相同，可墨西哥没有能够带来民主政府的民情。

所以美国之所以能够建立民主制度，不仅是因为地理环境和法制，还有一个别的原因。不过这一原因需要深入验证。

几乎在联邦的疆域内生活的所有人，都是一个种族的后代。他们语言相同，礼拜上帝的方式也一样，影响他们的物质条件相同，制约着他们的法律也一样。

如此一来，他们的区别——这是我们探究的对象，又是怎么产生的？

共和政府的统治在联邦的东部看上去更加强大、井井有条和谨慎完备，其原因是什么？是什么让政府的所有活动有了理智和持续性？

相反，西部的社会管理工作看上去明显有些混乱；各种行业的行为无序而莽撞，而且几乎称得上是目光短浅得有些疯狂，这又是为什么呢？

我现在要做的，不是用外国和英裔美国人做对比，而是在英裔美国人内部进行比较，并对他们出现差异的原因进行探究。地理位置和法律体系方面的差异，在这儿对我都失去了作用。我要找其他原因，除了在民情中，我还能去哪里探寻呢？

就是在东部，英裔美国人养成了或者说获得了长时间推行民主管理体制的经验和习惯，以及最能捍卫此种体制的观念。民主制度，越来越深入地渗透到此间民众的风俗、习惯和生活模式中，并且在社会生活的所有细微之处和法制方面都有体现。民众的书本教育和实际操作进行得最好，宗教的自由元素最浓郁的地方，也是东部。除了我口中的民情，还有什么称得上是这些习惯、观念和风俗的总和？

西部却并非如此，直至今日这些优点也没完全出现在西部。

大多数西部诸州的美国人都是在森林地区出生的，他们在父亲兄长的文明中融入了野蛮的生活观念和作风。他们的情感较为浓烈，宗教信仰较为脆弱，思想也有些游移多变。那里的人互相之间原本都是陌生人，别人的事，他们不干预，也干预不了。

所以在某些方面，西部的民众既缺少经验，又总是表现得野蛮蒙昧，就像那些处于发源时期的民族一般。

东部的社会成员，都是些来自旧社会的人，不过，他们刚刚才走到一起。所以，美国人整体能够捍卫民主体制的一个特别的原因，只能是美国人独有的民情。

就是这个原因让英裔美国人创建于各个州的民主体制，有了不同的细节和发展进程。

所以，在欧洲，地理位置对民主制度的寿命的作用，被人们高估了。此外，法制的作用也没有他们想象得那么高，反倒是民情的作用比他们想象得高得多。这三个原因确实有助于引导和改进美国的民主体制，不过，强度有大有小，应当区分清楚。我认为地理位置比不上法制，法制则比不上民情。

我敢说若是少了民情的支持，就算是最好的自然环境和最优异的法制，也维持不了一个政体；可是自然环境的劣势和最糟糕的法制的影响，也能在民情的作用下得到缓和。无论是研究试验，还是经验教训都在不断地告诉我们这个真理——民情的作用极大。我认为，我应当将它作为我研究的重心，以及我所有见解的目标。

最后，对于这一问题，我只想再多说一点：美国人的实际经验、习惯和观念，也就是他们的民情，在他们维护自己的法制方面意义重大，除非读者从我在这本书的描述中感受到了这一点，否则，我在写这本书时，为自己制定的首要目标就未实现。

## 在其他地方，法制和民情在维护民主制度上，是否可以超过美国

和地理位置相比，对美国民主体制的成功助益更大的是美国的法制和民情，这点我已经说过了。

可是，这是不是意味着如果其他地方也具备了相同的这些因素，也能有这种结果？地理位置虽然无法取代法制和民情，可是法制和民情是否可以取代地理位置呢？

不用想也知道，我们无法给出确定答案，因为没有证据证明。除了英裔美国人，新大陆确实还有别的民族具备和英裔美国人相同的物质条件，让我进行对比。可是，没有英裔美国人那种优异的地理位置，却有英裔美国人的民情，并推行了和他们一样的法律的国家，却是整个世界也找不到的。

所以在缺少能够和美国进行对照的国家的情况下，我除了简单地说几条个人看法，也做不了别的了。

第一，我认为美国的民主制度和普通的民主制度不同，绝不能混为一谈。

看看欧洲当前的情况，看看欧洲的那些大国、人口稠密的城镇、规模巨大的军队、让人晕头转向的政局，如果英裔美国人带着他们当前的观念、宗教和民情返回欧洲，我敢说，他们如果不对其法制进行巨大变革，根本活不下去。

可是，通过和美国不同的方式构建的民主国，却并非不可想象。

于是，我们是不是可以这样设想：一个政府，它是根据多数的真实意愿建成，而这些多数为了国家的稳定和繁荣，愿意压抑自己追求平等的天性，将所有行政权力交给一个家族或者一个人？一个民主社会，其中央集权的程度比美国更高，国内的民众虽不能左右或者直接参与所有的国家事务，可具有相应权利的所有公民都有权参与国家的治理？

我在英裔美国人那里看到的所有事让我坚信：上边构想的民主体制，若是有一个社会可以谨慎地予以采用，让社会内部的民众的思想和习惯也能慢慢地在这种体制的影响下发生变化，那这种民主体制也不是只能用于美国。

如果除了美国的法制，人们再也无法构建出别的民主法制，如果人们能够遇到的最完美的法制就是美国法制，那我只能说：美国法制的成功唯一可以证明的，就是自然环境不好的国家，也能通过普通的民主法制取得成功。

可是，如果我说美国的法制还有很多缺点，并且我能够轻易设想出别的更好的法制，那么，我们不能因为美国独有的地理位置就说：一个法制非常优异，但地理位置不好的国家就无法成功建立民主制度。

如果人们在美国生活时是一种样子，而在别的地方生活时，又是另一种样子，如果社会地位相同，可人们在美国养成的习惯和思想却与在欧洲养成的不同，那么，民主制度为美国带来的一切和它为别的国家带来的一切，又怎么可能完全相同？

和别的民主国家相比，如果美国人的喜好并无不同，而借助于自然环境方面的优势，这些国家的立法者又能将喜好限制在合理的范围内，那么，那些自然环境不如美国却仍将美国作为范例的国家，还是可以从美国的某些完全得益于自然环境的繁荣中，得到启发的。

然而， 没有任何实例可以证明这些假设。

我发现美国人表现出的热情和欧洲人表现出的热情并无不同；这些热情，有的是因为心理本能，有的是因为社会的民主体制。

例如，在美国，我看到人们有焦躁心理，这是一种自然的情感，在大家身份近乎平等，所有人都有上进的机会时，人们都会有这种感觉。我也发现还有形式各异的民主嫉妒心。美国人在工作时，常常会表现出一种妄自尊大装模作样的样子，这点我已经说过了。而且，我还据此得出，无论是美国人还是法国人都有失败的经历和悲伤的过往这一结论。

可美国人为了压制这种心理上的缺陷和克服民主固有的弊端，曾经做出过多少巨大、让人钦佩的牺牲，我在认真探究美国的社会制度时，很快就有所了解了。

人类的欲望永无止境，而我相信，美国种类繁多的地方法律就是要将这些野心圈禁在一个狭窄的空间里，并对那些会对国家民主造成损害的同类的激情进行改造，让其变成有益于地方建设的激情。在我看来，美国的立法者成功地让权力思想抵制了嫉妒心，让宗教道德的稳定性抵制了政界的风云变幻，让人们通过经验阅历填补了自己理论上的缺失，让人们通过惯常的工作模式抵御了欲望的焦躁。

所以，自身制度和政治法所带来的危害，美国人不是靠着国家优异的地理位置克服的。要如何克服每个民主国家都有的缺陷，目前只有美国人制定出了应对方案。

这种方案他们虽然是第一个用的，却取得了成功。

不是只有民主国家才能用美国的民情与法制；并且民主制度通过法制和民情是可以发生改变的，这点美国人已经证实了。

美国人的这种思想是有益的且具有一般性，如果一个国家为了摆脱专制和无政府状态的威胁，愿意按照上帝给我们这个时代的人安排的社会状况，因地制宜地确定自己的方案，而非原样将美国人现实使用这一思想的特殊办法用到自己身上，那么你没道理觉得它的努力是徒劳的。

我们这个时代的一大重要政治难题，就是如何在基督教设计组建民主体制。这个难题，美国人无疑没能攻克，可美国的经验对那些想要解决这一难题的人是有用的。

## 现实情况对欧洲的重要意义

读者轻易即可发现我们为什么花费如此多的时间来对上述问题进行重点研究。我提出的这个问题和美国有关，但和整个世界也有关，它牵扯的是全人类，而非只有一个国家。

难道一个社会民主的国家，如果不是位于荒山野岭中间，就无法保持自由？如果真是如此，考虑到人类正朝着民主飞速前进，而荒僻的地方几乎全部爆满，我会觉得人类的未来没什么指望了。如果民主制度无法依靠法制和民情来维持，那么各个国家恐怕也只能选择个人专制了。

在这样的未来面前，仍有很多心地仁善的人胆气十足，这我清楚，可是他们并不喜欢自由，为了安全地生活他们想要避开自由的浪潮。可是他们不了解自己驶往的避风港的情况。过去的偏见束缚着他们，使他们不以绝对权威当前的表现来评判它，只考虑它曾经的表现。

如果欧洲的民主国再次将绝对权威推上高台，那么，我敢说绝对权威将焕然一新，而它呈现出的某些特点，将是我们的先辈从未见过的。

有段时间，法律和人民曾将近乎没有上限的权力放在欧洲的君主们面前，可是这种权力，那些君主们却几乎没有使用。

贵族的特权、最高法院的强制执行权、行会的职权、地方的特惠权等，这些能够防止君王不会滥用职权的权力，我不想谈。这些权力在减轻政府压力的同时，也维持了人民的反抗思想。

确实，这些政治制度时常会制约某些人或者某些团体的自由，可它们也能让人们心中对自由的喜爱得以维持，要知道，这种喜爱在自由的使用方面的助益是非常大的。和这些政治制度相比，社会舆论和民情在王权周边修筑的那道围墙，虽然看上去不十分明显，却效果显著。

王权受到了宗教、臣民忠诚、君主仁善、名誉感、家庭亲情、地方本位主义、习惯和舆论的制约，它们在王权周围划了一个看不见圈。

那时，国家采取的制度虽然是专制的，可民情是自由的。君主权力受到了限制，而君主也不愿意使用所有的权力。

原本节制暴政的锁链，现在在哪儿？

宗教渐渐无法掌控人心，衡量善恶的标准彻底倒转，以道德的眼光来看，所有事都变得让人无法相信和靠不住了，君主也好，民众也罢，全都肆意妄为，没有人知道何处是专制天然的界限，哪里又是恣意的终点。

人们对国家领导人的敬重，被此起彼伏的革命消灭殆尽。而君主没了受到民众敬重这一包袱，终于可以无所顾忌地大肆使用权力了。

看到子民偏向自己，君主会感觉到自身的强大，进而表现得胸怀宽广；子民的忠诚是王位的基石，所以君主会珍惜这种忠诚。此时，君主和民众之间的感情亲近得就像身处一个大家庭一般。民众或许会说些抱怨的话，可是如果他们发现这些话惹怒了君主，他们就会后悔起来。这时君主也不过如同惩处孩子的父亲一般，轻轻地用手拍他们一下。

可是，如果革命的纷扰将王权的威严彻底消磨干净，或者承继王位的君主越来越糟，让人们觉得君王的权力虚软、行为暴虐，他在人们眼中就不再是国父，而是一个首领。人们会因为他的懦弱而蔑视他，因为他的强悍而仇视他。他身上满满都是怒火和恐慌，他成了国家里的外人，而在他眼里，民众也不过就是他打败的敌人。

一个国家，如果它的各个省或者城市成了一些独立的小国，那么它们便会生出自己的特殊意愿。和之前听命于一个中央的同一意愿相比，这种意愿是截然不同的。可是，如果先将国家内部的每个部分的自由、习惯、偏见，甚至主权和名字剥夺干净，之后再让它们适应受相同的法律约束的生活。那么，和之前的单独统治相比，将它们合到一起进行统治，其难度并不会更高。

贵族制度的名声，在贵族拥有特权的时候，甚至在他们失去特权很久之后，都能为个人的对抗行动提供很大的力量。

所以，虽然那时有些人已经失去了权力，可是他们崇高的品性却并未消失，即使要凭借一己之力与国家权力对抗也无所畏惧。

可如今：阶层的界限已经模糊不清，出类拔萃的个人难以出头，慢慢地泯然众人；已经声名狼藉的君主制度却没能得到德行的弥补，而督促人们进取的东西更是一样都没有，在这个时候，没有人知道强者的需要和弱者的驯服的终点在哪儿。

除非家庭亲情消亡，否则人们在抵制暴政的路上永远不会孤独，他的追随者、故旧和亲朋会跟在他的身边。就算没有这些支持，他也会相信他的先辈在鞭策他，他的子孙在追随他。

可是，随着家族事业越来越分散，种族差异日渐缩小到了消失的边缘，家庭亲情又去哪里寻找呢？

一个国家，如果它已经彻底改头换面，或者正不停地改变模样，如果它的所有暴政行为都有前例可循，如果它的所有恶行都是常规工作，如果所有人都不会为残存的旧事物的消亡感到可惜，如果人民敢于尝试一切能够想象得到的新鲜事物，那它的习惯法必定是虚软无力的。

至于民情，在这种反复的折辱消磨中，怕也没什么反抗的力量了。

想让舆论发挥作用，怎么少得了一个将众多的人绑在一起的共同的纽带，一个能够代表和煽动舆论的个人、一个家族、一个团体、一个阶层、一个自由组建的社团呢？如果所有公民都一样的软弱、贫困和势单力孤，并且在面对政府的暴行时，只能以个人的虚软相抗，那么舆论也就没什么用处了。要说此类情况会不会发生在我国的某些方面，我们这代人还看不出来。

或许应该回忆一下古代的历史事实，追溯一下恐怖的罗马暴政时期。那是一个社会风气糜烂、传承中止、风俗堕落、心志激荡，在法律的压制下自由毫无立足之地，公民无力自保也得不到保护，人性遭到戏弄，残忍冷酷的君主逼迫民众忍气吞声的时代。

那些想要重建亨利四世或者路易十四时期的君主体制的人，照我看，肯定已经彻底迷失神志了。看见众多欧洲国家目前的情况，推测过其他国家即将发生的情况，每当这时，我都不由得坚信：这些国家用不了多久就会在民主的自由和专制的暴政这两条路中，选择一个。

这个问题无疑值得人认真思索。如果人们日后只有两条路：要么所有人都获得自由，要么所有人都遭受压迫；要么一切权利均等，要么失去一切权利；在这一选择面前，统治者要么让人民和自己放到一个高度，要么让人民连做人最起码的标准都达不到，若是这样，那我们只要克服心中的迟疑，意态坚决，让所有人心甘情愿地付出极大的努力，就可以了吧？

所以我们应该相信，我们最好的，也是仅有的办法就是渐渐推进民主的政治制度和民情。再者，如果真的想将民主政府作为清除社会当前弊病的最合适也是最佳的良药加以使用，那首先就得喜欢民主政府。

让人民参与政府管理并不是一件容易的事，而更不容易的是丰富他们的管理经验，让他们有意识地治理国家。

毋庸讳言，民主的意愿总是一变再变，其推行者不够干练，法制也不完善，可是，如果我们只能在民主的统治和独裁者的压榨间选一条路，此外别无选择，那我们总不能不选前者，而破罐子破摔地对后者俯首吧。而且，我们如果免不了要彻底平等，那相比于让一个暴君强行将我们按平，让自由将我们调匀更好吧？

本书的读者们，如果你读完本书觉得我之所以写这本书，是为了让所有社会民主的国家都以英裔美国人的法制和民情为榜样，那就完全错了。这种读者看到的只是我思想的外在而非核心。我之所以写这本书，是为了将美国作为范例，用以证明法制和民情，特别是后者，能维持一个民主国家的自由。我非常清楚，一个国家的历史和地理位置也会在一定程度上对其政治制度造成影响，而且，自由要是在全球各地都以相同的特征显现，那我觉得人类实在是太悲惨了。所以我坚信，美国给予的一切，以及它为了实现自己的目标而采取的措施，我们不该原样不动地用在自己身上。

不过，我相信我们——无论是贵族，还是有产业的人，无论是穷人，还是有钱人——若想拥有自由，不被暴政统治，必须慢慢推行并最终确立民主制度，将自由和使用自由的思想与感情教给每个公民。我敢说，除非我们尽早建立多数的和平统治，否则我们终究难逃被独裁者的无上权威压迫的命运。

## 第十章　浅谈美国三个种族的现状及它们可能的未来

竭尽全力以讲述美国民主的法制，阐明美国的民情，这是我为自己制定的首要目标，现在我已经做完了。原本我可以停在此处，可是读者或许会觉得他们的期望我还没有达成。

在美国，有研究价值的并非只有广泛、完备的民主体制，还有一些别的东西，例如，我们可以换一个视角，对生活在新大陆的居民进行研究。

在我的叙述中，我常常在话题的引导下说到印第安人和黑人，可是这两个种族在我叙述的这个民主国中处于何种地位，我却始终没找到机会说。英裔美国人构建联邦的观念和法律我已经说了，却没对这个联邦面临的危险进行详细介绍。在美国，除了法制和民情，还有哪些要素会对美国的长期稳定造成影响，我也只是一笔带过。共和制度能不能长时间在新大陆生存这个问题，我在介绍合众国的共和制度时从没轻易忖度过；而作为商业性民族，美国人的未来如何，我虽然时常会提到风行于联邦的商业活动，却也无法作出预测。

这些问题的确都和我的主题相关，可我对它们并未进行过深入地讨论。它们虽然和美国人相关，可和民主却没什么关系。美国的民主才是我要论述的重点问题。这些问题，开始我要暂时放到一边，而现在本书的阐述已步入尾声，是时候掉过头研究一下它们了。

如今从大西洋海岸到太平洋海岸已经全部被美国联邦所占，或者起码在他们的言论中，成了他们的领土。所以在东西两边，大陆自身的疆界就是它的疆界。它向南近乎扩张到了热带，而向北则抵达了北面的冰原。

生活在这个辽阔的空间内的居民，没有像欧洲一样变成相同种族的不同分支，轻易即可发现他们分属于三个外貌各异的不同种族，不仅如此，这三个种族还称得上是仇敌了。在他们中间，教育、法律和血统，甚至是外貌，共同构筑了一条近乎越不过去的天堑。他们在命运的指引下站在了相同的土地上，可他们却没办法合为一体。他们按照自身条件独自前行。

在学识、实力、物质享受方面均独占鳌头的欧洲人，或者说是出类拔萃的人，是这个差异极大的人群中最引人注目的种族。黑人和印第安人都比不上他们。

这两个种族无论起源、外貌、语言，还是民情都不相同，但他们却有个共同点，这也是他们仅有的共同点——时运不济。在那儿，他们都身份卑微；他们都被暴政所压迫。他们遭受的暴行虽然不同，可施虐的人却是相同的。

看看世界的历史，欧洲人难道不是以别的种族对待动物的方式，来对待其他种族吗？他们压迫其他种族，如果他们反抗，就消灭他们。

非洲人的后代身为人类的特权因为欧洲人的侵略，瞬间消失殆尽。如今，美国的黑人连自己的故国都忘了。他们扔掉了先辈的语言，舍弃了原本的宗教，遗忘了过往的民情。他们离开非洲，可是他们却没有权利像欧洲人一般生活。他们被两个社会夹着，所过的生活和另外两个种族都不一样，从这个人手中被卖到另一个人手中。世间唯一能让他们依稀回想起故乡的地方，只有主人给他们指定的地方。

黑人是没有家的，女人不过是暂时让男人放纵的伙伴。他们的孩子自出生起就和他们地位相同。

这种心态：对如此惨遇的麻木不仁，甚至以一副可耻的慷慨的样子来面对这种惨遇的缘由，我该如何定义它呢？是上帝对人类的宽仁，还是上帝对人类最严厉的批判？

落入此种灾难的深渊中的黑人刚刚才对自身的惨况有所感悟；他们在武力的镇压下成了奴隶，他们身上的奴隶观和一种奴隶的愿望，正是长时间受到奴役的结果。他们或许对自己的暴虐的主人有怨恨，可更多的是羡慕，而且奴颜婢膝地向压迫他们的人学习，对他们来说是一件值得骄傲的事。

黑人的身份卑微，他们的智商也落到了同样卑微的地步。

从出生起，黑人就已经是奴隶。我实在无话可说。他们通常还在娘胎里就已遭人买卖，还没出生就已经是奴隶了。需求也好，享受也罢，他们都不需要，也用不上。出生后，从他们知道事理开始，他们就明白，自己是他人的所有物，一辈子都得为这个人的利益服务。他们觉得自己不需要费心经营自己的人生，连上天赋予的用大脑思考的能力，在他们眼中，也成了多余的。这样卑微的身份，在他们看来理所应当。

在他们的人生中，他们学的是一切听命行事，独独没学怎么听理智行事，而且就算理智发出呼声，他们也完全置之不理，所以即使已经被解放了，他们也通常将独立视为更沉重的包袱，比承受压迫都要沉重。他们的才干和知识在蜂拥而至的众多要求面前无力抵挡。这些要求是他们本该抗争的主人提的，可是他们对主人没有任何听命和屈服之外的应对技巧。所以他们在苦难的深渊中无法自拔，被压迫磨灭了理智，任由自由将他们带上覆灭之路。

印第安人因为压迫而发生的变化也不小，但两者的结果并不相同。

北美的原住民在白人来到新大陆之前，一直在森林中生活。野人的生活让他们受尽磨难，但他们野蛮人的不良习气与优良品德却未消失。当印第安各个部落都被欧洲人驱逐到高山密林之中，他们只能过着难以描述的居无定所的生活。

除了舆论和民情，野蛮民族不受任何东西控制。

北美的印第安人因为欧洲人的残酷失去了家乡观念，他们的家被肢解了，他们遗忘了自己的风俗习惯，他们的记忆链条被打散，所有的习惯都发生了变化，贫穷的速度大幅度增加，和之前相比，他们过得更凌乱、更蒙昧了。这些部落的身体和灵魂的情况越来越差，而越来越艰难的境遇则让他们越来越野蛮。

可是，印第安人的生活模式并未被欧洲人彻底改变，而且即使欧洲人动用了国家权力进行压制，印第安人也始终不曾屈服。

黑人遭受了无尽的压迫，印第安人则拥有了无尽的自由。无尽自由带给印第安人的结果，其凶险程度，并不比压迫带给黑人的结果更轻。

黑人连身体都不是自己的，还能有什么财产？卖掉自己，对他们来说是触犯了别人的资产。

可是除非无法行动，否则野蛮人就是自己的主宰。家长权是什么意思，他们近乎是不懂的，他们从未让自己屈服于族长权，任何人都无法将主动服从与被迫服从的区别灌输给他们，在他们那儿，甚至没有法律这个词儿。自由在他们眼中，就是脱离所有社会牵绊，完全不受拘束。他们喜欢这种粗暴的自由，半点自由也不愿意放弃，就算自己毁在对自由的追逐上也是如此。对这种人来说，文明的作用非常有限。

为了融入那个一直拒绝他们的社会，黑人做了很多努力，但都毫无成效。他们让自己喜欢压迫者所喜欢的，认同压迫者所认同的，努力模仿压迫者的所有行为举止，好与压迫者合而为一。自小就有人和他们说，他们这个种族生就比白人差，他们无法打破此种言论，所以自觉比不上白人。他们发觉奴隶的印记烙在了自己的所有言行举止中。要是可以实现的话，他们真想扔了这一切。

和他们相反，在印第安人的想象中，他们有着高人一等的出身。

这种自以为高贵的假想，支撑起了他们的生与死。让自己的民情对我们欧洲人的民情俯首，对他们来说，绝无可能。他们对自己的原始生活推崇备至，认为这是自己种族独有的特点。他们不肯接纳文明的首要原因，不是仇视文明，而是担心自己成为和欧洲人完全一样的人[1]。面对我们的先进武器，他们只有原始弓箭；面对我们的战略战策，他们只有混乱的野蛮；面对我们的运筹帷幄，他们只有野蛮人的本能。这是一场力量相差巨大的战争，他们自然是接连失利。

黑人没能实现自己想和欧洲人融为一体的期望。在某种程度上，印第安人倒是可以实现这一目标，可是这个目标入不了他们的眼。一个是在奴性的驱使下无法摆脱奴隶的命运，一个是在傲慢的驱使下无法摆脱消亡的命运。

直到今日仍覆盖着亚拉巴马州的森林，我记得有一天我从那儿经过，走到了一个拓荒者的木屋前。我不愿意进美国人的房舍，就在临近这座木屋的一处池塘边短暂地休息了一下。

---

[1] 北美的原住民对于自己的观点，甚至生活习惯的细枝末节的坚持，坚定到了前所未有的程度。白人和北美四处游荡的部族已经频繁地来往了 200 多年，可是白人的观念和习惯，他们却几乎完全不曾接受。但是欧洲人还是对他们造成了巨大的影响。也就是说欧洲人没能同化印第安人，但让他们更衰败了。

我在 1831 年在密歇根湖边一个名为绿湾的地方——这也是西北部的印第安人在美国最北边的疆界——认识了一个美国军官，H 少校。一天，他在滔滔不绝地对印第安人的性格的顽固性进行过长篇描述后，给我讲了下面这个故事："我之前曾经认识一个年轻的印第安人，他是从新英格兰的一个学校毕业的。他学习很好，看上去和文明人一模一样。1810 年，我们和英国人交战的时候，我又一次见到了这个年轻人。那时他带着自己部落的战士加入了我们的部队。而美国人同意他们参战的一个前提就是，他们不能以残忍的手段将俘虏的头皮活剥下来……战斗后的那天晚上，这个年轻的名为 C 的印第安人到了我们的营地，坐在篝火边。我问他白天的战斗如何，他将战斗过程对我描述了一遍，说到自己的战斗成果更是越说越兴奋。之后，他将军装的扣子解开，跟我说：'别说出去，给你看。'"H 少校继续说道，"在他的衬衫里，我看到一块带着头发，还在滴血的英国人的头皮，被他贴身藏着。"——原注我才在那儿坐下，就见一个印第安女人（此处临近克里克部的居民区）拉着一个白人小女孩走了过来，那个小女孩五六岁的样子，看上去是拓荒者的女儿。在她们后边是一个黑人女人。这个印第安女人一身野蛮人的最华美的装扮：鼻孔和耳垂悬有铜环，头上披覆的玻璃珠坠饰垂在肩上。她戴着的贝壳项链表明她还未婚，因为按照习俗，新娘会把这条项链放到婚床上。至于那个黑人女人，则是一身破破烂烂的欧洲人的衣服。

这三个人都坐到了池塘边。年轻的印第安女人将小女孩抱起，轻轻地爱抚那个女孩儿，就像自己是一位母亲。坐在边上的黑人女人想方设法地逗小混血儿，让她开心。可这个小混血儿却以一副慢吞吞的样子展现着自己的高人一等，似乎享受来自同伴的关爱不过是一种屈尊降贵的行为，这种表现与她稚嫩的年龄形成的对比让人惊异。

蹲在小主人跟前，为了迎合小主人的心思而尽心竭力的黑人女人，在付出母爱的同时，似乎又有一种生怕惹怒小主人的奴性心态。而那个印第安女人，她虽然表情温软，里面却有一种无拘无束，有些骄傲，又几乎有些愤世嫉俗的神情。

我走向她们，看着这一情景并未出声。我的好奇明显惹恼了那个印第安女人，她猛地站起身，将孩子粗鲁地推开，瞪了我一眼之后，大步返回林中。

北美这三大种族出现在相同地点的景象，我时常看见。我曾经在很多各异的观察中，探究过白人高人一等的地位。可是，我刚刚描绘的这一情景却有个景象十分触动人心：压迫者和受压迫者被一种情感上的牵绊联结起来，可法制和成见在两者中间挖掘的天堑，却在大自然努力让两者靠近时展现得更加鲜明。

## 联邦内部的印第安部落的现状及可能的未来

祖祖辈辈都生活在新英格兰境内的一众印第安部落，其中纳拉干部落、莫希干部落和佩科特部落早就消失不见，只留存在人们的记忆里了；至于 150 年前在特拉华湾迎接佩恩的勒纳普部，如今也消失了。那几个硕果仅存的易洛魁人，我见到他们时，他们都在乞讨维生。我刚刚提及的那些部落曾经遍布北美各个地区，甚至延伸至海岸地区。如今想见到印第安人，必须进入内陆 100 多里约才行。这些野蛮人并不只是逃向内地，还在慢慢消亡[1]。而在印第安人长途迁徙和死亡的过程中，大批移民陆续迁了过来，填满了那些地方。一个民族以如此迅疾的速度发展、消亡，这是人类历史上从未有过的。

要说这种消失是如何发生的，这很容易解释。

当初印第安人是那片他们后来遭到驱逐的荒原中的仅有的居民，他们没多少需求，自己制造武器，以河水为唯一的饮品，穿兽皮，吃兽肉。

欧洲人将火器、铁器和酒带给了北美的原住民。他们让印第安人扔掉了原本只能满足朴素需求的野蛮人的衣服，让他们穿纺制品的衣服。印第安人接受了新的喜好，可是使用何种技术手段才能实现这种喜好，他们却并不清楚，于是只得仰仗白人的工业。野蛮人唯一能拿得出手的就是森林中的毛皮，于是只能用它来换这些自己生产不了的东西。于是，打猎在满足生活需求之外，又多了一项任务——满足欧洲人需要。印第安人打猎的目的，不再仅仅是为了得到食物，还是为了得到物物交易的资源[2]。

就这样，原住民的需求越来越多，可他们的资源却一直在减少。

鸟兽在欧洲人在临近印第安人的居住区安定下来之后，都躲进了森林中[3]。他们不怕在森林中居无定所的几千野蛮人，可是只要一个地方出现了欧

[1] 一开始的 13 个州中的印第安人，如今只剩 6373 人了。参见第二十届国会（第二次会议——译者加）第 117 号立法文件第 20(?) 页。——原注

[2] 在 1829 年 2 月 4 日呈送国会的报告的第 23 页中，克拉克先生和卡斯先生写道：

"印第安人在很早之前，是不需要文明人的工业产品的，他们依靠抓到的猎物满足自己在食物和着装上的需要。密西西比河西边的一些地方，还能见到很多成群结队的野牛，这些野生动物迁去哪里，生活在这里的印第安人部落就跟到哪里。和我们交谈的印第安人，还能依照先辈传承的方法饲养野牛，不过现在野牛越来越少了。如今以火枪、陷阱、夹子等物狩猎熊、黄鹿、河狸、麝鼠一类的野兽遭到了禁止。尤其是那些维持印第安人基本生活的野兽，更是禁止以此种方式去进行狩猎。

"在西北地区，那里的印第安人只能通过艰苦的劳作养家糊口，所以更应该这样。猎人通常追了猎物好几天，却什么都没抓到。在这种情况下，家里的人只能吃树皮啃草根，要不然就得饿死。每年冬天，都有大量被饿死的人。"

欧洲人的生活印第安人并不喜欢，可他们如今没办法按照祖先的方式生活，也没办法离开欧洲人。这个问题只用一个实例就能说清。这件事我是从官方的资料中看到的。一个印第安部落——位于苏必利尔湖湖畔——的人杀了一个欧洲人，联邦政府于是下令，在这个部落交出杀人者之前，严禁与这个部落进行交易。——原注

[3] 沃尔内在《美国气候与土壤概述》（巴黎，1822 年）一书的第 370 页写道："从文森斯到卡

洲人持续劳作的声音，它们就会逃去西部。它们的本能让它们得以在西部找到仍旧漫无边际的荒原。1829年2月4日，卡斯先生和克拉克先生在自己的报告中说："几年前还能时常在阿勒格尼山麓看到的野牛正在持续后退。不过几年时间，顺着落基山脉延伸至辽阔的平原，几乎很难再发现它们的踪迹了。"有人用非常肯定的口吻告诉我说，通常距离白人居住地200里约的地方就能发现此种因白人出现而发生的变化。一些他们才知道名字的部落也受到了他们的影响，抢掠的痛苦，这些部落在还没见到过给他们带来苦难的人，就已经体会到了[1]。

没过多久，就有大胆的探险者走进了印第安人的居住区。

他们从白人居住区的疆界跨过，向前走15或者20里约，将文明人的房屋建到了野蛮人居住区的内部。狩猎民族的领地界限不清，使得他们并未遭遇任何阻碍。对野蛮人来说，狩猎区是整个民族共有的，不是哪个人的私产，因此没有哪个人的自身利益是与捍卫狩猎区的一切捆绑在一起的。

有些欧洲人举家迁往印第安人的居住区，远远地建立起一个个据点，很快，据点间的所有野兽都被吓跑，再也不回来了。印第安人原本在那的生活还算得上安居乐业，可是如今却落到了难以维生的地步，更难得到他们想要物物交易的资源了。将他们的猎物赶走的效果，和将我们农民的土地变得贫瘠的效果并无不同。他们很快就失去了近乎所有的维生办法。这些居无定所的可怜人，如同一群一群的在山林中徘徊的野狼。他们本能地眷恋自己的故土，可是如果不离开，他们就只能受苦受难，最后活活饿死[2]。最终他们决定离开这里，跟在大角鹿、野牛和河狸的身后逃离，在这些野兽的指引下为自己新家选址。有人居然以此为依据说，赶走美国原住民的是饥荒，而非欧洲人。这种以前的饱学

斯基亚，野蛮人在如今的伊利诺伊州地区，到处都是（1797年）。四五百头野牛一群群地徜徉在你路过的每个草地上，可是现在全都消失了。因为受不了猎人的抓捕，特别是受不了美国人饲养的家畜的铃声的滋扰，它们蹚过密西西比河去了另一边。"——原注。

[1] 此间，我这讲述的有关美国境内的印第安各个部落的情况，大家不用怀疑，它们通常都是真的（参见第二十届国会第117号立法文件第90～105页）。欧洲人如今距离美国中部的原始部落还有很远的距离，可是用不了多久，这些不过也会接连消失，这点可以想象。——原注

[2] 在送交国会的报告的第15页，克拉克先生和卡斯先生说，我们眷恋故土的感情，印第安人也有，所以他们不愿意离开家乡。此外，他们还将不愿售卖上天赐予自己祖先的土地的思想和某些迷信思想——这种思想对从未买过土地给欧洲人或者只买了部分土地给欧洲人的部落影响极大——联系到了一起。"通常他们在回应和来此购买土地的人时，说的第一句话就是，这块土地葬着我们祖先的骸骨，我们不会卖。"——原注

之士都没发现的高论，是现代的博学者的创造。

这种无奈迁徙带来了无法想象的恐怖的苦难。离开祖祖辈辈一直生活的故土的时候，印第安人已经耗干了所有力气，衰弱破败；而他们选定的新的居住区早就成了其他部落的领地，并且非常憎恶外来者。前有战争，后有饥馑，他们简直走到哪儿都要受苦。敌人太多，他们只能化整为零。悄悄地自己去找谋生的办法。他们如同那些文明社会里的背井离乡之人，在漫无边际的荒原中游荡。

此时，早就变得薄弱的社会纽带已经被彻底斩断。他们没有了家乡，用不了多久，连一个部落都不是了。家庭已经难以为继，同一部族的名号正在消散之中，人们渐渐忘记了相同的语言，部族的烙印也在慢慢消失。他们已经不再是一个民族。只有美洲的考古学家，或者只有某些欧洲的学者，还对他们部族的名号有些印象。

我相信读者不会怀疑我此间叙述的这些内容。我要将自己看到的一些惨状记述下来，我要尽量重现我看见的苦难。

1831 年年末，我到了位于密西西比河左岸的欧洲人口中的孟菲斯。在那里逗留的那段时间，一大群来自巧克陶部的人到了那儿。路易斯安那的法裔美国人管他们叫夏克塔部。这些离开家乡的野蛮人，想去密西西比河右岸，他们觉得那里会有一处美国政府允许他们容身的地方。这一年的冬天出奇的冷。地面上形成了一层僵硬的雪层，巨大的冰块在河里漂荡。印第安人拖家带口，在他们身后的是一群老弱病残，里面有刚刚降临人世的婴儿，也有即将去世的老者。他们没有帐篷，没有车，有的只是少量的粮食和粗陋的武器。他们登船渡河的景象我亲眼所见，那么凄清的景象，我会永远铭记。人群稠密，却没有一丝半点的哭泣声和喊叫声，所有人都沉默不语。长久的艰难处境让他们丧失了脱离苦难的信心。他们将自己的狗留在岸上，独自登上了那条大船。等这些动物终于明白，将再也见不到自己的主人时，一起疯狂地吠叫出声，然后跳进漂着浮冰的密西西比河里，在装着主人的船后边游水。

对印第安人的压迫，现今总是以一种标准的或者说是合法的形式进行。

欧洲人到了一处已有野蛮部落生活的荒原，美国政府通常会派一个政府的使者去这个部落。之后，白人将印第安人聚集到一个空旷的地方，和他们一起开怀畅饮，然后，告诉他们："在这块你们世代居住的土地上，你们能有什么作为？很快你们只能仰仗挖祖坟过活了。和其他地方相比，你们住的这个地方好在哪儿。森林、沼泽和草原，哪里没有？世间又不是除了你们这儿，就没有合适的居住地了。你们看看天边的那些山，在它后边，在你们土地最西边的那个湖的另一边，有一个很大的地方，那里到处都是奔走的野兽。你们可以把自己的土地卖给我们，到那片土地上去过好日子。”在这套说辞之后，他就拿出一些火枪、呢绒的衣服、一桶桶的酒、玻璃项链、金属手镯、耳环和镜子给印第安人看[1]。如果看到了这些好东西，印第安人仍旧不为所动，他就慢慢劝他们接受自己的提议，暗示他们，日后政府或许会强制使用自己的权势。最后如何了？在诱导和胁迫之下，印第安人只能离开自己的家乡。他们去新的蛮荒之地居住，可是白人又怎么会让他们顺顺当当地住在那儿？不过十年就又来了一次。就这样，一大片一大片连欧洲最有钱的国王都买不起的土地，却被美国人以极低的价格买了下来[2]。

---

[1] 国会第 117 号立法文件有对此类交易进行介绍，可以参考。下面这段详细的描述来自我刚刚引用的 1829 年 2 月 4 日克拉克先生和卡斯先生呈送国会的报告。刘易斯•卡斯先生是现在的美国陆军部长。

克拉克先生和卡斯先生写道：“来到签约地点的印第安人，看上去非常可怜，身上几乎什么都没穿。他们在这儿看到并试用了很多美国商人专门带来的让他们觉得十分有用的东西。妇女和儿童马上开始向家人索要那些他们想要得到的各种东西，并对那些能决定土地买卖的人施加自己的影响。印第安人目光的短浅，是一贯的和难以改变的。解决家人的这些迫切需要和满足他们的愿望，是印第安人的一种坚定的情感。未来可能得到的好处，对他们来说没有什么价值。他们经常忘记过去，并且从来不关注未来。如果他们的要求不能立刻得到满足，那么你怎么恳求他们出让他们的一部分土地也都不起任何作用。当你公正地指出他们当前生活的困苦时，你就可以很自然地看到他们热情的表情，因为你使他们的痛苦得到一定程度的缓和。”——原注

[2] 爱德华•埃弗雷德1830年5月9日向众议院汇报，说按照协议，美国人已经在密西西比河的东、西两岸得到了 23000 万英亩土地。

1808 年，以 1000 美元从奥塞伯部手中买入了 4800 万英亩的土地。

1818 年，以 4000 美元从夸保人手中买入了 2000 万英亩的土地。夸保人为狩猎留了 100 万英亩的土地，并庄严地发下了绝不失去这块土地的誓言。可是不久之后，他们仍旧没能保住这块土地。

印第安人事务委员会的陈述人贝尔先生，1830 年 2 月 24 日向国会汇报说：“对于我们想使用的但已被印第安人宣告为他们所有的荒原，我们采取的措施是将那些已经没有猎物可供狩猎的土地买下来。这种措施最为合适，也最符合法律手续，而且和暴力夺取野蛮人的土地相比，这种措施也更符合公理正义。

“从印第安人手中购买土地的行为，只不过是换了一种方法——以人道和折中的办法替代原本的武力——来得到新大陆的土地。我们宣称这片土地是我们发现的，而通过此种方法，我们一样可以变成它的主人，不仅如此，还能保证我们文明人有权在这片被野蛮人占领的土地上安家落户。

“迄今为止的不少交易，都是在印第安人面前，压低其土地的价格实现的；他们以后也会轻

我已经对这些巨大的苦难进行了描绘，可是我还要再说一句：我认为这些苦难难以避免。北美的印第安人的消亡，在我看来是天命如此。我没办法让自己相信，欧洲人在太平洋海岸站稳脚跟儿之后，印第安人还能继续存在[1]。

只有两条路能让北美的印第安人获救：一条是和白人交战，一条是主动接纳文明。换言之，要么消灭欧洲人，要么与欧洲人变成同一种人。

他们原本可以在白人的殖民地刚刚兴建时，团结一致将才在这一大陆海岸线登陆的少量外来者驱逐出去[2]。他们尝试过很多次，而且几近成功。如今，力量已经差异到了他们连这种想法都不会有的地步。可是印第安人中终究有些有远见的优秀人才，他们料到了将来的厄运，于是，想方设法团结各个部落来携手对抗欧洲人。可是他们的努力徒劳无功。

离白人较近的部落非常虚弱，根本无法组织有力的战斗；一些别的部族则在野蛮人的本能的驱使下准备过一天算一天，什么都不做，任由灾难降临。在这之中，有些部落是无能为力，有些部落却是完全不愿意采取应对措施。

可以预料，印第安人要么永远不愿接纳文明，要么就是他们想接纳的时候，已经太晚了。

文明是在一个地方长时间劳作酝酿出来的。它世代相传，一代代完善。在所有民族中，狩猎民族最难以让文明占据统治地位。游牧民族也经常更换居住地，可是他们迁徙的路线是一样的，最后的终点都是原来的地方。可狩猎民族的居住地却是由猎物的栖息地决定的，猎物的栖息地变了，他们的居住地也要变。

曾经有人尝试进入印第安人生活的地方传播文明，却又不改变他们漂泊的风气。在加拿大，曾有耶稣会会士做过这样的尝试，而在新英格兰，也有清教

---

易地通过此种交易将地卖给我们。所以，美国的飞速发展从未因为向印第安人买入土地的所有权而被延误。”（第二十届国会第 227 号立法文件第 6 页）——原注

[1] 而且在我看来，这种想法是美国所有国务活动家都有的。

卡斯先生向国会汇报说：“观过去断未来，印第安人的数量越来越少，最终整个种族彻底消失是可以预料的。除非我们不再开发自己的边疆或者将彻底改变我们和他们两者间的关系，否则这种结局无法避免，而我们和他们之间的关系，就目前来说，他们永远都会觉得是不公平的。”——原注

[2] 其中有几次反抗很值得一提，包括，瓦帕诺部为了抵抗白人而发起的战争；1675 年在美塔科姆的带领下，若干部落结盟抵抗新英格兰殖民者的战争；1622 年在弗吉尼亚，遏制住英国人的那场战争。——原注

徒为此努力过[1]。可是耶稣会会士也好，清教徒也罢，坚持的长时间都不长。在猎人的木屋中，文明开了花，可是到了森林，它又枯萎了。这些走到印第安人中间的文明的传播者，他们最大的失误是他们不知道，一个没有定居下来的民族，是无法接受文明的，而想让他们定居，就要让他耕种田地。所以首先要做的，应该是让印第安人变成农夫。

这个让印第安人迈向文明的序曲，他们不但没有，还非常抵触。

猎人过着四处漂泊的冒险生活，农夫则要时常按照一定的规律劳作，人们只要喜欢上前者，就会对后者产生一种近乎难以遏制的抵触。在我们文明社会的人身上，也会出现此种情况；可是当整个民族的所有民众都形成了狩猎的习惯，这种情况就表现得更加鲜明。

这是个一般原因，而在这个原因之外，还有一个原因是印第安人社会独有的，也非常重要。这个原因我在前边已经说过了，不过我相信我有必要在这儿再说一次。

北美的土著不喜欢劳作，并以劳作为耻。他们对文明的抵触，有傲慢的原因，也有懒惰的原因，而两者的强硬程度近乎相同[2]。

在自己用树皮搭建的木屋中生活，就没有了做人的尊严，是一件令人悲伤的事？这点任何印第安人都不会表示认同。在他们看来，只有下等人才会辛苦干活，那些在田地里干活的人和耕牛没什么不同，而我们的所有手工制作都是奴隶的工作。白人的能力和聪明才智，确实得到了他们的敬佩，可是他们敬佩的只是我们的劳动成果，对于我们得到结果的方法，却满是轻鄙；一边说我们高明，一边觉得自己更厉害。他们认为人类只有两项工作值得去做，一个是狩猎，一个是战斗[3]。在森林中生活困窘的印第安人，却和中世纪生活在古堡里的贵

[1] 参见关于新英格兰的种种史料。参见沙尔瓦所著的《新法兰西历史》和《布道通讯》。——原注

[2] 《美国气候与土壤》的作者沃尔内在书中第 423 页写道：各个部落仍有些老战士，在看到有人以犁铧耕地时，叫嚣此种做法有损古风。在他们看来，用这种新东西，代表野蛮人堕落了，想要恢复他们的荣耀和力量，必须重建他们的古风。——原注

[3] 以下记述是从一份官方文件中摘录的。

“除非与敌人战斗过，有可以炫耀的战功，否则一个年轻的男人是得不到人们的尊重的，几乎会被当成女人看待。

“他们的体现战争的大型舞蹈中有一个环节是，所有战士轮流去竖立在场地里的木杆跟前进行敲击，并对这个杆子大声喊叫，并讲述自己的功绩。若是在他讲述的时候，在场的他的亲人

族有着相同的看法和观念。他们若是成了战胜的一方，就和中世纪的贵族毫无二致了。这真是件奇怪的事！如今将欧洲悠久的成见再次提出来的，居然是生活着原住民的新大陆的原野，而非生活着欧洲人的新大陆的海岸。

我在本书的描述中曾经一再希望读者明白：我认为民情和法制受社会状况的影响极大。针对这一问题，我需要再多说几句。

当我发现：在政治制度上，我们的日耳曼人祖先与北美的游猎部族存在相同之处；在生活习惯上，对比塔西佗的描绘与我有时亲眼看到的印第安人的生活习惯，也有相似之处，我不由得会想：应该能在各种各样的人类活动中，找出几个首要的，可以引发其他事实的东西，毕竟相同的原因已经在两个半球结出了相同的果实，不是吗？所以我相信，在我们口中的日耳曼人的政治体制中发现一些野蛮人的习惯，在我们口中的封建思想中发现一些野蛮人的理论，并非不可能。

北美的印第安人受成见和不良习气影响而不愿意进行农业劳作，不愿意接受文明，确实是这样，可有时在实际需要的推动下，他们不得不进行农业劳作和接受文明。

如今，南部的几个非常大的部族，尤其是柴罗基部和克里克部[1]的周边已经布满了欧洲人。这些不约而同涌到他们身边的欧洲人，有从大西洋沿岸来的，有从俄亥俄河顺流而下的，有沿着密西西比河逆流而上的。北部的部族被人不断驱离原本的地方，这些部族却不是这样，他们还在自己原本的地方，只是领地越来越小，就像被人围住的猎物，只剩束手就擒了。

---

和战友能够认真聆听，在他讲述之后能够大声鼓掌、高声喝彩，则证明他们对他的话印象很深。在他们看来，如果不是没用到了极点，一个年轻的男人必定在这种聚会中讲述过自己的功绩；不少这样神采飞扬的年轻战士会突然离开跳舞的地方，去拿能够证明自己功绩的战利品和让他骄傲的证据。”——原注

[1] 现在这两个部落分布在佐治亚州、田纳西州、亚拉巴马州和密西西比州。

巧克陶部、契卡索部、克里克部和柴罗基部是过去分布在南部的四大部落（如今还留下了一部分）。

这四个部落在 1830 年还有大约 75000 人。如今在英裔美国人占领和购买的领地内的印第安人大概有 30 万。（参见《纽约市印第安人事务管理处文件集》）国会收到的官方资料显示的准确数字是 313130 人。我刚刚援引的那份文件（第二十届国会第 117 号立法文件第 90 ～ 105 页），对英裔美国人领地内的印第安部落的名称和实际情况进行了介绍，读者了解相关内容，可以一看。——原注

在这种情况下，印第安人只能在文明和死亡间二择其一，也就不得不如同白人一般靠劳动维生了。所以他们开始耕作，不过这只是受生活所迫的不得已的行为，原本的习惯和民情他们并没有彻底丢掉。

相比于其他部落，柴罗基部的文明程度更高一些。他们有自己的文字，创建的管理机构十分稳定。与此同时，因为新大陆的所有事物的发展速度都非常快，所以他们在整个部族都衣不蔽体时，就有报纸了[1]。

印第安人接受欧洲人生活习惯的速度因为混血儿的出现而加快了很多[2]。混血儿从父亲那边学得知识的同时，又保留着母亲那边的野蛮人的习惯，他们将文明和野蛮自然而然地联结到了一起。所有混血儿多的地方的野蛮人，他们的社会状况和民情都在慢慢发生变化[3]。

所以柴罗基部的成绩，只是证明印第安人有接受文明的能力，至于他们能否获得成功，就很难说了。

一个印第安人难以克服的普遍原因，导致印第安人很难成功地接受文明。

野蛮民族通常都是凭借自身努力一点一点地自己获取文明的，这点你只要认真地研读一下历史，就能发现。

---

[1] 这份绝无仅有的报纸，我还带了几份回法国。——原注

[2] 见印第安人事务委员会呈送给第二十一届国会的第227号报告第27页。这份报告指出柴罗基部的混血儿的数量有了一定程度的增加，而主要原因最早能追溯到独立战争时期。当时佐治亚州加入英国阵营的英裔美国人被追击到印第安人的居住区，娶了那里的印第安人。

[3] 可惜混血儿的数量终究有限，而且对北美的影响也没有别的地方大。

美洲大陆的这部分地区是欧洲的两大民族的移民——法国移民和英国移民公共开发的。很早就有法国人和印第安姑娘成婚，可是这段关系，新郎无论是对着印第安人还是自己人都得守口如瓶。他们不但没将文明人的生活习惯和喜好传递给野蛮人，还被野蛮人的生活迷住了。在荒原地区，他们是最可怜的外来者，为了得到原住民的友情，只能夸耀印第安人的品德或者不良习性。加拿大总督赛农维尔1685年向路易十四汇报说："一直以来，我们都必须和印第安人多多往来，如此才能让印第安人向法国人转变。可这种想法并不正确，因为和我们接触的印第安人并没有法国化，反倒是和他们频繁接触的某些法国人变成了野蛮人。"（沙尔瓦：《新法兰西历史》第2卷第345页）

英国人却不是这样，祖辈传下来的思想、风俗和所有习惯他们都坚定地遵守着。他们将欧洲城市里的那种宁静的生活带到了美洲的荒原之中。所以对于自己藐视的野蛮人，他们又怎么会愿意与之结合呢，为了不让自己的血液融于野蛮人的血液，他们可以说是竭尽所能。

所以，在促进印第安人开化这件事上，法国人没起到一点有益的作用，至于英国人，印第安人始终视其为外来者。——原注

他们通常是以征服者的身份去吸收其他民族的文化知识的。半蒙昧的民族打败了文明的民族，例如北方民族征服罗马帝国，蒙古人攻占中国，野蛮民族通过胜利而赢得的权力足以让他们拥有和文明人同等的地位，直至文明人成为他们的敌人。一个依靠武力，一个仰仗智慧。吸引前者的是被征服者的知识和技术，吸引后者的则是被征服者的权力。

最终，文明人走进了野蛮人的皇宫，而野蛮人则进入了文明人的学校。可是，如果征服者不但拥有物质力量，在智慧方面也更占上风，那么等待被征服者的通常不是文明，而是衰败与覆灭。

总而言之，野蛮人可说是拿着武器去找知识，而非凭借自己的才干去学习知识。

如果如今生活在大陆中部的印第安部落，那时凭借自身力量毫不动摇地想办法让自己文明起来，那它们还有成功的可能。那时，周边的部落都不如它们强大，它们完全可以慢慢壮大自身力量，并积累经验；等之后欧洲人在它们的疆界上出现时，他们就算无法维持原本的独立，也总能做到让欧洲人承认它们是土地的所有者，让欧洲人同意双方联盟。可是和它们遇上的那个民族是最文明的民族时——我再多说一句，也是世界上最贪心的民族——自己还处于半蒙昧之中，这也就导致了印第安人的厄运。换句话说，印第安人的厄运是源自于他们找的老师却希望成为他们的主宰，他们要在压迫中习得文明。

无拘无束地生活在北美森林中的印第安人是最穷的，可是无论在谁面前，他们都不会感到自卑。可是他们发现如果他们想在白人的社会阶梯中占有一席之地，那么他们的位置只会是社会的最底层，因为没有权势也没有知识的自己准备进入的那个社会，被知识和财富统治着。

他们之前所过的日子虽然漂泊不定，危险重重，可是这种生活他们觉得开心，觉得自豪[1]，而如今他们只能在乏味和糊涂中熬过一生了。他们认为文明

---

[1] 据我所知，狩猎民族的生活虽然危险重重，可是却有一种让人无法阻挡的魅力，让人不由自主地被吸引，进而将经验和理智抛到脑后做出冲动的事。这一真理的真实性，读者看过《坦纳回忆录》就会知道。

身为欧洲人的坦纳，在他 6 岁的时候，被印第安人掳到了丛林之中，他在那儿和印第安人共同生活了 30 年。他记述的惨况是他这一生见过的最为可悲的画面。他记述了那些失去领袖的部落、与部族失散的家庭、流离失所的落单者、拖家带口的强大的部族迎着冰雪在加拿大的荒原中漂泊的景象。他们又冷又饿，似乎没有一日不在等着死亡的降临。民情和传统在那里失去了作用，风俗习惯也变得脆弱不堪。人们一日比一日粗鲁蛮横。所有这些不幸，坦纳都经历了。后来他知道

只有一个值得称颂的结果，就是让他们在蔑视中通过辛苦劳作赚钱谋生。而且如此微小的成绩，也未必一定就能获得。

印第安人学着他们的欧洲人邻居种田，激烈的竞争马上让他们遭受了重创。耕种这门技艺，白人已经练得炉火纯青，可印第安人从未接触过，刚刚才开始学。丰收对前者来说手到擒来，可后者要历经重重磨难才能让农作物从地里钻出来。

欧洲人非常了解和自己生活在一起的人的生活诉求，因为他们的生活诉求是一样的。

野蛮人被他们的敌人——白人，隔离孤立起来，他们不清楚白人的风俗、语言和法律，可对白人又有实际上的需要。他们想要得到生活物资，必须用自己的东西去和白人换，因为同族能够提供的本就有限的支援，如今已经彻底没有了。所以白人农民总能找到买家，而印第安人在贩卖自己的物品时，却无法做到这一点。另外，印第安人想要生产白人以低廉的价格售卖的那些产品，却要耗费大量金钱。

如此一来，印第安人这个民族，刚从野蛮的困苦生活中脱身，却又马上被卷进了更为凄惨的迈向文明民族的深潭。在他们看来，我们的环境虽然较为富足，可是生活在其中的艰辛并不比生活在丛林中少。他们仍旧维持着一部分四处游荡的生活习惯。他们的习俗还在发挥效力，他们仍旧喜欢打猎。以往森林中欢快的蛮族时光，如今已成了模糊的记忆里的一道亮色。他们不再畏惧森林

---

了自己欧洲人的身份，加上没人阻止他和白人来往，于是他每年都可以和白人进行交易，他去白人家中做客，目睹了白人闲适的生活。他清楚，这种生活他只要回到文明社会就可以拥有。因此在蛮荒之地生活了30年之后，他回到了文明社会中，但他坦诚地说，就算如此，他记述的那些凄苦的生活仍对他有一种诡秘的吸引力，他也不知为什么会如此。虽然放弃了那种生活，可他无法容忍自己对那么多可怜的人置之不理，所以经常回去那里。最后，他和白人生活在一起，可是那种平静安宁的生活，白人的孩子并不愿意和他共享。

我曾经见过坦纳，就在苏必利尔湖的入口那里。我对他的感觉是，相比于文明人，他身上更富有野蛮人的气息。

坦纳并未在书中描绘印第安人的体制和喜好，不过他对印第安人的偏见、激情和不良习性，特别是他亲眼所见的惨状进行了生动的描绘。

写过一本有关英国流亡犯殖民地的著名著作的欧内斯特·德·布洛斯维尔子爵，将坦纳的回忆录翻译成了法文。他在翻译过程中加了很多十分有趣的注释，让读者能够以当前众多观察家记述的事实来和坦纳的回忆进行对比。

布洛斯维尔先生的这本书，是所有想了解印第安人的现状和推测印第安人的未来的读者都应该看的。——原注

中的苦难，原本在森林中觉得危险的事，也觉得不那么危险了。以前他们互相之间身份平等，自己在这种平等中拥有独立，可如今身处文明社会，自己的地位却如同奴隶，前后的差异实在太大了。

另一边，那片曾经很平和地生活了很长时间的荒野，与他们的距离非常近；走上几个小时就能回到那儿。他们的白人邻居若是出一笔数额足以让他们离开白人，过上安定生活的巨款，将那块勉强能够养活他们的开垦了一半的土地买走，他们就会丢下犁铧，拿起武器返回荒野，再也不回来[1]。

我已经介绍过的克里克部和柴罗基部的情况就能证明这幅可悲的图景的真实性。

印第安人做的事情不多，但他们在这些事情上显露出的才华并不比欧洲人在自己的大事业上显露的才华逊色，这毫无疑问。可是在学习方面，即使是再富有智慧和才干的人或者民族，也要花费时间。

欧洲人在野蛮人向着文明努力的时候，继续从各个方向包围他们，包围圈的范围也在慢慢减小。如今，这两个种族不仅碰面，还直接碰到了一起。和自己野蛮的祖先比，印第安人进步了，可是和自己的白人邻居比，他们仍有极大的差距。没过多久，欧洲人就凭借自己的物资和知识，将原住民从占有的土地

---

[1] 欧洲人自己也注意到了这种极端开化的民族对较为不开化的民族的影响。法国人在沃巴什河畔建立的文森特镇已经有100多年的历史了，那时那里还是一片荒野。他们在那儿过着平静的生活，直至美国移民抵达。没过多久，美国移民开始通过竞争压制那里的老住户，之后又低价买下了他们的土地。这一情况，沃尔内先生对我做了详细的介绍，他告诉我，他路过那里时，那里的法国人已经不足100人，其中还有很大一部分人打算移居加拿大和路易斯安那。这些质朴忠厚的法国人，文化水平较低，也没什么手艺，还有了一些野蛮人的风气。美国人或许在品德上远不如他们，可是在智力上却超过他们很多。美国人有技术、有知识、有钱，又有独立管理自己的习惯。

我曾经亲自去加拿大调查过，在那儿，两个民族的文化差异远没有上面说的那么大。在加拿大的土地上，美国人主要从事工商业活动，并且正在迅速朝各个方向扩张，而法国人，则被挤到了几块十分狭小的土地上。

路易斯安那的情况也是这样。英裔美国人几乎控制了那里所有的工商业。

在某些方面，德克萨斯的情况更加严重。众所周知，德克萨斯州隶属于墨西哥，紧挨着美国。几年前，英裔美国人就以个人的身份开始向这个荒无人烟的地区渗透，他们在那里买地，开工厂，迅速地从客人变成了主人。如果墨西哥不马上制止这一活动，那么我敢说，用不了多久德克萨斯就不再是墨西哥的了。

欧洲人之间的文化差异相对来说还不那么大，可仍旧引发了这种结果，既然如此，那么对于印第安野蛮人在被最完备的欧洲文化侵蚀之后势必出现的结果，还有什么难以想象的呢？——原注

中获得的好处抢走了很大一部分。他们在原住民的居住区安家落户，凭借武力或者以低廉的价格将原住民的土地占为己有，通过原住民无法匹敌的竞争，将原住民弄到破产。

一个人员众多和占主导地位的民族，在印第安人的土地上围困、隔离了印第安人，他们将自己所在的区域视为殖民地，将印第安人视为不太听话的异族[1]。

在写给国会的一篇咨文中，华盛顿说："印第安各个部落都不如我们文明、强大；为了我们的名誉，我们一定要温和，甚至宽容地对待他们。"

可是，这项高尚的德政，却遭到了破坏。

一般来说，移民们敲诈勒索是和政府的暴政相伴相随的。虽然相比于欧洲人，柴罗基部和克里克部在自己的土地上安家的时间更早，可美国人却将他们视为外来者，他们所在的州，也不承认他们民族的独立性，要求这些刚刚走出森林定居下来的人，必须遵从该州的行政管理、习惯和法律[2]。这些可怜的印第安人曾经在贫穷的驱使下迈向文明，可是如今又在压迫的驱赶下重回野蛮。扔下了开垦了一半的田地，捡起野蛮人的习性，他们中有不少人都是这样。

南部各州的所有措施都有着相同的最终目标，就是将印第安人彻底驱逐出

---

[1] 第二十一届国会第89号立法文件记述了一些白人想方设法谋夺印第安人土地的事。英裔美国人有时借口其他地方没有土地，请国会派兵将印第安人赶走，然后落户在印第安人的土地上；有时，他们抢印第安人的家禽，烧印第安人的房子，割印第安人的庄稼，甚至用武力欺凌印第安人，然后落户在印第安人的土地上。

以上这些资料表明，土著通常是滥用暴力的受害者。通常，联邦政府会派代表到印第安人生活的地方驻扎。我引用的那些文件在谈及那些代表和柴罗基部落的关系时，无不表示，这些代表一直站在野蛮人那边。这份文件第12页写着，政府代表说："柴罗基部落所在地遭受白人入侵之后，生活在那里的贫穷且安分的居民将会一无所有。"几页之后，他表示，佐治亚州预备进一步压缩柴罗基部落的领地，连界限都划好了。这位联邦代表表示，白人没同柴罗基部落商议就自己划定了界限，所以毫无疑问，没有法律效力。——原注

[2] 亚拉巴马州于1829年在克里克部落的领地内设立了县，让欧裔美国的行政官员来管理印第安人。

密西西比州于1830年开始推行让巧克陶部和契克索部白人化的策略，并宣布，任何人胆敢率众抗命，都将被处以1000美元的罚款和一年的监禁。

面对密西西比州的这一法令，夏克塔部落的印第安人在酋长的召集下开会对这一问题进行了讨论。酋长在他们面前揭露了白人的野心，并呼吁大家抵制这一法令。野蛮人一致表示：就算回到丛林里，也不会答应。（参见密西西比州的法律）——原注

去，这点只要看看那些州的立法部门所推行的残暴措施，看看那些州的统治者的行为和法院判决，很容易就能发现。在联邦这一地区生活的美国人贪婪地盯着印第安人拥有的土地[1]。他们准备在文明强化印第安人定居的决心以前，先以破产断绝印第安人的希望，让他们不得不离开。克里克部和柴罗基部被所在的州压迫，只得去找中央政府主持公道。中央政府受理了他们的控告，它确实想将剩下的这些原住民救下来，愿意捍卫自己赋予原住民的自由占有土地的权利[2]。可是中央政府开始执行这一举措时遭到了那几个州的强烈反对。因此，为了保证美国联邦的稳定，中央政府只能狠下心来，任由那几个已经只剩半条命的野蛮部落自己消亡。

联邦政府保护不了印第安人，为了减轻他们的痛苦，决定由自己掏钱，将这些印第安人移居到其他地方。

阿肯色位于北纬 33 度和 37 度之间，是一个辽阔的空旷地带，它的名字是按照其境内的一条大河的名字取的。它的一侧和墨西哥相连，一侧临近密西西比河。那里有众多彼此交错的河流，气候温和，土壤丰饶，在它上面漂泊的野蛮部落只有几个。

联邦政府为南部剩余原住民选择的新的居住地，就是这个和墨西哥相邻，又和美国白人的居住区有一定距离的地方。

据说 1831 年年末时，抵达阿肯色河两岸的印第安人已经超过了一万，并且每天都有新人接连赶至。可是国会并没有一个统一的意见去安顿那些把命运交到他们手里的人。最后，一部分印第安人兴高采烈地离开了白人聚集区，而有些已经获得文明的印第安人却舍不得自己辛苦耕种的田地和新建的房屋。他们相信，文明的过程必须一蹴而就，只要中止就将难以为继。他们知道新的地区是给野蛮人准备的，没有针对农夫生活做任何准备工作，而自己的定居习惯不过刚刚养成，他们怕到那里，新习惯将会一去不返。他们清楚新的蛮荒之地有敌对部落在等着他们，可无论是野蛮人的体力，还是文明人的智慧，他们都不具备，如此又怎么和敌人交锋呢？另外，抵达新地区的印第安人马上发觉，

[1] 佐治亚州的白人对自己的白人邻居十分厌恶，这使得他们生活的地区人口到现在都非常少，一平方英里不过 7 个人。这种地区若是放到法国，一平方英里得有 162 人。——原注

[2] 1818 年国会下令组建一个考察团去阿肯色地区视察，并让克里克部、巧克陶部和契克索部组成联合代表团作陪。肯纳利、麦科伊、沃什·胡德和约翰·贝尔等几位先生是该考察团的首要成员。国会（众议院）第 87 号文件记录了该考察团的各项报告和日志。——原注

联邦政府为他们做出的那些部署，没有一样是永久性的。没有人能够保证，他们到了新的地方就能过上平安的生活。美国政府承诺他们到了那儿之后，会为他们提供保护，可是这种承诺，针对他们当前居住的地区，美国政府也曾义正词严地作出过[1]。美国政府如今虽然没有掠夺他们的土地，却放纵他们的土地被他们掠夺。几年之后，如今环绕在他们周边的这些白人无疑也会将脚伸到阿肯色的荒野，继续压迫他们。到时，现在的苦难，他们就要再承受一次，并且一样无能为力。他们手里的土地早晚要被夺走，至于他们自己，必定是死路一条。

联邦政府施加在印第安人身上的政策，没有诸州施加在印第安人身上的贪婪、残酷。可是不管是联邦政府，还是州政府，都不讲诚信。

这些州在将它们的法律赏赐给印第安人时，就已经猜到了印第安人在被法律约束和离开故土中间会选择后者；至于中央政府，在它在西部为这些可怜人划定永久的生活区域时，它清楚地知道自己无法保证他们能永远生活在那儿[2]。

所以这些州无一不是以暴力的形式来驱逐野蛮人，而政府则通过自己的承诺和财力对这些州的驱逐行为提供帮助。两者采取的方式虽有不同，但它们所追求的目的是一致的[3]。

---

[1] 1790年和克里克部签订的协议中，有一条写明：“合众国郑重承诺，克里克部在联邦区域内的所有土地都归克里克部所有。”

相似的内容，在1791年和柴罗基部签订的协议中，也可以看到：“合众国郑重承诺，柴罗基部此前未曾让出的一切土地均归柴罗基部所有。若是合众国有哪个公民或者别的印第安人胆敢移居到柴罗基部落的领地，那么合众国将不再保护该公民，并将其交给柴罗基部随意处置（第8条）。”——原注

[2] 它继续义正词严地做着承诺。1829年3月23日，总统写给克里克部的信（参见《纽约市印第安人事务管理文件集》第5页）中说：“你们的祖先为了让你们在大河（密西西比河）的另一岸过上富足的生活，已经在那里准备了广阔的土地。你们在那里完全不会被你们的白人兄弟所侵扰，因为他们对你们的土地毫无权限。就像草木永不枯萎，河流永不枯竭一般，在那里，你们和你们的孩子可以过上平静悠闲的生活，那里的一切都是你们的，直到永远。”

1829年陆军部长致信柴罗基部，表示他们不该只是满足于安逸地在如今的这片土地上生活，并承诺，迁往密西西比河对岸会让他们过上比现在更好的生活（上述文件集第6页）。这一权限，他们现在都没得到，那时倒像是拥有了一般。——原注

[3] 各州和联邦对印第安采取的措施如何，若想深入了解这一问题，首先得查阅诸州针对印第安人确立的法律（第二十一届国会第319号立法文件对这些法律进行了汇编），其次得查阅联邦政府对此一问题确立的法律，尤其是1802年3月30日法令（在斯托里的《美国法律》中记有这

在自己送交国会的请愿书[1]中，柴罗基部说："在宇宙的主宰、我们的祖先的旨意的指引下，美洲的红色人种变得衰败，白色人种则成了强悍而声名显赫的种族。

"虽然红色人种在你们的先祖抵达我们的海岸时蒙昧而野蛮，但那时红色人种是兴盛的，他们和蔼地招待他们，将干燥的土地让给他们休息疲惫的双脚。那时我们双方的祖先和睦相处，其乐融融。

"印第安人接受并满足了白人的所有诉求。那时，印第安人是施与者，白人是乞讨者。现在情况不一样了：红色人种力量减弱。红色人种的权力在邻居人数的不断增长中逐渐削弱。在你们所谓的合众国的领土上，以前有大量强悍的部落，可如今只有几个在灾难中残存了下来。北方的各个部落以前在我们之中出了名的强悍，可是现在几乎无一幸存。迄今为止，美洲的红色人种的际遇就是如此。

"我们这些红色人种，有幸尚未消失，是不是也免不了一死？

"我们当前拥有的土地，我们一致的先祖在记忆无法企及的远古就将它赐予了我们的先人，我们又以接受遗产的方式从我们的先人手中得到了它。这是我们先人的埋骨之所，所以我们怀着崇敬的心情保留着这片土地。这份遗产，我们是什么时候送人或者舍弃了？请原谅我的不自量力，我想问问你们：有什么权利比继承权和最先占有权，更能让一个民族有充分的理由占有一片土地吗？

佐治亚州和合众国总统如今宣称我们已经没有这项权利了，这我们清楚。可是，在我看来，这种论断全无半点依据。我们何时失去的这项权利，我们犯了什么滔天大罪使得我们失去了这一权利？独立战争时期，我们曾响应大不列颠国王的号召与你们交战，你们是在指责这件事吗？如果你们认为我们这样做是犯了滔天大罪，那你们在此次战争结束之后所签署的第一份协定中，为什么不说我们已经失去了拥有这片土地的权利？那时，你们怎么不在那份协定中加上一个条款说'考虑到柴罗基部曾经参与战争，合众国虽愿意与柴罗基部和谈，但仍宣布：以后只将柴罗基部当成租地的佃户，和柴罗基部相邻的州如果要求柴罗基部撤离，柴罗基部必须听命撤走'。那时你们可以这么说啊，可你们谁

一法令）第2卷第838页及后边几页。第三，美国联邦目前和所有部落的关系，若想了解这一问题，可以去翻阅美国陆军部长卡斯先生1823年11月29日的报告。——原注

[1] 提交日期是1829年11月19日。以下内容是逐字翻译的。——原注

都没想过这么说，并且那些会让他们失去最崇高的权利和土地的协议，我们祖先也并未答应。[1]”

印第安人的话就是如此，并且他们所言属实。看上去，他们预料的那件事是无法避免的。

北美原住民似乎注定要遭遇厄运，这点从任何角度看都是一样：他们若是继续野蛮的生活，白人为了扩张将会不断驱赶他们；他们若是想向文明前进，那么在和远比他们文明的人来往之后，将承受压迫、陷入贫穷；他们若是在一块块荒原中不断迁徙，终将灭亡；他们若想办法不再漂泊，也免不了要灭亡。他们想要获得文明，必须得到欧洲人的支持，可是他们的情况却因为欧洲人的到来变得更糟了，只能被赶回去继续过野蛮的生活。生活在荒野之中，他们的民情是不会变的。等他们逼于无奈，不得不想办法改变民情时，又已经太晚了。

西班牙人那时对印第安人的驱逐，就像他们以猎犬追赶野兽一般。他们不问缘由，如同捣毁一座城市一般冷酷地劫掠了新大陆；可是仍有印第安人活了下来，并且疯狂总是有界限的。最终，在大屠杀中存活下来的印第安人实现了与屠戮他们的人的融合，他们接受了屠戮者的信仰与生活模式[2]。

美国人和西班牙人不同，他们在对待原住民方面看上去还遵守一些规矩和法律。美国人绝不会强行阻挠印第安人保持野蛮状态的意愿，他们愿意将印第安人视为一个独立的民族。印第安人的土地，除非按照协议规定的手续完成交易，否则严禁一切人等肆意占领。如果哪个部落遭遇祸事，无法在原来的地方继续生活，那么，美国人愿意伸出兄弟之手，送他们去遥远的他乡自生自灭。

西班牙违天逆理，冒着被世人唾骂的危险，凭借前所未有的暴虐屠戮印第安人，却没能彻底消灭印第安人，最后还让印第安人和他们共享了权利。与之相比，美国人的手段就高明多了，他们按部就班，依法而行，怀着慈悲心肠，兵不血刃，遵循的原则在世人眼中也算不得违天逆理[3]，却两个目标都

---

[1] 托克维尔只是摘录了请愿书的部分内容，全文可参见第二十一届国会（众议院）第一次会议第 311 号报告第 7 页。——译者注

[2] 西班牙人算不上这一功劳的所有者。因为印第安各个部落在欧洲人抵达之前，就已经开始从事农业生产了，否则南美的印第安人也会和北美的印第安人一样走向覆灭，这毫无疑问。——原注

[3] 关于这件事，得先看看贝尔先生于 1830 年 2 月 24 日作的那份报告，这份报告他是以印第安

达到了。以尊重公理道德的法律为手段将人消灭，美国人的这一招，堪称天下无双。

## 美国的黑色人种的情况[1]以及白人因他们而受到的威胁

在孤立中生存的印第安人，终将消亡于孤立。可是黑人的命运往往与白人的命运彼此交叠。这两个种族在互有联系的同时，却又互相独立，既没有办法彻底交融，又没有办法彻底分开。

在一切危及美国未来的灾难中，最大的灾难就是黑人出现在了这片土地上。观察家们虽然有着不同的动机，可他们通常会将这一至关重要的实情，作为引发美国当前危机和未来危机的原因。

人们的好大喜功和过度求索，通常会引发长久的灾祸。可是有一种灾祸的临世却是悄无声息的——它最开始是源于对权力的滥用，人们对它的形式不过稍有感觉，它的发起者也只不过是个籍籍无名的小人物；然后，它如同被撒落在某些地面的恐怖的细菌，通过自我繁殖轻而易举地开始扩散和蔓延，理所当然地随着自己所在的社会的发展而壮大。这一灾祸就是奴隶制。

16 世纪基督教徒复活了基督教原本已经消除的压迫。他们将这种压迫施加在了一整个种族的身上，而非将它当成了一种特例在自己的社会中推行。他们让人类再次遭受的创伤虽然范围有限，可治疗的难度却大多了。

---

人事务委员会的名义写的。在这份报告的第 5 页，他通过严密的逻辑和大量的资料证明："我们从未公开或者悄悄放弃过这一原则，即印第安人绝对没有权利因为其祖先先一步占有就获得产权和主权。"

这位高人的报告，不是以自然权利和理性作为论据的基础，而是以他所谓的抽象的理论原则作为基础，满口的胡言乱语，实在让人吃惊。第二，如果从符合正义与否角度来看文明人和野蛮人的区别，那么我绝对相信，前者认为后者的权利是不正义的，而后者则任由前者触犯自己的权益。——原注

[1] 在讲这个问题之前，我请读者回忆一本书。这本书我在本书绪论中谈到过，很快就要出版了，它的作者古斯塔夫·德·博蒙先生曾和我一起去美国进行过实地考察，而他写这本书的目的，是为了告诉法国，黑人在美国白人中间的地位是怎么样的。我在此间只能简要描述的问题，德·博蒙先生却阐述得十分深入。

他的书中收录的立法文件和历史资料不仅数量庞大，还有很多是从未发表过的，除此之外，还有大量真实且色彩鲜艳的图片。任何读者，只要他想知道暴政若悖逆了自然和人道将如何让压迫愈演愈烈，他都可以去看博蒙先生的书。——原注

奴隶制和奴隶制的结果是不能混为一谈的两件事。

奴隶制在古代和现代引发的直接危害是一样的；不过这种危害的结果，在古代和现代却差异极大。古代的奴隶和奴隶主来自同一个种族，而且相比于奴隶主，奴隶往往有着更高的文化程度和学问素养[1]。他们之间只有一个区别——是否拥有自由。奴隶一旦拥有自由，那么与奴隶主融合，就是件非常简单的事。所以古代废除奴隶制的手段往往十分简单——赐予奴隶自由，而且他们只要大范围使用这一手段，就不会失败。

不过在古代，即使解除了奴役，奴役的烙印也不会马上消失，总要留存一段时间。

人类有一种本能，会让人轻视身份不如自己的人，即使这些人获得了和自己相同的地位，这种轻视也会持续很长时间。财富或者法律会引发不平等，而这种本能在它们之后，往往也能在民情中生出一种假想的不平等。不过在古代，奴役造成的这种二级效果是有上限的。只要得到自由，奴隶就和生来自由的人一模一样了，用不了多久，他们和那些自由人就没什么差别了。

对古代的人来说，更改法制最难，对现代人而言，更改民情最难；而切实摆在我们现代人跟前的难题，则又涉及古人需要克服的难题。

之所以如此，是因为现代人没有区分清楚什么是奴隶制短时间的无形的压迫，什么又是种族差异长时间、有形的压迫。只要想起奴隶制，一些种族就会觉得羞耻，可这些种族又无法将此种回忆忘掉。

所有非洲人都是被迫来到了新大陆的海岸。所以，如今在新大陆生活的非洲人，不是奴隶，也是曾经的奴隶。所以，黑人的后代生来就从祖先那里继承了耻辱的外在特征。压迫可以被法律消除，可压迫的痕迹却只有上帝能够除去。

现代的奴隶自由的程度和奴隶主不一样，种族也和奴隶主不一样。你能让黑人得到自由，但欧洲人是不会将他们当成自己人的。

事情远不止于此。他们的身份生就比别人低，他们是我们社会里的异类，是作为奴隶进来的，我们只是勉强认可他们人类的一般特征。在我们看来，他们容貌丑陋，智力低下，喜好低俗，并且只是介乎人和动物之间的一种

[1] 众所周知，古代有些声名赫赫的作家本身就是奴隶，或者曾经当过奴隶。例如希腊的伊索和罗马的特伦丢斯。蛮族是为了将文明人踩在脚下才发动战争的，所以它通常不会抓捕奴隶作为俘虏。——原注

生物[1]。

所以，现代人不但要废除奴隶制，还得清除三个根深蒂固的成见：奴隶主的成见、种族的成见和肤色的成见，这三个成见可比奴隶制更难消除。

好在我们降生的地方，大自然让我们相同，法律也让我们平等，可是这种情况也给我们出了一个极大的难题——这种情况让我们无法理解摆在美国黑人和欧洲人之间的那条天堑是怎么形成的。不过我们用类推的方法能够得到一个比较靠谱的结论。

我国曾有一些比较严重的不平等，它们基本是由法律引起的。身份是尊贵，还是卑贱，完全由法律决定，这是人类能够想到的最大的假定。明明大家都是相同的人种，可却要被永远分别开来，这是最悖逆人性的行为。可这种分别已经存在好几个世纪了，并且直至今日在很多地方仍未消失，只能等着时间将这种存在于想象中的差别抹掉。想将完全由法律界定的不平等彻底清除都这么难，那种看上去基础坚实、树大根深的不平等，又要怎么做才能除去呢？

两个种族间的结果一直是这样的。

现在看看如今的美国。我明显发现在美国的某些地方，隔离两个种族的法律壁垒正在消失，但民情上的壁垒却没有。我看到奴隶制在消退，可奴隶制带来的成见却并未消失。

在美国的某些地区，黑人的奴隶身份已经消失，他们和白人是更近了吗？只要你在美国待过，你就会发现，情况刚好相反。

在我看来，和仍旧保持着奴隶制的州相比，在奴隶制已被废除的州，种族偏见更浓烈；而且种族偏见程度最高的州，就是对奴隶制完全没有概念的州。

联邦北部的法律确实允许黑人和白人结合，他们的婚姻受到法律保护，可如果哪个白人男性和一个黑人女性结婚，他就要受到舆论的怒斥，并且此种形式的婚姻也非常少见。

几乎所有废除奴隶制的州都允许黑人参加选举；可是黑人若是真的去投票，生命都难以保全。他们有权对自己受到的伤害提起控告，可是法官无一不是白人。法律授予了黑人出任陪审员的资格，可偏见却不愿意让他们成为陪审员。招收欧洲人孩子的学校，不招收黑人的孩子。黑人就算有钱，到了剧院也无法

[1] 白人认为黑人无论是道德还是智力都比不上古代的奴隶，这种观点，除非黑人发生改变，否则白人是不会放弃的。——原注

购买和曾经的白人主人一排的席位。去医院，黑人要和白人进行隔离。白人敬拜的上帝，黑人虽然也能敬拜，但他们无法在一个教堂祈祷。黑人有自己的教堂和牧师。

天堂之门还是向他们敞开的，可是他们受不平等的地位的影响，却无法步入来世的门墙。黑人死后，遗骸将被扔到一边，因为身份不同，连死后都无法平等。

由此可见，那些宣布所有人都已经平等的人，并未将自己的权利、喜乐和工作机会和黑人共享，连墓地都不一样，虽然他们的确得到了自由。活着也好，死了也罢，他们和那些人都是隔开的。

造物主有时会收回自己的权力，让南方的白人和黑人暂时获得平等的身份。

北方的人已经骄傲到了不敢将真实的感情显露出来的地步。北方的立法者若是宣布，黑人女人没有和白人男人睡一张床的权利，那么北方的男人或许会找个黑人女人及时行乐一下；可是北方的法律若是表示他可以娶她，在恐惧之心的影响下，他反倒没了与她亲近的胆子。

所以，在美国，随着黑人奴隶身份的解除，抵制黑人的成见似乎更浓了，而在法律消除不平等之后，生活中不平等的情况更严重了。

可是，生活在美国的这两个种族的地位对照情况既然是上述这种情况，那美国人在北方消除奴隶制，在南方保留奴隶制的原因是什么呢？他们让奴隶制变得更残忍的原因是什么？

这不难解释。原因是美国是为了白人的利益才废除奴隶制的，并不是为了黑人的利益。

大概是 1621 年前后，第一批黑人被送进弗吉尼亚[1]。所以，和世界上其他地区并无不同，奴隶制也是从南方开始的。之后，从南方慢慢向别的地方扩张。不过仍旧是越往北，奴隶的数量就越少[2]。所以，新英格兰通常没什么黑人。

---

[1] 参见比弗利：《弗吉尼亚史》；《杰斐逊回忆录》，后者十分详尽地讲述了向弗吉尼亚输送黑奴的事，以及 1778 年颁布的第一个禁止输入黑奴的禁令。——原注

[2] 虽然奴隶的数量比不上南方，可是为了从奴隶交易中得到好处，北方进行的争论却比南方更激烈。纽约州的立法部门于 1740 年宣布：应该尽可能地刺激奴隶的直接输入，打击会影响正当商人积极性的走私商贩。（肯特：《美国法解读》第 2 卷，第 206 页）贝尔科纳普对新英格兰的蓄奴制进行了详细地论述，详见《马萨诸塞州历史学会论文集》第 4 卷，第 193 页。贝尔科纳普表示，从 1603 年起，新英格兰开始有黑奴输入，不过立法部门和社会舆论由始至终都认为奴隶制不可取。

一些殖民地陆续兴建，100 多年后，一个怪象开始引起了每个人的注意。和那些拥有奴隶的地区相比，几乎没有任何奴隶的地方，其人口、财富和福利的发展速度都更快。

可是一个地区，若是没有奴隶，民众就要自己耕种田地或者雇人耕种田地，而有奴隶，民众就有了不需要付薪水的劳工。前者要自己掏钱自己劳作，后者不但能享清闲，还不用花钱，可是前者的收益却高于后者。

南部的移民和北部的移民都是欧洲人，习惯相同，文明和法律也相同，只有一些不太显眼的细枝末节上稍有差异，怎么会出现这种结果呢，看上去实在让人费解。

时间继续向前推进。开始离开大西洋沿岸，朝西部的原野迁徙的英裔美国人越来越多。在那里，他们找到的新的土地，习惯了新的天气状况，各式各样的阻碍被一一清除。在那里，来自各个地方的人混杂地生活在一起：有从北方向南走到这儿，也有从南方向北走到这儿的。这一切要素共同作用，产生了一个结果。相比于奴隶制昌盛的殖民地，没有奴隶的殖民地通常人口增长得更快，地区发展得更迅猛。

人们在各殖民地的发展中，依稀有这样一种感觉：奴隶主正因为对奴隶的残酷压迫而遭受致命的打击。

看看俄亥俄河两岸的情况，你会发现再没有比这个真理更真实的了。

俄亥俄河——河名是印第安人取的，意思是“美丽的河”——冲刷出的那片河谷，是人们从古至今生活过的最好的河谷之一。俄亥俄河两岸的土地连绵起伏，每天都在给人们提供无穷无尽财富。河两岸的空气一样对身体有益，河两岸的天气一样温暖平和。在河的两岸，一边一个疆域辽阔的大州。左岸的肯塔基州，将逶迤蜿蜒的俄亥俄河作为疆界；另一岸的州则是以河的名字命名的。肯塔基州可以蓄养奴隶，俄亥俄州严禁州内出现奴隶，这是两个州仅有的区别[1]。

所以，若是沿着俄亥俄河顺流而下，一直旅行到这条河与密西西比河交汇之地，就如同行走在自由和奴役中间。而哪一岸的人发展得更好，只要朝两岸看一眼，就能知道。

---

这部论丛表明，一开始是社会舆论，然后是法律条令，终于使得奴隶制被废除。——原注

[1] 俄亥俄州不但禁止蓄养奴隶，还不让得到自由的奴隶入境，并要求人们禁止接纳他们。参见俄亥俄州的法令。——原注

左岸人迹罕至，有时能见到一群奴隶萎靡不振地在半开垦的荒地上晃来晃去，经过砍伐的原始森林又生长出了新的树木。社会已经酣然入睡，人们慵懒散漫，能让人感觉生机勃勃的，只有大自然了。

这条河的右岸就是另一副样子了，机器的轰鸣声昭示着远处的工厂的存在。田里的庄稼正在茁壮成长，农场主的喜好和品位从精致的房舍就能看出一二，每个地方都是一副欣欣向荣的样子。看上去，这里都是有钱人，并且为自己能亲手创造这些成果而十分自豪[1]。

肯塔基州建立的时间比俄亥俄州晚了12年，是1775年兴建的。不过，欧洲的50年也比不上美洲的12年。

俄亥俄州的人口数量如今已经比肯塔基州多了25万[2]。

奴隶制和自由为什么会引发这样的差别？原因很简单，而且能够充分证明古代文明和现代文明之间的区别。

俄亥俄河左岸的人没有将劳动和压迫区分开来；而右岸的人则将劳动和赚钱联系了起来。

左岸蔑视劳动，右岸以劳动为荣。左岸的白人不愿意和奴隶一样，所以将所有力气活都交给了黑人，没有白人劳动者。河的右岸几乎没什么懒人，白人将自己的体力和脑力用在了各种各样的劳动上。

所以肯塔基州的物质财富的创造者，不但缺少激情，还没什么文化；而既有激情，又有文化的那些人，要么不做任何事，要么横渡俄亥俄河去另一岸展现才智，在没有羞辱的环境中使用自己的才智。

肯塔基州的奴隶主自然不需要付薪酬给奴隶，可是奴隶的劳动成果也小；可付劳工工资，却能让他们得到远比劳工劳动价值更高的收益。

需要支付工资的自由工人的工作效率，远比奴隶要高，而经济效益的一个首要原因就是工作效率。白人将自己的劳动力作为一种商品，可是他们的劳动力若是没用，谁又会买呢？黑人可以作为免费劳工，可是奴隶得一直养活他们，也就是说，无论是老年还是青壮年，无论他们是精力充沛的年轻人，还是无法

[1] 在俄亥俄州，如此积极的不只是劳动者个人，还有州本身，它规划了一些大型项目。例如在伊利湖和俄亥俄河中间开凿运河，将密西西比河流域和北方的水域连到一起。这条运河可以让到纽约州经商的欧洲人，从水路横穿500多里约的陆地抵达新奥尔良。——原注

[2] 在人口数量上，1830年人口普查显示的精确数值表明，肯塔基州有688844人，俄亥俄州有937699人。——原注

进行劳动生产的儿童，无论是他们身强体健的时候，还是他们病弱衰败的时候，奴隶主一样都得养着他们。所以这两种人的劳动其实都需要薪水。自由工人拿到的是薪酬，而奴隶获得是教育、生活、抚养和服装。奴隶主蓄养奴隶的花费容易被忽略，因为这是一种长时间的分散投入。自由工人的薪水却是一次付清，拿到钱的人看上去瞬间就有了钱。可是最后一算，和雇用自由工人相比，使用奴隶的费用更高，可劳动成果却很小[1]。

奴隶制的影响远不止于此。甚至影响了奴隶的灵魂，尤其是影响了他们的观念和喜好。

造物主将果敢无畏和百折不回的性格同等地赐予了俄亥俄河两岸的人，可是相同的品性在河的两岸却展现出了不同的结果。

在右岸，白人只能凭借自己的努力谋生，他们的主要人生目标就是对物质利益的追逐。他们生活的土地可用的资源无穷无尽，在他们前方总有新的更吸引人的美景等着他们，使他们有了超出人类贪欲的一般范围的进取心，他们无时无刻不想着发财致富，这种欲望让他们在幸运为他们开拓的各条道路面前，无所畏惧。无论是去做水手，还是去垦荒；无论是去打工，还是去耕田种地，百折不回的毅力支撑着他们的劳动，让他们可以克服各行各业的困难。他们的智慧有一些让人吃惊的地方，他们追逐胜利的决心有种英雄主义的豪情。

在左岸，美国人既看不起劳动，也看不起劳动创造的各种事业。他们过着闲适的生活，兴趣爱好都是懒人喜欢的。金钱的价值在他们眼中已经丧失了一部分；相比于金钱，他们对放纵和享乐更感兴趣；他们在这件事上耗费的心力，并不比他们的邻居在其他事上耗费的心力更少。他们喜欢打仗狩猎，热衷于肆意地消耗体力。对他们来说，舞刀弄剑就像喝水吃饭一般频繁。他们还是很小的孩子时，就学会在个人的搏斗中拼命了。所以，奴隶制不仅没让白人发财，还磨灭了他们发财的欲望。

---

[1] 在这一原因——无处不在的自由工人的劳动效率比奴隶更高，所需费用却比奴隶少——之外，还有一个原因是美国独有的，需要指明，即美国国内适合种植甘蔗的地方，只有密西西比河注入墨西哥湾的那片区域。任何地区的农业劳动者都没有路易斯安那的农业劳动者挣得多，因为在那里种植甘蔗能获得最高的收益。可是路易斯安那的奴隶的生活成本也更高，毕竟生产投入和产品之间总是有特定的比例关系的。不过，路易斯安那加入联邦之后，就能从美国各个地区引进奴隶了，所以和其他任何市场相比，新奥尔良市场的奴隶售价都更高。最后，土地产出比越小的地方，奴隶的成本就越是高得让人瞠目，这对自由工作者的竞争是非常有利的。——原注

在200年的时间里，这些共同的原因一直在影响英国殖民地，为其带来各种影响。最终使南方人和北方人的经商才能发生了极大的差异。如今，航运、制造业、铁路运输和运河只有北方才有。在对南方和北方进行对比时，可以看到这些区别，在对南方各个地区的民众进行对比时，也能发现这些区别。在联邦最南端的若干州，从事商业活动，想从奴隶制中谋得利益的人，几乎全是从北方来的。这里竞争压力小，所以，如今每一天都有来美国这一地区的北方人。他们发现这里的人没有善加利用此间的资源，因此他们利用这个制度——虽然他们本来是抵制这一制度的——去赢得收益，而他们获得的收益远比这个制度的缔造者和维护者要多。

只要我愿意继续对比，很容易就能证明：在美国，南方人和北方人的性格差异近乎都是奴隶制造成的。可是，我现在不是要研究奴役带来的所有结果，而是奴隶制对那些支持奴役的人或者地区造成的影响。

古代的人无法完全理解奴隶制对物质生产的这种影响。那时在整个文明世界里，奴隶制广泛地存在，只有野蛮民族才不知道什么是奴隶。并且，基督教只是为了帮奴隶扩大权利才废除奴隶制的。如今，人们可以打着奴隶主的旗号对奴隶制进行攻击，让利益和道德在这件事上达成统一。

在美国，这一真理的真实性越来越明显，笼罩着经验光芒的奴隶制正一步步落败。奴隶制是从南方开始的，之后又扩展到了北方，如今正在覆灭之中。而自由始于北方，之后持续朝南方扩张。

如果只看规模较大的州，奴隶制在北方最远到宾夕法尼亚州；不过奴隶制在这个州也已经每况愈下了。马里兰州和宾夕法尼亚州南面的疆界接壤，正时刻准备着将奴隶制废除。弗吉尼亚州位于马里兰州下方，这个州也开始研究奴隶制的作用和危害了[1]。

人类各种制度发生重大变革，都有继承法的原因。

在南方盛行长子继承制时，每个家族都有一个不用劳动也不愿意劳动的有钱人成为家族代表。他的按照法律规定不能继承家产的亲属，环绕在他身边，

---

[1] 有两个特殊原因，要求我刚刚谈及的那两个州废除奴隶制。

联邦这一地区的老住户，其资产的首要来源是种植烟草的积累。种植此种作物也是该地区奴隶的唯一用途。可是烟草越来越没有价值的情况已经持续了很多年，而奴隶的价格却没变。所以生产投入和产品之间的比例关系已经发生了变化。马里兰州和弗吉尼亚州的所有白人居民都觉得自己的生活水平远比不上30年以前，无论这些居民是不是还在种植烟草、蓄养奴隶。——原注

就像攀附在大树上的寄生植物一般。美国那时所有富户的情况都是如此，而这种情况如今在欧洲一些国家的贵族家庭中仍能见到。在这些贵族家庭中，与哥哥、姐姐相比，弟弟妹妹虽然没什么钱，但一样的无所事事。

似乎是一些完全相同的原因，在美洲和欧洲造成了这一相同的结果。所有白人构成了美国南部地区的一个贵族集团，而统治权则掌握在一定数量的专权者手中。这些专权者通过继承的方式得到财产，他们闲散的生活方式也是世代相传的。白色人种的传统偏见因为美国贵族的这些领导者，而在他们代表的团体内继续存在，并过着光鲜而闲适的生活。这个贵族团体内部并非没有穷人，只是不劳动而已。就算要忍饥挨饿，他们也不愿意干活。所以黑人劳工和奴隶一点儿竞争压力都没有，无论白人对他们的劳动成果满不满意，都得雇用他们，因为能帮白人工作的只有他们。

自从长子继承制被废，各种财产就开始分解变小，这导致每个家族落到了不劳动就无法维生的水平。现在有些家族已经消失了，并且每个家族都意识到，总有一天他们必须自力更生。现在的确还有些人家资富足，可他们已经无法组成一个联系紧密的世袭团体了。他们的精神力量已经无法壮大自己，并对社会各个阶层产生影响了。因此，首先，大家不约而同地舍弃了对劳动的轻视。穷人的数量虽然变多了，可他们不再以自力更生为耻。于是，自由的工人阶层的出现成了财产平均分配的一个最直接的结果。

奴隶的弊端，在自由工人开始和奴隶发生竞争之后，开始显露出来。保护奴隶主的利益，这一奴隶制的基础原则也受到冲击。

黑色人种在奴隶制的节节败退中，和奴隶制一起回到了之前离开的热带地区，这里是奴隶制的退路。

乍看上去，这种情况让人难以理解，但很快大家就都明白了。

从解除奴役这一原则来讲，美国人并没有给奴隶自由。

我后边的叙述，读者怕是要看过我举的例子才好理解。我现在所举的例子是纽约州的。1788 年，纽约州境内严禁进行奴隶交易。这是通过间接的办法阻止奴隶的输入。此后，黑人的数量想要增加，只能通过自然繁衍的方式进行。8 年之后，纽约州又启用了一个严格的举措，通过的法律规定：自 1799 年 7 月 4 日起，一切父母均为奴隶的新生儿，全部获得自由。所以，增加奴隶人数的所有渠道都被堵上了。尽管奴隶尚未彻底消失，但奴隶制已经消失了。

在北方的州采用此种方法对奴隶输入进行遏制之后，就没人将奴隶从南方卖往北方了。此种不再好用的资产的所有者，从北方的州禁止买卖黑人起，尽管无法将奴隶卖到北方，但仍能将奴隶卖往南方赚取利益。奴隶的价值，在北方的州宣称奴隶的孩子将从出生起就拥有自由时，大幅下降，不过将他们送去南方，仍可大赚一笔。

所以，相同的法令确实遏制了南方向北方输送奴隶，可是北方的奴隶，却被驱逐到了南方。

不过，和我说的所有这些原因相比，还有一个原因更有说服力。

州内奴隶数量越少，对自由工人的需求就越高。自由工人开始参与工厂矿业的劳动之后，奴隶的劳动效率就越来越低。奴隶这种资产不是价值不大，就是作用有限。

可是，南方的竞争压力较小，在那里使用奴隶的收益还是非常可观的。

所以，奴隶并没有因为奴隶制的废除就全都获得自由，不过是换了一个主人，也就是北方的奴隶被送往南方了。

而得到了自由的黑人和出生于奴隶制废除之后的黑人，虽然没被人从北方送往南方，可是在欧洲人中间，他们的境遇和印第安原住民并无不同。白人比他们富有得多，也渊博得多，和这些人生活在一起，他们不过是半蒙昧的无权者。法律欺凌他们[1]，民情排斥他们。他们在某些方面还不如印第安人。只要想起奴役，他们就非常激动，印第安人还能说某块土地原本是自己的，他们却做不到。他们之中有不少人因为缺衣少食而死[2]，剩下那些人则聚集在某些城市里出卖劳力，有今天没明天地过着十分凄惨的生活。

而且，黑人的人口增长速度和他们没获得自由的时候是一样的，可在奴隶制废除之后，白人的人口增长速度却比之前快了两倍，因此用不了多久，黑人就会在白人的人海中消失。

和白人聚集的农业区相比，奴隶聚集的农业区人口较少。此外，作为一个新建的国家，美国的州在废除奴隶制时，往往还有一半的土地是空着的。一个刚刚赋予奴隶自由的州，马上感觉自己对自由工人的需求，于是，勇敢的冒险

---

[1] 几乎所有废除奴隶制的州，都要求获得解放的黑人在本州继续过苦日子。可怜的黑人因为诸州在这件事上的共识，只能在最艰苦的地方生活。——原注

[2] 废除奴隶制的各州，其白人和黑人的人口死亡率有着巨大的差异。从1820年到1831年，费城白人的年均死亡率是42:1，黑人的年均死亡率却是20:1。而这个死亡率，在黑人奴隶中尚算不得高。（参见埃莫森《医学概览》第28页，费城，1831年）——原注

家一批一批地从各个方向涌入该州。他们之所以来这儿，是因为这里的新资源对实业敞开了大门，他们希望从中获利。他们拿到土地之后，把白人的家兴建在分到的所有土地上。就这样，废除奴隶制的各个州迎来了络绎不绝的欧洲移民。穿越茫茫大海为了寻求安宁和幸福而抵达新大陆的欧洲穷人，怎么会在以劳动为耻的地方停下脚步呢？他们在那儿可是什么都做不了的。

如此，白人的数量在自然繁衍和大批移民的共同作用下，迅速攀升；而黑人的数量，却不会有移民进行扩充。不仅如此，还在不断减少。就这样，两个种族的人口比例迅速倒转。黑人成了一群不幸的破产者，成了一个漂泊无依又小又穷的部落，被拥有土地的大量白人淹没。如今，面对不公和残酷的对待，他们除了逆来顺受，又能怎么样呢？

西部的大多数州直到今天也没有黑人的踪迹；在北方各州，黑人的数量正在日渐减少。所以，生存空间不断集中、变小，这是黑人未来的一个困境。相对来说，这个困境并不让人十分忧心，不过却难以克服。

黑人越往南走，将奴隶制有效废除的难度就越大。对于造成这一结果几个自然原因，必须要加以阐述。

天气状况是第一个原因。众所周知，离热带越近，欧洲人就越难以劳动。大部分美国人甚至信誓旦旦地说，在那样的维度下劳作，只有死路一条。可在那里，黑人却能平安无事地承受下去[1]。可是，在我看来，这个会让南方人变得懒散的观点，并不是在经验总结的基础上得出的。相比于西班牙和意大利的南方，联邦的南方并没有更热[2]。欧洲人能在西班牙和意大利劳作，在这里怎么就劳动不了？意大利和西班牙的奴隶主在奴隶制废除之后，仍旧活着，那联邦自然也不会例外。

大自然会因为担心佐治亚和佛罗里达的欧洲人疲劳致死，就让他们不必在那里靠自己的土地维持生计吗？我是不会相信的。在那里，他们比新英格兰的民众更累，收获还没有人家多[3]。在南方，自由工人比奴隶优异的部分的减少，

[1] 种水稻的地方确实是这样。在各个地区，特别是烈日炎炎的热带地区，稻田不利于身体健康。欧洲人若是非生产大米不可，在新大陆的这一地区种植水稻自然会吃苦受罪。不过，就算不种水稻，他们也是能活的。——原注

[2] 相比于意大利和西班牙，南方有几个州离赤道更近，可是相比于欧洲大陆，美洲大陆会更冷一点。——原注

[3] 西班牙人曾经将亚速尔群岛部分农民送往路易斯安那的阿塔肯帕斯。在这次试验中，没对这

阻碍了废除奴隶制的进程。

在联邦的北方，欧洲的农作物虽然也能生长，却少了南方特有的东西。

人们发现，让奴隶耕种这种经营模式投入太高。在没有奴隶制的地区，耕种小麦的农人通常雇用少量长工，而短工只在播种和收获时雇用很短的一段时间，并为他们提供食宿。

因为奴隶和自由工人不同，他们无法一边自力更生，一边等别人雇用，所以推行奴隶制的那些州，虽然播种和收割工作几天就能完成，可农户却要常年养活大量奴隶。他们必须先买下奴隶，之后才能使用奴隶。

和种植其他作物的地区相比，种植谷物的地区更不适合使用奴隶制，这一方面是因为上述的弊端，一方面也是因为耕种的性质。

种植小麦不用一直护理农田，可种植烟草、棉花，尤其是甘蔗却需要。此时，无论是女人，还是孩子，全都用得上，但种植小麦就不一样了。所以，出产我刚刚提及的那几种作物的地区——以耕种的性质来看——更适合使用奴隶制。

烟草、棉花和甘蔗是南方的主要收入来源，它们也只适合在那里耕种。对南方来说，如果奴隶制废除，他们必须选择变更原本的耕种体制，和北方人进行激烈的劳作与经验的比拼，还是在不用奴隶的前提下，继续耕种原本的作物，和南方其他没有废除奴隶制的州展开竞争。

所以，和北方相比，南方有不能废除奴隶制的特殊原因。

不过，还有一个理由，比别的所有理由都有说服力。事实上，南方并非不能废除奴隶制。问题是如何处理黑人。北方一边废除了奴隶制，一边赋予奴隶自由，这种一箭双雕的情况在南方却不可能发生。

相比于北方，奴隶制在南方更适合，助益更大，想要证明这一点，我只要说明南方的奴隶数量极多即可。是南方引入了首批非洲人，也是南方让奴隶的数量越来越多。在不断地朝南推进的过程中，你会感觉到以闲散度日为荣的偏见越来越浓重。那几个距离热带最近的州，根本看不见进行体力劳动的白人。

所以和北方相比，南方的黑人数量自然更多。而且这种趋越来越强，原因我在前边已经说过了——在联邦的北方地区废除奴隶制之后，黑人开始朝南方地区集中。所以除了自然繁衍，北方黑人被迫向南迁移也是南方黑人增多的一

---

些农民施行奴隶制。这些人如今仍在那里种地，这些不是奴隶，但种田技术极差的农夫，只能勉强维生。——原注

大原因。非洲人种在美国南方激增的原因有些类似于欧洲人在北方激增的原因。

缅因州的黑人在居民中所占比例是300:1。这个比例，在马萨诸塞州是100 ∶ 1，纽约州是100 ∶ 2，宾夕法尼亚州是100 ∶ 3，马里兰州是100 ∶ 34，弗吉尼亚州是100 ∶ 42，而在南卡罗来纳，这个比例已经到了100 ∶ 55[1]。这个比例是1830年黑人和白人的数量对比。不过，之后这个比例一直在变：北方的黑人所占比例越来越小，南方黑人所占比例则持续攀升。

联邦最南边的诸州若是如北方诸州一般将奴隶制废除，那么一些北方诸州未曾遭遇的重大危机，南方势必会遇到，这非常明显。北方诸州是怎么废除奴隶制，怎么解放奴隶的，我们已经看到了。他们没有解放当下的黑人，而是解放黑人的下一代，让黑人慢慢融入社会内部；有些奴隶在获得自由之后会滥用自己得到的自由，所以在解放他们之前，要先让他们学会自我管理，学会使用自由的技巧。

这种办法在南方就很难使用。南方若是宣布，黑人在哪年哪月之后，其新生子女将获得自由，那么奴隶心中就会生出自由的观念和原则。被法律限定为奴隶的黑人，看到自己的孩子变成自由人，和自己过着天差地别的生活，他们会感到焦躁、愤懑。于是，历史和习惯赋予奴隶制的道德感召力就会对他们失效，成为一种赤裸裸地肆意使用暴力的行为。北方的黑人非常少，白人的数量非常多，所以他们不用为这种对比忧心。可南方这200多万黑人若是被自由的光芒所笼罩，压迫者自然要感到战栗。

如果南方的欧洲人让奴隶的孩子获得自由，那么用不了多久，他们就不得不让所有的黑人都获得一样的利益。

前边我已经说了，美国的北方从废除奴隶制开始就已经推行了一种双重运动，这种运动甚至在计划废除奴隶制的时候，就已经开始推行了：

奴隶们从北方赶赴南方，而他们空出来的位置，则由北方诸州的白人和欧洲移民进行补充。

---

[1] 1833年，凯里发表了一份有关移民协会的信件，上面说："40多年来，在南卡罗来纳，黑人人口数量的增长速度远比白人快。马里兰州、弗吉尼亚州、北卡罗来纳州、南卡罗来纳州，是南方最先使用奴隶的五个州，在对这五个州的人口进行统计时，我们发现从1790年到1830年，这五个州白人人口有80%的增加，而黑人人口却有112%的增长。"

美国白人和黑人在1830年的人口数量是：已废除奴隶制的各州总计白人6565434人，黑人120520人；未废除奴隶制的各州总计白人3960814人，黑人2208102人。——原注在最南边的几个州里，这两种情况是不会出现的。一来，那里奴隶的数量过多，人们无法想象将他们迁走之后的局面；再者，欧洲人和北方的英裔美国人也不愿意把家安在以劳动为耻的地方。此外，他们觉得在一个黑人的数量比白人还多或者和白人数量相当的州，容易遭遇重大的厄运——这并不是无稽之谈——所以心存疑虑，不敢去那里建功立业。

所以北方人可以先废除奴隶制，然后慢慢让黑人得到自由，南方人却不行。在他们那儿，黑人的数量不仅没有大幅下滑，反倒一直有新的黑人加入。如此一来，在同一个国家中，就会有大量身份近乎和白人平等的自由黑种人出现了。

到了那时，白人为维持奴隶制而对权力的这种滥用，就会成为他们惶惶不安的重大危机的根由。如今欧洲人的后裔掌握着所有的土地和实业，他们是所有金钱、知识，以及军队的主宰。在这些方面，黑人一穷二白，可作为奴隶，他们不需要这些东西也能够存活。一旦他们拥有了自由，必须自力更生，在缺少这些东西的情况下，他们又如何维生呢？

在奴隶制废除之后，白人在奴隶制时期做的所有事都很可能会被破坏。

如果想让黑人继续生活在近乎野蛮的状态下，就必须维持黑人奴隶的身份。他们若是得到自由，他们的知识水平就会增加，进而知道自己可怜到了什么地步，知道如何才能将自己从不幸的深渊中解救出来。并且，人们内心深处还有一个有关相对公平的基本原则。同一阶层的不平等远比不同阶层的不平等更容易被人察觉。人们看到了奴隶制，却无法感受到数百万公民这么长时间所承受的羞辱和祖祖辈辈遭受的痛苦。

这种痛苦和不公，北方的黑人虽然已经得到解放却仍在承受，他们力量不足，人数也在日益变少。南方的黑人数量非常多，力量也庞大。

得到自由的黑人和白人在彼此仇视的情况下，若是在同一块土地上生活，那么未来将会出现两种情况，一种是黑人和白人彻底融合到一起，一种是黑人和白人永远各自独立，这不难想象。

我对第一种情况的看法，在前边已经说过了[1]。在我看来，黑人和白人日

---

[1] 并且有一个比我这个观点更权威的观点支持这一观点。例如，《杰斐逊回忆录选编》中说："本书写得最明白的就是黑人解放的命运，写得最清楚的就是两个绝对自由的种族却无法在相同的政府下生活。在两个种族之间，秉性、习惯和观念形成了一条不可逾越的鸿沟。"（参见康塞伊：《杰斐逊回忆录选编》）在《杰斐逊文集》（英文版）第1卷第49页也可以见到这段文字。——原注

后是不会平等地生活在某个地方的。

并且我认为美国实现此事的难度远比其他地方要大。对个人来说，放弃宗教偏见、国家偏见和种族偏见并非不可能，他若是国王，或许还会发起一场震动人心的社会革命；可是这种情况若是放到整个民族身上，恐怕就不会这么潇洒了。

美国人及其原本的奴隶，若能有个手腕强悍的人，将他们放在相同的规范下，或许能融合到一起。可是掌控美国国家大事的，是民主，在这种情况下，此种构想任何人都不敢说，并且美国的白人若是自由的程度不断提高，他们就越难以团结，这不难想象[1]。

真正能将欧洲人和印第安人联结在一起的是混血儿，这点我之前已经说过了。一样的，真正能将白人和黑人联结在一起的，也是混血儿。在白人和黑人的混血儿多的地方，两个种族就有机会融合。

美洲部分地区欧洲人和黑人混血的情况，已经到了几乎难以找到一个纯种黑人或者白人的程度。也就是说，实现了两个种族的融合，或者换一种更贴切的说法，两者结合之后出现了第三个种族，这个种族和之前的两方都不一样。

英国是所有欧洲人中和黑人结合最少的一个民族。相比于北方，南方的黑人白人混血儿更多，不过若是和欧洲人在美洲其他地方创建的殖民地相比，又差得很远。在美国，黑人和白人结合生出的混血儿非常少，力量微乎其微，如果发生种族矛盾，他们通常和白人站在一条战线上。这种情况和欧洲频繁出现的那种情况——贵族的仆人觉得自己是贵族瞧不起普通人——差不多。

英国人认为种族自豪感是一种天经地义的感情，而民主自由赋予美国人的个人自豪感又对这种自豪感进行了强化。美国的白人不但为自己的种族骄傲，还为自己是美国人而骄傲。

另外，在联邦，为什么北方的白人和黑人没能融合，南方的却融合了？难道说一直在南方生活，无论是身体还是灵魂都位居上风的白人想和黑人融合？两种恐惧之心——首先，他们担心自己堕落，以致原本的奴隶和人平等；其次，他们担心自己堕落，以致身份比不上自己的白人邻居——让南方的美国人永远处于超脱孑然的状态。

---

[1] 安的列斯群岛的英国人若是实行自治，那么他们的祖国所颁布的解放黑奴的法律，他们自然不会遵守，这点人们不难想到。——原注

如果问我未来有什么是一定会发生的，我会说：按照事物发展的一般规律，白人对黑人的排斥，在南方废除奴隶制之后，会更加严重。

我之所以会作出此种论断，是因为我曾经对北方作出相似的推断。我曾经说过，当种族之间的法律壁垒被立法部门清除，北方的白人会以更加谨慎的态度避免和黑人来往。这种情况在南方自然也要发生。北方的白人之所以不肯和黑人融合，是出于对想象中的危险的畏惧。而这种危险在南方可是真实存在的，所以我相信畏惧之心会更重。

一来，我们可以看到（实际情况也确实如此）黑人正在不断地向南集中，并且繁衍的速度比白人快；再者我们又可以断定，黑人和白人融合的时间，黑人能从当前的社会状况中获得相同利益的时间，却无法确定。既然如此，我们作出黑人和白人早晚会在南方诸州发生交锋这一结论，也是理所应当的。

最后，这种交锋会是一个什么样的结果？想象得到，很难有个精确的结论，只能大概推测一下。

以人的智力而言，对于未来，只能稍稍界定一下大概的轮廓，而且人类在对这一轮廓内做出的所有努力还会受到突发情况的影响。突发事件如土一般沾染在未来蓝图上的一些污渍，挡住了让慧眼一探究竟的视线。不过，有一件事可以确定——在安的列斯群岛，妥协的看上去只能是白人，而在大陆，妥协的只能是黑人。

安的列斯群岛白人生活在无穷无尽的黑人中间。大陆上的黑人在被一个人数不可计数的民族包围着。从加拿大的冰原到弗吉尼亚的南端，从密西西比河河畔到大西洋海岸，这个民族织了一个细密的网，俯视着黑人。北美的白人若是团结一心，我敢说黑人最终难逃摆在他们面前灭亡的危机，要么在枪炮中妥协，要么在灾祸中灭亡。可是，联邦政府若是在两个种族的斗争刚刚爆发时忽然解体，那么在墨西哥湾聚集的黑人就有获救的可能。北方的白人非常清楚，自己永远不会遭遇此种危险，所以如果联邦的纽带断了，他们是不会长时间声援南方的白人的。如果在义务的压制下他们必须为南方提供支援，那么我敢说：种族的同情心也做不了什么。

可是，无论战争什么时候爆发，南方的白人在战场上，虽然没有同胞的声援，却掌握着知识和武器这个重大优势，黑人想和他们对抗，所能仰仗的只有人海战术和悍不畏死的精神。可是如果黑人有了武器，就会有极强的战斗力。到时南方的白人或许要走西班牙摩尔人的老路。在那里称王称霸了几个世纪，最终不得不慢慢迁回祖先的故土，将上天看上去专门为黑人准备的土地完璧归赵，毕竟在这里生活对黑人来说更容易，他们在这儿劳作起来也不像白人那么费力。

虽然在联邦的南方，黑人和白人还远没有到爆发斗争的时候，可这是无法避免的，势必会有一战。它如同一场始终存在于美国人脑中的无法摆脱的噩梦。北方的居民虽然不会直接面对此种危险，可他们每天都会谈到这件事。他们预见了灾难，想要找到应对之策，可是一直没能成功。

它像一场噩梦，经常萦绕于美国人的脑际。尽管这种危险对北方居民并无直接威胁，但还是他们的日常话题。他们想找到一种办法来防止他们所预料的不幸，但始终没有成功。

南方诸州的人绝口不谈此事。在南方，人们素来不和陌生人讨论未来，就算对方是亲朋好友，也会尽量避开这件事，所有人都将话压在心底。在某些层面上，南方人的这种缄默甚至比北方人的惊呼更让人胆寒。

他们因为这种广泛的担忧开创了一项事业，这个事业虽然至今不为大多数人所知，却有机会改变一部分人类的命运。

一些美国人在我刚刚谈及的危险的驱使下建立了一个协会，他们自己出钱将希望脱离暴政奴役的自由黑人，送往几内亚海岸生活[1]。

我说的这个协会于1820年在临近非洲北纬7度的地方设立了一个叫作利比里亚的居民区。据我所知，最近在这个居民区内聚集的黑人已经超过了2500人。他们回到了先辈的土地，而和他们一起回来的还有美国的各种体制。利比里亚推行代议制，陪审员是黑人，行政官是黑人，牧师也是黑人，他们建立教堂，发行报纸。这些人受尽磨难，如今奇迹般回到了故乡，严禁白人在他们那里生活[2]。

这场运动实在是出人意料。从欧洲人将黑人劫掠出他们的故乡，带往北美海岸售卖时算起，距今已经过了200余年。如今，欧洲人又穿过茫茫大海，用船将这些黑人的后世子孙送回了当初其祖先被掠走的地方。在受压迫的那段时间，这些野蛮人已经学会了文明人的知识，在推行奴隶制的地方，这些野蛮人

[1] 这个协会叫作“黑人移民协会”。参见这一协会的年度报告，尤其是第十五次年度报告。另，参见前面说过的凯里《关于移民协会的通信》，费城，1833年，4月。——原注

[2] 这一规定的制定者是这一居民点的创建者。他们担心美国南部的那种情况也会发生在非洲，怕黑人会像印第安人一般，在和一个比自己更开化的民族接触后，没等自己文明起来就覆灭了。——原注

已经掌握了使用自由的技巧。

非洲直至今天也没对于白人的技术和科学打开接纳之门。和这些非洲人一起回到此处的欧洲文明或许能在此处扎下根系发展壮大。所以，人们带着美好而神圣的期待建立了利比里亚。可是，这种期待或许会给旧大陆带来累累硕果，可对新大陆却没什么助益。

黑人移民协会在12年的时间里送了2500个黑人去非洲。可是在此期间，美国新生的黑人婴儿有70万左右。就算利比里亚殖民地一年能接受几千名黑人，就算新移民在那里可以幸福美满，就算联邦政府承揽协会的所有工作，每年拨专款给协会[1]，由国家派船把黑人送回非洲又能怎么样？连美国自然繁衍出的黑人数量都比不上。因此，在每年新生黑人婴儿远比送出的黑人人数多的情况下，又怎么能遏制黑人日益加深的苦难[2]？

除非新大陆覆灭，否则在美洲大陆的海岸上，黑人永远都不会消失，只能在欧洲人的贪婪和不良习性中受到腐蚀。美国人恐惧的那场灾祸，他们可以推迟其来临的时间，却无法消解引发灾难的源泉。不得不说，我认为南方诸州是无法通过废除奴隶制来延缓两个种族的斗争的。

不会因为经历了太长时间的奴隶生活而抱怨不止的黑人，在获得自由之后，很快就会发现他们没有任何公民权利，他们会为此感到恼火，并且因为无法和白人平等而瞬间变身为白人的敌人。

北方有一切有利于解除奴役的条件，不用为黑人在奴隶制废除之后寻衅滋事而忧心。他们的数量非常少，根本无法为自己主持公道。可南方却不是这样。

对北方的奴隶主而言，奴隶制不过是工业问题和商业问题；可对南方的奴隶主来说，却是生死攸关的大问题。所以，在奴隶制这件事上，南方和北方是不能放在一起进行比较的。

有些美国作者为压迫黑人的原则的辩护，上帝却不肯让我也这么做。我想

---

[1] 在这项事业中还有别的各种各样的难题。例如，联邦政府为了从美洲输送黑人去非洲需要赎买那些已经是奴隶的黑人，这时黑人的价格就会因为黑人的减少而增加，并且很快就会增加到让人瞠目的地步。而且在我们看来，北方各州的任何人都不会出这笔钱，因为完全得不到好处。联邦政府若是强行以自己定的低价买入南方的奴隶，必然会遭到南方各州势不可当的反抗。这两条路都是死路。——原注

[2] 1830年美国奴隶的人数是2010327人，得到自由的奴隶的人数是319439人。两者相加，黑人总计有2329766人，是同年美国人口总数的五分之一还多一些。——原注

说的仅仅是，任何人，只要过去曾经支持这一可恶的原则，如今就不会轻易地舍弃这一原则。

我不得不说，我在研究过南方各州之后发觉，在这一地区的白人只有两条路可走：一个是让黑人拥有自由并和他们融合，一个是孤立他们，让他们永远都是奴隶。我认为折中的方案很快就会引发十分恐怖的内战，并且这两个种族，肯定会覆灭一个。

在南方，美国白人思考问题的角度就是这个，这也是他们的行动指南。他们不愿意让黑人得到自由，因为他们不愿意和黑人融合。

这并不意味着南方民众一致认为没有奴隶制，奴隶主就无法赚钱发财。在这方面，他们大部分都和北方人看法相同，并且也觉得奴役黑人是一种暴行。可与此同时，他们又觉得，为了生活不能停止这种暴行。

在南方，随着受教育的人的增多，以及教育水平的提升，民众渐渐意识到，奴隶制对奴隶主的危害。可是他们从这种教育中感受得更清楚的是，奴隶制短时间内是无法废除的。因此，南方和北方出现了一种奇怪的对比：在南方，人们日益发觉奴隶制的弊端，可奴隶制的法律却日益坚实；在北方，人们慢慢放下了奴隶制的原则，可相同的原则在南方引发的结果却日趋严苛。

南方诸州如今制定的有关奴隶制的法律，严苛到了前所未有的地步，称得上是对人类法律的一种极大的滥用。南方诸州的两个种族的敌对情况有多严重，只要看看那里的法律就能知道。这并不意味着联邦的这部分美国人除了增强压迫的严酷性之外什么都没做。他们改进了奴隶的物质生活水平。

古人维持奴隶制度的方法只有两个，一个是铁，一个是死。而联邦南方的美国人却找到了一个更高明的办法来增加自身权力的寿命。若是问我，我会说他们以命运的思想来包装专制与暴力，以达成让奴隶认命的目的。古代的奴隶主的目标是不能让奴隶打破锁链，而现代的奴隶主却是想方设法扼杀奴隶自救的想法。

古人用锁链绑缚奴隶的身体，但奴隶还可以学习知识，他们的灵魂是自由的。奴隶主也言而有信，并不违背自己所定的规范。古代的奴隶随时有机会赢得自由，进而和主人身份平等，因为他们受到压迫的时间是可变的。

有一天黑人会和自己融为一体，这种想法从未在联邦南方的美国人的思想中出现过，他们禁止奴隶学习读写。他们尽量让黑人以野蛮的状态生活，因为他们希望黑人永远不会发展到和自己同等的水平。

奴隶所处的环境非常糟糕，为了有所改善，奴隶从古至今无不期望自由。

除非获得自由的奴隶已经被主人同化了，否则解放黑人的运动一定会造成危险，这一点联邦南方的美国人非常清楚。让一个人生活在折磨和羞辱之中，却不限制其自由，这无疑是在为奴隶的暴动塑造未来的领导者。并且很早之前就有人说过，一个自由的黑人会在没有得到自由的黑人心里埋下隐患，成为照进他们心底的一点儿光明，也就是说，让他们出现有关自身的权利的想法。一般来说，联邦南方的美国人甚至不允许奴隶主解放自己的奴隶[1]。

在联邦的南方，我见到一个老人，他和自己的一个黑人女奴非法同居了很长时间。他们的几个孩子从出生起，就是父亲的奴隶。这个老人希望自己的孩子可以拥有自己的权利，起码拥有自由，可是立法部门在解放黑奴的行动前设立了重重壁垒，他努力了很多年都没能突破。在这一过程中，他慢慢老去，即将死亡。那时，他亲口向我讲述了他的几个儿子被人从一个市场拖去另一个市场的过程，他们是如何从抚慰自己的母亲身边被拖到一个陌生人手中遭受鞭挞的。老人原本已近枯竭的想象力，在这些恐怖的景象的刺激下，再次变得十分活跃。绝望的痛苦让他五内俱焚，也让我明白大自然的确会以自己的方式洗清法律对自己的羞辱。

这毫无疑问是一种让人胆寒的灾难，可是在现代社会，奴隶制的相同原则一定会造成这种结果吗？

欧洲人在从某个和自身不同的种族中俘获奴隶时，大部分人都相信和人类的其他种族相比，这个种族是下等的，生怕日后会和他们同等。在他们看来，奴役引发的极端不平等和自由赋予人们的极端平等，这两种情况通常不是前者，就是后者，中间状态绝对无法长存，所以他们认为奴隶制能够永久存在。

欧洲人一方面觉得这是真理，一方面又心存疑虑，因此他们在和黑人来往时，有时被自身利益和傲慢成见掌控，一时又被同情心所掌控。他们起初剥夺了黑人所有的人权，之后却又告诉黑人这些权利是十分珍贵，不能被侵犯的。他们这边在黑人面前打开了社会的大门，那边又在奴隶尝试迈进去时，冷血地驱逐他们。他们一边想要奴役黑人，一边又忍不住或者不自觉地要被自身的自由思想所控制。他们不愿意穷凶极恶，可又缺少主持正义的气魄。

[1] 虽然不曾明令禁止解放奴隶的运动，可是这一运动必须遵守那阻碍这一运动的繁杂的手续。——原注

没有人知道南方的美国人什么时候才会让黑人的血和自己的血融合到一起，既然如此，他们怎么可能不顾自身安危让黑人拥有自由？而且当初他们为了救自己的种族，是用铁来镇压黑人的，既然如此，他们如今以更有力的磋商来实现这一目标，又有什么不能理解的呢？

我认为出现在联邦南方的所有事，不仅是奴隶制的最恐怖的后果，也是奴隶制的必然结果。看到人们颠覆自然秩序，听见人性因无法压制法律而大声哭号，我们应该斥责谁呢？是正在制造暴行的我们这代人吗？不，我认为应该是那些平等了一千余年却再次将奴隶制推到台前的那一代人。

此外，南方的美国人就算再如何为了保持奴隶制度而倾尽全力，他们也永远无法实现这一目标。奴隶制——基督教曾经指责它不公，政治经济学曾经历斥它有害，如今只在世界的一个角落上存在——怎么可能在现代的民主自由和文明中长存？如果奴隶没能颠覆它，奴隶主也会废除它。不过我猜在此种情形下，免不了要发生一场大祸。

若得不到自由，南方的黑人早晚会凭借武力去抢；而他们若是得到了自由，用不了多久又会恣意使用自由。

## 美国联邦得以长存的理由和对它的存在造成威胁的因素

联邦诸州能够维持当前的状况，联邦的存在是一大原因。所以我们首先得对联邦将来的命运进行探讨。不过在研究这一命题以前，有一点我需要事先声明，就是现在联邦若是解体，联邦诸州无疑也不会回到最开始的各自为政的时候了。到时，不过是从一个联邦变成了几个联邦。我要做的是指明哪些因素会导致联邦解体，而非这些新联邦建立的基础。

我必须回到前路的某些路段，对已经谈过的若干问题进行阐述，如此才能实现这一目标。我不是不知道读者或许会因为我的重复而感到愤懑，可是我相信读者会原谅我的，因为问题有进一步研究的价值。为了让读者理解透彻，我宁可重复几次。我不会丢下任何一个问题，即使我会受到责骂也一样。

为了让联邦政府既有独立性，又有优越性，确立 1789 年宪法的立法者们曾经做出了极大的努力。

可摆脱他们眼前问题的自身条件制约着他们，那时他们要组建的并不是一个单纯的国家政府，而是能够将几个主权独立的州凝聚到一起的政府。不仅如此，国家还必须和这些州共享主权，无论他们是否愿意。

我必须对主权的内容进行简单地区分，如此，读者才能对这样分享国家主权所引发的结果有更清楚的认知。

有些事具有国家属性，也就是说只能由国家负责，处理它们的只能是代表整个国家的几个人或者一个团体。在我看来，战争和外交方面的事，就是这种事。

还有一些事具有地方属性，也就是只能由地方政府负责，处理它们的也只能是这个地方的政府。制定地方预算，就是这种事。

最后还有一类事具有混合性的性质，也就是，它们一方面具有全国性质——它们与国家各个地方的个人或者单位有关，一方面又具有地方性——它们无须以国家的名义进行解决。比如对公民民事活动的权利和政治活动的权利进行修正，这类问题就是这种事。

公民权利和政治权利，是一切社会体制都应该具备的。所以这些权利对全国公民同等重要，不过这种重要性并不是因为国家的生存和发展，所以这些权利的制定者可以不是中央政府。

所以属于国家主权范围的，必须由国家出面处理的工作只有两个：战争和外交。任何国家，只要结构完善，必定既有全国性的事务又有地方性事务，无论它的社会是以什么为基础建立的。

在最高主权和最低主权中间，有大量飘移不定的虽有普遍性却无全国性的工作。这些事，我将其称为混合性的事务。这些既有地方性又有全国性的事务，将按照联邦国家各省或者各州的协定，在不损害联盟的基础上，分别由国家政府或者地方政府负责。

由几个个人结合组建最高权力部门，然后最高权力部门组建国家，这是最普遍的情况。此时，隶属于最高权力部门的全国政府，代其行权的个人或者团体拥有的权力非常小。所以，全国政府除了要负责全国性的事务——这天经地义，我刚刚说到的混合性事务，大部分也要由它负责。

地方政府拥有的主权非常有限，仅仅是维护地方利益必不可少的那部分。

最高权力部门的成员有时是若干早已存在的政治集团，因为在尚未联合时，它们就已经造成了木已成舟的局面。此时，除了纯粹的地方性事务要由地方政府负责，那些未明确界定的混合性事务，地方政府也要全部负责或者负责一部分。因为那几个在联合之前主权独立的国家或者地区，在联合之后尚未放弃自己的主权，或者还掌握着其主权的首要内容，而他们同意交给联合的总体政府的，仅仅是联合政府必备的权责。

如果全国政府既有自身属性赋予的内在特权，又有确定主权赋予的混合特权，那它就有了一种优越的权力。此时除了一般权力，它还可以插手一切原本不属于它的权力，人们于是产生这样的疑虑——它会不会夺取本该由地方政府所有且为地方政府所必需的特权？

相反，若是将管理混合性事务的权力交给地方政府，那么社会就会有一种抵制中央政府的趋向出现。如此掌握优越权力的就不是国家政府，而是地方政府了。那些特权可以维持国家政府的存在，在失去了这些特权之后，国家政府还能存在吗？人们不由得为此忧心忡忡。所以，单独的国家天然会向集权发展，联邦国家天然会向分裂发展。

如今，我们就以这些一般观念来评判美国联邦。

在美国，纯粹的地方性事务一律由各州负责。另外，各州还拥有对公民民事行为能力和政治行为能力进行界定的权力，对公民间的关系进行修正的权力，审讯公民的权力。这些权力具有国家性，却不是一定要由国家政府管辖。

联邦政府如果想打着全国的名义下达指令，那么它行动时，国家就必须是一个单一自由的整体，这点我们已经说过了。在别国面前，它要能代表国家，统领全国力量一直对外。总之，我说的由国家负责的纯粹的全国性事务必须由它负责。

以此种方式共享主权，给人一种联邦主权比各州主权大的感觉。不过只要你深入探查，就会发现，联邦拥有的主权其实并不大。

由联邦政府负责的事务虽然十分庞杂，可是切实由它推进的事务却非常少。地方政府负责的工作确实非常小，可是它一直在工作，它的存在感是每时每刻都能感受到的。

联邦政府的关注点是国家的一般利益，而国家的一般利益对于个人利益会造成怎样的影响，却没有一个清晰的结果。

相反，地方政府对本地居民的利益的影响却是直接且迅速的。保证国家的独立和强大是联邦政府的职责，但这并没有直接影响到个人。至于确保州内所有公民的自由，对他们的权利进行完善，保证他们生命财产安全，确保他们的未来的这些工作，则是由各州负责的。

联邦政府脱离了人民群众，地方政府则和人民群众来往密切。人民会在接到地方政府的指令后马上行动。支撑中央政府的是有限的几个想要掌控中央政府的人的激情，支撑地方政府的，是一些次要人物的关注。这些人只想掌控所在州的权柄，他们和人民距离较近，在人民群众中很有威信。

所以，和联邦相比，美国人对州的期望和恐惧更多；人心固有的趋向，也会让美国人相比于前者，更依赖后者。

美国人的习惯和情感，在这件事上，与他们利益并不矛盾。

一个国家如果推行的是主权共享和联邦体制，那么这个国家的法律就需要长时间和旧有的风俗习惯、约定俗成不断交锋，中央政府也将承受法律未曾要求的重压。不过这个国家如果是人民团结一心构建出的一个完全的主权国家，那么旧有的风俗习惯和约定俗成所发挥的作用就将是相反的了。

如果美国那种联邦共和国模式落到了法国身上，我敢说法国政府起先就会比美国的联邦政府更加强大；而如果颠倒过来，法国的这种君主体制落到了美国身上，美国政府却永远都不会比法国政府强大。英裔美国人建国之前就已经先有了地方政府，而且乡镇和州应该建立起来的联系已经建立起来了，对人民来说，以相同的思想去看一些事，如同代表着某项特殊利益一般为某项事业竭尽所能，已经成了习惯。

美国联邦这个巨大的联合体，只能让爱国主义拥有一个难以捉摸的落脚点，可是各个州却有稳定的架构和确定的疆域，负责处理州内民众都清楚和看重的工作。州和州内的民众有着相同的意愿，他们珍视州内民众的财产、家庭、风俗、如今的工作和未来的理想，如同珍视自己一般。所以爱国主义，这种通常只是个人私心向外延伸出的情感，只有州有，几乎不曾扩展到联邦。

所以，无论是人民的利益，还是习惯或者感情都有将真实的政治生活朝州聚集的趋势，而非朝向联邦。

两种权力的区别，只要看看州政府和联邦政府在各自的权力范围怎么使用权力就能轻易发现。

州政府以确切的命令口吻和一个人或者一个群体谈话。联邦政府和个人谈话时，用的也是这种口吻，可如果它谈话的对象是州，那么它就会换成一种谈判的口吻，它要告诉州，自己为什么要这么做，以及它将如何行动，也就是说它不能命令，只能商量和研究。两个政府争的如果是宪法规定的权利，那么州政府会义正词严地索要自己的权利，并会雷厉风行地采取行动以捍卫自己的权利。

联邦政府在这一过程中，只能仰仗全国人民的良心、国家的利益和名誉来晓之以理。为了和争执的州交涉，它必须见风使舵，除非无路可走，否则绝不展开行动。人们如果不深入观察，会有一种州政府是国家权力的主宰，国会只是州的代表的感觉。

所以，联邦政府就像我之前说的那样是个虚软无力的政府，这点已经由它的属性限定了。联邦的立法者们确实做了各种努力，可终究没能改变这一点，无论和何种政府相比，它的存在都是最需要被统治者主动维系的。

确保诸州继续联合，不受阻碍，是联邦政府的目标，这点不难发现。这个基础要求已经得到了推行，这证明联邦政府是明智、有效和灵活的。在构建联邦政府时，立法者们希望联邦政府不仅能如常规政府一般压制个人的反抗，面对民众对公共决议的蓄意抵制，也能轻易制胜，可是他们没考虑过联邦政府解体和某些州会主动从联邦中脱离这种情况。

如今联邦在与各州共享主权时，经常会发生争执，既然如此，我们可以想象联邦早晚会无力支撑。我甚至觉得双方会以非常极端的方式进行对决。每次州政府强力抵制联邦政府，妥协的都是联邦政府。我们总结的经验显示，截至目前，但凡州想要坚持一项它要求必须达成的意见，就一定会获得成功，它若是想彻底无视联邦的指令[1]，联邦也只能由着它率性而为。

联邦政府的确有自己的权限，可是在国家当前的条件下，它很难使用这些权限[2]。

美国疆域辽阔，州和州之间的距离非常远，国民立足的国土仍有一半还是荒原。想用武力让旗下各州妥协，只会让联邦政府落入美国独立战争期间英国遭遇的窘境。

何况再强悍的政府，也要受到自己曾经允诺过的一项原则——公权的束缚。

自愿是各州创建联邦的基础，在联合的时候，各州仍保留着自己的主权，它们创建的不是一个单一的只有一个民族的国家。若是哪个州现在想从盟约中除名，你要怎么才能证明它不能这么做，难度非常大。联邦想要对抗它、制止它的此种行为，一来没有足够的实力，二来没有相应的权力。纵观世界联邦体

[1] 可以看看北方各州在1812年的战争期间做了些什么。1817年5月14日，杰斐逊致信拉法夷特将军说：“东部的四个州，在战争时期如同连累着活人的死人一般，死死地压着我们的手脚。”（参见康塞伊所著《杰斐逊回忆录》）——原注

[2] 美国处在和平之中，它完全没理由设立常备军队。一个没有常备军队的政府，如何能够事先做好抓住良机消除反抗，以联邦主权遏制地方要求的准备？——原注

制的历史，通常联邦为了击退某个州对自己的反对，会和一个州或者几个州建立紧密的利益共同体。

联邦中若是有一个州想要将联邦的首要利益占为己有，或者必须依赖联邦才能发展壮大，那么它明显会全力支持联邦，让其他州不得不对联邦屈服。可是此时，中央政府的力量不是它自己的，是在一个和它的本性截然相反的原则的基础上得到的。各州民众为什么结盟？因为他们希望从联邦中获得一样的利益；可按照刚刚说的那种情况，联邦政府强大的基础却在已经建立联盟的各州中制造不平等。

再者，如果联邦里的某个州独占了中央政权的所有好处，那么别的州在它眼中，就成了自己的手下，一旦其他州认可了它的主权，它就要觊觎联邦的主权了。此时，处理国家大事的，说是联邦政府，可这个政府早就被架空了[1]。

打着联邦旗号的政权，在这两种情形下，变得越来越强大，于是，对联邦原本的体制和一致的原则也就愈发不在意了。

眼下联邦对美国每个州都有益，不过完全没到不可或缺的程度。就算有几个州想要脱离联邦，和联邦断绝关系，别的州也不会受其影响，还是会保持联合的状态，不过繁荣昌盛的总体成就难免变小。

没有哪个州会为了捍卫联邦而心甘情愿地付出巨大代价，因为任何一个州都不是完全仰仗当前的联邦才能存在和昌盛的。

另外，以当前的情况而言，没有哪个州大到了想要掌控如今的联邦的程度。

各个州对联邦的法律、司法和行政的影响自然是有差异的，可是没有哪个州能够随意摆布其他州，觉得那个州比不上自己，或者像对待自己的手下一般对待那个州。

因此我坚信，当联邦的一个组成成分真的想和别的州断绝关系时，任何人都无法阻止，不仅如此，也没人想要阻止。所以除非构成联邦的各州有心分裂，否则当前的联邦是不会解体的。

我们的目标是研究当前构成联邦的各州继续联合下去的意愿如何，而非它们愿不愿意分离，所以解决完这个问题，我觉得放松多了。

纵览所有能够让当前联邦给美国人提供助益的因素，有两个首要因素最容

---

[1] 尼德兰连省共和国的荷兰省就是这种情况。再比如当前的德意志联邦，有时普鲁士的皇帝就会对联邦下令，借助联邦的权威为普鲁士谋得好处。——原注

易被研究者看到。

美国人虽然近乎一家独揽了整个大陆，可任何与他们有贸易往来的国家都成了他们的邻国。所以美国人看上去虽然与世隔绝，可他们却必须足够强大，而想要发展壮大，它们又必须留在联邦内部。

诸州若是断绝关系，彼此独立，它们可不只是当前一致对外的力量受到了削弱，甚至会引得觊觎其国土的国家发动侵略战争。一旦发生分裂，为了分割大好河山，倾尽所能地蹂躏上帝交托给他们管理的这片锦绣山河，内陆就要重建一套新的关税体制。

如今，美国人不必为敌寇侵略而忧心，所以一不用蓄养军队，二不用为了养兵而征税；可联邦若是发生分裂，用不了多久，他们就会发现自己需要筹谋所有这些事项了。

所以对美国人来说，维持联邦的存在是一件极有价值的事。

另一边，以当前的状况来说，没有任何物质利益足以让联邦的一部分和别的部分断绝关系。

打开美国地图，看到从东北向西南贯穿美国国土 400 里约的阿勒格尼山脉，我们不由得生出这样一种想法：这是上帝为了断绝人们的来往，为了让不同的民族各自在相应的区域内活动，而在密西西比河流域和大西洋海岸间创建的一道天然的屏障。

可是，平均高度连 800 米都不到的阿勒格尼山脉[1]，它的那些圆润的山顶和开阔的山谷，就像在迎接八方来客。并且赫德森河、萨斯奎哈纳河、波托马克河这几条流进大西洋的大河，无一不是从发端于阿勒格尼山脉上的那片紧邻着密西西比河流域的高原。这些河流经过这一地区之后[2]，涌入那道似乎在逼迫它们向西流淌的山峦，在山区内部一马当先为民众开拓了几条易于行走的天然的道路。

因此，在英裔美国人生活的所有地区之间，不存在任何阻挡人们来往的自然阻碍。阿勒格尼山脉不要说隔开人与人的往来，它连州与州的往来都未能隔开。聚集在这条山脉周边的纽约州、宾夕法尼亚州和弗吉尼亚州，一路向它的

---

[1] 阿勒格尼山脉平均海拔，按照沃尔内《简述美国的气候和土壤》第 33 页所载是 700 ～ 800 米，而达比则认为是 5000 ～ 6000 英尺。法国孚日山脉最高峰的海拔大概是 1400 米。——原注

[2] 参见达比《美国概览》第 64 页和第 79 页，费城，1828 年。——原注

西面和东面延伸开去[1]。

24个州，加上虽未获得州的地位但已有居民居住的三大地区，如今美国疆域的总面积是131144平方里约[2]，约为法国总面积的五倍。美国的国土内部，土质不同、天气各异且物产丰富。有人之所以会担心联邦无法长时间存在，是因为英裔美国人创建的各个州疆域都非常辽阔。对于这一点有必要加以探究。一个幅员辽阔的国家，国内各省或者州是有机会因为利益不同而最终互相敌对的。

此时，辽阔的疆域或许不利于国家的长久安定。不过，政府一致对国家的各类产品的交换、流通和增值都非常有益，所以在地域如此广阔的国家生活的民众，若是互相之间没有利益冲突，那么广阔的疆域对国家的兴盛来说是大有助益的。

美国各个地区之间各有各的利益，这点我确实发现了，可是我也同样发现它们之间的利益并不是互相敌对的。

南方诸州基本都是农业，北方诸州基本都是制造业和商业，西部各州则两者兼顾，既有制造业，又有农业。南方主要出产烟草、水稻、棉花和甘蔗。在北方和西部主要出产玉米和小麦。致富的途径虽然不一样，可在联邦内的所有人都有相同的机会走上这些致富之路。

最希望联邦能够维持现状的就是北方人，北方人将英裔美国人的制品运往世界各地，然后又将世界各个地方的制品带回联邦，他们为美国制造者和消费者工作，希望它们的人数尽可能最多。北方如同一个天然的联络员，将联邦的南方和西部，将联邦和世界其他地方联结在了一起。所以，北方为了从南方和西部获得从事制造业的原料，让南方和北方租借自己的船，它必然不希望南方和西部离开联邦，而是希望它们能留下并且继续发展。

难道南方就没有促使它留在联邦，希望北方繁荣昌盛的更直接的利益了吗？当然有。南方和西部都需要北方提供商业援助，因为南方的产品通常要从海上运往国外。它们需要联邦为自己提供有力的保护，所以它们势必期望联邦的舰队足够强悍。要知道，欧洲的舰队如果对南方的港口和密西西比河三角洲

[1] 和孚日山脉不同，阿勒格尼山脉并未给产业开发带来妨碍，因为它的最高峰没有孚日山脉的最高峰高。阿勒格尼山脉东侧地区和密西西比河流域有着与法国弗朗什—孔泰地区、勃艮第地区和阿尔萨斯地区相似的自然联系。——原注

[2] 按照英制是1002600平方英里，参见达比《美国概览》第435页。——原注

实行封锁，那南、北卡罗来纳两州种的大米、弗吉尼亚州种的烟草、密西西比河流域种的糖和棉花就运不出去了，所以虽然自己没有船，但南方和西部绝不会在打造海上力量方面吝啬钱财。所以联邦预算的所有内容，都对捍卫联邦各州一致的物质利益有益。

联邦的南方和西部不仅能从这种商业行为中获得好处，还能从彼此以及和北方的结盟中获得极大的政治利益。

南方有很多奴隶，这些人对现在和将来都有危险，而且对将来的危害更大。一条大河流经西部各州，它的源头在落基山脉和阿勒格尼山脉，流入密西西比河之后，又汇入墨西哥湾。西部各州所处的自然环境，断绝了它们和欧洲传统、旧大陆文明的联系。

所以，南方民众和西部民众都不愿意脱离联邦，前者不想独自面对黑人，后者不想被隔离在美国中部，希望能与世界其他地区自由往来。最后，北方人也不愿意脱离联邦，因为他们的目标是以联邦为桥梁，将这片辽阔的疆域和世界其他地方相连。

所以，密不可分的物质利益将联邦的各个部分缠绕在了一起。

我们相信源于此种联系的思想和感情，会在人们之间激发出一种和物质利益无关的联系。

美国人经常会谈及他们的爱国精神；不过请允许我直抒己见，在我看来他们的爱国主义是以利益为基础的，当情况有所改变，利益自然也要发生变化，这种爱国主义并不是理智的。

美国人在谈及自己为什么要继续采取祖先确立的联邦体制时，总挂在嘴边的那个论点，我并不如何重视。

他们的论点：要将大量公民交给一个政府保护，主要是因为人民在理智的推动下的主动联合吗？不，主要是因为本能的认可，换句话说这种认可并不是自愿、自发的。这种认可来自相近的感情和相近的观点。

我坚信，社会并不是只要人们接受了相同的领导人，愿意服从一些一致的法律就能建立的。

社会存在的前提是，人们在思考大部分问题时，会从相同角度出发；他们对大部分问题都有一致的看法，相同的事留给他们的印象必须相同，让他们产生的观感也必须一致。

一个人如果从这个角度出发去研究问题和探查美国当前的情况，轻易即可发现，美国人虽然分散在24个主权独立的州内，可是他们仍然可以像一个单一的民族一般生活。这种观察者甚至会觉得，和某些只有一个立法部门和只对一个人俯首的欧洲国家的社会状况比，英裔美国人联邦的社会情况看上去更为合理。

英裔美国人有若干教派，可他们公平地看待每个教派。

他们治国的措施并不固定，时常会为了与政府工作相谐而发生变化，可是他们在管理人类的社会的一般原则方面，却有着相同的看法。从缅因州到佛罗里达州，从密苏里州到大西洋沿岸，人民是所有依法组建的当局的权力之源。对于自由、平等、出版、结社权、陪审制和公职人员的责任，每个州都有相同的观点或者主张。

我们若是先将政治和宗教思想放在一边，去探查是哪些哲学思想和道德理论在约束他们日常生活行为，引导他们的一切行动，我们仍会发现这种一致性。

英裔美国人[1]将人们一致认可的道理视为道德权威，就像他们相信所有公民代表着政治权威一般。并且他们认为，民意是一切事务的真和假，允许和禁止的决断者。他们之中大部分人都认为，公正和纯善是探明自身切实的利益之后的必然结果。

他们坚信，独立管理自己的权利，是所有人生来就有的，没有人可以强迫他们寻求幸福。

他们全都认为，人是能够成为纯善之人的。他们信誓旦旦地说，知识的传递一定会带来好结果，蒙昧必然引发致命的悲剧。他们一致认为，社会是一个不断发展的有机体，人生是一幅画面持续变换的图卷，里面所有事物都会发生变化，也都应该发生变化。他们相信明天会有更好的东西来取代今天的好东西。

所有这些看法都是对的吗？我只能说这是美国人的看法，不是我的。

这些相同的观点让英裔美国人得以团结一心，与此同时，骄傲这种感情又使他们和别的民族无法融合。

一些人在50多年的时间里不停地告诉美国民众，他们正在变成世界上对信仰最虔诚的民族和最有学问也最自由的民族。在他们看来，迄今为止，民主制度发展的最好的地方就是他们那里，在世界其他地区一律没能成功。所以他

---

[1] 我在使用“英裔美国人”一词时，我相信我不必特别说明我指的是英裔美国人中的大多数，这个大多数，自然不会是毫无例外。——原注

们自觉高人一等，甚至坚信自己和人类一切人种比，都是出类拔萃的。

所以据我们看，美国人秉性的变化和激情才是能够危及美国联邦安全的因素，而非他们意见不一或者有利益矛盾。

在辽阔的美国土地上生活的，差不多都是一个民族的人。可是，美国南方的英裔的性格与北方的英裔的性格，随着时间的推移、天气状况的影响，特别是奴隶制的影响，而出现了明显的区别。

我们之中有些人甚至觉得，奴隶制让美国一部分地区的利益和另一部分地区的利益发生了冲突。这种情况，我并未看到。南方不曾因为奴隶制而出现和北方冲突的利益，不过它让南方民众的性情发生了变化，让南方的民众和北方的民众有了不同的生活习惯。

奴隶制是如何影响南方的美国人的经商才能的，这点我在前边已经说了。南方的民情也因为这种影响而发生了变化。

奴隶这种仆从，必须唯命是从、逆来顺受。可以刺杀自己的主人，可是公然和主人作对这种事，他们从来没有胆量去做。南方居民就是再穷，家里也会有奴隶。南方的美国人在幼年的时候，就有家庭小霸主的权威。在他们生命中最先学会的那批观念里，有一个观念是他们是天生的指挥者。所以，南方的美国人被顺利地教成了孤傲、暴虐、焦躁、易怒的人。他们好逸恶劳，遇到麻烦就焦躁，遇到挫折就没有斗志。

北方的美国人处于婴儿期的时候，可没有奴隶围着他们的摇篮转。一般来说，他们都知道如何自力更生，甚至没有享受过雇来的仆从的照顾。从他们走进社会开始，不足的思想就从各个方向涌入他们的脑海。所以他们对自身权利的固有界限早就有清楚的认知，也愿意自食其力。面对外界强加给自己的命令，他们绝不会妥协；他们清楚若是无法获得别人的信赖，就无法赢得他们的支持。所以他们有做事的耐心，思维严谨，宽以待人，做起事来井井有条，只要制订了计划就会一往无前。

南方各州民众的基础需求总是可以得到满足。因为有别人在为他们劳作，所以他们不用为物质生活忧心。少了这方面的担忧，他们就能将想象力投注到别的虽不够实用但规模宏大的活动上。南方的美国人追求场面，喜欢奢华的生活，热衷于花天酒地、堆砌名誉和夸夸其谈，对舒适闲散的生活尤其钟爱。他们不用为生活奔忙，而且因为不需要自己工作，因此他们每天酣睡，那些好的事情根本进不了他们的脑袋。

北方没有奴隶制，摆在大家面前的同等的机会激励着人们的干劲儿，因此他们愿意去做那些被南方的白人所藐视的实际工作。他们还是少年的时候就知道要为生活奔忙，知道所有精神和思想上的享受都应该屈服于发财致富。生活的细枝末节掌控了他们所有的想象力，他们不深邃也不广博的思想却是比较符合现实和清晰明确的。

他们的目标就是发财致富，因为每个人都在想方设法竭尽所能地想要尽快实现这一目标。他们清楚如何借助自然和人力去创造财富，知道要怎么做才能让社会朝着让所有人都幸福的方向前进，知道怎样才能从个人的自食其力中去吸收所有的好东西，这实在让人钦佩。

北方人既有切实的经验，又有知识学问。可在他们看来，科学知识不是用来消遣解闷儿的，而是一种本领，并且热切地期待着科学能够及早有力地应用到现实之中。

南方的美国人容易激动，他们幽默而直爽，较为慷慨，才华横溢。北方的美国人乐观积极，做事更加理性，也更干练。前者的喜好、偏见和优缺点都是贵族阶层的，后者的优缺点都是中产阶层的特征。

性格、知识水平和受教育程度不同的两个人，就算有着相同的看法和一致的利益，想让他们联合到一起，多半也难以实现。这一观点对于国家或者民族的联合也适用。

所以奴隶制的利益纠葛并未对美国的联邦造成直接伤害。

在联邦公约上签字的州，1790 年有 13 个，如今已有 24 个。1790 年联邦的人口总数接近 400 万，40 年之后的今天已经翻了两倍还多，也就是说 1830 年，已经有 1300 万人了[1]。

如此巨变，怎么可能没有危险相伴而来？

由若干个人组成的团体想要长久存在，首先要满足三个条件，即所有成员都要保持理性，成员自身的力量不能太强，成员的数量不能太多，而由几个国家或者地区组成的社会想要长存，也要满足这三个条件。

那些美国探险家离开大西洋海岸深入西部的腹地，因为他们不愿意被约束，发财致富的欲望极为强烈，并且通常来说，他们都是被自己出生的州赶走的。抵达荒原时，他们才首次相见，之前大家并不相识。他们不受传统和家庭情感

[1] 据 1790 年人口普查，是 3929328 人；据 1830 年人口普查，是 12856163 人。——原注

的制约，也没有典范让他们参考。法制对他们没什么影响，民情对他们的影响更是有限。所以，与生活在原本的 13 个州的美国人相比，陆续迁往密西西比河流域安家的人无论是哪个方面都有差距。可西部的乡镇却因为他们而发生了巨变，他们还没学会如何独立管理自己，就把处理公共事务的政府建了起来[1]。

成员自身实力和成员数量的多少成反比；国家或者社会的力量越强，它就越可能长存，因为此时它们的联合维系着所有成员的安危。

在 1790 年，美国任何一个州的人口数量都在 50 万以下[2]。那时所有的州都觉得自己不足以成为一个独立的国家，在这种思想的影响下，它们也容易听命于联邦政府。可是如果联邦的一个州——例如面积约为法国的四分之一的纽约州[3]——的人口数量增加到了 200 万，它就会觉得自己非常强大，而它留在联邦的原因如果是它的自身利益，那么这时它就会觉得用不着联邦了，而且就算它暂时没有离开联邦，用不了多久，它也会提出拥有主导地位的要求。

不过，损害联邦纽带的力量已经非常强大了，而美国联邦成员的增多，会让这种力量变得更强。见解一致的人，研究同一问题时用的方法也有可能不同。若是见解不同，自然就更是这样了。所以，美国联邦成员的数量越多，成员间在法律上并肩携手的机会就越少。

如今，在美国，州与州之间的利益虽然没有发生冲突，可国家每天都有新的城市建成，每五年就有新的州出现，它将至的未来会有哪些变化，没人能够预料。

英国人自从在这里建立了殖民地，每 22 年人口数量就要增加一倍。英裔美国人人口的这种剧烈攀升，在我看来在之后的 100 年内都不会遭遇阻碍。我认为生活在美国的土地或者疆域上的民众，不用 100 年就能增加到一亿以上，分散在 40 多个州里[4]。

---

[1] 这种危险自然不会是长期的。不过我敢说，若是长时间如此，像已经在大西洋沿岸建成的社会那么和平安定、容易管理的社会状况，就不会在西部出现了。——原注

[2] 宾夕法尼亚在 1790 年的人口数量为 431373 人。——原注

[3] 纽约州的面积是 6213 平方里约（500 平方英里 *）。——原注

* 译按：实际应该是 5 万平方英里。

[4] 在以后的 100 年里，美国的人口若是还像之前的 200 年一般每 22 年增加一倍，那么到 1852 年，美国的人口将达到 2400 万人，到 1874 年将达到 4800 万人，到 1896 年将达到 9600 万人。就算落基山脉东侧的土地不能开垦，情况也不会发生变化。容纳这些人，即使是对现在已有人居住的已经开发的地区来说，也不是什么难事。这一亿人，若是在美国现有的 24 个州和三块属地上进行平均分配，那么一平方里约的人口数量也才只有 762 人，远比法国和英国的少（法国一平方里约

我认为这一亿人是不会发生利益冲突的。相反，他们联合下去能够赢得一样的利益。不过我仍然要说，一亿人分别隶属于40多个情况各异、实力各异的州，在这种情况下，联邦还未解体，实在是件侥幸的事。

除非人们完善自己的秉性，彻底改变自己，否则一个政府，将管理面积为半个多欧洲的40多个州作为目标[1]，我认为它必然无法长存，尽管我再三声明我深信人性本善。这个政府要想方设法让这些州不会出现对抗和交战，让它们对对方没有野心，凝聚他们的主动行为以促进共同事业的发展。

可是，随着联邦的日渐扩张而出现的最大危机，却是由联邦内部势力的不断变迁引发的。

苏必利尔湖畔到墨西哥湾的直线距离大概是400里约。美国疆界就是顺着这条漫长的线向前迂回前进的；它在某些地方会有些收缩，不过在大部分地方，都深入到了距离这条线非常远的荒原里。有人做过计算，白人平均每年要向这片荒原全面深入7里约[2]。例如穷山恶水、湖泊和忽然在路上出现的印第安人等的阻碍，他们时常会遇到。这时，先头部队就会暂时停止前进，等后边的人赶到再继续前行。欧洲人中一步步朝着落基山挺进的这种行为，就像是因为神的旨意：人们在神的指引下像潮水一般，后浪推挤着前浪一往无前。

一些城市在最前沿的这些垦荒者的后边陆续建成，之后几个大型的州也建立起来了。

1790年散落在密西西比河流域的垦荒者不过几千人；如今居住在这个流域的民众已经和1790年整个联邦的人口数量相当，也就是说有将近400万人了[3]。华盛顿市是1800年建立的，那时，它还称得上是位于美国联邦的中央；可如今，它已经位列联邦四角之一了。为了参加国会，西部最远的几个州的议员[4]所走的路程和从维也纳到巴黎这样漫长的距离相比，也并不更短。

联邦都在朝繁荣富强迈进，可是它们发展壮大的速度却并不相同。

---

大概有1006人，英国一平方里约大概有1457人），甚至连瑞士都比不上。瑞士虽然湖多山多，可一平方里约也有783人。参见前边引用过的马尔梯—布伦著述的第6卷第92页。——原注

[1] 美国国土面积是295000平方里约，而按照马尔梯—布伦著述第6卷第4页记载，欧洲国家是50万平方里约。——原注

[2] 参见第二十届国会第117号立法文件的第105页。——原注

[3] 1830年人口普查是3672371人。——原注

[4] 密苏里首都杰斐逊市和华盛顿的距离是1019英里或者420里约。（《1831年美国年鉴》第48页）——原注

联邦北方阿勒格尼山脉的几个支脉，在向大西洋延伸时，形成了不少能够时常停泊巨型船舰的港口和码头。可是从波托马克河口顺着美洲沿岸朝南进发，直至密西西比河河口，整条海岸线全都是开阔平坦的沙地。联邦这一区域所有河口几乎都被河沙堵塞了；北方的港口能够为船舰提供的深度，星星点点地散落在这条不深的海岸线上的港口却提供不了，因此它们为商业活动提供的助益就没有北方的港口大。

这个首要缺陷是自然环境导致的，还有一个缺陷是法制带来的。北方已经废除奴隶制，不过南方尚未废除，这点我在前边已经说过了。奴隶制对奴隶主自身利益损害的致命性，我在前边也已经说了。

所以无论是商业还是工业[1]，北方发展的都比南方好；南方的人口和财富的增长速度都比不上北方，也没什么可奇怪的。

大西洋沿岸各州的人口已经到了半饱和状态，大多数土地都是有主的。所以它们没办法吸收大批移民，就像仍有大面积土地等待开垦的西部诸州一般。和大西洋沿岸的土地相比，密西西比河流域的土地更加富饶。欧洲人在这个以及一些别的原因的大力推动下，涌向了西部。这一事实从一些数字中可以得到证实。

整个美国的人口总数 40 年来翻了两番有余。但若只统计在相同的时间内密西西比河流域[2]的人口，却是增加了 30 倍[3]。

---

[1] 南方和北方在商业上的差距，从以下几个例子中就能看到。

弗吉尼亚州、南卡罗来纳州、北卡罗来纳州和佐治亚州（南方四大州），到了 1829 年所拥有的商船，大大小小全部加在一起的总吨位只有 5243 吨。

而同一年，马萨诸塞州一个州的商船总吨位就达到了 17322 吨（参见第二十一届国会第二次会议第 140 号立法文件的第 244 页）。

可见，马萨诸塞州一个州的商船总吨位就已经是以上南方四个州的两倍还有富余。可马萨诸塞州的面积不过 959 平方里约（7335 平方英里），人口只有 3047767 人。也就是说马萨诸塞州的面积只是四个州总面积的十三分之一，人口数量只是四个州总人数的五分之一（参见达比的《美国概览》）。南方的商业发展在很多方面都受到了奴隶制的压制。例如，它压制了白人开办工厂培养日后需要的海员的积极性。海员通常只能从社会下层的民众中征集。可是在南方，除了奴隶，没有这个阶层的人，可是怎么能让黑人充当海员呢？他们不但工作做得不如白人好，还容易在海上闹事或者逃往别国。——原注

[2] 读者请注意，密西西比河流域虽然从地理位置上将应该包括纽约州、宾夕法尼亚州和弗吉尼亚州，但我在说“密西西比河流域”这个词的时候，是不包括它们的。——原注

[3] 参见达比的《美国概览》第 444 页。——原注

联邦的权力中心一直在发生变化。40 年前，联邦民众大多数居住在沿海地区，也就是如今的华盛顿周边。如今大多数居民都在朝内陆和更北的地区迁移。在以后的20年里，大多数民众无疑将生活在阿勒格尼山的西面。除非联邦消失，否则土地丰饶、广阔的密西西比河流域一定会成为联邦永远的权力中心。密西西比河流域在以后三四十年里，将会得到自己应有的位置。到时，此间的人口和大西洋沿岸各州的人口比例将达到 40 ∶ 11，这很容易就能推断出来。所以几年之后，之前建成的各州将彻底无法掌控联邦，联邦议会将会受到密西西比河流域的人口极大的影响。

联邦每 10 年进行一次人口普查，之后会对各州可以选多少众议员参加国会进行界定[1]，所以联邦的力量和影响慢慢朝西北迁移的这种趋向，每 10 年就能显露一回。

弗吉尼亚州 1790 年众议员的人数是 19 名，之后这一人数一直在增加，到 1813 年增加为 23 人。然后这个人数就开始下滑，1833 年减到了 21 人[2]。可在此期间，纽约州众议员的名额始终在攀升：1790 年是 10 人，1813 年是 27 人，1823 年是 34 人，1833 年是 40 人。1803 年，俄亥俄州的众议员只有 1 人，到了 1833 年，已经增长到 19 人。

一个国家贫穷而弱小，你觉得它可以长时间和一个繁荣的国家组成联邦吗？就算联盟的时候，大家就已经知道后者的兴盛并不是前者穷困弱小的原因，

[1] 在最近这次人口普查中，我们发现有些州的人口增长率是较低的，例如特拉华州，只增加了 5%，但有的州的人口增长率非常高，例如密歇根州，增加了 250%。在这 13 年里，弗吉尼亚州的人口增长了 13%，但它的邻居俄亥俄州的人口却有 61% 的增长。这些数值在《美国年鉴》中都可以看到。所以说，各州的发展速度差异极大。——原注

[2] 在上一个注释中，我们已经说了，在这段时间内，弗吉尼亚州的人口数量增长了 13%。现在我们必须讲明，随着州的人口数量的增长，该州的众议员的数量是如何逐渐减少的。

比如上面提到的弗吉尼亚州。

1823 年，弗吉尼亚州众议员的数量（21 人）和那时全国众议员的整体数量有一个特定的比例。1833 年弗吉尼亚州众议员的数量，不仅受 1833 年它在全国众议员的整体数量占据的比例的影响，还会受到这十年间它的人口增长率及全国的人口增长率的比例的影响。所以，弗吉尼亚州这届和上届众议员数量的比值，既受这届全国众议员和上届全国众议员数量的比值所影响，又受弗吉尼亚州人口增长率及全国的人口增长率的比值所影响。如此以来，弗吉尼亚州若是无法保证本州的人口增长率比全国的人口增长率高，以便增加本届州众议员数量和全国众议员数量比值，就无法让本届州众议员的数量维持原数。如果本届全国的众议员的总数和上届的相同，那么弗吉尼亚州的人口增长率只要比全国的低，其众议员的数量就会减少。——原注

这种联盟也不会长久。如果联邦会让一方失去主权，或者让一方得到权力，这种联邦就更加无法长久了。

其他州的独立会因为这几个州发展得过快和超常而受到威胁。纽约州有200万人，40位众议员，它是有机会让国会批准某些条令的。可是强大的州如果没想欺凌弱小的州呢？是不是就没有危险了？当然不是，因为欺辱的可能和切实欺辱的机会几乎是一样的。

强者坚持的正义和理由，弱者通常是不会相信的。所以，一个州如果发展得不如另外一个州快，那么它在看那个撞了大运的州时，常常会满怀猜忌和嫉妒。最后，联邦的一部分地区看上去充满了压抑的愤懑和不知所谓的焦躁，另一地区看上去却盈溢着悠闲和自信，两者形成的对比格外鲜明。在我看来，这正是南方近来充满了抵触情绪的原因。

南方各州若是独立，那里的美国人受到的损害一定最大，所以最需要保持联邦存在的美国人，就是南方人。可是，最不利于联邦团结的州，就是南方的州。这不难理解，因为出过4名联邦总统[1]的南方，如今在联邦政府中已经衰败了，它在国会中的众议员的数量一年比一年少，可北方和西部的众议员的数量却是一年多过一年；并且天性暴躁的南方人容易发火，一点就着，欠缺镇静。对于当前，他们十分忧虑，对于过往他们满怀追慕。每天他们都会问自己，自己有没有受到欺辱。

联邦的某条法令如果没有对他们明显有益，他们当即就会喊叫起来，控诉这是在对他们滥用权责。联邦若是没有接受他们的建议，他们会火冒三丈地以脱离联邦来进行要挟，指责联邦不让他们获益，只让他们履行义务。

1832年，加罗来纳的民众高喊：“关税法是北方暴富和南方破产的元凶，因为只有这样才能解释，有美洲花园之称的南方为什么衰败得这么快，而天气寒冷、土地贫瘠的北方却会越来越富有，越来越有权势。[2]”

我阐述的这些变化如果没有那么激烈而迅疾，以致每一代人都能发现当前秩序对自己的重大影响，危险就不会这么大了。可是有些事是在美国社会发展的进程中忽然出现的，并且我可以说这些事是具有革命性的。一个公民在自己的人生中，可以亲眼看到自己所在的州从原本联邦中的佼佼者一路下滑，在联

[1] 这些人是华盛顿、杰斐逊、麦迪逊和门罗。——原注

[2] 参见选举委员会向州代表大会提出的，申请南加罗来纳宣布关税无效的报告。——原注

邦议会中失去地位。英裔美国人有几个州发展得非常快，就像一个人一般，不过 30 多年就从出生走到了青年和壮年。

但是，不要以为失去势力的州就要人口减少或一败涂地。他们仍然会发展壮大，并且以比欧洲所有国家都快的速度发展壮大[1]。可是，由于与它们相邻的州积累财富的速度比它们快，所以它们会自认为自己穷了；由于一个比它们更强的力量忽然出现在它们面前，所以它们会自认为自己失去了地位[2]。如此，和利益上遭受的挫折相比，他们在情感和欲望上遭遇的挫折更大。

可是，这会不会极大地威胁到联邦的存在？如果各国的民众和国王从古至今的关注点只有切实的利益，那么人类近乎不会有任何战争发生。

所以联邦的繁荣正是最能损害联邦存在的威胁，因为迅速积累的财富带来的繁荣会让联邦的某些州自视甚高，而别的发展得不如它们的州会因而妒忌和猜忌，因为自己的财富变少而倍感羞窘。

美国人只是满怀欣喜地静静地看着这种奇怪的变迁；可我认为，他们应该为这种变迁感到可惜和畏惧。无论日后如何，美国人一定会位居世界最伟大的民族之列，他们的后世子孙将遍布北美的各个角落。他们已经将如今生活的大陆纳入了自己的领土范围，将来他们也会继续保有这片土地。那么，他们能在将来继续拥有这片土地的保障是什么呢？

他们认为财富、权势和名誉是必需品，一日不可或缺；他们就像晚一分钟都抢不到一般，你追我赶地扑向这堆珍宝。

当前的联邦之所以没有解体，原因只有一个，就是各州还愿意留在联邦，我认为，这一点我已经阐述清楚了。我又在此基础上，对那些能够促使一些州离开联邦的理由进行了分析。不过联邦覆灭的方式只有两个。一个是，某个加入联邦的州表示不再参与联盟公约，然后将联合的纽带一刀斩断；之前我已经说了，多数是这种情况。一个是，加入联邦的州一致要求重新独立，以致联邦

[1] 人口数量是国家繁荣的首要条件。弗吉尼亚州从 1820 年到 1832 年进入国会的众议员虽然少了两个，可它的人口仍有 13.7% 的增长。在此期间，南卡罗来纳州和北卡罗来纳州的人口一共增加了 15%，佐治亚州增加了 51.5%（参见《1832 年美国大事记》第 162 页）。欧洲国家俄国的人口增长速度那么快，在这段时间内，也只有 9.5% 的增长，法国增加了 7%，全欧洲增加了 4.7%。（参见前面援引的马梯尔—布伦著述的第 6 卷第 95 页）——原注

[2] 不过五十年来，烟草的价格一直在降低，这极大地降低了南方种植园主生活的舒适度。这点毋庸讳言。然而，这种情况既不受南方人的意愿影响，也不受北方人的意愿影响。——原注

政府失去权威。等政府慢慢失去所有特权，它除了承认自己无能，无法达成自己的目标，还能如何呢？因此，第二次联邦也因为衰弱无力而最终覆灭，就像第一次联邦一般。

随着联邦纽带的无力，联邦可能以解体告终，不过在联邦覆灭以前，或许会引发众多其他次级结果。联邦政府的无力使得国家失去了行动能力，陷入无政府状态，国家的广泛繁荣受到了重大影响，就算如此，联邦也未必就会消失。

前面说的是造成英裔美国人分裂的种种可能的原因，接下来我们要研究的是，如果联邦没有瓦解，那么它的政府的活动空间和主权将会如何，是会变大还是变小。

对于自己的未来，美国人明显非常忧心。他们发现通常世界上大多数国家的主权都掌控在少数几个人手中。所以只要想到自己的国家也会这样，他们就惶惶不可终日。这种恐惧感，就连有些国务活动家都有，或者他们起码要装成自己有。至于他们为什么要装，原因很简单，中央集权在美国不得人心，最能迎合多数的良方就是通过攻讦中央政府来俘获权柄。事实上，让美国人忧心的所有在向中央集权迈进的国家，全都是只有一个民族的国家，可美国组建的联邦却居住着若干不同的民族，这点美国人并未察觉。

以类比的方法得出的所有结论，在这一事实面前都将成为谬论。

坦白地说，美国大部分人的此种恐惧，在我看来根本就是胡思乱想。美国人担心联邦的主权变强，可是在我看来，联邦政府的权限明明在变小。

我无须列举古代的例子，只要用我前言看到的例子或者发生在现代的例子，就能证明我的这一结论。

这个国家有两个截然相反的趋向，如同河床上的两条一个朝西涌动，一个向西奔流的河流，这点我们只要认真探究过美国当前的情况，轻易即可发现。

联邦如今已经走过了 45 个春秋，最开始抵制联邦的众多地方偏见在时间的砥砺下，变得非常淡薄。美国人的排他性随着对州的眷恋的加深而逐渐变小。联邦的各个地区之间在不断的来往中，变得越发亲近。人们用来联结彼此的一大利器——邮政，如今已经走到了荒野的深处[1]。在各个港口之间，轮船每日

[1] 密歇根地区 1832 年才刚刚开发，那里当时人口数量是 31639 人，可邮件联结的通路已经有 940 英里。阿肯色地区几乎全是野蛮人，可邮件联结的通路也有 1938 英里。参见邮政部长 1833 年 11 月 30 日的报告。一年仅邮递报刊杂志的收入就有 254796 美元。——原注

川流不息，各种物资顺着河流被送往上下游的速度史无前例的迅疾[1]。

激励美国人离开故土，投身和自己的同胞普遍交流的浪潮中的，不仅有自然和人为提供的便利条件，还有夜以继日的追求、孜孜以求的梦想和渴求名利的愿望。他们的足迹遍及全国，与生活在国内的各种民众交流往来。美国1300万民众彼此熟识的程度是法国任何一个省的民众都达不到的。

美国人在融合的同时，也在彼此同化着。天气、籍贯和体制给他们带来的差异正在慢慢减小。他们越来越像。每年搬往联邦其他地区安家的北方人数以万计。他们带着自己的信仰、思想和民情；他们比当地的居民更有学识，于是没过多久，就成了当地事务的管理者，让社会朝着对自己有益的方向发展。

这种持续的从北向南的迁移，极大地促进了各个地区的特征融合发展为全国性的特征。所以北方的文明，看上去早晚要成为统一标准，被其他地区效仿。

将联邦各州凝聚在一起的纽带，随着美国工业的推进变得越来越坚实，联邦最初的联合是因为观点一致，如今则是因为实际需要。1789年人们想象出来的在脑海中盘旋的恐惧，随着时间的推移，彻底消失。联邦政府没有成为压迫者，联邦各州也仍旧保持着独立，它们共同遵循的也不是君主制度。加入联邦的小州，无须听命于大州。联邦的人口、财富和实力都在持续增强。

因此我相信，和1789年相比，无论是阻碍美国人形成联邦的自然限制还是联邦的敌人，都减少了。可是，联邦的权力也变小了，这点只要认真地研究一下美国45年的历史，很容易发现。

为什么会出现这种情况，很容易解释。

1789年宪法颁布时，国家正处在无政府状态。联邦就是在这种混乱的状态下建立起来的，它一方面引发了极大的仇恨和恐惧，但另一方面，因为联邦代表着一种极大的诉求，所以也获得了诚挚的拥戴。

一个通过不断的努力而取得胜利的政府，通常会为自己赢得最大的权柄，那时的联邦政府也是如此，虽然它当时遇到的阻碍比今天还大。相比于制约联邦主权，这段时间人们在解释宪法时看上去更倾向于扩张联邦主权，因此无论是对内还是对外，联邦在很多方面都给人一种由同一政府统御的一个国家的感觉。可是，为了实现这一目标，人民被提高到了近乎比联邦还高的位置上。

---

[1] 从1821开始到1831年结束，在这10年内，单密西西比河各支流就有271艘轮船加入进来。整个美国在1829年有256艘轮船，参见第140号立法文件第274页。——原注

宪法并未消除每个州自身的特点，而且每个州都有一种向着独立发展的本能，这和它自身的性质无关。美国这种国家，它的所有乡镇都有独立管理自己的习惯，这种本能也更加明显。

所以，必须付出极大的努力才能让诸州对联邦的绝对权威表示臣服。可就算努力的成果再显著，当推动此种努力的原因消逝，这些成果也要变小。

联邦政府的权力的加强，一方面恢复了美国的国际地位，一方面稳定了边疆的形势和重塑了人民对自己的信心。因此，混乱被秩序所代替，人的勤奋步入正轨，可以自由前进了。

可是，正是繁荣昌盛这件事自身，让人们慢慢忘记了繁荣是怎么来的。刚一得到平安，当初帮助美国人平息危险的那种坚韧和爱国之情就被美国人抛到了脑后。原本困扰着他们的恐惧一经消除，他们马上轻车熟路地返回了习惯的旧路，放纵自己的喜好，任由它横行霸道。

一个强悍的政府，当它对人们失去价值，人们就会觉得它多余。联邦带着人们一同致富，人们因此不愿意离开联邦，可是他们却不希望代表联邦的政府管得太多。各州通常愿意和联邦合作，可是如果牵涉到本州的工作，它们又期望诸州能够维持原本的独立。

无论何时，人们都易于接受联邦的宗旨，可是却几乎没有人愿意切实地使用这些宗旨。所以，联邦政府在构建秩序与和平的同时，也在推动自己的衰败。

那些依靠人民的激情维生的政党领导人看到人们流露出此种感情，就会搬弄是非，以便从中取利。

如此，联邦政府的地位就会发生动摇；而攻击它的人却博得了民众的喜欢，这些人为了得到统领政府的权力，对联邦的瓦解充满了期待。

在此期间，联邦政府势必要和各州政府发生争斗，并且往往会一直败退。

如果一件事需要通过联邦宪法来进行解释，那么通常解释的结果将会对州，而非对联邦有益。

按照宪法规定，联邦政府有权关注全国性利益。政府于是认为这意味着，联邦在国内应该去筹谋或者敦促那些例如开凿运河这样的对整个联邦的繁荣有益的大项目或者大事业。可是，当诸州发现自己的一部分土地，被其让权力部门以此为理由进行管理，势必会心生畏惧。他们担心中央政府通过此种手段反客为主，在自己的领地内指手画脚，夺走原本由州内人员掌控的权力。

于是，素来抵制联邦政府扩大权力的民主党挺身而出。它指控国会滥用职权，将国家领导人说成是野心家。中央政府在此种恫吓面前，最终败退，它承认自己不该如此，并承诺自己的力量不会再越界。

按照宪法规定，联邦政府有和外国谈判的专权。联邦政府在和邻居印第安部落相交的时候，通常也采取此种态度。这些野蛮的部落如果对文明妥协，愿意将自己的领地交给移民，联邦政府便缄口不言；可是如果某个印第安部落打算在某个地方安家，临近该地的州就会宣告自己是这块土地的所有者，在这块土地生活的民众都要听命于自己。中央政府也马上就会对州政府的此种行为予以认可，印第安部落虽然是以一个独立的共和国的身份和它签署的协议，可是它们受到州立法部门的压迫，中央政府却毫无反应[1]。

一些位于大西洋沿岸的州可以不受限制地向西部扩张，对欧洲人未曾深入的荒原进行开发。可有些州的边界却是固定的没办法更改，当它们发现临州前途远大便生出了嫉妒之心。所以为了达成和解，也为了联邦行事方便，这些获利的州表示可以将自己的疆界确定下来，多出来的土地一概交予联邦[2]。

自此开始，联邦政府掌握了构成联邦的最初的 13 个州之外的所有尚未开垦的土地的所有权。

这意味着这些土地，联邦政府有分配权和售卖权，卖地的收入一律收入国库。联邦政府拿这笔钱买下印第安人的土地，打通走向新的荒野的通道，这对联邦政府践行自己促进社会繁荣的权力是有益的。

来自大西洋沿岸的移民在各州让出来的荒野中安家，之后随着时间的推移，又有几个新州陆续建成。为了国家的利益，国会打算将新州境内的荒野一并卖掉。可是新成立的州此时一致要求独占售卖土地的钱，要将这笔钱留下自己用。他们的这些要求的危险性越来越高，于是国会决定让联邦放弃这项一直归联邦所有的特权。就这样，一项规定西部新建立的州境内的荒地的所有权虽然归于联邦，但售卖土地的大多数收入将留给各州自用的法律，在 1832 年年末正式颁发[3]。

---

[1] 参见我介绍印第安人那节所引用的国会立法文件，美国总统写给柴罗基部的信，他在这个问题上和别的代表的通信，以及他写给国会的咨文。——原注

[2] 1780 年，纽约州制定了首个将荒地交付联邦的法令。之后，弗吉尼亚州、马萨诸塞州、康涅狄格州、南卡罗来纳州、北卡罗来纳州，也以它为例陆续制定了一样的法令。在这件事上，佐治亚州点头的最晚，是 1802 年。——原注

[3] 总统确实没有批准这一法令，可是他对这一法令的原则是绝对赞成的。参见 1833 年 12 月 8

银行体制对美国的助益，只要稍微对美国进行一下研究就能发现这点。在这些助益之中，最惹人关注就是合众国银行的纸币全国流通，无论是在偏远山区，还是在银行驻地费城，它的价值都是一样的[1]。

可是，最惹人憎恶的就是合众国银行。它的董事们抵制总统，有证据表明，他们借助自己的影响妨碍过总统的选举。所以在个人的不满情绪的推动下，总统对这些人所代表的银行发起了猛攻。总统原本的拥护者也和总统一起展开报复，如此一来，总统便觉得多数确实是站在自己这边的。

国会是立法最大的纽带，同样的，这个银行也是金融最大的纽带。

那些州想要拥有中央政权的职能，它们在这一激情的鼓舞下，也希望银行可以垮台。

通常，合众国银行会握有大批地方银行发行的流通券，只要它愿意，就能要求地方银行把这些流通券换成硬币。不过，合众国银行却不担心此种威胁。它有大量的流动资金，任何提款诉求它都能满足。地方银行面对此种生存危机，只能将一定比例的资本换成流通券，无法随心所欲地使用所有存款。

这种制约虽然对货币的流通有益，可是地方银行只能强行忍耐。所以地方银行买通报刊，全力攻击合众国银行，总统在自身利益的驱使下，也成了它们的帮凶。这些报刊在国内的各个地方怂恿地方激情和盲目的民主本能去抵制合众国银行。它们认为合众国银行的董事们如同一个专注于干预政府的贵族集团，平等——这个美国社会的基本原则早晚会毁在它手里。

在美国各州和中央政府之间、民主自由思想和等级压制思想之间爆发的大规模的斗争中，这家银行和它的敌人的争斗，仅仅是一个偶然事件。在我看来，攻击合众国银行的人，和那些针对其他问题攻击中央政府的人一定是有差异的；可是，无论是前者攻击合众国银行，还是后者反抗联邦政府，全都是因为本性，并且合众国银行力量被削弱，也是联邦政府式微的一个不吉之兆。

可是，联邦的虚软无力表现得最明显的，就是著名的关税事件[2]。

---

日写给国会的咨文。——原注

[1] 目前的合众国银行是1816年成立的，有3500万美元（18550万法郎）的资本，它的这一特权的截止日期是1836年。国会去年准备通过一项法令延长了这一期限，但被总统驳回了。如今争执又起，而且双方都十分坚持，可以预见这个银行近日就会关闭。——原注

[2] 想要知道这一问题的具体情况，可以重点参见第二十二届国会第二次会议的第30号立法文件。——原注

美国和欧洲的自由往来被法国革命战争和1812年美英战争斩断之后，联邦北方开始发展制造业。等再次获得和平，欧洲通往新大陆的航路重开，美国人为了在保护国内刚刚起步的制造业的同时，收取一些钱以偿还战争期间的欠款，决定建立关税制度。

只有农业，没有制造业的南方，因为无法从这一举措中受益而满怀怨愤。

此间，我要做的不是探查他们的指责是出于假想还是确有其事，我只想陈述事实。

南卡罗来纳州早在1820年就曾经呈送了一份请愿书给国会，表示关税法案不仅违背了宪法，还残暴和不公正。之后，佐治亚州、弗吉尼亚州、北卡罗来纳州、亚拉巴马州和密西西比州也陆续表示抗议，只是抗议的激烈程度不同罢了。

国会将这些指责全部按下，于1824年和1828年再次调高税率，并重申了征收关税的方针。

于是，南方出现了——或者换一个更合适的说法，南方再次提出了——一个叫作“拒绝执行联邦法令”有名的倡议。

联邦宪法不是为了组建一个联邦，而是为了创建一个国家性的政府，这点我在阐述联邦宪法时就已经说过了。美国宪法规定，美国人只是在特定的条件下才属于一个民族。美国只在符合这些条件时，才如同立宪国家一般，以多数的意愿来代表国家的意愿。在多数的意愿得到批准的情况下，少数只能践行自己的职责。

这一思想是合法的，切合宪法的条款和立宪者们的共识的只有这个思想。

与之相反，南方的“拒绝执行联邦法令派”宣称美国人是为了构建一个独立的州的联盟才联合起来的，不是为了创建一个同一民族的国家，因此各个州就算无法在行动上完全独立，起码原则上主权要是完整的；而且国会通过的法令，它要有解释权；如果它认为国会颁布的法令违反了宪法或者不公正，要有权拒绝执行。

卡尔霍恩是“拒绝执行联邦法令派”公认的首领，他在1833年在参议院发表的演说里有一段话包含了该派的所有观点。

他说：“作为一项契约，宪法的所有签署人都是主权人。如果签约各方对于契约的解释有了不同的主张，那么，各方都有权利对自己所履行的契约的范围进行界定。”

这一观点明显损害了联邦纽带的根基，1789 年宪法将美国人带离了无政府状态，现在这一状态有了再现的危险。

南卡罗来纳州发现国会对自己的抗议置之不理就威胁联邦称，自己将以“拒绝执行联邦法令派”的理论来对抗联邦的关税法。

国会不肯放弃自己推行的法令，于是一场暴动最终降临。

南卡罗来纳州的民众[1]于 1832 年组建了一个国民代表大会，对自己将被迫启用的应急措施进行讨论；这个国民代表大会于同年 11 月 24 日发布了一项正式的法令，宣布联邦的关税法无效，抵制征收关税的行为，联邦法院的任何针对关税法的诉讼，他们都不会接受[2]。

这一法令正式起效的时间定为 1833 年 2 月，和这一法令同时宣布的还有一个声明：在此期间内，国会若能改革关税体制，那么南卡罗来纳可以不予追究。没过多久，南卡罗来纳州又用迷迷糊糊的口吻说，联邦各个州可以组建一个特别委员会共同研究这一问题。

南卡罗来纳在等候国会回应的那段时间，组织了应战的民兵。

国会是怎么做的？当百姓低声下气求它的时候，它始终不理不睬，可是当百姓开始披坚执锐[3]，它马上接受了他们的主张。国会颁布一项法律[4]，规定在十年之内税率将持续下调，直到关税的收入能够满足政府支出。所以说国会已经彻底放弃了最开始的关税原则，将保护关税制度换成了一种纯粹的财政手

[1] 因为有个名叫“联盟党”的反对派，虽然是少数派，却非常强大且积极地抵制着关税法的实行，所以这里的人民指的是人民的多数。那时，南卡罗来纳州的选民有 47000 人，其中有 3 万人不赞成推行联邦法令，有 17000 人则表示赞成。——原注

[2] 这一法令的起草委员会在这项法令颁布之后，又发布了一份对该法令的目的和内容进行详细介绍的报告。在这份报告的第 34 页，写着：“如果宪法留给各州的权利受到过分侵犯，那么权利受到侵犯的州为了阻止事态恶化抵制侵权行为，有权在各自的范围内使用自己的权利，践行自己的义务，以捍卫自己应有的权利和特权。各州若是没有这些权利，那还谈得上主权吗？南卡罗来纳州声明，它认为自己无须对地球上任何法院俯首。它确实和别的与它一样主权独立的州一起在神圣的联邦协议上签过字，可是它要求按自己的观点来解读协议，而且它相信自己有权这么做；不仅如此，它还要求，如果缔约者或者由它们创建的政府违背协议，它有绝对的对违约行为进行裁定和处罚以确保协议公正的权利。”——原注

[3] 实力强劲的弗吉尼亚州是第一个用这种办法逼国会采取行动的州。弗吉尼亚州的立法部门这次做了联邦和南卡罗来纳州的中间人。所以那些表示也要采取此种办法的州，最终表示绝对不会采取此种方法。——原注

[4] 1833 年 3 月 2 日法令。——原注

段[1]。为了遮掩自己的失败，联邦政府选择了一切虚软的政府通常都会采用的办法——原则上立场坚定，事实上进行妥协。国会一边改革关税法令，一边以一项法令赋予了总统一项可以对当时已经不会发生的反抗进行武力压制的特殊权限。

可是，南卡罗来纳州连这种不值一提的形式上的胜利也没让联邦得到。那个提议废除关税法的国民代表大会再次举行会议，会议决定，南卡罗来纳州虽然接受了联邦的妥协，可是这并不表示它放弃了“拒绝执行联邦法令派”的观点。此外，它非常清楚这一权力永远没有切实施行的一天，可是它还是宣布自己拒绝承认总统得到的特权和那项法律。

我们谈到的这些纷争近乎全都是杰克逊将军出任总统的那段时间发生的。不得不说，他在关税这件事上，曾经高明而有效地捍卫了联邦的权力。可是，在我看来，他也给联邦政府留了后患——如今遇到同类问题，联邦政府只能延续他使用的方法进行解决。

有些人没离开过欧洲去美国实地考察，他们对杰克逊将军在政治上的成绩持有的观点，让去实地考察过的人感到啼笑皆非。

杰克逊将军在他们口中，能征善战，精力旺盛，有着使用暴力的天性和习惯；他热衷于追名逐利，生来就是个暴君。所有这些言论或许是真的，可是从这一实情出发推理出的所有论断却全都大错特错。

有人推断说，杰克逊将军打算在美国创建专制统治，抬高尚武思想，扩张中央政权的权力，使其可以压制地方自由。

可是，美国还没有到出现此种情况和此种人物的时候。如果杰克逊将军打算通过这种方法来推行自己的统治，那么他的政治地位和他的生命必定都无法保全。他素来不是鲁莽之辈，这样的傻事，他是不会去尝试的。

强化联邦政府的权力这种事，现在的总统杰克逊绝不会做，要知道，他所代表的党派更希望联邦政府的权力停留在宪法切实界定的范围内，他在解释宪法的时候，从没选择对联邦政府有利的角度。

杰克逊将军代表的是生怕失去权力的地方政府，他绝对不是中央集权体制的捍卫者。他之所以能用代表国家主权的身份，依靠的是地方分权的激情（我若是能这么说的话）。他之所以没有失去自己的身份和名望，完全是因为他一

[1] 提出这一法令的是克莱先生，国会两院只用四天就以绝对的优势通过了这一法令。——原注

直在迎合这种激情。作为多数的仆人，多数的意愿、期望和本能才显露出一半，杰克逊将军就已经马上跟进，或者换一个更准确的说法，他本身就有这种激情，并一马当先地激励着这种激情。

州政府和联邦政府每次发生争执，总统几乎都是和州政府站在同一战线去抵制自己的权力，而且立法部门通常都没他走得快。若是需要对联邦的权力范围进行解释，他几乎从没站在支持自己的那边过。他不让自己出头，不让自己扩张，也不表露自己。所有这些难道表示他生性软弱或者仇视联邦吗？当然不是。对于南方的“拒绝执行联邦法令派”的无理要求，如果多数挺身而出表示反对，他会马上站在多数身前，旗帜鲜明态度坚定地阐述多数的意见，并率先表示会动用武力。

若是让我用美国人的说法，我会说在我看来，杰克逊将军既有联邦主义者的喜好，又有共和主义者的实际。

对多数的妥协让杰克逊将军讨得了人们的喜欢，进而赢得了更高的地位。

因此，他克服所有难题，向着多数期待的或者多数还未释疑的目标，一往无前地努力着。

他得到的拥戴强劲到了他的前任难以企及的程度，而且没有总统能像他一般有那么多有利条件能够随时将自己个人的敌人打倒。

他采取的一些措施之前没人敢采用，但他可以为此负责，他对全国的议员的态度非常轻慢，甚至到了羞辱的程度；他驳回国会的法案，对这个强劲的立法部门的质询置若罔闻。作为一个仆从，他对主人的态度有时是非常蛮横的。所以，一直在增强的是杰克逊将军的个人的权威，总统的权威一直在减弱。联邦政府在他掌权的那段时间虽然强大，可是等他的继任者登台，却将变得虚软无力。

除非我完全说错了，否则美国联邦政府的权力会越来越小。它会慢慢地舍弃部分公务，不断地削减自己的活动范围。联邦政府生来就不够强健，最后恐怕连强大的外观都保不住。再者，我认为在各个州，美国人的独立感和对地方政府的钟爱看上去越来越强。

联邦在人们眼中不过是一个影子，尽管他们需要它。有时，人们希望联邦强而有力，可是有时，人们又希望联邦虚软无力。按照人们的想法，战争时期，联邦可以掌控国家所有的人员和物资，可是在和平时期，联邦甚至可以消失。正是联邦的本性导致了这种时强时弱相互交替的情况。

人们的这种普遍的思想运动，在我看来，如今任何东西都无法遏制。这种运动的成因一直在原样发挥效力。所以运动不会停止，而且如无意外，联邦政府越来越无力的未来也是可以预料的。

不过，在我看来，联邦政府还远没到无法保证自己的生存，无力保持国家稳定，进而的自动消亡的时候。民情已经认可了联邦，人们不希望联邦消失。联邦的成绩显而易见，联邦的优势有目共睹。如果人们发现联邦的弊端已经威胁到了联邦的安危，那么，我敢说人们势必会为了增加联邦的力量而推进一些和当前相反的运动。

迄今为止，世界上再没有哪个联邦政府比合众国政府更能按照联邦的性质行动。除非遭到了法律解释的直接攻击，除非联邦的本质遭到重创，否则联邦马上就能通过舆论的转变、内部的威胁或者战争恢复本该拥有的生机。

我唯一想说的是，我们法国有不少人都觉得美国的舆论更倾向中央集权，认为总统和国会应该掌控所有权力。可是在我看来，美国的舆论趋向正好相反。

难道我的意思是联邦政府因日趋腐朽老迈以致权力流失和对各州的主权造成了威胁吗，当然不是，我的意思是说联邦政府越来越虚软无力，它的主权，也只有它的主权受到的侵害。当前的实际情况就是如此。这个趋势发展到最后将会带来什么样的结果？我说的这种运动，有任何偶然事件能够阻止、延迟或者加快吗？这种潜伏在未来之中的偶然事件，我自认没本事将它们的帘幕掀开。

## 浅谈美国共和制度存在与长存的原因

当前联邦内部的州如果爆发战争，并且随着战争的发展开始配备常备军，推行独裁且增税，进而使得联邦分崩离析，那么最终可能会危及共和制度的命运。

不过，有必要将共和的将来和联邦的将来区分开。

联邦的存在不过是一个偶然事件，除非环境发生变化，不再有利于它的存在，否则它是不会消失的；至于共和，我认为它与美国人的天性相符。只要没有相反的因素朝着一个方向继续且持续的使力，任何东西都无法使共和制度被贵族体制取代。

创建联邦的法律是联邦能够存在的首要条件。一旦发生革命或者舆论发生变化，联邦就有覆灭的可能。可维系共和存在的根基却十分坚实。

在美国，共和在人们意识里是社会自发的一种缓慢且稳健的运动，是一种以人民睿智的期望为基础的合理状态。这种管理体制要求一切决议，都要经过长时间的筹备、谨慎的讨论，等到时机成熟，才能予以执行。

在美国，共和主义者关注民情，尊重信仰，也尊重各种权利。在他们看来，一个民族越是自由，对道德品质就越重视，对宗教信仰就越虔诚，个人性格就越儒雅和善。美国的共和，针对的是多数的和平统治。多数在互相认识对方，得到人民的一致认可之后，将会变成所有权力的同一源泉。可是，多数自身却不是无上的权威。如果讲道德，它比不上人道、公理和理智；如果讲政治，它比不上各种实际权利。多数并不否认自己在这两方存在短板。任何人都会被激情驱使，它若将两个短板打破，也是如此，而且在激动的情况下，人人都有机会将好事办成坏事，它也一样。

可是在欧洲，我们发现了一些奇怪的论调。

按照我们欧洲的某些人的说法，人们一直以为共和是多数的统治，其实并不是这样，它是掌控着多数的那几个人的统治；人民不是此种统治的领导者，那些知道人民效力最大的人才是；他们不用和人们商议，自己作出判断之后就打着人们的旗号行事，他们一边欺压人民一边要人民感激他们；并且世界上再没有哪个政府会像共和政府一般，一边要求人们允许它随意行事，一边藐视人们过往看重的一切事务，也就是从最高的道德准则到最基本的共同标准，共和政府无不藐视。

迄今为止，无论专制以什么面目出现，他们始终觉得专制让人憎恶。可今天，他们忽然发现：在这个世界上，暴政如果是打着人民的旗号进行的，那么它就是合法的，不公如果是打着人民的旗号发生的，那么它就是神圣的。

美国人采取共和体制的原因，在于他们发现共和最为好用，而且能够确保共和的长存。他们认为共和政府的成就虽然通常都不太好，可起码它的理论不错。所以最后人民一般会遵循共和的行动方针。

集权的行政体系，美国原本就无法创建，以后也难以创建。在辽阔的疆域上，人们居住的非常分散，又被众多天然的屏障阻隔着，所以他们个人生活的细枝末节只能自己去经营。

所以美国这个国家，是真的由乡镇政府和州政府共同管理的。

这个原因，在新大陆生活的每个欧洲人都有感觉，而除此之外，还有几个别的原因是英裔美国人独有的。

英国人在北美的各殖民地刚刚兴建的时候，就将自己的法律和民情里的乡镇自由思想带了过来；在英国移民看来，乡镇自由不但有需要，也是自己最珍贵的一样东西，进而继承了下来。

各个殖民地建立的过程我们已经说过了。那时，占据各个地方的人彼此并不认识或者只是为了一个目的才聚集到一起的，连各个教区也是如此。所以最开始，美国的英裔移民组成了众多不受任何同一中心管控的小型社区，并且因为没有任何中央政府能够管理或者应该管理这些小社区，所以社区内的事务都由社区自行负责。

所以，乡镇自由和地方自由在国土的自然环境，英国各殖民地的创建模式和先期移民的生活习惯的共同作用下，取得了让人惊诧的发展成果。

美国的所有国家体制在这一原因的影响下，本质上都是共和的；除非同时推翻美国的所有法律，否则共和的法律根基是无法彻底根除的。

若是有哪个政党想现在在美国创建君主体制，它将遭遇的困难比在法国创建共和体制还要大。法国的王权在创建之前，可没为自己确立一套法律体系，因此如今法国的君主政体陷入了共和体制的重围。

也会有相同的难题挡在美国的民情面前，阻碍君主体制的原则对其进行渗透。

美国的人民主权思想，不但不是一种和人民的习惯以及一切占据统治地位的思想无关的孤立的思想，我们甚至能将它视为一种联结英裔美国人所有主流思想的锁链的最后一环。美国的公民社会和政治社会建立的一个基础信条就是——上帝赐予了所有人可以独立处理和自己关系最为密切的事务所需要的必要的理智，无论他的身份如何；父母在对待孩子时，主人在对待仆人时，乡镇在对待官员时，县在对待乡镇时，州在对待县时，联邦在对待各个州时，都是遵循的这一信条。这个信条扩展到国家，就成了人民主权思想。

因此在美国，共和的基本原则和约束人类大多数行动的原则相同。所以如果让我说，我会说共和在确立法律体制的时候，就对美国人的思想、观念和所有习惯进行了渗透；除非将所有这些全都更改，否则它的法制是无法更改的。在美国连大多数人相信的宗教都有共和的色彩——政治是以人的一般感情来压制个人对私利的关注的，同样的，宗教以人的理智来约束来世的真理；法律表示每个公民都有选择政府的权利，同样的，宗教表示任何人都有权独立选择走向天堂的路。

除非有一系列的事项朝着同一方向发力，否则，有另外一套法制、思想和民情替代掉这套法制、思想和民情的事，不可能发生。

假如在美国共和的原则居然有覆灭的日子，那么必定是经过长时间的反复的胜负交替的社会斗争之后才会发生；而且共和原则并不会彻底消失，不等当前的民族被一个新的民族所取代，某些共和原则就已经复生了。可是没有任何事物昭示了此种革命，或者昭示此种革命将至。

对一个刚到美国的人来说，最让他吃惊的莫过于政治社会多得让人目不暇接的运动。他们的法律一变再变，刚看到这种情况，你会觉得这个民族的想法如此多变，用不了多久，当前的政府就会被新的政府所取代。可是，你的忧心是没有必要的。政治体制不稳的情况事实上有两种，应该加以区分。一个是次要法律时常变化，可是社会仍会稳健的存在下去；另一种，是对体制根基的攻击，对法律的基础原则的动摇。动荡和革命往往紧紧跟在这种不稳身后，至于遭到损害的国家则处在剧烈动荡和难以预料的状态中。经验显示，这两种立法上的动荡，会随着时间的推移，地点的变换，时而交缠，时而独立，所以它们互相之间是没有必然联系的。美国出现的不稳并不是第二种情况，而是第一种情况。在美国，人们确实时常对他们的法律进行修正，可是他们对宪法的根基却素来敬重。

如今，共和主义对美国的统治，就像路易十四时期的君主主义对法国的统治。那时，法国人热爱君主体制，且相信任何体制都无法取而代之。他们就像人们认同阳光的照耀，四季的更替一般，认同君主政体。无论热烈地捍卫王权的人，还是激烈地抵制王权的人，在当时的法国，都是不存在的。

以默认或者某种 consensus universalis（共识）为基础建立的共和，在美国必然存在，这是不需要讨论、驳斥和证明的。

不过在我看来，美国的民众若总是这样变幻不定，就像他们对行政体制所做的那样，那么共和体制的将来必定会受到损害。

人们的计划时常会因为法律的反复无常而被打断，因此我们担心人们早晚会觉得共和这种社会生活模式是一种阻碍，这并非无稽之谈。到时人们会因为次要法律的朝令夕改而引发的恶果，觉得基础法律并不可信，进而间接造成一场革命。但是，现在距离这一时期还有非常遥远的距离。

现在我们可以判定的是，如果美国人舍弃共和，那么他们在历经过短时间的君主体制之后，用不了多久就会被专制的枷锁套牢。孟德斯鸠曾经说过，如果共和体制覆灭后建立的是君主政体，那么世袭帝王将会得到人们原本无所顾忌地交给民选领袖的无上权威，这时的君权将成为最为专制的权力。

这个观点具有广泛的正确性，而且对民主共和国尤为适用。美国的立法者是经国内的多数选举产生的，并成为公民的一个特殊阶层。民众既不畏惧他们，又不仇视他们，因为他们是人民群众的激情的代言人，完全以人民群众的意愿为生。不过人们在界定他们的权限时，通常不会特意为他们的权力限定范围，并且将任由他们独自处理大多数职权，这点我在前边已经说过了。

因此种情况而形成的习惯，比它自身还富有生机。美国的立法者在国会休会的那段时间或者在他们离职之后，仍旧强力地影响着社会。于是，暴政的终点在哪儿，又在什么时候会到，很难预料。

我们欧洲有一部分人不仅希望美国能够采取贵族体制，甚至预测出了贵族体制最终出头的确切时间。

我认为美国社会当前的形势是越来越趋近于民主，这点我已经说过，现在不妨再说一遍。

可是，将来美国人是不是会放开对政治权利的限制，或者收缴这些权利并将其交给一个人掌控，我无法断言；但是我敢说，他们永远不会将这些权利交给某个特殊阶层独享，或者换一种说法，我相信他们永远不会建立贵族体制。

由相应数量的公民构成的贵族集团，虽然和人民群众距离较近，但他们永远不会屈服于人民群众。你可以靠近这个集团，但你无法将其打倒；你可以每天和他们接触，可是它绝不会接纳你。

和这种服从相比，任何服从都更贴近人的天性和人心隐秘的本能。相比于在贵族常规的行政管理中生活，一个自力更生的人宁肯时常被一个国王的独裁所统治。

为了可以长盛不衰，贵族制度必须以不平等为原则，为不平等披上合法的外衣，不仅在社会上推行不平等，还要将不平等带回家里。任何事物，只要与符合情理的公平相悖，人们就不会自愿接受，只能强制执行。

一个自力更生的民族，却在自己内部建立了贵族体制，这样的例子，我敢说，遍寻人类历史都不会发现，至于中世纪的贵族体制，那是征服掠夺的结果。战胜的一方成为贵族，战败的一方则变成了奴隶。就这样，不平等被武力强行施加在民众身上，等它被民情所承认即可获得自保的能力，并且法律也会顺理成章地认可它。

某些比社会出现得更早的事物，让它们成了天然的贵族社会。可是随着时间的推移，它们会慢慢走向民主。例如罗马人以及在罗马人之后强大起来的蛮族。可是一个民族，已经拥有了文明和民主，它怎么可能在身份越来越不平等的过程中越来越团结，通过在社会内部构建不可违背的特权和妄自尊大的阶层，赢得成功？这实在是世所罕见。

完全看不到任何能够表明美国势必要在这方面成为首个实例的迹象。

## 浅谈美国商业繁荣的成因

从芬迪湾开始，一直到墨西哥湾的萨宾河，美国的海岸线全长将近900里约。美国的海岸线从头到尾都是连续的，并且统一由一个政府管控。

美国能够为商业提供世界上任何国家都无法比拟的最深、最广阔，也最安全的港口。

美国人建立的民族伟大而文明，命运将他们送去了一片蛮荒之地，距离文明的首要中心非常远，有1200里约。

所以，美国没有一日不需要依靠欧洲。美国人需要的大多数物品，他们势必很快就能自己制造或者出产。可是，两个洲的需求、思想、习惯和民情先天而紧密的联系，使它们永远无法彻底脱离彼此，各自生活。

联邦的某些产品因为我们的土地根本无法耕种，或者要付出极高的成本才能耕种，如今也成了我们的需要。这些产品，美国人只需要其中很少的一部分就够用了，所以他们用剩下的和我们交易。

所以，欧洲以美国为市场，同样的美国也以欧洲为市场；美国的居民对海上贸易也一样有需求，因为他们要将美国生产的原料送往欧洲港口，然后将欧洲的产品运回美国。

所以美国要么像墨西哥的西班牙人一般扔掉贸易只为海洋国家的工业输送大批原料，要么将自己打造成世界上最先进的海洋强国，这两个选择，美国必须选择一个。

英裔美国人明显喜欢海洋，而且这种喜欢一直不曾变过。独立斩断了他们和英国的商业纽带，可与此同时，他们在航海上的天赋也得到了强力的新发展。联邦独立之后，它们船舶的数量一直在增加，而且增速和联邦人口数量的增速近乎是一样快的。如今，美国人使用的欧洲制品有九成是他们用自己的船运来的[1]。他们还用自己的船将四分之三的新大陆的制品送往欧洲，给那里的消费者[2]。

在哈佛和利物浦的港口，美国的船舶到处都是，可是在纽约港中，却没有多少船是英国和法国的[3]。

所以无论是在国内，还是在国外，美国人的商人都敢和外国商人进行有力的竞争。

之所以如此，是因为美国船的运费比世界上任何国家的运费都便宜。美国的商船若能将这一优势保持下去，那么它不但可以保持已经取得的成绩，还能让这一成绩越来越大。

美国人运营航运的成本为什么远比别人少，这个问题很难回答。有人认为这首要原因是美国人天赋异禀的优异的物质环境。然而，这并不是实情。

美国船的生产成本和我们的并无不同[4]，但他们的船质量较差，使用寿命也较短。

和欧洲的船员相比，美国船员的工资更高。这点从有不少欧洲人在美国商船上劳作就能证实。

如此，美国人的航运投入比我们少的原因在哪儿呢？

在我看来，这个原因蕴含在纯粹的智力和纯粹的精神特征中，去物质优势中去探寻，只能是白费力气。

下边的对照可以证明我的观点的正确性。

在法国革命战争时期，法国人在军事艺术上运用某种新战术，将一些老将军打得落花流水，几乎把欧洲的一些很有历史的国家都推翻了。他们先是想办法裁掉了大量以往认为对打仗来说必不可少的东西，让士兵付出某些文明国家

---

[1] 1832年的进口额，到9月30日就已经达到了101129266美元，可是只有10731039美元的进口货是用外国船运的，连进口额总数的十分之一都不到。——原注

[2] 同期的出口总额是87176943美元，其中有21036183美元的货物出口是通过外国船运输完成的，占出口总额的四分之一还多一点儿。——原注

[3] 美国港口在1829年、1830年和1831年这三年内迎来的轮船，其总吨位数为3307719吨，其中只有544571吨是外国船，也就是只有16%。（《美国1833年年度大事记》第304页）

伦敦、利物浦和赫尔这三个港口在1829年、1830年和1831年这三年里接待的英国船的总吨位只有443800吨，其中有159431吨是外国船，也就是占36%。（《1834年美国指南》）

英国港口在1832年迎来的外国船的吨位和英国船的吨位，其比值为29:100。——原注

[4] 通常来说，美国原材料的价格比欧洲低，但人工的费用却远比欧洲高。——原注

从未付出过的极大的努力。最后，每个战士都英勇无畏，为了既定目标即使付出生命也没有半点犹豫。

那时，无论是人力还是财力，法国都比不上它的对手，物力更是如此。可是法国人却所向披靡，直至敌人也使用了他们的战术。

美国人将相似的办法用到了商业方面。美国人将法国人为了打赢战争而采取的所有措施，都用在了减少航运投入上。

做事严谨的欧洲航运公司向来不会在海上冒险。它们的船要选风平浪静的天气出海，只要遇到危险，马上回航。到了晚上，船员们会将船帆收起一些；如果海浪出现代表靠近岸边的白色，船员马上就会减慢航行的速度，抬头对着太阳修正航向。

甘冒风险的美国人，并不会如此谨慎小心。风暴低吼的声音还未消失，他们就已经拔锚起航。他们白天对着风扬起全部的帆，晚上也是如此。风暴给船舶造成的损伤，他们一边航行一边修补。即使临近航行的终点，他们也不会落帆，他们靠岸的心情是那么急切，就像是已经见到了港口一般。

在海上遭遇不测的美国船舰非常多，可是它们船舶的航速是任何国家都比不上的。他们航运成本的降低，是通过以更短的时间完成与别人等量的工作实现的。

长途航行时，欧洲的商船往往要靠岸休息很多次。为了找停靠的港口或者等出港的时机，他们不仅失去了珍贵的时间，还要每天支付停靠的费用。

美国的商船自波士顿启程去中国采买茶叶。到了广州之后，船不过停留几天就会返航回国。

不出两年，船舶航行的距离就相当于绕了地球一圈，并且无论是来还是去，他们只停靠一次，单次航行的时间是八个月或十个月，在这期间，船员们只能喝咸水吃咸肉，他们必须和海洋、病痛与厌烦长期抗争。可是只要回去了，他们的茶叶的价格每磅能比英国商人的低四分之一便士。他们实现了目标。

我只能说美国人在以一种大无畏的精神从事商业活动，除此再没有别的更好的办法来阐述自己的感想了。

欧洲的商人永远也追不上他们美国同行竞争的脚步。美国人选择此种方式经商，并不完全是为了节省成本，他们的本性更是首要原因。

美国的民众正在感受文明在前行路上的所有喜乐。

欧洲人所处的社会能够满足人们的一切需求，可是美国人所处的社会却不是这样，因此学习和生活上的必需品，美国人通常只能自己去创造。一个美国人有时既能种田又能盖房子，既能当钳工又能做鞋匠，既能织布又能裁衣裳。这或许会阻碍工业技术的发展与完善，可是却能极大地激发劳动者的智慧与才干。最能让人变蠢，让产品不再精巧的，就是分工过于细致。

美国是一个专业人才极端缺乏的国家，在这里，人们无须为了掌握一门手艺而经过漫长的培训学习。所以美国人极易更改谋生的门路，随时去找更合适的工作。有些人一生之中，律师、农夫、商人、牧师和医生全都做过。如果只论职业技能，美国人在各个行业都比不过欧洲人，可几乎没有哪个行业是美国人完全不懂的。他们的才华有限，但知识面广。所以美国民众面对各个行业时也没什么需要遵守的金科玉律，他们对一切行业都没有成见，不会看重这个轻视那个或者看重那个轻视这个，也不会尊古卑今或者尊今卑古。他们清楚自己的国家和别的国家不一样，他们的情况是世界首例，所以他们不仅可以打破自己的习惯，还能轻易摆脱外国习惯对其精神可能造成的影响。

美国人生活在一片神奇的土地上，他们身边的所有事物都在变化之中，所有的改变都代表着发展。所以新观念总是和他们脑海中的好观念紧密地联系在一起。人的所有努力似乎都没有自然的界限。他们相信事在人为，没有不可能。

在这种反复无常的运气，激励美国人共同前进的激情，以及公共资产和个人资产的变化多端的起起伏伏的共同作用下，人们的精神彻底被一种自强不息、不甘示弱的激情掌控了。美国人的人生就像一次赌博，一次革命，一场战争。

所有人都被同一种原因鞭策着，与此同时，国民性也被烙上了难以控制的冲动的印记。所以无论何时何地，美国人必定都是这样的人，他们为梦想沉迷，敢于拼搏，不畏艰险，在创新方面尤其擅长。这种精神切实地蕴含在他们所有的工作中。他们的政治条文中有这种精神，他们的宗教教规中有这种精神，他们的社会经济理论中有这种精神，他们私人的实业活动中也有这种精神。他们带着此种精神四处开展事业，在原始森林是这样，在喧嚣繁华的都市也是这样。美国的商船之所以比任何其他国家商船运费更低，行进得更快，就是因为他们在航海事业上也使用了这种精神。

美国人若能将这种精神上的优点，以及此种优点带来的现实优势保持下去，那么他们不但能保证国内生产者和消费者的诉求，还能日趋如同英国人一般，变成别国的商务代理[1]。现在他们正朝着此种伟业迈进。美国海运公司正将自

[1] 英国商船的工作只是将外国的货物运回国内，将国内的货物送往国外吗？当然不是。英国的

己变成某些欧洲国家直接的商业代理人，这点我们已经可以看见[1]。

在南美，西班牙人和葡萄牙人建造的某些大型殖民地之后都成了国家。这片辽阔的区域如今正因为内战和独裁而饱受蹂躏。生活在这里的人数量有限且不曾增加，他们没有一天不在为如何自保而忧心忡忡，哪里还谈得上有意改善自身命运。

可是，情况总会发生变化的。中世纪的黑暗不就在百折不挠的欧洲自身的努力下被驱散了吗？我们是基督教世界，南美也一样。它的法律体系和生活习惯和我们并无不同。文明在欧洲各族人民及其子孙中发展起来的所有萌芽，它都具备。另外，它还可以向我们在南美的榜样学习。它总会文明起来的。

这明显只是时间早晚的事。南美民众总有一天会建立一个繁荣富强的国度。

可是，南美的西班牙人和葡萄牙人有了文明国家的诉求，距离他们能够满足这些诉求也还有很长的时间。他们文明发展得晚，而发展得早的国家有着不容他们否认的优势。他们要经历漫长的耕种时期，才能学会如何办厂，如何经商。一段时间之内，他们都需要外国人作为中间人将他们的商品送往海外，之后再把别国的产品带回，以满足他们出现的新诉求。

北美的美国人早晚要去为南美人的诉求付出努力，这毋庸置疑。在大自然的安排下，他们不但成了邻里，前者还有极大的便利去对前者的诉求进行研究和分析，去频繁地联系后者，慢慢地将后者的市场占为己有。除非美国的商人远比不上欧洲的商人，否则这种好机会他们肯定要把握住，事实上，在某些方面，他们比欧洲的商人更强。新大陆的各族民众早就从美国人那里学到了文化知识，不仅如此，他们的精神也受到了美国人的影响。在美洲大家庭，美国人知识最丰富，力量最强大，资产最富足，已经是在这片大陆生活的各个民族早就达成的共识。所以他们关注着美国，只要有机会就会向生活在那里的人学习。美国的政治观点他们每天都在吸收，美国人的法律体系他们每天都在借鉴。

美国人的英国祖先当年在意大利人、西班牙人、葡萄牙人面前的地位，在欧洲一切文化和工业方面都逊色于英国且大多数消费都要求助于英国的国家面前的地位，和美国人在南美人面前所处的地位一模一样。

如今一切和英国往来的国家，几乎都以英国为自然的交易中心，而在另外

---

海上船队已经如同陆地上的大型车马队一般，经营起连接世界各国厂商和各国交通的运输业务了。在海上有天赋的美国人也可以经营海上运输公司，并保证和英国相当的水准。——原注

[1] 美国已经接受了部分地中海沿岸的海上运输。——原注

一个半球，美国所起的作用也将是一样的。所以新大陆各个国家的组建和发展，近乎都能让英裔美国人获益。

联邦若是解体，各州的商业活动肯定要延缓一段时间，但这一时间将比人们想象的要短。无论以后如何，各州明显仍会携手经商。它们生活的地方相邻，互相之间有着完全一样的思想、利益和民情，并且除了它们，再没人能够组成一个巨大的海洋强国。联邦的南方和北方若是斩断关系各自独立，那么缺少了北方扶持的南方将难以为继。南方不是贸易聚集区，也完全没有痕迹表明它会成为贸易聚集区，这点我已经说了。所以，在美国，南方人只能长时间依赖他人将自己的产品输出，并将他们需要的产品运回。

可是除了自己的邻居北方人，他们找的任何人都无法保证供应给他们的市场是物美价廉的。并且低价是商业的最高准则，所以他们自己免不了要找北方人。在低价市场面前，主权意识也好，民族成见也罢，其抵抗力都难以长久。英国人和美国人之间的仇怨恐怕已经是世界上最深的仇怨了。可是，就算是如此，美国人还是会从英国的商人手中买入大部分产品，为什么？因为和其他国家的产品相比，英国的产品更便宜。所以无论美国人怎么想，英国的制造业并不会因为美国正在扩大的繁荣而受阻。

无论是理智还是经验都告诉我们，强大的商业需要军事力量的扶持，否则难以长久。这个道理，别国知道，美国也清楚。美国人已经让自己的船只得到了他人的敬重，用不了多久，或许还会让他人敬畏。

我敢说北美的海上力量在联邦解体之后，不但不会变小，反倒会大幅增强。现在的联合发生在经商的州和不经商的州之间，可是后者通常对强化海上力量并不热心，因为这不会让它直接受益。

相反，若是联邦里所有经商的州共同组成一个独立的国家，鉴于这个国家的最重大的利益就是商业，它们一定会竭尽所能地守护航运，并且它们在这方面得偿所愿的意志将是任何事物都无法遏制的。

一个人未来的命运的首要特征，往往在他年轻的时候就有体现，在我看来，一个国家的命运也是如此。英裔美国人在商业活动中体现出的冲劲儿，他们在商业方面的有利条件，以及他们经商的成果，让我不由得坚信，他们迟早会成为世界最强大的海上霸主。正如罗马人天生就要统治世界一般，他们天生就要掌控海洋。

# 结　论

我的记述已近尾声。我在前边探究美国将来的命运时，为了对各个部分进行仔细研究，一直尽量将题目分割成若干部分。现在，到了将各个部分整合到一起进行概括的时候了。

我的概括或许不够丰满，但会更为简单明了。我在对各个问题进行分析时，或许无法像从前那样清楚，可是我对大局的掌控会更加精准。我如同一个游客，离开喧哗热闹的都市，爬上郊区的小山。他离开城区之后，一直向前，人烟越来越少；他回望那座城市，已经看不清房屋，看不见公共场所，也分不清哪里是街道了，可是城市的整体轮廓却一眼就能看得出来。因此，这座城市的整体样貌似乎首次呈现在他眼前。

我正是以此种方法来探究生活在新大陆的英裔美国人的整个未来的。这幅辽阔的画卷，其细节虽然模糊不清，可它的整个图景已然在我眼前出现，让我对它有了准确的整体认知。如今全球适于人类居住的所有土地，美利坚合众国拥有或者占领了二十分之一。

英裔美国人拥有的土地确实非常辽阔，可你不要以为他们会永远安静地待在那里。他们现在的活动空间就已经远大于这一区域了。

我们有段时间也有机会在美洲的荒原上建立一个庞大的法兰西国，在新大陆和英国人分庭抗礼的。法国曾经在北美占领过面积几乎与整个欧洲相当的土地。那时在我们依法掌控的土地上，奔涌着北美大陆那三条最大的河流。从圣劳伦斯河口到密西西比河三角洲，我们的法语是在这一区域生活的所有印第安部落听过的唯一别族语言。在这片广阔的区域内，欧洲人居民区的名字会让人联想到他们的祖国。例如，路易堡、蒙摩朗希、迪卡讷、圣路易斯、温森、新奥尔良等，还有什么名称比这些名称更让法国人感到熟悉和亲切的吗？

可是这笔巨额遗产，我们因为一系列不胜枚举的原因[1]弄丢了。一些地区，

[1]　主要包括，和其他民族相比，崇尚独立和习惯乡镇自治体制的民族更易于建立强大的殖民地。独立思考能力和独立管理自己的习惯是一个新国家得以建立的前提，而移民个人的努力则在很多

法国人本来就不多，又不曾努力修建，如今已经看不到法国人了。一些地区虽有法国人生活，可他们也只是在一块儿十分狭小的区域内聚集，且要遵守别人的法律。如今，下加拿大那 40 多万法国人就像一个被新民族的浪潮所淹没的古老民族的遗民。在他们身边，其他民族的人越来越强大，并向各个方向不停地蔓延看来；甚至反客为主地占领了这片土地的原主所拥有的土地和所建立的城市，并对他们使用的语言进行了破坏。这些人原本就是美国的民众。所以我敢说英裔美国人不会局限在联邦的范围内，他们会走出这一区域朝东北方向挺进。

西北方向有几个俄国人聚集区，这个影响不大；西南方向则是墨西哥，它像一堵大墙一般，将英裔美国人前进的道路斩断了。

所以如今分别掌控着新大陆的彼此竞争的种族，严格意义上讲，只有两个，就是西班牙人和英国人。

已经有条约对两个种族的边界进行了界定。这是一个对英裔美国人有利的条约，但就算如此，我也敢说英裔美国人必定很快就会撕毁这一条约。

墨西哥与联邦南部疆界接壤的地方，有一片很大的区域尚无人居住。和那些有权开垦这一区域的人相比，美国人开进这片土地的时间会更早。

他们会占领那里的土地以建立乡镇。等法律规定的拥有者跌跌撞撞地走到这儿，他们会发现，已经有人开垦了这片荒野，已有外来者在他们的遗产上悄无声息地安家落户了。

新大陆的土地一般讲究先到先得，因此动作快的人将会收获土地。

被人占领的地区必须作出极大的努力，才能确保自己免于此种侵犯。

发生在得克萨斯的事情，我已经讲过了。美国民众无时无刻不在朝得克萨斯渗透，买入那里的土地。那里的法律，他们也会遵守，可是他们却让自己的语言和民情逐渐成为主流。目前，管理得克萨斯的人就是墨西哥，可是用不了多久，那里就没有墨西哥人了。相似的情况，在英裔美国人和其他种族发生来往的地方都发生了。

和生活在新大陆的其他任何欧裔美国人相比，英裔美国人都有更大的优势，这点应该承认。欧裔美国人无论是在文化知识上，还是实业和军事上，都比不过他们。他们的扩张将一直持续下去，除非他们前方已无荒芜或者人迹罕至的

---

方面都对这个国家的建设造成了影响。——原注

地方，除非他们无法穿透的人口密集的地带阻断了他们的前进之路。他们不会在条约限定的疆界前停下脚步，必定在各个地区跨过这种假设的阻碍。

英裔美国人的地理位置对于此种发展所起到的促进作用，实在让人惊叹。

他们北部疆界的上方，是北极冰原，他们南部疆界下方不过几纬的地方，就到了热带。所以英裔美国人生活的地区是新大陆天气最平和，环境最适宜的地方。

有人错误地认为，美国是在独立之后才有了人口的急速攀升。

事实上，此间人口的增长速度，在殖民制度时期就已经是这样了，也就是大约每22年增长一倍。差别只在于如今绝对增长数字以百万来计算，那时是以十万来计算。一个世纪前，人们没能发现这种情况，不过如今已经看得非常清楚了。

被一个国王统治的加拿大英国人，和在共和政府体制下生活的英裔美国人，两者人口增长和蔓延速度是一样的。

人口在独立战争的那8年，也是遵循上述比例持续增长的。

英国人虽然和位于西部疆界的印第安部落结成了同盟，可是他们向西部迁移的速度却从未变慢。肯塔基州、宾夕法尼亚的西部地区、佛蒙特州和缅因州，在敌人劫掠大西洋沿岸时，到处都是人。人口的增长与向荒原的挺进，并未因战后无序而受到影响。

由此可见，英裔美国人的持续发展，并不会因为法制上的不同，战争与和平的差异，秩序好还是不好而受到太大影响。

为什么会如此，这很容易解释，它的国土面积过于广阔，以致没什么因素能够影响到它上面的每个地区。所以国内的退路非常多，受灾地区的民众总能找到避难的地方，并且灾难再深重，也终究邪不胜正。

所以新大陆的英裔美国人飞速的发展是无法遏制的。在大陆上，联邦解体及由此而来的战争，共和覆灭及由此而来的暴政，确实能够减慢他们的发展速度，可是他们命中注定要完成的任务，他们总会加快脚步去完成。世界上的一切力量都不足以让移民停下脚步，阻止他们进入这片沃土，这个地方正打开门静候勤勉之人，正等着为饱受磨难的人提供休息。

无论未来如何，美国人的天气、内海、大河与沃野都不会发生变化。钟爱发财致富和富有进取精神，似乎已经成了这个民族的首要特征，他们并不会因为法制恶劣，因为革命和无政府状态就被消灭掉，他们已经学到的知识，也不会因为这些就消失不见。

所以未来虽难以预料，但有件事却可以确定——在即将来临的某个时期（因为此间我们说的是一个民族的命运），从北极的冰原到热带之间的广阔区域，从大西洋沿岸到太平洋沿岸将满是英裔美国人。

按照我的推测，早晚有一天英裔美国人所拥有土地的面积，将达到欧洲总面积的四分之三[1]。整体来看，联邦的天气比欧洲的天气好。联邦的自然环境也比欧洲的要好。联邦单位面积的人数迟早会赶上欧洲，这点不难发现。

欧洲有这么多国家，在经历过连绵不绝的战争和中世纪的暴政的折磨后，每平方里约的人数仍有 410 人[2]。自然没有任何力量能够强大到足以让联邦单位面积的人数永远无法达到这一标准。

若想让美洲英裔美国人的那些分支出现差异，拥有不同的外部特征，没有几个世纪的时间是做不到的。他们何时会在新大陆建立长久的不平等制度，我们难以预料。所以在未来，英裔美国人大家庭的各个分支，仍会保有一样的社会状况及在此种状况下的主流习惯和思想，无论他们的命运因为战争或者和平，自由或者暴政，兴盛或者饥馑而发生怎样的变化。

中世纪，生活在欧洲的各个种族被同一个宗教纽带凝聚在了相同的文明下面。新大陆的英裔美国人有着十分紧密的联系，并且他们所生活的时代，近乎达到了人人平等的程度。

中世纪这个时代，教派林立，虎踞龙盘。那时的所有民族、所有地区、所有城市和所有的家庭，都在为了自保和独立而奋斗不止。

可是如今的趋向却是相反的，每个国家似乎都在向统一进发。即使是世界最遥远的地区，因为国与国之间的文化关联，也走到了一起。人们无法再各自独立不和他人来往，或者再对发生在世界各个角落的事茫然无知。虽然隔着茫茫大海，可是欧洲人和他们在新大陆上的后裔的差异，甚至比不上 13 世纪某些位于大河两岸的城市。

连互相之间是外国人的民众，都被这种趋向拉到了一起，它自然更能有效地遏制相同民族的后裔发生分裂了。

---

[1] 如今，单是美国本土的面积就超过了欧洲的一半。欧洲的面积是 50 万平方里约，人口数量是 20500 万人。参见马尔梯—布伦著述第 6 卷第 114 册第 4 页。）——原注

[2] 参见马尔梯—布伦著述第 6 卷第 116 册第 92 页。——原注

所以北美拥有 1.5 亿人不过是早晚的事[1]。他们来自一个大家庭，人人平等，他们有着相同的祖先与相同的文明。他们语言相同，宗教信仰相同，习惯相同，民情也相同，他们肤色一样，思维方式也一样。别的方面或许还不好说，但有一点，即世界将要呈现出的新局面是最丰富的想象力也想象不到的，却是可以确定的。

如今世界上的这两大民族——俄国人和英裔美国人，虽然起点不同，但似乎都在朝着一个目标前进。

这两个民族的发展壮大可说是悄无声息。人们看着别的地方的时候，他们忽然就比各个国家更强大了，而他们的存在和强悍几乎同时得到了整个世界的认可。

其他所有民族唯一能做的就是维持下去，因为他们似乎已经临近发展的天然界限了，可是这两个民族的发展壮大却从未停止过[2]。别的民族要么裹足不前，要么前进得十分艰难。只有这两个民族，轻松且飞速地奔跑在一条看不到终点的路上。

美国人需要战胜的，是自然布置在他们前方的阻碍，俄国人需要战胜的，是人。一个在和荒原、蒙昧厮杀，一个在和秣马厉兵的文明交锋。所以美国人以劳动者的犁铧完成征服，而俄国人以战士的刀剑完成征服。

为了得偿所愿，美国人通过个人利益进行鞭策，完全放手，让个人自由发挥他的力量和智力。为了得偿所愿，俄国人几乎将社会的所有权力都交给了一个人掌控。

前者采取的首要措施是自由，后者采取的首要措施是奴役。

他们从不同的起点出发，沿着不同的道路前进。可是上天似乎给这两个民族都下了密令，使得他们迟早要各掌半边世界的命运。

[1] 这一数值的统计基础是欧洲一平方里约有 410 位居民。——原注

[2] 纵览旧大陆的所有民族，以人口的增长比例来说，俄国的人口增长最为迅速。——原注

# 原著者注

## 第一部分

### 推挤碰撞，最终在它们的来处——山脚下，停了下来（P004）

在国会的资助下，朗少校两次去未曾留下欧洲人足迹的整个西部地区探访，并分别留有考察报告。请参看这两份报告。

针对美国的大沙漠，朗少校特意注明，可以紧挨着东经 20 度（以华盛顿为 0 度）画一条和这条经线近乎平行的线——起点是鲁日河，终点是普拉特河。在这条假想的线和密西西比河谷西面边界落基山中间，是一处伸展开的巨大平地，通常这片平地上铺有一层长不出植物的沙砾，或者花岗岩石块。这里有不少成群结队的野牛和野马，还有一些人数通常非常有限的印第安部落。

据朗少校的考察报告第 2 章第 361 页（朗少校：《从匹兹堡至落基山的考察报告》，共 2 册，费城，1823 年）记载——有人告诉朗少校，这种沙漠在普拉特河上游左岸，也经常可以看到。不过这个传言，朗少校没有亲自去核实过。别忘了，朗少校所过区域只是他谈及的地方，他并没有对他路程的两边的区域，进行过认真、反复地核查，所以他的描述，并不全部可信。

## 生机勃勃的大自然奉上的最和谐的规模宏大的合鸣之声（P005）

这种统称为美洲野藤的藤本植物，种类非常多，在南美的南北回归线之间的地区非常常见。在安的列斯群岛的植物区系中，光美洲野藤目前就有40余种。

鸡蛋果藤是此种藤本植物中最漂亮的。德库蒂兹在自己记述安的列斯群岛植物世界的书中（《安的列斯群岛的观赏和药用植物志》，共3本，巴黎，1833年）写道，这种植物非常可爱，它借助自己身上的卷须爬到树上，在树林里搭出一条条门廊或者柱廊。镶嵌其间的大红色、蓝色相间的缤纷的花朵，除了将这些门廊或柱廊打扮得金碧辉煌，还以芬芳的味道让人获得嗅觉上的享受。参见第1卷第265页。

大豆荚金合欢这种藤本植物不仅粗壮，长得也非常快。它从一棵一棵树爬过去，有的时候，能爬到半里约还远。参见第3卷第227页。

## 而这些新人的智慧远高于当代的印第安人（P006）

### 美洲原住民的语言

从北极圈到合恩角，美洲原住民印第安人使用的语言，均是已经成型的语言，不管是句型，还是语法，都没什么区别。所以，大体可以认定各个印第安部落有着相同的出处。

美洲大陆的一干部落，具有各自的方言，彼此也不相同。可是却没多少语言拥有严谨的格式，因此，有人想要证明，新大陆的各个部落的源头都没有非常悠久的历史。

可是，说到底，美洲原住民的语言还是非常规则的。而通常来说，一旦出现几种语言的混合，语法规则势必会乱起来，所以不管因为发生了巨变，还是自然交往，当前的各部落应该还没和外来种族融合过。

没过多久，语言学家开始仔细分析起美洲原住民的语言，尤其是北美原住民的语言。他们马上发觉，蛮夷的方言源自某种极端繁复的思想，结构非常合理。在他们看来，此种语言的丰富程度非常高，在创建这种语言的时候，尤其强调了听觉能够感知的微小差异。

在很多方面，美洲语言的语法结构都和别的语言有着极大的差异。

比如德语，在欧洲的那些民族间，德语有个特色和别的语言不一样：如果有需要，它可以将若干连词相连，某些词还能表达很多个含义。这个特点在印第安语中被强化的程度让人吃惊，甚至出口的词只有一个，却表现了众多的意思。这一点，我们用杜邦索先生在《美国哲学学会汇报》中所举的例子，更容易讲清楚：

特拉华族的女性在和一只小猫或小狗玩耍时，会多次重复 kuligatschis 这个词。这是一个包含了很多词的合成词。其中的 k 是第二人称，代表“你”或“你的”；uli 的发音是 ouli（乌利），是从 wulit 这个词中截取的，代表“漂亮的”和“可爱的”；gat 来自 wichgat 这个词的最后，是“爪子”的意思；最末尾的 schis，发音为 chise（西斯），通常用在小的昵称后边。就这样，“你的漂亮的小爪子”这一含义，这个印第安女人只用一个词就代表了。

此处还有一个更有力的例子，可以表明美洲的蛮夷擅长将他们的词汇连到一起。

一个来自特拉华族的年轻小伙，说自己是 pilape。这个词中包含了两个词：pilsit（“纯洁的”“清白的”意思）和 lenape（“人”的意思）。即，他说自己是个“纯洁之人”。

将几个词连到一起的这种特点，在动词的合成上更加频繁。通常单独的一个动词就能表达一个十分繁复的动作。用动词，以及变换动词的形态，就能表达出语义上的所有微小的差异。

在这个问题上，我只是稍微带出了一点，想要深入了解的，可以去看：

1）杜邦索先生和赫克维尔德牧师就印第安语的沟通信函。

这封信被阿伯拉罕·斯莫尔刊载在了他主编的《美国哲学学会汇报》一书的第 1 卷第 356 ～ 464 页中，这本书是 1819 年在费城出版的。

2）盖伯格（Geiberger，（应该是 David Zeisberger））著述的《特拉

华语或勒纳普语语法》。这本书一共三卷，对特拉华族的语言进行了透彻地研究，前边所附序言是杜邦索先生所写，两人是在盖伯格去特拉华族探访时认识的。

## 他们通常有着简单而有哲理的认识（P008）

加拿大法国人在1610年对易洛魁人发起的首次战争的这一历史，在沙尔瓦所著的《新法兰西历史》[1]的第1卷第235页有所记载。

易洛魁人虽然拿的是弓箭，可他们誓死抵抗法国人及法国人的盟友。虽然在写作上并不出众，可沙尔瓦在讲述这段历史时，他的笔触却非常动人。欧洲人和野蛮人的品性，两个种族面对荣耀所显露出的不同看法，在他对比的写作中，分外分明。

他如此写道："面对战死沙场的易洛魁人，法国人蜂拥而上争夺他们的海狸皮衣，这种行为，让他们的休伦人盟友非常看不起。他们开始残忍地惩处战俘，还吃了一个他们杀掉的人，这让法国人非常恐惧。"接着，沙尔瓦又说："在这些人看来，大公无私没有贪念，是一种荣耀，我们居然不这么想，这让他们感到吃惊，而且，他们觉得吃死人的肉和吃野兽的肉是一样的，怎么会比从死人身上扒衣服更糟糕呢？他们弄不明白。"

在第1卷别的地方，也就是第230页，沙尔瓦还曾经转述过尚普兰的所见——他第一次看到割肉这样的酷刑，以及休伦人返回自己村落的情景。

他这样写道："我们的盟友们，在步行了大概8里约后，停住了脚步。他们从俘虏中拉出一个人，对这个人施以所有酷刑——这个俘虏的部落若是抓到了他们同族的战士，也会对其施以这些酷刑——还和他说，这是你该得的结果，又说，你若是勇敢的，就唱歌为此伴奏吧。这个俘虏马上唱起来，他唱的是战斗之歌，并且将他会的所有歌都唱了一遍，歌声苍凉而悲壮。尚普兰说，在这之前，他从没有机会知道野蛮人的音乐居然有这样伤怀的曲调。我即将谈及的种种酷刑是和这种处死手法同时进行的，这让法国人非常恐惧。如此残忍的场面他们实在接受不了，急不可待地想要快点结束。

[1] 《新法兰西历史》：名《新法兰西的历史与通志以及奉王命去北美旅行日记》，全书共6卷。——译者注

“当晚，一个休伦人梦到他们被追赶，他们逃命一般地败退；可野蛮人根本不在乎生死，一直追着不放。

“等看见自己的村落，他们马上砍一些长树枝，在上边挂上自己分到的那些被杀死的战俘的头颅，扬起树枝以宣告胜利。女人们见此情景，全都飞奔过来，跳进水里，踏上独木舟，接过丈夫手中沾着鲜血的头发，系在自己颈间。

“这种让人心惊胆战的战利品，休伦人的战士还送了一件给尚普兰。除此，他还拿到了几张弓和几支箭，以及唯一一张易洛魁人的人皮——他们原本准备自己留着的——还嘱咐尚普兰将这张人皮送予法兰西国王。”

他独自一人和这些野蛮人整整过了一个冬天，不管是他自己，还是他的钱财，都不曾受到损害。

## 因为这种行为不庄重（P019）

清教徒的金科玉律在美洲的殖民地开始兴建时，已经少了很多，但就算如此，在风俗和法律上仍能看见它留下的清晰印记。

抵制基督教的法兰西共和国存在时间很短，马萨诸塞的立法团在它存在的1792年，公布了一项法案，要求民众必须遵守礼拜日。以下对这条法案的序言和重点条例进行了引用，读者有必要看看：

“考虑到作为一种公益活动，礼拜日能恰当地中止劳动，让大家得到机会来反思人生价值和人类势必会做出的错事，让大家得以对世界的管理者和创始人上帝进行礼拜，让大家可以一心一意地做这件为基督教社会增光、平和的善事；

“考虑到那些信仰之心不诚或者虚浮浪荡的人，当他们忘了自己对礼拜日的责任，忘了社会给他们带来的利益时，会沉迷于享乐或者为自己的工作而轻慢神灵；考虑到此种行为背离了一个基督教徒应当承担的责任，会影响到那些不愿意像他们这样做的人，会对整个社会带来切实的恶劣影响，让社会的民风变得动荡不安，让风俗变得虚浮浪荡；

“现参议院和众议院作出以下决定：

“第一条，一切人等严禁在礼拜日在自己的店面或者工场中劳动。在这天严禁任何人参与一切劳动或者公务，严禁参加一切音乐会、舞会或一切种类的表演，严禁各种形式的打猎、嬉戏或者娱乐，如有违反，将处以罚款。罚款金额为每次 10 先令到 20 先令之间。

“第二条，礼拜日严禁外出游玩，如非必须，这天严禁开车者和开船者外出。如有违反，处以罚款，金额和第一条一样。

“第三条，对于在礼拜日来自家店铺停留活动的同镇居民、酒馆店主和小商铺店主应予以劝阻。若有违反，店主和客人将一起受罚，除相应罚金外，还可吊销店主的营业执照。

“第四条，除非身体不适或者有别的合理的解释，否则三个月内，起码要公开礼拜一次，否则，将处以 10 先令的罚款。

“第五条，对在教堂区域内行为不雅者，处以罚款。金额为 5 先令以上，10 先令以下。

“第六条，该法的执行人为乡镇的十户长[1]。在礼拜日，他们有去旅馆或者公开场合巡检之权。店主若拒绝检查，将受到罚款，罚金 40 先令。

“十户长有扣押旅客，询问其因何在此逗留的权力。不肯给出解释的人将被罚款，罚金上限为 5 英镑。

“十户长若觉得旅客的答案不妥，可将其移交县级执行法官处置。”1792 年 3 月 8 日法令《马萨诸塞普通法》，第 1 卷第 410 页有载。

1797 年 3 月 11 日通过的一项新法案增加了原本的罚金，并将罚金的一半批给了扣押这些轻犯之人的手里。参见以上法令汇编第 1 卷第 525 页。

1816 年 2 月 16 日，这些举措又得到了一个新法案的认可。参见上述法令汇编第 2 卷第 405 页。

相近的条例，在 1827 年和 1828 年纽约州修正的若干法案中也可见到（参见《纽约州法令汇编・增订版》第 1 编第 20 章第 675 页）。其中规定，礼拜日严禁一切人等游猎垂钓。礼拜日严禁一切人等外出活动，除非必须如此。

早期移民的宗教精神和严苛的习惯，除以上所述在法律上还留有不少痕迹。

如下条令，为纽约州新增法案第 1 卷第 662 页所载：

“24 小时内，不管是因为赌博还是打赌，有 25 美元（约合 132 法郎）的输赢，

[1] 十户长：一年改选一次，从职责上讲，它融合了法国的乡镇巡警和执法巡警的职责。——原注

即当作轻型犯罪处理，起码处以输赢金额的五倍的罚款，至于所收缴的罚金，全部交给该镇扶贫工作巡查员管理。

“法院可以接受输赢 25 美元及以上者所做的申辩。如果没收到申辩，扶贫工作巡查员将以赢家的身份拿走输家输掉的钱，以及三倍于该金额的罚款，用于扶贫。”

我们摘录的这几条法令，全是新近执行的，除非追溯到这些殖民地兴建之初，否则，没人能弄明白这些法令的由来。我坚信以此种形式制定刑法的地方，在我们这个时代并不多见。民情已经和时代的发展相谐，可法令还是那样。

在外来者看来，美洲严格遵守礼拜日的行为让人吃惊。尤其是每到周六晚上，美国的一个大城市就如全社会都停滞了一般。原本应该让成年人交际、年轻人聚会的时候，你若是去这座城市逛逛，你会觉得自己去的是个无声的世界。工业的轰鸣声、民众的歌唱声、繁华街市的喧闹声，全都听不到。生活的枷锁死死地缠绕在教堂四周。百叶窗只露出让光线溜入内室的细微缝隙。千难万难才能看见一个行人孤零零地走过十字路口，漫长的街道居然一个人都看不到。

第二天早上你才能再次听见车辆的滚动声、铁锤的敲击声和人们的喧闹声。

整个城市再次醒来：一片片的人匆忙地冲入城市的工商业中心；所有人都在忙，朝气蓬勃地在你身边走来走去。与某种冷漠停滞的状态相接的，就是这种积极匆忙的情景，似乎大家都觉得，只有今天才能赚钱、享受一般。

## 而民情则是法律的保证和让自由得以长久的保证（P023）

我没打算在这章讲述美国的历史，这毫无疑问。我只是想让读者借此知道前期移民的见解和民情如何左右了各殖民地及整个美国之后的发展。所以，我只需援引某些相关的碎片即可。

这么做对还是不对，我并不清楚，不过我相信这能将美国诸共和州前期的景象刻画或者揭示出来。这一画面除了会吸引普通读者的视线，毫无疑问，还能为从事国事活动的专家提供资料，让他们得以展开进一步的研究。

我虽不是美国历史的权威，但起码我可以让他人得到便利。所以，我相信我应该在这列一份简短的书单，并大致地分析一下我认为最适合引用的几本书。

在众多可以引用的普通书籍中，我最先推荐的是《美利坚合众国史料汇编》，这部汇编的编者是艾博尼泽·哈泽德，他在书中收录了各州的文件和其他可信的文献。

该书于 1792 年在费城出版，第 1 卷收录了英王颁发给移民的所有特许证的全部内容和各殖民地政府从成立起的首要法令。除此，还有大量政府文件——是针对新英格兰和弗吉尼亚在这段时间内的事务的。

第 2 卷所含文件基本全是有关 1643 年的联盟的，新英格兰众殖民地形成的以对抗印第安人为目的的那个联盟的联盟协议也在其中。

英裔美国人首次公开结盟就是这次。到 1776 年北美殖民地声明独立时，这种性质的结盟已经出现过不少次。

这部历史文献汇编被收录到了皇家图书馆中。

另外，各殖民地也有自己的历史文献，里面有一些还非常宝贵。作为移民最先开发的州，弗吉尼亚这个名字我要最先提及。约翰·史密斯船长是弗吉尼亚的开拓者，他在所有探究弗吉尼亚的历史学家中，是最出色的一位。

史密斯船长留了一本名为《弗吉尼亚和新英格兰通史》的著作给我们，这本书是十六开本，于 1627 年在伦敦出版（皇家图书馆对本书也有珍藏）。史密斯在这本书中插入了不少地图和一些非常绚丽的版画，还标明了制作时间。这位历史学家记录的年限是 1584 年到 1626 年。人们对史密斯的著作评价极高，这名副其实。作为一个声名赫赫的冒险家，作者出生在一个冒险家迭出的年代，并且获得了成功。整本书充满了无所畏惧、开拓创新的激情，而这种无畏的进取精神正是那个年代的人所独有的。在这本书里，我们还能闻到夹杂的以经商来获取财富的仗义相助的味道。

不过，除了具有当代人普遍具有的一般品德，史密斯船长还有一些品德是那个时代的大多数人没有的，并且表现得更为鲜明。他用简洁的文字讲述实情实景，没有一点儿虚伪造作。这位作者告诉我们的是欧洲人发现北美时印第安人的生活状况。

比弗利是第二位可以询问的历史学家。他的著作[1]是四十八开本，于 1707 年在阿姆斯特丹出版，已有法文译本。作者写的是从 1585 年到 1707 年的情况。这本书的第一章记载有殖民前期的历史文献。第二章描绘了印第安人在这个开

[1] 《弗吉尼亚州的历史和现在》——译者注

拓期的生活状况，很有意思。第三章对弗吉尼亚那时的民情、社会状况、法律和政治惯例进行了详细地介绍。

比弗利是在弗吉尼亚出生的，因此他开门见山地说：“对于我的著作，希望读者不要用太过严苛的批判性眼光进行审视，因为我是在印第安人的土地上出生的，在语言的纯粹性上肯定存在疏漏。”这位移民后裔虽然声明自己会有所疏漏，可他的整篇著述都在表明，他对母国最高权威的那种不由自主的维护。在比弗利的书中，我们还能看见那种公民自由精神的众多印记，而这种精神那时曾激励着美洲的英国殖民者奋勇向前。另外，书中还有一些痕迹显露出各殖民地之间直至独立以前，长时间存在且从未消失的矛盾。比弗利厌恶他的邻居马里兰，因为那人是天主教徒，而这种厌恶之情，英国政府就没有他浓烈。这位作者文字简练，他的描述总是洋溢着怜悯之心和说服力。比弗利著作的法文版本，皇家图书馆已有收录。

还有一本书读者应该看看，这本书我在美国曾经看过，不过在法国没见到，即《弗吉尼亚的发现、定居及开发》，威廉·斯蒂斯所著。这本书介绍得翔实而富有趣味性，不过我认为太长。

约翰·劳森的《卡罗来纳史》，是我将推荐的有关卡罗来纳历史的最早也最出色的一本书，这本书是十六开本，不厚，于1718年在伦敦出版。

劳森的书先是讲了发现卡罗来纳西部的过程。该书记述的形式是游记，作者的记述有些零散，观察也不够深入。优点在于细致入微地刻画了那时肆虐于蛮荒部落的天花和酗酒引发的破败景象，十分诙谐地记述了欧洲人的来临使得原就在这些部落盛行的不良行为变得更加糟糕。

对卡罗来纳的自然景象和物产的介绍，是劳森著作第二部分的主体内容。

在第三部分，作者活灵活现地描述了印第安人那时的风气、风俗和管理机构。作者的才情和不同凡俗在本书的这个部分得到了充分的显露。

对于这部分历史，劳森一直写到卡罗来纳在查理二世时期收到了特许状。

轻松明快是该书的主旋律，不过稍显低俗，而那个时期新英格兰出版的书籍通常是严肃而庄重的，与之截然不同。

劳森的这本史料，现在在美国已经非常不好找了，在欧洲就更难找。不过皇家图书馆还珍藏着一本孤本。

我的足迹从美国最南端开始，一直到它的最北端，中间的辽阔地域过了很久才出现了移民的足迹。

首先请允许我推荐一本名为《马萨诸塞州历史学会论文集》的汇编，这本书很值得一看，它1792年在波士顿出版，1806年再版。皇家图书馆并未收录本书，我认为在别的图书馆也找不到。

这本论丛（仍未停止编辑）收录了大量有关新英格兰各州历史的珍贵资料，不仅有藏于地方档案馆的原始资料，还有尚未公开发布的来往信函。这本论丛——由古金主编——还收录了有关印第安人的资料。

纳塞尼尔·莫顿的《新英格兰回忆录》，我在这一注释所在的章节中曾经多次提及。此间，我只想再多说一句：这本书是一切想要研究新英格兰历史的人必读的。莫顿的著作是三十二开本，1826年在波士顿出版。这本书皇家图书馆尚未收录。

大教士科顿·马瑟的《基督教美洲传教史（暨新英格兰1620～1698年教会史）》是记述新英格兰历史的最宝贵，也最重要的一本书。该书是三十二开本，共计两卷，1820年在哈特福德出版。我相信这本著作在皇家图书馆也找不到。

这本书被作者分成了七本。

第一本介绍了新英格兰开创和建造的历史。

第二本讲述了新英格兰开始的几位总督和重要行政官员的生平。

第三本描绘了福音会的牧师们——是那时人民思想的引导者——的生平和经历。

在第四本中，作者叙述了在剑桥（在马萨诸塞）的大学[1]建立和发展的进程。

在第五本中，他记述的是新英格兰教会的教义和规范。

第六本刻画了一些上帝赐福新英格兰居民的事——这是马瑟的说法。

最后，作者在第七本中告诉我们的是，那时的异端邪说和新英格兰教会所镇压的叛乱。

马瑟是福音会的牧师，他在波士顿出生，并一直在那儿生活，直至死亡。

激励、促使他写这本书的，是指引人们打造新英格兰的那种宗教热情和冲动。他一心想以宗教的激情触动读者，所以他的文字总是流露出有失雅致的缺点，这理所当然。他太过偏激，又总是容易被骗，但若是觉得他妄图以此来蒙骗读者，就大错特错了。在他的这本书中，有时也会出现精妙的段落和切实而深沉的感悟。例如，在第1卷第1章的第61页，他说：

[1] 现在的哈佛大学。——译者注

“我们当前生活的这个地方，英国人在清教徒抵达以前就有迁居过来的想法，可是他们对物质方面的好处似乎不够热心，因此遇到困难后当即失去信心，退回去了。可是美洲人绝对不会这样，因为他们有神圣的宗教思想的支持、激励。没有哪个殖民地的创始人遇到的对手比他们遇到的更强，可是这些人的信念从未动摇，所以，直到今天，他们所创建的东西也仍旧存在。”

马瑟的用词虽然肃穆，但在记叙中偶尔也会夹杂些温暖的情谊。例如，在他的讲述中，有个妇女因宗教之情的激励，和丈夫一起来到美洲，可是她很快就受不住流亡生活的艰苦了。之后，他又说：“而她那位有着崇高情操的丈夫并不想离开，他单独留下了，可惜最终死在了这里。”（第1卷第71页）在自己的书中，马瑟对那个时期和地区进行的介绍蔚为壮观。

为了告诉我们清教徒因何去大洋彼岸寻觅避难的地方，他写道：

“上帝对我们在英国居住的居民进行呼吁。在对数之不尽、互不相识的人发起呼吁时，上帝告诉他们，他们必须心志坚定地舍弃故乡闲适的生活，穿过巨浪滔天的大洋，去那片让人心惊胆战的蛮荒之地生活。为什么要这么做？目的只有一个——毫无保留地听从上帝的指令。”

他继续说：“为了让后代子孙明确地知道他们的出发点，更重要的是，提醒当下的我们，去怀念他们，铭记先辈追逐的目标，不要损害对新英格兰的切实关注，所以在做长篇讲述之前，我必须把他们做此种冒险的出发点告诉给读者。所以对于本书会谈及的一些人，我要在这儿记述一下他们那时的出发点。

“第一个出发点：给教会以最大的帮助，也就是传福音于这部分世界（北美），为了抵制妄图掌握世界其他部分的非基督徒而打造一个保护基督徒的要塞。

“第二个出发点：欧洲剩下的教会已经全部遭到破坏，因为担心我们的教会也会被上帝如此惩处，所以决定建设这个地方（新英格兰），让大部分人得到一个不会被大破坏损毁的避难所。

“第三个出发点：我们的国家似乎在折辱民众，生活在那片土地上的最重视财产的人，却最不把那片土地放在心上。大家将孩子、邻居和朋友当成最沉的包袱，想方设法远离穷人。事情若遵照此种次序前进，那这个世界将失去最能制造欢乐的人。

“第四个出发点：我们已经不能更加肆无忌惮地生活了，原本应该在同类中拥有的地位，似乎必须有钱才能保有，没钱就只能被蔑视小看。于是，所有行业的人为了变成有钱人都走上了歧路，让富有的有钱人获益，得以过着花天酒地的生活。

“第五个出发点：传授科学和宗教知识的学校太过糟糕，使得大多数孩子，尤其是最出色、天赋最好的孩子和人们眼中最可能成才的孩子，被亲眼看见、亲耳听到的众多不良范例和身边败坏情况所腐蚀，变坏了。

“第六个出发点：上帝以土地为花园，并将其赋予自己的儿子亚当耕种，那我们自然不该任由这片本该被人开垦的辽阔地域荒无人烟、无所出产，让自己被饿死。

“第七个出发点：要建立一个改革型的教会，并且从开始兴建时就支持它；为了让这个教会得到强化和发展，让它避开那些得到此种支持就能够避开的大灾难，我们要将自身的力量和一个忠实的民族的力量结合到一起。这个工作对于一个基督徒而言，是最崇高、最绚丽的工作。没有任何工作比这份工作更有做的价值。

“第八个出发点：一个虔诚的信徒，在此间（英国）拥有丰厚的资产，又能舍弃因专注于建立这个改革型教会而得到的利益，并且甘愿一起承受艰难困苦，那么大家会将其视为一个崇高神圣的典范，并在为了殖民地而向上帝祷告时，像他一般显露自己忠实的信仰，不仅如此，还能吸引很多人过来。[1]”

马瑟在这段引文后面，距离很远的一章里，在讲述新英格兰教会的道德准则时，极力抵制在宴会上以健康为由进行祝酒的行为，将其称之为惹人厌恶的异教徒的做法。

同样地，他要求女性完全不对头发进行修饰，对女性露出胸口和手臂的着装予以严厉地指责。

在自己所著书籍的某章，他列举了很多恶魔作祟的事件，这些事曾经震动了整个新英格兰。他相信这个世界确实有妖魔在兴风作浪。

追逐公民自由和政治自由的精神是他们那个时代的人特有的，他以不少章节来阐述这种精神，表示他们是以自治为原则来走每一步的。例如生活在马萨诸塞的民众，他们就是这样：他们从 1630 年开始，也就是普利茅斯殖民地建成之后的十年间，为了在剑桥创建一所大学，花掉了 400 英镑。

我们若是将研究对象从整个新英格兰的历史变成新英格兰诸州的历史，那

[1] 参见马瑟著述的第 17 页和之后几页。——译者注

么，《马萨诸塞殖民地史》就应当被率先提及。该书由马萨诸塞地方副总督哈金森所著，是三十二开本，共两卷。皇家图书馆收录的那本，是 1765 年在伦敦出版的第二版。

我在这一注释所在章节中，曾多次援引这本书的内容，本书从 1628 年一直记述到 1750 年。这本书的内容非常真实，笔触洗练而质朴，是一本详尽的历史著述。

本杰明·特朗布尔写的《1630 ～ 1764 年康涅狄格的现实与宗教史》是能够推荐的有关康涅狄格历史的最出色的一本书。这本书是三十二开本，一共两卷，1818 年在纽黑文出版。我相信这本书皇家图书馆并未收录。

在书名标明的这段时间内，康涅狄格发生的所有大事，这本史书都有清楚而深入地介绍。作者不但援引了宝贵的史料，还讲述得非常清晰明了。在描绘发生于康涅狄格初期的事情时，他的阐述非常有意思。特别是第 1 卷第 5 章（《一六三九年的康涅狄格》）第 100 页，以及第 1 卷第 7 章（《康涅狄格的刑法》）第 123 页，很值得一看。

我们对杰里米·贝尔科纳普所著的《新罕布什尔史》评价很高，这自然有其原因。这本书是三十二开本，一共两卷，1792 年在波士顿出版。它的第 1 卷第 3 章特别值得一看。对于清教徒的政治方针、宗教教义、他们迁徙的理由和法律，作者在本章进行了详细地介绍。下面这段话是 1663 年的一段福音："新英格兰永远不要忘了它并不是为了商业贸易而建，是为了宗教而建。在行进中，人们要坚守教徒的教义和教规。因此，不管是商人，还是一个个积攒铜板的人，都必须铭记，这些殖民地不是为了钱财而建，是为了宗教的目的而建。在评判世界和宗教时，我们这些人中，若是有人觉得世界的价值是 13，宗教的价值只有 12，那这个人肯定不具备一个真正的新英格兰男人的情操。"和研究美国历史的作家相比，直至今日也没有哪个作家，比他更频繁地谈及一般观念，比他更看重思想的力量，这一点，我们从贝尔科纳普的书中就能发现。

在我们探究的若干存在时间较长的首要州中，最鲜明的两个州是纽约州和宾夕法尼亚州。

威廉·史密斯的《纽约史》是讲解纽约州历史的最好的一本书。这本书是四十八开本，共一卷，1757 年在伦敦出版；法文译本是 1767 年出版的，也是在伦敦。史密斯向我们详细地描画了法国和英国在美洲开战的情况。关于著名的易洛魁联盟，它是所有探究美国历史的书籍中，叙述得最为详细的一本。

《宾夕法尼亚从创建和定居：1861年威廉·佩恩出任第一任领主和总督直至1742年以后的历史》这本书是我在宾夕法尼亚的历史上，愿意推荐的唯一一本书，由罗伯特·普劳德所著。这本书是三十二开本，一共两卷，1797年在费城出版。这是一本值得读者详细阅读的书，其中收录了大量有关佩恩的宝贵资料，谈及了教友会的教义和宾夕法尼亚前期移民的性格、喜好和风俗。我了解的情况是，皇家图书馆并未收录这本书。

在研究宾夕法尼亚的书籍中，佩恩自己和富兰克林的著作，不用说，自然有它们自己的位置。他们的书，很多读者都非常熟悉。

我在美国游历的那段时间，上述这些书籍，大多数都看过了。现在承蒙皇家图书馆好心，我又读了几本；而美国前驻巴黎总领事沃顿先生则帮我找到了剩下的几本，沃顿先生自己也写了本有关美国历史的著作，非常不错。现在这一注释即将结束，请允许我对沃顿先生表示谢意。

## 限嗣继承法已经被改成了不干涉财产自由流动（P028）

在自传中，杰斐逊写道："在英国人刚开始兴建弗吉尼亚的殖民地时，就有一些目光长远的人得到了很多租借地——而那时土地出产的东西还非常少，或者全无出产——并将资产传给后世子孙，以维持家族财力。财产一代代传递给相同姓氏的人，进而出现了某些特别的大家世族。法律赋予了大家世族永葆资产的特权，它们又凭借所在州的强悍和丰饶成为声名卓著的贵族阶层。而州议员，国王则按照惯例从这个阶层挑选。"参照《杰斐逊文集》[1]。

在美国，英国有关遗产继承的一些重要规定被全盘否决。

肯特先生说，在遗产继承这件事上，我们首先规定："一个人死的时候如果没有遗嘱，那么，他的财产由直系亲属继承；如果他的继承人只有一个男人或者一个女人，那么所有遗产都将归他或者她继承；如果同等次序的继承人不止一人，那么，遗产不受性别限制，由这些人平分。[2]"

这一规定，纽约州最开始通过1786年2月23日的法令予以批准，之后又

[1] 第1卷第36页可见。——译者注

[2] 参见肯特1840年版的《美国法解读》，第4卷第374页。——译者注

做了订正（参见第 3 卷；附录，第 48 页[1]）。

如今，除佛蒙特州准许男性继承人获得两份遗产（参见《美国法解读》第 4 卷第 375 页）这点稍有差异，这一规定已经得到了美国诸州的一致认可。

在这本书的第 4 卷第 1～22 页，肯特先生讲述了美国限嗣继承法的立法史。最后，他说，在独立之前，美国所有殖民地所用的都是英国的限嗣继承法。后来，弗吉尼亚接受了杰斐逊的建议（参见《杰斐逊自传》），限嗣继承体制于是从 1776 年开始被废弃不用。1786 年，纽约州也废弃了此种体制。随后，限嗣继承法在北卡罗来纳、肯塔基、田纳西、佐治亚和密苏里也相继被废。

至于佛蒙特、印第安纳、伊利诺伊、南卡罗来纳和路易斯安那这些地方，则从未使用过限嗣继承法。有些州，虽然觉得英国的限嗣继承法不该废除，但也对其进行了修正，将里面的贵族立法原则抹去了。肯特先生说："在国家管理上，专注于推进财产自由流动，是我们的一般方针。"

研究美国遗产继承法的法国人发现，法国的遗产继承法远比美国的民主，这让他们非常惊讶。

美国的法律规定，除非父亲单独立有遗嘱，因为纽约州的法律规定（《纽约州法令汇编·增订版》，第 3 卷，附录，第 51 页，阿尔巴尼，1829 年版）："所有人都有绝对的自由、权利和资格订立遗嘱对自己的财产进行分配，也就是将自己的遗言——由谁接手自己的所有或者部分财产，告知某个政府部门或者社会单位。"否则，父亲的遗产由子女平分。

法国的法律规定，对于继承人和遗产的受赠人，订立遗嘱的人可以把自己的财产平分给他们。

美国的大多数州如今推行的还是已被降低效力的限嗣继承制度。法国的法律则不论何时都不接受限嗣继承。

我们的社会不如美国的民主，可他们的法律却不如我们的民主。没什么比这更能证明：民主在法国面对破坏时毫不反抗，可在美国却能在残骸上不动如山，这个是大家应该认真思考的问题。

[1] 《纽约州法令汇编·增订版》。——译者注

# 所有的事都由人民而起，并用到人民身上（P033）

## 美国的选举资质纲要

诸州均要求年满21岁的人才拥有选举权。诸州均要求选举人需要在参加选举的县住满相应时间。

有关财产资质：

马萨诸塞州要求选举人必须拥有3英镑的进项或者60英镑的财产。

罗得岛要求选举人必须拥有土地，并且起码值133美元（约合704法郎）。

康涅狄格要求选举人拥有的资产必须能带来17美元（约合90法郎）的进项。服过一年兵役也能获得选举权。

新泽西要求选举人拥有50英镑的资产。

南卡罗来纳和马里兰要求选举人务必有50英亩的土地。

田纳西要求选举人拥有足够价值的资产，至于是哪种资产则不作要求。

至于密西西比州、俄亥俄州、佐治亚州、弗吉尼亚州、宾夕法尼亚州、特拉华州和纽约州，则表示所有纳税人都能参加选举，而且其中大多数州认为，服兵役等同于纳税。

缅因和新罕布什尔要求选举人不能出现在赤贫名录里。

最后，密苏里州、阿拉巴马州、伊利诺伊州、路易斯安那州、印第安纳州、肯塔基州和佛蒙特州，并未对选举人的资产提出任何要求。

我认为，有一点值得一提，就是北卡罗来纳州对于参议员的选举资质和众议员的选举资质有着不同的要求，前者要有50英亩土地，而后者只要纳税就行。

## 通常可以通过个人拼搏和社会力量携手完成（P062）

因为美国采取关税保护政策，所以少量海关人员和大多数海岸地区最易出现走私，不过由于每个人都能查缉走私，所以不像别的国家那般毫无约束。

美国的火灾比欧洲多，因为美国没有火警，不过因为周边的居民都会参与救火，并且会马上赶去发生火灾的地方，所以通常扑灭得比较及时。

## 自己在捍卫大革命的一个首要成就（P063）

因为法国大革命仅仅是促进了中央集权的发展，所以说中央集权是法国大革命引发的并不公平。

法学家走进政府的时期，也就是能让我们忆起美男子腓力四世的那个年代——那时的法国由他掌权——法国开始了对中央集权的热衷和对法律规条的信仰。这两种趋向从那个年代开始，一直在向前发展。下边是几段话引自 1775 年马尔泽尔布先生以最高税务法院的名义向路易十六国王做出的谏言：

"……让各个部门、各个民间机构或者村镇拥有管理个人事务的权限；由于本性的权利与符合常理的权利有着悠久的历史，所以现在，我们不能说这一权利会写入国家的首部宪法中。不过，它已经把您的重要资产拿走了。陛下和我们不必担心说这种话：可以说我们的管理工作已经成了笑谈。

"严禁召开国民议会的这一政治方针，自从数位位高权重的大臣提出起，官员们就有样学样，使得乡镇的居民不敢决定任何事，除非得到总督的同意。所以，一个乡镇若是想投资某项事业，就必须先去征得总督下属的同意，然后按照那个下属批准的方案推进，用他们想用的工人，根据他们的命令发放薪酬；因为在向法院提起诉讼前，要先将案子送到总督那里核查，所以没有总督同意，乡镇的人连起诉都起诉不了。总督若是不支持告状村民的主张，或者被告是总督的心腹，乡镇就没办法捍卫自己自保的权利。总督凭借这些方法，将法国所有的地方自治思想尽量压制下来，要是能够，他肯定会将这种思想从人民心里铲除。可以说，国家的所有人都被判定为禁治产人[1]，并拥有了专门的监护人。”

到了今天，这样的说法：法国大革命施加给中央集权的所有的事都是压制，已经不成立了吧。

杰斐逊 1789 年在巴黎写了封信给朋友，说：“法国对统治有着疯狂的坚不可摧的热情，我们的国家绝不是这样，也没有发生很多灾祸。”这封信是杰斐逊 1789 年 8 月 28 日写给麦迪逊的。实际上，法国的中央政府为了加强行政集权，数个世纪以来，一直竭尽所能地做着自己能做到的所有的事，它的权力在这件事上一直没被限制过。

法国大革命引发的中央政权比它的所有先辈都更强大、更博学，所以它在这一点上有了更多收获。

例如，路易十四所做的，是让所有的乡镇生活唯一位总督的享受马首是瞻；拿破仑所做的，是让所有的乡镇生活唯一位大臣马首是瞻。方针是一样的，不过之后的进展大小不一。

## 这种观念已经形成了共识（P065）

法国的宪法不可修改。以我国的法律体制来说，这理所应当。

首先，用这一例证解释——界定王位继承的法律，这是所有法律中最要紧的法律。这个政治规定建立在父子相传的自然顺序的基础上，原则上，这是最不能更改的法律。路易十八于 1814 年让大家接受他的家族将永远持有这一政治上的继承权。除了将这一政治继承权交给了别的家族，为 1830 年 7 月革命收尾的那些人采取的做法，和路易十八没什么不同。他们在建立新王朝的时候如大法官莫普一般行事。莫普最高法院组建于旧的最高法院的残骸之上，那时他并未忘记在国王的诏谕中写明，新的大法官也不能被免职，就像之前的大法

[1] 指因心神丧失或精神耗损，不能治理自己的财产，经有关人员的申请，由法院依法宣告为无民事行为能力的人。——译者注

官一般。

1814 年的法律并未谈及修改宪法之事，1830 年的法律也是如此。这件事普通的立法措施也明显做不到。

国王所用的权力，是宪法给的，贵族院议员所用的权力，也是宪法给的，就是众议院议员的权力，靠的也仍旧是宪法。在此种情形下，国王、贵族院议员和众议院议员联合到一起，对他们权力所依赖的仅有的法律进行修改，怎么可能？一丝一毫都不会去动。没有宪法，他们将失去所有的身份地位。如此一来，他们又在什么情况下才会对宪法进行改革？下边的两种情况，肯定有一个：一个是人民可以违背他们的意思，打着他们的旗号继续落实宪法里的一些条款，可他们却无能为力；一个是能够赋予他们大权的法律消失，他们失去了地位，于是提出修正宪法。最后，他们因为自己毁坏了宪法而走上了绝路。

和 1814 年的宪法相比，1830 年的宪法在这一点上显露得更分明。1814 年的宪法尚要臣服于王权，或者说管不到王权，可是到了 1830 年，王权已经同意受宪法约束，若是脱离宪法，王权将毫无作用。

最后，由于人们将法国宪法和某个家族的命运捆绑到了一起，它的所有模块都得以维持原样；它整体也没发生变化，因为人们还没找到革新宪法的合法措施。

在英国，这些言论都不适用。没人能说英国改动成文宪法，因为英国就没有成文宪法。

## 国会不但是立法部门，还是宪法的制定机关（P065）

议会的此种无上权威，几位研究英国宪法的著名专家曾争着论述过。

特洛摩在他自己的著作的第 10 章第 77 页[1]，写道：

“英国法学家坚信的一个基础原则就是：议会只有一件事无法做到——将男人变成女人或者将女人变成男人，除此无所不能。”

布莱克斯通没有这么笃定，不过也非常清楚。下边这些话，是他说的：

“在爱德华·科克爵士看来，没有任何事物可以阻止议会的行动，因为议

[1] 参见《英国宪法》，休斯编，伦敦，1834 年。——译者注

会的权力和司法权（第 4 项第 36 款）对人对事都太过普遍和绝对。他又说[1]，这个最高法院称得上：Si antiquitatemspectes，est vetustissima；si dignitatem，est honoratissima；si jurisdictionem，est capacissima.（资历最久、名誉最显、权力最大。）议会在对教会法律或者世俗法律、民法军事法、海运法、刑法等种类繁多的法律进行制定、批准、扩大、禁止、废弃、恢复和解释时，拥有最高权力，而且这种权力是不受监督的；那么这种能够对政府的所有部门进行干预的绝对权力，又是谁交给议会的？是这个国家的宪法。一切要求昭雪冤情和赔偿损失的案子，都可以绕过普通法院，直接交给这个特殊法庭审理。它可以更改或者修正王位继承法，例如亨利八世和威廉三世，他们能登上王位，靠的就是它。它可以改变国家的宗教信仰，例如亨利八世及他三个子女掌权的那段时间，它曾经通过种种借口一再改变国家的信仰。国家的宪法和议会自身，它也可以修正和更改，例如英格兰和苏格兰结盟的法案，以及有关每三年和每七年举办一次选举的各项法律，为了通过这些法律，它就曾使用过这种办法。简单来说，它似乎是肆无忌惮地使用着自己的权力，用一种称得上极端狂妄的态度展现着议会的无所不能，因为原本无法达成的所有的事，它现在都能做到。”

## 就能轻易检验我的论调是否正确（P074）

美国各州的宪法最为相近的地方，就是有关政治审判体制方面的条款。

各州宪法都对此种体制进行了规定，除了北卡罗来纳州宪法将起诉的权利交给了大陪审团（第 23 条），其他各州都将这一权利交给了众议院。

至于政治审判这一特殊权利，各州宪法则几乎都将其交给了州参议院或者有州参议员的审判团。

只有弗吉尼亚的宪法授权政治法院可以做出各种各样的惩处，除它之外，其他州的政治法院只有罢免违法者或者禁止违法者继续出任公职的权力。

能够呈送政治审判的罪责有：联邦宪法第 2 条第 4 款、印第安纳州宪法第

[1] 参见布莱克斯通，《英国法释义》第 1 卷第 160 页。——译者注

3 条第 23 款和第 24 款、纽约州宪法第 5 条和特拉华州宪法第 5 条中规定的叛国罪、贿赂罪以及别的轻、重罪名；在马萨诸塞州宪法第 1 章第 2 条、北卡罗来纳州宪法第 23 条和弗吉尼亚州宪法第 252 页中规定的渎职罪和玩忽职守罪；新罕布什尔州宪法第 105 页规定的贿赂罪、医疗事故罪和渎职罪；佛蒙特州宪法第 2 章第 24 条中规定的渎职罪；南卡罗来纳州宪法第 5 条、肯塔基州宪法第 5 条、田纳西州宪法第 4 条、俄亥俄州宪法第 1 条第 23 项和第 24 项、路易斯安那州宪法第 5 条、密西西比州宪法第 5 条、亚拉巴马州宪法第 6 条和宾夕法尼亚州宪法第 4 条规定的玩忽职守罪。

伊利诺伊州、佐治亚州、缅因州和康涅狄格州的宪法并未对罪名进行规定。

## 因为它们和美国距离太远了（P121）

欧洲列强的确可以对美国发动大型海战；可是和陆战相比，美国更擅长海战，而且危险也更小一些。海战需要的武力只有一种。一个商业国家，人们只要向政府交纳一定的钱款，就能长久地拥有强大的舰队。而且相比于性命和人力，人们更愿意付出金钱。此外，即使一个国家在海战中落败，该国的生存和独立也不会受多少影响。

欧洲国家明显无法在陆战方面威胁美国。

送 25000 名战士去美国，并保证他们的生活，就算是一个人口接近 200 万的国家，也很难做到。

此种欧洲国家若是和美国开战，就相当于一个人口为 200 万的国家和一个人口为 1200 万的国家开战。另外，美国各种物资十分充足，欧洲人和他们相距 1500 里约，再加上美国辽阔的疆域也让对它进行的攻占遭遇了难以逾越的阻碍。

# 第二部分

## 只比权威最高的人民逊色（P133）

1704年4月，美国在波士顿出版了自己的首份报纸。参见《马萨诸塞历史学会集刊》第6卷第66页，波士顿，1880年。

你不要以为美国报刊的出版一开始就完全不受约束。提前检查和交纳保证金这样的规则，那里也曾确立过。

马萨诸塞州1722年1月14日颁布的法令就有相关规定。

由州下院（立法机关）委任，负责检查新闻工作的组织“新英格兰报刊委员会”考虑到：“被告报纸具有以下行为：有嘲讽宗教和引人藐视宗教的趋向；任由某些知名作家在报上发表渎神和不尊敬神的文章；诋毁传教士的行为和侮辱国王陛下的政府，现提出如下建议：对报纸的出版和发行人詹姆斯·富兰克林下达禁令，阻止他继续出版发行此份报纸，或者要求他必须将所有即将发表的文章预先交给本地行政长官进行检查；命萨福克县治安法官向富兰克林先生收取保证金及未来一年安分守己的承诺。”

该州接受了委员会的建议并将其作为法律予以执行，可惜毫无成效。写在报纸边栏上的发行人名字从詹姆斯·富兰克林变成了本杰明·富兰克林，于是逃过了禁令的限制，此种行为的合法性，甚至得到了舆论的认可。

## 执行法律和惩处违法行为的工作（P204）

改革法案是在1832年通过的，在这之前，郡选举人（地产的代表）手中用来维生的自有地产或租用地产所能提供的纯收入绝不能低于40先令。原法案制定于亨利四世时期，大概在1450年左右。亨利四世时期的40先令和今天的30英镑差不多。不过，15世纪确定的这一金额直至1832年都没发生变化。这证明英国的宪法正在逐渐趋于民主——针对选举人制定的资产方面的要求，即使过了如此长的时间，仍未变化。

参见特洛摩著述第1卷第4章；布莱克斯通著述第1卷第4章。

郡长是英国陪审员的举荐人（特洛摩著述第1卷第13章）。通常来说，郡长都是郡内名人，主要负责司法和行政事务；在郡内，郡长是国王的代言人，每天都会由国王直接委任（布莱克斯通著述第1卷第9章）。人们会因为郡长的身份而趋向于怀疑他被诉讼当事人收买了，并且人们如果怀疑他违法，可以拒绝使用他委任的陪审团，让其他官员推荐新陪审员审案。参见布莱克斯通著述的第3卷第23章。

只有握有的土地可以提供10先令以上收入的人，才有资格获选陪审员（布莱克斯通著作第3卷第23章）。值得一提的是，这个条款制定于威廉和玛丽统治时期1700年左右，那时钱币的价值远比现在要高。英国所有的政治制度都是按照人的地产创建的，而非按照人的才能创建的，陪审制度也是如此，此事众所周知。

最后，一直做好事且交过地租后，纯收入仍能达到20先令的佃户，也可以获选为陪审员（布莱克斯通著述第3卷第23章）。

## 都可以参加选举和成为陪审员（P204）

各州州系统的法院推行的陪审团制度，按照联邦宪法，联邦系统的法院也要采用。可是，它的陪审团如何选，联邦宪法却并未作出具体规定。于是联邦系统就从各州的常任陪审员中抽人使用，而这些常任陪审员都是各州通过各自的办法选拔出来的。所以，美国陪审制度的原理得从各州的法律来讲。

参见斯托里：《美国宪法释义》第3卷第38章第654-659页；萨金特：《美国宪法》第165页；以及联邦针对这个问题在1789年、1800年和1802年发布的条令。

我翻阅了几个距离很远的州的法律，希望能对美国陪审制度的宗旨有一个周密的认知。以下就是我翻阅后得到了整体印象。

美国的公民只要有选举权就能担任陪审员。不过，法定推荐者的资格和陪审员的资格在大州纽约州是有些差异的，而且这种差异和法国的法律规定正相反，相比于陪审员，它对推荐者的资格有更高的要求。美国推举陪审员的权利，就像推荐议员的权利一般，整体来说，所有公民都有机会拥有。不过，对于这项权利的行使人，在某些方面也是有确切规定的。

有陪审员推举权的人——新英格兰是乡镇的行政委员，纽约州是乡镇行政长官，俄亥俄州是遗孤财产保管人，路易斯安那州是县长——每年都要在那些有资格当选陪审员的人和预计有陪审员才干的公民中，为乡镇或者选举区的行政部门选出一定数量的陪审员。这些官员自己如果获选成为陪审员，并不会遭到人们的质疑。他们的权力不仅范围广还有强制性，通常来说，和州的行政官员并无区别。在新英格兰，他们甚至可以将不称职或者能力不足的陪审员免职。

按照此种方法选出的陪审员的目录会被送到县法院，之后，能够参与各种案件审理工作的陪审团，则以抽签的形式进行确定。

另外，为了让陪审团亲民，并尽量为陪审团减负，美国人可以说想尽了所有的方法。人数众多的陪审员，一人连任三年就是极限。法院在各县县城审案。美国的县和法国的区差不多。所以法院和陪审团的距离并不远，不用像法国一般，要在法院开庭时将陪审团召集到一起。最后陪审员有薪水可领，不过案件不同付薪的人也不同，有些是州付，有些是当事人付。不算差旅费，通常一人一天能够拿到1美元（相当5法郎42生丁）的收入。美国人将出任陪审员视为一种必须履行的义务，而且是一项容易完成的义务。

参见布勒瓦特：《南卡罗来纳州法令汇编》第2卷第338页，第1卷第454页和第456页，第2卷第218页。（共5卷，扎乐敦，1814年）

参见由立法部门编纂和出版的《马萨诸塞普通法》第2卷第331页和第187页。

参见《纽约州法令汇编·增订版》第2卷第720页、第411页、第717页和第643页。

参见《田纳西州法令集》第1卷第209页。

参见《俄亥俄州法令集》第95页和210页。

参见《路易斯安那州立法汇编》第2卷第55页。

## 以及陪审团身后的社会权威的认可（P207）

陪审员势必要受到法官的影响，这点认真研究过英国的民事陪审制度后，很容易发现。

在陪审团裁定民事案件和刑事案件的简述中，也有事实和权利，这理所当然。比如：彼得说，那所房子是他花钱买的，所以是他的，这是事实问题；可驳斥他的那个人说，售房者没有行为能力，这是权利问题。陪审团只要将这所房子判给彼得，就相当于对事实和权利进行了确定。在刑事案件上，英国人趋向于照顾被告，只要对被告有利，他们就觉得陪审团的裁定是对的；不过在陪审体制应用于民事案件时，英国人就不曾持有此种观念了。

法官可以将陪审团的裁定打回去，命其重新审理，只要他认为这一裁定在法律应用上是错的。

法官有办法反对陪审团的判决，所以当法官按下陪审团的裁定而未重审时，案件就未彻底终结。至于他的办法，主要就是让法院撤回原判和组建新的陪审团。其实，这种要求通常来说是不会被接受的，而且在这之后，他就没别的办法了。这种情况，我曾经亲眼见过。参见布莱克斯通著述第3卷第24章和第25章。

# 下　卷

# 序　言

美国人的某些法律及关注政治的民风，为美国社会的民主状况做出了极大的贡献。

正是这种社会状况，使得他们产生了众多欧洲旧贵族社会未曾听说的思想和主张。过去的各种关系，他们或是毁掉，或是予以改变，并在此基础上构建了新关系。而且，相比于社会风貌，政治风貌的变化也没有更小。

5年前我出版了这本书的上卷，在里面对美国民主的主要问题进行了讨论。本卷我将讨论的是它的次要问题。上卷和下卷互为依托，成为一本完整的著作。

现在，我请读者不要犯那些可能会极大地扭曲我本意的错误。读者见我将平等归结为种种不同结果的原因，可能会误以为我认为今天所发生的所有事情都是因为平等，如此一来，势必会觉得我的想法太过极端。

平等，或者和平等截然相反的一些因素，未必就是现代人的很多观念、情感和天性的来源。所以，以美国为例，我轻易即可证明不管是以前还是现在，美国的性质、民众的起源、初期民众的信仰和他们原本的知识与习惯，都极大地影响了该国民众的思想和感情，可它们却和民主一点关系都没有。发生在美国的大多数事情，和发生在欧洲的许多事情，有相同的原因，但它们都和平等毫无关系。

我知道所有这些原因及其作用，可是它们并非我要研究的对象。我要做的不是探讨我们的所有趋向和所有观念为什么会产生，而是在某些章节探讨平等对它们产生的影响。

人们或许会觉得无法理解：既然你觉得我们看到的民主革命势不可当，而且一则无法反抗，二来反抗也非常愚蠢，那你为什么还在这本书里，如此频繁地指责这一革命所创建的民主社会呢？

我的回答非常简单：我之所以对民主谨慎以待，就是因为我支持民主。

敌人绝对不会告诉你真理，朋友能够告诉你的真理也非常有限。我为什么这么做，原因就在这里。

我相信愿意站出来将平等承诺的新好处告诉给大家的人非常多，可很少有人有胆量将平等将会带给人们的损害告诉给大家。我之所以将这些危害作为着眼点，并在看得清楚明白时，勇敢地将其呈现在大家面前，就是因为这个。

我的中立立场，读者在本书的上卷或许已有感觉，希望大家在下卷也会有相同的感受。我在面对它们那些彼此对立，将我们的国家分割成众多派系的主张时，会尽可能暂时将心里的同情或者抵触按下。那些曾将我国弄得鸡犬不宁的大党，或者目前正在对我们国家进行滋扰，对我们的国力进行削弱的小党，读者若是发现我的书里对它们中的任何一个，有只字片语的逢迎讨好，可以大声地指责批判我。

我要讨论的问题十分宽泛，包含了世界新格局所引发的大部分新思想和新主张。不过有些问题我虽做了一些探讨，自己却不太满意，因为确实非我能力所及。

不过，就算我没能达到预期目标，我相信读者也会支持我的初衷——我是抱着投砾引珠的想法来筹备和撰写本书的。

# 第一部分　民主对美国人思维活动的影响

## 第一章　美国人的哲学方法

在我看来，文明世界中最不重视哲学的国家，就是美国。

世上的哲学派别没有一个是美国人自己的，而对于欧洲的那些彼此对立的派别，他们不要说关注，连名字都近乎全然无知。

可是，我们不难发现，美国人有着近乎相同的思维方式和思考原则。这表示美国人遵循着确定且相同的哲学方法，只是没花时间对这些原则进行界定。

不被统一的思想、习惯、家规、阶级思想所束缚，甚至民族偏见在某种程度上也可以放弃；在他们看来，传统只是已经掌握的知识，当前的事实只是可以使用的、等待创新和优化的材料；他们愿意也希望能够独立完成探索事物本源的工作；为了得到结果，可以采取任何手段；为了触及核心，可以接受任何形式，这就是我所说的美国人哲学方法的首要特征。

若想进一步在这些表象中找出一个能够涵盖所有分特征的最主要的特征，你会发现，那些人动脑时，通常喜欢以个人的智力来独自努力。

所以纵览世界所有国家，美国对笛卡儿的理论研究得最少，却用得最好。这理所当然。

美国人不看笛卡儿的书，却遵照笛卡儿的言论行事，为什么？因为美国的社会虽然不需要他们进行研究思辨，却让他们的思想自然而然地接受了笛卡儿的言论。

在民主社会中，各种运动此起彼伏，老一辈和新一辈的联系也慢慢淡薄或者中断，所有人都容易遗忘先辈的思想，并心安理得地这样做。

一个人在这种社会中生活，会因为阶层的消失而忘记自己阶层的思想，就算仍有阶级残存，其组成部分也处于动荡之中。如此，也就导致了他们的组织自身没有一星半点的力量能够切实掌控手下成员。

一个国家的民众如果素质大致相同，那么人与人之间的智力互相影响的情况，必定非常少。毕竟大家能力相当，所有人都会自觉不比别人逊色，人人都随时随地地独立思考，认为这才是最鲜明、最贴近真理的根源。这一方面表示他们不会推崇某个个人，另一方面也表示他们不愿意相信任何人的任何言论。

于是，每个人对世界的评判，都是在一个相当闭塞的空间中完成的。

这种独立确定判断标准的习惯，让美国人的头脑形成了另外一种思考模式。他们认为生活中遇到的小麻烦完全可以自己解决，因此，很容易就会认为世界上所有的事都有因可循，都可以用人的智慧解决。所以他们不肯承认那些他们无法解释的事，通常也不会相信那些荒诞离奇的事，甚至会厌恶那些超自然的事。

他们习惯于相信自己挖掘出的真相，这种趋向使得他们热衷于对自己手里的事物穷根究底。所以他们会尽可能地将事物表皮一层层撕掉，他们会将挡在他们和事物之间的，妨碍他们进行观察的所有阻碍一一清除，以便在最近的地方，在青天白日下观察事物。这种观察事物的方法，很快就让他们对形式生出了藐视之心。

他们将形式视为挡在他们和真理间的一种无用且惹人生厌的阻碍。所以，美国人无须从书本中学习哲学方法，因为他们从自己身上就能找到。事实上，我认为类似的情况，欧洲也曾经有过。

在欧洲，随着人与人之间的身份越来越接近，彼此之间的差异越来越小，这种方法已越来越普及。

现在，让我们来看看欧洲发生的那些事在时间上的联系。

16 世纪，宗教改革家们开始以个人的理智来解读古老宗教中的某些教义，但这仅限于某些教义，他们会刻意避开其余一切教义，起码不在公开场合讨论它们。17 世纪，培根从自然科学方面舍弃了那些曾经被视为真理的公式，而笛卡儿在狭义哲学方面舍弃了它们，传统失去了学术界的控制权，权威们的威信遭到颠覆。18 世纪，哲学家们又对以上原则进行推广，想让所有人都用自己的感觉作为衡量其笃信的一切事物的标准。

路德、笛卡儿和伏尔泰用的方法是相同的，只是程度各有不同，这点人所共见。

不过，宗教改革家们为什么不跳出狭窄的宗教思想圈儿？笛卡儿原本能将自己的方法推广到所有事情上，为什么只将它用在了某些个别事项上，并且坚信人们可以独立判断的不是政治问题，只是哲学问题？为什么到了18世纪，那个笛卡儿和先驱者们都曾想到过，却不愿普及的相同的方法，忽然就推广开了？另外，我们说的这个方法，为什么在这一时期忽然从学术界走进社会，成了智力活动争相参考的准则，而且不仅在法国得到了普及，还被欧洲所有国家或明或暗地付诸使用？

我们口中的这个16世纪既已出现，17世纪已被提炼到精准和普遍程度的哲学方法，之所以在这两个世纪都没能普及，是因为当时的政令、法律和社会现状，以及这些首要因素带来的思维方式都在阻碍它的普及。

这种方法始于人们的身份开始趋向平等和人与人之间的差异即将消失的时候。不过，那时它并未马上普及开，直至人们的身份近乎完全平等时，它才被广泛遵行。

所以，并不是法国人才有普遍民主的18世纪的哲学方法，它之所以能够席卷整个欧洲，使其风貌焕然一新，也正是因为这个原因。法国人为什么能撼动世界，不是因为他们改变了自己老旧的民情和宗教信仰，是因为他们率先提出了一种可以让人易于对所有旧事物进行攻击，为所有新事物打通道路的哲学方法，并对其进行了普及。

和法国相比，美国的平等更完备、也更久远，可是现在，相同的哲学方法却是法国人用得更广泛和严格，为什么？若是现在有人问我这个问题，我会回答说：首先我们必须明白，这个问题有一半是因为以下两种情况：

我们必须铭记，美国人的社会是因为宗教才建立起来的。宗教已经和美国整个民族的习惯及其在这片土地上产生的所有感情交融在一起，因此，宗教有一种特别的力量。

这是一个非常重要的原因，而在此之外还有一个原因，也非常重要。即在美国，宗教只负责宗教，和政治完全无关，因此人们能够轻易地在不触及旧信仰的前提下对旧的法制进行变革。所以，美国人的思想在很大程度上仍受基督教掌控。

另外，还有一点我需要特别指明，就是基督教在发挥控制作用时，不仅是一种需要推论的哲学，还是一种无须推论就能获得忠诚的宗教。

基督教在美国派系众多，组织形式一变再变，可它的基础却非常坚实，它的存在已经成了一种理所当然。既不会受到攻击，也不需要捍卫。

美国人确实是没经过推论就认可了基督教的基础教义，可他们既然认可了它，就有责任去遵守基督教所规定及支持的众多伦理道德。所以，个人智力活动的空间非常小，人们大多重要主张都不在其中。

之前我说有两种情况，下面我们来看第二种：

美国人的社会状况和宪法都是民主的，可他们并未经历过民主革命。如今我们在这片土地上所见到的情况，和当初他们到达这里时的情况非常接近。这点非常关键。

只要发生革命，旧的宗教信仰、政府的权威和原本的思想观念就会受到冲击和削弱。所以只要是革命，多少都会产生这种效果——让人独立自主，让所有人在精神上拥有近乎无边无际的活动空间。

旧社会的各个阶层经过长时间的斗争之后，人们获得了平等的身份，这时人们马上就对他人充满嫉妒、厌恶和藐视，对自己却充满骄傲和自信，而且在一定的时间内，这种心态都会掌控人们的品性。这种与平等相悖的现象，大力推动了人与人之间的隔膜的产生，让人怀疑别人的判断，只信自己的判断。

因此，所有人都想自立自强，并以有主见为荣。以往将大家联系到一切的思想沟通，如今已被利害关系所取代。人们的思想成了一堆四散飘落的智力碎屑，再也无法被收拢、凝聚到一起。

所以，平等初建时，以及为巩固平等而奋勇拼搏时，是随平等而生的精神独立感表现得最为强烈的时候。所以，为了不对未来抱有太高的期望或者太多的畏惧，一定要将平等带来的思想上的自由和革命带来的无政府状态区分开，并对两者分别研究。

在新社会生活的人一定会有独立思考的习惯，这我相信，但我也得说，他们不该滥用这种习惯。

我的这番言论的基础，是一个对民主国家来说最有一般性的原因。时间长了，人们的思想独立性必定会因为这一原因而被束缚在一个固定范围内，这个范围有时候甚至是非常狭窄的。在下一章，我会对这个原因进行说明。

# 第二章　在民主国家，信仰的首要源头

教条性信仰的多寡在不同的时代是不一样的。这种信仰有着不同的成因，其表现形式和针对的对象也不会一成不变。不过，作为一种人们无须加以论证就会直接接受的理念，教条性信仰将永远存在。如果每个人都极度渴望拥有自己的主张，并且愿意独自开辟一条探寻真理的路，那么，让众人拥有同一个信仰将会非常困难。

所以，只有存在这种信仰才能让一个社会繁荣兴旺起来，这是理所当然的。要知道，意见不一往往意味着行动不一，如此一来，再多的人也无法形成社会。所以，一个没有共同信仰的社会，根本不会存在。所以，一种将所有公民的精神凝聚到一起，使其凝聚成一个整体的主流思想，是社会存在的基础，而想让社会发展壮大，更需要如此。不过，想要实现这一目标有个前提，就是时时影响每个公民的思想源泉是相同的，人们也愿意接受相应数量的现存信仰。

不管是对个人的私人生活来说，还是个人与他人的群体生活来说，教条性信仰都不可或缺，所以从个人的角度来说，我们会发现它非常重要。

若是所有人都想亲自验证日常用到的真理，那他们的验证工作将没有止境，或者光是验证先遇到的真理就已经将他们所有的精力都耗尽了，后遇到的真理根本排不上号。人生短暂，人哪有时间这么做，何况人的智力也未必够用。所以那些已被其他高人证明或者被民众一致认可的事实和真理，他虽然没有时间和能力去亲自验证，但总要相信一些。他必须以此为基础来构建个人的思想之楼。他不愿意这样受人摆布，他的条件却使他别无选择。

世上所有伟大的哲学家，都是先接受他人的论断，接受众多不是由他亲自探明的真理之后，才发现众多事实的。

这是必然的，也是他所期望的。一个人若想独自挖掘所有的事，是很难给每件事留有大量时间和精力的。否则，他的精神会一直忙碌不堪，以致无法仔细研究任何一个真理，无法毫不动摇地相信任何一个既定事实。他的思维活动确实非常独立，可毫无力量。所以我们必须先对人们讨论的种种事物进行挑选，然后直接接受大部分现存的信仰，才能对少数等待解决的问题进行甄别，选出优异予以深入研究。

一个人若是因为听信了某个人的言论就认同了某一主张，他的精神必然会受到压迫。可是这种压迫可以让他正确地使用自由，又有什么不好？

所以，无论何时，在思维和道德的世界里，都需要存在某种权威。重点不在于权威究竟在何处，而是它必须存在。个人的自由有大小之分，但不会无限地大。所以民主时期是否存在智力权威不重要，重要的是找到这一权威的所在，并确定它力量的大小。

人们因为身份平等开始本能地怀疑超自然的事物，并往往过于高估人的智力，这点我在前一章已经说过了。

所以，在这个平等的时代生活的人虽然相信思想权威，却不会将其放到超人的位置上，或者去超越人类的范畴探寻。通常来说，那个向他们输送真理的源泉不是在他们自己身上，就是在他们的同类身上。由此可知，在这种时代是无法建立新宗教的，人们认为一切创建新宗教的努力都恶毒、荒诞、不合情理。我们可以预言：你很难让民主国家的人相信所谓神的使者，他们将敢于站出来讥讽新的先知，他们会从人类内部去寻找掌控自身的信仰，而不是去人类外部找。

在人与人之间存在不平等和差异时，不但会具有远见卓识，并且学问、智力和能力十分高超的人，也会有大量知识匮乏、能力低下的人。所以，贵族社会的人的思想，其实掌控在某个人或某个阶级手中，他们是不会接受群众永远正确这种事的。

不过到了人人平等的时代，情况就反过来了。

在人民越来越平等，差距越来越小的过程中，人们对于某个特定的人或者阶层的信赖会越来越低。因此，人们开始相信群众，并且这种观点会慢慢变成掌控社会的主流思想。

在民主国家，公众的主张不仅引导着个人的理智，还有极大的权力——比它在任何其他国家时都大。在民主时代，每个人都差不多，既然如此，人们也没必要相信别人的判断了。但这种一致性却让他们近乎毫无怀疑地相信着公众的意见，为什么？因为他们认为公众的判断必定与他们所有人的判断都十分相近，不然大部分人又怎么会相信它是真理呢？

当对比的对象是个人时，民主国家的人会非常自豪地认为自己和每个人都是平等的，可他若将视线转到身边的所有同胞，将自己和这个庞大的整体进行对比，他马上就会自卑起来，觉得自己根本没自信的资格，觉得自己毫无力量。

曾经让他觉得自己在所有同胞面前都独立的平等，现在却将他隔离起来，无力反抗大多数人的行为。

所以，民主国家的群众，拥有贵族制国家的人难以想象的庞大的力量。群众想让个人接受他们主张，只需要用整体精神大力压制个人智力，将它灌输渗透进个人的头脑中即可，根本无须对个人进行说服。

在美国，多数有责任将大量已经存在的观点传递给个人，让个人无须为了形成自己的观点而花费大量时间。

不管是在哲学、道德还是政治上，都有很多理论认为，所有人都该直接接受群众的见解。

在美国，宗教并不是被视为一种神授的规条在发挥支配作用，而是被当成了一种一致的看法，这点你只要观察得再细致一些，就能发现。

我清楚，政治条令在美国人眼中，是一种可以让多数完全控制社会的法律。多数自然而然地控制智力行为的能力，因为人们的一种习惯——认为那些人能压制自己的人，一定比自己更富有智慧——而得到了极大地增强。

舆论本就对个人的精神有影响，美国的那种无上的政治权威更是会加大这种影响，可是这并不是这种影响产生的根源。要去哪里探寻此种影响的根源呢？是去已经平等的人所创建的，多多少少总会得到人们支持的体制中找吗？不，应该去平等中找。多数对少数的精神影响，在一个受国王掌控的民主国家，或许不如一个绝对民主的国家大，但也不容小觑；而且一切平等时代都能做出此种预言：人们对舆论的信赖将成就一种以多数为神使的宗教，无论当时掌控人民的是何种政治法令。

所以，智力的权威或许在外观上会有所差异，但一定存在。

在我看来，它非但不会消失，还很容易越来越强。它会将个人的智力压制在一个远不足以和人类的伟大与幸福匹配的十分狭小的范围内。我知道平等有两种趋向：一个是让所有人的思想都和新思想贴近，一个是让人放弃思考。我也清楚民主制度会夺走民主的社会状况所带来的思想自由，所以思想自由在将某个阶级或某些人加诸在自己身上的枷锁打破之后，又将遭到大部分人的普遍意志的强力压制。

如果说，民主国家曾将过度妨碍或者延缓个人理智飞速发展的种种强权一一颠覆，只受仅有的一个强权多数专制的掌控，那么邪恶从未消失，只是换了一个外貌。人们会发现自己根本就没找到能够独立自主地生活的办法，只是傻傻地从一种受奴役的状态换成另一种受奴役的状态。

所以，此间，我需要再强调一次，任何人若是觉得思想自由是一种伟大的事业，觉得专制君主和专制体制全都让人憎恶，那么他一定要三思后行。说到我会如何？当我发现权力之手在我面前舞动——考虑到在我面前有千万双手举着锁链——无论想压迫我的人是谁，我都会高高兴兴地将脑袋放到锁链里。

## 第三章　相比于自己的祖先英国人，美国人更倾向也更钟爱一般观念的原因是什么

上帝观察人类，绝不会只看一般性。人性中各个组成部分，他只要扫一眼人类，就能看得清清楚楚。他只从单独的个人身上，就能发现那些让人彼此相近的相似点和让人彼此疏远的不同点。

所以，上帝不需要一般观念。既然没这个必要，上帝又怎么会为了对事物进行更加深入地思考，就将众多相似的事物放在一个形式之下呢？

上帝可以这样，人却不能。独自对每个个体进行观察和判断，会让人的头脑立时陷入混乱之中，那么这些东西的各个细节，他自然也就照顾不到了。面对此种窘境，他只有一个虽然还不完善，但十分有必要的办法。这种办法虽然暴露了人类的缺点，可也对这个缺点进行了弥补。

人们探查事物的外部特征，找到共通之处后给它们取一个相同的名字，之后再将它们搁在一边，去探查别的事物。

一般观念并不是因为人的智力十分强大才出现的，而是因为人的智力有限。要知道在自然界中，是不存在两个一模一样的事物，两个完全相同的事实的，任何规则都不能不加辨别地直接应用，任何方法都无法同时应用于众多事物。

一般观念可以让人在同一时间迅速地对大量事物作出评判，这正是一般观念的好处。不过另一边，它无法将事物的全部内容都呈现在人面前，使人对事物有精确地理解。社会的衰老和新生是同时发生的，人们不经意间得到一些个别真理的情况，几乎每天都在发生。

人们掌握的此种真理越多，掌握的一般观念就越多。

人想要观察个别事物，首先必须从数之不尽的个别事物中将它们的共性找出来。“种概念”是从若干个体中归结出来的，“类概念”是从若干“种概念”中归结出来的。所以一个民族对一般观念钟爱和习惯的程度，往往会随着其文化久远和广阔的程度的增强而增加。

不过，人们能否将自己的观念一般化，还受到一些别的因素的影响。

美国人对于一般观念的使用比英国人更频繁，也更长久。初见这种情况，你会觉得无法理解，毕竟这两个来自同一种族的民族，有着相同的语言，在相同的法则下一起生活了很多个世纪，他们的思想和民情的交流，直到今天也没断绝。我们若是调转视线，去观察欧洲，并对在这里生活的两个最文明的民族进行对比，会发现，他们之间的差异大得惊人。

我们会发现，英国人喜欢通过思考个别事实来寻找事项的前因后果，对他们来说，放弃此种方法是一件非常可惜的事，会让他们非常不甘；另外，英国人不过是勉强接受一般观念。

我们法国人却不是这样。我们喜欢一般观念，且喜欢到任何事都要符合此种观念的程度。每天起床，我都能听说大家又发现了一个一般且永恒的新规律。一个作家就算再无能，也会蠢蠢欲动地试图想出一些治理国家的惊世之论，除非将整个人类都写进了自己的文章中，否则，他是不会满足的。

这两个最文明的国家居然差别这么大，这让我非常吃惊。我若是将视线转向英国，历数它这 50 年走过的风风雨雨，我相信我可以证明，随着英国旧制度的衰落，英国人正在越来越喜欢一般观念。

所以想要弄清人们喜欢或者厌恶一般观念的原因，只看文明和发达的程度还不够。

当人与人的身份差异巨大，平等永远不会到来时，人与人之间的差异会越来越大，直至社会上有多少不同的人，就有多少不同的阶层。不过在同一时间，人们通常只关注一个阶层，却看不到将这些阶层凝聚到人民群众中的一般联系，即，看不到普遍的人，只能看到个别的人。

所以，贵族制社会的人从未总结过关于自身的一般观念，所以他们习惯于怀疑一般观念，对一般观念有种本能的抵触。

相反，民主国家的人眼界更宽，他们看到的是整个人类，因为发觉大家都差不多，差异很小，所以不会让自己的视线只局限于人类的某个部分。在他们看来，一切适用于自己的真理，都能相同地，或者以相同的方式扩展到每个或者整个同类身上。除非他们永远无法在自己努力奋斗和最喜欢的研究工作中发觉一般观念有多么便利，否则他们一定会喜欢上它，并将这种习惯带到别的工作中。因此，这种行为——在各个事物中找出它们的共性，用一个形式将涵盖大量事物，用一个原因来解释大量事实，就成了人们思想上的一种亢奋的激情，而且这种激情通常是盲目的。

我上面说的所有内容都是真理，这点，只要看看古人是如何看待奴隶的，就能知道。

人与人差别不大，生来就有相同的自由的权利，这是最一般，也最简单的道理。可是罗马和希腊那些天才，即使最睿智、最有才华的那些，在思想上，也没能达到这一高度。

他们想方设法地证明奴隶制是合理的，是永恒的。可是你只要翻一翻历史资料，就会发现，古代有很多名人曾经做过奴隶，其中有不少人还留下了伟大的著作。他们不是没见过现今这种奴役的情况，可是那时他们仍旧认为奴隶制是合理的。

古代的那些著名的作家，要么本身就是奴隶主贵族，要么起码也认可了那时的贵族体制。他们的思想就算向各个方向延伸过，也从未超出过贵族思想的范畴。

直至耶稣基督来到人世，人们才从他的口中听说了“所有人生而平等”这种思想。

平等时代的人全都享有自由，但与此同时，大家也都处于孤立和无力之中。人们自觉没必要一直按照上级的指示行动，所以这个时代的人看上去都是独自前进的。

人们必须去寻找一些均等地作用于每个成员，能让我们心甘情愿地沿着一条相同的道路前进的重大原因，以便对世界上发生的所有事情进行解释。此种寻觅工作，使人的头脑理所当然地生出了一般观念的构想，并喜欢上这种构想。

身份平等是如何让所有人都喜欢上亲自探查真理的，我在前边已经说过了。不难看出，这种方法肯定会让人在思想上趋向一般观念。

阶级、职业，以及家族观念，当我将这些东西扔掉，当我摆脱范例的影响，只靠自己的理智去全力追寻属于自己的路时，我的思想是如何产生的？我在探寻这一问题时，自然更愿意去人的本性中寻找。如此一来，我自然会在不经意之间获得众多非常一般的观念。

我上面所说的一切，已经足以解释：为什么英国人不如自己的子孙美国人和邻居法国人热衷和倾向将概念一般化？以及，如今的英国人在这方面为什么比自己的祖先做得好。

长时间以来，英国这个民族一直表现得非常开明，并不动如山地坚守着贵族体制。开明使得他们从未停止过对极一般的观念的追逐；贵族风气则将他们限制在某些极其个别的观念中。

所以英国人的哲学，往往既勇敢又懦弱，既豪爽又小气。直到今天，英国也没能摆脱这种哲学的掌控，它束缚着人们的思想，让其无法前进。

一般观念近乎得到了所有民主国家的喜欢和热烈的追逐。它们之所以如此，除了我上面说的这些原因，还有一些别的虽不明显但效果显著的原因。

这些一般观念，需要我们区别对待。那些经过长时间谨慎细致的智力劳动产生的一般观念，可以增长人的知识。而那些只需要思维灵机一动，轻易即可获得的一般观念，传达给人的知识则通常十分浅显和粗陋。

平等时代的人好奇心很大，却没什么闲散安逸之心。实际、复杂、紧绷和激荡的生活，极大地减少了他们思维活动的时间。

民主时代不需要人们在探查个别事物上耗费时间，所以大家对一般观念都很喜欢。甚至可以说，民主时代的人在极短的时间内就能有极大的斩获，因为大量事物都被容纳在一个很小的器具内。所以在这个时代，人们花一点点时间对那些事物粗略地观察一番，自觉找到了它们的共性之后，就不会花费时间深入研究这些事物了。这些繁杂的事物有哪些相似点，又有哪些不同点，他们并不会仔细研究，只是急匆匆地分过类，就不再管它们了。

民主时代有一个突出特点，就是所有人都希望不用付出很多努力就能获得成功，大家都急于享受当前的快乐。不仅知识界如此，其他人也一样如此。大部分平等时代的人都有宏伟的志向，可是他们无法忍受失败，一遭遇失败，马上就会消沉起来，而成功则会让他们更加激昂躁动。他们不愿意付出努力，却渴望一举获得巨大成功。

这种不良秉性驱使他们热烈地追逐一般观念，还大言不惭地说，通过一般观念轻易即可描绘出整个世界的面貌，轻轻松松地就能吸引公众的视线。

可是，我不敢断言他们确实不该这么想，因为不愿意对那些本可以深入挖掘的事物进行研究，不愿意按照正常的步骤去思考，只想轻松惬意地得到知识。

无所顾忌地享受快乐的，不仅仅是他们，还有他们的读者。

贵族制国家的人在一般观念上的表现和民主国家的人截然相反，前者不但没有彻底使用一般观念，还总是轻视一般观念，后者则不但用得非常积极，还随时准备滥用。

## 第四章　法国人对政治上的一般观念展开了积极地追求，美国人为什么没这么做

和美国人相比，法国人更喜欢一般观念，这点我在前边已经说过了。这种情况在政治上表现得更为突出。

美国人在立法和以实践支撑理论上对一般观念的使用，是英国人远远比不上的。而美国的任何一个政治机构都远不如法国的制宪会议和国民公会更推崇一般观念。美利坚民族从未像 18 世纪法国人那般热烈地追逐过一般观念。在美国人看来，一切理论都没有绝对的善和真实。

导致美国人和法国人此种差异的原因众多，以下是主要原因：

虽然同样都是民主的民族，可美国人素来独自处理公共问题，而我们法国人长时间以来，一直是嘴上说说。

我们的社会状况早就将政府工作的某些非常一般的观念呈现在我们面前了，可是我们却无法通过实际应用对一般观念进行修正，因为政治制度绊住了我们，以致我们只能在原有的一般观念中一点点地寻找问题。可是一般观念和政治制度这两件事，在美国人那里却始终处于相互协调，能够不经意地修正对方的状态。

我们之前说过，民主国家可以从现实忙碌的生活中吸收某种力量，从而使人喜欢上理论，这种说法，和我现在说的这些内容，乍看上去相去甚远。不过，两者之间其实没有矛盾，这点只要认真研究一下，即可发现。

民主国家的人十分钟爱一般观念，因为他们闲暇时间较少，而一般观念可以让他们不用把时间耗费在研究个别问题上。事实确实如此，可有个前提，就是这个问题不能是他们经常思考或者必须思考的。例如，哲学、政治、科学和艺术方面的一般观念本就是商人应该时刻关注的，他们也希望知道它们，并希

望别人能告诉自己，可是在商业切实证明了这些一般观念之前，他们是不会接受这些观念的，至少不会全盘接受。

面对和政治相关的一般观念，政治家的情况也是这样。

所以，当民主国家的人在某个十分危险的问题上，对一般观念过于信赖和推崇时，让他们每天通过实践来研究这个问题，是能够将他们解放出来的最佳方案。这会迫使他们面对问题的细节，而理论的缺陷在细节面前将无所遁形。

这种施救方案虽然总是让人头痛，但作用是毋庸置疑的。

所以，当人们过于推崇平等所引发的政治上的一般理论时，这样的民主制度——强迫所有公民切实参与到政府的管理工作——可以起到降温的作用。

## 第五章　在美国，民主的本能是如何为宗教所用的

教条性信仰是人存活的必要条件，大家也渴望有这种信仰，这点我在前面的章节中已经证明了。这里，我再说一句：在我看来，宗教上的教条性信仰，是大家最渴望的教条性信仰。就算你只关注人世的利益，也必定会得出这个结论。

人的行为是由他对这些问题——对上帝，对自己和人类的关系，对自己灵魂的属性，对自己同类负有的责任——所持有的一般观念决定的，无论他的行为有多特别，都是一样。这种一般观念是剩下的所有事物的共同源泉，这点任何人都无法阻挡。

所以，人不管是对上帝还是对自己的灵魂，不管是对造物主还是对自己的同类，都应该有一种广泛的义务，大家都希望有一种精准而永恒的观念，因为人只有对这些基本问题有坚定不移的看法，才能不让偶然事件控制自己的行为，换句话说，才能让自己的行为有规律和有力量。

所以切实而不变的观念是我们所有人都应该拥有的，这个问题十分重要；可惜我们在寻求此种观念时，每个人都是独立前行，只仰仗自己的理性，增加了这个问题的难度。

只有完全扔掉日常生活的鸡毛蒜皮，观察得细致入微，工作严谨周密和经历过严格训练的人，历经漫长的时间，花费大量的精力去思考研究，才能发现

这些重要的真理。

我们会发现，这种哲学家自己通常也一肚子疑惑，启迪他们智慧的自然之火会随着他们的前进慢慢暗下去，甚至有熄灭的可能；他们竭尽所能或许也只能发现几个概念，而且还是些自相矛盾的概念。人们的思想在这些自相矛盾的概念间摇摇晃晃了千百年，不要说坚定不移地掌握哪个真理，连新的错误都没能发现。普通人的能力是无法胜任这种研究的，而有能力进行此种研究的人，明显也没有这种时间和心情。

人的现实生活虽然总会遇到与上帝和人性相关的切实且不变的观念，可人们之所以难以获得这种观念，也是因为现实生活。

这个问题，在我看来是史无前例的。在所有科学中，有些知识每个人都能用到，而且大家靠自己的能力就能掌握，可还有些知识却是大部分人都无法理解，也没能力进行研究的。

后一种知识，大部分人往往以十分间接的办法使用。这种知识，他们虽然没有能力研究，却是现实生活中不可避免的。

所以，在所有观念中，与上帝和人性有关的一般观念，最能让人的理性摆脱习惯的束缚。

对个人的理性来说，接受权威的存在，好处比坏处多。

分别为所有这些重要问题提供一个准确、清楚，每个人都能明白且永恒的答案，是宗教的首要目标，也是它最大的一个好处。

确实存在一些非常荒唐，非常值得怀疑的宗教，但只要那个宗教还在我说的这个范围内，不像某些宗教一般想从各个层面束缚人的思想，使其无法自由飞翔，就能让人的思维活动有章可依，就有好处。宗教就算无法让人在来生有所回报，至少对人们获得今生的幸福，让人得到崇高的品格大有助益，这点毋庸讳言。

这一真理，对于自由国家的人而言，更是如此。

一个国家如果宗教受到破坏，那国内的高智力人群会感到困惑和手足无措，而剩下的那些人则会丧失反应能力。对于和自己以及自己的同胞密切相关的事，大家持有的概念全都是非常混乱和不稳定的，并且也习惯如此了。对于自己原本正确的看法，他们要么捍卫不了，要么主动丢掉。因此，没有能力独自解决命运交给他们的重大问题，使他们失去了所有的指望，进而破罐子破摔，索性将它们扔到一边。

在这种情况下，人的精神会变得非常消沉，意志力会十分软弱，而培养出来的民众，不过是受压迫的种子。

一个处于这种状态的民族，不要说捍卫自己的自由，他们通常会主动将自由拱手让人。

宗教权威已经覆灭，若政治权威也是如此，人们将彻底自由，可这是一种会让人立时感到惊慌和恐惧的自由。万事万物长时间处于此种不稳定的状态，会让人心神恍惚、心力交瘁。因为精神世界的所有事物都已受到冲击，所以人们希望拥有一个井井有条的物质世界。可是，旧的信仰已经覆灭，他们无法再将自己交给一个人来支配。

如果问我，我则认为这种宗教和政治均享有绝对自由的情况会一直持续下去。我素来相信，人若想不被他人奴役就必须有信仰，而拥有自由的一个前提就是信奉宗教。

所以，宗教在身份平等的国家所发挥的巨大效力，是任何其他国家都比不上的。

世人确实因为平等而得到了极大的好处，这点毋庸讳言，可与此同时，人们也因为平等而养成了一些我之后将会谈到的十分危险的性格。平等对人进行隔离，使所有人都只在乎自己。

平等还为人打开一扇追求物质享受的大门。而宗教最大的好处，就是唤醒与此相反的性情。

所有宗教许给人的，都不是今生的幸福，而是今生幸福之外的和比它更高的东西，它将人的灵魂引向天堂，那里远比感官世界要高。没有哪个宗教是让人只为自己考虑的，无一不是让大家肩负起人类的某些义务或者和别人一起分担义务，让大家花一些时间在帮助别人上。

宗教全都如此，就算是最表里不一的最危险的宗教也一样。

所以，信教的国家的优点，正好是民主国家的缺点。这足以证明人们在获得平等时，也应该守护宗教，这非常重要。

上帝以超自然的方法，将宗教信仰放到人们心底。这种方法我没有探究的权力，也不想去探究。我现在对宗教的探查，完全是以人的立场进行的。我们即将步入民主时代，在这一过程中，宗教要采取何种措施才能轻易把自己的威信保留下来，这才是我想要探查的内容。

教条性信仰在文明和平等的时代想要深入人心，必须下很大一番功夫，这点我已经说过了。可宗教却能让人在精神上觉得这种信仰正是自己急需的。这首先证明，宗教在这种时代，比在任何其他时代都更该小心谨慎，只在自己的领域内活动，要知道，在宗教事务之外行使权力，会让宗教陷于在所有事务上失去威信的险境。所以，自己应该在哪里活动，宗教应该界定清楚，只在这个范围内影响人的精神，绝不插手这个范围之外的事。

说自己来自天上的穆罕默德，在《古兰经》中对宗教教义、政治方针、民法、刑法和科学概念一一进行了界定。可基督教的《福音书》并未这样，除了人和上帝以及人与人的一般关系，它什么都没说。它不曾告诉人们除此之外的任何事，也没说人们必须相信什么。

众多别的理由都先放在一边，只看这点就能知道，这两个宗教，后者无论是在何种时代都能发挥统治作用，而前者在文明和民主的时代则无法长时间发挥统治作用。

我们只要研究得再深入一些，就会发现：在民主时代，只是在自己的范围内谨慎小心地活动，仍不足以让宗教继续存在；宗教力量的大小在很大程度上，还得看宗教的属性、体现形式以及它要求信徒履行的义务有哪些。

我在前边说的人们因平等产生极为一般和非常普遍的观念的问题，主要得从宗教方面理解。人人平等和相同的时代，容易认为神只有一个，它给所有人制定一个准则，让大家在来生得到等量的幸福。人们会在这种一致思想的不断引导下，认为创世主也是相同的一个。相反，在人与人差异巨大且互相孤立的时代，民族、等级、阶层和家族有多少，神就会有多少，而走向天堂的路，因为人们各自描画，也会有无数条。

应当承认，这种社会现实和政治情况对宗教信仰的影响，在某些方面也会发生在基督教身上。毫无疑问，上帝为基督教的降世做足了准备——大多数人都被聚集到了罗马皇帝帐下，就像一支巨型军队一般。这些人虽然有着各种各样的差异，但他们遵循的法律是相同的。相比于君王的伟大，每个人都是弱小和不值一提的；但如果从他们所有人和君王的关系上看，大家又都是平等的。

这是一种特殊的新情况，毋庸讳言，人类在这种情况下自然会接受基督教所宣扬的一般真理，也正是因为这个原因，基督教才能在那时如此迅速而毫无阻碍地得到大家的拥护。

罗马帝国覆灭之后，情况就截然相反了。

此时，崩溃或者说四分五裂的罗马帝国治下的所有民族，再次获得了往日的独立。这些民族里的某些阶层很快发展壮大，种族差异出现，而在阶级的推动下，各个民族又被分成众多团体。这种发生于所有民族的活动，似乎在倾尽所能，力图将人类社会肢解成不计其数的小块儿。基督教在这种情形下仍在向世人传播首要的一般观念，努力适应人类彼此独立后出现的新情况。上帝作为世界万物的创造者和保护者，仍是人们一致的信仰。可是，所有的民族和城市，甚至所有的人，都觉得自己可以获得一些能让至尊的上帝保护自己的特权。既然神只有一个，那他们只能增加神使的数量，赋予神使过高的权力。所以，大部分基督徒开始以对偶像的那种崇拜，来替代原本对天使和圣徒的那种崇拜，这种情况让人一度担心基督教会退化成那几种已经被它打败的宗教，这并非没有道理。

当隔开人类各个民族的壁垒和隔开各民族内的所有民众的壁垒慢慢消失，人们自然会接受这一观念——确实有一个也只有一个万能神存在，并相信这个存在能够平等地将法律施加在每个人身上，而且所用的手段也是一样的。所以民主时代最重要的事，是让人分清哪种崇拜可以给神使，哪种崇拜又只能给创世主。

我认为还有一个真理也非常明显——和任何其他时代相比，在民主时代，宗教带给信徒的仪式上的负累应该更小。

在讲述美国人的哲学方法时我曾经说过，平等时代的人最厌烦的，就是形式对自身的思想的压制。在这个时代的人眼里，象征手法不过是小孩子的玩意儿，其目的就是要遮掩或者篡改真相，让真相无法直接袒露在阳光下，所以他们抵触用图画来烘托事物。他们觉得礼拜的细枝末节并不是问题的关键，所以并不喜欢宗教仪式。

在民主时代，宗教外在形式的制定者一定要考虑到人们的这种思维本能，如非必要，不要和它硬碰硬。

我毫不怀疑形式非常重要。我清楚，在形式的推动下，人的精神可以深入思考抽象问题，它帮助人坚定不移地追逐真理，对真理抱有强大的信心。我坚信，没有外在形式，宗教将无以为继。不过另一边，我也认为宗教在我们即将步入的那个时代，不能有太多仪式，那非常危险。仪式当然要有一些，但一定要适量，可以保证教义的传递即可，毕竟教义才是宗教的根本[1]，礼拜不过是它的外在

[1] 仪式对任何宗教来说，都和宗教本身关系密切，最好不要随意改动。天主教的形式和内容的联系素来如同一个整体一般紧密，就更是如此了。——原注

形式。

一个追求繁文缛节，食古不化，强迫信徒严守教条的宗教，在人与人日趋平等的时代，用不了多久就会失去大部分信徒，只剩下一些死忠。

我知道，肯定会有人如此反驳我：宗教所追逐的无一不是一般和不朽的真理，自然不能为了让自己的目标随着时代特征的不同而发生变化，就见风使舵，这样一来，谁还会相信它。对此，我的答案还是一样：一定要将主要观点——信仰产生的基础和神学家总结的信条建立的原因——和从主要观点中衍生出来的次要观点，严格地区分清楚。对于前者，无论时代特征如何，宗教都要予以坚持；而万事万物都在发生变化，人对世间万物的变化已经习以为常，自己也不愿一成不变的时代，宗教只要注意别和后者断了联系即可。在我看来，除非市民社会自身处于裹足不前的时期，否则，外在的和次要的事物是无法稳定不变地延续下去的。这种一成不变，在别的任何情况下都是危险的。

纵观因平等而生或者由平等推动的所有激情，我们会发现有一种激情——对安逸的追逐不但十分浓烈，还能振奋人的精神。喜欢安逸，这是民主时代的一个非常明显的特征，这个特征将永远存在。

一个宗教若以打败这种主要激情为目标，它终将被这一激情所打败，这不难预料。当一个宗教想让人彻底脱离今生的幸福，只为来世的幸福奔走，那最后，人们会将自己的精神从宗教的制约中脱离出来，他们会远离宗教，全身心地投入到对现世的物质享受的追逐中，这点我们也不难预见。

在平等时代，人们对于安逸的喜爱太过激烈和排他，宗教的首要工作就是净化、调节和控制这种情感。所以我认为宗教不该想要将这种情感彻底清除和压制下去，那并不正确。宗教可以教导人们不要为了发财走上邪路，但无法扼杀人们对钱财的喜爱。

现在，我们来谈最后一个问题。这个问题，从某种程度上讲，涵盖了以上所有问题。宗教一直谨慎地与不断变化的凡尘俗世保持着距离，当人与人的差异越来越小，身份越来越平等，宗教就更没必要和那些普通人一致认可的观念和占据统治地位的利益发生冲突了。要知道群众的见解已经愈发成为最重要和最难以抵挡的力量，而宗教只有从这种力量中得到强力扶持，才能在种种攻击面前屹立不倒。

民主国家往往都是这样，不管统治它的是独裁君主，还是共和体制。在平等的时代，人们可以遵从君主的命令，但只有人民中的多数才能让他们心悦诚服。所以任何人，只要对自己的信仰虔诚，都会倾向于多数的看法。

美国的神职人员不会干预政治问题，这点我在本书的上卷已经讲过了。这个例子凸显了他们的克制和小心，除此之外，这样的例子还有很多。在美国，只有神职人员才能管理宗教事务，他们不愿超出这一领域。在这个领域内，他们对人的精神进行引导，但只要超出了这个领域，他们就任由人们自由和独立，让人们按照自己的本性和时代的需要，去释放好动的天性。在所有国家中，美国的基督教最不追求形式、最不看重清规戒律，可是它对人的精神的掌控，却是最清楚、最直接，也是最一般的。美国的基督教派系众多，可大家却能平等地看待所有派系。天主教也好，别的教派也罢，全都一样。在美国，天主教的神职人员不会对信徒礼拜的细枝末节进行要求，也不为礼拜制定额外和特别的仪式，他们不看重教义的说辞，只关注教义的精神，这和其他地方的天主教神职人员截然不同。天主教的教义规定，礼拜的对象只能是天主，不能是圣徒，在所有国家中，美国将这条教义宣讲得最清楚，履行得最彻底。可是任何国家的天主教徒，都不如美国的虔诚、温驯。

让信徒将注意力更多地放在今生，而不是来世，起码不能只看来世，是美国各个教派神职人员的另一个特点。他们认为，今生的幸福对宗教虽然不是最重要的，但也很有分量。他们虽然不做实业，但起码关注和支持实业。他们不停地告诉信徒，人们的神圣目标在来世，要对它有畏惧心和期盼心，而与此同时，如果信徒通过正当的手段为今生创造财富，他们也不会阻止。他们不会大谈特谈今生和来世的差异，反倒会想办法将两者融合和联系起来。

美国的所有神职人员都认同和尊重多数的思想所发挥的统治作用。如非必要，他们绝不会和多数为敌。在党派斗争中，你不会看到他们的身影，只要是国家和时代共有的看法，他们随时都愿意接受，刺激着身边所有人的激情和思想的洪流，他们愿意毫不抵抗地投身于其中。他们的目标不是和同时代的人争执战斗，而是引导他们行善积德。所以他们不但不会受到舆论的攻击，反而会受到舆论的保护和称颂。他们所宣扬的信仰，在他们自己的努力和多数力量的支持下，发挥着效力。

所以，对于一切不与自身存在根本矛盾的民主本能，宗教都报以尊重的态度，它还会对其中一些加以利用，如此在那个最为危险的敌人——个人的独立倾向——面前，宗教就能轻易获胜了。

# 第六章　美国天主教的发展情况

美国，这个世上最民主的国家，按照某些可靠的报告，也是天主教发展得最好的国家。初看起来，人们或许觉得难以理解。

我们应该将这两个问题区分清楚：一个是平等让所有人都喜欢自行判断，一个是平等让所有人都喜欢和希望有一个共同和唯一权力能对社会上的每个人一视同仁。所以，民主时代的人无不希望可以摆脱宗教权威的束缚。不过，如果一定要被某个宗教权威所制约，那么这个权威必须是唯一的。任何权力不唯一的宗教都会让他们觉得不舒服，并且他们很容易就会生出这样的想法：宗教若是有好几个，还不如一个都没有。

我们发现，和之前所有的时代相比，我们这个时代的天主教徒都是最不虔诚的。可是那些原本信仰基督的人却一一改信了天主教。若是从天主教里面看，我们会觉得它退步了，可是如果从外面看，我们又会觉得它进步了。这个现象不难解释。

现在有着虔诚信仰的人确实非常少，可是人们只要下定了信教的决心，用不了多久，他们就会觉得，天主教在吸引着他们内在的某种本能。他们吃惊于罗马教会的某些教义和教规，发自内心地钦佩教会的纪律，而教会的凝聚力，更是让他们感到魅力十足。我敢说，天主教若是可以放下自己引发的政治纠葛，那么当前看上去与它相悖的时代精神，根本不会损害到它，不仅如此，还会马上为它带来巨大的好处。

人们的思维活动有很多非常常见的缺点，其中有一个就是：即使宗旨相悖也要融合，即使放弃逻辑也要和解。所以不管是过去还是现在，总有些人会让自己的信仰在不同的权威手中轮转，让自己的精神一时受到压制，一时又得享自由。可是相比于其他时代，我认为这样的人在民主时代并不会更多，至于我们的后代，他们必定会逐渐分化，最终分成两种：一种彻底离开基督教，一种投身罗马教会。

# 第七章　民主国家人们的思想为何趋向泛神论

对极一般的观念，民主国家明显十分推崇，这种喜好在政治上有哪些表现，我准备以后再说，但现在，我准备先谈谈这种喜好对哲学的重大影响。

应当承认，泛神论在我们这个时代发展得非常快。泛神论的味道在一些欧洲国家的著作中非常明显。它在德国人的哲学里和法国人的文学中都有出现。法国出版的虚幻类著作，大多都有泛神论的观点或言论，即使不明显，也会给读者一种作者倾向泛神论的感觉。冰冻三尺非一日之寒，在我看来，这绝非偶然。

人与人的身份越来越平等，差异越来越小，个人变得越来越脆弱和不值一提，于是，人们渐渐习惯了只看所有民众不看个人，只注意整个人类却将个体抛到了脑后。

这种时代的人，希望自己的精神可以兼容并包，想用一个仅有的原因去解释各种不同的问题。

统一的观念影响着人的精神，让人的精神到处去寻找它。一旦找到它，人们就会主动将它放在心底，毫无防备地在它身上躺着。就这样，人们得出结论，世界包罗万象，创世主只有一个。但对世间万物进行的这种简单的分类，没有让人得到满足，所以他们对自己的观点进行了简化和升华——认为神和宇宙是一体的。若有一个哲学体系可以将世界万物——无论是不是物质的，无论能不能被看见，都看成一个巨大整体的不同组成部分，而且无论这些组成部分如何持续变化，这个整体的存在都是永恒的。那我轻易即可断言：对民主社会的人来说，这个破坏了人的个性的哲学体系具有非常神秘的吸引力，至于为什么会有这种吸引力，或许正是因为它对人的个性造成了损害。这一哲学体系，得到了人们的所有思维习惯的认可，这些习惯无一不在指引人们去理解它，去走那条接受它的路。在这一哲学体系的影响下，人们会变得更富有想象力，也更自豪和更满足。

纵览各种对世界进行解读的哲学体系，我认为在民主时代，最能拉拢人心的哲学体系，就有泛神论。任何人，只要对人类真正的伟大深信不疑，就该团结一心抵制泛神论。

## 第八章　平等是如何将人可以不断进步这种观念灌输给美国人的

平等催生了若干只有它才能带来的观念，与此同时，又几乎改变了现有的一切观念。人可以不断地发展这个观念，是人的智力能够想到的一个首要观念，这个观念还是一个近乎随时随地都在被现实证明的伟大的哲学理论，所以现在就让我以这个观念为例，进行说明。

人和动物虽有一些相似之处，但人却有一个特点是动物没有的，即人可以发展自己。从人类诞生之日起，人和动物的这种差异既已存在。所以人可以自我发展的这一观念，有着和世界同样悠久的历史。这个观念并不是平等创造的，但平等赋予了它新的特点。

阶级、职业和出身将人分成了三六九等，在这之后，大家只能顺着偶然走入的路途继续前行。这时，人们势必会觉得自己已经达到了人力的极限，没有人会尝试和命运对抗，因为它无往不利。

人有能力发展自己这种观念，贵族制国家的人并非完全没有感觉，但他们不知道这种发展是没有上限的。他们愿意有所改善，但改革不行。社会地位越来越高，是他们唯一的愿望。现在人类已经得到了极大的发展，未来还会继续发展，这点他们并不否认。可与此同时，他们又给人类划定了一个范围，禁止人类越界。

所以，他们相信人类尚未达到至臻至善的程度，也尚未掌握绝对的真理（事实上，任何人或者民族都不曾这样奢望过）。可他们告诉自己人类仍需完善的本性已经和伟大与睿智十分接近了。与此同时，身边的一切似乎和从前并无不同，这种感觉很容易就会让人觉得现在的所有事物正处于它们本该待在的地方。立法者为什么愿意制定一成不变的法律，民众和国王为什么只想建造能承受住时间考验的建筑，为子孙后代奔忙的现代人为什么为他们铺好道路，原因就在这里。

习惯、法律和礼节，在等级逐渐消失，各阶层日趋接近，人渐渐融合的过程中，也在发生改变；一个完善的形象——虽然不够稳定，却是理想的——随着新事物和新真理的出现，以及旧观念的没落和新观念对旧观念的取代，在人们的脑海中浮现出来。

因此无论何时，每个人都能看到持续而短暂的变化。境遇变差的人开始清楚地感觉到，一个人或者一个民族，就算再富有智慧，也总有犯错的时候。情况变好的人则会因此坚信，人通常是有能力不断发展自身的。遇到挫折的人认为，没有人敢说自己可以找到绝对的善，那不过是吹嘘之言；成功者则满怀振奋之情，为了新的成功继续奔忙。所以，每个人都在前进，摔倒就站起，总是会感到失望，可是绝不会就此绝望，他们会顺着尚待攀爬的漫漫人生路，向着他们依稀可以看到尽头的伟大目标，继续前行。

在这种人可以不断发展的哲学思想的影响下，人们毫不勉强地做了大量的实际工作；有些人虽然没有接受过此种思想，但他们的行为活动却隐含着此种思想，在无意识的情况下与这种思想暗暗契合，这实在是非常奇妙，几乎到了让人惊诧的程度。

我曾经见过一个美国船员，当我问他，美国的船为什么不造得结实一点儿呢？他没有一点儿迟疑，马上回答说：航海技术发展得如此迅速，就算船造得再结实，又能用几年？

这种专业问题，一个粗人张口就能回答，我于是得出结论：一个伟大民族，无论做任何事，都会按照一般和系统的观念进行。

贵族制国家将人可以不断发展的范围限制得非常狭小，而民主国家又将这个范围扩大得太多了。

## 第九章　为什么美国人的例子不足以证明民主国家不喜欢科学、文学和艺术，也不会专注于此

和当代其他的文明国家比，在高级科学方面，美国成就有限，而且美国也没几个艺术家、诗人和作家是非常有名望的，这点毋庸讳言。

看到这种情况，有些欧洲人觉得非常吃惊，认为平等一定会造成此种结果。

他们甚至觉得，指引人类走向文明的光芒，会在民主社会的情况和体制覆盖整个世界后慢慢熄灭，人类会重回黑暗时代。

在我看来，若不是将那些原本应该分别研究的观念混到了一起，是不会得出此种结论的。他们没有意识到，自己混淆了民主的内容和美国人特有的东西。

最初移民美国的那些人传递给子孙的宗教，虽然仪式并不复杂，但教义却非常严格，甚至称得上严苛。它不喜欢虚浮的外在和烦琐的仪式。这种宗教，当然会遏制美术的发展，促进休闲文学的发展。

美国人这个民族，十分古老，也十分文明，他们之后移居的新土地，不仅物产丰富，地域辽阔，还任由他们开发。这种情况在世界上绝无仅有。所以和世界其他地方的人相比，美国每个人都有个便利的发财条件。他们贪念极强，脑海中无时无刻不充满幻想和理性思考，只有对财富的追逐才会吸引他们。工商业者阶级，别的国家有，美国也有，但有一种现象，却是美国有，别的国家没有的，那就是美国国内所有的人都进行工商业活动。

可是，美国人若是成了世界上唯一剩下的民族，祖先传递给他们的自由和知识，他们仍未遗弃，他们天性中的激情也未消失。那么我敢断言，用不了多久他们就会发现：想让科学的实用性得到进一步发展，必须研究理论，还要让各种艺术在互相扶持中不断完善。无论美国人为了实现自己的首要目标，做了怎样的努力，用不了多久，他们终将发现，有时候和目标保持一定的距离，才能顺利地实现目标。况且所有文明人都喜欢精神享受，文明程度高的民族又怎么会不为此种爱好沉迷，再说，还有一些专门研究它的人。这种精神需求若是出现，得到满足不过是转眼间的事。

美国人虽然将所有精力都放在科学的现实应用和想办法让生活更舒适上，欧洲人却是看重学术和艺术的，他们专注于寻找真理的共同根源，与此同时，也在对一切能让人得到享受和满足的事物进行改进。

在美国人看来，在旧大陆所有文明的民族中，有个民族最优秀，可以说独占鳌头。他们和这个民族有着相同的祖先和风俗，所以两个民族保持着非常紧密的联系。这个民族有声名显赫的科学家，有才华横溢的艺术家，也有著名的作家，美国人可以直接从这个民族吸收这种财富。既然如此，他们也就不用花力气去积累这种财富了。

美洲和欧洲虽然隔着茫茫大海，但我相信两者联系紧密。在我看来，美国人不过是英国人的分支，他们的任务就是开发新大陆的山林，至于留在英国的那些，他们的任务要轻松一些，不必为了获得生活资料而劳心劳力，因此可以将精力投入到思想的挖掘工作中，从各个层面对人的精神进行拓展。

所以美国人的经历不过是一种偶然事件，这种经历，我认为以后再不会有哪个民族遇到。他们原本都是些清教徒；他们喜欢经商；他们生活的那片土地似乎并不喜欢他们从事科学研究；他们的欧洲邻居保证了他们即使不进行科学研究，也不会重回蒙昧。

导致美国人对纯粹的物质事物十分看重的众多原因，我也只能拣一些特别的主要原因进行介绍。事实上，不管是人的激情，还是需求，或者是教育和环境，所有这些，看上去似乎都在促使美国人关注今生。而宗教所起的作用，也只是让他们偶尔抬起头看一眼天堂，这一眼也不会有多认真。

所以民主国家如何，我们不该以美国人的表现为依据，得看各个民族的特点。

我们可以如此假设，有一个不存在门第、阶层和等级的民族，它的法律拒绝一切特权，要求继承人平分遗产，不过这个民族的人不能学习知识，也没有自由。这个假设并非毫无依据，要知道，一个暴君是可以对所有臣民一视同仁的，但为了便于奴役他们，会让他们处于蒙昧之中的。

这种民主国家，不要说在科学、文学和艺术上显露出极大的才能和喜好，我甚至敢断言，它永远不会在这些方面有所表现。

它的继承法只会让财产一代代变小，没有哪个民族成员会去发掘新的财富。没有知识，又没有自由，穷人甚至不会生出致富的念头；至于有钱人，他们只能眼看着自己一点点失去财富而束手无策。用不了多久，这个民族就能让这两类民众彻底平等，并且是无法改变的平等。于是，不管是体力劳动，还是脑力劳动，大家就都没有时间，也没有兴趣去做了。但是，每个人都处于相同的受奴役的境地，大家一样地无知无觉，一样地不开化。

这种民主社会，我只要想起来，就会觉得自己被扔进了一个又矮又黑、透不过气的小屋子里。外边的光线虽然偶尔也能射进来，可是很快就会黯淡下来，最终消失。忽然之间，我觉得心里十分压抑，呼吸困难；在黑暗中，我为了找到出路摸来摸去，我想去外边呼吸一点儿新鲜空气，我要看看外面的阳光。

可是，此间作出的所有假设，对于那些民族——久经文明，而且人民在将那些规定财产永远属于某些人或者某些组织的特殊条款和继承法废除后，仍拥有自由的民族——并不适用。

一个民主国家的民众，如果处于文明之中，他们很容易就会知道，任何事物都不该强迫他们停下脚步，或者让他们无法前进。

所以他们所有人都会为了改变当前的情况而竭尽所能；若是拥有自由，他们每个人都会有所表现，虽然未必都能获得成功。人们确实无法再从立法部门手中得到特权，但天赋会给他们这种特权。人与人的天赋有着极大的差异，而财富往往体现在人们对天赋的使用情况上，于是出现了财富不均的情况。

继承法仍旧发挥着阻止富人一代代传递财富的作用，但这并不表示它会消灭富人。继承法想让所有公民变得一样，可是公民并不想如此，而且一直在努力避免这种情况。在公民越来越有学问，越来越自由的过程中，公民在财富上的差异也越来越大。

我们这个时代有些极具才华的狂徒[1]，他们认为应该将所有财富交给一个中央政府，而每个人应该获得多少财富，则由政府按照这个人做出了多大贡献来分配。在他们看来，完全平等和永远平等会影响民主社会的存在，而这种方法可以避开这种危险。

除此之外，还有一个更简单，也更安全的解决方案。即不为任何人提供特权，但让所有人都有相同的知识和自由，自己该处在什么位置，由个人自己去找。可是这样一来，最有才华的人必然要掌控财富，因为天赋上的差异马上就会发挥效力。

所以，一个既民主又自由的社会，通常会有些富裕或者有钱的人。相比于之前贵族阶层的成员，这些富人之间的联系并没有那么紧密。他们和贵族阶层有着本质的区别，贵族阶层有充足的享受时间，他们却没有。相比于以往所有富裕阶层，他们的人数都是最多的。

这些人虽然也免不了要为物质生活奔走忙碌，但不会全天如此，他们也会做一些思考，也会享受美好的精神生活，虽然在强度上比不上过去的贵族。除了有上限的目标，也就是物质追求和现实追求，人的精神无疑也需要无上限的目标，也就是对非物质事物的追求和对美的追求。人的精神会因物质需要走向现世，但若无法被它吸引，是会对自身进行强化的。

不但会有越来越多的人有能力赏析精神商品，人们还会越来越喜欢智力活动。而这种活动是贵族时代的大多数人都没有时间也没有能力去做的。

[1] 这里指的是圣西门学派和该学派的成员。——译者注

当世袭财产、阶级特权以及门户之见消失，所有人想要有所发展，都只能靠自身努力的时候，人的智慧明显将成为财富多寡的关键。一切事物，只要能对智力起到刺激、强化的作用，让智力得到更好的发挥，都会立时身价百倍。

人们将会清楚地看见知识的作用。一个人，就算不喜欢知识，也会看重知识带来的好处，并努力想要获得此种好处。生活在一个既民主又开明且自由的时代，人们将形成紧密的联系，不会被任何事物分开，也不会永远停留在一个地方。所有人都可能一夜暴富，或者迅速破产。人们联系紧密，所有阶层的人每天都能看到对方。他们不停地接触、融合，会向对方学习，也会敬重对方。人们于是有了些新的观念、理论和思想——这些东西在阶级分明，社会停滞不前的时代是不会出现的。这是一个主人与仆人，穷人与富人可以一起享乐一起耕耘的民族，在这里，农村人会尽量向城里人学，小地方会尽量向首都学。

如此一来，任何人都不会将所有精力都花在物质生活上，即使是最质朴的手艺人，也会悄悄地对高等智力活动的世界投去羡慕的一瞥。贵族制国家的读书观和读书手段，人们是不会用的，但读书人的数量会越来越多，发展到最后，所有公民都将成为读书人。

人们的视线一旦转向脑力劳动，就会慢慢意识到，想要获得名誉、权力和金钱，最主要的办法就是让自己在某一方面有他人没有的优势。人们马上就会作出调整，转向这个方面，因为平等早已让他们的野心鼓动起来了。科学工作者、文艺工作者和艺术工作者的数量会迅速增加。知识世界将会呈现出一种让人惊异的欣欣之态。所有人都会想方设法为自己开路，让别人追随自己。美国的政界也出现了一些这种情况。美国人通常不会将工作做得尽善尽美，可是他们做的事情却非常多。个人成果虽然通常不明显，但加在一起的整体成果却十分壮观。

所以，民主时代的人天生就不喜欢科学、文学和艺术这种言论，确实有悖于现实，而且他们研究科学、文学和艺术的手段虽然存在弊端，却是他们独有的，自有其特色。

# 第十章　相比于理论，美国人为何更看重科学的实际应用

民主社会的情况和体制并未阻碍人的精神的发展，既然如此，它们必定在某些方面促进了它的发展。它们的作用虽然不是无限的，但力度十足。现在，让我们先停下来，说说它们的作用。

在说美国人的哲学方法时，我们说过的那几个论点放在此处，一定合适。

平等让所有人都渴望独立判断，切实而明显地热爱万事万物，但看不起传统和形式。这是民主的一般本性，也是本章独立讨论的首要内容。

民主国家的科学工作者总是担心自己堕入幻想的深渊以致找不到方向。他们并不缺少向现有体系发出挑战的胆量，他们喜欢紧抓事实，亲自对事实进行研究。他们不会因为一个同行已经功成名就，就草率地相信他，也不会因为某个结论是一个权威所说，就轻易地认同它。恰恰相反，他们会不停地在名人和权威的理论中探寻漏洞。他们不会受困于学术传统，也素来不会长时间臣服于某个学派的长篇大论，并且通常不会沉迷于他人的宏论之中。他们会尽可能地对事物的首要内容进行深入研究，然后用朴实的语言对它们进行阐述。如此一来，科学虽不如过去宏伟，却比过去更自由和清晰。

在我看来，若以人的精神追求来对科学进行分类，可分三类。

第一类，最纯粹的理论原则和最抽象的概念，这部分内容是现在还清楚应该怎么用或者要等到很久以后才能用的。

第二类，虽然尚未超出纯理论的范畴，但这部分真理一般是可以通过直接而简单的手段予以应用的。

至于第三类，则是投入使用的步骤和方法。

科学的这三类，每一类都可以单独研究，不过除非和其中一类或者两类有所联系，否则，时间长了，必定会衰败下去，这点不管是人们的理性还是经验，都已经证明了。

美国人专注于研究科学的实际应用，对于科学理论的研究，只停留在可以

指导应用的那部分，并且总是以真实、自由、大胆和创新的精神来进行研究。

然而，美国却几乎无人全身心地投入到纯理论和纯抽象的人类知识的研究工作中。美国人在这方面表现出的那种趋向，每个民主国家都有，不过在我看来美国最突出。

想对高级科学和科学的高级内容进行钻研，势必要进行深入思考，可是民主社会里却缺少进行深入思考的环境。贵族制国家不需要为了生活奔忙的有钱阶层有很多人，因为看不到希望而懒散度日的阶层的人也不少。可民主社会的人通常不会如此，所有人都在积极行动，有的想获得权力，有的想获得财富。

这种喧闹不休、矛盾冲突不断、人们为了财富而汲汲营营的背景，哪有安静的地方让人进行必要的深入思考？如果你身边的万事万物都在动，你自己也被裹挟着万物的洪流冲击得日日漂来荡去，你又如何会为了研究高级科学而停住脚步？

民主社会建立很久之后的平静期所出现的常规运动，和与民主社会的发生发展相伴相生的革命运动和暴动，一定要对两者进行严格区分。

一个文明程度很高的国家如果发生武装革命，人们的思想和感情必然会受到剧烈冲击。而民主革命可以瞬间调动所有阶层，会同时激励所有公民的野心，所以若是民主革命，情况会更严重。

法国人在扫除封建社会的残余时，精密科学瞬间发展到了让人惊异的程度，这个突如其来的结果是民主带来的吗？不，是史无前例的飞速发展的革命带来的。这种结果是一种偶然事件，不该将其作为一般规律对待。

和别的国家相比，民主国家爆发大革命的机会不但不会更多，在我看来，反倒会更少。不过，民主国家总会发生一些让人稍感不悦的不稳定行为——人们总是会排斥对方。这无法振奋人的精神，让人受到激励，只会让人精神不振和涣散。

民主社会的人不但没办法深入思考，也不十分看重此种思维活动。大多数人都因为民主的社会情况和体制而处在持续的变动中。可是这种变幻不定的习惯，往往不会一直适合思维活动。一个养成了此种习惯的人，是不会以想让所有事都尽善尽美为目标的，所以通常不喜欢对事物穷根究底。相比于对自己尚未证实其正确性和严谨性的思想进行挖掘，他们更喜欢抓紧机会对其进行应用，而且整体来说，花时间去证明自己所有的原理都是对的，冒点险使用一些错的原理也没什么。况且，难道整个世界的运动是按照亘古不变和永远正确的理论进行的吗？

在某一瞬间发现某个特殊现象，持续观察民众变幻不定的激情，时时睿智地对既定事实进行捕捉，就是人们掌握世间万物的奥秘的方法。

所以，一个所有人都在忙碌的时代，人们通常对智力迅速生成的结果和表面证据十分重视，却藐视深入而迟缓的脑力劳动。

科学工作者受此种舆论影响，得出了这样一种结论：即使不深入思考，也能获得研究成果，或者不需要在那些需要深入思考的科学上耗费精力。

有几种进行科学研究的方法。对于脑力劳动产生的发明创造，很多利己主义者倾向于将其用在工商业中。这种喜好是想利用知识，而那种存在于少数人心底的、对追逐真理的无私的热爱，完全是因为求知本身，两者一定要区分清楚。我坚信随着时间的推移，总有些人会诚挚地喜欢上真理。

这种喜欢能让自己发展壮大，并且永无止境。人们想要找到真理的抽象源泉，从中学习最基本的理论，必须对真理有这种无私的爱，并为真理感到骄傲。

为了能将造物主的奥秘清楚地呈现出来，帕斯卡可谓倾尽了自己所有的智力。如果他只看得见名和利，或者他的活动就是为了追逐名誉，他能做到这一步吗？我敢说绝对不能。

他离世时还不到 40 岁，为什么会如此，正是因为他让精神脱离了人生所有杂念，专心致志地进行此项研究，以致早早地将人身体里的所有力量都耗干了，每当想到这点，我都不由得肃然起敬。他之所以要如此努力，在我看来，必定不是因为那些寻常的理由。

这种出现在贵族社会的对知识的追逐，不仅十分罕见，还结出了累累硕果，日后民主社会或许也会出现此种激情。如果问我是否相信这一点，我不得不说，我并不相信。

控制着贵族社会的言论和政务的阶层，其地位祖祖辈辈都比民众高，他们对自己的阶层和整个人类，自然会有一种优越感。这个阶层热衷于努力让自己得到名誉和让自己志存高远。贵族的行为虽然时常非常残忍，但他们的思想通常较为高尚。他们也喜欢稍稍有些娱乐，但却看不起娱乐。他们的这种行为，间接提高了普通的精神层次。对于人的尊严、力量和伟大，贵族时代的人通常抱有极为神圣的观点。

不管是科学工作者，还是其他人，都受到了此种观点的影响：提高人们的心灵层次，在人心中激发出一种对真理的崇高的爱，这种爱近乎是神圣的。

这个时代的人于是都醉心于研究理论，至于理论的应用，他们甚至是看不起的。普鲁塔克曾经说过：

“阿基米德在研究学问上的态度极其崇高，甚至因为觉得掉价，连一本制造兵器的书都不肯写。有关发明机器、装备机器的所有科学，和应用有利益关系的所有工艺，在他眼中，都毫无价值的，是卑鄙和拜金的。他将自己的精力花在了那些和现实需求完全不沾边的东西上，并出书对其优点和妙处进行记述。”

贵族在科学上所追求的内容，就是如此。

这种情况在民主国家是不会发生的。

民主国家的人通常热衷于对物质和眼前的快乐进行追逐。他们满心都是怎么改变自己的环境，怎么赚更多的钱，因为总是对当前的状况不满意，也有进行改善的自由。

抱有此种观点的人，只会将那些能够让人迅速致富的新方法，能够减少人力的机器，能够减少投入的设备，有利于享受，能强化人的享受感的新发明，视为人类脑力劳动的最出色的成果。对于科学的研究、认知和尊重，民主国家的人通常是从这个层面进行的。

民主时代的人喜欢的是科学带来的肉体享受，而贵族时代的人却不是如此，他们喜欢的是科学带来的精神享受。

想象得到，一个国家民主、文明和自由的程度越高，就会有越多的人如此界定科学天才。在这种国家，一项发明越是可以直接在工业中使用，就越能让创造者获得名利，甚至权力。因为民主体制允许劳动阶层参政，而那些参与政府工作的人，则希望从中赢得名利和金钱。

一个如此构建的社会，生活在其中的人不由得就会将理论研究放在一边，尽心竭力地研究科学应用，或者只研究为实际应用所必需的那部分理论，这是意料之中的。

现实利益会让人满足于中等智力活动，所以就算求知的本能在推动人的精神向高等智力活动的范畴内靠拢，也将徒劳无功。人的精神只有在中等智力活动的范围内，才能更长久也更积极地发挥作用，带来最优秀的成功。美国这个民族连一个普通的力学原理都没发现，可他们制造的新机器让整个世界的航海业发生了天翻地覆的变化。

难道我的意思是当代的民主国家应该眼看着人类的精神光芒黯淡熄灭？当

然不是，它们还有重新绽放的可能。世界走到今日，不少文明国家都在努力发展工业，人们因此必然会注意到将科学的各种不同部分联结到一起的种种关节；并在人们对应用有合理的喜爱时，促使人们去关注理论。每天都有大量实验和试验重复进行，在这种情况下，免不了要经常发现那些最一般的原理。所以伟大的发明将会此起彼伏，尽管伟大的发明家不会如此。

再者，我坚信科学具有伟大的使命。民主体制不会让人以科学本身为目的来进行科学研究，可是与此同时，它会大幅提高科学工作者的数量。如此多的科学工作者，其中总会涌现几个因为对真理抱有诚挚之心而专注于理论研究的天才吧。无论国家和时代的主流思想如何，我们都可以相信，这种天才都会以探寻大自然的奥秘为目标，并为此尽心竭力。他们无须别人帮忙就能独立前行，并欣慰于没有他人的阻碍。此间，我想说的只是：人们会因为身份上的永久差异，将自己局限在抽象真理的研究上，可这种研究虽然给人一种伟大的感觉，却无法让人得到实利；可民主社会的情况和体制却会让人将所有心力都花费在那些能够直接带来收益的科学应用上。

这是一种势不可当的自然趋向。知道这种趋向极具趣味性，而指出这种趋向也可能会成为一种必要的行为。

这种早晚不可避免的特质，现代国家的领导者若能有明确而长久的认知，就会明白：民主时代的人一旦有了知识和自由，必定会推动科学在工业应用方面的发展，以后应该将政府部门的所有力量都用在支持高级科学，鼓励人们保持浓厚的钻研高级科学的兴趣上。

现在我们不能让人的精神只停留在对应用的具体研究上，应该让它关注理论，之后它自然会朝应用发展。所以让大家先不要考虑应用，将精神提升到对根源的探究上，最为合适。

蛮族侵略导致了罗马文明的覆灭，这或许会让我太过相信，这是文明消亡的唯一原因。

指引我们前行的光芒，若有一天熄灭了，那一定是慢慢熄灭的，并且看上去是主动熄灭的，绝不会是突然熄灭。人们会因为只看重应用而遗忘原理；而原理一旦被人彻底遗忘，从原理发展出的方法也会稀疏起来。最后人们将无法创造出新方法，只能半生不熟地继续使用那个从他们不清楚的原理中发展出来的好办法。

欧洲人在 300 年前刚到中国时，吃惊地发现中国的所有工艺近乎都到了十分完善的程度，已经是世界上最先进的了。可是很快，他们就发现，中国人已经遗忘了那些高级知识，只有一些残迹留了下来。这个国家有着发达的实业和大部分的科学方法，可是科学却消失了。这表明这个民族的精神已经僵化，这种情况十分少见。中国人忘了为其祖先照亮前路的原理，只看到了祖先前进的脚步。他们接受了祖先传下来的科学公式，但未对其进行深入研究。他们用老的生产工具，却不对这些工具进行改进和完善。所以完全不去改革的中国人，势必不会生出创新之念。为了不走上无法预料的歧途，他们时刻沿着祖先的旧路，没有一时一刻不在各个方面向祖先学习。人的知识之泉几近枯竭。所以仍在流淌的河水已经掀不起波澜，也改变不了走向。

可是几百年过去了，中国仍旧平安无事。蛮族虽然占领了中国，却未改变那里的风俗，那里仍旧井井有条，到处都是一派物质的繁华之象。在中国，无论是革命还是战争，都非常少见。

所以我们绝不能因为蛮族和我们相去甚远就觉得安全，要知道，虽然有些民族，其文明的火把是被外族抢走的，可也有一些民族是亲自用脚将文明的火把踩灭的。

## 第十一章　美国人如何看待艺术

人心会因为这些因素：大家拥有的财富基本相同，没有拥有更多的余财，所有人想悠闲度日，为了追逐享乐而努力不休，停留在相比于美更注重实用上。为了节省读者的时间，也节省我自己的时间，我将不再对此进行过多的阐述。这种情况是民主国家共有的，因此相比于修饰生活的艺术，它们将优先发展提高生活舒适度的艺术。它们有先考虑实用，再考虑美的习惯。在它们看来，美的事物最好也能兼具实用性。

不过在指明这点之后，我打算更进一步，再谈谈某些别的特点。

一个认可特权的时代，通常来说，近乎每种艺术都是特权者独有的，各行各业都是独立的，其他行业不可干涉。贵族制国家的凝滞性有着悠久的历史，就算各个行业已经解禁，从事这一行业的人也会在这种凝固性的作用下维持原有的特殊阶层，并且它的成员也还是原本那几家。因为大家对对方十分了解，因此很快就有了相同的行业准则和行业尊严。在这种实业阶层里工作的各个匠人，他们努力工作的原因并不完全是为了钱，也是为了自己的荣誉。对他们言行进行约束的是整个团体的利益，而非自身利益或者客人的利益。而要保证团体的利益，则要求所有匠人都要做最好的产品。所以贵族时代所追求的艺术目标，并不是做得快，或者制作成本低，而是尽可能让产品精美绝伦。

相反，当各行各业是面向所有人的，大家时时都能进入或者离开某个行业，相同行业的人排斥对方，也不会关心，并且近乎互不相识时，行业的社会联系就消失了。这时从事此项工作的所有人都只能依靠自身的努力，于是大家就只有一个目标——用最少的成本赚最多的钱。只有消费者的意愿能够约束他们。可这时，消费者也在考虑应付他们的办法。

一个国家当其权力和财富都永远只被少数人掌控时，那么这个国家的大部分社会财富也将同样永远被少数人掌控，剩下的所有人将永远无法享受到，因为贫穷、习俗和自我控制束缚着他们。

站在荣耀顶峰的这个贵族阶层十分稳定，不会变大，但也不会减小，于是它认为自己需求和享受的方式也会永远不变。世代相传的高高在上的地位，自然会让这个阶层的人喜欢最精美也最耐用的东西。

在对待工艺品上，全国人民普遍受到了此种情况的影响。这种国家，连农民都觉得若是不能买到最好的东西，还不如不买。

所以，贵族制社会的手工艺工作者所服务的只是人数极少的那些十分挑剔的客人。高明的技艺是他们赚钱的根本保障。

当特权彻底消失，等级界限不再存在，所有人都能在社会的阶梯上沉浮，情况自然会发生变化。

民主国家的人的家产，通常会越来越少，越来越分散，这点人们时常能够看见。他们家族繁荣时养成的癖好，并不会因为家族的败落而消失。所以为了满足这种喜好，他们急于找到一些间接的方案。

另一边，在民主国家，我们也时常会见到众多越来越富有的人，可是相比于财富，他们的欲望增长得更快。还没得到财富，他们的视线就已经盯上可能得到的财富。为了能及早享受那些即将得到的财富，他们会竭尽所能地抄近路。

两相融合，民主国家于是出现了此种景象：很多公民的愿望已经超出了自己的能力范围，可他们就算再如何辛苦，也不肯放弃自己的目标。

这对匠人来说不难理解，因为这种感情他们也有。在贵族社会，他们以高昂的价格将自己的产品卖给少数人，现在他们找到了一个更能让他们发财的办法——以低廉的价格将产品卖给大量的人。

不过，只有两个办法能降低产品的价格。

一种是找到最佳、最迅速，也最高明的制造方法。一种是生产大批品质普通，但价格低廉的产品。民主国家的劳动者，几乎将所有心力都花在了这两方面。

为了找到可以提高产品质量，以更快的速度和更低的价格制造产品的技术，他们付出了巨大的努力。

当无法实现这一目标时，他们会想办法在保证产品功能的前提下，降低产品的质量。表在以前是十分珍贵的，因为只有有钱人才买得起。可现在表已经不稀奇了，几乎人人都能戴。所以民主体制不仅将人的精神集中在了实用工艺上，还让匠人迅速地生产了众多有瑕疵的产品，可是在顾客看来，产品到了此种程度就可以了。

这并不表示在需要的情况下，民主体制也无法带来好的产品。如果顾客愿意花大价钱为匠人付出的时间和心力买单，做工优良的产品也将层出不穷。这场争斗波及了所有行业，在普遍的竞争和众多的实验后，总有些匠人可以让自己的技术达到行业的最高水平，不过他们通常没有多少一展身手的机会，对自己的技艺也极端吝啬。

他们谨慎地遮掩着自己的技术。对于手里的工作，他们可以做得更好，但却只要完成任务就满足了。相反贵族体制下的匠人，会将自己的才智发挥到极致，除非到了行内的最高水平，否则绝不停手。

我无法因为在一个国家看到该国的匠人拿出的某些作品让人十分钦佩，就对这个国家的社会状况和政治体制有清楚的认知。

可是，如果这个国家有着有大量瑕疵，但价格低廉的工艺品，我却可以确定：这个国家的特权正在消失，各个阶层正在融合，而且很快就会融为一体。

民主时代的手艺人要让自己的产品有使用价值，并为所有民众所接受，不仅如此，还要让所有产品都华光异彩——这是它们本来没有的。

一个社会，各个阶层都生活在一起，这时，人们会希望自己具有某些自己原本并不具有的特征，而为了让自己看上去具备这些特征，他们会付出极大的努力。这种感情完全是因为人的本性，而非民主制度。但在民主制度的影响下，这种感情将趋向物质层面。无论什么时代都有在道德方面装腔作势的人，可在奢靡方面装腔作势的人，却只有民主时代才有。

这种新需求——虚荣心，为了让它得到满足，很多工艺品都出现了造假的情况，这种需求有时甚至会危及工艺本身。比如现在出现的，让人看不出真假的假钻石。等我们的制造工艺发展到极点，人们将彻底无法辨别出钻石的真假，到了那时，人们将彻底对钻石失去兴趣，将它们看成普通的小石头。

现在，让我们再来看看我们称之为“美术”的那种艺术。

社会情况和社会体制的民主一定会让美术工作者的数量减少吗？我觉得不是。但它对美术工作者的产生方式必定会造成极大的影响。它一边让原本深爱美术的大部分人变成穷人，一边又让很多不甚富裕的沽名钓誉之徒喜欢上美术。最后，购买美术作品的人数整体上有了相应的增加，可其中却没几个非常富裕且确实懂得鉴赏的有钱人。如此一来，我在前面谈到的发生在实用艺术身上的事也会发生在美术身上，也就是说，美术作品的数量会大幅增加，可单个美术作品的价值却变小了。

人们将只注重漂亮华美的外观，而放弃对伟大的追逐。相对于本质，更关注外在。

贵族制度催生的是众多伟大的绘画作品，而民主国家催生的却是众多普通的绘画作品。前者铸造的是青铜像，后者建造的却是石膏像。

当我坐船从大西洋进入了伊斯特河，我第一次见到了纽约，远望纽约郊外，我看到一些用大理石建造的小型宫殿矗立在河的两岸，我吃惊地发现其中有几幢甚至像是古时的建筑。可第二天，当我去其中的某个特别吸引我的地方去近距离观赏时，我才发现，它的墙面不过是涂了层白粉的砖，它的廊柱也只是涂了有色油漆的木头。那些让我心生敬仰的伟大的建筑，竟然是这种东西。

所有仿效型的艺术，在民主的社会情况和体制的影响下，都有一种特别的趋向，很容易分辨。通常来说，这种趋向会让艺术相比于灵魂，更侧重描绘外观，于是原本刻画思想和感情，现在成了刻画动作和感受；原本由理想占据的位置，现在却被现实控制着。

现代画家对人体构造进行了十分细致的研究，我猜拉斐尔并未如此，因为在他看来，这方面用不着要求得过于严苛，一丝不差。相比于外观上，他更看重神韵。

他描绘的人，看上去像人，但又有某些人以外的东西。他描绘的美，比美自身更美。

相反，大卫及其学徒除了是有名的画家，还是有名的解剖学家。他们可以将眼前的模特画得分毫不差，可也就是这样了，在他们的画中，你几乎看不到想象的内容。他们分毫不差地对自然进行写实，可拉斐尔不是，他追逐的东西比自然更美。拉斐尔可以让我们从他的画作中看到事物的神韵，可那些人只能让我们看到细致精密的肖像。

上述我谈到的有关绘画方法的所有内容，也适用于题材的选择。

文艺复兴时期的画家在选择题材时，通常会脱离他们自身或时代的限制，选一些宏伟的题材，以此激发自己强大的想象力。可当代的画家会选什么题材呢？是不停地在他们眼前出现的个人生活的细枝末节，是遍布整个自然界的东西，然后将自己的天赋用在一丝不差地将这些普通题材的各个方面进行复制上。

## 第十二章 美国人为什么在修建了众多普通建筑的同时，又建造了那么多宏伟的建筑

民主时代的艺术品数量不断增多，但让人肃然起敬的作品却越来越少，这点我刚刚已经说过了。在这儿，我需要马上补充一点，就是并不是所有方面都是如此。

民主国家的每个人都十分弱小，但国家，这个代表了所有人也掌控着所有人的整体却极其强大。无论和哪个国家相比，民主国家都显得更加强大，民主国家的精神和视野都显得更加辽阔，虽然民主国家的公民也显得更加弱小。在民主社会，当人们的想象力落到自己身上时马上就会变小，可当人们的想象力落到国家身上时，又马上会大得没有边际。所以在小房子中，习惯了普通生活的人，在修建公共建筑时，总希望能尽可能地宏伟雄浑。

美国人已经选好了建都的地方，他们预备在那儿建一座巨型城市。现在那里的人口数量连法国的彭图瓦茨都比不上，可是在他们的设想中，日后会有一百万人在那儿生活。这座首都虽然还在构想之中，可为了给以后将生活在这里的居民提供便利，他们已经将方圆 10 里约内的所有树木都砍掉了。在城市中心，他们修建了一座雄伟的大厦，这是预备给国会使用的，还给它起一个动听的名字——国会大厦。

每天，美国诸州自身也有一些宏伟的工程正在筹备或者施工，这些工程宏

大到即使是欧洲某些大国的工程师都觉得蔚为壮观。

所以在民主制度的影响下，人们不仅生产了大量不值一提的产品，也愿意修建少量极端宏伟的建筑。可在这两个极端中间，却空无一物。所以如果只看分散在各地的若干宏伟的建筑，是无法知道修建这些建筑的民族有着怎样的社会状况和体制的。

我再补充一句，尽管这句话看上去有些跑题，就是这种建筑是无法让人对这个民族的伟大、文明和切实的繁荣有明确的认知的。

政权无论何时都能驱使所有国民去修建一个工程。就算科学水平有限，要耗费极长的时间，它也会不惜任何代价以完成某项宏伟的项目。但这种行为并不表示这个民族比任何民族都幸福和文明，它甚至并不非常强大。当年西班牙人只用 600 名步兵和 16 匹马就拿下了墨西哥城，而他们进城时，城里宏伟的庙宇和巨型宫殿可是随处可见，也没见发挥什么作用。

罗马的那些已经成为废墟的城市四周，水渠遍布，罗马人只要稍稍有点儿水力学原理的知识，哪里还用修这么多水渠，他们人力和物力自然可以得到更有效的利用。罗马在帝国各个方向用石头铺设了众多极长的道路，也就是人们口中的“罗马大道”，他们若是发明了蒸汽机，或许就不会修这些道路了吧。

这些宏伟的建筑，现在只能让后人瞻仰感叹一番，告诉我们罗马人既蒙昧又伟大了。

相比于罗马人，或者这样的民族——除了在地下铺的几条钢管和地上建造几座铁桥外没有任何雄伟工程遗留，更能够征服自然，成为自然的主宰。

## 第十三章　在民主时代，文学的特点

去美国的书店看看摆在架子上的那些美国的出版书籍，你会发现，美国人出版了不少书，但其中几乎没有哪个作家是非常有名的。

最开始你会发现大量的初级读物，它们告诉大家的都是一些基础知识，并且这些书里大多数原作者都不是美国人，只不过是美国人翻印之后拿出来卖的。第二是不计其数的宗教书籍，例如圣经、布道集、醒世故事集、教义解析和慈善机构的报告等。最后是政治读物，这些书也有不少。美国的各个党派并不会专门出书以挑衅其他党派，但他们印宣传册的速度却快得惊人，然后一发布就被大家忘到了一边。

在这么多乌烟瘴气的人类精神制品中，偶尔也会有那么几本佳作，它的作者是欧洲知道的，或者是被欧洲所称颂的名家。

美国对文学的轻视，或许超过了当代所有的文明国家，可那并不意味着那里就没人关注精神层面的事，相反有不少人都注意到了。这些人或许没将人生的所有精力都用于研究这方面的事物，但起码他们付出了自己所有的闲暇时光。但是这些人需要的资料大多来自英国。美国近乎翻印了英国所有的重要著作，连新大陆深远的森林里也能看到大不列颠文学天才的光芒。几乎所有垦荒者的茅草屋里都放着几本莎士比亚的书。历史剧《亨利五世》这书本，我记得我第一次见，就是在一座圆木建的小屋中。

美国人没有一天不在英国的文学宝藏里吸取营养，不仅如此，他们还在自己的土地上对英国的文学进行了延伸，这点我们确定无疑。美国的文学工作者很少，其中还有很多原本是英国人，连表达方式都带着英国的味道。所以那种被贵族制国家追捧的文学思想和风格，也被他们带到了民主体制中。人们通常并不喜欢他们的作品，因为这些作品带着别国的风格，很难展现本国的实情。

这些作品针对的不是美国国民，这点人们自己也有感觉。所以通常来说，这些作家都是先在英国有了名望，然后才能得到同胞的激赞。这就如同对一幅画的原作者下了封口令，让他无法对自己作品的真假进行评判。

所以严格意义上讲，美国人还没有自己的文学。我认为除了那些新闻记者，美国就没有作家了。那些记者或许不是什么有名的作家，可他们的语言是美国民众听得懂的，针对的也是美国民众。而剩下的所有作家，在我眼里，他们都是外国人。我们是如何看待文艺复兴时期那些效仿希腊罗马文学的作家的——觉得他们很神奇，但无法认同他们——美国人就是如何看待这些作家的。这些作家无法对国民的风俗观念造成影响，只能愉悦人的精神。

这种情况并不是完全因为民主，还和一些特殊的环境因素——这些因素和民主并无关系——有关，这点我已经说过了。

保持当前的社会状况和法制不变，但改变美国人的来源和所处的土地，我敢说，在这种情况下，美国人一定会有自己的文学。他们现在确实没有自己的文学，但我坚信，他们早晚会有。不过他们的文学将会独具特色，和现在美国出版的书籍中所展现出来的性质有着本质区别。而这个特色大致的外观，也并非无法想象。

如果贵族制国家的文学环境一片生机盎然，但它的脑力劳动和政治工作都掌握在统治阶级手里；而它的文学活动也是这个阶层和与这个基层最紧密的若干阶层所独有的，就像它的政治活动一般。那么我剩下的所有问题，我们就都有解答的钥匙了。

当相同的工作由有限的几个人去做，而且永远如此，那么对这些人来说，对对方有所了解，一起制定出一个所有人都必须严格遵守的守则，并非难事。当这几个人做的是文学工作，那么用不了多久，他们就会以一些清晰明确且任何人不可违背的规则，来约束这种脑力劳动。当这些人有世代传承的身份地位时，他们不但不能违背自己制定的那些刚性规则，也不能违背祖辈留下来的规则。他们的规则不仅严苛，还世代相传。

他们不需要为了生活忙忙碌碌，事实上，他们以及他们的先辈都不曾这么做过，因此他们可以接连几代人都是精神方面的脑力劳动者。他们懂得文艺，因为文艺本身而热爱文艺，并且从来如此。发现自己适合文艺工作，发现自己知识渊博，他们会觉得满足欣慰。

不止如此，我说过这些人从生到死一直过着舒适富贵的生活，因此他们会在所有享受中挑选最好的，并喜欢华美和压制的娱乐，这是理所当然的。

另外，他们在很长的时间里，一直过着安稳而富裕的生活，在此过程中，无论是精神还是心态，都变得十分平和，因此太过突然和激烈的享乐，往往难以得到他们的喜欢。他们不喜欢刺激，喜欢闲散。他们可以从享受中得到乐趣，但不会因享乐变得激动亢奋。

我刚刚说的这些人，现在你可以想象一下，他们写的书或者别人为他们写的书会是什么样子？你很容易就会发现，这些书遵循着相同的曲调，并且严守前人的规则。即使是其中最不值一提的书，也会想方设法地为最微小的细枝末节着色。作者的技巧和功底蕴含在这种文学的各个方面。每种体裁都有自己的规范，不能和别的体裁交叉，也不能越界。

对这种文学来说，思想重要但体裁也不遑多让，内容重要但形式也一样如此，而且笔触一定要凝练、高雅和优美。要以绅士的格调来进行写作，粗放豪迈十分少见。对作家而言，数量多寡并不重要，重要的是毫无瑕疵。

有时候，文学工作者会到了与世隔绝的地步，被过于规范甚至荒唐的泥沼所淹没，因为他们都是一个圈子里的，写作的对象也是他们自己人。在只有他们自己用的繁复的写作规则的限制下，他们忘记了人类的常识，最终和现实彻底脱节。

他们不愿意用通俗的语言，想方设法地避免此种情况的发生，他们用贵族的常用语，而这种语言和民众使用的那种美丽的语言有着巨大的差异。

所有这些阻碍文学发展的因素，都是贵族制社会自己为自己设立的。

任何贵族，只要彻底脱离了人民群众，都将陷入虚软无力之中：不管是在政治上，还是在文学上，都是如此。

现在让我们翻转图画，看看另一边，即我们再来看看民主社会的情况。

民主社会的旧风俗习惯和新的文明全都表明，它们可以愉悦人的精神。这里的所有阶层彼此交融，浑然一体；不管是知识，还是权力，都被一分再分，若是问我，我会说已经到了无处不在的程度。这里各个行业、各个阶层的人，都希望在智力活动上获得满足。这些新式人物虽然教育水平不同，但都喜欢精神上的享受。他们有着不同的教育程度，有着不同的先祖或者父辈，连自身也因为居住地、情感和财富方面的变化而持续变化着。所以，他们的思想未被传统和一致的习惯所凝聚。他们不想进行交流，也没有这么做的耐性和时间。

这些贼眉鼠眼、暴躁易怒的人，就是产生作家的源泉，而作家能够获得财富和名望所仰仗的，也正是这些人。

既然这样，贵族时代的那些严苛的守则——尽管它们得到了读者和作者的一致认可——我们就不用想可以在这种民族中找到了，就算是零星的几个守则，也不可能找到，这点我不用费力研究，很轻易就能发现。

民主国家的每一批新鲜血液都像是另一个民族，这种民族就算偶尔用了这些守则里的若干条，也不代表未来仍会如此。所以文学在这种国家通常不会遵守狭窄的规章制度，并且这种规章制度，也能以长久存在。

民主制度下的文学工作者未必都专门学过文学，并且那些研究纯文学的人中，有不少还从事政治或者别的工作，享受精神之乐，不过是偶尔抽时间的行为。所以在他们看来，这种享受并不是生活的主要乐趣所在，只是忙碌人生中的一种短暂但必不可少的消遣。

这种人是欣赏不了文艺的美妙之处的，因为他们对文艺的认知还远远不够。不同文笔之间的微小差异，他们感受不出来。他们写作的时间有限，所以要尽可能有效地利用写作时间。他们喜欢的书，是那种价格低，可以迅速阅读并且容易理解的类型。他们对美的要求是，能够瞬间抓住人的眼球，并让人时时都可欣赏到；对他们来说，那些让他们觉得新奇惊诧的东西才是他们最想要的。

现实生活虽然平稳单调，但也有各种冲突矛盾，他们习惯了这样的生活，于是更要那种可以迅速唤起人的激情的感情，在他们看来能够出人意料才是好文笔，他们喜欢容易辨别的真假，喜欢能让他们马上有写作欲望的情节。

不用多说了吧！接下来我要说什么，不用说大家也知道。

总而言之，贵族时代的文学喜欢刻画秩序、规则、科学和艺术，可民主时代的文学对形式的态度不仅仅是不重视，有时甚至到了蔑视的程度。通常来说，它的文体混乱、用词啰唆、篇幅累赘，但往往充满激情。相比于细致入微的感情，它的作者们更喜欢速度。相比于长篇巨著，小篇幅作品更多。他们写作时靠的不是扎实的学问，而是自身的才华，他们的作品虽然在深度上稍显不足，但充满了想象力。一种粗犷，甚至专横的力量主宰着此种文学作品的思想。可是这种作品不但种类多，还有着惊人的数量。作者们期待的是愉悦读者吗？或许是，但更合适的说法应该是让读者感到吃惊。相比于让读者感受到美，作者更希望能让读者激情澎湃。

当然不是所有作家都准备走这一条路，总有例外的，并且他们若是有足够的才华，无论写得好还是不好，都能得到一些读者的支持。可是，这种例外终究太少，而且这些作者的作品，整体上虽然走了别的路线，但细节上还是原路线。

我在上面说了两种极端的情况。然而，又有哪个民族能够马上从前一种极端跳进第二种极端中呢？总是一点点从一个个阶段中走过去的。将推崇文学的民族从一个极端引向另一个极端，在此过程中总会历经此种阶段——民主民族的文学天才遇上了贵族民族的文学天才，两者决定要一起对人的精神产生影响。

这虽是过渡阶段，但也会是一个让人目眩神迷的阶段，在这一阶段，会有大量优秀的作品面世，各种活动层出不穷且井然有序。比如18世纪的法国文学，就是这种情况。

难道我的意思是，只有社会情况和政治体制对一个民族的文学起着不可更改的决定性作用吗？当然不是。这两个因素是关键因素，但除了它们，还有别的因素能够激发文学作品的某些特点，这我是知道的。不过我相信，社会情况和政治制度这两个因素最为关键。

一个国家的社会和政治情况，直接影响了该国作家们的才华；想要彻底弄清楚后者，就必须先将前者弄清楚。

# 第十四章　文学的商业性

民主体制让实业阶级的人喜欢上了文学，不仅如此，还将让文学世界有了商业色彩。

贵族体制下的读者十分挑剔，数量也非常有限；民主体制下的读者却十分容易讨好，而且数量众多。所以，贵族制国家的文学工作者必须非常努力才能取得成功；而且这种成功带来的不是大量的金钱，而是显赫的声誉。至于民主国家的作者，他们的作品虽然价格低廉，却让作者收获大量的金钱，和不太显赫的名气。他只要得到人们的喜欢就能实现这一目标，而用不着让人心生敬佩。

读者数量的激增和口味的不断变化，保证了那些价值有限的书也能卖得不错。

通常来说，国王看待宫里的奴仆臣子的态度，和民主时代的读者看待作家的态度并无二致。读者虽然轻视作者，却让作者获得了财富。想想吧，那些在皇宫中出生或者被养在皇宫里的御用文人所能得到的，也就是这种态度了吧。

在民主国家，文学界总有些作者将文学和商业混为一谈，而且那里还有些大作家，单凭一己之力就能和上千贩卖思想的小商贩对抗。

# 第十五章　民主社会十分看重对希腊和拉丁文学的研究，原因何在

人民这个词，在古代某些最民主的共和国和我们现在的意思是不一样的。雅典的公共事务由所有公民共同处理，可雅典城中的居民有 35 万，公民却只有 2 万，剩下那些均为奴隶。我们今天的人民和中产阶级从事的工作大多都由这些奴隶负责。

所以雅典是一个贵族共和国，因为它虽然推行普选，但只有贵族能参与政事。

我们也要以这种观点来看古罗马贵族和平民的斗争，这种斗争不过是发生在一个家族里的老少两派之间的内斗。古罗马的平民其实也算得上是贵族阶层的人，而且和贵族阶层有着相同的思想。

值得一提的是，古代的书籍无论是否出版发行，它的价格都是非常贵的，而且数量也十分有限。这使得只有很少的人能够喜欢文学、享用文学，所以贵族的政治集团很大，可贵族的文学集团却很小。所以我们无法证明古希腊人和古罗马人曾经将文学当成一种商业来做。

古希腊和古罗马的人民是古希腊和古罗马的贵族，也是当时文明程度和自由程度最高的民族，所以贵族时代的文学独有的那些优缺点，我们在他们的文学作品中必然可以发现。

事实上，我们若是翻看一些流传下来的古代文学作品，很容易就会发现，它们形式单一，思想较为保守、拘谨和笼统，但刻画细节的技艺和心思却让人钦佩。他们的作品绝不会给我一种急促成文或者随心所欲的感觉，每本作品都是针对行内人的，每一字每一句都在追寻自然之美。这些特点在古代文学中表现得十分明显，之后的所有文学都比不上，而民主时代的作家自然就更做不到了。所以在民主时代，必须认真研究古代文学，如此，才能产生真正的文学。若想消除民主时代的文学所固有的弊端，最好的解决办法就是进行此种研究。而文学自身的属性，都是自然产生的，根本不用去学。这点我们必须弄清楚。

这种研究虽然对一个民族的文学有益，但对它的社会和政治需求却没什么帮助。

当一个社会里所有人都只能以武力为手段来增加或者捍卫自己的财产时，就不要试图只靠纯文学教导民众，那只能培养出一些看上去文质彬彬，但其实十分危险的公民，因为人们受社会和政治情况的影响，新的需求越来越多，可他们学到的东西却无法满足这些需求。所以，他们会打着希腊人和罗马人的旗号干扰国家，让国家无法发展实业。

在民主社会，无论是从个人利益的角度出发，还是从社会安全的角度出发，大部分人在汲取文化知识时，都更倾向于学习科学、商业和工业，而非文学，这点非常明显。

各个阶段的学校都没必要专门开设希腊文和拉丁文课程，但有些人在家庭或者在命运的安排下，不得不学习文学或者喜欢文学，对于这样的人，也应该开办一些学校让他们可以充分掌握古代文学或者专心致志地从事古代文学工作。想要实现这一目标，必须开设几所好大学，而非大量不好的专科——因为这样的学校只能教人一些劣质和表面的东西，而且不利于以后必不可少的深入学习。

民主国家的人若想成为伟大的文学家，就一定要时常研究古代作品，从中吸收营养。这个办法十分有效。

古代作品当然也有自己的缺点。但我认为很多古代著作都有一个特别的好处，就是能够消除我们独有的一些缺陷。对我们来说，古代的作品有拨乱反正的作用。

## 第十六章　在美国，民主是如何改变英语的

民主社会的情况和制度为语言——这个阐述思想的主要手段带来了哪些改变？读者若是将我上边针对文学所谈论的所有内容全都弄懂了，就会发现这并不是什么难以回答的问题。

美国的作家一直在研究英国作家的作品，每天都在向英国作家学习，所以美国的作家其实称得上是活在英国，而非活在自己的土地上。可是人民不是，那些只对美国有效的特殊原因，直接冲击着美国的人民。所以贵族的常用语在变成人民的常用语时有哪些改变？我们若想弄清这一问题，只能去听大家是如何说的，而不能看书上是如何写的。

总有些受过教育的英国人，和一些让我自叹不如的可以马上从语言中发现微小差异的人不断告诉我——美国受过教育的人的语言和大不列颠受过教育的人的语言是截然不同的。

他们抱怨说，美国人增加了很多新词（这是因为英国与美国在地理位置上相距很远以及两者自身的差异），而这些新词基本都是些来自各个政党和各行各业的专业术语。

他们又说，美国人在使用英语词汇时，总是赋予它们一些新的含义。

最后，他们说，美国的民众会在言谈间说一些让人摸不着头脑的词，有时，那些在母国界限分明的词，到了他们那儿，就成了同义词。

我一再从那些让我敬佩的人口中听到此种言论，于是开始考虑这一问题。

我从理论推导出的结果和他们从实际观察所得的结果并无不同。

贵族社会的所有事物都处于停滞之中，语言也是如此。

贵族社会没多少新东西，所以也生不出多少新词。而且就算有新东西出现，人们也尽量用那些已有固定词义的词来勉强套用。

在贵族制社会，就算人们自己提起精神，或者被外边射入的阳光照醒，他们造出来的新词也会带着书生的酸味、浓厚的辞令之气和哲学气，不然，怎么证明它不是从民主社会过来的呢？科学和文学在君士坦丁沦陷之后开始向西迁移，法语中马上多了些起源于希腊语和拉丁语的新词。于是法国的受教育阶层开始有了使用新词的风气，虽然这种风气的结果并不十分明显，很久之后才扩散到普通民众中。

这种情况在欧洲的各个国家陆续出现。光弥尔顿增加的英语新词就有600多个，这些新词基本都是从拉丁语、希腊语或者希伯来语中找的。

相反，民主社会的语言和事物，却因为社会内部接连不断的运动，而一再变更。随着一切事物的持续变化和人们观念上的激烈碰撞，接连出现了很多新的思想，某些旧思想则慢慢归于沉寂，也有些旧思想沉寂之后又再复苏，不过更多的思想则是出现了一些细节上的变化。

所以通常来说，总有些词被废弃，也总有些词再获新生。

而且就民主国家自身来说，它也愿意发生改变。无论是语言还是政治，都是如此。所以民主国家有时候明明不需要用新的词汇，人们也会有改用新词的欲望。

民主国家的人的才华，我们可以不断从他们使用的众多新词中看到，也可以从这些新词所代表的思想的属性上发现感受到。

这种国家的所有法律都是多数制定的，语言规则自然也是如此。

不管是语言或者别的方面，都要以多数的意愿为转移。而且相比于研究学术，多数更喜欢实业和政治，相比于思考哲学或者纯文学的问题，多数更看重政治和商业利益。多数将这种习惯带入了新词的创造中，所以大部分新词都有这种味道。对产业的需求、政党的热情以及公共行政上的细微之处进行刻画，是这些词出现的主要用途。那些形而上学和神学方面的语言终将日趋没落，最终消失，但这方面的语言是会发展下去的。

那么民主国家的新词又是来源于何处，以何种方法创造的呢？这很容易回答。

民主国家的人对罗马人和雅典人的语言完全没有概念。他们缺少的词汇，用不着去古代语言中找。有的时候，他们也会去翻阅晦涩的词源学，但这并不是因为他们的智慧生来就这么渊博，而是因为他们的一种虚荣心，他们想告诉别人，那些已经消亡的语言他们也能弄明白。所以有时，那些最喜欢研究词源的，反而是些最蒙昧的人。在那种渴望抬高自己的民主愿望的推动下，人们会给自己所从事的卑微的职业起一个希腊或者拉丁名字。在他们看来，卑微的职位往往代表着知识的匮乏，而高雅的名字却能彰显自己渊博的知识。例如在法国，走钢丝的演员称自己为A crobate和Funambale，前者是希腊语，后者是拉丁文。

民主国家的人对那些已经死去的语言完全不了解。可是现在各个国家的人民来往频繁，而且会随着交往的加深而随时向对方学习，所以他们时时都能从那些仍在使用的语言中去寻找、借鉴新词。

不过民主国家的人在进行创新时，仍以本国语言为主。有时，他们会重新启用某个已经沉寂的词，或者对某一时期独有的词进行延伸，让它变成普通用语。

于是，不少原本为某个派系或者职业的专属词汇，变成了普通词汇。

在民主国家，人们对语言文字进行创新时，用得最多的办法就是让某些经久耐用的词汇拥有新的含义。这是一种非常方便也非常好用的办法，对知识水平要求不高，甚至连蒙昧无知的人，都能轻松使用。但这种方法对语言自身造成很大的威胁。因为有时候，人们在通过此种办法让一个词赋有新的含义时，会将词汇原本的含义和新的含义弄混。

一个作家为了让某个常用词汇满足自己的需要，于是对这个词的词义进行了微小地修正，而另外一个也有自己的需求，于是又从另一个角度来解析这个词。然后，第三个作家又有新的解释。最后，因为没有裁定人，也没有可以对词汇进行最终定义的常备法庭，这个词的意思便无法稳定下来。于是作家的观念就有了很多种解释，他到底想表达什么，读者就只能自己猜想了。

民主带来的这个结果，让人扼腕。法语词汇的意思模糊不清这种情况我绝不愿意看到，比起这点，就算让我们的语言含有大量中文、鞑靼或者休伦语，我也可以接受。最能体现语言的美感的并不是谐声和押韵。这方面虽然规则很多，但不是非遵守不可。好的语言，词义一定是清晰明确的。

语言免不了要受平等的影响。

贵族时代的所有民族，全都严守疆界，彼此之间没有往来，希望自己的特点能够保持下去，以致有些民族明明有着相同的祖先，却将对方当作外人，而无法凝聚在一起。结果，最后连语言都不一样了。

这种时代的各个民族，里面有一些不同的阶层，各阶层之间壁垒分明，几乎不怎么解除和融合。各阶层都习惯于有自己独有的精神活动，他们为自己选了一些词汇和用语，然后世代相传，就像遗产一般。所以即使是相同的语言，也有穷人的语言和富人的语言之分，也有书面语和通俗语之分。阶层间界限越清楚，横在他们之间的阻碍就越是坚不可摧。这种情况，在语言方面也是一样。我敢说，你会为印度各种姓氏间语言的天差地别感到惊异，不可接触者和婆罗门的服装差异极大，他们的语言也不遑多让。

相反，当人们摆脱了等级的束缚，随时都能见面交流；当种姓制度消失，阶级之分消失，人们能够互相融合交会，语言的所有词汇都将成为通用词汇。任何词汇只要无法为大多数人使用，都会消失沉寂；留来的词汇都可以放到公共词汇的收藏库中，让人随意挑选使用。

那些让欧洲有了好几种通用语的方言，都将明显地沉寂下去。

新大陆的方言和土语均已消失。旧大陆的那些，早晚也会如此。

社会状况的此种变化对语言造成了影响，对文体也一样造成了影响。

如此一来，人们不但用的词一样，这些词的词义也要一样。关于文体方面的所有规则都将消失。词语将不会再被分成优雅与粗俗。所有行业的人，无论身处何地，用的词和语言都将是一样的。人们会彻底忘记词的出身，就像忘掉家世门庭一般。社会总有一天会变成一个整体，语言也是。

社会形式并不是词汇好或不好的决定性因素，其他因素才是关键，这我清楚，不过这个因素的根源一定是事物的相同性。为什么有的词和句子看上去非常粗俗，因为它们表露的意思过于低级；为什么有些词和句子显得非常高雅，那是因为它们刻画的东西有着神圣的属性。

这种差异并不会因为等级的消失而彻底消失。可是，平等却必须清除对思维方式作出的那种完全主观和强制性的规定。前面我说词必定有好坏之别，别的国家或许还会对此表示重视，民主国家却未必，因为民主国家没有人会对语言的自然规律进行长时间地研究，他们没有这个时间，也没有受过相应的教育，以获得必备的知识涵养，就算他们独立研究了这些规律，也无法让人重视这件事。

相比于其他国家的语言，民主国家的语言还有一个特别之处是我必须要讲的，所以现在我还不能停下来。

民主国家的人喜欢一般观念，而且通常对一般观念抱有钟爱之心，这点我前边已经说过了。这是由他们自身固有的优点和缺点决定的。我们从民主国家的语言上，也能看到他们的这种对一般观念的热爱，这是因为他们会长时间使用通用语和抽象思想，并以某种特定的方式来使用这些词和思想。这是民主国家语言的优势，但同时也是它的弊端。

以通用的词语和抽象的观念来展现自己的思想，有利于对个人的思想进行提升；用一个很小的范围涵盖大量内容，对智力活动有益，民主国家的人为什么喜欢用通用词语和抽象思想，原因就在这里。

在描写一个人有才华时，民主国家的作者只能想到“才能”这个词，而他到底如何有才能的，作者却不会具体描绘。眼前发生的所有事，他用“现实”这个词就概括了，他说话时，世界上发生的所有事，在他口中都变成了“偶然”这个词。

民主国家的作家不停地创造着这种抽象名词，不然，就是给抽象名词赋予更抽象的含义。

另外，他们还将抽象名词所代表的事物进行拟人化，让它如同可以做出动作的人一般，以此来达到用词简练的目的。例如，他们说：物力喜欢被掌控在人才手里。

在我看来，我自己的例子最能证明我的这一观念：

在用“平等”这个词时，我用的通常都是它最基本的意思，在很多地方，我也会对“平等”进行拟人化。例如有时我会说平等让事情怎样怎样，有时我会说平等让事情不会怎样怎样。这种话路易十四时期的人是一定不会说的，这点我们可以确定。他们不会生出享受平等的想法，因为他们根本就没感受过什么是平等。他们不曾用过这个词，但更恰当的说法，应该是他们不曾亲自感受过这个词。

这种抽象名词在民主国家的语言中无处不在，人们在用这些词的时候不一定非要特指某件事，如此一来，这些词的词义便扩大了，但意思也不清晰了。他们让语言表达得更加简练，也更模糊。可是，民主国家的人在使用语言时本就不喜欢费力雕琢，愿意含糊不明。

对民主国家的人来说，是否有种诡秘的魅力在引诱他们用这种含糊的语言说话和写作呢？这我并不清楚。

在民主国家，人们的活动总给人一种慢半拍的感觉，因为他们时常要以自己的智力来对事情作出判断。而且就算他们的财富不发生变化，他们的思想也不会一直停在某个地方，因为他们所处的环境一直在变。

在民主国家，人们的思想并不稳定，所以当他们阐述自己的思想时，会选那些笼统的词。他们自然热衷于用抽象词汇，毕竟他们也不清楚，当明天有新的情况出现，他们今天的想法还是否合适。抽象的名词就像含有暗格的箱子，你可放任何思想进去，而当你将其拿出来的时候，人们也不会察觉。

任何民主，它的语言都是建立在那些笼统和抽象的词汇的基础上的。所以我当然不会以为这种语言是民主国家独有的。我的意思是，相比于其他体制，民主时代的人更喜欢创造这类词语，时常单独将最抽象的含义拿出来用，还不分场合，就算用不着此类词汇，他们也一样会用。

## 第十七章　在民主国家，诗从何处而来

人们在定义诗这个词时，各有各的主张，而且差异极大。我相信读者肯定不喜欢我一一解释这些定义，然后选取一个最佳的。所以我打算开门见山，现在就将我选择的定义告诉大家。

我认为诗是对理想的追寻和刻画。

所谓诗人，指的是那些在描绘过程中剥离部分真实，融入一些想象，以某些未曾精雕细刻但却存在的笔法来展现自然的雄浑壮丽的人。所以诗追求的不是对事实的重现，而是对事实进行美化，让人可以看到最美好的事物。

韵在我看来是语言的理想之美，从这个角度来讲，韵也是极富诗意的，可是只有韵的文章，还算不得诗。

纵观民主国家的人的行为、情感和思想，我们可以或者应该以哪些东西来构筑理想呢？换句话说，诗的自然之源有哪些，这才是我想要讨论的问题。

首先，相比于民主国家的人民，贵族制国家的人民更喜欢追逐理想，也更能从畅想未来中获得快乐。

贵族制国家的人，不会约束身体的行为，任由它发乎自然，但他们的精神生活却总是平和淡然的。贵族制国家的人民普遍喜欢诗，意境比身边的所有事

物都高。

可是民主国家的人更喜欢物质上的享受，他们期望更好的环境，互相争斗比拼。他们渴望旗开得胜，此类心理就像一根根激励人心的锥子，让人坚定地朝着自己的事业迈进，不能有一丝一毫的偏离。这件事消耗了人们的大部分精力。想象力虽未消失，却紧紧地围绕着实用展开，几乎只能重现那些真实的事物。

在平等的影响下，人们鄙视刻画理想，连能够进行此种刻画的事物的范围都变小了。

贵族制度制约着社会的发展，这对正统宗教的稳定和长久，对政治体制的平稳都有好处。它能让人的精神屈服于某种信仰，也能让人的精神不会在不同的信仰间摇来荡去。

在贵族制国家，人们总想在人和神中间安插一些中间力量。正是因为这样，贵族体制对诗的创作极为有利。

当我们的感官无法将宇宙中的所有事物都描绘给我们知道，当超自然的事物只能靠精神去挖掘，当想象力能够飞去任何地方，能够入诗的素材将有成千上万，能够欣赏诗作的人将会数不胜数。

相反，民主时代的人不仅仅是对法律抱有怀疑，对信仰也是一样。如此一来，诗人的想象力就被怀疑拉回了现实世界，并且无法脱离肉眼可见的现实世界。

平等确实没能撼动宗教，但它精简了宗教的结构，让信徒不再注意次级对象，只信仰最顶层的上帝。

在贵族制度的引导下，人的精神自然要陷入对往昔的沉思之中，难以自拔。民主制度则不同，它让人本能地抵触所有旧事物。只凭这一点，民主制度就远不如贵族制度更能帮助诗的创作。要知道越是久远的事物，就越能给人一种恢宏壮丽的感觉，而这种思古之情会让这种事物更能成为诗描写的对象。

平等让过去失去了被诗描绘的资格，不仅如此，某些现在也失去了这种资格。

贵族制国家势必有些人是拥有特权的，这些人和普通人不同，比他们更高且在他们之外。所有好东西，权力、金钱、名誉、高雅和伟大，似乎都是给这些人准备的。人们无法去他们身边观察他们，或者无法对他们进行细致入微地研究，但用动人心弦的诗来描画他们，却不是什么难事。

另一边，这种国家也有些人是蒙昧、驯服的。他们的粗鄙和凄惨也成了诗描画的对象，就像有些人因为自身的高雅和伟大成了诗的素材一般。另外，贵族制国家的各个阶层之间没什么来往，互相之间并不熟悉，因此在描画他们时，想象力势必要加入一些东西，或者拿走一些东西，也就是说，要么夸大了事实，要么缩小了事实。

民主社会都是些普通人，大家都差不多，别人是什么情况，只要看看自己就知道了。所以，民主社会的诗人不能用诗来描绘个人，因为普通人在大众面前可以说是透明的，如何能以他为对象，描绘理想呢？

所以自从世界上有了平等，大部分历史悠久的诗的源泉就枯竭了。

现在，我们再来看看平等是如何为诗创造出新的源泉的。

怀疑让人失去了对天堂的渴望，随着平等的推进，人们越来越接近，也越来越不值一提，在这种情况下，究竟要以什么事物来取代和贵族制度一起覆灭的那些宏伟的题材呢？诗人也不知道，于是他们将视线转向了没有生命的自然。当英雄和神祇的身影在诗人的眼中消失，山川就成了新的描绘对象。

就这样，人们称之为“山水诗”的诗在上个世纪诞生了。

有人觉得只有民主时代才有这种以大地上的那些有形状的非生命体为描绘对象的诗，我却不这么认为。在我看来，这种诗不过是一种中间状态。

我敢说，虽然想象力现在针对的是人之外的事物，但过一段时间在民主的影响下，它终究会回到人的身上，而且只会刻画人。

对于自然的向往，对民主国家的人来说不过是一时兴起的行为，他们真正想了解的是自己。

民主国家的人只会从这个角度去为诗找寻自然之源。一个诗人若想触动人心，就必须开发这个源泉，否则，人们是不会对他的作品产生共鸣的。

民主时代的人有一种先天的观念，即人类喜欢进步和不断完善，这点我在前边已经说过了。

在民主国家，人们对过去毫无感情，却对未来充满幻想。只要想象力触及未来，就会以不可阻挡之势纵横驰骋起来，然后慢慢升高、扩大。

诗人于是有了辽阔的空间，视野也开阔起来。民主封闭了过去的门，让诗无法描绘过去，但同时它也为诗提供了一条坦途，让诗可以毫无阻碍地面向未来。

在民主社会，人民的身份基本平等，也没什么差异，因此，诗无法对单独的个人进行描绘，但它可以描绘整个民族。人与人过于相似，让人失去了单独入诗的资格，但若是将所有人融合成一体，将整个民族作为描绘的对象，却没有任何问题。相比于其他民族，民主的民族对自身样貌了解得更为透彻，而这个宏伟的外貌，不正是塑造理想的最佳素材吗？

你可以说美国没有诗人，但你不能说美国没有可以入诗的情景。

欧洲人在谈及美国荒僻破败时滔滔不绝，但美国人自己却不这么看。他们不觉得没有生命的大自然有什么瑰丽的景象是动人心弦的；他们身边的森林有多宏伟，他们直到将其砍得一棵不剩，才意识到。

另一种风景吸引了他们所有的注意力。那时美国人只有一个信念，就是穿越这片荒野：他们在前进的路上，他们要将沼泽填平，要修整水路，要垦荒，要解决自然带来的所有难题。这幅雄伟的画卷是他们自己描绘的，它慢慢走进了美国人的想象之中，烙进了所有人的言行举止中，并为美国人的思维活动竖起了一面引人向上的旗帜。

美国人过着最乏味、最单调、最不值一提的生活，再没有哪种生活比这种生活更没有诗意，更难以引发人的想象了。可是为人的生活指引方向的那些思想，在它们之中总有一种极富诗意的意愿，就像人身体里的神经一般掌控着所有的行为。

贵族时代的所有民族和个人都处于停滞之中，不和别的民族或者个人来往。

民主时代的人非常积极，欲望强烈，因此他们总是不停搬家。人们去各个地方生活，于是开始混居，大家互相交流，互通有无。这种同化不但发生在属于同一民族的同胞之间，也发生在不同的民族之间。最后不细看，所有人都差不多，这些人组成了一个庞大的民主集团，而里面的每个人看上去都像是一个民族出来的。我们终于看到了人类原本的样貌，这还是史无前例的第一次。

只要与全人类的生存、发展和未来有关，一切事物都能变成诗的源泉，为诗提供最丰富的素材。

贵族时代的诗人，以一个民族或者某个人的事迹为题材创作的诗，让人不由得钦佩不已，可是这些诗人却不曾以人类的命运为题进行过创作；但民主时代的诗人可以试一试。

在这样的时代——所有人都能将目光投向整个世界，并对人类自身有所认知——人的精神将对神的威严有更清楚也更整体的感受。

在民主时代，如果说人们的信仰开始发生动摇，时常会质疑正统宗教，并且不再相信那些由自己命名的中间权威，那么相应的，人们对神的旨意也有会更加广泛和深切的认知，并且相信神对现实世界的影响会越来越大。

对他们来说，接受这样的观点——人类的命运掌控在同一个神的手里，而且神用以引导人类的常规计划所发生的作用，从单个人的行动中就能看到——这并不是什么难事，因为人类在他们眼中是一体的。

我们不妨认为，这种认知是时代为诗准备的一个水源丰沛的源泉。

在民主时代，一个试图让鬼神和天使离开天空到地面以血肉之躯进行厮杀的诗人，必然是普通且缺少力量的。

相反，他们若能将自己刻画的重要事件和神的主要计划联系到一起，但遮掩住至尊至贵的主的手，只让世人看到神的旨意，人们一定能和他们产生共鸣，并高度称赞他们，因为他们同时代的那些人的想象力走的就是这条路线。

在民主时代，诗人想要描绘的不是人自己及其行动，而是他的思想和激情，这不难想象。

民主时代的人，他们的语言、服饰和活动根本无法让人产生幻想。诗人想触动的那些人对这些东西再了解不过，它们没了诗意，自然无法成为诗的题材。

所以诗人只能放弃感官能够发现的外在，去内部寻找灵魂。那些最善于刻画理想的人，必定是最能深入自己灵魂的人。

我不用为了上天入地地寻找那些充满冲突的动人题材——兼具崇高与卑微、黑暗和光芒，在迅速激发人的同情心的同时，又能让人心生感叹、鄙视或者恐惧之情。我只要看看自己，就知道人来自“虚无”之中，随着时间的流逝会沉寂消亡，重回上帝的怀抱。人生一世，生死不过是须臾之间的事。

一个麻木不仁，对自己完全不了解的人，是不会有诗意的，那些东西他想都想不到，又怎么能描绘出来呢？一个对自己一清二楚的人，他的想象力没有发挥的余地，于是他写的东西便只剩下真实。好在人这种动物，聪明也愚笨：因为聪明，他可以对自己的某些方面有清楚的认知；因为愚笨，总有某些环节是笼罩在未知的黑暗中，需要他们不断摸索，但始终难以探明的。

所以，民主国家的诗，不会因为富有传奇色彩而让人拍案叫绝，它不会以传统和古代逸闻趣事为题材。无论是读者还是作者自己，都相信所谓超自然的事物其实是不存在的，如此，诗自然也不会重现这些东西了。至于善与恶，人对它们有着明确的认知，又怎么会对它们进行人格化，然后写入诗中呢？所有这些，都不是诗人作诗的素材之源。可是，人并未消失，而对诗来说，只是人这一种题材就已经十分够用了。民主国家的诗的首要源泉，甚至也可以说是仅有的源泉，是人类的命运，是在大自然和神面前的任何时代和任何国度的人，还有这些人的情感、忧虑，难得一见的得势和超乎想象的凄惨。这并非虚言，这点只要看看世界迈向民主之后的那些著名诗人的大作就会发现。

当代的诗人对恰尔德·哈罗德、勒内、若斯兰等人的形象进行了生动地描绘，可是这种描绘针对的不是他们的行动，是潜藏在人们心灵深处的某些东西，想对它们进行挖掘。民主时代的诗，就是如此。

所以我们不能说平等毁掉了诗的所有素材，这并不符实。诗的题材的数量确实少了，但它让这些题材有了更大的空间。

## 第十八章 美国的作家和演说家为什么喜欢夸大事实

我们会发现，美国人的言谈通常都是极为简洁的，他们完全不会对自己的话进行修饰，坦率到近乎粗鲁的地步。可是当他们准备做一些有诗意的阐述时，马上就会浮夸起来，以至于整篇讲稿从头至尾填满了华丽的辞藻。听听他们是如何竭尽所能地烘托各种想象的吧，你会觉得这种人怕是永远都无法坦诚直率的。

这种问题通常不会发生在英国人身上。为什么？这不难解释。

民主社会的所有公民都有将精力耗费在和自己相关的那些小事上的习惯。可是，当他们拓宽了自己的事业，向远处张望，整个社会宏伟的形象或者整个人类的最雄伟的形象就会呈现在他们面前。所以他们的思想要么极为特别、清晰，要么就十分普通和模糊，至于这两个极端中间，则是一片空白。

当他们开阔了视野，从自己的小圈子里走出来，他们开始期待能看到一些特别的事；那些刺激和鼓舞他们生活的鸡毛蒜皮的小事，他们之所以愿意暂时搁置，就是为了这个。

民主国家的人通常只关注和自己相关的小事，可他们却要求诗人们视野广阔，描写得惊心动魄，原因何在？在我看来，只此一条就足以说明问题。

另一边，这些作家自身也喜欢夸张，所以他们欣然从命。就这样，作家们越来越富有想象力，甚至到了太有想象力的程度，最后因为夸大其词，将伟大说得太夸张，让伟大也变得虚假起来。

诗人们想用这种方法迅速吸引读者的注意，让读者将视线聚焦到他们身上。而读者只希望诗足够辽阔不着边际，诗的内容是否真实，他们没时间认真研究，他们的鉴赏力也不足以轻易探明那些虚假的东西，所以通常来说，诗人们是可以得偿所愿的。最后，读者和作家都对对方造成了损害。

可是我们还是那个看法——民主国家的诗的源泉非常不错，虽然它并不十分充足。用不了多久，人们就会使源泉干涸。诗人们会彻底离开现实世界，创造出某些荒诞离奇的事物，因为他们无法再从现实世界中找到题材用以刻画理想。

民主国家的诗可以缺少表现力，也可以太过贴近现实世界，这都没什么问题。

我担心的是，它时刻都可能会坠入迷雾中，并因为只刻画想象的国度而最终走上陌路。我担心的是，民主国家的诗作充满了枯燥而毫无关联的大道理，充满了华丽的辞藻和荒诞的描绘。我担心的是，这些诗人离经叛道的言论有时候会成为对现实世界的一种辜负。

## 第十九章　浅谈民主国家的戏剧

当一场对贵族制国家的社会和政治情况进行过改造的革命，将艺术界作为下一个目标时，通常来说，戏剧会最先受到影响，而且是非常明显的影响。

观众的感情往往会随着戏剧情节的发展而起起伏伏。

他们在看戏的时候，不会去推敲剧情，也不会和比自己更聪明的人讨论剧情，因为他们没时间这么做。他们从未想过要抑制自己对文学产生的新兴趣。这种兴趣，他们尚未将其弄清楚，就已经臣服于它了。

作家们很快就发现了民众的喜好正悄悄地转向何处。于是他们也悄悄地让自己的作品朝那个方向倾斜。他们阐述革命即将到来的剧本还未登台，就已经促进了革命的发展。一个正在朝民主体制迈进的国家，它的文学将会走向何处，你若想对此进行预测，不妨去看看它的戏剧。

此外，在贵族制国家的所有文学模块中，民主精神最强的部分，可以说就是剧本。再没有哪种文艺享受，比戏剧更能让群众获得满足感了。戏剧人人都能欣赏，大家既不用去研究戏剧，也不必做任何准备工作。

一个人无论持有何种偏见，有多么蒙昧无知，都能感受到戏剧强大的吸引力。

当人们开始接受某种兼具了高雅和低俗的精神享受，用不了多久，它就会被人带往剧院。在贵族制国家，并不是只有贵族阶层的人才会去剧院看戏。剧院可以说是贵族制国家里，仅有的一个能让上等基层和中下阶层的人来往，并让上等阶层的人觉得，中下阶层的观点，他们可以不认同，但听一听也无妨的地方。在剧院，知识渊博的人和受过教育的人挡不住人们喜欢他们的喜好，也挡不住自己对人民的喜好感兴趣。所以，上等阶层的人通常会选择剧院的包厢。

连贵族阶层都无法阻止人们迈向剧院的脚步，那当法律和民情接受了民主的原则，各个阶层开始互相融合，人们不管是智力还是财富都越来越相近，上等阶层和他们世代相传的财产、地位、习俗和安稳的生活一起消失时，剧院势必会落到民众手中，这点不难预料。

所以在民主国家，戏剧将会成为人们喜欢文艺，天性喜欢从事文艺工作的第一个落脚点；而且我们可以做出这样的预测，这种喜好和天性将会极深地渗透到戏剧内部。

贵族制度为写作规定的种种规则将会发生变化，尽管这种变化较为缓慢，是阶段进行的。换句话说，这种改变会走正规程序，但人们废除有关戏剧的种种规则时，却会进行得轰轰烈烈。

存在于民主文艺内部的大多数优点和近乎所有的弊端，戏剧都能表现得一清二楚。

作家是否有才华，在民主国家的人看来并不十分重要，罗马和希腊光芒四射的历史在他们眼里也一钱不值，他们只需要作家讲述自身，也就是说作家只刻画当前就够了。

所以，如果你在舞台上经常能看到古代的英雄和事迹，如果你发现人们看上去对古代的传统非常重视，那民主毫无疑问此时还尚未对戏剧造成重大影响。

《布里塔尼居斯》的作者拉辛在书中将鲁尼耶化身为灶王神女维斯塔手下的一名圣女，并在此基础上进行艺术创作，他为此在序言中作了解释，态度非常谦逊。他表示按照格利乌斯的说法：“那里只要 6 岁到 10 岁之间的女孩。”我敢说，放到今天，他绝对不会因为剧本中的这个错误而自责，并作出解释的。

从这件事中，我们除了能够看到那个时代的文艺的情况，也能看到它的社会状况。就像我在前边已经说过的，就算是贵族时代，舞台也会被人民的喜好所影响，所以我们不能因为戏剧民主，就觉得这个民族是民主体制的。

不过，如果戏剧已经彻底被贵族的精神所掌控，那毫无疑问，贵族体制已经攻占了整个社会；而且我敢说，作家的掌控者，那个学识渊博的受教育阶层，也将对公民和政治工作指手画脚。

当戏剧的创作和表演掌握在贵族手里时，它往往会遵从贵族的视角，以贵族高雅的喜好和傲慢的个性来揣度人的本性。贵族最喜欢的是那些有一定社会地位的人，他们希望这种人能在舞台上出现。在他们看来，再没有什么事物比适量的善和恶更应该出现在戏剧中了。剩下的那些，对他们来说，全都不值一提。他们到了戏院也只喜欢和大领主闲谈，就像在别的地方一般。戏剧中能够打动他们的，只有王公大臣们的喜怒哀乐。他们对戏剧的文体也是这种态度。剧作家要用哪些台词，首先得符合他们的意思。他们希望每句话都是一个腔调。

所以，戏剧往往无法将人的所有方面都展现出来，不仅如此，有时还会加进去一些人性中根本没有的东西，一些人性之外，和人性并不相符的东西。

这种成见，民主社会的观众就没有，贵族那种藐视反感其他事物的情绪，他们也没有。他们更喜欢将自己看到的和听说的人世间的各种情况——不同背景的人，各种各样的观念和感情——搬上舞台。所以相比于过去，民主社会的戏剧更能触动人心，也更直白、更贴近现实。

民主社会的剧作家自然也不是时时刻刻都紧紧抓着人的本性，可他们会如此，完全是基于一个与他们的前辈不同的理由。他们太想把当代的那些小人物、小事情和某些人的特点入木三分地呈现出来，以至于在刻画人类的一般特征时，有所疏漏。

戏剧的掌控者是民主阶层时，剧作家可以自己决定选择什么题材，以及如何处理这些题材。

纵览民主国家的各种文艺爱好，其中最符合人性的爱好就是戏剧，民主国家的剧作家和看戏剧的人为什么越来越多，原因就在这里。作家和观众数量众多且遍布各地的情况，使得人们无法采取相同的措施，遵守一样的规则。第一，点评戏剧的人有很多，大家并不认识对方，所持的观点也不一样，作出的评论自然也不会相同。

如果说民主制度的推行对文学的影响是放宽了规范和准则的尺度，那么对戏剧的影响就是砍断了那些规范和准则的枷锁，任由各个作家和观众率性而为了。

上一章我对民主文艺的文体和技巧进行的说明，用到戏剧上，也十分合适。当我们看到路易十四时期的剧评家对当时的戏剧所做的评价，其中的某些内容我们会觉得难以理解：观众非常看重故事的真实性，戏剧里的人的言行举止要符合他自身的性格特点，他的行为必须有章可循，是有道理的。此外，下面的实情也会让人觉得无法理解：那时的人十分看重说话的形式，台词一点儿错都不能有，否则，剧作家必定会受到批评。

看上去在路易十四时期，人们的注意力过多地放在了那种舞台上无法展现出来，但可以在书房中通过仔细阅读剧本而有所感悟的细枝末节上。可演出才是戏剧作品的首要目标，它最大的用处是触动观众。而路易十四时期，无论是看戏的，还是看剧本的，都是同一批人。所以，他们看完戏之后，会将写戏剧的人请到家里，面对面地探讨戏剧。

民主时代的人却不看剧本，只看戏。去戏院的观众，多数都是为了获得感情上的刺激，而非精神享受。看戏的时候，他们想要看到的不是精美的戏文，而是喧嚣热闹的剧情。写戏的人只要能准确地使用本国语言，说大家听得懂的话，让剧中人做能够吸引观众的视线，引起观众共鸣的事，就能得到观众的认可。戏是假的，这点观众心知肚明，他们看完戏马上就会回到现实中来。戏剧有没有遵循体裁上的规定，观众无法通过观看演出看出来，所以戏剧的体裁也就无关大局了。

而且剧情若想别出心裁、出人意料、陡生变故，那它必然无法完全符合真实情况，如此一来，也就谈不到真实性的问题了。所以，无论是观众还是剧作家，都不会将真实性看得太重。你写的戏若能触动人心，观众是不会在意你用了何种手段的。只要能打动观众，就算你写的戏违反了规范，人们也不会去指责你。

我刚刚说的各种特点，美国人在戏院中表现得非常明显。可是需要说明的是，就是到了现在，美国也很少有人会去剧院看戏。美国这 40 多年来，不管是去戏院看戏的人，还是戏院演出的数量都在大幅增多，可是人们对这种娱乐形式的喜好还是比较克制的。

我前边已经说过这种情况是因为何种特殊原因引起的了。不过，我还得再说几句，以便读者能够想起来。

美国最开始的那几个州的创建者——那些清教徒，不但抵制各种娱乐活动，还十分畏惧戏剧。在他们看来，戏剧这种娱乐是非常可恶的，任何地方，只要清教徒的精神位于主导地位，就禁止戏剧表演。在这件事上，移民的后裔受其先祖的影响极深。

另外，在美国，戏剧艺术的发展直到今天也没能摆脱人们脚踏实地的生活习惯和克制严谨的民情的不良影响。

一个国家，没有大的政治变革，男女只要情投意合无须经过多少波折就能步入婚姻的殿堂，如何为戏剧提供素材？那些为了赚钱从周一一直忙到周六，周日要去敬拜上帝的人，和戏剧女神能有什么缘分？

美国人对于戏剧的期待度不高，这点只用一个例子就能说明。

按照美国的法律，公民可以评论任何事，即使是胡言乱语。可是剧作家不行，他们会受到一种检查体制的约束。戏剧表演必须得到市镇行政官员的批准。不管是人民的整体还是单独的个人，对戏剧持有的态度并无不同，这点我们从这件事实中就能看得出来；他们对自己喜欢的主流事物十分热心，但对自己不喜欢的事物，则会想方设法地防范戒备。

戏剧是所有文艺中与社会的现实状况关系最密切，也最复杂的一种。

如果一场大革命在两个时代发生过渡的时候，改变了社会的民情和法制，那么上一个时代的戏剧对于下一个时代来说，一定是不合适的。

上一个时代著名的剧作家的名著，人们还可读到，可那个时代的观众写的戏剧，人们就不会去看了。以往的剧作家想让后人记住自己，只能仰仗自己的作品了。

贵族时代的戏剧，或许会因为某些人喜欢传统事物，因为民众的好奇心、虚荣心，以及某些演员的天赋异禀而在民主时代的某个时期再次兴旺起来，但用不了多久就会自动消亡。人们不是消灭了它，而是丢掉了它。

## 第二十章　浅谈民主时代史学家的某些特有的趋向

在贵族时代，史学家往往将某些个人自己的意愿和性格同各种历史事实联系到一起，将那些次要的偶然因素当作导致大革命发生的决定性因素。这些人施展自己的才华把那些最微小的原因找了出来，却看不到某些较为重要的原因。

不过民主时代的史学家却不是这样，两者刚好相反。

在这些人中，很大一部分人都相信人类的命运几乎不会因为某个人的命运而发生改变，整个民族的命运也不会因为少数公民的命运而发生变革。可是一切特别的小事件，这些人都用一些一般的重要原因进行解答。为什么会出现这种对立的趋向，很容易解释。

纵览世界舞台，贵族时代的历史学家最先看到的是舞台上正在演出的有限的几个主演。他们的视线被台上的这几个主演吸引后，再也看不到其他人。他们专注于研究这几个人的所有行为是出于何种隐秘的原因，除此之外，看不到任何事物。他们为什么会用某些人自己的行为来解释群众的一般行为，这是因为他们高估了个人的重要性，如此一来，他们自然要吹捧个人的影响力。

与之相反，在民主社会，任何人对民众都没有极大的权力，都无法长期控制民众，因为民主社会的所有公民都是自由的，每个公民都一样地虚软无力。如果不深入研究，你会觉得个人在这种社会中，是完全无法影响社会的，社会的发展可以说是依靠所有公民的自由竞争和主动竞争推动的。

人的精神在这种情形下，自然会去探寻有哪些一般原理能够对人的智慧发挥启迪作用，让其沿着同一方向前进。

民主国家自由发展的速度，必然会受到某些个人的天赋、品德和恶行的影响，对此我坚信不疑，可是这些因素并不是关键因素，它们存在偶然性，不但不稳定，还非常隐秘、繁杂，能量也不够强大。所以，相比于贵族时代，这些因素在平等时代更难以去发觉和研究。

纵览不计其数的一般事实，贵族时代的史学家只从中拿出一个人或者几个人的个别行为，对此进行分析研究。

这样研究一段时间后，史学家就失去了继续的兴趣。他们陷到了迷宫中，失去了方向，他们无法清晰地解释个人影响力，自己也认为自己的说法有问题，于是又推翻了这种影响力。我们认为应该换个角度，去研究种族特征。国家的地理环境或者文明的精髓，由此开始。如此一来，便可水到渠成，让读者满意。

在《回忆录》一书中，拉法耶特先生说过这样的话，在研究时若太看重一般原因，只能让二流的政治家志得意满。我再加一句：这种研究方法也能极大地满足二流的史学家。这会让他们有理由以光鲜亮丽的大道理来搪塞著作中的那些最为棘手的问题，人们将看不到他们的无能和懒惰，将研究深入的荣耀白白送给他们。

如果问我，我会说无论什么时代，世上万事万物都是既有一般事实的影响，又有个别因素的影响。通常来说，这两种因素将共同发挥作用，只是比例上各有差异而已。

所以，由一般原因引起的事实，民主时代多过贵族时代，相应的，由个别因素引发的事实，贵族时代多过民主时代。在贵族时代，一般原因力量有限，可个别因素却影响极大，甚至想否认，其他所有人的天赋意志都要屈服于某些个人的一般原因，是身份上的不平等。

民主社会的史学家在解读各种事实时，为什么将大部分事实都归结于一般原因，将自己的主要心力都花在这方面，原因就在这儿。可是，他们不能因为个人的特殊作用难以辨别和界定就说这种作用不存在，那也不对。

在民主时代，史学家除了喜欢以一般原因来解读每件事之外，还热衷于串联每种事实，让它们存在于一个相同的系统中。

贵族时代的史学家将自己的视线聚焦在个人的作用上，因此各种事实之间的联系对他们来说并不存在，换句话说，在他们看来各种事实间根本就没有什么联系。他们认为个人的离世甚至有可能会让历史发生断流。

相反，民主时代的史学家看重的是表演，而非演员，所以对他们来说，为各场演出建立一个系统，将他们有序地联系到一起并非难事。

古代文学给我们留下了优美的史诗，但我们无法从中看到宏伟的历史架构；而现在文学虽然非常简单，却将这种架构呈现在我们面前。现代的史学家频繁使用的一般理论，看上去，古代历史学家很少会用。

在民主时代，史学家在著书立说时，还有一个倾向非常危险。

如果个人无法对国家造成影响，那人们往往会觉得，推动世界发展的力量隐藏在暗处，未曾被人看到。那些会作用在每个公民身上，终将引发全民整体运动的原因，不但很难被发现，研究起来也是困难重重，人们于是觉得这种运动有其必然性，肯定有一个最高权威无形之中掌控着社会。即使最终发现个人的意愿会受一般原因所影响，也不代表人类的自由能脱离桎梏。若是某个原因已经普遍到能够同时作用在数以万计的人身上，强大到能够控制相同战线里的所有人，那谁还能阻挡住它呢？人们只要屈服于这个原因，必将彻底放弃抵抗。

所以在民主时代的史学家看来，整个民族的命运是不会因为某些公民自身的命运而发生变化的，不仅如此，他们也相信整个民众无力改变自身处境。有时候，他们觉得掌控民众的是公正廉明的天命，有时候觉得掌控民众的是莫测的命运。他们认为各个民族的命运都是注定的，无法更改，而这种命运又和这个民族的地理位置、发源、历史和秉性密切相关。他们先是按照次序探查每一代人，然后探查每个时代，再然后探查各个必然事件，直至追溯到世界的源头，最后打造出由人类所有事件联结起来的环环相扣的锁链。

他们的目标不仅仅是告诉大家发生了什么事，还要告诉大家未来又将如何。

他们对某个有一定历史底蕴的民主进行过研究之后，便得出这样一个结论：这个民族是按照它注定的轨迹走到今日的。再没有哪种研究方法比这种方法更能指明，这个民族未来应该选哪条路了。

贵族时代的史学家的著述，尤其是古代的史学家的著述，往往会让我们觉得那时的人若能管理好自己，就能掌控自己的命运，管理好自己的同胞。可是现代人的历史著作却会让我们觉得，我们掌控不了自己，也掌控不了身边的人。古代的史学家告诉人们应该自力更生，可现在的史学家告诉人们应该学会屈服顺从。现代的作家在写书时，总喜欢抬高自己，而将人类贬低得一文不名。

这并不是一个有益的理论，可现代史学家却非常认可它，如果它从作者扩展到读者，并最终掌控了所有民众和社会舆论，那我们可以断言：这个理论很快就会让新社会的发展停滞下来，将基督徒转化为土耳其人。

这种理论对我们当前所处的这个时代危害极大，这点我必须指明。当代所有人都觉得自己无论在哪方面都毫无力量，因此对意志自由持有极大的怀疑态度；可就算如此，他们也不会否认，当人团结到一起将有强大的力量，并且能够独立自主。现在我们应该激励人的精神，而非压抑它，所以对这种观点应该予以支持。

## 第二十一章　美国议会的雄辩家

贵族制国家的雄辩家互为依托也互相约束，每个人受等级制度影响，都能摆正自己的位置，并安于自己所在的阶层。在这种国家的政治团体中，也能看到相似的情况。毫无疑问，会有某些领导者统领贵族制国家的政党，党派成员在某种融入本性的习惯的影响下，会服从领导的安排。

他们将自己在大社会中养成的这种习惯搬到了小社会中。

民主国家的公民，整体上看有着相同的行进方向，可是他们无一不是独自前行，或者起码来说，他们自认为是独自前行的。他们不希望别人对自己的行为指手画脚，因为他们已经养成了遵从自身意愿的习惯。在参与国家会议时，他们也保持着这种自主的习惯。

就算某个人答应和别人合作，共同推进某个计划，他也希望能按照自己的办法来赢得最终成果，而不是处于可有可无的从属地位。

所以在民主国家，没有哪个政党会愿意受人压制或者臣服于谁，除非国家正处于极大的危险之中。如此一来，国家领导人对于政党的权力也仅仅是要求他们如何行事和如何建言，想让他们闭嘴，那是万万做不到的。

贵族制国家的各种政治会议的参会者全都是贵族，参会者自身的官职原本就非常高，而且是固定的。相比于议会中的地位，在他们看来，自己在国家机构中的地位更高。他们为什么不愿意在议会中对议案进行热烈讨论，也不愿意对一般问题进行激烈争辩，原因就在这里。

美国议员所承担的工作，往往是由他们在议会中的位置决定的。所以他们在议会中不停地力争上游，急于推进落实自己的建言。

他们为什么这么做，除了是想为自己争得荣誉，也是想为自己的选民争得荣誉，不这样，又怎么让选民继续支持他们呢？

通常来说，贵族制国家的立法者是不会完全依赖自己的选民的，而在选民看来，除了这些人，自己也没有别的代表可选，有时甚至会完全依赖这些代表。若是某个代表无法从本选区的选民那里得到选票，他也轻易就能从其他选区的选民那里得到选票；或者他可以放弃议员的身份和政府部门的官职，这并不会影响他原本舒适、闲散的生活。

美国这种民主国家的议员，通常很难长时间影响选民的想法。民主具有不稳定性，就算再小的选区受其影响，也会不停地发生变化。所以，议员时刻都需要迎合选民。

不过他无法保证自己总是能做到这一点。他的地位本就有限，没到人尽皆知的程度，所以选民若是放弃他，他马上就会失去助力。另外，公民是完全自由的，在这种情况下，无论是他的朋友，还是政府都无法随心所欲地将他安插到他不了解的别的选区，并让他获选。所以，他在自己的选区内必须行善积德，不如此就无法出人头地。他想登上高位，统领民众，最终改变世界，起点就是这个微小的地方。

所以在民主国家，政治会议的代表在思考问题时，会先考虑选民，然后才是自己的党派；而在贵族制国家，政治性会议的代表在思考问题时，则是先考虑党派，后考虑选民，这理所当然。

不过，如果一个人的发言是为了迎合选民，那么他的言论或许并不符合自己的政治理念。

作为党派成员，为了保证党派的最高利益，在对某个重大的政治问题有了足够的了解之前，是不会对其发表意见的，而那些会对大事项造成影响的小事，他们也会尽量少谈，甚至通常来说是不谈。对于一个才华有限的议员来说，他能对国家大事做出的最大贡献，就是闭上嘴巴。

可选民不这么想。

一个地区的选民首先要对某个公民的优点非常了解，才会选这个人作为自己的代表参加政治活动。一个人看上去越是伟大，就表示他身边的人和他越有差距，因此我们可以说，对当选代表的能力要求越高，就越难找到可以胜任的人才，若是当选的代表才能有限，他就必须付出足够的努力来补偿他所拥有的荣耀。

议员不仅仅是国家的立法者，在支持他的选民眼中，他还是本区法律上理所当然的捍卫者。任何人，只要给他投了赞成票，就将其视为自己的代表，并且坚信他对国家利益有多看重，对本区的利益就有多热诚。

所以很早之前，选民就清楚自己要选一个能言善辩的演说家做议员。这个议员要抓住所有能够发言的机会；如果时间有限，他要尽可能以简短的发言询问到所有国家大事和所在选区的某些小事；如果他必须精炼言辞，那么他就会抓紧时间对一切问题进行简述，完整、准确地表达自己和选民对问题的看法。

他要是做不到，就无法再次获选。

如此一来，那些对自己有清楚认知和不喜欢表现自己的老实人就会避开这项工作。这样的人在朋友面前或许可以滔滔不绝，但在满是雄辩家的议员中间，就说不出话来了，他势必会将辩论弄得乱七八糟，让参会者倒尽胃口。

任何能够加深获选者对选民的依赖程度的法律，都会像我已经说过的那样，改变获选者的行为和语言。这种法律不仅是对国家事务，还是对讨论国家事务的模式，都会造成影响。

在美国，每个国会议员在退休时都会事先准备好一份可以在国会中侃侃而谈的演讲稿，让大家知道自己为联邦的24个州，尤其是他所代表的那个地区，做出了多大的贡献。所以听众从他那里听到的长篇大论，全是些冠冕堂皇的大道理，究竟说的什么，连他自己都不清楚。要不然，就是些人们看不上眼，也很难察觉的一些鸡零狗碎的小事。

最后，发生在这个大机构里的讨论，不是不切实际就是乱七八糟，像是为了避开核心而故意浪费时间一般。

在我看来，这种情况是每个民主国家的议会都有的。

美国的国会中有不少优秀人才，你确实可以通过好的政治环境和完善的法律体系，将他们吸纳到一个民主国家的立法部门中，可是在议会中仍然会有碌碌无为之辈在那里滔滔不绝，四处显摆自己，这你阻止不了。

美国这种病症的病因不仅仅是国会的架构，还有宪法的问题，甚至是国家的体制，所以在我看来，它已经到了末期，治不好了。国会的行动他们已经看习惯了，听到有人说蠢话，他们也会耐心地继续听，而不是转身离开。过去的经历告诉他们这种病症无法根治，所以他们宁愿忍受。

上述内容我们针对的是民主国家的议会进行政治讨论的细枝末节，现在，我们将要讨论的正是它的首要问题。

150 多年以来，英国下院从没有哪次会议在国外引起过震动，这个自由的大舞台，甚至不曾触动过离它最近的邻国。可是，整个欧洲都被美洲殖民地发动革命时开的那几场小型会议的最初几项辩论震惊了。

在我看来，最让人敬佩、也最有力量的就是那些在民主国家的议会中就国家大事发表演说的雄辩家。因为在议员身后没有利益阶层需要他们为之辩护，所以他们的言论打着全国人民的旗号，为的是全国人民。如此一来，思想有了更大的作用，言论有了更大的重量。

这是一个先例作用有限、特权与财富分离、世袭权力与特定的团体和个人分离的地方，在这里，人们想要解决自己手里的个别问题，只能遵循符合人性的一般原理。所以发生在民主国家的政治讨论的规模，就算再小，也具有一种和人命运相关的一般价值。要知道辩论针对的是人，而人在世界的任何地方都具有一致性，所以这和每个人都有关。

相反，那些大贵族制国家在讨论那些重要问题时所遵循的基础却是某些特别原理，这些原理是根据当时时代的习惯和特定阶层的权力界定的。除了相关阶层，没人会关心这些问题，最多也就是这个阶层对应的民族。

这也是为什么有时候法兰西民族的政治辩论会震动整个世界。自然，这也和法兰西民族自身的强悍以及别的国家喜欢听有关。

我国的演说家在发言时虽然针对的是我国的国民，但通常全世界的人民都会留心注意。

# 第二部分　美国人的情感因民主而发生的变化

## 第一章　为什么相比于自由，民主国家对民主的喜爱更加强烈也更加长久

毫无疑问，对平等自身的喜好，是身份平等带来的第一种感情，也是最强烈的感情。所以我在这儿将这个问题拿出来讨论，是理所当然的。

我们这个时代的人，特别是法国人，喜欢平等的激情每天都在增强，这是人所共见的。

人们一次又一次地表明，相比于自由，现在的人对平等的喜爱更加热烈也更加强大。可是我发现还没人研究过会产生此种情况的原因。现在，我准备试着探讨一下这个问题。

我们可以这样假设，自由和平等总会在某个点上交会合并而为一。

现在，我们假设每个公民都以同等的权利参与政府的管理工作。如此一来，人和人毫无差别，谁都无法拥有驱使他人的特权；人和人绝对平等，于是每个人都拥有绝对的自由；反过来也可以说，每个人都是绝对自由的，所以人和人将绝对平等。这是民主国家的人想要达到的最终目标，是他们理想的目标。

这是平等在地球上能够实现的最佳模式。其他模式固然比不上这种模式，但一样得到了民主国家的人的珍视，而且它们的数量也是很可观的。

在市民社会中可以构建的平等，是无法在政治世界推进的。人们在政府中有着不同的地位，但这并不影响他们在社会中拥有一样的享乐方式，参加相同的行业，去相同的地区生活。总而言之，他们可以用同样的方式去生活，用相同的手法去赢得财富，他们在这方面的权利是一样的。

政界可以建立一种没有政治自由的平等——除了控制着所有人，用相同的

标准在所有人中挑选自己的权力代表的那个人外，人人平等。

我们还可以作其他假设。例如两种体制，前者平等程度很高，后者只有少量自由或者完全没有自由，二者顺利融合在一起。

确实，没有绝对的自由人，就没有绝对的平等，而平等走到最后，必然和自由融合，但这并不表示我们不该将两者区分清楚。

事实上，人喜欢自由和喜欢平等是两件事，两者并不相同。我甚至可以再加一句：在民主国家，这两件事还是彼此排斥的。

我们只要认真研究一番就能发现：不管是哪个时代，总有一个特定事实占据了统治地位，且压制着其他事实。那个时代的主流思想，或者由这个主流思想引发的，将所有人的思想和感情交会到一起的首要激情，都由这个事实引发。这就像有条大河将两岸的小河联结到一起一般。

不同时代的人所看到的自由的形态也各不相同。不是只有特定的社会状况才会产生自由，也不是只有民主国家才有自由。所以不要以为自由是民主社会独具的特点。

能够彰显民主社会时代特征的一个独有的事实是身份平等，而且这个事实压倒了其他一切事实。对平等的这种喜爱，是激励民主时代的人一往无前的首要激情。

平等是民主时代的最基本的特征，所以我们用不着追根问底地探讨：到底何种独特的魅力，让这个时代的人愿意过平等的生活，紧紧地抓着平等不放，即使舍弃社会的其他福利也在所不惜。他们对平等的喜爱超越了所有事物，由此即可证明。

不过，不论哪个时代的人，都有这种习惯——相比于自由更喜欢平等——这不仅仅是因上边的这个原因，还有几个其他原因。

想要破坏一个民族所拥有的平等，或者仅仅是减小其平等的程度，就算是这个民族自己动手，也必须努力很长时间。想要达成这个目标，它必须改变过往的社会状况，废弃过往的法律体系，扔掉过往的思想观念，改变当前的风俗习惯和民情。可是失去政治自由却非常简单，不实行即可。如此一来，政治自由就会自动消失。

所以，人们一方面是因为觉得平等珍贵而捍卫平等，一方面因为他们坚信平等能够永存而依赖平等。

即使是缺少认知才能和浅薄得无法察觉问题的人也必须承认，当政治自由使用过度，个人的财产、安危和性命将会受到威胁。而平等带给我们的危害，却只有头脑清楚和具有敏锐的洞察力的人才能发现，可他们就算发现了，通常也不会说出来。他们很清楚，这种危险要很久以后才会带来重大的灾祸，于是他们便说，需要忧心这个问题的是几代以后的人，而非当前这代人。自由带来的灾难虽然具有偶然性，却往往是直截了当的，任何人都能清楚地看见，而且所有人多多少少都有机会亲身感受到它的危险。绝对平等带来的危险则必须经过一个漫长的过程才能表现出来，它会一点点侵蚀社会体制。人们过一段时间才能发现它的危害。过长的时间让人们形成了习惯，以致即使它的危害已经非常大，人们也不觉得如何了。

自由的优势，我们要经过很长时间才能看到，而且即使看到了，我们往往也很难发现它是因为自由产生的。

平等的优势显而易见，人们只要看到，就会知道它由何而生。

政治自由带给人的满足感是最强的，可是这种满足感不会经常有，而且也不是所有公民都能感受到。

平等带给人的满足感虽然很小，但所有人都能感受到，而且是每天都能感受到。平等的好处是时时刻刻面向所有人的：高贵的人能感受到，人民群众也欢欣鼓舞。所以平等带来的激情热烈而广泛

只有做出一定的努力，才能享有政治自由；必须做出重大的牺牲，才能得到政治自由。可平等带来的享乐是自动出现的，存在于个人生活的所有细枝末节中，除非死亡，否则都能感受到。

民主国家的人任何时候都是喜欢平等的，追逐平等的激情，在某个时期甚至到了疯狂的程度。旧社会已经日薄西山的等级制度，在这个时期经历了一次内部的决战，被彻底颠覆，挡在人们中间的壁垒也终将消失。人们于是开始像在抢战利品一般疯狂地争抢平等，他们紧紧地抓着平等，像怕它被人抢走一般。人们的心被追逐平等的热情所把控，而这种热情还在扩张、蔓延。在这个时候，就算你告诉他们对平等的追逐太过盲目和专注，会让他们失去最珍贵的利益，他们也不过是左耳进右耳出；他们除了平等什么都看不见，或者说，他们认为世间最惹人羡慕的就是平等，所以就算你告诉他们只看重平等会让他们失去自由，也毫无用处。

以上言论适用于一切民主国家。接下来，我会专门针对法国进行讨论。

对自由的喜好和自由思想，对于大多数现代的国家，特别是所有的欧洲国

家来说，都是从人们的身份开始迈向平等时出现并壮大的，而且它们可以是平等的产物。再没有什么人比专制君主更热衷于缩小各个臣民之间的差距了。这种国家都是先有平等，后有自由。所以自由还是新鲜事物，平等这一既定事实却早就存在了。

前者不过刚冒头，才见到阳光；后者已经有了自己的思想、习惯和法律。

所以，人们不过刚有了自由的想法和喜好，平等就已经走进了人们的习惯之中，它掌控了民情，让生活中的所有细枝末节都朝平等前进。所以，我们这个时代的人是相比于自由，自然更看重平等，这没什么难以理解的。

我认为在民主国家，人们有喜欢自由的天性，他们不需他人插手，自己就会寻觅自由，喜欢上自由，并为失去自由感到痛苦难过。可是相比于自由，他们更热衷于追逐平等，这种喜好也更长久，更无法阻挡。如果能一边享受平等一边享受自由，固然好，可是如果只能选一个，他们宁肯遭受奴役，也不愿失去平等。不管是贫穷、压制，还是野蛮，他们都能忍受，但忍受不了贵族制度。

无论什么时代都是这种情况，今天更是这样。

任何人和任何权力，若想遏制人们追逐平等的热情，都免不了要被这种热情打倒和瓦解，因为这种激情具有势不可当的力量。

我们这个时代，想得到自由，必须先得到它的支持，要知道，没有它，连专制制度自身都无法维持统治。

## 第二章　民主国家的个人主义

平等时代的人是怎样独立确定自己信念的，我在前边已经说过了。现在我要说的是这种时代的人是如何无一例外全都将自己作为所有感情的中心的。

个人主义（Individualisme）是一个来源于新思想的新词。对我们的先辈来说，他们所熟知的是利己主义（ÈgolCsme）。

利己主义是指一个人过于看重自己，这种看重已经到了极端的程度，它让人最在乎自己，也只在乎自己。

个人主义指的是一种能够只看重自己但问心无愧的感情，它割裂了单个公民和他的同胞之间的联系，让他和自己的亲朋好友越走越远。所以一旦公民构建了自己的小社会，就会将大社会抛诸脑后，任大社会独自前进。

利己主义是人的一种本能，虽然它并不理性。而个人主义，相比于说它来自某种不好的情感，说它源自于一种误判更恰当。个人主义的产生不仅仅是因为理智不足，也是因为心地不够纯善。

利己主义将会屠戮所有美德的幼苗，但个人主义却会让美德之泉的泉水枯竭。不过时间长了，个人主义也将变成利己主义，因为它也能压制和破坏各种美德。

利己主义这种不良嗜好和世界一样悠久，并且存在于所有社会形态之中。

作为民主主义的结果，个人主义会随着身份的平等而不断发展壮大。

贵族制国家，家庭的情况能够维持几百年，并且一个家庭通常会一直生活在一个地方，几代人都生活在一起。这是一种世代相传的情况。祖先的家庭背景，几乎无人不知，每个人都尊敬自己的祖先。曾孙降生的时候，他们尚未离世，所以能亲眼看见并宠爱这些后代。担负起对方的责任，对他们来说毫不勉强，为了死者或者后来人放弃自己舒适安逸的生活的情况，也并不少见。

贵族制度还有一种作用——将每个人和他的大部分同胞紧紧联系在一起。

贵族制国家的各个阶层之间有着明显的差异，一个人出身于哪个阶层一辈子都是那个阶层的人，所以各个阶层就构成了一个小的王国，而且在他们看来，相比于大国，他们理当更喜欢这个小国，付出更多努力以捍卫这个小国。

贵族社会的每个公民都有自己的位置，而且这个位置是固定的，那里壁垒分明，所有公民时刻都能感觉到，在自己上边一定有一个可以保护自己的人，在自己下方也有一个人自己必须予以保护。

所以贵族时代的人往往和自身之外的某些事物联系密切，且甘愿为其做出重大牺牲。这个时代的人虽然没有清晰的同胞思想，也没想过要为了全人类的事业做出贡献。可他们为某些特别的人舍生忘死的情况，却屡见不鲜。

相反，民主时代的人虽然越来越清楚自己对整个民族的责任，但随着互助这种情感逐渐在人与人之间扩散开来，它也变得越来越寡淡了，所以这个时代的人通常不会为了某个人牺牲自己。

在民主国家，新家庭的产生和其他家庭的消亡此起彼伏，每个家庭都在兴衰存亡中不断变迁；一个时代时刻都有中断的危险，祖辈的故事慢慢消失。人们轻易即可忘记先辈，也不会去考虑后代，除了关系最紧密的人，他们谁都不在意。

不过，当各个阶层逐渐靠近最后合而为一，人们便不再关心对方，将对方当作外来者。从国王到农民，贵族制度打造了一条长长的锁链，将所有人联结到一起；可民主制度却打碎了这条锁链，割裂了所有环节。

在身份越来越平等的过程中，出现了众多个人。这些人掌握的财产和权力确实无法让自己同胞的命运发生重大变化，可是如果只是想以自己手中的财富和学识来实现个人需求，却是非常足够的。其他人不需要向这些人求助，这些人也不需要别人的帮助。他们思考的时候不会依附别人，并且相信自己的命运掌握在自己手中。

所以在民主主义的影响下，大家遗忘祖先，不为后代考虑，也不和同时代的人亲近。它让所有人在处理问题时都将自己放在第一位，最终让人彻底落到了孤独无依的境地。

## 第三章　相比于其他时期，个人主义在民主革命完成后更加强烈，原因何在

人们互不相关，以及由此引发的利己主义什么时候最惹人注意？是民主社会以贵族体制的残骸为基石，刚刚创建起来的时候。民主社会有一部分公民早就获得了独立，但还有一些公民最近才得到独立，正为手中的权力欢欣鼓舞着。这种公民的数量每天都在增加，他们将自己看得过高，觉得自己力量强大，觉得以后再也不会有求于人。他们说的每句话做的每件事都在告诉大家，他们只看得见自己。

想让贵族制度低头，不经过长时间的斗争是无法实现的，而在这种争斗中，各个阶层结下了血海深仇。就算民主获胜，这种仇恨仍将存在一段时间，仍有机会在接下来的民主动荡期为非作歹。

公民有一部分人，曾经拥有高人一等的身份地位，他们怎么可能马上就将往昔的高贵彻底遗忘。他们要经过很长时间才能将自己当作新社会的一员。在他们看来，因这个社会而获得平等的每个人，都是前途未卜的压迫者，他们不需要怜悯这些人。过去和他们地位相同的人，他们不会去探望，即使有着相同的利益，他们也不愿意将自己的命运和这些人的命运捆绑在一起。他们每个人

都处在孤立之中，在他们看来，只要关心自己即可，其他人不用关心。

相反，以往身份低下的那些人，虽然因为革命现在有了和大家相同的地位，可是他们无法安心享受刚刚获得的独立。当他们看到过去的上级时所流露出的目光，虽有骄傲的成分，但也有一丝畏惧，之后他们就会躲得远远的。

所以在民主社会刚刚建立时，人们通常并不喜欢和别人来往，更倾向于保全自己。民主制度没有让同胞之间互相亲近，民主革命更是让人们彼此疏远，甚至将源于不平等的仇人带到了新创建的平等之中，且永不消失。

相比于其他人，美国人的优势在于他们建立民主制度的过程没经历过民主革命，他们的平等是生来就有的，不是后来努力的结果。

## 第四章　在美国，人们如何通过自由制度来遏制个人主义

专制认为最能保证其永久存在的方法就是在人和人之间设立屏障，它也竭尽所能地让人和人断绝往来，因为本质上，它是畏惧被统治者的。纵观人心的所有恶念，最得专制喜欢的就是利己主义。只要被统治者不会互助互利，它也可以轻易谅解他们对它的不喜。独裁者不会邀请自己的子民和自己共同治理国家，而且他欣慰于被统治者没有插手统治国家的意愿。他混淆是非，将那些众志成城为社会繁荣奋斗不息的人视为乱臣贼子，将那些自私自利的人称为良民。

所以源于专制的恶，在平等的激励下越来越强悍。专制和平等通过一种坏的形式彼此扶持。

平等让人互相独立，切断了将大家联系在一起的纽带。专制在人与人之间设立屏障，将大家处于孤立之中。平等让人除了自己，不在乎任何人。专制让人将漠视当作美德。

所以专制虽然无论在哪个时代都是危险的，可是它在民主时代却更加恐怖。

我们很容易就会发现，这种时代的人最需要的就是自由。

如果所有公民都要参与治理国家，那么他们便只能离开个人利益这个狭窄的区域，有时，甚至不得不舍弃自己的主张。当所有人都参加到公共事务中，人们就会发现自己原本以为的，自己能够脱离他人独立生活的这种想法是错的，

为了赢得他人的帮助，他们将时刻准备着帮助他人。

在一个由民众共同治理的国家中，互相帮助的优势将成为人所共见之事，每个人都会专注于关照他人，因为他们希望那些和自己一起治理国家的人会敬重和称赞自己。

就这样，那些让人冷漠，会在人与人之间设立阻碍的感情，必然会在心灵深处蛰伏起来。人们不会显露出自己的轻慢之心，也不敢摆出那副藐视的姿态。

利己主义自身也感受到了威胁。

自由政体的大多数公共职务都由选举产生，于是，那些将自己关在个人生活圈中的孤芳自赏的人就会意识到，不得到身边人的支持，自己将无法生活，而这种感觉将会一直存在。

于是，在个人野心的驱使下，他们开始想到别人，并且通常会得出这种结论：遗忘自己，在某种程度上讲，对自己是有好处的。有人或许会驳斥我说，选举就是要明争暗斗，候选人通常会用下流的手段，也会互相污蔑，这我清楚。选举当然会产生对立的情况，而且随着选举的次数的增加，对立的情况也会越来越严重。

毋庸置疑，这都是些大麻烦，但这些不会永远存在，可选举的好处却能永存。

有时候，对当选的高度期待，会让一些人摆出对战的态度，但在这种心情的影响下，人们慢慢会团结起来。就算原本是朋友的两个人因为一次选举不幸闹翻，可是那些原本素昧平生的众多公民却能因为选举亲近起来。自由会让某些人敌对，但专制让大部分人麻木不仁。

面对平等带来的个人主义，美国人以自由作为武器，并取得了胜利。

社会体系在民主时期产生的自然灾害具有极大的破坏性，美国那些立法者认为，想根治这种灾害，不能只是在全国推行代议制。

他们觉得，为了让公民有数之不尽的团结协作的机会，时时刻刻都能意识到必须相信对方，还应该让国内的所有组成部分都有独立进行政治活动的权利。

他们明智地推行了这个方案。

国家大事掌握在某些主要的公民手中。这些公民一段时间聚在一起讨论一次，会后通常不再见面，因此他们之间的联系是暂时性的。不过地方事务则掌握在地方居民手中，所以这些居民会经常来往，并且他们可以说必须认识对方，迎合对方。

国家的命运对自己的命运会造成何种影响，人们对此通常不会有清晰的认知，所以你很难让人牺牲自己而为整个国家的命运奔走。可是，修一条通往他家的公路这种小的公事和他自己的大私事之间有什么联系，他马上就能意识到。个人利益和集体利益之间的联系有多密切，你不用和他说，他也能发现。

所以让公民将注意力更多地放在小事而非大事上，反倒能让公民对公共事务更加关注，并让他们感觉到自己必须不停地和别人协作，来完成公共事务。

一次大公无私的行为能博得民众一时的好感，可若想得到身边人的敬重，他就必须长时间连续地为他人帮些小忙，做一些被别人忽视的好事，并且要一直做好事，时常被他人称赞为正大光明。

在地方性自由的影响下，大部分公民都能意识到邻里和朋友的友谊的重要性，人们有漠视他人的本能，也有互相协作的天性，而地方性自由可以压制前者，并接连不断地恢复后者，并强迫大家互相帮助。

美国最富有的公民也非常注意和群众保持联系，他们不断地接近群众，从群众那里聆听建议，时常和群众沟通。美国最富有的公民也清楚，民主体制下的富人需要经常和穷人携手，在民主时代，最能博得穷人喜欢的办法，不是给他们帮些小忙，是友善地对待他们。受惠者不会因为你帮助了他们就感激你，因为帮的忙越大，贫穷和富贵之间的差距就越明显，这会让他们心生不满。可是和善地对待他人，却有一种无法阻挡的吸引力，要知道友善可以触动人心，而蛮横必定让人痛楚。

富人当然不是马上就接受了这个真理。在民主革命时期，他们通常是抵制这个真理的，就算革命结束，他们也是一段时间之后才接受的。他们不是不愿意帮助人民，但他们不想亲近民众。他们错误地以为这样就可以了。

身边的人心已经冷了，就算他们花掉所有的钱也不会热起来。身边的人难道想要他们的钱吗？不是，这些人是希望他们不再高高在上。

美国人可以说将所有想象力都用在了挖掘致富之路，以及找到满足公众诉求的好办法上。为了让自己所在的地区更加繁华兴旺，所有地方最博学的人，都不停地通过自己的学识去寻找合适的新方法，而且只要找到了某种方法，就会马上拿出来和大家共享。

美国的那些政治工作者，你若是认真研究过他们身上常见的缺陷和弊端，会觉得美国人这种越来越繁荣的情况说不通。可你要知道，促进美国民主制度繁荣兴旺的不是那些选举产生的行政官员和立法者，而是因为这些官员产生的渠道是选举，所以因为此种对比而感到吃惊毫无道理。

你不要觉得美国人的爱国精神和他们所有人都热衷于为自己的同胞谋福利的这种心情是假的，那并不公平。个人利益是掌控着人的大部分行为，这点无论对哪个国家的人来说都是一样的，美国人也不例外，可是在美国，人们的行为不会全都是因为个人利益。

我得说，我曾经不止一次看到美国人为了公共事业发自肺腑地付出极大的努力，多次看到他们在必要的时候忠诚地帮助彼此，而且鲜有例外。

生活在社会之中的这种感觉，是每个美国人时刻都能感觉到的，显现在他们生活的各个方面。这种感觉来自他们享有的自由体制，和他们能够完全投入使用的政治权利。他们在这种体制和权利的影响下时常会生出这样一种感觉，服务于自己的同胞虽然是自己的义务，却是能让自己获益的义务。与此同时，他们既不是谁的主人，也不是谁的奴仆，所以完全没理由仇视自己的同胞，也容易生出同情之心。

一开始他们是因为需要才献身公益，后来就成了本意。始于心计城府的行动，最后成了秉性，最后努力为同胞谋求幸福成了他们服务于同胞的一种习惯和喜好。

不少法国人觉得最大的邪恶就是身份的平等，其次就是政治自由，既然阻挡不了前者，那总该想办法避开后者。

可是我却认为，想战胜平等带来的各种恶，只能依靠政治自由，这是唯一有效的手段。

## 第五章　美国人在市民生活中的结社

本章我要谈的不是以反抗多数专制和抵御皇权滋扰为目的的政治结社。政治结社的问题，我在别的地方已经讲过了。当个人越来越软弱，最终无法再凭一己之力捍卫自己的自由，也无法将同胞凝聚到一起以保护自由时，很明显，平等的程度越高，暴政的强度就会越大。本章我要说的那种结社是在市民生活中自然凝结而成的，它们和政治完全无关。

美国有各种社团，政治社团仅仅是其中一种。

美国人，不分年纪大小，身份如何，以及有什么兴趣爱好，无时无刻不在组建社团。

每个美国人都能组建工商团体或者别的各式各样的团体。可以是宗教团体，也可以是道德团体；可以是非常严谨的团体，也可以是百无聊赖的团体；可以是非常普遍的团体，也可以是极其特别的团体；规模可以庞大，也可以微小。美国人无论做什么事都要组建社团：不管是举办典礼，还是创建神学院，不管是开旅馆，还是建教堂，不管是售卖书籍，还是派牧师去深山老林。他们建医院、建监狱和建学校，用的都是这种办法。如果他们想推广某个真理，或者通过演示触动他人，他们也会去组建社团。法国所有的新事业都是由政府牵头；英国所有的新事业都由那里的贵族牵头；而美国人，你会发现他们必定结社。

我在美国看到的某些社团，我不得不说，是我从未听说过的，让我惊叹的是，它们居然能够如此巧妙地让美国人调动众多人力为了同一个目标奋勇前进，并保证这些人的积极性。

我后来又去过英国。美国人的某些法律和很多习惯的起源都在英国，确实如此，可是我认为，在对社团的使用上，美国人远比英国人要成熟和充分。

英国人和美国人不同，美国人就算办的不是什么大事也会结社，可英国人即使是做一件大事业，也通常是单刀赴会。很明显，组建社团在英国人眼中是一种力量强大的行为手段，可在美国人眼中，却是仅有的行为手段。所以，这个国家成了最民主的国家，它让所有民众都擅长且最擅长为了相同的目标协同作战，并将这种新方法用在了大多数人身上。这种结果是偶然发生的吗？还是说组建社团和平等的内在联系对其产生了某种效力？

贵族社会的民众大多一事无成，但有限的几个个人却有着极为丰厚的资产和强大的势力，从他们中间随便挑出一个，都能凭一己之力成就一番大事。

贵族制社会的人原本就联系紧密，所以他们无须为了行动一致而联合。这个社会中任何一个既有钱又有权的公民都是一个社团首领，而且他的社团是强行成立且不会消失的，至于社团成员，则是那些受他控制的群众。

相反，民主国家的所有公民都是自由的，但与此同时，他们也缺少力量。他们很难单枪匹马地完成一件大事业，而且没有人能够强迫别人为他的事业付出努力。所以，他们想要有所作为，就必须学会互助互惠。

在民主国家，人们若是无权也没有兴趣建立政治社团，他们的自由就会面临重大威胁，尽管他们的知识和财富不会受到影响；人们若是完全没有在生活中建立社团的习惯，那受到威胁的将会是文明本身。若是哪个民族的公民无法凭借个人的努力成就大事，又不习惯和别人携手为大事共同努力，那用不了多久，这个民族就会再次回到蒙昧之中。

可惜，民主国家的社会状况虽然要求人们必须组建社团，可也正是因为这种社会情况，该国人民结社的难度比他国人民更大。

贵族社会的每个贵族在社会上都有着非常强大的力量，结社对他们来说再简单不过，只要有几个人参与即可。社团成员少，大家认识、熟识起来容易，建立稳定的规范也不难。可在民主国家，社团必须招募大量的成员才能保证社团的实力，所以很难做到这点。

我知道，我们当代的不少人从没看到过这点。在他们看来，既然公民力量微小，那么，为了让政府做一些个人无法做到的大事业，就更应该让政府精干、主动。他们坚信没有解决不了的难题，也是这么宣扬的。可是在我看来，这种看法并不正确。

美国建立的某些大型社团或许可以由政府取代，联邦有几个州也确实这么做了。可是美国人在日常生活中有很多小事业也是依靠社团运行的，它们又该让哪个政府接手呢？

显而易见，在即将来临的时代中，人们将越来越无法依靠一己之力去生产生活中最常见、需求量最高的东西。所以政府部门的工作将会越来越多，而政府部门的工作又强化了这种情况。随着政府替代社团的程度增高，个人对联合的抵触将会增强，对政府的救助依赖也会增加。这种因果将会轮转不休。

长此以往，公共行政机关是不是要接手所有单个公民无法独立完成的事业？而且随着土地分散程度的增加，到了无法继续分割的时候，农夫只能组建社团来完成此项工作，那么到时候，政府的领导者是不是要丢下本职工作去耕地？

在民主国家，政府若是时时刻刻都在取代社团，那这个国家遭遇的道德危机和知识危机，绝不会比它遭遇的工商业危机更小。

一个人想让自己的思想和感情有新的面貌，想让自己的胸襟更加宽广，想让自己的才智发挥作用，就必须与人互动。

民主国家几乎不存在这种互动，这点我在前边已经说过了。所以民主国家就要通过人力将这种互动创建出来，而所用的方法就是组建社团。

贵族阶层的某个成员若是认可了某种新观点或者感受到了某种新感情，为了让身边的人的头脑和心灵接受这种观点和感情，他通常会将这种观点和感情带到自己主要的活动空间内去感受研究，并当着他们的面进行。

从性质上讲，民主国家只有政府才能这么做。可是政府显然无法充分发挥此种效力，而且这么做的时候通常都具有一定的危险性。

一个大国的政府，不能单枪匹马去管理所有实业部门，同样的，它也无法凭借一己之力去维系和更新人们的思想和感情。政府唯一的手段就是颁布强硬的法律条令，除了它认可的思想和感情，它将一律予以压制，人们也很难从它的话语中明白这到底是告诫还是命令，所以当政府准备脱离政治活动的范围，走上这条新路时，它不由自主地就会推行暴政，而且是让人无法忍受的暴政。

政府若是觉得只有让民众闭嘴，才符合自己的真正利益，那情况会更加危急。到了这个时候，政府将彻底收手，任由嗜睡的习惯将自己变得越来越麻木。

所以政府绝不能包揽所有社会活动。

身份平等让个别有大才之人销声匿迹，而民主国家正应该用结社来接纳他们。

在美国，一个人只要找到某种思想或者观点，并打算传播给众人，他一定会马上去找一些志同道合的人，然后和他们组建社团。等社团成立，他就会变成了一股能够被远方的人看到并学习的力量，而不是孤孤单单的一个人。这股力量可以表述自己的看法，人们也愿意聆听它的观点。

一开始听说有10万美国人在公众面前发誓不再喝烈酒，我还当这是个笑话，不是真事。一开始，我觉得非常奇怪，这些自控力很强的公民怎么会宁愿在家里坐着喝白开水呢？

后来我才知道，这10万美国人之所以作出戒酒的决定，是因为他们发现身边的酒鬼日渐增多，并为此感到吃惊。

他们的行为，就像一个名人为了让普通民众节俭，于是换了朴素的衣着。我敢说，法国要是有10万居民持有这种观点，他们只需要做一件事，就是每人给政府写一封建议信，让政府向国王申请给国内的所有酒馆下发禁酒令。

在我看来，美国在脑力活动方面组建的社团和在道德方面组建的社团，最需要我们关注。我们很容易就会注意到美国人的政治社团和实业社团；至于别的社团，往往会被我们忽视掉。我国几乎没什么其他社团，所以就算看到了别的社团，我们也弄不明白。可是我们不得不说，对美国人而言，这种社团的重要性并不比政治社团和实业社团小，甚至还要更重要一些。

组建社团的知识在民主国家是一门重要科目。这门学问的发展情况决定了其他所有学问的发展。

当身份越来越平等时，人类若想迈向文明或者继续文明下去，就必须让结社的技术越来越发达和完善，这是制约人类社会的所有法则中，最正确也最明确的法则。

## 第六章　社团与报纸刊物的关系

当人与人之间的关系不再稳固和长久，想让大量的人团结起来一起行动，就必须让所有将要携手的人相信，主动将自己的力量和其他所有人的力量联合到一起，对他自身而言是有好处的。

而想要顺利且频繁地实现这一目标，报纸是唯一的渠道。想让不计其数的人在同一时间接受相同的观点，只有通过报纸才能做到。

报纸就像一个主动上门的参谋，每天它都会将国家大事简明扼要地告诉你，却又不会对你个人的生活造成滋扰。

所以，当人们越来越平等，个人主义越来越浓烈，报纸的重要性便越来越大。不要低估报纸，它的作用可不仅仅是维护自由，它还能捍卫文明。

在民主国家，报纸总是会怂恿公民联合起来去做一些非常不好的事，这我承认。可是，若没有报纸，团结一致的行动也会近乎消失。所以，相比于功劳，报纸的危害要小得多。

报纸不但能呼吁大部分人一起行动，还能将一起行动的方案告诉大家。

在贵族制国家，那些主要公民对彼此都很了解，他们只需要找一些支持者就能实现力量的整合，然后就能奋勇前行了。

相反，民主国家的大部分人都想联合，也有这么做的必要，可是他们每个人都软弱无力，散落在各个地方，彼此之间并不认识，要去哪里找和自己志趣相投的人呢？所以无法做到这点。可是，报纸能让他们之中的所有人知道，在相同的时间点上，其他人又有哪些意见和感情。因此，人们当即就会朝着这些光明前行。那些人为了寻找那些不知身在何方但和自己有着相同的志向的人，已经在黑暗中摸索了很长时间，现在他们终于联合起来了。

他们因报纸而走到了一起，但若想保持凝聚力，他们还需要继续看报。

民主国家的社团，必须有大量成员才能保证社团的力量。可是正因为成员数量太多，所以他们很难聚集在一起，他们只能在辽阔的区域内分散居住，所有人都要在原本的地方继续生活，维持自己中等水平的日子，为不计其数的小事奔走不休。所以他们必须想一个办法，保证大家不用面对面地沟通，不用开会讨论就能达成共识，而报纸就是这个办法。所以，任何民主社团都离不开报纸。

所以，社团和报纸间有一种内在联系。

报纸成就了社团，社团也成就了报纸。社团的数量和人们平等的程度是成正比的，如果你觉得这种说法是对的，那你也无法否认这种说法的正确性：社团的数量越多，报纸的种类也会越多。

所以，无论是报纸的数量，还是社团的数量，美国都是最多的。

从报纸的种类和社团数量间的关系中，我发现了另一种关系，这是存在于报纸发行情况和行政架构之间的。而且我发现在民主国家，行政集权的程度和报纸数量成反比，也就是说行政集权的程度越高，报纸的种类就越少，相反行政集权的程度越低，报纸的种类就越多。之所以如此，是因为民主国家的民众和贵族制国家的不同，他们不会让少数的几个主要公民掌控地方权力。民主国家准备将此种权力交给当地的大部分人。这些人可以按照法律规定组建一个掌控切实权力的常规部门，来对当地的行政工作进行管理。每一天本地有哪些小事发生，国家又有什么大的变动，他们都得知道，所以他们需要报纸。

地方政府的数量和有权行使地方职权的人的数量成正比；而想要随时了解当地和国家各项事务的人越多，需要的报纸就越多。

美国的保障种类多得让人吃惊，原因何在？就是因为相比于政治的普遍自由和出版的绝对自由，拥有行政权力的人太多。

当美国的所有民众均为选民，且立法机关由选民选举产生时，只要几份报纸就能满足美国的需求，因为在此种情况下，选民一起参与重大行动的机会只有有限的几次。可是美国不仅有全国性的大型集会，按照法律规定，在为地方（州）、城镇、甚至乡村的行政部门选举官员时，还要举行很多规模较小的集会。

就这样，立法者让美国的所有公民都必须时常和他的同胞们为了公共事业团结协作，为了知道其他公民的行动，美国的所有公民都需要翻阅报纸杂志。

在我看来，同是民主国家，前者推行行政集权，且全国性立法部门由选举产生，后者虽没有全国性议会，但有众多地方权力部门，那么最后前者报纸的种类没有后者多。美国每天出版的报纸的种类为什么那么多？我认为这是因为美国人不仅拥有普遍的全国性的自由，还有种类繁多的地方性自由。

法国人和英国人普遍认为，如果取消当前报纸需要缴纳的税金，那么报纸的种类就会增加，而且是没有上限的增加。这无疑高估了免税的作用。报纸种类是否增加，不仅要看销量好坏，还得看大部分人用不用沟通消息，用不用团结协作。

同样的，你若问我日报影响力为什么越来越大，我会说人们常常提起的那个原因并不是最重要的，有些最一般的原因才是。

报纸想要长存，它就必须能与某些多数的思想和感情形成共鸣。所以，一种报纸往往是某个长期订阅它的社团成员的发言人。这个社团的方针无论高低，它的范畴无论大小，它的人数无论多寡，都没有关系，但只要某种报纸仍在出版发行，就表明某个社团起码已经在人们的思想中产生萌芽了。

说到此处，在结束本章之前，让我们再最后归纳一次。

身份平等的程度越高，个人的力量就越小，人们随波逐流的情况就越严重，而不顾多数的反对独自坚持己见的难度就越高。

每种报纸都是一个社团的代言人。报纸可以说是打着所有读者的旗号在向每位读者讲话，读者自身的力量越小，就越会被它吸引。

所以，随着身份的日趋平等，报纸的影响力也会增强。

## 第七章　普通社团与政治社团的联系

让人们每天不受限制的行使政治结社的自由，这样的国家世界上仅有一个。也唯有这个国家能让公民们想到将结社的权利不断地用在社会生活中，于是，他们享受到了文明带来的所有优势。

一个国家禁止政治结社，那它也不会有多少普通社团。

不要轻率地说这种结果是偶然发生的，我敢说这两种结社中间有一种固定的联系，而且这种联系势必存在。

几个人或许会因为某些偶然的因素而在同一个事业中有了相同的利益。例如，他们都准备投身某种商业或者工业，因此走到一起，达成了合作关系，最后慢慢意识到结社的优势。

随着一起做这种小事的次数的增加，人们一起做大事的能力也在悄悄地增强。

所以，普通结社对政治结社是有好处的。可是另一边，在政治结社的影响下，普通结社会发展得非常迅速，以让人吃惊的速度健全起来。

严格意义上讲，所有人在个人生活中都觉得自己能够满足个人需要。可是放到政治生活中，他就不会这么想了。所以，参与公共生活的所有公民的脑海中，每天都充满了结社的想法和意愿：就算他原本并不喜欢和别人协作，他也会学习如何共同行动，因为他不能不顾他所在党派的利益。所以政治生活对结社的习惯和喜好进行了推广，即让某些原本不关心政治，喜欢独立行动的人，也有了协作的意愿，并学会了如何组建社团。

政治带来了众多社团，不仅如此，还在制造巨型社团。

在个人生活中，通常不会发生很多人为了相同的利益而团结协作的情况；想要共同行动，必须先学会如何共同行动。

在政治生活中，组建政治社团的机会随处可见。

可是，如果社团的规模不够，结社的重要性是显示不出来的。市民自身力量有限，联合产生的力量有多大，他们不会一开始就非常清楚；而想让他们了解这点，必须先演示给他们看。可是当人们组建社团，以便达成某个相同的目标，就需要有足够多的人，如此才有利于演示。例如某个团体的人数为一千人时，大家还看不到有哪些好处，但当人数变成一万人的时候，大家或许就能看见了。

在政治上，人们团结到一起能够成就大事，而当大家以重要事项为目标组建社团，并最终得到好处的这个过程，会让人们知道，在小事上团结协作也有好处。

年龄、观念和贫富上的差异将人们分隔开来，但政治结社可以打破这种状态，在同一时间让大量的人聚集在自己身边，并发生来往和交流。大家只要见过一次，就会想办法见第二次。

通常来说，大多数普通社团都会吸收一些人们的财产。例如，每一个工业公司和商业公司，都是这种情况。一开始人们对组建社团的技巧和基本方针还没有充分的认识，让大家通过结社进行合作意味着他们需要做出一些牺牲，他们自然会感到忧心。所以，就算这个方法有机会带来成功，他们也不愿意冒险合作。可是，政治结社是不需要投钱进去的，所以他们觉得这种结社活动没有危险，自然马上就能答应而不会委决不下。可是只要他们参加了这种社团，很快就会知道，他们必须遵守一定的规范，履行一定的手续，才能在如此多的人中间，和大家同心同德，意志坚定地朝着同一个目标前进。在这个政治社团中，他们将学会让自己的意愿以团体的意愿为转移，学会通过自己的努力来支援共同的行动。

普通社团也好，政治社团也罢，这些事是所有的社团成员都必须掌握的。

所以，组建政治社团的过程可以被视为创建免费大学的过程，在那里，所有公民都能学到结社的基本知识。

政治社团无法直接推动普通社团的发展，确实如此，可是当前者遭遇封禁，也会影响到后者。

如果公民组建社团的机会非常少，那大家会将结社当成某种特殊手段，或者个别情况，不会予以重视。

可是，公民如果无论遇到任何事情都有结社的自由，那么最后他们会发现，结社是一种可以帮助他们实现所有目标的一般方案，甚至称得上仅有的手段。每当出现新的诉求，人们马上就会想去组建社团。就这样，结社的知识成了常识，就像我前边说的那样。每个人都要学，每个人也都要用。

若是有些社团被封，但有些社团没有，那么大家很难预料在未来的时间里，又有哪些社团不会被查封。这种犹疑不定的情况会让人们避开所有结社行为，与此同时，社会舆论会让人生出这样的想法，即所有社团都是违法的，结社是一种为非作歹的行为[1]。

所以，不要以为只是在某个方面对结社进行了限制，对结社其他方面的发展并不会造成影响，也不要以为在某些方面允许人们团结协作，人们就会马不停蹄地投入到协作之中，那是不可能的。如果公民无论在任何时候，都有能力

---

[1] 行政机关若是有权随意禁止或者批准结社活动，就更是这样了。

立法者若能制定法律对何种结社违法进行界定，并对违法者予以处罚，让法律对结社活动有明文规定，那么，人们就可以在行动之前掌握行为的后果，也就是说，他自己就能像法官一般进行预判，从而不去参与违法的结社，努力在法律允许的范围内进行结社，如此以来，弊端的数量自然会大幅减少。之所以每个自由国家都认为可以对结社权进行限定，原因就在这里。不过，立法部门若是将评判何种结社危险，何种结社有益的权力，预先交给某个个人，并允许他随意扼杀或者推动正在产生萌芽的结社活动。那么，任何人都无法事先断定什么时候能够结社，什么时候又不能结社，结社的精神将彻底枯萎。前一种法制只是禁止某些结社，后种法制所针对的却是整个社会，会让整个社会受到损害。在我看来，任何推崇法制的政府都该支持前者，而后者，一切政府都无权推进。——原注

结社，也习惯于此，那么他们无论是大事小情，都会主动凝聚到一起。可是，你如果只让他们在小事上结社，他们就会失去结社的积极性和才能。就算你许诺他们在商业上有绝对的结社自由，他们也不会这么做；你赋予他们的权利，并要求他们予以使用，可他们却报以轻蔑的态度；你想方设法说服他们不去组建那些已被查封的社团，可让你吃惊的是，你会发现他们连法律允许的那些社团也不组建了。

要知道在社会中生活，人总要投身于某些共同事业的，所以我的意思不是说，一个国家若是不允许组建政治社团，那这个国家连普通社团都不会有。可是，我坚信这种国家通常不会有多少普通社团，它们想象力不足，管理能力也有限。它们没有远大的计划，就算有也实现不了。

所以我得出结论：人们高估了政治结社自由对社会稳定带来的危害，事实上，当国家发生动乱时，这种自由还能促进国家的稳定。

民主国家的政治社团，可说是某些以掌控国家为目的的强有力的个体。中世纪的国王是如何看待国内的诸侯的，如今各国政府就是如何看待政治社团的，所以它们对政治社团有一种本能的畏惧，抓到机会就想压制它们。

相反，各国政府轻易即可发现，普通社团会将民众的注意力从国家大事上拉开，让公民慢慢专注于自己的事情，而这些事想要完成首先得保证国家稳定，这便降低了民众发动革命的可能，所以各国政府对普通社团有种本能的喜欢。

可是，政治结社能够推动普通结社的发展这件事，如今各国政府并未发现，因此他们虽然遏制了一种缺陷的威胁，却丢掉了能够改正此种缺陷的有力措施。

当你看到这些情况：美国人将某个政治家推进政府之中，以抬高某种政治主张；他们抢走了另一位政府家的权力，他们每天都能行使结社自由的权利，你会觉得奇怪，这些人这样狂放却没有为所欲为。

可是，另一边，当你看到这些情况：在美国，人们一起经营不计其数的实业，人们不知疲倦地四处推进某些在小革命面前不堪一击的远大计划，你又会奇怪于，这些人这么忙，却没让国家陷入险境，还保持着让所有人受益的稳定。

看到这些事实，我们自然不会只研究它们自身，却不去寻找其中的关联。正是因为政治结社，美国人才日渐养成了不管社会地位如何，不论在思想和年龄上有着怎样的差异，都喜欢结社，也愿意去结社的习惯。他们通过政治结社，和多数相识、沟通，聆听彼此的观点，并为了各种各样的事业共同努力。之后，由此引发的思想又渗透到了他们的日常生活中，并体现在各个方面。

于是，美国人学会了一种方法能够减小自由造成的危害，而他们之所以能掌握这种方法，正是因为他们拥有那种带有一定危险性的自由。

政治上的党派斗争是导致国家发生动荡，实业无法发展的罪魁祸首，这点我们只要对一个民族的某段历史时期进行考察，即可发现。可是如果我们将视角转向这个民族的整个历史，我们或许很容易就会发现，不管是对公民的幸福，还是公民的安定来说，政治结社的自由都是大有助益的。

在本书的上卷，我曾经说过："在政治上不受限制地组建社团比出版自由更重要，虽然危险性也更大。国家可以对结社自由进行约束，并且让其永远无法脱离掌控，可有的时候，为了确保结社自由能够存在，国家也得耍弄些手段。"我在几段之后又说："在所有自由中，最受人认可的就是完全不受约束的政治自由，这点应当承认。就算这种自由不曾将人们引入无政府状态，它也时刻都在让人们朝着这个方向前进。"

所以在我看来，没有哪个国家会让公民享用无限的政治结社自由；而且我甚至觉得，无论哪个国家，何种时代，都不应该对结社自由进行约束，这样才是明智的。

有人说，想保证国家稳定，捍卫法律威严与政府的长存，就必须将结社自由限制在一个很小的范围内。国家稳定、法律威严和政府长久无疑非常可贵。而且在我看来，一个民族若想获得、持有这些珍稀事物，就不得不暂时为自己套上沉重的锁链。可是，那个民族最好自己也清楚，想要得到这些贵重的事物就必须有所付出。

我并不觉得断臂求生有什么奇怪。可是，他割断手臂之后，灵活程度是否会受到影响，我就不敢保证了。

# 第八章　美国人如何以"正解利益"为原则对抗个人主义

一个由为数不多的几个有钱有权的人掌控的社会，掌控者喜欢向人们灌输义务至上的思想，热衷于宣扬自我牺牲的伟大，觉得上帝施恩不忘报，人也该如此。那时主流的道德宗旨就是如此。

相比于其他时代，我甚至觉得贵族时代的人具有更高的德行，不过我敢说，贵族时代的人虽然一直在讨论德行的美好，却不会公开讨论德行的用途。可是，人们的想象力越来越差，以致所有人都自私起来，这种牺牲自己的精神连那些讨论道德的人也望而却步，失去了向人们宣传此种精神的胆量。因此，他们专注于探究公民的自身利益是否有助于所有公民的利益，一旦找到个人利益和整体利益的共通点，便急不可耐地阐述出来。这种成果后来越来越多，使得原本的独立研究成了一般原理。最终，他们总算让自己发现，助人就是助己，与人为善能够带来个人利益。

在美国，人们几乎总能将个人幸福和同胞的幸福联系到一起，而他们是怎么做到这一点的，我在本书的很多地方都讲过了。此间，我要说的是他们是基于哪种一般原理才做到这点的。

美国人很少将品德之美宣之于口。他们相信品德的好处，并且将这一信念作为自己日常的行为准则。美国的伦理学者是不会和自己同胞说，为了展现自己的伟大，你应该牺牲自己的。可是他们会说，不管是对做出牺牲的人来说，还是对受益者来说，这种牺牲都很有必要。

在自己的国家和这个时代中，有一种无法阻挡的力量在推动人们只看重自身，他们知道这点，并且清楚自己无法阻止，于是他们只能想办法借力打力。

所以，他们不但支持人们追逐自身利益，还竭力证明忠实能够带来个人利益。

至于他们是如何阐述理由的，我不想在这方面浪费笔墨，因为这偏离了主题。我只要告诉大家，他们的理由已经得到了其同胞的认可就行了。

蒙坦在很早之前就已说过："我之所以能找到捷径，是因为我的经验告诉我这条路最适合我，也最有利于我达到预定目标，而不是因为这条路是坦途。"

所以，"正解利益"这一原则早就存在。

可是，除了如今的美国人，并没有哪个民族广泛接受了这一原则。这一原则在美国仍在扩大，渗入人们的所有活动中，存在于人们的所有观点里。穷人也好，富人也罢，张口就是这一原则。

"正解利益"这一原则在欧洲没有在美国完备，并且应用的领域也更小，公开宣扬这一原则的人就更少了。事实上，欧洲人早就没有牺牲自己这种想法了，虽然他们每天都摆出一副极愿意如此的姿态。

恰恰相反，美国人热衷于将自己的所有行为都用"正解利益"的原则进行解读，自豪地告诉大家，正是因为他们对自身坦坦荡荡的爱，才让他们愿意团结互助，并为国家利益付出自己的一些时间和金钱。在我看来，美国人在这方面和其他国家的国民一样，都是基于人勇往直前和舍生忘死的本性，所以他们对自己的看法总是有些偏差。

可是，你不要指望美国人会承认自己会受这种激情影响，相比为自己增光，他们更愿意将这份荣耀让给自己的哲学。

我原本可以以问题太难为借口，就写到此处，不对我刚刚谈到的所有内容进行评价。可是，我绝不会用这个借口。即使读者看清我的目标后不再跟着我，我也不想将读者扔在半路。

“正解利益”这一原则，其实非常简单直白，并不难懂。这一原则的方针不是实现宏伟的目标，而是以省力的方式实现所有目标。这个原则所有人都能轻易学会和掌握，因为它和个人受教育水平无关。因为与人的弱点相合，所以它对人影响极大。不仅如此，它因为是以人的自身利益来和人进行抗争，且能推动人的激情的产生，所以这种影响维持起来也不难。

“正解利益”这一原则，只需要人们每天付出一点，而不需进行神圣地自我牺牲。想让人成为有德行的人，只靠这个原则当然不够，可是它能让大部分公民安分守己、自我约束、平和谨慎、目光远大和严格要求自己。这种培养德行的方法确实不是直接要靠个人意志，可是它可以降低人们培养德行的难度。

毫无疑问，当道德世界彻底被“正解利益”这一原则统治，并不会产生多少惊天动地的品德。可我相信，到了那个时候，也不会有多少罪大恶极的恶行。“正解利益”这一原则或许会拦住某些人让他们无法超出普通水准太多，可是有很多人连普通水准都达不到，当他们听说这一原则，必定牢牢地抓着这一原则。这个原则虽然拉低了有限的几个人的水平，却也抬高了整体水平。

恕我直言：在所有哲学理论中，我认为“正解利益”这一原则是当代人最需要的理论；不仅如此，我在这个理论中还找到了当代人最能克制自己的办法。所以，这是现代的伦理学家最应该关注的理论。这个理论在他们眼中或许还有缺陷，但他们必须注意到它的必要性，并予以应用。

我们法国人在利己主义这方面整体来说比美国人更严重的这种说法，我并不认同。在这方面，我们和美国人只有一个不同点，就是我们虽然嘴上不说但其实一直在遵行利己主义，而美国人却对自己支持的态度直言不讳。牺牲部分个人利益以保障剩下的利益，这点是所有美国人都知道的，我们则指望不损失任何利益，最终什么都留不住。

我身边的人似乎没有一天不想通过自己的言行告诉现在的人，追名逐利理所应当；既然如此，我们总有一天会发现有人在告诉现在的人，通过正当的手法也能追名逐利。

随着人与人之间身份的日益平等，人们越发喜欢追名逐利，每个公民都想围着自己转，这是世上任何力量都阻挡不了的。

所以促使人行动的原因就算不全是个人利益，起码也有很大一部分是，这点毋庸讳言。不过，我们还得弄清楚对于自身利益，人们又是怎么看的。

获得了平等的公民若是没能文明起来，那么我不敢说他们在自身的利己主义的驱使下，会不会做下极大的蠢事；而他们若是不愿意为了他人的利益而舍弃部分自身利益，那么，他们会落到怎样悲哀的境地，也是难以预料。

在我看来，美国人未必弄清了他们所支持的“正解利益”原则的所有组成部分。可是，它所包含的大部分道理，他们是清楚的，只要加以引导，所有人都能弄懂。所以，既然盲目的自我牺牲的时代、善良天性未被遏制的时代早已过去，通过教育、启迪缔造自由、公共安全和社会秩序的时代即将到来，那我们现在只要竭尽所能进行教育即可。

## 第九章　美国人如何将“正解利益”原则应用于宗教

要知道，有很多付出要等到来世才能得到回报，所以“正解利益”原则不能只用在今生，那远远不够。一个贪生怕死之徒，就算你想方设法证明了德行的用处，也无法让他行善积德。

所以我们必须弄清楚“正解利益”原则和宗教结合的难易程度。

支持这一原则的哲学家告诉大家：只有懂得约束自己的激情，保证它无时无刻不在合适的范围内的人，才能生活幸福；而想让幸福长久，则必须舍弃众多短暂的快乐，只有永远自制，才能更好地爱护自身。

这种言论几乎是每个宗教缔造者都会说的。他们所做的不过是将终点向后推，为大家找到新的为善之法。也就是说，他们将大家收获回报的时间放到了来生，而非今生。

可是，那些本着宗教精神行善的人，就是为了获得回报吗？我并不这么认为。

我遇到的一些忠实的信徒，一生都在舍己为人，热诚地服务于所有人；他们告诉我，这么做，来生将得到福报。可是我不得不说，在我看来他们放弃了自己。我那么敬重他们，又怎么能不相信他们呢？

基督教确实告诉大家，只有舍己为人才能进天堂。可是，基督教也告诉大家，人之所以行善于别人，是因为对上帝的爱。后边的这种言论，非常好。这表明人们凭借自己的智慧了解上帝的心意，领会上帝让万事万物井然有序的目的，勇敢地参与上帝这一宏伟计划。人们在推进这个让万事万物井然有序的计划时，有时自身利益会受到损害，可是他们并不奢求其他回报，只欣喜于自己对这个计划的坚定不移。

所以若说利益是信教者仅有的动力，我绝对不信。可我相信宗教主要是通过利益来引导人的行为的，而且我坚信正是因为这样，宗教才能博得民心并传播开来。所以人们会因为“正解利益”原则而疏远宗教这种说法，在我看来，缺少可信的证据。

正相反，我倒认为人们会因为这一原则而亲近宗教，而且这并非无稽之谈。为了在今生过上幸福生活的人，若是能时刻约束自己的本能，冷静地以理智来规范日常生活中所有言行，不为突然出现的短暂激情所驱使并克制它，并且习惯于为了终生长远的利益放弃短期利益。那么，当这个人有了可以信赖的宗教信仰，并且为这个宗教的清规戒律所约束时，他是不会觉得痛苦的。他的理智告诉他，他不需要反抗，他的习惯则让他做好了被清规戒律所约束的准备。他所期待的目标或许会在将来让他产生疑惑，可是他更倾向于坚持，并且相信为了在来生获得巨额财富而以今生的部分财富做赌注的这种行为，是明智之举。

帕斯卡曾经说过：“误以为基督教是真的，就算有所损失，损失也有限；可是如果误以为基督教是假的，那损失就大了。”

美国人对来生没有假模假式地摆出一副毫不在意的样子，对于自己想要避开的危险，也没摆出单纯的毫不在意的姿态。所以他们不以自己参与宗教行为为耻，也不觉得自己这么做就是懦弱。可是人们为什么会觉得他们信教的引导者是理智而非信仰呢？因为他们的虔诚表现出了一种无法描述的坦然、井然有序和自信的色彩。

利益并非美国人信教的唯一原因，他们通常将信教的好处放在今生。中世纪的神职人员总说来生如何，可是他们从不费心研究一个忠实的基督徒在今生是不是也能获得幸福。

可是在美国，牧师却一再告诉信众去关注今生的幸福；他们必须付出极大的努力，才能让信徒将视线从今生转向别处。为了感染信众，他们不停地告诉信众宗教信仰能为自由和公共秩序带来哪些好处。宗教的目标究竟是来生永久的幸福，还是今生的喜乐？当你听他们布道，你往往会觉得非常困惑。

## 第十章　关于美国人对物质福利的爱好

美国人不是某个人在追逐物质利益，而是普遍都在追逐物质利益。而追逐的手法虽然并不完全相同，但起码大家都有这种渴望。满足不值一提的身体方面的诉求，为生活带来最微小的改善，是那里的人普遍关注的事。

在欧洲也有相似的情况，而且越来越明显。

为什么两个洲都出现了这种情况？原因有很多，其中有几个和我探讨的问题有关，是我需要予以说明的。

在财富只掌握在有限的几个家族手里且世代相传时，享受物质利益的人虽然有很多，可是在他们看来，这种好处并不是只有他们能享受得到。

面对同等珍贵的事物，人心最激动的时刻，莫过于渴望得到但未彻底拥有的时刻和得到了一部分但又害怕终会失去的时刻。

在贵族制社会的有钱人看来，他们当前的生活就是世间仅有的生活方式，从不害怕自己的生活会发生变化，也很难想到还有别的生活模式。所以物质利益在他们眼中并非生活目标，只是生活的模式。对他们来说，生活中就应该有物质利益，他们可以说并未意识到自己正生活在幸福之中。

对物质利益的追逐是人固有的天性，而他们轻轻松松就能满足这种天性，所以他们可以把心力花在其他地方，被那些难度更高，也更伟大的事所吸引，并专心致志地去做这些工作。

为什么某些贵族可以一边享受物质利益，一边藐视物质利益，并在必须放弃物质利益时，表现得非常果决，原因就在这里。纵览颠覆和推翻规制体制的数次革命，我们会发现，对那些习惯于悠闲舒适的人来说，忍受贫苦的生活并不是什么难事，但对那些饱经磨难才过上幸福生活的人来说，一旦失去幸福，日子就过不下去了。

相似的情况，当我将视角从社会上层转向社会下层时，也能发现，不过两者的原因各不相同。

通常来说，在一个稳定的贵族制国家，百姓习惯了贫穷，有钱人也习惯了排场。富人轻易即可得到物质享受，所以他们无须为此忧心；而穷人获得物质享受的可能很小，欲望不强，因此干脆绝了获得此种享受的心思。

这种社会的穷人，将所有的想象力都用在了来生。他们的想象力可以从凄惨的现实生活的樊笼中逃出，去构想遥远的天上的享乐。

相反，当等级界限与特权消失，财富越来越分散，人人都能接受教育并拥有自由，追逐享乐的想法就会在穷人心中浮现，至于富人，失去享乐的畏惧将让他们战战兢兢。最后，很多人家都达到了小康水平。过上富裕生活的人虽然获得了物质享受，并能感受到此种享受的优势，可他们始终相信这种享受还有发展空间。为了获得此种享受，他们付出了极大的努力，可是他们享受此种快乐的过程却充满了谨慎和畏惧。

所以，他们总是热衷于追逐享乐或者想方设法维持非常喜欢享乐的心境，可与此同时，他们又没办法切实得到这种享乐，并为此感到满足。

我认为，世上再没有哪种激情比追逐物质享受这种激情更容易被卑微的出身和财产的匮乏所影响和约束了。这种激情从本质上讲，属于中产阶级。这个阶层的壮大促进这种激情的壮大，这个阶层的崛起也会让这种激情崛起。身处中产阶层的这种激情会逐渐向社会上层和普通群众中渗透。

在美国，我看到的每个穷人都希望能获得富人的享乐。命运虽然从没为他们安排此种财富，可他们的想象力却一直在它上面。

另一边，我在美国遇到的任何一个富人都不会以藐视傲慢的眼光来看待物质享受。可这种情况却会出现在最富有、最豪放的贵族身上。

在美国，大多数有钱人都做过穷人。他们历经千辛万苦，长时间在困境中搏杀，贫穷意味着什么，他们感触颇深。现在他们虽然获得了成功，可毕竟没有多长时间，所以仍保留着原本的拼搏的激情。花费了他们40多年的时光去追逐的小小的享乐，似乎仍在吸引着他们。

难道美国和别的国家不同，没有众多通过继承财产就能获得财富的富人或者能够轻而易举就富裕起来的富人吗？当然不是。可是，就算是这些人，对物质享受的兴趣也没有更小。现在整个国家的人都开始喜欢物质享受，这种爱好将会成为主流，占据统治地位。这股符合所有人心意的洪流正在席卷每个人。

## 第十一章　在民主时代物质享受带来的特殊状况

读者看到这儿或许会觉得，美国人对于物质享受的热衷，会让他们朝着道德败坏、家庭动荡，最后威胁社会自身安全的道路前进。

可是，我们要知道，对于物质利益的追逐在贵族制国家引发的那种情况并不会发生在民主体制下，所以实际情况并不是这样。

贵族有时会因为厌倦政治工作、对钱财过于贪婪、信仰缺失、国家败退等原因慢慢全身心地投入到物质享受中；有时又会因为无法抵抗的王权和软弱无力的民众而失去权力，只剩下财产，无法出人头地使得他们满腹怨言。他们这时会回到自己狭窄的生活圈去追求物质享受，将以往的崇高和伟大抛诸脑后。

一个贵族集团，当它内部的所有成员都被物质享受所掌控，那么他们因长时间掌权而得到的一切，最终都会被用在享受上。

追逐享受并不会让这种人获得满足。他们会穷奢极欲到彻底败坏的程度。他们似乎想要攀比谁堕落的技巧更高明一般，竭尽所能地推崇物质。

一个贵族集团，过去强大、荣耀和自由的程度越高，现在就越是极尽堕落腐坏之能事。我敢说，就算过去它的品德如何辉煌灿烂，最终也会被它的邪恶之光压制下去。

民主国家绝对不会因为物质享受的激情而落到此种极端的境地。民主国家的人虽然普遍非常喜欢物质享受，可这种激情却是可控的。倾尽全天下的财富去修筑富丽堂皇的宫殿和鬼斧神工的花园以满足某个独裁者的享乐之心这种事，绝不会发生在民主国家。民主国家的人想要的，仅仅是多买几亩好田地，盖一所房子，过更加闲适和幸福的生活，少一些麻烦，以尽量少的金钱和精力达成小的需求。这虽然不是什么大事，却是每个人都想要的。人们忘了它们以外的世间所有事物，因为人心没有一天、没有一刻不被它们所迷。有时，甚至只有上帝才能超越它们在人心中的地位。

有人认为，巨富之家仍旧保留着贵族时代的喜好，所以这种言论只适用于资产有限的小门小户。我却不这么看。

在民主社会，即使是最富有的公民也曾经做过普通公民，所以他们和普通公民在物质享受方面的喜好差异并不大，其实两者是一样的，并且前者也相信自己不应该违背普通公民的喜好。

民主社会的公民通过审慎的办法来享受欲望，热烈但不狂热，并且所有人都只能这样实现他们的心愿。那里的人遵循相同的准则，而在这个准则之外，作恶有多难，行善就有多难。

所以在民主国家，忘乎所以的享乐并非富人的首要目标，满足日常生活的种种微小的诉求才是。他们不会放纵欲望，只希望达成不计其数的小愿望。所以他们不会醉生梦死，往往是得快乐时且快乐。

追逐物质享受，民主时代的人的这种特别的喜好自然不会和秩序相悖，相反，秩序还有利于它的达成。它也不会妨碍到民情的改善，因为好的民情对社会的稳定和实业的发展都非常有益。此外，它还能和某种宗教正义感整合起来，因为人们不仅希望能够在今生满足这种喜好，还希望来生也有这种可能。

人们必须时刻控制自己的行为，因为并非所有物质享受都是合法的。人们追逐、渴望所有宗教道德允许的物质享受，并想办法获得这些享受，不过在此过程中，那些能为人类带来荣耀和崇高的最珍贵的享受往往会被忽视掉。

我并不是因为平等会让人去追逐那些违法，才指控平等，而是因为平等会让人彻底沉迷在合法的享受之中。

如此一来，世界早晚会走向温和的唯物主义。最终，这种能够洁净人类灵魂，而非腐蚀人类灵魂的唯物主义，将神不知鬼不觉地缓和所有紧绷的神经。

## 第十二章　有些美国人对唯心主义十分沉迷，原因何在

美国人最在意的就是今生的幸福，对此种幸福的渴望是他们最主要的激情，然而，这并不表示这种激情完全没有停顿的时候。每逢此时，他们的心似乎瞬间瓦解了绑住心灵的物质锁链，直接奔赴天堂。

在美国的各个地区，尤其是人迹罕至的西部诸州，你有时会看到一些四处向人们传福音的巡回牧师。

有些人全家出行，男人、女人、老人、孩子，跋山涉水地去遥远的地方聆听巡回牧师传福音。看到巡回牧师之后，他们丢下日常工作，甚至将吃饭睡觉都抛到了脑后，几天几夜地倾听。

在美国，你会发现社会中充满了沉迷于唯心主义者。他们近乎疯狂地追寻唯心主义，而这种情况在欧洲绝对看不到。有些教派别出心裁，想要铺设一条通向永恒乐土的坦途，而且随时都能让此种激情爆发出来。在美国有很多疯狂的教徒。

对此，我们不必感到吃惊。

人天生就喜欢永生，厌恶死亡。这是一种伟大的本能，凭人的意志是创造不出来的。它们的根系深埋于人性之中，个人的努力并不会对它们的存在造成影响。人们可以遏制它们的发展进程，改变它们的外在形态，但无法抹杀它们。有些心灵诉求是必须满足的。或许你能改变心灵的关注点，但它会在感官受到刺激时，立即以烦闷、焦躁和激动作出回应。

当大部分人为物质享受所迷，少数人的心灵也会有奇怪的表现。面对肉体布设的俘获自己的陷阱，这些人因为害怕受其所害，便任由自己沉迷于精神世界中。

所以尘世间有那么几个一心以天堂为目标的人，我并不觉得吃惊。让我吃惊的是，神秘主义怎么会如此迅疾地在一个唯自身是图的民族中消失。

某些人说的，是因为迫害和大屠杀——就像埃及的底比斯沙漠遭遇了罗马皇帝发起的那场迫害和大圆形剧场的大屠杀，与之相比，我更倾向于是因为与罗马相近的穷奢极欲以及希腊的伊壁鸠鲁哲学等原因。

社会状况、地理环境和法律体系形成的枷锁将美国人的精神牢牢地捆在通往物质享受的道路上，若非如此，我敢说他们只要开始进行精神层面的修习，就会积累越来越多的知识和经验，轻易就能完善自身。可是，已经意识到自己精神受到约束的美国人，看上去没有随时将这些枷锁打破的打算。

所以，他们就算真的冲出牢笼也会觉得不知所措，总是会横冲直撞做出些不符合常理的事。

# 第十三章　过着幸福生活的美国人为何忐忑不安

如今在旧大陆的一些偏远山区仍能看到有些小村庄被排除在普遍的发展之外，看上去像是被遗忘了一般。它们身边的事物奔涌向前，可它们却被留在了原地。在那里，村民大多十分无知和穷困。他们饱受政府的欺凌却对国家大事不闻不问，非但如此，还总是心平气和地欢快度日。

在美国，我遇到了一些最自由也最有学问的人，纵览整个世界，他们的物质条件都是最好最能保证其幸福的，可是我在他们脸上总能看到一层阴云，就算处于欢快之中，他们也给人一种满腹心事、忧心忡忡的感觉。

生活在欧洲荒僻的小村庄里的民众从未意识到自己过着凄惨的生活，而美国人却总想抓住那些还没获得的东西，是造成以上两种情况的首要原因。

美国人对物质利益的痴迷和担心找不到捷径发财致富而露出的愁容，让看到的人感到吃惊。

美国人想要获得世间所有好的东西。有时，他们给人一种自己的生命没有尽头的感觉，有时，又给人一种非常焦躁的感觉。他们对瞬间拿到一切的渴望，像是担心生命短暂，无法享受幸福生活一般。他们想要获得一切，却无法切实掌握任何事物。每次抓到一件，用不了多久又会为了得到新事物而将其扔掉。

一个美国人尽心竭力去盖一所养老的房子，可是房子还没封顶，他就把它卖掉了；他又去经营一个果园，可是在他将果园租给了别人的时候，果树还没结果；他又去种地，然后庄稼眼看就要丰收，他又将收割的工作交给了其他人。一个人轻易就能将自己原本不错的工作扔掉。一个人很快就能因为志向的改变而迁去别的地方居住。一个人除了自己的事，还可以插手政治事务。一个人辛辛苦苦干了一年，终于有几天可以休息放松，却会在好奇心的驱使下周游美国，用短暂的几天跑出几千里以开阔眼界。

他们尚未感到疲倦，死亡已经降临，追逐完美幸福这项工作还没完成，他们却必须离开人世了。

猛一看，这些人在这样富足的环境中过着这么幸福的生活却表现得极为焦虑，难免让人惊异。从有人类开始，这种情况就已经存在，可整个民族都如此的情况，还属首例。

美国人为什么喜欢物质享受，我认为主要原因就是这种心灵的焦躁和这种好动性，前者我们从他们的行动中可以看出来，而后者，美国人每天都在以切实的行动进行证明。

那些专注于今生幸福的人，往往表现得非常急躁，因为他们没有多少时间能用来追寻、获得并拥有幸福。只要想到时光短暂，岁月如梭，他们就得马不停蹄地干。看到手里的好东西，他们会想到还有不计其数的好东西等着他去得到，所以他们生怕自己还未享用，死神就已降临。在这种想法的驱使下，他们感到焦躁、恐慌和沮丧，他们的精神一直无法安定下来，于是总是有新的计划并变换住所。

人们内心动荡的情况，在追逐物质享受的喜好和此种社会状况——每个人的地位都能不受法律和习惯的约束自由改变——结合到一起时，会表现得更加严重。此时，所有人都会时常改变自己的道路，生怕找不到能够切实走向幸福的最好捷径。

热衷于追逐物质享受的人所抱有的期望越高，就越容易失望，这点不难想象。

考虑到享受是最终目标，那么享受本身就必须足以抵消追求享乐所付出的艰辛，所以实现这一目标的途径就必须是简洁的。所以大多数人此时的心情兼具了狂热与消极，紧张与放松。有时候让他们感到畏惧的并不是死亡，而是为了所追寻的目标继续前行。

我上边说的种种结果，平等可以采取更加直接的手法达成。

当没有了身份和财产的特权，所有人都能参与到各行各业中，任何人都能凭借自己的努力成为本行的泰山北斗，那么野心勃勃的人必定会觉得自己前途无限，命中注定会大有作为。可是这种看法并不正确，通过经验就能修正。平等一边让所有公民都觉得自己前途光明，一边又让所有公民都成了没有力量的个人。这种平等对人的力量进行了全方位的压制，可与此同时，又将人的欲望放大了。

这些没有力量的人，每迈出一步都会遇到出乎意料的重大阻碍。

同胞中的那些特权阶层虽然被他们打倒了，可他们遇到的新情况是，他们必须和所有同胞竞争。束缚只是改变外形，并没有消失。当人与人的差别近乎消失，所有人都沿着同一条路前进时，谁又能轻轻松松地快速前进，并穿过拥挤的人潮呢？

人们在平等的影响下有了追逐享乐的想法，可是却不知道如何才能得偿所愿，而这永远无法平衡的两方，时常会让人心存苦闷，饱受折磨。

不难想象，人们可以获得让他满意的足够的自由，也能心平气和地畅想自由。可是平等不同，人是无法获得让自己满足的足够的平等的。

任何一个民族无论如何努力，也无法在其内部构建一个绝对平等的社会。就算哪天这种绝对的平等真的出现了，也还有智力上的不平等，要知道人间的法律是无法解决这种不平等的，因为它由上帝直接赐予。

一个民族，就算有着民主的社会状况和政治体制，它的公民也几乎都认为自己在某些方面并不自由，而且不难预料，这些公民的眼睛会永远盯着这些方面。当一个社会的主流法则就是不平等时，即使是最大的不平等也不会惹人注目，可是这个社会若是近乎人人平等，那么即使是最微小的不平等，人们也会觉得无法忍受。所以平等的程度越高，人们对平等的要求就越高。

对民主国家的人来说，获得某种程度的平等并非难事，难的是获得让他们满意的平等。这种平等就在人们眼前，可是你刚要抓住它，它就溜到了你能看到的更远的地方，最后成了人们在它后边紧追不舍的局面。人们坚信自己能够抓到它，可它却总能从人们的抓捕中逃脱。人们能够看见它的身影，能够闻到它的味道，可就是抓不到它，等人们终于有机会一尝它的美味，它就从人世间消失了。

为什么民主国家的人过着富足的生活，却总表现出一副忧心忡忡的样子？为什么他们过着平和安静的生活，偶尔却会生出死念？原因就在这里。

人们因为法国自杀的人越来越多，美国却少有自杀者而诸多埋怨，可是你们没有发现，美国的精神病患者比任何国家都多。

法国和美国生了一样的病，但症状不一样。

美国的宗教严禁人们自杀，所以美国人就算心情再糟，也不会寻死。美国完全不存在唯物主义思想，虽然几乎所有美国人都热衷于物质享受。

有着坚定意志力的美国人，在理性方面表现得非常薄弱。

相比于贵族时代，民主时代的人不管是享乐的机会，还是享乐的人都更多。不过，另一边，民主时代的人期望和欲望也更容易落空，更容易发生情绪激动和沮丧的情况，忧伤感更重。

# 第十四章 美国人追逐物质享受，但同时也关心自由和公共事业，他们是如何将三者结合到一起的

一个前身是民主国家的专制君主国，公民的注意力也从公私两方面变成了只顾个人生活的一个方面。如此一来，物质在初始阶段会发展得非常迅速，然而，用不了多久，就会开始减速，最终停滞不前。

任何从事工商业活动的民族都不是自由的民族，这一点，我是否可以从都灵人到佛罗伦萨人和英国人中找一个例子予以证明？我并不清楚。所以，自由和实业之间必定有着紧密的内在联系。

这几乎适用于每个国家，尤其是民主国家。

在平等时代，人们想获得任何福利通常都得先进行结社，这点我在前边已经说过了。另一边，我还说过广泛的政治自由有利于结社技巧的推广和完善。所以自由在平等时代可以带来大量财富。相反，你会发现专制会极大地遏制财富的产生。

凶残和狠毒并非民主时代专制权力的特点，繁复和滋扰才是。这种专制直接影响了人们经商和创办工厂的能力，尽管它并未损害人性。

所以，民主时代的人想要获得他们追寻已久的物质享受，就必须拥有自由。

可是有时太在意物质享受，会让人轻易对强权低头。就这样，此消彼长，一种相反的激情取代了人们之前渴望获得福利的激情，最后忘记了原本追求的目标。

事实上，民主国家有一个演变过程非常危险。

这种国家，当它的文化和自由习惯的发展速度跟不上它对物质享受的追求时，会陷入一种人们很容易亢奋但自制力却非常有限的状态里，这时，人们会试图得到他们看到的所有新的物质享受。

他们不再关注将个人幸福和国家富强紧紧捆绑在一起的纽带，因为他们满心都是发财致富。他们已经得到的权利，你不用费心去抢，他们自己就会放弃。他们不喜欢政治义务，认为它会妨碍他们从事实业活动，会分他们的心。你让

他们参选代表，或者参与到政府工作中，或者一起做一些公共事务，他们会告诉你他们很忙，而这些无法赚钱的工作不值得他们浪费宝贵的时间。

他们觉得这种工作毫无意义，任何想在生活中赢得重大利益的人都不该去做。这些人知道并认可正解个人利益的原则，但认识有限，不仅如此，太看重自己的事，使得他们忘了一件非常重要的事——坚持做自己的主人。

人们只关注个人事务而不想参与公共事务，以及原本将所有的个人时间都放在公共事务上的阶层已经消失，使得政府职务闲置，无人接手。

在这种危急时刻，若是有哪个才能出众的野心家想要执掌政权，他会发现自己前方的夺取之路毫无阻碍。

他只要在一段时间内为了种种物质利益尽心竭力，不管他做得好不好，人们都愿意由着他想做什么就做什么。保证秩序良好是他最重要的工作。相比于自由对物质利益的好处，那些热衷于追逐物质享受的人最先发现的往往是滥用自由对物质利益的危害。个人生活的微小快乐一旦被民众的激情所影响，即使这种影响非常微小，人们也会马上产生警觉，并感到心神不宁。他们因为长时间的对于无政府状态的畏惧，总是一副胆战心惊的样子，一旦有骚乱发生，他们就想舍弃自由。

社会安定是一件非常好的事，这点我绝对赞成；可是我清楚地记得每一个出现暴政的国家，先前都有一段时间秩序井然。自然，这并不意味着一个国家不该关注社会秩序，但也不表示一个国家除了社会安定，再不需要别的东西。若是哪个民族对政府唯一的要求就是维持秩序，那么这个民族从心理上就已经做了奴隶，也就是说，他们的财富反倒成了他们的主人，而且或许用不了多久就落到某个人手里。

这种民族既要小心个人专制，也要当心党派专制。

当每个公民都把视线放在个人事务上时，就算是党派也会期望自己成为公共事务的掌权者。

所以，有限的几个人代表大部分人在台上表演的情况，不管是在世界政治舞台上，还是我国的政治舞台上，都很常见。他们打着没有到场的或者对政治漠不关心的民众的旗号指手画脚，台上只有为数不多的几个人，剩下的人根本没来演出现场。他们随心所欲地安排每一件事，动辄篡改法律，肆意强奸民意。你会吃惊地发现掌控着那个伟大的民族的，居然是少数几个无耻之徒。

古往今来，能够躲开我上边谈到的所有暗礁的，只有幸运的美国人。他们在这方面确实让人眼红。

纵观世界所有国家，美国无所事事的人最少。在那里，任何一个有劳动能力的人都在为了获得财富而奋勇拼搏。美国人热切地追逐财富，可他们通常不会走上邪路。他们的热情虽不曾被理性压制下去，但却能接受理性的指引。

在追逐私利时，美国人可以将世界上的所有人都抛诸脑后只顾自己，可是当他们热心公益时，看上去连私利也能彻底遗忘。有时他们为强烈的利己主义掌控，有时他们又为神圣的爱国主义驱使。原则上人心应该是统一的，不能分成两半。可是，同样浓烈的两种激情却能轮流掌控美国人的人心，一会儿去追逐财富，一会儿又去追逐自由，于是人们觉得美国人整合了这两种不同用途的热情，让它们共同在心灵的某个角落安息。事实上，在美国人眼里，自由不仅是幸福最好的捕获者，也是幸福最好的捍卫者。

他们喜欢自由，也向往幸福。所以公共事务对他们来说是分内之事。相应地，他们坚信应该有一个既能让他们得到自己想要的财富，又能确保他们平安享用那些财富的政府来保护他们的首要行动。

## 第十五章　美国人的心灵是如何因为宗教信仰而时刻趋向精神享受的

在美国，每到星期天，整个国家的工商业活动都像是彻底中止一般，一切喧嚣归于沉寂。这是让人们安静下来去休息的时间，或者换个更准确的说法，是让人们进行肃穆的沉思的时间。再次占据独立地位的灵魂开始自省。

人们这天不去市场，所有人都带孩子去教堂聆听他们似乎很少听，所以并不熟悉的福音。于是他们知道了傲慢和贪婪带来的不计其数的危害。传教士告诉他们：人们一定要控制自己的欲望，唯有善行能让人获得神圣的享受，值得人去追寻的应该是真正的幸福。

离开教堂回家，他们翻看的不是账册是《圣经》，从中去寻觅以生动而优美的笔触描绘的创世主的伟大和仁善；上帝的恢宏壮丽的功绩；人类的终极命运、职责和追逐长生不死这一权利。

就这样，美国人暂时舍弃生活中的小欲望和短时利益，迅速投身于神圣、纯洁和不朽的理想世界，抽时间净化自己。

美国人的政治体制因何长久，我在本书上卷已经做过探讨，并得出结论：主要的一个原因就是宗教。此处我要探讨的是宗教对个人的影响，相比于对国家，它对公民的影响并不逊色，而且是作用于所有人的。

美国人通过实际行动告诉我们，想让民主制度在性质上趋向德行必须借助宗教。对于这件事，美国人的看法称得上是真理，所有民主国家都该接受。

我坚信一个国家的社会制度和政治体制必定能够激发该国产生某些信念和喜好，并对这些信念和喜好产生强化作用。与此同时，该国的某些观念和喜好也很容易就会受这些因素影响而消失于无形。

立法者应该具备这样的才能：对人类社会的此种趋向进行准确地预判，并找出需要人民帮助的地方和尽量不让人民插手的地方。毕竟时代不同，公民的义务也是不一样的。一直在变的不只是人类追寻的目标，还有实现目标的方法。

我出生的时代若是贫富差异巨大的贵族时代，国内不论是穷人还是富人，都因为世代如此而失去了改善的欲望，变得冷硬麻木，将所有希望都放到来生；那我极愿意站出来，让这些人看到他们自身的需要，并想方设法以最快最简便的方法让他们得偿所愿。不仅如此，为了激励他们创造财富，我还会让他们竭尽所能地研究物理学。

为了财富舍生忘死，过于推崇物质享受的情况只是个案，所以若是哪天真有人这样我也不会担心，毕竟当全社会都在追逐财富时，这就不是个案了。

对于民主国家的立法者来说，关注点并不在这里。

在民主国家，当你将受教育权和自由的权利交给人们，你就该放手不再干扰他们。

他们能够轻易获得民主能够带给这个世界的所有好东西，持续推进各种有用的技术，让便捷的生活一天比一天悠闲舒适，当然，社会状况也会将他们朝这个方向推进。我相信他们不会停下脚步。

这种方法虽然并不违法，可是若有人对幸福过于执着，并忠实地以此种方法寻求幸福，他卓越的才能早晚有一天会没有发挥的地方；而这个人若是只围着自己的生活转，他的人格早晚会下滑。危险就在此处，也只在此处。

所以在民主国家，立法者和所有德行出众者都该专注于提升人们的灵魂，并将人们的灵魂带往天堂。任何人，除非他不在意民主社会的未来，否则都该团结一心，众志成城，为了让民主社会充满不朽的喜好、神圣的情感和对精神享受的热爱而奋斗不止。

在民主国家，若是有人传播不好的言论，宣称肉体的消亡意味着一切的终结，那么对于此种观点的持有者，我们可以将其视为国家的死敌。

我对于唯物主义者的很多方面都不喜欢。在我看来，他们的理论是坏的，我也不喜欢他们的狂妄。让人对自己有一个更加淳朴的认知，可以说，是唯物主义的体系对人类仅有的一个好处。可是，唯物主义者自身对自己却不是这么看的。他们觉得自己有充足的证据可以证明人类也是兽类的一部分，可是与此同时他们又像是把自己当成了神明一般，看上去非常高傲。

唯物主义，无论对何种国家而言，都是一种发生在人的精神上的危险的疾病。但是，考虑到它能巧妙地与惯常发生在民主国家人民心中的邪恶结合在一起，所以对民主国家更有威胁。

民主主义能够增强人们对物质享受的喜爱。但这种喜爱若是超过一定的界限，用不了多久就会让人觉得所有事物本质上都是物；而唯物主义又能让人极端钟爱此种享受。这种循环正是民主国家的宿命。

它们最好能发现危险，并进行自我调节。

在宣扬灵魂永生这方面，宗教这种通用的工具大多简单有效。宗教是民主国家存在信仰的首要原因，而相比于其他一切国家，民主国家都更需要信仰。

所以，当民主国家有一种根基深厚的宗教时，无论这种宗教是什么，你都应该将其视为贵族时代珍贵的遗物去保护，而非干预滋扰；未免人们的心灵在改换宗教信仰的过渡期出现空白，让物质享受抓到空子生根发芽开疆拓土，最终掌控整个心灵，不要试图用新的宗教思想取代人们旧有的宗教思想。

相比于唯物主义，轮回学说自然也没好多少。可是若民主国家必须在两种中间选择一个，我会当机立断选择轮回学说。在我看来，相比于相信自己灵魂会托生成猪，坚信灵魂不存在，会让人显露出更多兽性。

当人们对因果报应持怀疑态度，坚信人从神手中获得的灵魂在人死后会回到神的手中或者投身于神缔造的其他动物的身上时，信仰会产生好的影响。所以在提升人的品性方面，信仰和物质暂时整合，这种精神上的永恒的原则，必不可少。

因为此种信仰并不将肉体视为我们人生中最重要、最高等的环节。所以，它一边承认肉体的作用，一边藐视肉体；一边真诚地颂扬尊重人的精神方面，偶尔又对精神层面的指令不予理会。单凭这点就赋予了它的观点和喜好以崇高的外在，让它不必从利益出发，主动朝着纯粹的感情和伟大的思想迈进。

苏格拉底和他所在的学派所相信的人死之后有来生的观念，是错的；但他们思想的根基——灵魂和肉体完全不同和人死后灵魂不灭，却是推动柏拉图的哲学使其独居特色的巨大力量。

从柏拉图的书中我们知道，在柏拉图之前和他所在的那个时代，有不少推崇唯物主义的作家。这些作家的书要么没能流传下来，要么只有很少的一部分得以流传。不管是哪个时代，能够流传于世的名著大多支持唯心主义。人的天性与喜好青睐此种学说，而且通常不论个人意愿如何，都会帮它逃离困境，让它的支持者能够彪炳史册。所以对于喜欢物质享受的热爱和这种热情带来的主张并不能讨好一切时代和政治体制的民众。人心远比人们想象得要宽广，不管是对今生幸福的追逐，还是对天堂幸福的渴望，都能包含容纳。它有时看上去对其中一种极为推崇，但很快又会追逐另外一种。

让唯心主义观点占据支配地位对民主时代尤其重要，指明这点并非难事，难的是说清楚：民主国家的掌权者要怎么做才能让这种观念占据支配地位。

在我看来，官方哲学是无法繁荣和长久存在的；而国家宗教就算短时间能让政权获益，早晚也会危及宗教自身。

为了加重宗教在人们心里的分量，支持宗教宣扬的唯心主义，有些人觉得应该让传教士在法律之外可以拥有一定的政治影响力，这种观点，我并不认同。

在我看来，解读宗教信仰的人若是参政，必然会导致政治危机；我认为现代的民主国家应该竭尽所能地捍卫基督教。所以相比让传教士迈出教堂的围墙，我宁可让他们在教堂中闭门不出。

如此一来，政府想让大家认可唯心主义或者成为宣扬唯心思想的宗教的信徒，又要怎么做呢？

政治家们并不认同我下边的这些答案。我相信，政府想让人民尊重灵魂永生说，只有一个办法切实有效，就是每天通过实际行动告诉大家它就是这么认为的；我也相信，想让民众在小事上表现出对宗教道德的认可、热爱和敬重，政府就必须在大事上严守宗教道德。

# 第十六章　对福利过于推崇或许会损害福利，原因何在

人们未曾注意到在心灵境界的升华和肉体享受的提高之间，有某种紧密的联系。这两种截然不同的事，人们可以随心所欲地对待，轮流看重，但若是彻底将两者隔离开，怕是一样都做不成。

我们和动物有着相同的感官和相似的欲望。动物寻求满足肉体诉求的激情，我们人类也有。不管是在我们人的身上，还是狗的身上，都能看到此种激情的幼苗。

可是，动物想要满足的需要是最低等也最基础的，也只能满足此种需要，可人类想要满足的需要却在不断改变和提升，为什么？

动物对物质享受的追求只是出于本能，而我们却是源自心灵，这正是我们比动物强的地方。

人类社会中的笨人可以和智者学会达成自身诉求的技能。人之所以能够让肉体享受以远远超出动物想象的程度成倍提升，是因为人可以脱离肉体享受，甚至藐视生命本身。

一切事物，只要能对心灵进行提升、填充和扩张，都能让心灵去达成心灵之外的事。

相反，一切事物，只要能对心灵造成打击和压制，都能损害心灵的做事能力，让人无论大事小事全都做不了。所以一定要保证心灵力量强大，并能时刻以强大的力量为肉体效劳。

一个人若是只想追逐物质财富，我敢说这个人早晚会失去创造物质财富的能力，最终和动物一般，既不能鉴赏物质财富，也无法生产物质财富。

# 第十七章　为什么生活在平等和怀疑之风盛行的时期的人，应该有长久的行动目标

生活在宗教影响力极大的时期，人们往往将来世作为终极目标。

所以对这个时期的人来说，连续多年盯着一个固定的目标，一直朝着这个目标奋进，是理所当然的事，已经成了习惯且毫无怨言；在顺着自己的心意前行的道路上遇到了很多短暂的小欲望，他们知道如何去压制它们，除了心里那个崇高而永恒的目标再不想其他。这种习惯影响了这些人处理俗世生活的方式。他们为自己在俗世生活中做的每件事设立切实的整体目标，并竭尽所能朝着这个目标奋进。他们不会为了新的兴趣每天更换目标，他们有整体方案，会坚持不懈地为之努力终生。

虔诚的信徒为什么总是能实现目标远大的伟业，原因就在这里。人们会发现，他们追逐的虽然是来生的幸福，可手里却抓着获得今生幸福的大奥秘。

宗教让人习惯于在做人做事时考虑来生。就这一点而言，宗教对来生幸福的帮助并不比对今生的幸福帮助小。这正是宗教的一个重大的政治效用。可是，当信仰的光芒越来越暗，人们的目光也越来越短浅，最终就只为了眼前的目标行动了。

人们只要养成不为死后之事忧心的习惯，轻易就会不在意未来，然而，这种态度和人类的某些本性却是十分契合的。除非养成以长远目标来实现自己期望的习惯，否则人们无法抵挡早日达成眼前小欲望的诱惑；当永生的欲望破灭，他们会像只剩一天可活一般对今生的幸福急不可待。

所以，对怀疑之风盛行的年代来说，最危险的事情莫过于人们因为日常生活中偶然出现但不断出现的欲望，舍弃需要付出极大努力的长期目标，不愿意去从事那些神圣、稳健但耗时长久的事业。

一个处于此种状态的民族，若是哪天又有了民主的社会情况，那么情况就不会只是上面说的那样了。

在这样的时代：所有人都在想方设法改善自己的处境，每个人都能参与到普遍的竞争之中，人们在民主的动荡中既能一夜暴富也能一夜赤贫，人们的头

脑想到骤然暴富和容易致富，想到能够轻易得到和轻易失去巨大财富，并产生种种幻想自然不是难事。人们的欲望本就多变，当社会状况变幻不定，这种多变自然会被增强。命运多变、难以揣测使人们只能看到当下。所以未来被当下遮掩，人们也不再考虑以后。

若是运气不好，哪个国家同时盛行民主体制和无宗教信仰，那么该国的哲学家和掌权者要做的一件大事，就是不停地让人树立长远的行动目标。

在专心致志地研究自己所在的时代和国家精神时，伦理学家应该学会如何捍卫此种精神。他们应该坚持不懈地告诉那个时代的人：虽然环境并不稳定，但这并不妨碍大家设立、推进目标长远的伟业，其难度比想象得要小；人类促进俗世繁荣发展的方法并没有因为人类的生活环境发生了变化而跟着改变，人们想要满足共同的获得幸福的激情，必须抵挡住眼前众多小欲望的诱惑，这点不管对民主国家还是对别的地方，都一样。

执政者的工作也非常清楚。

任何时代的国家领导人都该深谋远虑；更别说民主和怀疑之风盛行的时代了。民主国家的掌权者这么做，一方面能够促进国家发展，另一方面也能以自身为例告诉人们如何解决个人问题。而对执政者来说，还有一件事更加重要，就是在施政过程中竭尽所能避免因心存侥幸做出目光短浅的事。

贵族时代的整个体制和舆论体系让人养成了习惯，人们只会按部就班，一点一点地前进。所以就算有大臣忽然得到宠信，无故受赏，在国内的影响也不会持续很长时间。

可是在民主国家，因为人们对这些事毫不在意，只围着自己的私事打转，所以若是发生这种情况，结果会非常糟糕。所以在平等和怀疑之风盛行的时期，最重要的事，就是让君王或者民众不能为所欲为，让人民能够尽情展露自己的才华。要确保每次升迁都是因为升迁者本人的努力，那些野心家想要获得大权必须历尽种种艰辛，一切目标的达成都要经过长时间的努力奋斗。

政府必须让人重新对未来充满幻想，既然宗教和社会状况做不到，那就要想别的办法，通过切实的行动告诉民众，想要获得财富、名声和权力，必须付出相应的努力；告诉他们想要获得大的成绩必须设立长远目标，只有经过千辛万苦得到的事物才能长久。

人们若是养成了对当前事项的未来进行预判并认真制定方案的习惯，思想就会摆脱俗世生活的制约，随时都能打破樊笼，看见远方。

所以，公民若是养成了活在今生顾虑来生的习惯，那么你不用和他们说，他们自己就会向宗教靠拢。

所以，或许正是我们如今仅有的这个方法——让人类沿着这条艰难而曲折的道路确立信念——才能让人在不借助宗教的前提下实现预定目标。

## 第十八章　美国人认为一切职业只要正当就是伟大的，原因何在

在民主国家，财产不会世代相传，所以人们通过劳动或者劳动所得或者同为劳动者的父母养活自己。在人生之中，劳动是必需的，也是理所当然和自然而然的事，因此各个方面都在向人们宣扬劳动的思想。

劳动在这种国家中非但不卑下，还是一种荣耀。社会舆论也支持劳动，赞美劳动。美国的所有有钱人都相信，他们是因为社会舆论的支持才抽时间去践行某些公共职责的。他若是一辈子都只为自己而活，死后的名声会非常糟糕。很多美国的有钱人会跑来欧洲，就是因为想要避开这种义务劳动。他们在欧洲找到了那种以悠闲为荣耀的贵族社会的残余。

平等为劳动思想恢复名誉的同时，也提出了通过劳动获取财富的主张。

事实上，贵族社会并非看不起所有劳动，只是瞧不起那些能够带来财富的劳动。那些以实现个人志向或者提升个人品德为目标的劳动，仍旧为人称道。不过，贵族社会的人并不是只能看到名誉，看不到利益，不过是不往外说，只将这两种想法埋在心里。他们装得像煞有介事，人们没注意到两者的融合。他们瞒起来也不难。贵族国家的所有官员在为国家效命时，几乎都表示不需要物质利益。薪水对他们来说并不是什么大事。

他们在这方面表现得并不小气，不仅如此，还常以一副完全不在意此事的面貌示人。

所以，牟利的思想和劳动的思想并不一样。虽然这两种思想有时在实际中是一体的，可是在思想上，还是应该对两者进行区分。

相反，在民主时代，这两种思想的结合通常毫不避讳。

因为每个人都想获得财富，大家的财富都不多，并且一直在发生变化，大

家都想赚更多的钱，为孩子攒更多的钱，所以每个人都知道：自己的劳动就算不完全是为了钱，也有钱的原因。就连那些以名誉为目标而劳作的人，也无法坚称自己只是为了名誉，而且无论他们是否甘愿，求生与求名总会搅到一起。

当所有公民都相信想要获得荣耀的人生就必须劳动，而有薪资可拿的贵族也表示获利就算不是劳动仅有的目的，起码也有一部分是，这时，贵族社会中各行各业间就会平等起来。

虽然各个行业之间存在差异，但起码有一个相同点，即所有行业的劳动和赚钱无关。所有人都拿工资，所以大家看起来是一样。

美国人对于各个行业的看法，从这点就看得出来。

美国的那些服务行业的从业者并不会看轻自己，这一方面是因为他们相信自己在劳动，一方面则是因为他们看到身边的人都在劳动。在他们看来，连美国总统都拿薪水劳动，他们靠劳动赚钱又有什么卑下的；总统通过指挥调度赚钱，他们通过听从指挥赚钱，两者并无不同。

美国的各种行业虽不轻松，但赚起钱来也容易，且没有高下之分。因此只要正当合法，就没有卑贱的职业。

## 第十九章　是什么让几乎所有美国人都喜欢做实业

若说在民主国家哪种有用的技术发展得最为缓慢，我认为是农业。因为和农业相比，其他行业看起来像是在跑，有人甚至觉得农业根本就没再发展。可平等引发的近乎每种喜好和习惯，却理所当然地将人们推向了工商业。

假设有个人精明、干练、自由、富足且满怀期望，他算不得穷人，因为不用为吃喝担心，但也算不得大富大贵，因为他的生活还远达不到悠闲舒适的地步，他一直在想办法让自己过得更好。物质享受的好处，这个人已经领会到了，但在他眼前还有很多别的好处等着他享受。他开始追逐这些喜好，想办法积累更多办法以达成这些喜好。可是人生并非永恒，总有时间限制。

他该如何？

种地虽然能让他有些收获，可是成效太慢，而且就算付出极大的努力也无法快速致富。只有资产雄厚的有钱人和只寄望于谋生的穷人才会选择农业。所以那个人或许会选择卖掉土地，远走他乡，找一份不太安稳但有钱可赚的工作。

民主社会有不少人都是如此，而且当身份平等的程度越来越高，数量也会越来越多。所以，民主制度除了会增加劳动者的数量，还能让民众选择最热爱的工作去做。与此同时，民主制度还让人们的喜好从农业转向了工商业[1]。

甚至在最有钱的公民身上也能看到这种精神。

民主国家的人一方面觉得自己不如祖辈富有，一方面又担心后世子孙比不上自己富有，所以就算再有钱，也不会觉得自己足够富有。所以民主国家的大多数有钱人想要赚钱的欲望从未停息过，再加上他们相信通过工商业赚钱最迅速也最有效，所以关注点自然会转向工商业。在这方面，他们的本能和一穷二白的穷人的本能并无不同，准确来说，都被最急迫的需要掌控着。自然，这种需要和穷人渴望吃饱穿暖的诉求是不一样的。

贵族制国家掌控在富人手里。他们没时间从事工商业，因为重大的公共事业绑住了他们的所有心力。他们所在的阶层绝不会同意他们从事商业活动，就算他们自己愿意也不行。要知道他们虽不认可本阶级的多数，想将其从掌权的位置上拉下来，但这个多数对他们有着无可争辩的约束力，而一个坚决否认多数民众权利的贵族集团，在它内部必然有个专职掌权的多数。

在民主国家，富人往往不知道如何去打发闲暇时光，因为他们不仅无法凭借手中的钱财得到统治地位，甚至还要刻意远离政坛。他们有着远大的目标、巨额的财富，还有某些不惜一切手段发财致富的人会有的特殊嗜好，所有这些都在刺激他们有所作为。可是，摆在他们眼前的只有一条路，就是经商。民主国家最神圣也最荣耀的行业就是商业。民众为它所吸引，将它视为追寻的目标，将自己最浓烈的热情投注到它身上。任何事物都挡不住有钱人经商的脚步，就算他自己或者别人瞧不起商业活动，也是如此。

在民主国家，有钱人不会建立有特殊规章制度和体制的机构。他们一方面

---

[1] 有人一再表示工商业太喜欢物质享受，并将它作为指责工商业的理由。在我看来，他们在这件事上颠倒了因果。

人们是因为工商业才喜欢上物质享受的吗？当然不是。人们会走向工商业，是因为人们指望通过工商业活动来更加充分也更加迅速地满足自己的诉求。

人们的欲望会随着参与工商业活动的时间的增长而增加，为满足欲望付出的努力越多，欲望膨胀得越厉害，之所以有工商业增强了人们对物质财富的渴望这样的说法，原因就在这里。任何能让人心喜欢上俗世享受的因素，都对工商业发展有益。平等就是其中之一。平等不是直接让人喜欢上商业活动以此来促进商业发展的，是通过间接的方法，让人心对幸福生活产生热爱。——原注

不受本阶层独有的观念所束缚，一方面又受国内的主流思想所激励。在民主国家，几乎所有超级富翁都是经商起家，并且整个家族世代经商，直至掌握财富的那个人彻底习惯了不再经商。

在民主国家，有钱人不喜欢参政，于是将所有心思都放在了商业上。他们在从事商业活动时不仅用心，也独具优势。而有胆量创办实业的这种伟大的精神，则是首要功臣，要知道他们若是生活在贵族社会，哪有创办实业的机会呢？

可是不管是穷人还是有钱人，在民主社会却都有以下表现。

民主社会的社会状况多变，人们喜欢从事那些有偶然因素发挥作用的工作，因为他们时常会看到瞬息万变的偶然因素的痕迹。

所以大家都去经商，一方面是为了发财致富，一方面则是为了商业活动带给他们的感官刺激。

截至今日，美国从英国的控制下逃离，摆脱殖民地的身份不过50年，所以超级富翁少，财富也不多。可是纵览整个世界，没有哪个民族能如美国人一般在工商业方面发展得如此迅疾。美国如今在海运方面，已经是世界排名第二的国家；在制造业方面，虽然有些近乎无法解决的天然阻碍，但没有一日不在发展改进。

美国全民都在参与工业活动，无论穷人还是有钱人，即使最穷的和最有钱的也愿意在工业方面团结一致，所以对美国而言，经营大型工业公司难度不大。所以你会吃惊地发现，这个国家虽然不够繁荣兴旺，但每天都有正在施工的重大工程。

美国人不过刚刚才在那片土地生活，就已经改变了那里的自然环境，并使之为自己效命了。他们连通了赫德森河和密西西比河，为了将大西洋与墨西哥湾连在一起，更是在地面上铺设了500多里约的路。美国还铺设了几条大型铁路。

可是美国的某些企业的规模确实非常宏大，可这并不是让我最吃惊的地方，最让我吃惊的是美国居然有那么多企业，数不胜数。

在美国，几乎所有从事农业的人都对农业和商业进行整合。他们大多数人除了是农夫也是商人。

在美国，农业工作者通常不会一直守着田地。尤其是西部的一些新州，那里的人之所以开垦土地，不是为了种而是为了卖；他之所以开设农场，是因为他猜到等居民增加，当地的形势将会发生巨变，他的农场就能卖个高价。

从北方迁往南方，在盛产棉花和甘蔗的地方安家落户的居民每天都有，而且为数众多。这些人正是因为怀着几年之内就大赚一笔的梦想，才来南方种地。到了这里之后，他们已经想好早晚要拿着从这里赚到的钱回老家享福。美国人就这样将商业精神带到了农业之中，以经商的热情来经营农业。

美国工业发展迅猛的一大原因就是全民都在从事工业活动。但也正是因为这样，当危害极大的工业危机忽然来袭，他们往往会成为受害者。

所有人都在经商导致影响商业活动的因素非常多，也非常繁杂，进而难以预测接下来会遇到哪些阻碍。因为每个人都在经商——只是程度有所差异，所以每次工商业受创，多会引发全民的经济损失，整个国家都会受到震动。

在我看来，当代的民主国家有一种先天性疾病，就是循环往复的工业危机。

造成这种危险的不是偶然，而是民主国家的本性，所以民主国家无法根除此种病症，只能缓解症状。

## 第二十章　为什么说实业有催生出贵族体制的可能

民主体制为什么能够促进实业发展、大幅增加实业家的数量？这点我在前边已经说过了。现在我要讨论的是，实业是如何间接让人回到贵族社会的。

那些通过零部件组合成的产品，想要以更简单、更快捷，也更经济的方式生产，可以让一个工人每天只做同一种零件，这点我们已经看到了。我们还看到企业的规模越大、资产越雄厚、信誉越好，工业制品的价格就越低。

人们早就发现了这两个真理，但直到我们这个时代，才将它们切实提出来。一些最重要的工业机构早已将这两个真理用到了实处，连某些小型的工业部门也在慢慢推进落实。

这两个真理虽然是工业方面的，可我认为立法者也应注意它们在政治上的应用。

一个只做一种产品的匠人会拥有非常熟练的技艺。可是与此同时，他也会失去在精神上掌控大局的能力。他的技艺越纯熟，他就越不愿意去思考。他生而为人的本质，会随着他作为工人的技艺的提升而下滑。

一个人一辈子有20多年在做别针帽，你觉得他还能做什么大事？人的智力足以成就惊天伟业，可是这个人既然肯将智力耗费在寻找别针帽的最佳制作方案上，以后他又能将智力花在哪里？

一个将生命的大部分时光都用在这种事上的工人，他的思想将和他每天制造的产品捆绑在一起，他养成的某些习惯将在他身上留下永远的烙印。总而言之，他已经把自己交托给了自己从事的工作。在这种情况下，就算法律和民情想方设法为他打破身上的枷锁，开辟不计其数的新路让他可以发财致富，也终究是白费力气。因为相比于民情和法律，实业的真理以更大的力量将他和他所在的行业捆绑在一起，让他无法脱身，只能在一个地方待着。实业的原理还对他的社会地位进行了界定，让他无从更改。整个世界都在变化，可实业的原理却把他捆得死死的。

分工原则推广得越好，工人的力量就越小，工人的活动范围就越窄，而所处的地位也就越来越不重要。技艺虽有提升，可作为匠人的精神却在下滑。另一边，随着企业的扩张和财富的累积，产品的数量将大幅增加，截至目前只有穷苦的或者没有知识的匠人才去的工业部门也迎来了富人和有知识的人。连那些最富有和最有学识的人也被庞大的需求量和巨额收益征服了。

所以，实业科学这边不停地压低工人阶层，那边却在抬举雇主阶层。工人日益将自己的智力消耗在一些小事上，雇主却没有一天不在盯着全局。就这样，雇主的眼界越来越开阔，可工人的眼界却越来越狭隘。很快，工人不再思考，只使用体力，而雇主想要成功却要掌握科学，甚至是天赐才华。雇主和国家的行政首脑越来越接近，而工人却和牛马越来越接近。

所以雇主和工人如今已经完全不同，而且两者的差异正在日趋加大。他们如同分处一条长锁链两端的环，都只能安分地待在自己的位置上。两方的主从地位被限定得非常严格，似乎一方生来就该发布命令，一方却生来就该服从命令一般。

还难道不是贵族制度吗？

一个国家的民众越是平等，对工业制品的种类和数量的要求就越高，而事业能否成功，则取决于普通家庭是否能够用低廉的价钱买到产品。

所以，最富有和最有学识的人会将自己的知识和金钱花在工业上，为了满足各个方面的新需要，去创办规模宏大的工厂和推行严密的分工体系，这种情况我们每天都能看到。

如此一来，当民众走向民主体制，专职的工业经营者贵族化的程度会越来越高。人与人日益相近的同时，差距也日益增大。最后不平等的情况在大多数人中间虽有减少，可在少数人和大多数人中间却增加了。

所以当你找到源头会生出这样一种感觉：某种自然的力量在民主社会中催生了一个贵族集团。

可是，这种贵族和之前的贵族截然不同。

首先，你会发现这些贵族一心从事实业经营，或者说，只在某些实业机构中做事，他们是鹤立于全社会的怪物。

有些实业家在现代广泛的民主社会中确立了小的贵族社会，古代的大贵族社会有两种人：少数超级富翁和众多非常穷的人，现代社会也一样。

能够摆脱穷困发财致富的人很少，但富人很容易就能失去财富，或者在有钱之后放弃经商。所以贫穷阶层的人通常不会发生变化，但富裕阶层却不是这样。说实话，现在的富人一来没有相同的精神和共同的目标，再者也没有相同的传统和共同的期望，所以富人阶层可以说并不存在。他们不是一个团体，只是一群人罢了。

不但富人之间不够团结，穷人和富人之间的联系也非常松散。

他们之间的联系不仅短暂，还会随着利益关系的变化而时刻或聚或散。工人虽然需要依靠雇主，但却可以更换雇主。

在工厂中，雇主和工人彼此熟识，但只要离开工厂，大家就没什么关系了。他们之间只有一个交点，在别的地方则桥归桥、路归路。雇主只想让工人干活，工人只想从雇主手中拿到薪水。工人不需要雇主庇护，雇主不需要工人庇护。他们之间的关系是短暂的，没有长久的惯例，也没有长久的责任和义务。

雇主掌控着实业大军，可作为贵族，他们却几乎不会将自己的根系插入其中；他们只想用这些人，不想掌控这些人。

如此建立的贵族从未想过要控制一大批工人，就算他们有时雇的工人非常多，可用不了多久，也会解雇一部分。他们没这样想过，也做不来这样的事。

在旧时代，不管是法律还是风俗习惯都要求地方贵族帮助自己下属，减轻他们的经济压力。可是在现代，实业贵族不仅让人变得又穷又蠢，在发生经济危机时，还会将人们赶出工厂，交给社会去救济。

事情势必会这样发展。工人和雇主确实时刻都能产生联系，可他们没有真的融合起来。

总而言之，纵览世界历史上的所有贵族阶层，我认为我们眼见着发展起来的实业贵族最为冷酷无情。可与此同时，这个贵族也是最自由、最没有威胁的贵族。

可是，民主的朋友在看到这一点时始终无法安下心来，因为贵族体制和贵族身份的永久不平等想要入侵这个世界，唯一可钻的空子就在这儿。

# 第三部分 我所说的民情因民主而发生的变化

## 第一章 民情是如何随着身份的日趋平等而越来越平和的

我们发现，这几个世纪人们的身份在越来越平等，民情也越来越平和。那么这两种情况是一起出现的吗？或者两者之间有某种固有的联系，一个停步，另一个也无法前进？很多因素都能让一个国家的民情从野蛮转向平和，不过纵观所有因素，我认为身份平等这个因素最有分量。所以身份日趋平等和民情日趋平和这两种情况，在我看来，不仅同时发生，还存在某种内部联系。

寓言作家将人的思想、感情附加在动物身上，然后通过讲述动物的故事来开解我们，诗人也是通过这种办法来描绘鬼怪和天使的。正是因为他们使用了借喻方法来展现我们人类自己，那种深沉的悲痛和纯粹的幸福感才能感动我们的精神，俘获我们的心灵。

这点用在我们现在想要探讨的问题上，也是十分合用的。

贵族社会的每个人都按照职业、资产、门第，被严格地划分在不同的阶层里，而各个阶层内部的成员，却如同来自同一个家族一般，彼此之间有着深切的同情。这种感情在民主社会的民众之间没有，在贵族社会的不同阶层之间也没有。贵族制国家各阶层的观念、感情、权利、喜好和生活模式并不相同。所以贵族和其他公民截然不同，两者无论是思想还是感情都不一样，你甚至会觉得他们分属不同的国家。

所以别人的感受和想法，贵族很难理解，他们也无法感同身受地为他人着想。

可他们也有热情地想要帮助别人的时候，这和上边说的情况并不抵触。

这种贵族制度一边将同一个国家的国民分成各种等级，一边又用非常坚实的政治纽带将这些等级连到了一起。

贵族的命运如何，农奴生来就不在意，可他觉得自己有责任将自己的忠诚奉献给这些将他们变成农奴的人；贵族将农奴视为异类，可即使牺牲性命他也会护住这些在他的领地上生活的人，这不仅是他的责任，也是他的名誉所在。

这种双向义务明显是因为政治权利，而非天赋权利，而且相比于个人，社会获得的好处要大得多。

这种义务不是发生在自认为应该帮助彼此的双方之间，而是发生在仆人和主人之间。封建制度让某些人遭受了极大的苦难，但这些苦难针对的不是整个人类。封建制度让民情整体呈现出急公好义之风，而非温柔敦厚之风；它让人整体表现出极大的忠诚，而非真挚的同情，要知道真挚的同情只能发生在同类之间，可贵族时代的人却只将同一阶层的人视为同类。

中世纪的编年史家们在描述惨死的贵族时，笔触十分哀痛，可在描述惨遭屠戮和刑罚的百姓时，笔触却非常冷淡，一副漠不关心的样子，为什么？因为按门第和习惯划分，这些编年史家们都是贵族。

这并不意味着他们素来轻视、厌恶百姓。国内的各个阶层还没发表开战声明呢。他们会这样，感情不是主因，本能才是。他们之所以对穷人的命运无动于衷，是因为他们没有切实感受到穷人的悲苦。

当封建关系解除，普通群众也会有这样的表现。在仆人对主人极为忠诚的时代，难道就没有下层阶级以恐怖的恶行凌辱上层阶级的情况吗？偶尔也有。

这种麻木不仁的情况并非只是因为秩序和文化的缺失，要知道，在之后若干秩序井然，文明程度很高的世纪里，这种情况依然是存在的。

1675 年布列塔尼地区的下层民众为反对新税曾经发动暴乱，而政府严苛地镇压了此次暴乱。亲眼看到这起恐怖事件的塞文尼亚夫人在给女儿歌莉昂的信中曾经提过此事，我们不妨看看她是怎么说的：

“我亲爱的女儿：你从埃克斯发来的信，太荒唐了。

“若是在寄信之前回看一遍，你会吃惊地发现你竟然用了那么多称颂的词汇，不过与此同时，你也会感到高兴，因为你愿意写这么多，并不会感到厌倦。所以，你已经亲吻了普罗旺斯的每个人，不是吗？但是，就算你亲吻了布列塔尼的每个人，他们也不会高兴，除非你喜欢葡萄酒的香味。

“不知道你喜不喜欢听雷恩地区的事。那里下令 24 小时之内必须交齐 10

万枚银币的税金，如若不然，税金将提高一倍，并派兵强征。政府已经清空了一条大街的所有房屋，里面的居民都被赶出去了，任何收留他们的人都将被处以死刑。所以，老人、孩子、孕妇，倒霉的人一大堆，他们舍不得离开这座城市，走的时候哭声震天。他们不知道应该去哪儿，没有东西吃，也没有地方住。前天，因为偷印花税，一个开舞厅的小提琴师被处以五马分尸之刑。车裂之后，为警示他人，他的残肢被摆到了城市的四角。被抓的60位市民，明天将会被判刑。

“这是个好的典范，可供其他地区学习。总督和总督夫人也将得到其他地区的人的敬重，严禁朝他们的花园扔石头[1]。

“昨天天气非常好，塔朗特夫人去她的花园中稍作休息，为她准备住的地方和食物自然是理所当然之事。她来的时候走的是柴门，回去的时候也是。

1675年10月3日，于罗歇[2]”

她在另一封信里，接着又说：

“你总喜欢和我讨论我们这里的惨事。我们这儿已经废除了车裂之刑。为捍卫正义，一周只杀一人。在我看来，处以绞刑已经体现了宽仁。到了这里之后，我彻底改变了自己对于正义的看法。你手下那些拉船的奴隶，在我眼中实在是超凡脱俗，且能让生活安逸的好人。[3]”

你不要觉得塞文尼亚夫人之所以会这么写，是因为她是利己主义者，残忍无情。她深爱自己的子女，怜惜遭遇困难的朋友。读了她的信，你甚至会觉得她对家里的下属和仆人非常仁厚。可是，她只知道贵族集团内部的事，非贵族集团的人的悲苦，她完全不懂。

可是到了今天，即使通信双方是最冷酷、最无情的人，也没胆量从容不迫地写下上面的话，就算他的脾气秉性让他这么做，也会遭到整个国家民情的阻拦。

之所以发生这种情况，难道是因为相比于祖辈，我们更看重感情？我不清楚。可我知道，我们的感情已经扩展到更多的事物中。

一个国家的所有国民有着近乎相等的身份、近乎相同的思想和感情，那么别人在想什么、感受如何，就成了人人都能即刻明白的事。换句话说，这件事

---

[1] 此处应该说明的是，歌莉昂是普罗旺斯的总督夫人，如此读者可以更好地理解最后一句话的含义。——原注

[2] 参见蒙梅尔克：《塞文尼亚夫人通信集》，法文版，第4卷第205页及之后几页。——译者注

[3] 参见蒙梅尔克：《塞文尼亚夫人通信集》，法文版，第4卷第248页。——译者注

他只要问问自己就能知道。所以，他可以轻易察觉别人的悲苦，当苦难扩大，固有的本能也会让他马上发现。他会本能地对他们一视同仁，会对陌生人或者敌人一视同仁，因为他的这种感知能力马上就能起效。

这种感知能力和他的同情心融合到一起，让他能对同类的苦难感同身受。

一部分人将自己的忠诚奉献给另一部分人的情况，在民主时代很少发生，不过人类共有的同情心却人人都有。没有人会让别人平白受苦，若是对自己没多少损害，还能对别人的悲苦施以援手。

所有人都愿意这么做。他们或许不够无私，但非常平和。

某种程度上讲，美国人用社会和哲学理论对利己主义进行包装，可他们的同情心并未变少。

美国的刑事法庭是世界上最讲究从轻处罚的法庭。对中世纪流传下来的残忍的风气，英国人似乎非常不舍，还想珍而重之地保存在自己的刑事法典中，可在美国人的刑事法案中，死刑已经近乎消失无踪了。

我若没说错，50 年来，只有北美不会对政治犯判处死刑。

美国人的态度为什么如此平和，他们的社会状况是主要原因，这点，看看他们是如何对待奴隶的就能知道。

纵观欧洲人在新大陆的所有殖民地，整体而言，生活在美国的黑人的物质条件最好。可是，美国人的黑人承受的困难仍旧非常恐怖，时常会受到残忍的处罚。

这些人命途凄苦，可他们的主人却并未对此生出同情之心，不但将蓄养奴隶视为一种能够谋利的工作，还认为这称不上罪孽，损害不到自身。所以一个人可以以极大的仁义来对待和自己平等的人，可一旦这些人和他有了等级差异，他就会不会再在意他们的苦难了。所以文明和教育并不是他态度平和的原因，平等才是。

这些言论，我虽然针对的是个人，可在某种程度上来说，对国家也是适用的。

一个国家只要形成了自己独有的观念、信仰、法律和风俗，就会将自己视为全人类的代表，别国如何它完全不在意，只在乎本国的苦难。两个国家都持有此种观点，打起仗来，战况必定非常血腥。

在文化发展得最绚烂的时候，罗马人抓到敌方将领，通常先用战车拖行以夸耀获胜，然后再将其杀掉，不然，就将犯人扔进斗兽场，让犯人和野兽厮杀，以此来博群众一笑。

每当说到有公民被钉上了十字架上，西塞罗都会火冒三丈、愤愤不平；可对于获胜的罗马人如何残暴地对待战俘，他却三缄其口。外国人和罗马人在他看来，明显不是相同的人类。

相反，当各国民众日趋紧密，大家慢慢相似起来，也就更容易同情对方的疾苦，国际公约也会越来越宽厚温和。

## 第二章　民主是如何简化美国人的日常关系的

人们的关系并不会因为民主变得亲密，但人们的日常关系会因为民主变得简单。

两个英国人在西半球相遇的情景，将和两个民情不同，语言各异的外国人在西半球相遇的情景一般无二。

最开始，他们会怀着忐忑的心情，好奇地看着对方，之后就会分道扬镳；就算他们相遇之后有了交谈，也只是非常拘谨地说一些鸡毛蒜皮的小事，看上去并不自然。

可是，他们也不会排斥对方，虽然是陌生人，却不会觉得对方是恶人。既然如此，他们谨慎地避开对方的原因又是什么呢？

想探明这个问题，得先说说英国才行。

如果划分等级的依据只有门第，而不考虑财产，那么所有人都能在社会阶梯中找准自己的位置。既不用想着更进一步，也不用担心会掉下去。以此种方式构建的社会，不同阶层的人很少交流来往；可是，若有什么突发事件让他们产生交集，他们也能随意交流，因为融合这种情况，不仅是他们不想看到的，也是不可能发生的，所以不用为此担心。他们不是必须维持这种不平等的联系。

当贵族制度的基础从门第变成了财产，情况就发生了变化。一些人虽然有很大的特权，可人人都有得到特权的机会。

所以，有特权的人总是胆战心惊地担心失去特权，或者别人也得到特权；而没有特权的人则会想方设法得到特权，就算他暂时没得到特权，也不表示他以后得不到。虽然等级没有消失，但一个人属于哪个等级却无法轻易判断出来了，因此人的社会价值会随着财富的增加和减少不断发生变化，不再因为出身而固定不变。

人民在暗中马上拼杀起来。有人想方设法试图和更高阶层的人或者看上去更高阶层的人站到一起，有人竭尽所能试图打败同他们争夺权力的人，或者换个更准确的说法，人们面临两场战斗：一边挡住下层阶级的冲击，一边想办法将自己送往更高阶层。

英国眼下就是这种情况。我前边说的所有情况，在我看来基本都因为这一原因。

英国的贵族仍旧非常骄傲，可是贵族的界限已经模糊了，因此大家对他人时刻怀有戒心，生怕别人利用了自己的宽厚。因为无法马上判断出遇到的人在社会阶层中的位置，所以英国人总是小心翼翼地避免和陌生人来往。他们担心接受别人的小恩小惠，最后交了不合适的朋友，并坚信礼下于人，必有所求。他们不接受外人的讨好，也不想和别人结怨。

不少人将英国人的这种冷漠和自重，完全归因于脾气秉性。英国人的性格确实发挥了一定的作用，这我并不否认，但我相信更重要的原因是他们的社会状况。这点，看看美国人就能明白。

在美国，特权从来不是家庭背景可以决定的，也无法从持有的财富中获得；陌生人可以随心所欲地在一个地方相会，他们交流思想的时候没想着以此谋求好处，也不担心因此发生危险。他们偶遇之后，不会主动交谈，也不会刻意不去交谈。所以他们以自然、直爽和坦然的态度对待他人。我们还可以看到，他们没想过从对方身上谋利，也不怕对方会算计自己，没想过炫耀自己的身份，也不会想办法隐藏自己的境况。他们不是因为傲慢和拘束，才摆出冷漠、严肃的样子。你不要以为他们见到人时闭口不言，是因为他们觉得一言不发对自己有好处，只是因为他们那时候心情欠佳，不愿意说话而已。

为什么在外国偶遇的两个美国人当即就能成为朋友，因为他们同为美国人。他们没有抵触对方的偏见，而相同的祖国让他们相互吸引。种族相同和国家相同，不足以让两个英国人亲近，他们还得是同一阶层。

英国人彼此冷淡以待的情况，美国人和我们法国人都看到了，所以并不觉得他们这么对待我们有什么奇怪。可是美国人除了社会情况不同外，无论是血统、宗教，还是语言都和英国人相同，连习俗都有很多一样的，所以我们说英国人冷漠谨慎不是因为他们的气质，而是因为他们的国家制度。

## 第三章　美国人在国内较为冷静，在欧洲却太过兴奋，原因何在

所有严肃、骄傲的民族都恩怨分明，美国人也一样。人们对他们的侮辱，他们往往念念不忘。可是，他们也不是那么容易就被冒犯的，他们的火气上来得慢，下去得也慢。

贵族社会的所有事物都掌握在少数几个人手中，人与人明面的交往都要遵守一定规则。所以如何向人表达善意和尊重，大家自认一清二楚，也相信别人同样礼数周全。后来，各阶层都学会了社会上层的这种习惯。

另外，其他阶层也制定了自己的规则，让本阶层成员严守。

所以，礼数规则成了普通人难以掌握的繁文缛节，错一点儿都能带来损失。最后，人们不知不觉地每天都在冷血地羞辱别人或者让自己有可能被羞辱。

可是，当阶级界限消失，家庭背景不同和学识不同的人在同一场合沟通交往，想要制定出繁杂的行为准则，难度极大。既然没有对礼节进行明文规定，那么礼数稍有不周，也不算什么，就连那些熟知礼数的人也这么认为。所以，相比于行为的模式，人们更看重行为的内涵，人们变得有些粗鲁，但彼此纠缠争斗的情况也少了很多。持续不断的小恭维是无法感动一个美国人的。在他看来，这些小小的讨好不是自己应得的，或者假意摆出一副不知道自己可以享受这些讨好的样子。所以别人对他们不够热情，他们也不会生气，往往会原谅对方。他们在这方面表现得非常大度，有着豪爽的男子汉气概。

美国人为什么如此宽容地对待对方，为什么以大丈夫的姿态对待彼此？这是因为一个最普遍也最深邃的原因。

这个原因，在上一章，我已经说过了。

等级差异在美国的市民社会中非常少见，在政治界更是完全不存在。所以美国人不会特别关注哪个同胞，也不奢望其他同胞对自己特别关注。他深信自己和别人拉关系也不会讨好对方，因此他将自身利益和与某个同胞拉关系视为没有关系的两件事。他不会因为他人的门第而轻视他人，也不希望别人因此轻

视他。除非他有切实的证据证明别人在冒犯他，否则他会认为那个人是无心的。

在此种社会状况的影响下，美国人自然不会轻易为琐事发火。另一边，拥有民主自由的美国人又将此种宽厚之风带到了民情中。

美国各阶层民众因政治制度来往频繁，为推动伟大的功业而团结一致。致力于伟业的人哪有时间琢磨繁文缛节，他们太看重融洽和谐，所以对礼数要求很低。

所以，他们养成了为人处世首重思想、感情，而非外观外貌的习惯；为小事动怒的事，他们绝不会做。

在美国，我曾经不止一次发现，你很难让人发现你不喜欢听他说话。想婉转客气地让这个人离开，不过是白费力气。

当初，我曾经一字一句地驳斥一个美国人，因为我不喜欢听他讲话。可我每次反驳完，他都会想方设法地找新的论点再驳斥回来。后来我干脆不说了，三缄其口，可他却觉得我在琢磨他告诉我的道理。最后，他还想再说，我就直接离开了，可他却觉得我要去做别的事。我若是想让他知道我对他极为厌烦，只有一个办法，就是直接告诉他。

当这个美国人到了欧洲，当即就聪明易怒起来，我时常觉得在美国惹恼他有多难，在欧洲让他不生气就有多难。这点，乍一看让人觉得莫名其妙。

事实上，这两种表现虽然是正好相反，可原因却是相同的。

民主制度往往会让人把自己的国家和自己看得太高。

美国人怀着高傲的心离开国家，等他到了欧洲，马上发觉我们对美国和伟大的美国人的想法和他预料的并不相同。所以，他开始恼火。

我们这个半球的人存在身份差异，这点他早就有所耳闻，现在又亲眼看见欧洲各国仍有等级的印记；财产和门第仍赋予某些人他无法理解，也解释不了的不定特权。这种情况他从未见过，他的国家也没有相似的情况便于他理解，所以他感到吃惊和忐忑。这个等级制度即将崩溃，各阶层既看不起对方，也憎恶对方，可与此同时，又为了随时融合而彼此接近，他对于应该将自己放在什么位置，完全没有概念。他担心太过高估自己，更怕别人将他看得太低。这两种危险时常在他脑海中翻涌，不停地影响着他的行为。

他知道欧洲的传统，也知道不同等级的欧洲人遵行不同的礼仪。这些旧风尚让他摸不着头脑，更担心自己被怠慢轻视，尽管他还没弄清什么是尊敬。所以他彻底变成了套中人，行为举止僵硬木讷。他无法从社交中感受到快乐，只能感受到压力。你的每个行为举止，他都要思量一番，察言观色，认真分析你说的话，生怕里面暗含着羞辱他的意思。还有哪个乡绅比他更谨守处事原则的吗？我不知道。他谨小慎微地严守各种礼仪规范，若有人在礼仪上对他有所冒犯必定会惹恼他。他兼具了谨慎小心与狂妄自大。他想做的恰如其分，可又担心太过殷勤，再加上他找不准两者之间的界限，因此总是一副高傲、做作的样子。

除此之外，人心还有另一种包装，我们不妨看看。

一个美国人总是对美国推行的平等大加称颂，并为自己的国家感到骄傲。可是，与此同时他又心怀愧疚，总是和人说自己做得不好，说相比于他夸耀的那种正常情况，他算是一个例外。

所有美国人都想找一个殖民地的早期移民做亲戚。在我看来，每个美国人都是英国这个大家族的子孙。

到了欧洲的美国富豪，生怕别人将他当成民主国家的普通民众，所以最先关注的就是以穷奢极欲的方式炫富。他会想方设法地讲排场，你会发现他挥霍的方式每天都在更新。他习惯性地选择城里最豪华的地方居住，身边总是围着众多仆从。

一个美国人曾经跟我控诉巴黎的某些大沙龙，说它们不是顶级的社交场所，只能排到中流。他觉得这些沙龙里的人兴致有些粗俗。他想让你相信，在他看来，沙龙里的人的仪态也欠优雅。事实上，他尚不习惯我们的风尚，也没发现他们虽然外表平凡却独具精髓。

我们不必为这种完全不同的意见感到惊异。

为什么在国内极为宽厚、朴实的美国人，在欧洲却是一副极为狂妄、忸怩的样子？正是因为美国已经彻底没有了旧的贵族等级差异。

## 第四章　前三章的总结

当人们能够自然而然地同情对方的苦难，能够时常随意地接触对方，不会因为一时冲动就离开对方时，他们会在必要的时候马上关照对方，这没什么难以理解的；美国人通常不会拒绝来自同胞的求助。他们热情而主动地帮助他人的善举，我看到过很多次了。

看到公路上忽然发生车祸，人们会从各个方向冲过来救助遇难者。若是发现谁家惨遭横祸，陌生人也会仗义疏财；一个人的捐献虽然不多，但加到一起足以让这家人脱离困境。

森林中的野人若是遭遇不幸，只能自求多福，而在世界上的某些文明国家里，遭遇不幸的人往往和那个野人一个际遇。可这种情况在美国基本不会发生。美国人总是一副冷漠、野蛮的样子，可却很少做出冷血残暴的事。就算他们没有马上提供帮助，也不表示他们不想提供帮助。

我前边说的有关个人主义的话和这一切并不矛盾。我甚至觉得它们不但不对立，还互相契合。

身份的平等一方面让人有独立之感，但另一方面，也会让人觉得自己软弱无力。他们虽然拥有了自由，却要面对不计其数的突发性的危险。很快经验就告诉他们：他们需要向人求助的时候虽然不多，但总有必须求得帮助的时候。在欧洲，同行之间随时都会互相关照，这种情况我们经常看到。无论他们在别的方面怎样心如铁石，怎么自私凉薄，只一点就足以让他们互相关照：大家遇到的困境是一样的。所以他们会在同行遭遇困境，而自己只需要暂时受些损害或者奋力伸一下手就能把麻烦解决掉时尽力帮忙，而非冷眼旁观。但是只要有证据表明他们的努力不过是徒劳，他们马上就会将帮忙的事彻底忘掉，转而去做自己的事，所以这种帮忙并不意味着他们对那个人的命运有多关心。他们之间好像有某种不受控制的默契。

这种默契要求每个人有义务暂时帮助他人，而等他们自己遇到难处的时候，则有权让别人帮忙。

我若是将一个阶层推广开来，放到民族上，大家就知道我的意思了。事实上，我刚刚说的默契，在民主国家的各个公民间也存在。

在他们看来，大家有相同的缺点，所受威胁也相近。受自身利益和同情心驱使，他们便生出了在必要的时候互相关照的想法。

身份平等的程度越高，人们就越是理解这种互助的义务。

民主国家没有广施恩惠的人，但每个人都能时常帮助他人。大家的忠诚之心很少，但人人都乐善好施。

# 第五章　民主对主仆关系的影响

一次，一位曾在欧洲游历很久的美国人告诉我说：“我们一方面吃惊于英国人对待仆人的蛮横和高傲，一方面又觉得法国人对仆人太过亲近，或者说他们给了仆人一种非常客气的感觉，让人摸不着头脑。这看起来就像法国人不敢使唤仆人一般，上下级之间的界限有些模糊。”

他的观察是对的，这种说法我也多次提到过。

纵观整个世界，我素来觉得在我们这个时代，再没有哪个国家的主仆关系比英国更严谨，比法国更宽松。据我所知，这两个国家的主人之间的地位差距是世界上最大的。美国的情况正是比上不足比下有余。

上面说的情况，仅仅是表面、外在的样子。必须深入分析，才能查明导致这个事实的起因。

古往今来，还没有哪个社会能平等到无视贫富差异，进而消除主仆之别的地步。

就算有民主制度，主仆这两个阶层也不会消失；可是它能影响两者的想法，调节两者的关系。

在贵族制国家，主人阶层一直没变，而构成独立阶层的仆人阶层也一样没变。很快这种国家就有了某种特定的规则。主人阶层有的等级、团体和名人，很快也出现于仆人阶层，并且世代相传、地位稳固。主人和仆人分处上下两个社会，差异永远存在，但遵守的规则却是一样的。

这种贵族制度同时影响着主仆双方的思想和习惯，并且对于后者的影响绝不会比前者小。它给双方带来的结果虽然不同，但我们很容易就能发现，原因相同。

在大国之内，主人和仆人各自构成一个小国，然后分别对公平与否形成自己的稳定的看法。对于人的种种举动，他们的看法也素来不同。在仆人的社会中，人和人之间影响极大，在主人的社会中亦是如此。他们接受稳定的规则，这种规则虽然不曾写进法律之中，却能通过舆论来规范自己的行为。长久以来养成的习惯，如警察制定的规条一般，掌控着他们。

他们天生要被人使役，对名誉、德行、公正和荣耀的看法无疑和主人并不相同。但他们自有身为仆人的名誉观、道德观和正直观；如果可以，我可以用一句话说明，就是他们以身为仆人为荣[1]。

这个阶层的地位确实不高，但这并不表示这个阶层里没有志存高远的人，你若是不这么想反倒是重大失误。在这个地位卑微的阶层里，也有一些人非常优秀且不愿意舍弃高人一等的地位。这个地位让他们自以为是、志得意满、狂妄自大，相信自己德行出众，拥有的成绩足以和他人比肩。

贵族制国家总有些为大人物效劳的品行出众、精明干练的小人物。他们并未注意到自己仆人的身份，虽然听命于主人，却不畏惧主人。

可是，下层仆人的情况却截然不同。不难想象，那些位于仆人阶层的最底层的人，地位有多低。

服侍贵族的仆人，法国人专门为他们造了一个词：奴才（Le laquis）。

奴才这个词非常难听，人们在找不出合适的词去辱骂最卑贱的人时，就会用这个词。旧君主制度时代的人，时常骂最下流无耻的人是奴才种。人们只要听到这一句，就什么都明白了。

永恒的身份差异，让仆人有了特殊的品格和坏习惯，也让主人不得不对他们另眼相待。

贵族制国家的穷人，从小就养成了服从的思想。等级森严的社会结构就在他们眼前，他们不管看向哪里，都是一副下级唯上级之命是从的景象。

在一个身份永远无法平等的国度，仆人为什么敬重主人，因为他服从的不仅是主人，还有整个主人阶层，所以主人轻易就能让仆人俯首帖耳，恭敬有加。

主人阶层以整个贵族制度来对仆人施压。

主人不但左右着仆人的言行，在某种程度上，还影响着他们的思想。

在贵族体制下，主人往往会无意识地对听命于自己的人的观念、习惯和情感产生极大的影响，而且这种影响远比他们的威信所能产生的要大。

在贵族社会，作为主人的家族可以世代相传，作为仆人的家族往往也是，

---

[1] 这些人有多相近，你若认真研究一下引导他们的言行举止的主流思想，会看得更加清楚明白，而且你会吃惊地发现存在于古代封建等级制度中的最高阶层的那种因为门第而有的优越感在他们身上也有，他们一样尊敬祖先、关爱子孙，一样瞧不起下层阶级，不愿和下层阶级来往，一样讲究礼仪规范，一样看重传统和崇尚古风。——原注

而且一个仆人家族往往会侍奉一个主人家族好几代（这看上去就像两条平行线，虽不相交，但也不会远离）。这种情况极大地影响了这两类人彼此之间的关系。

这种贵族体制下的主人和仆从虽没有任何先天的共同点，处境也因为财产、教育、思想和权利而天差地别，可是经过时间旷日持久地打磨，他们最后还是结合到了一起。无数共同的回忆，让他们依恋彼此。他们确实在很多方面都不一样，但这并不妨碍他们彼此交融。在民主社会，情况则完全不同，那里的主人和仆人虽然也是近乎没有任何先天的共同点，可是彼此之间也相处得和陌生人一般。

为什么在贵族制国家，主人总将仆人当成自己人和手下，并能接受利己主义的驱使去关注仆人的命运，原因就在这儿。

这种想法也存在于仆人身上，有时他们也将自己当成是主人阵营中的一员，所以也像主人一般将自己当成主人的物品。

在贵族制度下，仆人处于从属地位且无法独力改变，而压在他们上面的那些地位尊崇的人，也会永远高人一等。一边是蒙昧、穷困和一辈子被人使唤，一边是养尊处优和一辈子使奴差婢。这两个永远有天地之别的阶层，却总是一起出现，除非它们消失，否则将它们联结在一起的纽带就不会消失。

仆人终于因为境遇上的巨大差异而不再关心自己。他们慢慢遗忘，也可说是放弃了自己，或者换个更准确的说法，他们将自己彻底交给了主人，还当这就是自己建立的新人格。他们用主人的金钱为自己增辉，用主人的名望为自己增光，主人的尊贵成了他们抬高自己的本钱，这些荣耀都是靠别人得来的，他们却沉醉其中不肯醒来。他们对这些荣耀的看重甚至超过它的实际拥有者。

当这两种不同的画面巧妙地组合到一起，有的地方触动人心，也有地方引人发笑。

当主人的感情出现在仆人心里，原本的容量自然会减少或者降低，也就是说变得狭隘和低级。有些东西在主人身上崇高，但到了仆人身上就成了空洞的虚荣和惹人厌恶的做作。有些排场本来只有大人物才能摆，可他们的仆人往往也会摆，而且也比主人更在意那一星半点的特权。

这种贵族的老仆人，就是到了现在，我们偶尔也能见到几个。作为这种人的残存者，等他们消失，这种人也就消失了。

这种人，我在美国完全没见过。我说的这种人，美国人别说知道，甚至不明白他们为什么会存在。他们难以想象会有这种人，就像我们难以设想古罗马的奴隶或者中世纪的农奴的情况一般。仆人虽然等级不同，但产生的原因是一样的。我们会看到这个整体的消失，要知道催生他们的社会情况已然不同，他们过往的艰苦岁月终会结束。

随着身份的平等，仆人和主人建立了和以前不同的新关系。

近乎完全平等的身份，让人可以不断改善自己的环境。

仆人阶层和主人阶层虽未消失，可是它们的内部成员和家族却不再是固定不变的了。此时，没有谁会永远发号施令，或者被人使唤。

仆人不再是群众之外的另一个群体，所以没有了固有的习惯和喜好。他们的精神风貌和表达感情的方式都没什么特别的。什么是来源于地位的善与恶？他们并不清楚，但他们和同时代的人有着一样的知识、观念、情感，以及善恶。主人中有谦谦君子，有流氓无赖，他们之中也有。

不管是在仆人之间还是在主人之间，都不存在身份不平等的情况。

你无法在仆人阶层中看到贵族制社会和其他社会中常有的尊卑，因为那里既没有高高在上的阶层，也没有永恒的等级制度。

不管是至今仍被欧洲人记得的那些声名显赫的忠仆，还是那些奴才，美国人都无法让我将他们与之联系起来。既没有忠仆的痕迹，也没有奴才的痕迹。

在民主制度下，平等不仅存在于仆人与仆人之间，还存在于仆人和主人之间。

为透彻理解这点，有必要加以解释。

仆人之所以和主人没什么区别，是因为仆人随时都能成为主人，也想变成主人。而仆人和主人在自愿的基础上签订了合同，就是主人可以使唤仆人，仆人必须听命于主人的原因，而且这份合同还是随时都能解除的。他们之间只是因为合同暂时这样，所以没有尊卑之分。在一定的范围内，按照合同，一方成了主人，一方成了仆人。一旦离开合同所定的范围，他们不过是两个平等的公民。

我尤其要提醒读者的是，对于自身地位持此种看法的，并非只有仆人。不管是主人还是受雇者，都这么看，命令与听命的界限在哪儿，他们一清二楚。

通常来说，一切特殊力量都无法左右公众的认知，在此种情况下：摆在大部分公民面前的条件长时间大致相同，人们早已形成了平等的共识，会对人的价值做出相应的界定，几乎没人能长时间超出或者达不到这个界限。

因为基于事物一般规则的舆论会将这两个人推向同等水平，即使他们真的存在身份差异，也会让他们看起来平等。所以他们虽然有时会在穷与富、支使与听命的影响下变得天差地别，也不会有什么危险。

舆论的力量非常强大，最后甚至能改变那些顾及自身利益的反对者的想法。它一边压制他们的意愿，一边改变他们的意见。

不管是主人，还是仆人都真心觉得双方之间没什么不可改变的差异。就算因建立主仆关系而出现身份差异，也不会让主人志得意满，让仆人为可能发生的羞辱忧心。所以主人看不起仆人和仆人嫉恨主人的情况并不会发生，在平常的来往中，前者不会横行霸道，后者也不会奴颜婢膝。

在主人看来，他拥有权力的原因只有一个，就是那份合约；仆人也同样只将自己俯首听命的原因归结到那份合约上。合约对他们的地位所进行的界定并不会让他们感到不满，自己处在什么位置，双方都非常清楚，也会固守自己的位置。

法国部队中的士兵和军官出身都差不多，而且也有升迁为军官的机会。在士兵看来，自己和首长完全平等，只有职位不同，这也的确是实情。可是首长的命令士兵是必须听从的，除非离开军旗所在的范围。另外，因为这种服从的基础是自愿，又有明文规定，所以执行起来不仅非常迅速，还相当精准、简捷。

看到这个例子，我们自然会想到民主社会中的主仆关系。

贵族的家仆有时会以诚挚的深情厚谊或者两肋插刀的牺牲精神来回报主人，你不要以为这种情况在民主社会的主仆关系中也会发生，那就太蠢了。

贵族制度的主人和仆人见面的机会很少，就算有事，通常也有第三者代传，可是双方之间有着稳固的关系。而民主国家的主人和仆人虽然在互相接近时没什么难度，总是直接来往，可是不会有思想上的交流。他们虽然有着一样的工作，但没有共同的利益。

在这种国家，仆人始终坚信主人的家不过是自己路程中的一站。主人的先祖是谁，他们不清楚，主人的子孙如何，他们不在意，他们对主人没有任何长久的幻想。既然如此，他们为什么要仰仗主人生活？他们又怎么会有那种将自己抛诸脑后的服务精神？随着双方地位的改变，两方的关系自然也变了。

我相信我可以用美国人这个例子来佐证上述内容。不过，想要实现这一目标有个前提，就是我选择的人物和地点合适。

奴隶制在联邦的南部尚未消失。所以，我说的一切在那里行不通。

在北部，仆人大多由已经得到自由的奴隶或者他们的孩子充当。民众尚未对这些人的地位作出准确的界定。法律将他们的地位抬到了和主人同等的高度，但遭到了习惯力量强硬地阻挡。

对于自己的地位，他们也没有充分的认知，因此看上去总是一副蛮横霸道或者极端自卑的样子。

然而在北部诸州，也有不少白人为了维生暂时接受自己同胞雇用，听命于他们，这种情况在新英格兰更多见。据我所知，这些白人仆人通常尽职尽责，工作起来一丝不苟。在他们看来，雇主并不比自己更高贵，为雇主服务也不会让他们感到羞愧尴尬。

于是我觉得，他们似乎在仆役工作中融入了由独立和平等带来的正直豪迈之气。他们选择的这条路并不好走，而他们也从未想过逃避艰辛。他们十分敬重自己的品性，既然已经在合同中答应服从，就不会拒绝主人的命令。而主人对仆人的要求，只是忠实地履行合同。他们不需要仆人恭敬谦卑，也不指望仆人一定忠心耿耿无微不至。他们只希望仆人足够勤快。

所以，不该说民主制度下的主仆关系乱七八糟，那没什么道理。对他们的关系进行界定的规章已经变了，和过去的不同。

要知道，人与人的关系中，遵守固定的秩序并不是最重要的事，有可以遵循的秩序才是，所以我现在要做的，不是去探究我口中的这种新情况和过去的情况比哪个更好，或者阐明两者存在差异，我要做的仅仅是告诉大家，这种情况有据可依，且已成定局。

不过，面对那段平等历经狂风暴雨才奠定的基础，民主制度虽然成了社会制度却要和成见与世俗殊死搏杀的动荡而悲惨的岁月，我还能说什么呢？

在仆人和主人之间不存在天生和永久的尊卑之别，这点不仅明确地写在了法律之中，还得到了一部分舆论的支持。可是，主人尚未真正接受这种新观念，或者换个更准确的说法，主人是反对此种新观念的。

自己比别人更高贵，不同凡俗，这种想法仍旧埋藏于主人内心深处。可是，他们没胆量直接说出来，所以就算心有不甘也只能固守平均水平。在向仆人发布命令时是怯懦的，但其中又有严苛的影子。经常能在长期掌权者身上看到的那种对仆人的保护和恩宠的情感，在他们身上已经消失了，对此他们也觉得摸不着头脑；他们变了，他们的仆人也一样。他们对仆人的要求并不高：只要工作习惯规矩，并能时常谨守这份规矩，不会对这份终将辞去的工作感到厌烦和不适，能尽量好好服侍那个虽无法庇护他但也不会伤害他的人。最后，时常和那些和自己一样，环境也不太好的人联系，并送上自己的关心。

在贵族制国家，仆人觉得自己只能从事仆役这份工作，觉得自己和主人之间的差别之所以这样巨大，是因为上帝的某种神秘的规则，是必然且无法更改的，所以就算被人使唤，通常也不会觉得卑贱。

在民主制度中，仆人知道自己只是暂时选了仆役这份工作，没有藐视他的舆论，主仆之间不对等的关系也不会永远存在，所以他不会奴颜婢膝。

可是，在一种社会制度朝着另一种社会制度转变时，贵族主义的服从思想和民主主义的服从思想将会对人的思想产生影响。

于是，服从的人觉得服从失去了意义，不再是一种伟大的义务。他评判服从的角度，仍然不是纯粹的人的。在他们眼中，服从既不伟大，也不公平，是一种不体面的赚钱方式。

在这一时期，一种模糊残缺的平等观念出现在仆人脑中。一开始，他们不知道仆人的身份和拥有平等的权利是否冲突，并且发自内心地厌恶自己通过服侍他人谋生的生活方式，认为它卑贱。所以他们虽然接受雇用，但当别人使唤他们时，又表现出一副羞愧的样子。仆役工作可以给他们带来好处，可他们一边喜欢着这份好处，一边又厌恶着主人。或者毋宁说，他们的雇主在他们眼里是强行剥夺其合法权益的人，却忽视了自己没有成为主人的原因。

此时，所有家庭中都有了与政治社会中类似的可悲的景象。即某些彼此怀疑的敌对势力不停地钩心斗角：主人看上去宽和仁厚，其实心存恶意，而同样心存恶意的仆人则公开表达自己的不满；一方不想支付薪酬，采取了各种不公的手段，一方则想方设法不想履行自己的服从义务。双方都想拿到管理家务的大权，于是这一权力在两者间飘来荡去。权威和蛮横、自由和恣意、权利和责任的分界在哪儿，他们并不清楚；自己的职责是什么，可以做什么，应该做什么，双方都没有正确的概念。

这是革命的状态，绝非民主的。

## 第六章　为什么民主的制度和民情对提高租金和缩短租期有利

在某种程度上，我关于仆人和主人的言论也可以用在地主和佃户身上。不过，这里需要单独研究这一论题。

严格意义上讲，美国是没有佃户的，所有的耕种者都是土地的所有人。不得不说，民主的法制在增加地主和减少佃户方面发挥了极大的作用。

不过，美国目前出现的所有改变的最大功臣，当属国土环境而非体制，前者的功劳远比后者大。

在美国，土地价格低廉，成为地主对任何人来说都不是难事。土地效益很低，出产仅能保证地主和佃户不会亏本。

所以，美国在这方面也较为特殊，就像其他方面一样，你千万不要误将美国的土地制度作为它的代表性制度。

在我看来，民主国家也好，贵族制国家也罢，日后总少不了地主和佃户。可是，在民主国家，地主和佃户是另一种关系。

在贵族制国家租种土地，一方面要缴纳租金，一方面还要表现出一副尊重爱戴地主的样子，并无偿为地主劳作。而在民主国家租种土地，则只需要缴付租金。将土地分给几个孩子或者将土地卖出，对一个家庭来说，这意味着斩断了这个家庭和土地之间的永恒的羁绊，而地主和佃户之间的羁绊只是暂时性的，仅仅靠契约维系。他们隔一段时间见一次，对合约的条款进行商议，签好合约就分道扬镳。他们本就是陌生人，不过是为了利益才走到一起。他们只是为了赚钱才一起讨论价格完成交易的。

当土地被分割得越来越小，财富向全国各地分散的情况越来越严重，国内将满是败落的家庭和贪得无厌的暴发户。

即使是再小的收入，在这些人眼里也是大事。在不想放弃任何自身利益，不想收入打一星半点折扣方面，所有人都一样。

随着各个阶层的不断融合，腰缠万贯的富翁和一穷二白的穷人日益减少，地主和佃户的社会条件也越来越接近，地主和佃户生来就天差地别的情况也将消失。可是，什么又能成为这两个地位相当但都想发财致富的人签署租赁协议的基础呢？也就只有金钱了吧。

一个人有良田万顷和上百个农场，他必定清楚地知道，自己必须同时讨得千万人的欢心。他觉得在这方面花费心力是有价值的。他愿意付出相应的代价，以实现这一重要目标。

这种顾虑绝不会发生在只有几顷土地的人身上，他需要想方设法让佃户喜欢他。

人可以一天就死掉，但贵族制度不行。除非人们已经逐渐厌恶起贵族制度的原则，否则法律是不会对它进行打压的。所以，联结着社会上层和社会下层的锁链，早在对贵族制度发起声讨之前，就已经断了。前者漠视后者，蔑视后者；后者嫉妒前者，怨恨前者。穷人和富人越来越疏远，关系越来越差，租地的费用也逐渐增加。所有这些只是民主革命即将来临的显著征兆，而非结局。贵族制度主动败坏自身，最终失了民心，它就像一棵毁了根系的大树，越是高大，越有被风折断的危险。

土地租金近 50 年急剧攀升，这种情况不是只发生在法国，而是席卷了欧洲的大部分地区。在我看来，这种情况若只用工业和农业这段时间发展迅猛来解释，还不够，需要借助另一个更加可信的原因，这也是一个不太容易察觉的原因。至于去哪里寻找这个原因，照我看，应该去某些欧洲国家已经推行的民主制度中去找，应该去或多或少正为催生各国民心做出贡献的民主激情中去找。

我时常听见某些英国大地主恭贺自己说：相比于父辈，他们如今拿到的地租多多了。

他们的洋洋自得或许不是没有道理，可追根究底，他们也不知道这种情况是怎么发生的。他们以为自己拿到的是纯利润，其实不过是场以权利换金钱的交易。他们得到了钱财，可是用不了多久，他的权利就会变小。

一场巨大的民主革命正在发生或者即将发生这件事，还有一个痕迹能让人感知得更清楚。中世纪的土地，就算不是永久出租，起码也是长期出租。时限为 12 年的租期如今非常普遍，可是在对中世纪的家庭经济进行考察时，你会发现在那个时候时限为 99 年的租期比这更普遍。

在那个时代的人眼中，没有任何动乱的可能，因为他们觉得家庭是永恒的，大家的身份看上去也不会发生变化，而整个社会更是如同顽石一般稳固。

可是到了平等的时代，人们有了不同的想法。

他们容易形成万事万物都在发生变化的想法。人生无常成了人们思想的主宰。地主和佃户在这种观念的影响下，本能地厌恶长期义务。两者都不想让这份现在看着对自己有利的租用合同限制自己太长时间。因为担心自己所处的环境会忽然发生变化，所以他们无法安下心来。他们感到自顾不暇，生怕哪天生活模式变了，自己会因为失去了那些过去毫不在意的事物而黯然神伤。要知道，在民主时代，人心是所有事物中最易变的，所以他们的担忧不无道理。

# 第七章　民主对工资的影响

前边我的有关仆人和主人的论述，用在老板和工人身上，也大多适用。

随着社会等级的边界日渐模糊不清，过去的大人物接连下滑，原本的小人物不断攀升，过去人们手中的世代不变的财富开始发生变化；工人和雇主的差距，不管是事实上的还是思想上的，都日趋变小。

对自己的权利、将来和自身越来越清楚的工人，有了新的志向和期望，新要求层出不穷。他们不知餍足地紧盯雇主的收益。他们为从雇主手中分得利益，想方设法谋求更高的工资，并且总能得偿所愿。

在其他国家，大多数实业都掌握在比工人更有钱也更有学识的人手中，并且非常赚钱，民主国家也是如此。这种实业家的数量非常多，大家各有各的利益，因此很难团结一致。至于工人，他们若是觉得自己拿到的工资太少，通常都能成功罢工。

这两个阶级冲突不断，而工资始终是首要原因。两方力量相当，各有输赢。

不过随着工人工资的增加，他们对雇主的依赖也会越来越小，而他们越是独立，争取更高工资的难度就越低，所以越来越占上风的无疑是工人的利益。

现在让我以种植业为例进行说明，这种实业无论是在我们法国还是近乎世界所有国家都很流行。

法国大部分通过给别人种地赚取工资的人，都有一小块自己的土地。这块土地可以让他们维持生计，即使不当雇工也能存活。

除非大地主或者周边的农户给的工资符合他们的心意，否则，他们会待在家里一边耕种自家田地，一边等待更合适的出卖劳力的机会。

在我看来，以农业工人的整体情况而言，工资逐渐增加是作用在民主社会的普遍规律之一。人们身份的平等可以促进工资水平的提高，而工资水平的提高，反过来也能促进身份平等的进程。然而，不幸的是，我们当前的时代有个例外。

被迫离开政坛的贵族，是如何进入某些实业机构，并以另一种方式获得支配地位的，这点，我在前边的某章已经说过了。这一情况对工资水平影响极大。

除非本就家财万贯，否则我口中的大型实业是很难创办的，所以从事此种实业的人非常少。因为人员有限，所以大家轻易就能团结起来，随心所欲地规定工资的数额。

相反，受雇于他们的工人非常多，而且还在不停地增加。当生意蒸蒸日上时，工资也非常高，周边的人争相涌入工厂。可是，工厂会迅速对工人的身心习惯进行打磨，让他们除了这种工作，再也干不了别的工作，所以你会发现只要他们成为工厂的劳工，就再也离不开这种劳动了。通常来说，这些人文化水平不高，手艺低劣，也没什么钱财。所以雇主几乎可以随意摆弄他们。如果雇主的收益因为竞争和其他突发状况而受损，那么他几乎可以随意压低工资，轻而易举地将自己的资产损失转嫁到工人身上。

因为雇主家资丰厚，所以工人团结起来罢工也不会让雇主破产，他可以从容地等着贫穷让工人不得不低头。一穷二白的工人所拥有的只有一双手，他们若是不想饿死，就只能一天天地工作下去。

在雇主的剥削下，他们一直处于贫困状态，而且越是贫穷，受压迫的可能性越高。这种恶性循环，他们永远无法摆脱。

所以，看到某个行业的工资忽然增加但之后又长时间处于较低水平，而某个行业的工资虽然不高却一直在逐渐增加，你用不着感到奇怪。

在我们这个时代，产业人口不幸地处于从属地位这种情况是个案，他们周边的人完全不同。可是正因为如此，这种情况才比任何别的情况都更危险，更需要立法者放在心上。要知道，在社会发生整体变革时，让一个阶层维持不变是非常困难的，而在大部分人都在不停地寻找新的赚钱方法时，让某些人安于自身需求和欲望也绝非易事。

## 第八章　民主对家庭的影响

我在前边讨论的是：在民主国家，特别是美国，身份的平等是如何对公民之间的关系发生作用的。现在我准备更进一步，到家庭的内部去看看。在这方面，我想做的是指明实际情况和我的题目之间的联系，而非找到新的真理。

我们这个时代的家庭，各成员之间已经有了不同的关系。现在家庭成员之间的差异已不如从前那么大，长辈的威信就算还在，也小了很多。

美国也能看到相似的情况，而且更明显。

美国从来没有罗马人，对“家庭”一词的理解也和贵族不同。

美国人只有刚出生那几年有家庭意识。在孩子尚未长大成人的那段时期，父亲会在家里实行专制统治，子女必须服从。这种专制因孩子懵懂无知而不可避免；再者，考虑到父亲的绝对权势和孩子们的利益，这种专制也得到了情理和法律的支持。

可是，当美国人成年，子女必须听命于父母的这种关系，就越来越松。一开始，他们只是思想独立，很快连行动也独立起来。从某种程度上说，美国人不存在青年时期。他们一过完少年时期，就独自在世间闯荡，开始踏上自己的人生旅途。

你不要以为这是一场发生在家庭内部的，儿子不顾道德约束强行从父亲手中谋得自由的战争的结果，那并不正确。

父亲在那些激励儿子产生独立需要的习惯和原则的影响下，不得不承认儿子有权享有独立，而且这种权利是他无法抵挡的。

所以，人们从压迫自己的权势下逃离出来之后仍旧长时间在心中盘桓的愤懑之感，绝不会出现在儿子身上；而因为失去权威而产生的痛苦和怨愤的心情，也绝不会出现在父亲身上。父亲早知道自己的权威是有期限的，时间一到，就会主动放弃权限；儿子也早就知道自己有当家做主的一天，得到自由不过是万无一失之事，就像一份家产注定了是他的，没人会去抢。

这种家庭方面的变革，是怎么和我们面前即将步入尾声的社会和政治革命紧密地联系到一起的呢？对此做些论述或许很有用处。

有些重要的社会原则在有些国家全面推行，但在某些国家又遭到全面封杀。

在等级森严的贵族制国家，人与人之间被某种关系约束着，上位者想要做什么，只要一个命令就能让其他人紧随其后，所以政府从不会直接对所有民众发起倡议或者寻求援助。这种情况在家庭和所有由一人掌控的社团中，也能看到。事实上，能够被贵族制国家的社会承认的，只有作为大家长的父亲，他是子女和社会发生关系的桥梁。父亲受到社会的约束，子女则受到父亲的约束。所以，父亲既有教导子女的天赋权力，又有命令子女的政治权力。他创造了家庭，维系着家庭的存在，还担当这家庭的行政首长。

民主制度不需要父亲充当媒介，政府的权力触及所有公民，相同的法律直接作用在每个人身上。父亲在法律眼中也只是一个普通公民，不过是比子女更年长，比子女更有钱罢了。

当大部分人身份差异巨大，且永远无法平等时，人们就会产生首长意识，并且这种意识会越来越强；就算法律未曾赋予这个人特权，舆论和习惯也会让他得到。相反，当人与人的身份非常接近，并且高下时常变动时，人们的首长意识就会越来越模糊和稀薄，就算法律强行将某个人推到了这个位置上，他也无力命令哪个手下，因为民情会缩小两个人的差距，慢慢将他们拉平。

所以，我虽然没见过哪个贵族制国家的立法机关为家长授予专门的特权，但考虑到贵族制国家的首长，即使是没得到法律认可的，也比民主国家的地位高；至于下属则刚好相反，也就是前者比不上后者。所以我敢说，相比于民主国家的家长，贵族制国家的家长拥有的权力更得人敬重，也更普遍。

当人们在生活中，相比于关注现在，更喜欢追忆过去；相比于探究自己的意愿，更喜欢探究祖先的意愿，父亲势必会成为天然的联结过去和现在的桥梁，维系祖辈和孙辈的枢纽。所以，贵族体制下的父亲，除了家庭的政治长官这个身份，还担当着家庭传统的继承者和传承者，他既要对习惯进行解释，也要对民情予以裁夺。家里的人对他的发言要认真倾听，要以恭谨的态度来对待他，要永远以感恩的心来爱他。

当社会状况民主起来，人们对万事万物有了自己的判断并以此为基本原则，且相信这是一种既正确又符合情理的做法。先辈的原则，他们会借鉴参考，但不会当成自己的原则，到了这时，父亲的意见将像他的合法权力一般大幅缩水，很难对子女产生影响。

由民主制度所引发的分家，其最大的结果，或许就是催生了新型父子关系。

当作为大家长的父亲只有少量财产，他将长时间和自己的儿子共同生活，从事一样的劳动。

受迫于习惯和需要，他们不得不联合起来并时时交流沟通。所以，无论形式如何，他们必须保持紧密的关系。作为父亲的权威因这种关系变得脆弱起来，连面上的尊敬都很少。可是，在民主国家，正是这种只有少量财产的阶层改变了民情，让思想变得有力。这个阶层的见解和意志也成了各地的主流见解和意志；就连最不愿受他支配的人，最后也以他的做法为榜样。我亲眼看到有些大力抨击民主的人，任由他们的孩子称呼他们为“你”而非“您”。

所以，父母的那种冷硬、合法、约定俗成的权威在贵族失势时，也跟着消失了。在家庭内部，有了平等的新关系。

整体而言，我虽不清楚这种变化是否会给社会带来危险，但我敢说它对个人是有益的。在我看来，父子关系过去是由规矩和权威维系的，而现在不同，随着民情和法制的日趋民主，父子关系将会日渐亲近、平和，拥有坚实的信赖和眷恋。看上去，与废弛的社会联系不同，父子之间的先天联系更加紧密了。

在民主的家庭里，父亲只有关爱子女和向子女传授经验的权力，没有别的权力。他发号施令或许毫无用处，但他的忠告通常会有效果。他或许得不到子女的恭谨，但起码能得到他们的信赖。在和他聊天时，子女不会遵守特定的礼节，但他们随时都能和他交谈，时常向他询问意见。这里没有家长和长官，只有父亲。

在这方面，这两种社会情况有什么不同，只要看看贵族时代流传下来的那些家书就能知道。这些书信的体裁往往既严肃，又古板冷硬，冰冷的文字让人心中生不出一丝暖意。

相反，在民主国家，你看看儿子给父亲写的信，你总能发现言辞间流露出的随意、亲密和眷恋，家庭关系的改变一看即知。

兄弟姐妹之间的关系也受到了这种改变的影响。

贵族制社会里的每个人都有自己早已定好的位置，而贵族制家庭中的人也是如此。别说父亲在家庭之中自成一级，拥有普遍的特权，连子女之间都不平等。子女在家中地位如何，有多少特权，全由他们的性别和年龄决定。

民主制度大大减少或者清除了这些阻碍。

在贵族家庭里，大部分财产和近乎所有权力都将交到长子手中，因此日后他必然是一家之主，在某种程度上，他的兄弟们也得听他的。他身份尊贵，掌握权柄，他的兄弟们却是只能仰仗他的凡夫俗子。可是，你不要觉得贵族制国家赋予长子的特权，带给他的只有好处，别忘了，他们的兄弟们还嫉妒怨恨着他呢。

一个家族的显耀必然体现在家族的代表身上，所以长子通常会想方设法让自己的兄弟们也获得财富和权位。而家主越是显耀和位高权重就越能扶持家族支系，所以弟弟们也会想方设法支持兄长的所有事业。

所以，在贵族家庭中，各成员之间的联系非常紧密，他们的利益相互纠葛，见解极为相近，可是他们的心往往并不相通。

同样的，民主制度也鼓励兄弟之间相互扶持，不过，是不同于贵族制度的另一种扶持方式。

民主的法制规定一个家庭各子女之间完全平等，于是他们也都是独立的。任何事物都无法强行让他们亲近对方或者疏远对方。他们从小就容易生出毫无隔阂的手足之情，因为他们流着相同的血脉，生长在同一个家庭之中，受到的关爱是一样的，不曾被哪种特权赋予不同的地位和改造得天差地别。

手足之情不会让他们交恶，只会让他们越来越亲近，所以即使成年之后有了新的关系，也不会让他们关系破裂。

所以，在民主制度下，让兄弟彼此亲近的，是对过去共同的记忆，是观念和喜好无所顾忌的共鸣，而非利益。

民主制度让他们分了家，各拿一部分产业，但同时也让他们的心更加亲近。

这种民主有着非常具有诱惑力的民情，连贵族制度的拥护者都放弃了贵族制度，而当他们感受了一段时间之后，再不愿遵守贵族家庭的那种恭谨冷硬的规矩。

他们只要舍弃先前的社会情况和法制，民主的家庭习惯将随时恭候。不过，此事有个前提，就是必须接受民主的社会状况和法制，否则，又怎么能享受民主的家庭习惯呢？

应该说，我针对父子情、兄弟情所说的一切，从人性自发产生的所有情感而言，并无不合情理之处。

由某种特殊情况引发的思想和感情，会随着这种情况的改变而消失。所以，若两个公民是由某项法律强行捆绑在一起的，当这条法律被废除，他们就会自动分开。将主仆联结在一起的那种封建社会的民情，有着最佳的联结效果。可是现在，这两种人已经分道扬镳，成了陌路人。那些让他们成为主仆的畏惧、感恩和爱戴之情，已经彻底消失了。

可是，人类固有的情感却不会这样。就算法律想通过某种办法压制这种情感，也往往以失败告终；而当法律想强化这种情感，也往往收效甚微。这种情感不需要外力，只靠自己就能一直强大下去。

民主制度近乎消除抹杀了旧社会的一切习惯，并激励大家养成新的社会习惯，而由旧的社会习惯衍生的情感也大多消失了。至于剩下的那些习惯，不仅得到了民主制度的完善，还得到了之前没有的新的生机和平和。

在我看来，本章和之前各章所阐述的观念，只用一句话就能概括，即：民主制度弱化了社会联系，强化了天赋联系；让亲人之间更亲密，让公民之间更疏远。

## 第九章　美国青年女性的教育问题

一切自由社会都有自己的民情，而且就像我在本书上卷说的那样，女性是社会民情的缔造者。所以我认为一切能够影响女性地位、习惯和观念的事物，在政治上都有极大的效用。

论独立行动的能力，信仰天主教的国家的年轻女性，通常远不如信仰新教的国家。而同样信仰新教，英国这种持有或者得到了自治权的国家的年轻女性，独立自主的能力则更强。

所以，自由借助政治通例和宗教信仰渗透到这种国家的每个家庭之中。

新教的教义正和美国的政治体制与社会状况相互完善，要知道，美国政治体制是极端自由的，它的社会状况也非常民主。而且美国的年轻女性所拥有的绝对独立，是任何地方的年轻女性都比不上的。

在美国，年轻的女性尚未达到婚龄，她们的母亲就已经慢慢放手，不再予以监护了；她们在童年尚未结束时，就已开始独立思考、独立行动和阐述意见了；在她们眼前，人生的宏伟景象此起彼伏，这些景象，父母不仅让她们看，还让她们每天认真观察研究，并教导她们如何正确、从容地去看待它。所以她们早就看到了社会上的那些邪恶和危险，并看得清楚明白，不会让幻想影响自己的判断。她们相信自己的能力足以解决这些事，加上身边的人看起来也这么想，所以有直面它们的勇气。

所以，少女春心乍动时的那种处女的纯真和欧洲年轻女子从孩童转变为青年常有的那种天真烂漫的气质，你在美国的年轻女性身上，几乎见不到。

无论年长年少，美国的女人很少流露出属于孩童的懦弱和无知。欧洲的年轻女子想讨人喜欢，她们也一样，可是她们清楚这需要做出怎样的牺牲。就算她们不曾参与邪恶之事，也知道恶事的存在。相比于精神高尚，说她们操守高洁更合适。

当高高兴兴的谈话遭遇了不同见解，我总能看到美国的女青年极为从容、巧妙地表述自己的想法，这既让我惊讶，也让我钦佩。

一条或许能让一个哲学家栽倒一百次的窄路，美国的年轻女子却能畅通无阻地轻松穿过。

事实上，人们轻易就能发现，美国的女人甚至不需要多年长就能独立掌管自己的人生；她们畅享一切允许享受的欢乐，且不为任何一种欢乐所迷；她们看上去虽不够谨慎，却绝不会做失去理智之事。

在法国，因为我们的观念和喜好让人吃惊地掺杂了历代残余，所以，我们总是严格约束女性，将她们锁在深闺，像在修道院一般教育她们；而到了民主社会，我们却不曾引导、帮助她们，任由她们在这种社会必然产生的乱流中沉浮。

美国人又是怎么做的？他们对自己的做法十分欣慰。在他们看来，个人独立是民主社会的一个必不可少的重要原则，年轻人就该早熟，不用长久地喜欢什么，也不用维持固定的生活习惯，舆论应该变幻不定且无须强而有力，父权应该受到削弱，而夫权则完全没必要。

既然如此，他们当然会坚信，女性内心深处的最浓烈的情感是无法压制的，最有效的办法是把控制此种感情的技巧教给她们。他们无法解决女性的贞操难以保全的问题，于是将保卫贞操的工作交给了女性自己，希望凭借她们个人的自由意志，而非用那些风雨飘摇的或者已被废弃的规条保护自己。他们希望女性可以对自己充满信心，别觉得自己无能。他们无法让女孩儿永远蒙昧无知，也不希望她们如此，因此他们早早地将解决各种问题的基础知识告诉她们。为了让女孩有能力抵挡世间的腐败，他们愿意毫无遮掩地让她们看个明白。在他们看来，相比于女孩的贞操，更应该在意的是女孩的情操，应该培养女孩的操守。

美国人虽然是虔诚的信徒，但他们并不将宗教视为女性捍卫贞节的唯一武器，而是对女性的理智进行了强化。他们应对此事的方法和很多其他事情是一样的。

第一，他们想方设法让女性把握好独立自主的尺度；第二，用宗教来补全人力无法干预的部分。

这种教育存在一定的危险性，这我并非不清楚；我也知道这种教育在增强发掘女性的判断力的同时，会压制女性的想象力，让女性富有德行却感情淡薄，无法变成男人的贤妻和爱侣。这种社会或许更为稳定和有序，但家庭生活却往往显得温情不足。可是，在更大的利益面前，这些不太重要的缺陷是可以忽视的。民主的制度和民情会给女性带来一定的伤害，而到了我现在说的这种程度，想让女性避开这种伤害，我们只能推行民主教育，除此别无选择。

## 第十章　年轻女性是如何学会为人妻子的

美国女性一旦成婚将永远失去她的独立自主。已婚女性将要承担的义务是非常沉重的，虽然相比于其他国家，年轻的未婚女性受到的约束没那么严苛。在父亲家中，年轻的未婚女性可以享受自由和兴趣，可嫁人之后，丈夫的家却和修道院一般。

这两种情况虽然差别很大，但或许不像大家想象的那么不可调和。事实上，美国女性极其自然地就从前一种情形转变成了后一种情形。

这个对宗教非常虔诚的民族，这个对实业非常看重的民族，它的婚姻观念是非常谨慎而严肃的。前者相信女性规矩严谨的生活最能保证也最能彰显民情淳朴，后者相信这是家庭稳定和兴旺的最有力的保障。

作为清教徒的美国人，还是一个商业民族。所以无论是宗教信仰还是商业习惯，都要求那里的女性能够牺牲自我，让自己的兴趣爱好永远为实业服务，不过欧洲的女性却很少遇到此种情况。所以美国的女性被占有绝对优势的舆论严苛地限制在家庭利益的小圈子中，严禁踏出一步。

美国的年轻女性只要步入社会就会发现这些思想早就有了深厚的根基，并看到由这些思想衍生出的规矩章程，她们迅速明悟。若自己和时下盛行的习惯针锋相斗，不论是自己的名声，还是安宁，甚至自己本人都有马上受损的危险。可是，坚定的理性认知和教育带来的坚韧的习性，让她有了适应社会的能力。

她为什么能在需要做出牺牲的时候毫无怨言、心甘情愿地牺牲，正是因为她可以独立自主。

另外，美国的女性在婚后遭遇的桎梏，绝不是因为稚嫩和无知才掉进了早已备好的陷阱中。以后应该怎么做，她们结婚前所受的教育已经告诉她们了，而且婚姻的枷锁是她们在不受干预的情况下自己给自己套上的。这是她们自己的选择，所以说她们有步入新的生活环境的勇气。

美国的年轻女性在结婚之前已经慎重且再三权衡过了，毕竟父母的约束虽然较为宽松，但夫妻的约束是非常严格的。

早婚的情况在美国是不存在的。所以，美国的女性结婚时，她的理性已经饱经磨炼，到了成熟阶段；而其他国家的大多数女性的理智，通常是结婚之后才开始磨炼最后走向成熟的。另外，在我看来，舆论压力也未必就是美国女性在结婚之后生活习惯整体发生骤变的必然原因。通常来说，个人的意志力是她们面对这种变化的唯一助力。

经过自由的世界观的培养和加固，美国女性的理智变得既冷静又严谨，当她们择偶的时候，这种理智就会告诉她们：婚后继续轻佻和独立不会给她们带来任何乐趣，只能带来无尽的争执吵闹；年轻的未婚女性的消遣不适合已婚女性，她丈夫的家才是已婚女性幸福的根源。想让家庭获得最大的幸福，可走的路只有一条，这点她们事先就已看得清楚明白，所以一开始就选了这条路，并从头走到尾绝不退缩。

美国年轻的已婚女性的这种意志力，既体现在她们不因新环境施加的重担抱怨诉苦上，也体现在生活中出现的所有重大考验上。

世界上任何国家的个人，都不会比美国人更加命途多变。在美国，相同的个人，命运起起伏伏，也就是从富到穷，再从穷到富的情况，十分寻常。

美国的女性总能以冷静而坚实的意志来面对这种巨变。她们欲望的大小会随着贫富的变化而变化。

每年朝西部蛮荒之地迁徙的冒险家大多来自早年在北部安家的英裔美国人，这点我在本书的上卷已经说过，事实正是如此。在这些人中有不少人原本在家乡过着舒适的生活，可为了财富，他们仍旧不顾风险来到了这里。这种事业前期所要承受的无数艰难险阻，他们的妻子也要一起承受，因为她们是随行者。

在靠近西部蛮荒的地方，我甚至时常能遇到一些在大城市的安逸稳定的环境中长大的年轻妇人，她们差不多刚嫁人离开父母的豪宅，就来了森林中的陋室。她们的勇气没有被疾病、孤单和枯燥消磨掉。疲惫的面容掩不住她们坚韧的神色。她们的脸上有忧郁的神情，但她们身上也充满了昂扬的斗志。

这些美国的年轻妇人，我坚信她们在这种情形下所展现出的内在力量，是她们早已接受的基础教育的结果。

所以如何为人妻子，美国的女性很小的时候就已经学会了。她们在生活中所扮演的角色和日常生活的习惯虽然发生了改变，可她们的精神没变。

# 第十一章　在美国，身份平等是如何为良好民情的维护提供帮助的

有些哲学家和史学家曾经发表过或者和人说过这种言论：女性的操守如何，要看她们生活的地方距离赤道有多远，即，越是远离赤道就越严谨，越是靠近赤道就越轻浮。还有比这种论调更不用直面难题的吗？若是按照这种论调，那这个在人性方面最难解决的问题之一，用一个地球仪和一个圆规就能解决了。

在我看来，这个理论并不是在事实的基础上建立的。

在不同的历史阶段，即使是相同的民族往往也表现各异，在某个阶段看重贞操，在另一个阶段却一副淫荡糜烂的样子。所以固定的地理位置，不是决定一个国家的民情是严谨或恣意的唯一要素，还有一些变幻不定的原因。我承认，性的相互吸引在某种气候下会激发出非常强烈的情欲。可是在我看来，平时对这种天生的性欲产生激励或者压制的是社会状况和政治制度。

去过北美的游者虽然在某些问题上存在分歧，可是他们无不认为，那里的民情远比世界上任何地方的民情都要严谨威严。

美国人在这方面的环境，明显比他们的先祖英国人好得多。这点，只要浅浅地观察一下这两个国家就能发现。

欧洲各国的人，包括英国，在评论女性的弱点时全都满怀恶意。哲学家和政治家时常以惋惜的口吻告诉人们民情在端庄严谨上有所欠缺，文学家也每日在自己的作品中做出这样的构想。

美国的一切书籍，包括长篇小说，都将女性描绘成白玉无瑕的样子，任何人都不会将男女情事放到书中。

美国的国土、种族和宗教无疑是这种非常严谨的民情的一大原因。可它无法成为这个问题的全部答案的，因为所有这些原因别的国家也有。所以，还需要某个特别的原因，才能解答这个问题。

至于这个特别的原因，我认为是平等及由平等衍生出的各种制度。身份平等自己虽然无法让民情严谨端庄，但它无疑能让民情更容易严谨端庄，并加速

这一过程。

贵族制国家的婚姻讲究门当户对。男女可以因情欲结合，但他们若想正式结婚成为相伴到老的夫妻，却要面临社会状况及社会状况引发的观念的严厉抵制。所以定然有很多露水姻缘和暗中做夫妻的情况。面对法律的制约，大自然就是以这种方式暗中反击的。

当存在于男女之间的所有想象的壁垒和现实的壁垒，都被身份的平等推翻，情况就变了。这时，每个少女都相信自己会嫁一个喜欢自己的人。情欲确实容易让人头脑发热和受骗，可是，女性不会相信一个能和自己结婚却不肯娶自己的人会爱自己，所以婚前性行为很难发生。

在婚后的生活中，这个原因也能起到相同的作用，不过变成了间接作用。

不管是正在乱搞男女关系的人，还是众多打算乱搞男女关系的人，在他们眼中最能将不合理的爱转变为合理的爱的办法就是强制性婚姻或者随机组合[1]。

在一个这样的国家中：女性永远可以自由选择伴侣，并且教育也让她们能够做出最好的选择，女性一旦犯错，将受到舆论的严厉指责。

这也是美国人具有严谨精神的部分原因。婚姻在他们眼中是一种巨大的责任，一旦签署就必须严格执行所有条款的契约，因为人们在签约之前已经知悉所有条款，且绝对享有不签契约的自由。这些条约不但让夫妻在结婚之后更加忠贞，也减轻了他们忠于彼此的难度。

是什么让贵族制国家的人选择结婚的？是让两个人结合，还是让财产结合，恐怕后者更贴近真相。

所以，有时才会有已经上学的男孩和正在哺乳的女婴订婚的情况。为了整合双方的财产才结合为夫妻的夫妇二人同床异梦，又有什么奇怪的。从协议本

[1] 这个真理，只要看看欧洲的各种文学，就能轻易辨明。

欧洲的作家是如何在自己的小说中描绘我们生活中常见的以悲剧告终的婚姻的？首先，为了让读者心生同情，他一定会告诉读者这对夫妻地位悬殊或者是被迫结合的。长久以来我们形成了一种过分仁厚的人生态度，直到今天还在影响我们的民情。可就算如此，作者在书中也要先为人物的缺陷找好托词，否则，我们是很难关心他们的不幸的。作者按照这种方式行文，必定会获得成功。每天呈现在我们眼前的一切，也在告诫我们：考虑到以后的种种可能，我们也该宽容。

美国的作家是不会向读者示意自己对书中人物的缺陷怀有极大的同情。他们之所以不愿意写这些，一方面是因为他们的法律和习惯不允许，另一方面，是因为他们以后也不准备描绘香艳的内容。这也是美国很少出版长篇小说的一大原因。—— 原注

质来看，这种结果理所当然。

相反，当所有人永远都能不受他人命令和影响地独自选择伴侣时，通常只有相同的喜好和思想会让男女亲近起来。这种相同不但能让他们相互扶持，还能强化夫妇关系。

对于婚姻，我们的父辈曾经持有一种怪异的观点。他们坚信在这方面听任当事人的心愿是一件非常危险的事，因为他们那时看到的自由恋爱后结婚的例子不多，但结局几乎全是悲剧。他们认为，相比于左挑右选，一面之交或许更好。

可是我们轻易即可证明，他们看到的那些例子说明不了任何事。

首先，我得说民主国家的女性在得到自由择偶的权力时，也接受了针对此种选择进行的教育，源自她们意志的力量足以应付此种选择；可贵族制国家的年轻女性在无视父母威信和人私奔时选择的那个男人，她们没有调查了解的时间也没有判断其好坏的能力，如此一来，自然没有任何保障。所以，她们在首次听任自己的心意时已经犯了错，她们学习了民主的习惯，却不曾受过民主教育，最终犯了这种惨烈的错误，再正常不过。

可是，这还不是全部。

一个男人和一个女人，妄图打破贵族的社会情况引发的种种不平等，结合到一起，需要清除的阻碍还有很多。首先，他们需要清除或者削弱的阻碍是，来自父母的命令；接下来，他们还要竭尽所能击败习俗的力量和舆论的霸权；最后，他们历经千辛万苦得偿所愿，却要忍受来自亲友的蔑视：这些人在他们打破的成见的影响下，冷漠地对待他们。很快，这种情形就会消灭掉他们的勇气，让他们心生痛苦。

所以，你不要以为如此结合的夫妻不但一开始就非常凄惨，之后还可能违法，这不是自由选择的错，错的是他们生活的那个禁止他们做出此种选择的社会。

别忘了，蛮横地让人不犯寻常错误，往往会让这个人失去理智；法律赋予一个人权利，让他可以向自己所在的国家和时代的主流思想宣战时，还要让他做好冒险发动武力斗争的思想准备。要知道，具有这种性情的人，无论在哪儿都很难获得幸福，也很少会去积德行善。多说一句，这正是在那些最有必要、最伟大的革命中，个性平和谨慎的革命家寥寥无几的原因。

所以，当贵族制时代的一对男女因一见钟情，就无视所有条件，只考虑个人的喜好和意愿，仓促成婚，婚后很快就喜新厌旧进而乱搞男女关系造成惨剧，又有什么稀奇。可是，结合若是遵照了事物的一般规律和自然秩序，不为社会状况反对，不和父母的威信抵触，不受社会舆论斥责，那毋庸置疑，家庭内部必将更和谐，夫妻之间更容易忠于彼此。

民主国家的男人几乎都参与政治活动，从事某种行业；另一边，家庭资产有限，使得为了维持家务，精心照管家里的所有细节的妻子，只能每天待在家中。

男人和女人各有自己的工作要做，两种工作的性质也各不相同，这就如同在性中间竖了一条天然的壁垒，不断削弱一方的性冲动，并让另一方更容易抵触抗拒。

这并不表示男人会因为身份的平等而忠贞不渝，不过它确实让男人在生活作风上有所克制。这个时期的人没有时间也没有机会对他人的贞节太过关注，因此出现了众多荡妇，但与此同时，也有大量贞妇出现。

单独的个人虽然会因为这种情况而遭遇厄运，可是整个社会的繁荣和坚韧并不会受到影响。家庭的纽带不会因它受损，民情也不会因它萎靡。个人的极端腐败并不会让整个社会陷入险境，所有人的广泛的腐败才会。相比于卖淫，立法者认为通奸更危险。

人们因为平等带来的这种繁忙和居无定所的生活没有风花雪月的时间，与此同时，这种生活也通过某种较为隐秘但可信的办法，让人不去风花雪月。

工商阶层的思维模式，民主时代的人多少都有一点儿；他们思维缜密，务实且有城府，随时都能超出理想的界限，将自认为必须和理当追逐的现实目标作为努力奋斗的目标。所以，平等限制的不是人们想象的能力，而是追逐梦想的行动，只许想象在低空飞行。

在民主国家，人们最讨厌空想，不愿意沉迷于实际行动之前的或许会让人心潮澎湃的独自假想。

那种能让生活安定美好的深厚、严肃和恬淡的情感，他们确实非常看重，可是那些会对生活造成影响，会损耗生命的浓烈且无法把握的激情，他们却不喜欢。

以上内容用在美国合适，但推而广之普遍用于目前的欧洲，却不合适，这我清楚。

法律和习惯这 50 多年来虽然竭尽所能让不少欧洲国家成为民主国家，可是在男女问题上，这个国家尚未达到较为庄重和纯洁的程度。非但如此，某些国家反倒更严重了。某些时期人们非常严肃地对待这一问题，可是就整个国家而言，这方面并不那么正派。我的主要目标并不是责难与我同时代的人，而是想要美化他们，所以我敢于指明此事。

当然，这种情况会让人感到难过，但无须心存畏惧。

民主的社会情况或许有利于习惯趋于正常，可是这种效果并不是短时间就能看出来的。社会在朝着身份的平等迈进时会产生阵痛，若说身份的平等有助于民情的改善，那这种阵痛则不利于民情的改善。

近 50 年来以来，不停改变面貌的法国时常发生动乱，却未曾让我们得到多少自由。在这个思想普遍动荡，舆论变幻无常的时候，在这个是非对错、真真假假、功过得失如此难以辨别的时候，人们开始质疑社会道德，个人德行即将崩塌。

可是，无论目的为何，发动者是谁，发生在我国的革命最开始的结果都是如此。就连那些最终强化了道德的革命，起初也放宽了道德的尺度。

在我看来，时常在我们面前出现的动乱很快就会结束，这点，从某些奇妙的预兆中已经看得出来了。

失去权力但未失去财富的贵族，在畅享了各种低俗的娱乐后，还有大量时间可以用来醉生梦死，所以最为腐败堕落。过去，澎湃的激情和崇高的思想激励着他们，让他们生机勃勃，可现在他们只有众多看上去不大但侵蚀性极强的坏习惯，这些习惯牢牢地依附着他们，就像聚集在尸体上的苍蝇。

上个世纪的法国贵族极为淫靡放荡，这点所有人都得承认。可是，其他阶层在古老的习惯和信仰的驱使下，仍然保有对道德的敬重。

任何人都必须承认，我们这个时代，在某种程度上让原则保有尊严的是贵族残余，而让道德日益败坏的是社会中层阶级和下层阶级。结果 50 年前生活最放荡的家族，到了今天却成了最典型的守规矩的家庭，人们于是不由得觉得，贵族阶级帮助民主提升了道德水准。

法国大革命分割了贵族的财产，让他们不得不全神贯注地从事家庭和个人事务，要求他们必须和子女同住，可是与此同时，贵族也有了更加清醒和严谨的神志。所以，在贵族尚未意识到的时候，法国大革命教会了他们尊重信仰、追求秩序和普通的消遣，渴望天伦之乐和家庭幸福，可是其他阶层——这些喜好原本的所有者，却在法制和政治习惯尚未被彻底推翻的时候，借着它们的余威，成了秩序的破坏者。

在法国，旧贵族虽然承担了大革命的所有后果，却没有同样产生革命的冲动，也不曾产生无政府主义主张，这种主张是革命之前常有的。我们不妨如此假设：他们比那些革命者更早地预感到，这是一场有助于他们获得更好的生活方式的革命。

虽然猛一听让人不可置信，但我们还是要说：如今，反而是国内那些民主最激烈的反对者，在民主必然产生的道德上，做得最好。

我禁不住想，当我们获得了民主革命的所有战果时，那些如今只有少数人认为是真理的东西，慢慢就会被所有人承认，只要我们平息了革命引发的动荡。

## 第十二章　美国人对于男女平等的看法

民主制度是如何消除或者改变社会上的种种不平等的，我在前边已经说过了。可是，这就是全部了吗？男女不平等，这个在人性的基础上建立起来的巨大不平等，民主最终又能发挥什么作用呢？

在我看来，让父与子、主与仆，整体来说就是让尊与卑变为平等的社会运动，也在提升女性的地位，而且终将慢慢让男人和女人获得平等。

可是，面对这个比任何题目都更能让现代人信口开河的论题，我第一次深切地感觉到，有必要详细阐明我的见解。

欧洲有些人不顾男女的性别特点，极力主张男女平等，甚至认为男人和女人是一模一样的人。他们让男女承担一样的职责，践行一样的义务，享有一样的权利，即不管是在劳动上，还是在休闲或者公事上，在所有方面都无视男女差异。不难想象，强行让两性保持平等，反而会让两性都受到损害；原本适合女性的工作，你非让男性去做，或者调过来，原本适合男性的工作，非让女性去做，势必会产生一些娇弱的男性和一些粗鲁的女性。

所以，这和美国人认为的可在男女之间构建的民主或平等并不相同。在美国人看来，上天既然让男人和女人身心存在巨大差异，自然希望两方将各自不同的特点妥善地运用起来。美国人坚信让男女各展所长才是进步，让不同性别的人做近乎一样的工作不是。对引导着当今工业发展的伟大的政治经济学原则，被美国人引用到了两性方面，也就是为了让伟大的社会劳动获得最佳成果，对男女的工作进行细分。

世界上再没有哪个国家比美国更注重对男女行动的界限进行划分，并坚持如此。美国人认为两性应该沿着两条不同的路一起前行。

在美国，你会发现女性唯一的工作就是家务，她们是绝不会进入商业和政界，任何人都不会强行将地里的农活或者重体力劳动交给女性去做。穷到必须破例如此的人家尚未出现。

另一边，美国的女性既然无法离开家务这个平静而狭小的圈子，也没人想强行将她们从中拉出来。

所以，美国的女人虽然有着男人一般的智慧和刚毅果敢，却往往摆出一副弱不禁风的样子，她们的智力和胸襟虽然并不输给男性，可是她们永远谨守着女性的言行。

推行民主原则会颠覆夫权和存在于家庭内部的权威，这种结果完全出乎美国人的意料之外。他们素来相信，一个没有领导者的团体是无法有效运作的，而丈夫天生就是夫妻这个小团体的领导者。所以他们坚信丈夫有指挥妻子的权利，他们认为民主在广博的政治世界中是为了赋予必要的权利以合法的地位，而非废除所有权利，在夫妻这个小家中也是一样。

这种主张的支持者既有男性，也有女性。

在美国，我从未看到哪个女性因为丈夫行使了自己的权利，就觉得自己的权利受到了侵犯，更未见到哪个女性觉得这是在强迫她们低头。正相反，我认为她们似乎以放弃自己的见解为荣，将毫不反抗地主动接受视为自己的一大成就。

起码妇德出众的美国女性是这么看的，至于美国的其他女性，他们并未公开阐述自己的看法。

此外，你绝不会听到哪个淫荡的妻子在背弃自己最伟大的职责时，将女权作为借口吵闹不休。人们常说：欧洲的男人就算再如何奉承讨好一个女人，也总是带着些藐视的意思，虽然他们摆出一副将女人当成主人的样子，但你会发现，他们从不曾真的觉得女人和自己是平等的。

美国的男人通常不会逢迎讨好女人，可看看他们每天的所作所为，你会发现他们是尊重女性的。

人们经常会看到，美国的男性绝不会否认妻子的智慧、干涉妻子的自由。他们坚信妻子的智慧也能像男人一般去发现纯粹的真理，且有足够坚实的胸襟去追随这一真理。用女性蒙昧无知和懦弱无能这种成见，来证明自己比妻子更有德行这种事，他们从未想过。

可是，在欧洲，看上去容易被女人摆布的男人，却貌似觉得女性缺少人类的某些重要特质，虽然让人着迷，却算不得完整的人；更让人惊讶的是，女性自己也这么看，她们始终相信，懦弱、无用和脆弱是自己的一种特权。这种权利，美国的女性是绝对不会要的。

另一边，我们可以这么说，男性事实上从我们的民情中获得了某种奇特的豁免权，于是男人有了一套和他的妻子不同的道德标准；在舆论中，同一种行为，女性做就是犯罪，男性做不过是犯了个小错。

权利和义务这样不公平的分派，在美国的男性眼中是很奇怪的，诱奸者和受害者在他们眼里一样丢脸。

欧洲的男人想方设法逢迎讨好女人，美国的男性却很少这么做，他们总是用实际行动证明女性在他们心里是纯洁而贤淑的。他们非常尊重女性的精神自由，为了保证自己的言辞不会冒犯在场的女性，他们说话时会非常小心。在美国，年轻的女性可以放心地孤身进行长途旅行。

在美国的立法者的干预下，刑法中所有条款近乎全都减轻了处罚，可是强奸罪仍然是死刑，舆论也以最严厉的口吻声讨这种罪行。在美国人看来，女性的贞洁最珍贵，而最该得到尊重的就是女性的自由，任何破坏女性贞洁和自由的人都最应该受到严惩。

法国对这种罪行的判罚非常轻，几乎没有哪个陪审团会判这种行为为有罪。这蔑视的究竟是什么？贞洁还是女性？我不禁认为，两者都是。

所以，男女有做同样事情的同等的义务和权利这种说法，美国人虽不赞成，却认为男女可以发挥同等的作用。在他们看来，作为人，男人和女人的价值是一样的，虽然两者的命运并不相同。

他们完全不怀疑女性有自己的勇气，虽然他们并不要求女人有男人的那种坚韧的勇气，也不需要她们像男人一般展现自己的勇气。他们虽然没有要求女性和丈夫具有同等的学习能力和理性，但起码承认女性有着和男性同样清晰的理智和同样可信的学习能力。

所以，美国人虽然给女性的社会地位不高，可在脑力劳动和道德层面却想方设法地让男女处于同等地位，而且在我看来，他们对民主进步的理解正确得让人钦佩。

而我，我要坚定不移地说：美国的女性虽然大多停留在家庭的小圈子中，在某种意义上明显处于从属地位，可我仍旧认为她们处处显得地位崇高。如今，美国人做过的众多大事我几乎已经写遍，此时你若问我，这个国家出人意料的繁荣兴旺和国力不断提高的决定性因素是什么，我的答案是：它的女性们的出类拔萃。

## 第十三章　平等是如何自然地将美国人分割成众多小型个人团体的

人们或许觉得民主制度发展到最后，必然会让每个人的个人生活也像政治生活一般融合到一起，并且大家不得不过着相同的生活。

如此一来，人们只能非常浅显和极为粗暴地理解民主所带来的平等。

没有哪种社会情况和法制能让人们拥有完全相同的教育、财产和喜好；不同的人或许在某个时候会发现大家团结一致地做一件事对每个人都好，可是你必须承认，他们在这一过程中无法开怀。所以，他们会想方设法避开立法者制定的规条，立法者想对他们的活动范围进行界定，他们则努力从中逃脱，并将某些条件相当，习惯和德行相近的人集中到一起组建一些小型的个人社团，和大的政治社团同时存在。

美国的所有公民在身份上都是平等的；他们无须服从对方，也不需要敬重对方；他们一起推行法律，一起治理国家，总而言之，就是影响所有人命运的事，大家一起解决。可是，任何人都不曾呼吁大家要有一样的娱乐方式，或者让男人女人在一个地方消遣。

美国人在政治集会和法庭中时常混杂在一处，可是为了畅享个人生活的乐趣，他们在个人生活中却小心地分散到众多各异的小型团体中。人们全都愿意承认所有公民人人平等，可是能够成为他们承认的朋友和客人的，只有很少的人。

在我看来，这并不奇怪。公共生活圈越大，个人生活圈就该越小。新社会的公民最终会过上完全一样的生活吗？我想象不出来，反倒觉得他们会形成众多小圈子。

贵族制国家的每个阶层都像是一座巨大的城市，阶级内的成员出不来，阶级外的成员也进不去。各阶层之间禁止交往，不过各阶层内部的成员则必须接触交往。就算他们有着不同的天性，相似的身份也会拉近他们的距离。当某些人建立起了亲密的联系，而这种联系又在法律和习惯规定之外，那么观点和观念的偶然共鸣或许促进了这种联系的产生，所以个人团体往往独具特色。

民主制度下的公民永远是相近的，自然会有一种随时都能合而为一的感觉，因此，人们漫不经心地主动划分出众多小圈子，大家都想通过这种小圈子疏远别人，生怕自己不由自主地泯然于众。

人们可以改造自己创造的体制，却无法改变自己，所以这种情况会一直存在。社会再如何想方设法让民众平等，让大家一模一样，人们的自尊心也会竭尽所能让自己和别人处在不同的水平，试图让自己在某方面独具优势。

在贵族体制下，高高地矗立在人与人之间的是难以逾越的屏障，在民主制度下，将人与人隔开的是大量纤细得近乎无法看到的线，这些看上去随时都能被人扯断的线，却在不停地变换位置、重新联结。

所以在民主国家，就算平等的程度再高，人们也会建立众多个人团体，并将它们分散到大型政治团体的海洋中。可是，在外观上，没有哪个私人团体的成员，能和统领贵族国家的阶层比肩。

## 第十四章　针对美国人仪表的一些研究

猛一看，人们的仪表似乎是最不重要的东西，可是人们对仪表的看重却超过一切。只要人们生活的社会讲究仪表，那么人在行为处事时，必定有相应的行事惯例。所以，研究社会情况和政治情况是如何影响仪表的，并非没有价值。

通常来说，仪表是在民情的基础上建立起来的；另外，有时它的产生也是因为某些人的约定俗成。仪表一部分是先天赐予的，一部分是后天获得的。

那些自觉不用努力就能不受任何阻碍地飞黄腾达的人，那些自觉每天都有大事等着自己去做而将小事交给别人去做的人，那些自觉手中的财富为他人所创造，且不畏惧失去财富的人，你可以想象他们是如何骄傲和轻鄙地看待蝇头小利和生活中的物质享受的，从他们的话语和仪态中你会感觉到他们思想上的那种理所当然的崇高感。

在民主国家，个人生活中没有伟大的地方，所以人们的仪表通常不会非常威风凛凛。民主国家的人一直围着家务打转，讲究仪表仪态的机会非常有限，所以人们的仪表总给人一种豪放之感。

仪表的尊严究竟体现在哪儿？应该是衣着打扮恰如其分，神态不卑不亢。农夫也好，皇亲也罢都能做到这点。在民主国家，人们的仪表往往难以体现出有尊严的一面，总是一副高傲的样子，因为他们的地位并不是稳定不变的。另外，在民主国家，人们并未就仪表作出严格规定，也未曾受过严密的培训。

民主制度下的人太活跃，具有极大的流动性，对某些人来说，养成温文尔雅的仪表仪态难度极大，就算养成了，也无法一致坚持下去。因此，几乎所有人都随意行事。因为大家的仪表都来自自己的观念和情感，而非一个供所有人效仿的典范，因此人们的仪表还缺少连续性。而且，相比于贵族制度被推翻很久之后，这点在贵族制度刚被推翻时有着更明显的表现。

最后，文化水平和生活习惯差异巨大的那些人被新的政治制度和民情集中起来，大家被迫生活在一起，以致社会的杂乱景象时时都能看到。

过往严苛的礼仪规范还依稀留存在人们的记忆中，可是它的细节和出处，却已被遗忘。大家共有的礼仪规范虽已消失，可人们并不想永远舍弃它，于是想方设法以残余的旧规范为基础，随意建立了一种可以随时更改的礼仪规范。最后，无论是贵族时期人们时常表现出的那种温文儒雅、凛然崇高，还是民主体制下人们偶尔显露出的那种淳朴和豪迈，在仪表上都找不到。仪表看上去既拘谨又恣意。

这种状态并不正常。

当平等得以全面实行，且久经时间洗礼，人们的思想和工作近乎相同，大家无须彼此商量、互相学习就能有相同的行动和言辞。到了这时，人们就会时常发觉，他们的仪表或许有很多不同的小细节，但没什么大的差别。仪表没有共同的典范，所以永远不会一模一样。不过，相同的社会环境也使得仪表永远不会天差地别。美国人的仪表，在刚到美国的人的眼里几乎没有任何差别。可是其中的小差别，若认真观察，也不难发现。

最喜欢嘲讽美国人仪表的，当属英国人，可奇怪的是，那些将这些可笑的细节告诉我们的，大多数是英国的中产阶级，要知道，这些人的仪表也是非常可笑的。

所以，这些以尖刻的笔触嘲讽美国人言行的人，往往是亲身践行着美国人言行的人。他们没有意识到，惹本国贵族发笑的，是他们对自己的嘲讽。对民主最为不利的就是人们的仪表。不少人宁可接受民主的弊端，也不愿意接受民主时期当有的仪表。

可是，民主国家的人的仪表，在我看来，并非全无好处。

通常来说，贵族制国家中的每个贴近上流社会的人，都会想方设法将自己装扮成上层阶级，因此各种荒诞可笑的效仿行为层出不穷。在民主国家，人们看不到威严的仪表可以效仿，因此不必每天将时间耗费在让人厌烦的模仿工作上。民主国家的人的仪表，虽然和贵族制国家的那种儒雅不同，但也永远不会粗鲁不堪。无论是贱民粗鲁的言辞，还是上等人文采斐然的高雅言辞，都不存在。民主国家的习俗虽然平淡，但绝不会是粗鲁的和卑贱的。

民主国家不会制定温文儒雅的行为规范，这点我在前边已经说过了。这虽有不方便的地方，但也不是没有好处。

贵族制国家一套套的礼仪规范，让人们不得不做出相同的行为举止。这些规矩罔顾个人的脾气秉性，让一个阶层的所有人都是一个外观。它们对所有人的秉性进行雕琢，让人看不清它真正的样子。

民主国家的人的仪表和贵族制国家的不同，既不会像后者一般温文儒雅，也不会一举一动都严守规矩，但总是恳切真诚的。这里的人的仪表像是一层粗糙的薄纱，人们的真实情感和独特的观念透过这层薄纱一目了然。所以人们往往表里如一，人们显露出的品质虽不十分美好，却非常真实。民主的作用，从某种程度上讲，不是让人们得到一定的仪表，而是让人们放下一定的仪表。

在民主国家，你偶有会发现贵族的思想、激情、善行和恶行，但绝不会看到贵族的仪表。贵族的仪表在民主革命最终完成时，也将永远消失，再不出现。

当贵族阶层失去了财产和权柄，贵族阶层的仪表却能继续存在一段时间，因此，猛一看，人们会觉得它是最有可能永远存在的事物；可是，它消失得全无痕迹，甚至让人怀疑它是否有存在过的情况，又让人觉得它脆弱到了极点。这个奇迹要数代人辛苦经营才能完成，却因社会状况的变迁实现了。

当贵族制度覆灭，贵族制度的首要特点还能成为历史遗迹，可贵族儒雅规范的言行方式却很难被人记住。见不到贵族的言行方式，人们自然就想不起它了。要知道，只有那些在教育和习惯上有了思想准备的人，才能感受到区别和选择仪表带给人的那种美妙的感觉，而且当人们不再遵循选定的仪表行事时，这种美妙的感觉很容易就会消失，所以它的消失，人们看不到，也感觉不到。

所以，贵族的仪表在民主国家的人身上是看不到的，不仅如此，那里的人也不会渴望或者想到它。

贵族的仪表是什么样子的，人们想不出来。那种仪表对他们而言从未存在过。这种损失不值得我们太过费心，但可以表示惋惜。

我知道，一个行为高雅的人却有着非常低俗的感情这种情况，并不少见；在法庭上，我们可以清楚地看到那些看上去人模狗样的人，却往往藏着一副十分歹毒的心肠。贵族的仪表虽然不是美德，但偶尔能修饰美德。一个实力雄厚、人员众多的阶级平时是不会这样的，它会以生活中所有的外在来彰显自己貌似本就崇高的思想和感情，貌似儒雅、合理的兴趣爱好，貌似温文儒雅的一言一行。

贵族的仪表让人误解了人性，但这种误解是美好的。虽然贵族的仪表不过是假象，但会给人一种讨人喜欢的高尚感。

## 第十五章　论美国人的严谨精神和这种精神为什么没能让美国人做事更周密

贵族体制下的民众喜欢的那些朴实、喧嚣和粗鄙的娱乐，民主国家的人绝不会喜欢，在他们看来，这种娱乐既幼稚又无聊。至于贵族阶层的那些儒雅的消遣，他们也不会喜欢。

他们希望可以一边消遣娱乐，一边获得某些值得实际生产或者对现实生活有好处的东西，想要一箭双雕：既能娱乐，又能拿到好处。

贵族制社会的民众为了暂时遗忘生活中的悲苦，容易被喧闹、痛快的氛围吸引。民主社会的民众却不愿意如此放浪形骸，并会为了一时的放纵后悔难过。能够讨得他们欢心的，不是这种恣意的狂欢，而是那些和工作相近，能让他们想起工作的严肃平和的娱乐。

欧洲各国的大多数人在工作结束之后，会去公共场所唱歌跳舞，可是那些和欧洲人做着相同工作的美国人却不会这样，他们会待在家中一个人小酌一番。这个人对两种享受进行了整合，一边琢磨生意上的事，一边在家中感受醉意的魅惑。

在看到美国人之前，我还当世上最严肃的民族是英国人。

我不想说气质对美国人的性格影响不大，但我相信相比于气质，对美国人的性格影响更大的是政治制度。

自尊心也是美国人精神严谨的部分成因。在民主国家，人们非常看重人格价值，就算是穷人也是如此。在他看来，自己和别人比并不差什么，并且单方面认为其他人对他的看法也是这样。这种心理使他所有的言行都非常谨慎，未免让别人看到他的缺点，他绝不放浪形骸。他的言行只有自尊、庄重，才能被人重视。

不过，我认为还有一个更加重要，也更有力的原因，塑造了美国人的这种让我惊讶的、貌似源于本能的严谨精神。

专制体制下的民众因为畏惧专制制度，总是一副闷闷不乐、默不作声的样子，偶尔才会抛下一切，沉醉在狂欢中。

在一个王权被习惯和民情制约的君主国中，民众因为拥有一定程度的自由，人身安全也不易受到侵犯，而且不用太担心生计问题，所以总是一副从容淡定、愉悦开怀的样子。可是，每个拥有自由的人都清楚，一帆风顺毫无阻碍的事业是不存在的，所以大家都保持着严谨的处事态度。

对确立了民主制度的自由国家的人而言，就更是这样了。在这种国家，严谨精神是一种民主的特性，而非某些人的特性，因为这种国家的任何一个阶层，都会有众多时常参加国家大事的人，至于那些不愿意打理公共财产的人，他们会将所有的心力都放在增加私产上。

古代的某些小共和国，时常在人们闲谈中出现，人们说那里的公民头戴玫瑰花环在公共场所聚会，跳舞和看戏几乎耗干了他们所有的时间。相比于柏拉图的共和国，这种共和国在我看来更不可能存在。若他们真的说中了实情，我也敢说，我们说的那个共和国和他们想象的共和国的组成成分完全不同，两者除了名字，没有任何共同点。

此外，我们若觉得民主制度下的人一直过着艰难、痛苦的生活，那就错了，情况正好相反。最不想换个环境生活的人，恐怕就是他们了。在他们看来，无事可做的人生是枯燥的，无味的。即使是贵族对享受的喜爱，也比不上他们对辛劳的喜爱。

我不由得奇怪，民主国家的人如此严谨，居然还有做事十分不严谨的时候。

美国人总是一副态度从容、行事谨慎的样子，可他们却很难自我约束，总会因为心潮涌动或者草率判断而做出一些失去理智的荒唐事，而且他们在做这些荒唐事时，没有一丝轻慢之心。

会出现这种矛盾的情况，其实很正常。

有种无知是因为太渊博。专制国家的人不会为人处世，是因为没人告诉过他们应该怎么做；而民主国家的人做事莽撞却是因为有人想让他们知道所有的事，以致他们掌握的东西太过驳杂。前者一无所知，后者忘了所学。双方的首要特征，都像一幅轮廓分明但缺少景物的笔触细密的画。

不知为什么，自由国家的官员，有时言语冲撞、行为鲁莽也不会影响自己的地位，可君主国家的官员不过随口说几句，就免不了要丢官卸职。这点，从以往的很多事中都能发现。

在嘈杂的人群中，你就算说了很多，大家也往往听不见，就算听到了，很快也会抛之脑后；可是如果在面前的那群人正准备认真倾听你的话，就算你说得再小声，人们也能听到。

民主国家的人绝不会永远待在一个地方，促使他们迁徙的机会不断涌现，他们的生活总是被一种我不知道名字的力量——或许称其为即兴的力量也不错——控制。他们为什么总会做一些自己一知半解的事，总说一些自己都莫名其妙的话，总去经营一些自己只学过很短时间的工作？就是因为他们受到了这种力量的驱使。

贵族制度下的人，一生只追逐一个目标；可是，民主国家的人生活环境非常复杂，一个人通常同时有好几个互不相关的目标，他们无法将每个目标都探查得一清二楚，于是愿意停留在只知皮毛的阶段。

在民主国家，围绕在人们身边的所有财富和福利，没有一样不是伸手就能拿到的，因此他们就算不受贫穷驱使，起码也要被欲望驱使。所以，他们急不可耐地想要抓住一切，想去完成所有的事，他们不要求尽善尽美，不会花时间去探查自己每个行动的深意。

他们渴望的是尽快学习更多东西，而非透彻掌握这些东西，因此他们的好奇心虽无穷无尽，却并不难满足。

他们没有对事物进行深入探查的时间，更没有这么做的兴趣。

总而言之，民主国家的民众在他们的社会情况和政治情况的驱使下，只能去做那些必须小心谨慎的工作，所以他们才会一副严谨持重的样子；可是面对各项工作，他们时间有限，精力也有限，所以偶尔又会有鲁莽的行为。

对民主精神而言，注意力分散的习惯称得上是最大的弊端。

## 第十六章　美国人的民族自尊心不如英国人持重，但比英国人好大喜功的原因

自由的人民无一不是骄傲的，不过表达民主自豪感的方式各不相同。在和外国人谈话时，美国人受不得一点批评，听不够赞扬。就算再不值一提的表扬，他们也觉得好听，就算将他们夸得再好，也很难让他们满足。

为了让你说几句赞美的话，他们不停地缠着你；你若是不理他们，他们就会自我表扬。有人说，他们之所以总希望博得别人的赞美，是因为他们对自己的优点不自信。在他们旺盛的自尊心中，充满了虚浮和嫉妒的情感。这种自尊心只喜欢收获不喜欢付出，好大喜功。

我曾经对着一个美国人称颂他们的国家，他马上回答说："确实，美国是世界上最好的国家！"我又称颂美国人拥有自由，他回答说："自由是一种贵重的礼物，有资格享有的国家可不多。"我说美国民情朴实，他补充说，"不难想象，一个外国人发现所有国家都有贪污腐败的情况，见到这种朴实的民情必然会非常吃惊。"之后，我让他想想自己做得如何，他却只想将话题带回来，非让我再说一遍刚刚的话。很难想象会有这么倔强和惹人生厌的爱国精神，就连这种精神的拥趸都觉得受不了。

贵族制国家的那些帝王将相手中的无上权威，自然能为他们的自豪感提供基础，无须通过陈述国家的优势来培养这种感情。在他们眼中，这些特权是自己不可或缺的一部分，或者起码是他们生来就有的天赐的权利，因为这是他们的祖先传给他们的。

所以，他们可以从容地面对自己的优越，他们的特权是众所周知的，且没人提出反对，自然不需要特地拿到人前炫耀。这些特权在他们眼里不过是寻常事，又哪里能成为话题呢？他们坚如磐石，没有人能分享他们的高贵，他们清楚自己无须夸耀也是受人瞩目的焦点，坚信想要打倒他们的人并不存在。

贵族的民族自豪感，自然会使他们以这种高人一等不可一世的方式处理国家大事，至于国内的其他阶层，则以他们为榜样。

相反，当大家身份差不多时，再小的优势也很有价值。当每个人都觉得身边数以万计的人都有和自己一样或者相近的优势，他们的自豪感就会成为贪欲和嫉妒；再小的利益也要争，且只要得到就绝不放手。

民主国家的人所拥有的优势往往变幻不定，因为那里的人所处的环境总是在变。为了让别人也让自己注意到自己的优势，他们只能不停地彰显自己的优势。可他们仍然无法安心，因为这种优势随时都会消失，于是他们又尽量表明自己还有其他优势。民主国家的人，像爱自己一般爱着自己的国家，并将个人自尊心变成了民族自尊心。

在民主国家，人民的自尊心为什么显得不够稳重，因为大家身份平等，所处的环境又总是变幻不定，所以，面对生活中的一些小变动，连某些最有德行的人也藏不住自己的好恶。

贵族阶层和其他阶层为什么截然不同，因为前者有着广泛而长久的特权。那么，贵族成员之间偶尔显露出的差别又是因为什么呢？是因为那些随时都能得到或者失去的短暂而微小的利益。

可是有时，为了拿到主子随手赏赐的微小特权，那些强有力的贵族阶层的成员们，也会涌到首都或者皇宫大吵大闹。他们这时一定会互相攻击，连民主国家的人都会为他们彼此的嫉恨感到好笑，为了蝇头小利，他们你争我夺，想方设法证明自己需要这种利益。

民主国家的逢迎拍马者是如何彰显民族自豪感的，我敢说当贵族国家的逢迎拍马者有了民族自豪感，也会这么做。

## 第十七章　美国的社会面貌变幻不定又枯燥单调的原因

最适合激发人们的惊异感的东西，或许就是美国的社会面貌了。在美国，不管是人们的思想还是命运，或者国家的法律法规，都在不停地发生变化。就连自然都因为人们夜以继日的改造而发生了变化。

可是，如果长时间观察，你会发现这个社会变幻不定的面貌看上去反倒单调乏味；并且这种千变万化的情况，会让已经观察了一段时间的那个人心生腻烦。

贵族制国家的所有人都有自己固定且永远不变的活动区域，可是人与人之间的差别却非常大，所有的人无论是感情、观念、习惯，还是兴趣爱好，本质上都是不同的。貌似全都一样，可又处处不同。

相反，民主国家的人全都一样，所从事的工作也大体相同。当社会不停地发生翻天覆地的巨变，他们也要跟着起起伏伏，可一再重复的成功和失败，就像是一幕由不同演员出演，但剧情相同的戏。在美国，人和物的不断变迁使得社会面貌不断变化；可是每种变化都是一个套路，让它看起来枯燥无味。

民主时代的人确实活力四射，可是大部分活力都是因为喜欢钱财或者被爱财之心激发出来的。之所以如此，不是因为他们精神境界低，而是因为钱财在那里作用极大。

在一个所有人都独立，人与人一致性极高的地方，钱是唯一可以拉拢别人的媒介。如此一来，就极大地增加了财富的作用和价值。

当以传统旧俗为基石的权威消失无踪，衡量人的标准不再是门第、身份和职业，或者说，人们已经没有了尊卑之别，能让人和人之间产生明显差异，让某些人比别人优秀的，就只有金钱。随着其他差别的减少和消失，以财富为基础的差别就会变大。

欲望之国疆域辽阔，而在贵族制国家，金钱只能让人到达欲望之国的几个地方，可是在民主国家，金钱却能让人走遍欲望之国的每个角落。

所以，我们随处都能看到美国人将钱作为首要目标或者次要目标而展开行动。于是，美国人的所有热情都带了爱钱的颜色，让发现这种情况的你不由得心生厌恶。

这种热情此起彼伏地出现，让人觉得乏味单调，而这种热情得到满足的详细过程，也一样乏味单调。

美国人的爱钱之心大多施展在了工商业上，因为美国是一个秩序井然的立宪民主国，这里的人是无法通过战争、公器私用或者借政治手段没收财产的方式发财致富的。可是，想获得工商业的繁荣，就必须经过刻苦训练掌握专业的经营方法，花大量时间在一致的小型活动中积累成功经验，因为对工商业而言，混乱和失败不过是寻常事。

越热爱经营工商业，就越能磨炼出专业的经营方法，行动的一致性也就越高。美国人之所以能够这样秩序井然，可以说正是因为他们事业心极强。这种让他们心绪紊乱的事业心，宁静了他们的生活。

将我针对美国的所有言论放在所有的现代人身上也并无不妥之处。人类生活的色彩正在褪去，变得单调乏味，世界各国的人开始萌生相同的感情，具有相同的观念和行为。之所以如此，一方面是因为各国的来往越来越频繁，人们彼此模仿得越来越精准；一方面也是因为各国民众慢慢舍弃了自己所在的阶层、行业和家族原有的观念和感情，将处处相同的人的本质慢慢释放出来。所以，就算人们不彼此效仿，也能变得一样。人们就像散落在大森林中的游客，而森林中的每条路都有一个共同的终点。当人们议定了集合的地方，并朝着这个地方前进，那么，大家就算不找寻彼此，不见面，都是陌生人，也会无意识地慢慢靠近，最后吃惊地发现大家走到了一起。任何国家，不以具体的人作为学习效仿的对象，而是向人自身学习效仿，那么，它们最后就会像在森林广场相会的旅客一般，获得相同的民情。

## 第十八章　美国和民主社会中的名誉[1]

人们评判他人行为的标准似乎有两种，而且是大不相同的两种标准：有时评判标准是通行全球的那种简单的是非观；有时则是一个国家和一个时代独有的是非观。

这是两种差异巨大，有时甚至彼此矛盾的标准；可是，它们永远不会同时使用和彼此抵消。

在名誉最得人看重时，连信仰都比不上它更能掌控人的意志；就算是在人们心甘情愿地对信仰唯命是从的时候，某种虽不清晰但强悍的本能仍会让他们感觉到那种更广泛、更悠久，也更崇高的行为准则。有些行为，你可以说它是

[1]　在法语中，“名誉”这个词有两层含义。有时我用这个词的时候，只用了它的部分含义。

第一，它表示一个人赢得了别人的尊敬、赞美和爱戴。例如，人们常说的“赢得了名誉”用的就是这层含义。

第二，它指的是人们赢得这种尊敬、赞美和爱戴的所有行为准则。例如，人们常说的“人必须严守名誉对自己的要求”“他罔顾名誉”等，用的就是这层词义。在本章中，我用这个词的时候，通常用的是这个词的后一层含义。——原注

光彩的，但你也可以说它是不光彩的。例如不接受决斗这种行为，就属于这种。

在我看来，这种情况，你可以用某些人和某些国家的纵情纵性作答，就算到了如今，人们还在这么做。

制定一套让所有人所有地方所有时期都不敢违背，生怕违反之后会被指责和嘲笑的道德标准，这种广泛存在于人类中的行为，是永远不会终止的。触犯道德标准的行为是恶，遵守道德标准的行为是善。

所谓国家或者民族，就是在全人类的大团体中建立的小团体；而所谓阶级或者等级，就是在这些小团体中建立的更小的团体。

这种团体在人类中全都具有某种特别的属性；他们和整个人类团体，虽然在本质上是一样的，可是在特定的范围内，又具有一定的独立性，且都有自己的需求。在不同的国家，这些需求又独立通过某种方式观察人们的行为并作出评价。

不彼此杀戮，才是人类普遍而永久的利益。可是，从某个国家或者阶层在自身诉求和短暂利益的角度来说，在某种情况下，杀人不仅情有可原，还值得称赞。

名誉，不过是一个国家和一个阶层在某种特定环境下建立的特殊的奖惩标准而已。

我尽快用事实说话，毕竟抽象解释是很难启迪人的思想的。现在，不妨看看这个例子，它会告诉你我的主张。

我准备拿那种最怪异的名誉举例。它就是曾经风靡整个世界，我们所有人都耳熟能详的，受封建社会追捧的贵族名誉。

一方面，我会用我以上的观点对这个例子进行解释，另一方面，我也将通过这个例子来阐明我的观点。

此间我要做的不是探究贵族产生的时间和过程，查明它和其他阶层之间隔着这样深邃的天堑的原因，寻找它的权力的缔造者和扩张者。在我看来，这些都是既定事实，我要做的是探究它评判人们大部分行为的眼光为什么如此奇特。

首先，我吃惊地发现，封建社会在对人们行为的善恶进行评判时，看的永远不是这种行为原有的价值，有时完全看谁是这个行为的主体和客体，以致得出违背人类良心的结论。所以有些行为，民众觉得不值一提，毫不在意，到了一个贵族那里就成了不光彩的行为；而某些行为性质如何，则要看行为的客体是不是贵族了。

当这种区别对待的思想产生，贵族阶层就站到了人民的另一边，成了一个特殊的团体，拥有了坚实的高人一等的地位。贵族阶层的力量正是从这个特殊的地位中产生的。为了守住这个位置，贵族阶层不但要获得政治特权，还要树立自己的评判善恶的标准。

有些行为，贵族做是善，民众做就成了恶，反过来也一样。当某种行为的客体是平民，有罪也不会受罚；而客体若是贵族，无罪也要受罚。可是，以人的地位来评判行为的善恶这种情况的出现，不过是因为贵族社会中的团体的人为推动。事实上，一切存在过贵族阶层的国家，都曾经这样过。除非贵族制度的残余也彻底消失，否则，这种怪象难以避免。比如，在美国，一个成年男子不会因为诱奸了一个有色人种的女孩而声名狼藉，但将这个女孩娶回家，却会让他面上无光。

封建主义的名誉在某种情况下，提倡报仇，蔑视忍辱偷生；可另一边，它又要求人们必须保持理智，牺牲小我。它不要仁善宽和，却称颂胸襟广阔。相比于施恩，它更看重仁政。它愿意让人们通过赌博和战争发财，却不愿让人们通过劳动致富。相比于让人们追逐蝇头小利，它宁可让人们罪恶滔天。相比于悭吝，它更厌恶贪欲。它总是怂恿人们使用武力，却一直蔑视狡诈和背叛。

这些怪异的观念，不是它们的持有者突发奇想的结果。

对于一个占据了统治地位，比其他所有阶级都尊贵，为永远保住这种地位而竭尽所能的阶级来说，那种能够彰显它的伟大和权势，能够轻易将它的自豪感和权力欲整合起来的德行，自然更值得它尊敬。这种德行，他们就算违背天理良心，也要让其他阶层知道。我们甚至想象得出，它是如何随心所欲地颠倒黑白，将卑鄙无耻和声名狼藉的恶，吹捧得比温和质朴的德行更高大的。这个阶层只要拥有了自己的社会地位，几乎总会做些大逆不道的事。

对于中世纪的贵族来说，最崇高的美德，是可以取代其他一切美德的英勇无畏。

这种独特的观点，可以说是特殊的社会状况的必然结果。

封建贵族能够得势是因为战争，能够继续存在也是因为战争。它以自己的权势为武器，并通过武力来捍卫自己的权势。所以，英勇在它眼中最为重要。它将英勇抬到最高处，说任何东西都没有它荣耀的原因，就在这里。所以，它承认所有彰显英勇的行为，就算这种行为触犯了理性和道义，也是如此，另外，这种行为通常还是它授命的。

可是，古怪的想法是无法控制人的所有行为的。

一个人在挨了一巴掌之后，觉得所受的侮辱让他无法忍受，于是找那个出手并不重的人决斗，并杀死了对方，这种行为是他自己判断的结果；可是贵族之所以不能受羞辱，必须在被人打了一拳之后还击，否则会声名狼藉，却是因为他需要遵守军事贵族的规范。

所以名誉有任意性这种说法，不无道理。可是，荣誉的任意性绝不能超出必需的限界。被我们祖先冠以名誉的特殊行为，在我看来，绝非人们自我判断的结果，因此，封建社会的那些互不相关的奇奇怪怪的规定，我能轻易将它们和封建社会有限而固定的几个诉求联系到一起。

我若是从政治方面来探查封建社会的名誉，那么它的种种政治措施，我也能轻易解读。

国家政权不会直接统治民众是中世纪的社会状况和政治体制的一个特征。公民完全没有国家政权的概念，各个民众只知道自己必须听命于某个人，他和其余所有的人的联系都是通过这个陌生人建立起来的。所以，封建社会的国家制度是以属民对领主个人的忠诚为基础建立的。当这种情况消失，国家马上就会陷于无政府状态。

每个贵族都兼具领主和臣属的身份，有发布命令的权力，也有听命于主人的义务，所以他们没有一天不以对政治领袖的忠诚作为评判价值的依据。

在政治方面，封建主义名誉的首要规范是：永远效忠领主，誓死保护领主，与他祸福与共，支持他的所有行动。舆论对背主行为的声讨是十分严厉的。人们用一个极具侮辱性的词来指代这种行径，即变节。

可是，古代社会的生命的一种激情，也就是我将要说到的爱国心，它在中世纪的痕迹已经非常浅薄。爱国心这个词，出现的时间并不长。

封建制度挡住了人们看向国家的视线，让人忽视了爱国的重要性。在封建制度的激励下，人们开始只知道有主人，不知道有国家。所以说，封建主义的名誉，从未加上忠于国家。

当然这并不表示我们的祖先没有爱国之心，只是他们的爱国心只是一种微小的不甚清晰的感觉。直到封建阶级衰败，国家采取了中央集权，人们的爱国心才慢慢清晰、强烈起来。

欧洲各国分处不同历史时期的评论人，对相同的历史给出的评价天差地别，这最能说明此种情况。波旁王朝时期的人之所以极端鄙视对元帅们的行为，是因为他们带兵攻打国王，而我们这个时代的人之所以极端鄙视元帅们的行为，却是因为他们打的是自己的国家。不管是我们，还是我们的祖先，全都指责他们，可是指责的原因并不相同。

我为什么以封建时代的名誉作为阐述观点的突破口？因为相比于其他时代的名誉，它的特征更突出，也更有说服力。我还有别的例子可用，而且通过其他方法，我也能达成这一目标。

我们对罗马人的认知的确比不上对我们的祖先的认知，但这并不妨碍我们知道他们持有的那种特殊观念的基础并不是普通的善恶观。他们会按照行为的客体不同，也就是按照是公民、外国人、自由人，还是奴隶，同时对行为作出不同的判断。他们称颂一些恶行，将某些善行捧得比别的所有善行都高。

在《克里欧拉努斯传》中，普鲁塔克曾说："在那个时代，英勇是最为崇高和荣耀的美德。这点，从他们将英勇视为美德，让美德这个普通的名词有了特殊的含义，就能看出。所以在拉丁文中，美德一词也有勇敢的意思。"由此，任何人都能知道这个以征服世界为目标的奇怪的国家急需的是什么。

相似的情况各国都有，因为就像我在前边说的那样，人们只要组建了专门的团体，名誉观随后就会出现，也就是说，他们会有一套规范来确定什么情况应该予以奖励，什么情况应该予以惩处。这个团体的特殊习惯和利益，会是这些特殊规定的基础。

这点，在一定范围内，既适用于民主社会又适用于其他社会。现在，让我们以美国人为例进行说明[1]。

欧洲旧贵族的某些名誉观，仍能在美国人的思想中看到些许痕迹。这些传统观念数量少，在美国人的根基也浅，力量较小。它们就像只剩下庙宇，却没了信徒的宗教。

如今我们说的美国人对名誉观的一些新主张，就是在这些明暗不定带有异国色彩的思想中产生的。

美国人被不停地推向工商业的过程，我在前边已经说过了。他们的门第、社会状况、政治体制，甚至他们生活的地方，都在势不可当地将他们推向这个方向。现在看来，他们在自己疆域广博的新国土上所建立的社会，似乎只经营

[1] 此间我说的美国人，指的是废除了奴隶制的各州的美国人。民主社会的整个景象，只体现在他们身上。——原注

工商业，只以开发为首要目标。美国人和其他国家的人之间出现的最大差异，就是因为这个特点。

所以，这个国家尤为尊重那些能让社会正常发展，对工商业的稳定有益的品德，若有人违反了这些品德，必会受到公众的蔑视。

这个国家的人并不看重那种热血沸腾的品德，因为这些品德虽然总是让人目眩神迷，可也会造成社会的不安定。民众不会因为你忽视这些品德就不尊重你，可你若是非要展现这些品德，怕会因小失大。

对于恶行，美国人也按照自己的标准分情况对待。

和某些人的良知相排斥，但正好和美国社会的特殊而短暂的需求相适应的爱好，美国人只是稍加斥责，有时还会予以鼓励。例如，美国人对爱财之心及由此衍生出的喜好的态度，就是一个最突出的例子。

没有不屈不挠的精神的时常鼓舞，美国人想挖掘、耕种、改变他们拥有的这个渺无人烟的大陆，怎么可能？只有爱财之心能够支撑这种精神。

所以，只要在国家机构规定的范围内，爱财在美国不但不丢脸，还很荣耀。

在我们中世纪祖先口中，贪欲是鄙俗下流的，可是到了美国人那儿，贪欲就成了一种值得称赞的崇高的雄心；而让前者投身新战斗的征服的激情和战斗热情，在后者口中则成了盲目暴虐的嗜杀。

在美国，重新获得失去的财产不是难事。那里地大物博，蕴藏的资源无穷无尽、源源不绝。一切活人该有的需求和欲望，美国人都有，一股永不枯竭的力量支撑着他们，他们身边的财富虽然尚不能开发却无处不在。对于这种人民来说，让他们担心的不是某个人的破产，而是所有人的好逸恶劳。他们之所以能发展迅猛、国力昌盛、万国来朝，一个首要原因就是他们在经营工业时，无所畏惧。经营工业对他们而言，就像是从政府那里买彩票，一直输的人不多，但一直赢钱的必定是政府。所以，勇于经商这种精神，得到了这个国家的人的敬重、爱戴。可是，一个冒险的企业，会让推崇此种精神的人和信赖它的人破财的。

美国人将不顾风险经营商业当成美德，自然不会轻视冒险者。

所以，美国完全不会打压破产的商人，这种意外是不会损害他们的名誉的。在这方面，美国人和欧洲各国人民，甚至现代的所有商业国家的人民都不同，美国人的地位和诉求为什么和别的国家的人完全不同，原因就在这里。

美国对腐蚀朴实民风和婚姻和谐的所有恶行，都非常严格，这种严格是其他所有国家都比不上的。猛一看，你会觉得奇怪，因为美国人在别的方面明明表现得非常宽厚。你吃惊于同一个民族对德行的要求既宽和又严苛。

可是，和人们想象得不同，所有这一切并非没有联系。因为贪财对国家繁荣和工业发展有好处，所以美国的舆论对这种感情只是稍加斥责，可是伤风败俗的行为会破坏家庭内部的稳定，而家庭的动荡则势必会影响人们追逐财富的热情和事业的成功，所以美国舆论对这种行为的鞭笞是非常严厉的。所以，美国人必须向自己惯常的习惯妥协。从这个层面上讲，我们不妨相信美国人眼中的名誉体现在做一个没有瑕疵的人上。

美国人的名誉观与欧洲过去的名誉观有一个共同点，就是他们都相信最大的美德就是英勇，并将其视为一个人最不可缺少的美德，不过他们看待英勇的出发点并不相同。

勇于战斗，在美国并未受到多少称颂。在美国人眼中，敢迎着惊涛骇浪穿越茫茫大海，及早抵达港口，面对沙漠中的艰辛和比一切艰辛更难忍的孤独，没有任何怨言，才是最好、最该被褒奖的勇敢。他们费尽千辛万苦积累的财富，会因为这种勇敢悄无声息地消失殆尽，也能让他们通过新的努力再次累积财富。美国社会非常敬重和尊崇这种勇敢，因为对于美国社会的维持和发展来说，这种勇敢不可或缺。一个人只要稍一表现出欠缺此种勇气，就会受人轻视。

为了让本章的中心思想更加鲜明，现在我要说最后一个特点了。

财富在美国这类民主社会是无法让生活获得多少保证的，何况这种保证也不可信。

美国的所有人都是劳动者，通过劳动，人们可以得到一切。于是，人们的荣誉观和过去不同了，新的荣誉观抵制无所事事。

有时，我在美国会遇到一些有钱的年轻人，他们虽然操持着某种工作，可这只是他们的无奈之举，因为他们心里并不喜欢劳动。以他们的门第和家产，完全可以悠闲度日，可是舆论不允许他们这么做，他们也只能向舆论低头。可在欧洲——那里的贵族尚未对冲向他们的洪流妥协——我经常会发现有些人虽然已经越来越穷，却仍然无所事事，宁可受穷也不劳动，因为他们怕受到同类的嘲笑。

看到这两种完全相反的劳动观，我想任何人都能从中看到两种同样源于名誉观但性质天差地别的行为准则吧。

事实上，受我们祖先吹捧的那个名誉，不过是众多名誉中的一个。他们将种概念的内涵塞给了类概念。所以，贵族社会和民主社会虽然都有名誉观，可是我们轻易即可发现，民主时代的名誉观有新的表现形式。

民主时代对名誉做了不同于过去的另一种规定，我们会发现，这类规定虽然数量不多，也较为模糊，可是更能得到人们的认可。

在民族中，等级的地位素来十分特殊。整个世界都是如此，小型集团——通常是家族型的——随处可见，例如中世纪的那些贵族。这种小集团想要独自掌控文化、财富和权力，竭尽所能地对其进行垄断和世代相传。

可是，随着这个集团地位越来越高，它的特殊需求也会越来越多，需要与之配合的名誉思想也会越来越庞大。

所以，相比于其他国家，平等的国家有关名誉的规定会更少。若哪个国家完全不存在阶级，那么有关名誉的规定将减少到只剩几条公约的程度，不仅如此，慢慢地，这几条公约将会得到大部分人的认可，最终成为道德标准。

所以，和贵族国家不同，民主国家在名誉方面的规定会更少、更寻常。不过，以上原因也必定会让这些规定不那么清晰。要知道，随着名誉的标志日渐减少和模糊，通常辨别名誉的难度也会增加。

还有一些其他原因。

在中世纪，贵族国家的人不过是徒劳地世代相传，后一代从上一代手中得到的仅仅是旧物；各个家族都如同活死人一般，变的只有条件，思想从未改变。

这种国家的人看到的全都是旧东西，脑袋里的想法源于同一个出发点；他们的眼光慢慢探查到最细小的环节，天长日久，理解力被迫清晰准确起来。所以在封建时代，人们不仅有奇特的荣辱观，还能明确精准地记住所有观点。

这种情况在美国这种国家绝不会发生，因为那里的人就没有静止不动的，社会不仅面貌日新月异，连观点和诉求也在不断变化。在这种国家中，名誉的规范如何，人们只能知道个大概，根本没什么认真研究的时间。

就算社会不发生变化，想界定名誉这个词的含义也非易事。

中世纪的各阶层都有自己独立的名誉观，因此从来没有哪个名誉观可以让绝大部分人同时接受，也正是因为这样，所以各阶层的名誉观有着稳定而确切的形式；另外，持有相同名誉观的阶层有着完全相同的立场，大家一致对外，对于专门为自己规定的法律条文，自然不会反对，如此一来，阶级内部的名誉观的模式就更能稳定而确切了。

所以，在考虑到所有细节，并作出详细部署之后，关于名誉的规定就成了一部健全而周密的法典，成了一套固定且井井有条的规范，用以评判人的行为。美国这种民主国家，已经没有了等级界限，整个社会浑然一体，社会成员虽有差异，但相似度很高，因此无法事先对行为名誉或者耻辱进行明确界定。

在这个国家的人民之间，确实存在一些全国性的诉求，让他们有了一致的名誉观，可是这些观点是在不同的时间，通过不同的方式产生的，对各个公民的影响也不一样。有关名誉的法律，他们也有，只是没做什么解释。

在这方面，我们法国这类民主国家的情况更乱。之所以如此，首先是因为在我们国家，旧社会流传下来的各个阶层，在混合的时机尚未成熟时就开始彼此融合，每天将自己的名誉观传递给其他成员，这些名誉观不仅差异巨大，通常还互相矛盾；其次是因为我们国家的所有人，都喜欢随心所欲地将祖先的观点留一部分丢一部分；最后是因为夹杂的个人意见太多，根本就无法建立共同的名誉规范。所以，很难预先界定哪些行为是荣耀，哪些行为可鄙。这个时期虽然让人苦闷，但为时不会太久。

民主国家是很难针对名誉，精准而坚定推行一项能够被民众认可的规范的，因为在那里，名誉没有清晰而准确的含义，影响力必定有限。解读名誉的规范的工作自然要交给舆论，它才是最有说服力的解释者，可是它在判断的时候总是犹疑不定，因为它没有切实的确定褒贬的依据。舆论对于名誉的解读有时会相互抵触，不过，舆论更多的时候会采取不搭不理和放任自流的态度。

相比于其他制度，名誉在民主制度下的影响力之所以较小，还有一些别的原因。

在贵族制国家，名誉观相同的人不仅数量有限，还总是结成一个团体，永远将自己和其他人分隔开。他们的名誉观之所以容易和他们独有的观念融合并结成一个整体，原因就在这儿。他们认为在人前，名誉代表了自己的身份。他们想方设法地让名誉的各种相关规定帮他们赢得好处，而且若是可以，我会说，他们连自己的激情也交给了这些规则去掌控。

当我们在中世纪的习惯法中看到，居然有条款规定是非曲直可以由决斗的结果来定，就会感觉到我说的这个情况还是很有说服力的。这项条款写明，贵族可以用长矛和剑作为武器，通过决斗来解决他们之间的纠纷；而平民则只能以棍棒作为决斗的武器。此外，习惯法还补充说：“考虑到平民没有荣誉。”我们今天的人会将这句话理解为，这些人身份低贱，其实并非如此，它只想表明在对贵族和平民的行为进行评判时，要用不同的标准。

名誉的影响力，在名誉的规定最荒诞不经时往往最大，这猛一看让人觉得无法理解，还当人们更愿意遵守那些荒谬的规定，甚至有时人们会得出这样的结论：就是因为有关名誉的规定太荒诞离奇，名誉才有了那么大的影响力。

实际上，导致影响力大和荒诞离奇的原因是同一个，并非是后者促成了前者。

少数人喜欢特殊需求，越是特殊就越喜欢，名誉观也就越是荒诞离奇；至于名誉观为什么有那么强大的影响力，原因就在于这种特殊需求讨到了少数人的欢心。所以，名誉的影响力的强大并不是名誉观离奇的结果，强大和离奇都是一个原因造成的。

我再多说一点。

贵族制国家的各个阶层不但各不相同，还非常稳定；所有人都各有各的职责，和一样的人生活在固定的区域内。所以，这种国家的人，完全不必为生计忧心，就算地位再低，也能有一口饭吃，没有人会因为聪明或者蠢笨而被人夸赞或者羞辱。

民主国家却不这样。这里的所有民众都生活在一起，不停地相互交往；为了不受舆论鞭笞，人们会藏起惹祸的把柄。所以在民主国家，人们不太会因为名誉而感到自豪，也很少将名誉展示给大家看。名誉和纯洁的美德不一样，名誉需要观众，而德行只靠自身就能存在，只要自己知道即可。

读者若是彻底明悟了我上述的所有内容，必定会发现，在身份平等和我们所说的名誉之间，有着紧密的联系，二者直接相关。若我所料不错，直到今日也没人言明过这种联系。所以，我要最后推上一把，将其公之于众。

一个民族就算割裂了自己和人类的剩余部分的联系，将人类固有的某些一般诉求抛到一边，也不表示它完全没有特殊利益和特殊诉求，它不但有，还会在自己的内部建立一套判断荣辱的观点，而在它的公民口中，则是固定的确定奖惩的观点。

在这个民族之内，若是有一个阶级不但隔绝了自己和其他所有阶级的联系，还有独特的自身利益，那么，这些特殊利益会让它产生特殊的思想。这个阶层的名誉观——由它所在民族的特殊观点和它自身更特殊的观点共同组成——和人类简单、普遍的名誉观有着让人难以想象的巨大差异。

我的阐述即将步入尾声，现在我们不妨调转头来加以总结。

所有阶层正在彼此融合，特权已经消失。所有民族成员再次相似和平等起来，于是人们的利益和思想开始相互交融，各阶层原本用于确定褒贬的各种古怪论调终将消失。名誉观只有本民族自身诉求这一个来源。每个民族的名誉观都独具特色。

最后，假设所有民族都将融合成一个整体，世界各国将有共同的利益和诉求，彼此之间不需要以不同的标志进行区分，到了这个时候，大家就不需要按各自规定的标准来评判人的行为了，只用一个相同的标准即可，这个共同标准来自我们的良心，它会告诉我们人类的一般诉求。如此一来，这个世界必然会出现天然带有荣辱意味的简单而一致的是非观。

我的所有思想，用一句简单的话就能概括，即：人们之所以会有名誉观，就是因为人与人之间存在差异和不平等，当差异和不平等消失，名誉观也会越来越模糊，最终与之一起消失。

## 第十九章　为何美国人大多勇于进取，却很少志向远大

在美国，首先你会发现想要改善自身环境的人非常多，数不胜数；其次你会发现，人们虽然普遍拥有上进心，可是志向远大的精英却非常少。

美国没有谁是甘于人后的，可是雄心勃勃的人也非常罕见。所有人都希望手中的财富、名声和权势越来越大，但立志做一番大事的人非常少。美国的民情完全不曾对人的欲望和各方面的发展进行过压制，所以刚看到这种情况，人们会觉得无法理解。

这种怪异的情况是身份平等导致的？这看上去让人难以置信，要知道，当我们法国实现了身份平等之后，一些人的野心马上极端膨胀起来。不过，上述情况的首要原因，我认为仍然要去美国的社会状况和民主的民情中去找。

对人们的野心没有助益的革命是不存在的，更何况是颠覆了贵族制度的革命。

人们早就对名誉和权势垂涎欲滴，当阻碍民众获得它们的陈规陋习被废除，人们终于能够得到它们，必定会前仆后继地投身到这场一般运动中。这场运动的初步胜利会让人觉得万事皆有可能。欲望和满足欲望的权力都将极端膨胀。

在这场习惯和法制的骤变中，在这场改变了每个人和每种制度的大地震中，有人当即青云直上，有人马上穷困潦倒，权力走马灯似的在人们手中游走，每个人都觉得自己有机会执掌大权。

可是你别忘了，贵族制度的那些送葬者都曾经在贵族体制的法律下生活过，曾目睹过它兴盛的景象，贵族的思想感情会悄无声息地侵蚀他们。所以，贵族制度虽已消亡，它的鬼魂却在民众头上盘旋，当它被彻底颠覆，它的残余仍会存在很长时间。

所以，人们追逐名利的心会存在多长时间，得看民主革命要进行多久；而且就算民主革命结束，这种野心也不会马上消失。

人们看过的那些惊心动魄的大事，会在他们追忆往昔时马上浮现出来。就算革命结束，被革命激发出的热情也不会马上消散，没有秩序稳定的感觉。引发成功的骚乱虽已结束，可人们仍然觉得取得成功的过程非常艰难。野心尚未变小，可满足野心的办法却越来越少。人们仍旧渴望大赚一笔，可却找不到多少能够得偿所愿的办法。最后，几乎被各种野心撑爆的人，只能将失败的痛苦藏在心中。

可是，斗争最后的威势逐渐消失，贵族制度的残余也慢慢踪迹全无。那些尘埃落定的大事消失在人们的记忆中，和平取代了战争，秩序再次确立，欲望有了与之契合的实现方法，需求、观念和感情彼此交融，人与人有了平等的身份。就这样，民主社会建成了。

若是哪个民主国家能走到这一步，并永远不脱离正轨，那么，和我刚刚所说的截然不同的局面，就会出现在我们面前；此外，我们不难发现，野心勃勃但身份越来越平等的民众的野心，在人们的身份切实平等后就不会继续扩张了。

任何人都无法得到所有的知识和财富，因为知识和巨额财富已经掌握在多数人手中。有的阶级有特权，有的阶级则没有的情况消失无踪，人们打破了固定自己的枷锁，于是人人都想发愤图强，人们心中也有了升职的意愿，使得所有人都想离开原本的位置向上爬。

所有人都有了上进这种感情。

可是，每个公民的财产若因身份平等而有了数量上的限制，公民将很难拥有巨额财富。如此一来，人们的欲望只能停留在一个很窄的范围内。所以，民主国家的上进心往往长久、炽热，而没什么大志向；人们通常终身汲汲于那些可以实现的小目标。

资金短缺并不是民主国家少有志向远大的人的首要原因，每天太过努力地赚钱才是。人们的视野、能力被迅速压制下来，因为他们的心力都被用在了平凡的事物上。人们或许会一无所有，但这不影响他们的进取心。

民主国家有限的富户也并未被排除在这一规律之外。一个人的财富和权势均是一点点累积所得，长时间的辛苦经营会让他形成自我约束和谨慎小心的习惯，并永远保持这种习惯。人们的胸襟和房子不同，不能想扩就扩。

这种人的儿子也是如此。作为儿子，他们虽然生而富贵，可是他们的父母受过苦，他们从小就受到父母思想、感情的影响，并且很久都无法摆脱这种影响。所以，在我看来，父亲给他们的除了财产，还有观念和习惯。

而贵族的传统观念和贵族阶级的共同思想，在短时间内能让他们勇敢地面对现实环境，所以盛极一时的贵族的后代在落魄之后，反倒能壮志凌云一番。

民主时代的人之所以很难树立远大的志向去成就一番伟业，还有一个原因，就是死神会在他们有能力成就伟业之前降临。帕斯卡曾说："一个人可以在18岁或者20岁时得到别人50岁才能得到的东西，少奋斗30年，这正是门庭显贵的一大助益。"

在民主国家，人们往往没有这种能够帮他们实现宏图大志的30年。人们很难让自己突飞猛进，因为他们在平等的影响下，将精力都用在赢得一切普通事物上了。

和其他社会并无不同，民主社会也是只有少数人能够获得巨大的财富；升官发财的大门虽然面向所有民众，可是民众前进的平均速度整体来说必定快不了。

愿意参与此种比赛的人貌似相同，加上没办法在不违背平等原则——这是民主社会的最高法律原则——的基础上选出一些人，所以首先想到的解决方案，就是大家一起考试，并全员通过。

所以，人与人之间一致性越高，整个体制和民情对平等原则的接受度越高，升级的限制就越严格，升级的速度也会越慢，也就越无法快速走到某个煊赫的位置。所有人无论能力如何都必须被同一个筛子筛来筛去，被大量预备性的小型培训和实习洗礼，浪费自己的青春，消磨自己的想象力，因为大家都不喜欢特权，都不愿参与选举。于是，人们开始怀疑自己的能力，觉得无法达成目的获得好处，等他们终于有了成就伟业的能力，又没有了这么做的兴趣。

身份平等在中国有着悠久的历史，而且平等的程度极高；通过科举，人们就可以从一个官位升迁到另一个官位。这种考试和升官有着密切的关系，这种考试观念已经极大地融入到了中国的民情中。我记得我看过的一本中国小说有这种情节，男主人公几次考试失利，最终金榜题名赢得女主人公的垂青。人们在这种氛围下，又能有多高远的志向？

我说的这些不仅适用于政治问题，也适用于其他问题。平等对各地的影响是一样的。这种结果会发生在每个以考试而非法律规定或者管理制度为升职依据的国家。

所以，官职上的平步青云，很少会在一个组织完善的民主社会出现。这种晋升必定是个案，不在常规范围内。人们甚至会因为它的这一特点，而忘了这种情况有多罕见。

最后，民主时代的人慢慢意识到这一切。他们过了很久才发现，立法者给他们设定了一个可以自由活动的区域，他们在这个范围内可以轻易前进，但没人能平步青云，想都不要想。他们发现，想要实现最后那个宏伟的目标，必须一步步地克服大量接连不断的小难题。这种前景让他们心生怯意、士气低迷。所以，这种难以实现和遥远的目标被他们扔到了一边，那些近在眼前且容易满足的享受被他们提上了日程。

法律不曾限定他们的成就，但他们主动降低了目标。

相比于贵族时代，民主时代的人很少壮志凌云，这点我在前边已经说了。我再多说一句：就算民主时代有人无视这些阻碍，志向高远，往往也有不同的表现。

贵族时代的人想要成就一番伟业，往往只能在特定的某些方面。而民主国家人虽然志向不大，但并非无法打破，而且一旦打破，则全无限制。民主国家的人因为力量不足、各行其是、变幻不定，以及先例作用有限和法律法规不固定，而对新鲜事物充满了好奇心，社会内部也没有强大的权力和团体。所以，当野心家掌控了所有权力，他们敢任意行事；而他们若是丢了权柄，为了再次执掌大权，他们将不惜动摇整个国家。

所以，政治上的巨大野心有暴力和革命的意味，而这种情况在贵族社会却非常少见。

民主国家的人，一开始追逐的目标虽然微小庞杂，却没有任何不合理的地方，可是后来在此基础上生出的目标却是宏伟且不理智的了。

在民主国家，几乎没有哪个人的志向是和自己能力相当，宏伟而又有节制的。

在书中的某个地方我曾经说过，平等通过某种隐秘的力量使人心被追逐物质享受的热情和只顾眼下的热情所掌控。这种热切和激情侵袭着上进心，让上进心染上了它们的颜色。

民主社会的人一心围着现实打转，将所有精力都放在了现实上，所以，我认为他们没有其他社会的人看中将来的利益和计划。相比于做几件能够青史留名的大事，他们宁可飞速完成大量不值一提的小事。相比于名誉，他们更喜欢成功。听命是他们对别人的最高要求，控制则是他们最喜欢的事。他们的言行总是无法按照自己的社会地位所要求的那样优雅从容。他们之所以在获得巨额财富后总是表现出一副志趣非常低俗的样子，在掌握了最高权柄时也给人一种完全是为了便于享受微小而低俗的志趣之感，原因就在这儿。

在我看来，在我们这个时代，必须对人的上进心进行净化和引导；若是对人们的上进心进行污染和强力压制，那是非常危险的。我们不但要为上进心确立严格的活动空间，还得保证在允许的范围内上进心可以得到适度发展。

我不得不说，民主社会最让我担心的不是人们野心太大，而是人们的野心太普通。所以，我觉得最大的危险在于不停地围着个人生活中的鸡毛蒜皮打转，会让上进心失去推动力，失去伟大的目标；人们的激情不愠不火，最后，社会日趋朝着貌似非常稳定但志向平凡的状态前进。

所以在我看来，为了激发民众的进取心，为了让民众有一展所长的舞台，现代社会的领导者们应该时常让民众不畏艰险地做一些大事；而非在极为单调和宁静的幸福上酣然入睡，那可不是什么正确的事。

伦理学家总是抱怨说，骄傲是现代人最大的坏习惯。

其实没有人会觉得自己比别人差，愿意听命于人，所以从某种意义上讲，这种说法并无错误；不过，从另一个角度来看，这种说法就大错特错了，毕竟这样的人——既不想听命于人，又体会不了平等的乐趣，自卑地觉得自己只适合平凡的志趣——是存在的。他主动停留在平凡的欲望上，不要说真的成就宏图大业，他连这种想法都没有。

所以，我认为我们这个时代的人要学的不该是谦虚谨慎，我希望他们能对自己、对他人有更高的要求。谦虚谨慎对他们没什么好处，在我看来骄傲才是他们最缺乏的。即使放弃几个小美德，我也希望他们能得到这个不良习性。

# 第二十章　关于一些民主国家中的求官之事

美国公民在获得了一定的知识和财富以后，就会投身工商业以获得财富，或者买一块长着林木的荒地开荒。他对政府唯一的要求就是，不影响自己辛勤劳作，确保自己的劳动所得。

大多数欧洲国家的人，一旦意识到自己有能力，有想要实现的愿望，第一个浮现在他脑中的想法，就是当官。

这两个不同的结果来自同一个原因，我们有必要在此处稍停一会儿，对其加以研究。

要知道，平等观念每天都在催生出新的急不可耐的欲望，当官职数量有限，工资较少，变动频繁，而工商业却有很多赚钱的渠道时，所有人都会被这些欲望推向工商业，而非政府部门。

可是，如果人们已经平等，人们学识有限，或者人们心存羞怯，而工商业已经发展到极致，且能为大家提供的赚钱渠道都非常艰难和缓慢，那么公民将不愿意凭自己的力量去改善生活，只想涌到政府领袖面前求援。对他们来说，用政府的钱过舒适的生活，就算不是唯一的办法，起码也是能将他们带离困境的最简单也最稳妥的办法。因此，最常见的旁门左道就是求官谋禄。毫无疑问，在推行中央集权的大君主国中，情况更是如此，那里人数的众多，既有俸禄拿，生活又有保障，所以每个人都想当官，像获得父母的遗产一般顺风顺水地做着官。

这种过于热烈和普遍的求官浪潮对社会危害极大，不仅会侵蚀民众的独立精神，还会让行贿和投机的风气侵袭全国，败坏公正廉明的美德，这些我想用不着我来指出；这种旁门左道只会带来恶果，对国家稳定百害而无一利，所有的这些都是明摆着的，我想也用不着我说。

可是，有一句我还是要说，政府若是鼓励这种风气，不但会危及自身安危，还会危及自己的生存。

人民过去对国家政权的那种尊敬和钦慕之情，在我们这个时代的人民身上正在慢慢褪去，掌权者或许觉得为了自身利益必须尽快控制住所有人，并把借助人民的激情让人民服从秩序和闭紧嘴巴视为最简单的方法；可是这种局面维持不了多久，时间会将起初尚能提供助力的源泉打磨成骚乱和衰败的首要驱动力。

任何国家公职人员在数量上都有上限，民主国家也一样，可是想要当官的人的数量却没有上限，且会随着身份的日渐平等越来越多。除非人类消失，否则它不会终止。

政府能够采取的措施终究有限，而人们的诉求却越来越多，若是不做公职就无法出人头地，那么政府早晚会受到人们长时间的抵制。不得不说，没有工作的求职者是世界上最难掌控和命令的人。官员就算竭尽所能，也无法让这些人得偿所愿。这些人不惜打乱政府架构，让国家改头换面，也要让公职出缺，所以，一定要时刻警惕这些人。

所以，那些专注于平等带来的各种新欲望，并想方设法予以满足的现代的掌权者，若我所料不错，他们早晚会后悔用了这种办法。他们早晚会知道，把自己的权力用在这种需求上有多鲁莽，让他们的所有臣民学会自食其力的技巧，才是最稳妥的办法。

## 第二十一章　大革命越来越少的原因

几个世纪以来一直在等级制度或者阶级制度下生活的百姓，想要步入民主社会，必须经过一连串漫长且难易程度不定的革命，通过武力，让财产、思想和权力等接连发生数次剧变。

这场规模宏大的革命结束之后，由它引发的革命习惯会存在很长时间，一些大动乱也将紧跟其后。

人们认为，在平等和革命之间存在某种隐秘的内在联系，使两者相伴相生，一者必须依靠另一者才能存在，因为他们发现，所有这一切都发生在身份日趋平等的过程中。

在这点上，不管是推理还是经验，得出的结果都是一样的。

在等级界限越来越模糊的国家，没有任何能够看到的联系将人们整合到一起并让每个人都有固定的位置。没有人可以永享权力，没有人有权命令别人，没有人就该听命于人。

可是，所有人都会发现，自己只要有点钱财和知识就能独立选择自己的人生，不与任何人结伴地独自前行。

让人们分别独立的原因，也在让人们每天都有新的急需达成的愿望，也在不停地鼓舞着他们。

所以，人们貌似理当得出这种结论：民主社会的人、事物和观念，其外观和地位一定会不停地改变并永远如此，民主时代就是不断地发生激烈变革的时代。

事情当真如此？人们会因为身份平等永远不停地革命下去，并等闲视之？是否真的有一种动乱之源潜藏在身份平等中威胁着社会的稳定，让人们不停地更改法律、思想和民情？我觉得并未如此。这是个非常重要的问题，我的论述请读者务必细听。

纵观所有让国家改头换面的革命，不是为了给不平等添加某种神圣属性，就是为了打破不平等，几乎全是如此。那些引发人类社会大动乱的次要因素，暂且放在一边不谈，只说不平等，你会发现总有它在里面使坏。

这表示要么是穷人贪图富人的钱想据为己有，要么是富人想要制约穷人。所以，你若是能让社会处在此种状态：所有人手中都有一些东西，很少觊觎别人的东西，你就是世界和平的一大功臣。

在一个大的民主国中，总有些公民极为富有，而另一些公民极端穷困，这我知道。可是，和贵族社会不同，民主社会的穷人绝不会占整个民族的大多数，只是很少一部分，更何况法律并未限定他们必须世代穷困。

至于富人那边，他们的力量分散而薄弱，既没有惹人羡慕的特权，也不再让财富和土地挂钩以及通过土地来彰显财富，他们的财富往往是普通的，甚至非肉眼可见的东西。世代的富人已经消失，就像世代的穷人一般，在茫茫人海中，每天都有新的富人出现，也不停地有富人变成普通人。所以，他们不曾结成一个易于分辨和确认的阶层。

此外，人民也无法攻击他们，因为这会危害到自身，要知道，他们和自己的同胞，广大的人民群众之间有着众多隐秘的联系，盘根错节。在民主社会的这两个极端中间，有众多各方面近乎完全相同的人，他们不太穷，也不太富，人们不会因为手中的财富而嫉恨或者作乱。

这些人无疑喜欢平稳的生活。他们的这种保守性，不但让比他们处境好的人和处境不如他们的人选择了安定，还确保了社会机制的稳定运行。

难道这表示这些人对于手中的财富已经心满意足，本能地厌恶那些对他们只有好处没有坏处的革命？当然不是。刚好相反，发财对他们有着极大的吸引力，可他们清楚这会危害到一些人，因而感到困扰。这种社会不停地让他们生出新的欲望，可与此同时又将这些欲望控制在合适的范围内。它这边放宽了对改革的限制，另一边又遏制了人们对改革的热情。

在民主制度下生活的人衷心期待革命，可与此同时也真心畏惧革命。

一切革命都会对既得所有权造成损害，只是程度不同而已。民主国家的人大多有自己的财产，并拥有财产的所有权，不仅如此，他们还生活在每个人都尊敬其所有权的环境中。

我们若认真观察社会的各个阶层，很容易就会发现，对所有权持有着最强烈，也执拗的热情的，是中产阶级。

穷人觉得财物既然少得可怜，还不如干脆彻底没有，因此通常对手中的财物并不在意。除了对钱财的激情，富人还有很多别的激情需要满足，可等他们千辛万苦耗费了很多时间积聚到巨额财富之后，有时反倒觉得钱财没那么好了。

可是，资产介于穷困和富贵之间的人，因为距离穷困并不遥远，非常清楚贫穷的苦楚，也畏惧这种苦楚，所以非常看重自己的财物。他们之所以还不是穷人，就是因为手中这点微薄的财产，他们时时将自己的希望和忧虑寄托在这点财产上。他们不断地关心自己的财产，时刻期待它能有所增长，为了达到这个目的，他们昼夜不停地工作，于是就更在意它了。那种将家产让出去一小部分给别人的观点，他们完全无法理解。对他们来说，再没有什么灾难比破产更可怕的了。可是随着身份的平等，这种只有少量家产却誓死捍卫，唯恐失去的人正在日趋增多。

所以，民主社会的人大多不觉得革命能给自己带来什么好处，反倒总是觉得革命会让自己各方面受损。

身份的平等理当让人投身工商业，让土地越来越分散，地产越来越多，这点在我本书的一个地方已经说过了。我还说，身份的平等时刻都激励所有人不停地热切地追逐幸福。还有什么能比所有这些实情，更能遏制革命热情吗？

革命起初必定会改变消费的常规形态，必定会暂时打破生产和需求间的正常关系，所以革命就算最后能带来促进工商业发展的结果，在最开始也免不了要让工商业者破产。

此外，据我所知，革命道德最大的对手就是商业道德。毫无疑问，一切热烈的激情都是商业的敌人。商业喜欢平和、折中、尽量不去惹怒别人。它能忍，柔韧，并不直来直去，若是采取了激烈的手段，必定是别无选择的结果。因为商业，人们热爱独立自主，看重自身价值，愿意独立完成工作，掌握成功的诀窍。所以，商业让人离自由更近，离革命更远。

一旦发生革命，动产比其他财产更容易被扣押，还时时有彻底失去的危险，因此动产所有者远比其他人畏惧革命。拥有土地的人却不同，就算土地的收益没了，等大动乱结束，他们起码有保住土地的可能，因此不像动产所有者那么担心。所以，面对革命，前者的忧虑远比后者大。

因此，一个国家随着动产的数量和种类越多，爆发革命的可能性就越低。

此外，不论人们做什么行业和有多少家产，都有一个共同点。即，所有人都希望可以有更多的钱，所有人都在不停地想方设法获得更多财产。你从中找出任何一个人的任何一个生活片段，会发现他们为了让自己过得更舒适在不停地制订新计划。他们现在将所有心力都用在了自家大量鸡毛蒜皮的小事上，那些公共关心的事，他们希望你能另找时间和他们谈。所以你不用和他们说什么人类的利益、人类的权利，那都是白费力气。

不要说切实的革命，他们连革命的想法都被扼杀了。

对幸福狂热的人通常不会被热烈的政治激情触动。他们对小事的热切浇灭了他们对大事的热切。

确实，民主社会有时也会有野心勃勃和英勇无畏的人出现，在巨大野心的驱使下，他们无法走寻常路。他们喜欢革命，并推动革命；可是，除非有极端意外的情况帮了他们一把，否则，他们很难让革命切实爆发。

任何人都无法在同自己所在的时代及自己国家的观念的抗争中取利。当某种观念和情感和那个时代所有人的愿望和情感相抵触，任何人，就算他再怎么自觉强大，也无法让同时代的人接受它。所以，你若是觉得当身份平等已成永远不变的既定事实，民情有了平等的特点和印记，人们就会轻易在一个冲动的领导者或者一个勇敢的革命家的带领下，踏上冒险之旅，那你就错了。

可是，面对这种领导者或者革命家，人们也没办法通过周密的部署，甚至预先制订好的反对计划去公然抵制他们。不要说和他们发生激烈的冲突，人们偶尔甚至还会跟他们说几句逢迎的话，但这并不表示人们会跟着他们，事实上是绝对不会。

人们偷偷地以自身的懒惰来抵抗他们的激狂；以自己的保守来抵抗他们的极端；面对冒险家的激情，人们悄悄地以自己的兴趣爱好相抗；面对他们的机动灵活，人们偷偷以自己的良心相抗；至于他们的诗歌，人们则偷偷地以自己的散文相抗。这种冒险家和领导者历经各种艰难险阻终于将他们发动起来，可是很快就会离他们而去，他们则像撑不住自身的重量一般倒在地上。他们想方设法想将这些冷若冰霜和心不在焉的民众动员起来，可最终发现自己什么都做不了，难道这是因为他们认输了？不，这是因为他们在孤军作战。

民主社会的人生来喜静？我绝不相信。相反，我觉得在这种社会中有一种永远的运动居于统治地位，在这种运动中的人从来不懂休息是什么意思；不过我也相信，在这种运动中，有一条线是人们绝不会跨过去的。他们每天都在修改、完善或者变革次要事物；至于主要事物，他们则小心地不去碰触。他们喜欢改革，但畏惧革命。

美国人确实一直在对自己的某些法律进行完善或者废除，可是革命的热情在他们身上却非常罕见。只要民众的躁动露出危险的苗头，甚至民众只是情绪异常高昂，他们也会马上停下来平复心绪。他们畏惧革命，将革命当成最危险的灾害，所有人悄悄下定决心即使付出巨大的代价也要遏制革命的发生。这些从他们迅疾的反应中，轻易就能看出来。世界上再没有哪个国家比美国更喜欢所有权，更畏惧失去所有权了。此外，禁止通过任何方式危及或者改变所有权制度这种思想，得到了美国绝大多数人的认可，这也是世界上其他国家比不了的。

被欧洲的某些大君主国普遍欢迎的那种具有革命性质，但必须通过彻底和偶尔骤然的人和财产上的改变才能变成现实的理论，并不讨美国喜欢，这点我曾经指明过很多次了。这种学说就算有人支持，民众对它也有一种天然的抵触。

那些在法国被奉为民主方面的醒世恒言的话，我敢说放到美国，大部分都得被取消。这没什么无法理解的。在美国人身上的是民主的思想和激情，而在我们欧洲人身上的是革命的思想和激情。

美国若是哪天爆发了大规模的革命，那革命的发起者一定是生活在美国的黑人。即这种革命是因为身份的不平等而非身份的平等。

身份平等时，没有人会关心别人，都喜欢自顾自己。这是一种不良倾向，

身份平等时，没有人会关心别人，都喜欢自顾自己。这是一种不良倾向，

536 ———— 下卷

民主国家的立法者千万不要以为它能压制民众的政治热情，让民众远离革命，便推动或者放任这种趋向，否则必定作茧自缚，自食恶果。而且在大部分人蒙昧的利己主义和怯懦之心的推动下，某些人的破坏欲早晚会让整个社会发生异变。

在民主社会，渴望革命的少数并不存在，不过少数有发动革命的可能。

我的意思不是说民主国家就不会发生革命，而是说这种国家的社会状况不会引发革命，或者换个更准确的说法，能让人们厌恶革命。

民主国家的人喜欢自己的事情自己做，不会轻易去做风险极大的事。他们若事先有所准备，就不会被扯进革命之中。他们偶尔也会参与到革命之中，但不会是革命的发动者。我再多说一句：在这种国家中，人们但凡有点知识和经验，都不会眼看着革命发生。

国家的各种体制，对这方面有着巨大的影响，这我非常清楚。它们会对社会衍生出的种种习惯予以推动或者抑制。

所以，我再说一次，一个国家如果只是在国内实行身份平等是无法避免革命的；不过我敢说，这种国家无论采取何种体制，发生在那里的革命所采用的武力，也远比我们想象的要小和少。因此，我轻易即可想到，这种政治状况一旦和平等结合到一起，我们西方定能获得史无前例的安稳。

我刚刚基于事实所说的这一切，有一部分可以用在思想和观念上。

在美国，有两件让人觉得无法理解的事：人们的大多数活动变化巨大；一些原则具有很强的稳定性。人们一直在流动，可他们的精神却近乎纹丝不动。

一种思想只要在美国流传开，生出根系，那么在这块土地上，可以说完全没有能将其彻底铲除的力量。美国盛行的宗教、哲学、伦理道德，甚至政治方面的理论，始终如一，或者说，起码它们变化的方式非常隐秘，不易被人察觉。在这个人和事物变幻不定的环境中，就算你想消除的是那些最粗鄙的成见，成效也会非常慢，简直到了无法想象的地步。

听说民主有思想、感情时刻变迁的天性和习惯。这对古代的那些能将所有公民召集到一个公共场合，任由一个演说家随意怂恿的小共和国，或许适用，对于大洋对岸的那个伟大的民主共和国却不适用，我在那儿可没见到这种情况。

美国让我感到吃惊的是，当它接受了某种观念或者认定了某个人你很难让它放弃。写文章也好，发表演说也罢，都是白费力气。能让他们改变想法的只有亲身体验，有时甚至是一次又一次的亲身体验。

猛一看，你会觉得无法理解，可是当你仔细研究过之后，就知道为什么了。

在我看来，让一个民主国家放弃成见，舍弃自己的信念，将自己原本的宗教、哲学、政治、道德原则扔到一边，分别启用新的原则，简单来说，就是让这个国家时常进行理性大革命，比寻常人想象中的要难。这并不表示民主国家的人，在精神上不够勤奋。人的精神一直在动，只是动的方向是不断地对已有原则的成果进行修正，而不是寻找新原则。它不是直接向前猛冲，而是轻轻地围着自己转圈。为了赢得更大的活动空间，它会不停地做一些匆忙的小动作，但它绝不会忽然换一个领域行动。

受过同等教育，有一样的权利和财产的人，简单来说，就是身份相等的人，在需求、习惯和喜好上，肯定也不会差多少。他们看事物的角度相同，想法自然也相近。

最终，所有人都会因不经意间的某些思想上的共识而再次合流，尽管每个人都和自己同时代人的有些差别，并可能产生自己的信仰。

有些人觉得，民主国家必然会发生这种智力上的乱象，可我越是深入研究平等对智力活动的影响，就越坚信这种想法是错的。在我看来，更准确的说法应该是，这种乱象是民主国家发育时期独有的一种偶发性事件，只发生在过渡时期——人们打破过往将大家联系起来的旧关系，但各自的家庭背景、教育和习惯仍有巨大差异的那段时期。所以除非人们思想、本性和喜好上巨大的差异已经消失，否则，它们必定会在过渡期出现。不过，在人们的身份越来越接近的过程中，人们的主要观点也会越来越相近。我认为这才是所谓的普遍事实和经常存在的事实，其他的不过是一种偶然和过渡。

在我看来，一个民主时代的人忽然灵光一闪就有了一个和同时代人所接受的思想体系截然不同的思想体系这种情况，很难发生。若是真有哪个革命家做到了这一点，我敢说，一开始他甚至很难让人们聆听他的新思想体系，更别说之后让人们接受他的思想体系了。

当人与人的身份近乎相同时，一个人是不会轻易相信别人的。大家都差不多，学的东西相同，过的生活一样，又怎么会喜欢选一个人做领袖，胡乱地听命于他呢？

一个和自己一样或者平等的人，他的话，人们是不会轻易相信的。

所以，民主国家的一些个人不再如过去那般相信知识，不仅如此，正如我在本书的其他地方所说的那样，某个比别人更聪慧的人的一般见解，很快也会失去色彩。

智力平等的思想在人们越来越相近的过程中逐渐深入人心。于是，任何革命家想极大地影响全国人民的思想，都变得愈发艰难。我们只要看看世界历史就会发现，让人们思想骤然转变的主要原因，是名望的力量，而非理论的力量，所以在这种社会很少会忽然爆发智力革命。

还有一点需要注意，想要说服民主社会的人必须对每个人单独说教，因为在那里没有任何羁绊将人们绑在一起。可贵族社会却只需要影响某些人的精神，至于其他人，则会紧随其后。若是将路德放到平等时代，没有领主和王公贵族做听众，他想让欧洲改头换面而进行的那些活动所遭遇的磨难恐怕会更大。

不要以为这意味着民主时代的人生来就对自己的见解很有自信，并会坚守自己的信念。其实，他们也会有疑虑，并且自觉无人可以解答。这个时代的人的精神也有想要换个方向的时候，之所以还原地游移，纹丝不动，是因为缺少激励和引导的力量[1]。

在民主国家，只是得到民众的信任还不够，还得费尽千辛万苦去赢得他们的尊敬。你想让民主社会的人听你说话，你谈话的内容就必须涉及他们的自身问题。他们总是围着自己的工作打转，并不会认真去听别人跟他们说什么。

民主国家其实很少有人会无所事事。那里的人在繁忙而嘈杂的环境中生活，高强度的工作让他们甚至没时间思考。我尤其需要一提的就是，工作忙碌是一

[1] 何种社会状况最有利于智力大革命的发生，若是让我去找，我认为它存在于所有公民完全平等和各阶层完全隔离这两种社会状况中间的某个点上。

在等级划分十分严格的制度下，人们的地位世代相传且保持不变，一些人不指望更多，一些人不指望更好，想象力在这种鸦雀无声万事万物静止不动的情形下，酣然入睡，人们脑中甚至连动的想法都不再产生。

当阶级消失，人与人的身份近乎相等时，人人都在不停地活动，可每个人都是孤立、独立和无力的。这种情况和前一种截然不同，但有一个相似点，就是人的精神在两种情况下都很少发生大革命。

可是，这是国家历史的两个极端的情况，在这之间有一个时间段，既能让国家举世闻名，又能让国家风云变幻。在这一时期，人们的身份虽然较为稳定，但还不足以让人智力昏睡不醒；人与人之间虽然不够平等，但一些人可以对另一些人的精神产生巨大影响，某些人能够改变所有人的信念这种情况并不会出现。就是在这个时期，整个世界的面貌都将因强大的改革家的出现和骤然的巨变而发生翻天覆地的变化。——原注

方面，还有一方面就是他们工作得非常认真。他们一直在行动，且每个行动都专心致志；他们思想的火焰受到了他们工作热情的压制。

在民主国家，想让人民对同他们日常生活实践没有显著、直接和紧急联系的某种理论产生浓烈的爱，在我看来，难度极大。

这种人不会简简单单地就舍弃自己的旧信念，要知道，没有浓烈的爱，人的精神又怎么能离开常走的旧路，去完成智力大革命和政治大革命呢？

所以，民主国家的人没有寻求新思想的时间，也没有这样的兴趣。即使他们对旧观念有了怀疑，也不会马上放弃它，而是经过长期反复的观察之后再改变旧观念。他们不是因为旧观念可信所以才保护它，是因为它早已存在。

除此之外，还有几个较为强大的因素导致了民主国家的人的旧观念很难发生巨大变化。这些原因，我在本书的序言中已经说过了。

在这种国家中，个人的影响非常小，接近于无；群众影响却非常大，而且是对每个人的精神都有极大的影响。为什么如此，我在其他地方已经解释过了。在这里，我要说的是，不要以为这完全是因为政府的组织形式，以为多数的精神影响会随着其政治影响的消失而消失，那并不正确。

贵族制度下的人通常有自己的高贵品行和力量。如果他们发现自己和大部分同胞都不一样，是不会冲过去直接交锋的，而是在家里自我反省，自我安慰。可民主国家却不会发生这种情况。对民主国家的人来说，得到群众的喜爱就像有可以呼吸的空气一般，是非常必要的，与民众分道扬镳的人，可以说是连以人的身份继续生活的资本都没有了。对于那些和自己见解不同的人，群众只需要予以指责就能打败他们，根本不需要动用法律。孤独和潦倒的感觉很快就能让他们心生抑郁和沮丧。

当人与人的身份近乎相同时，每个人的精神都会承受群众意见的重压，受到群众意见围剿、调度和控制。之所以如此，社会的组织是首要原因，政治条令则作用有限。人们越是相像，个人在群众面前就越是自觉虚软无力。一个人一旦和群众出现分歧，马上就会觉得自己有问题，因为他自觉并不比别人出类拔萃或者与众不同。他先是质疑自己的能力，之后又质疑自己的权利，当大部分都表示错的是他时，他几乎会彻底否定自己。多数想让他如何，无须强迫，只要说服即可。

所以，无论民主社会的各种权力的组织形式如何，维持稳定的方法是什么，那些为民众所抵制的东西，受民众指责的事物，你都很难让人们接受。

这对稳定人们的信念非常有利。

在民主社会，当某种思想生根发芽并让大部分人印象深刻，就不会再有人去反对它，于是它靠自己的力量就能存活，并且轻易就能一直存在。因为它已经得到了人们的认可，所以就算一开始有人表示它并不正确，最后也会予以接受；就算有人下定决心绝不妥协，也不会公开反对。这种危险又没有好处的斗争，他们并不愿意参与。

在民主国家，当多数有了新主张，他们的确可以随心所欲地忽然挑起一场让人吃惊的精神革命。可是，想要改变多数的想法难度极大，对这种改变进行确认也是，两者几乎一样困难。

有时一种信念在时间和事件，或者个人的独立思考行为的侵蚀下，慢慢松动或者腐坏，可表现上却不明显。人们无法抵制这种变化，也无法召集力量去抵制这种变化。

最后，原本怀有这个信念的人悄无声息地接连离开，可是每天也总有人公开宣布不再相信它，最后，它的支持者只剩了有限的几个。

可就算到了这一步，它也仍未彻底失效。

通常来说，在很长时间内，它的反对者们也无法确定大革命是否真的在发生，还在犹疑不定，纹丝不动，因为他们不是继续缄口不言，就是只在私下沟通意见。他们还在悄无声息地观察着。

大部分人确实已经对它产生了怀疑，可总是装出一副笃信的样子；改革者之所以意志消沉、缄默不语，被人疏远，人民思想上的伪装居功至伟。

在我们所处的时代，人们的思想正在发生激烈变化。可是用不了多久，人们的基本思想就会远比出现在我们历史上众多世纪的那些基本思想更稳定了。这个时期虽然还没到，可是或许也离我们不远了。

当平等普遍和永久地存在于整个世界，精神大革命和政治大革命的出现就会远比人们想象中的要少和艰难，这点，我对民主国家人民的自然诉求和天性研究得越透彻，就越是坚信。

民主国家的人总是给人这样一种感觉：随时都可能废除当前的法律，马上就能接受新思想和产生新习惯，因为他们看上去一直在动，在变化，在忙碌，好像时刻准备着有新的主张和新的地位。

可是，出乎人们意料的是：平等改变人们的同时，还告诉大家只有在稳定的环境下，他们的利益和喜好才能得到满足。平等一边鼓励人们奋勇前进，一边又限制了人们前进的速度；一边催人奋进，一边又让大家脚踏实地；一边点燃人的野心，一边压制人的能力。

这种情况很难轻易察觉，要知道，促使民主国家的人各自独立的那种情感，明晃晃地摆在那儿，一望即知，可促使他们团结一心和携手同行的那股力量却隐在暗处，不是想看就能看到的。

对我来说，革命不是之后的几代人最惹人忧心的问题，可是不敢这么说，因为我身边满是革命造成的残骸。

家庭利益的小圈子已经越来越小，公民若是继续将自己封闭在那儿，为了这种利益无休无止地永远追逐下去，那么，我们就会发现他们永远不会有那种虽会引发民乱，却能催人奋进和革新的强大而公正的情操。财产太过不稳定，人们对钱财的钟爱之心又太过炽热和恳切，看到这种情况，我不禁担心，人们会将所有的新思想视为祸患，将所有的改革视为鲁莽行事，将所有的社会进步视为朝着改革迈出的第一步，因害怕被扯入其中而动都不敢动。看到人们忘乎所以，连自己未来的利益和后代的利益都弃之不顾，只在意眼前的享受，就算有毫不犹豫地付出努力以改换思想的必要，也不愿意那么做，只喜欢在命中注定的道路上轻松前行，坦白说，我恐惧得心都战栗起来了。

人们觉得新社会的面貌日新月异。我却担心新社会对旧制度、旧成见和旧风俗太过坚持，以致没有前进。最后，人们停下了脚步，自己将自己捆了起来；人们的精神越来越窄，永远为没有新思想怨天尤人；那些琐碎且全无好处的个人事务消耗着每个人的精力，看着是人人都在不停地动，可整个人类却是静止的。

## 第二十二章　民主国家的人民天然热爱和平但民主国家的部队天然渴望战争的原因

那些利益、畏惧之心和激情不但让民主国家的民众抵触革命，也在使他们厌恶战争。尚武思想和革命思想的削弱是同一个原因导致的，也是同时发生的。

当所有这些：喜欢和平的动产所有者越来越多，能够被战火毁灭的动产越来越多，民情的朴素，人心的温软，平等催生出的同情之心，几乎不会被战争催生的带有诗意的激烈情感所打动的镇定的理智，联合到一起，就足以将尚武思想压制下去。

在文明国家，身份越平等，好战的激情就越淡薄和稀少，在我看来，这点可以被视为一种一般规律。

任何国家，民主国家也好，其他国家也罢，都有被卷进战争这件倒霉事中的可能。就算它再如何崇尚和平，都必须时刻做好战斗准备，换言之，就是必须有一支大军。

地域辽阔的美国可以说没有相邻国家，这种先天优势让美国人有了一种特有的条件。即，无须准备大量士兵。可这个特点只是美国人的而非民主的。

民主国家组建军队的义务并没有因为身份平等、民情和以民情为基础设立的种种制度就被解除，不仅如此，军队仍然极大地影响着它的命运。所以，对军队成员的天然属性进行研究，是不可或缺的。

贵族制国家的军队和这个民族一样也不平等，而在以门第为评判等级唯一依据的贵族制国家中，尤其如此。贵族是军官，农奴是士兵。前者参军的目的是指挥战斗，后者参军的目的是服从命令。所以贵族制国家的士兵，其上进心只能在很小的范围内活动。

军官的野心也有上限。

贵族是整个国家的等级阶梯中的一级，而它的内部往往也有自己的等级阶梯。

整个阶梯越是向上，等级就越高，而且永远不会发生变化。家庭出身决定了一个人是应该指挥一个团，还是指挥一个连。等他达到了他期望的这个上限就会主动停下脚步，满足于自己的命运。

另外，在贵族制国家，还有一个限制军官升迁欲望的重要因素。

贵族制国家的军官，在部队的军衔之外，在社会上还有一个社会上层的身份。前者在他们看来只是后者的附庸。贵族之所以成为军官，升迁并不是主要原因，家族义务才是。他们是为了光荣地度过自己逍遥自在的年纪，让自己的家以及和自己一样的人融入某些与部队有关的光荣的回忆，才去参军的。升官发财、赢得声名和权柄并不是首要原因，要知道，他们手中本就有钱财、名声和权柄，根本无须为了它们离开家。

在民主国家的军队中，所有士兵都有升职的机会，所以每个人都想晋升，军事方面的野心被无限扩张。

在军官看来，没有任何事物能让他们自然地或者被迫地在某个军衔上止步。他们在社会上的级别，几乎完全由他们在军队中的级别决定，所以他们看重每一次晋升。

民主国家的军官，想要获得钱财只能靠薪水，想要获得名望只有靠军功。他们经常改换职业，于是生活环境也跟着变化，看上去就像变成了另一个人。

有些东西对于贵族制国家军队里的军官不过是附带，到了民主国家军队里的军官这里就成了重点，对军官的所有事务和军官本人起到了决定性作用。

法国旧君主时代的人在称呼军官时，用的是军官的贵族爵位而非军衔，而现在则只以军衔作称呼。社会制度和军事制度中发生的巨变，通过这个表达方式的微小变迁就能看出来。

升职这种欲望在民主国家的军队里普遍存在，而且这是一种热烈、难以割舍和永远存在的欲望。一个人所有欲望的增长都会带动它的增长，直至这个人死亡。可是，纵观世界各种国家的军队，我们轻易即可发现，在和平时期，民主国家军衔的晋升得最为缓慢。军人职位本来就不多，竞争者却不计其数。可是，平等是固定方针，每个人都要面对，谁都无法迅速升迁，还有很多人无法升迁。所以，相比于其他国家，民主国家的升迁诉求要大得多，而升迁的难度也远比其他国家大。

所以，在民主国家的部队中，极度渴望升迁的人往往都异常渴望战争，因为战争会让军官职位出现空缺，让民主制度的专属特权——以工龄论升迁，这一规定将被搁置。

由此，我们可以得出以下结论，虽然这个结论看上去有些奇怪：纵观一切国家的军队，民主国家的军队最渴望战争；而纵观一切国家的民众，民主国家的民众最崇尚和平。之所以会有这种反常的情况，就是因为平等同时带来了这两种对立的结果。

公民在身份平等时，每天都怀有希望，并且总能看到改善个人处境和增加个人福利的机会。因为和平可以增进工商业的繁荣，让每个人顺利地完成各自的小事业，所以在这种情况下，每个人都在崇尚和平。另一边，这种平等又让军人越发看重军事荣誉，让每个将士都能轻易获得此种殊荣，为此，即使是一个普通士兵也做梦都想驰骋沙场。这两种不同的影响同样都在驱使人心产生渴望，对享受的渴望永远难以完全满足，野心虽然相同，可是实现野心的渠道却并不一样。

民主社会因为人民和军队的趋向截然相反，而踏上了一条非常危险的路。

当人们不再崇尚武力，军官的荣耀性马上就消失了，军人于是成了级别最低的公职人员。人民对他们不够敬重，也不再去熟悉他们。这时的情况将和贵族时期截然相反。军人从最重要的公民的位置上退了下来，成了不值一提的公民。一个人除非别无选择，否则不会去参军。这是一个恶性循环，很难更改。军人不是一种光荣的职业，所以出色的国民不会去参军；而出色的国民不去参军，又让军职失去了荣光。

所以，当看到民主国家的军队的物质条件明明普遍比其他国家的军队更优越，纪律方面的要求也不那么高，可军人们仍旧意志消沉，满腹怨言，觉得处境糟糕时，无须觉得惊讶。

卑微的地位伤害了军人的自尊心，让他们喜欢上了非他们不可的战争，让他们爱上了能让他们得到政治权力和个人尊严——这些东西本是人们不肯给予他们的而他们通过手中的武器却有机会得到——的革命。

民主国家发生革命的可能性和危险性，因其军队的属性增加了。

民主社会的公民几乎都有需要保护的财产，可是民主国家军队的领导者通常都没什么财产。当国家发生动乱，没有财产的人通常不会受到太大的损害。民主时代的百姓自然比贵族时代的百姓畏惧革命，可是军队的领导者们却不是如此。

此外，就像我刚刚说的那样，民主国家的军人绝不会是那些最有钱、最有学问和才华的人，所以发展到最后，整个军队会成为一个独立的小国家。这个小国家的将士们的文化水平达不到国家的平均水平，作风却比整个国家都粗暴。然而，这个蒙昧而独立的小国家手中拿着武器，也只会使用武器。

事实上，正是民众崇尚和平的感情，增加了军队的尚武思想和钟爱动乱的思想对民主国家的危险性。对一个不喜欢战争的国家而言，还有什么东西比军队更危险吗？所有公民都极其热爱稳定，那么整个社会的管理权自然就落在军人的手中。

所以这种说法：民主国家若是在自身利益和先天性格的影响下本能地热爱和平，那么军队会慢慢将其推向战争和革命，通常来说是对的。

和贵族制国家不同，民主国家时常担心军人会发动革命。再没有哪种可怕的危险比它更不利于民主国家的发展。政治家必须时刻注意寻找解决这种危险的办法。

当军队跃跃欲试的野心让国家内部产生忧虑，国家最先想到的办法就是为这个让人厌恶的野心找一个开战的托词。

我并不想广泛地诋毁战争。战争几乎总能让一个民主具有更加顽强的意志和更加广博的胸襟。有时平等会让某些趋向过度发展，而只有战争才能遏制这种发展，这时我们不得不承认，对民主社会的某些顽疾，战争是一剂必不可少的良药。

在某些地方，战争确实极具优势，可是你若是以为它能彻底清除我刚刚谈及的危险，就太高估它了。若是尝到了战争的好处，军队将更难忍受和平，所以战争只能暂时压制此种危险，等战争结束，这种危险会变得更加严重。

我预测，某些大民主国的军事统帅会发现，他们可以轻易带兵出征，等到胜利之后，却很难去过和平的生活。发动战争和终止战争，对民主国家来说，是两件非常棘手的事。

另外，除非民主国家从战争中得到了某些特别的好处，否则，以往贵族制国家不曾留意的危害，也会在民主国家发生。现在，我们只就其中的两种危险谈一谈。

日日叫嚣着要满足自己和平时期诉求的民众不计其数，战争虽然达成了军队的诉求，却压制了这些民众的诉求，而且总让他们的希望破灭。于是，原本该由战争遏制的动乱的危险，又被战争从另一个角度挑起来了。

在民主国家，一切长时间的战争都会对自由造成巨大伤害。你不要以为担心只是将军们在每次获胜之后都会通过武力夺取最高政权，就像罗马的苏拉和恺撒一般。

让人担心的是另一种危险。战争未必次次都让军人成为民主国家的统治者，可是它必定会极大地增加民主国家文官政府的权限。管理人民和解决所有事物的权限，几乎都会被它交给这个政府。它走向专制的过程，不是通过武力骤然降临，而是通过习惯的力量慢慢前行。

任何人，只要他想让民主国家失去自由，就必定清楚，战争是实现这一目标最稳妥也最简单的方法。这是他们最重要的科学真理。

当将士的野心让人心生不安，通过扩军以增加军官的数量貌似是个可以自救的办法。然而，这不过是个缓兵之计，还会给将来埋下更大的隐患。

贵族社会只有一种人在军事方面存有野心，而且这些人的野心还总是停留在一定的范围内，以致每个人的野心几乎都能得到满足，所以增兵在这种社会确实能够起到稳定的作用。

可是民主社会不同，军人越多，想要升职的人就越多，所以扩军毫无助益。一批曾被许诺可以填充某些空缺的人在得到职位之后，很快又会有另一批欲望急待满足的人出现，用不了多久，连前面那批人也会满腹怨言，原因是影响民主国家民众行动的那种激情在军队中也出现了。人们要的不是某个职位，而是不断的升迁。他们的野心或许不是很大，却此起彼伏接连产生。在民主国家，扩军只能暂时满足军人的野心，随着渴望升迁的人的不断增加，用不了多久，他们的野心就会膨胀得更加恐怖。

如果问我怎么看，我会说，不安和时时蠢动的思绪是存在于民主国家军队体系内固有的缺陷，这种缺陷，民主国家的军队也不想彻底清除。民主国家的立法者们不要妄想能够找到某种能够独立镇压和掌控军人的情感的军事制度，就算为此付出再多努力，也不过是徒劳。

军队是无法去除军队的缺陷的，只有国家才能。

对于骚乱和专制，民主国家自然要心存忧虑。这不难解决，只要将军队的那些天性变成谨慎、理性和持重的喜好即可。等公民最后掌握使用自由的技巧，学会从自由中获得助益，知道了自由的益处；等他们对秩序的爱达到了对女友的爱的高度，心甘情愿地遵守纪律，这些习惯和气质在他们应征入伍时，就会悄无声息和貌似无意地跟他们一起进入军队。

但军队独有的精神掺杂了整个民族共有的精神后，源于军队生活的主张和欲望就会受到抑制，或者强大的舆论压力也能遏制这些主张和欲望。想有军纪严明和令行禁止的士兵，首先得让公民知识丰富，纪律严明，心志坚强和崇尚自由。

一项法律，在节制军队的叛乱思想的同时，还会压制全国人民的自由思想，让法律和权利的思想失去光彩，那么这项法律只能弄巧成拙。不但无法瓦解军人暴政，还会成为军人暴政得以建立的巨大推力。

对民主国家来说，庞大的军队终究是一大祸患，无论采取何种预防措施都无法避免。而想要根除这个祸患，裁军这个方法虽然最有效，可是又有哪个国家愿意如此解决呢？

# 第二十三章　民主国家的军队中战斗欲和革命性最强的阶级是由哪些人组成的

以兵源的数量和士兵的数量的比例而言，民主国家的军队的一个特点就是非常庞大。对于这点产生的原因，我准备以后再谈。

另一边，民主时代的人很少会选择军人这个职业。民主国家为什么实行强制性的征兵制，放弃自愿性的募兵制，原因就在这里。

受国家条件所限，它们只能采取前一种制度，并且所有人都得参军，这不难预料。

兵役的强制性，要求所有公民无差别地共同地承担兵役义务。以国家的条件和观念而言，必然会有这种结果。这些国家的政府无论想要做什么，只要向所有公民发出倡议，几乎都能实现。通常来说，只有不平等的义务才会导致反抗，义务本身是不会的。

可是这种义务针对的是所有公民，那么毫无疑问，必然会导致每个人参军的年限非常有限。所以，士兵只能在军队中匆匆而过成了一般规律。不过，在大多数贵族制国家，军人都是终生职业，无论这是士兵自己选的，还是被迫的。

这种情况造成了某些差异巨大的结果。在民主国家的军队中，有些士兵非常热爱军旅生活，但大部分站在军旗之下的人却是逼于无奈的结果，他们无时无刻不在为回家做准备，并未将当兵视为一种严肃的义务，一心想着离开军队。这些人要求不高，在他们身上完全看不出军人的欲望。当兵对他们来说只是一份工作，公民生活中的利益和诉求才是他们心之所系。所以，他们不仅不崇尚武力，还将公民精神带到了军队中，并在军队中维持着这种精神。

在民主国家的军队中，这些朴实的士兵并未因为参军而失去公民的本色，国家习惯和舆论对他们发挥着最大的效力。那些曾经鼓舞过人民自身的热爱自由和尊重权利的思想，士兵们可以十分自得地说，正是他们将其带入民主国家军队之中。贵族的情况则截然不同，贵族的士兵最后和自己的同胞没有任何共同点，和人们相处起来如同外人一般，不仅如此，通常更像敌人。

在贵族制国家的军队中，唯一和市民社会有着紧密联系的就是军官，他们是保守派，始终怀着回到市民社会、回到原本的位置中的想法。

在民主国家的军队中，士兵才是维持此种联系和怀有此种志愿的人，而且使得他们这么做的原因也一模一样。

不过，在民主国家的军队中，军官们的喜好和诉求通常和全国人民毫无共同之处。

这种情况的原因显而易见。

在民主国家，成了军官的人和市民生活的联系是完全断绝的。只要脱离市民生活，就意味着永远地脱离，他自己也完全没有回去的想法。他的一切都由他的军衔决定，所以军队才是他真正的祖国。所以，他的命运和军队的命运是绑在一起的，共同进退，祸福与共，军队承载着他对未来所有的希望。在国家最需要稳定和和平的时候，他或许会执意挑起战争或者革命，因为军官和国家有着不同的诉求。

不过，还是有一些因素能够对军官在这方面的好战情绪和寻衅情绪进行压制的。在民主国家的军队中，若是所有军官都长期拥有这种野心，那么这种野心往往比较薄弱。一个下层阶级出身的人，在军队中历经数次升迁终于成为军官，已经足够他志得意满了。他所获得的位置远比他在市民社会所拥有的要高，获得的权力在大多数民主国家看来都是不可侵犯的[1]。在自己付出巨大努力赢得了这一切之后，他认为自己可以暂时停下来，想想如何享用它们了。他怕保不住已经得到的东西，于是削弱了对尚未得到的东西的渴望。当他解决了阻碍其升迁的第一个和最大一个难题，他急切想要升迁的心也平复了一些。随着军衔越高而逐渐增大的危险节制了他的野心。若我所料不错，在民主国家的军队，永远是高级将领最崇尚和平，最缺乏革命精神。

我刚刚针对军官和战士的所有论述，并不适用于军士阶层，也就是我所说的在一切军队中介于军官和战士之间的那些人。

军士阶级在本世纪之前虽然尚未脱颖而出，但我相信以后它会在历史中拥有一席之地。

军官在思想上和市民社会已无来往，将军人作为终生事业，军士也是如此，

[1] 实际上，相比于在其他国家，军官的地位在民主国家有保证得多。少数军官认为军官的待遇应该随着军衔的提高而增长，大部分立法者也认为应该保证军官生活的舒适性，这没什么不合理的。——原注

甚至比军官更看重军人之职，将所有的希望都寄托它身上。可是他们和军官终究不同，因为军官已经站到了较高且轻易不会动摇的位置上，可以在登上顶峰之前暂时停下来，悠闲舒适地松一口气，他们却不能。

军士只能过那种籍籍无名、动辄得咎、艰难险阻、生死难料的生活，这是其行业属性的永恒性已经注定了的。他们认为军人不是一个安全的职业。而比危险更让人难以忍受的是，他们除了艰辛和听命什么都不会。社会体制和军事体制能够让他们不再承受这些苦楚，他们正是靠着这个信念的支撑，才忍下了当前的痛苦。事实上，他们确实能成为军官，虽然要历经很长时间。这时，他们就能发布命令了，名誉、独立的地位、权力和享受全都为他们所有；他们渴望的事物虽然在他们面前大量涌现，可是他们直至切实握在手中，他们都不敢确定真能获得。

他们的军衔并非不变，而且按照军纪，他们每天都必须服从长官的命令。他们辛苦经营多年才得到的成就，只要稍微犯一点儿小错，或者稍有越界的行为，就马上会化为乌有。他们可以说是一无所有，直至拿到了想要的军衔。在获得军官的头衔之前，他们似乎都算不得进入了政坛。旺盛的精力、诉求、激情、时代精神、希望和畏惧这些情感不停地鞭策着他们，他们冒险的野心又怎么会没有点燃？

所以对于战争，每个军士都充满了渴望，而且是永远的和急不可耐的渴望。当人们抵触战争时，他们为了借助革命中的混乱形势和民众的政治热情赶走长官，取代他们的职务，就会衷心期待爆发一场革命使法律条文失去作用。不要以为他们做不到，要知道，虽然他们的感情和诉求和士兵差异极大，但他们的出身和习惯却和士兵没什么不同，可以对士兵造成重大影响。军官、军士和士兵处事态度的不同并非只是在某个时代或者某个国家才会出现，而是在所有时代、所有民主国家都会出现。

一切民主国家军队内最和平和最有序的风尚中最糟糕的那面往往体现在军士身上，而最好的那一面则体现在士兵身上。士兵不仅将国家民情的优势或者弊端带到了军队之中，还在军队中忠实地体现了该民族的本色。士兵若是懦弱的和蒙昧的，那么他会在不经意间将自己的长官送往暴乱的路上，虽然这并非是他的本意。他若坚韧而有学识，那么他的长官也会在他的影响下服从秩序。

# 第二十四章　相比于其他国家，民主国家的军队在战争前期不够有力，在战争中后期势头凶猛的原因

任何军队，经过长时间的和平期再次参战都可能会失败；长时间战斗的军队，获胜的概率则大很多。这一真理用在民主国家的军队上，尤其合适。

军人这个行业在贵族制国家是有特权的，因此即使是和平时期，也不会被人轻视。有才华、有知识和野心勃勃的人全都想进入军队。

无论在哪方面，军队都不会比整个民族的平均水平差，甚至要高于这一水平。

可是，在民主国家，我们看到的情况则刚好相反。民主国家的精英，为了获得名誉和权力，特别是金钱，都希望离开军队，进入别的行业。民主国家的和平期本来就不短，长时间的和平之后，军队的水平往往达不到国家的平均标准。以这种状态参战，不管是对国家来说，还是对军队来说，都不安全，除非战争改变了这种状态，否则，危险将一直存在。

在民主国家的军队中和和平时期，以年资为基准晋升是最高也是最不可更改的原则，这点我在前边已经说过了。正如我所说的，这既是因为这种国家的体制，也是因为这种军队的体制。所以，这种情况会持续很久。

此外，在这种国家，军官在军队中的军衔决定了他们的一切，他们的兴旺显耀都来自这个军衔，所以能让他们离开或退伍的，只有死亡。

这两个原因作用在民主国家身上，导致的结果是，在长时间的和平期之后，军官和军队的所有将领都是些老头子。不仅将军如此，那些始终未曾升职或者慢慢爬到下级军官位置的大部分人也是如此。看过民主国家的军队，你会为所有的士兵都是毛头小伙，所有的军官都是老头，感到吃惊。所以，士兵经验不足，军官精力不够。

这是战争失利的首要原因，因为战争顺利展开的第一前提就是年轻人。我之所以敢这么说，是因为近代最伟大的一位统帅曾经这样说过。

在贵族制国家的军队中，这两个要素的起效方式就是另一种了。

在贵族制国家的军队中，各个军阶都有年轻人，因为在这里，升迁的首要依据不是年资，是家庭门第，这些年轻人将人最充足的心神和体力都用在了战争上。

此外，贵族制国家的那些想要建立军功的人，不会等到即将老去才准备退伍，因为他们在市民社会中都有富足的地位。当在军队中过完最有精力的年龄段，他们就会主动辞职，回到家乡享受晚年生活。

在长久的和平期之后，民主国家军队中的长官全都是老年人，不仅如此，每个军官都有了不适合战斗的习惯，无论身还是心。战争带给人的是艰辛的工作和严酷的责任，那些长时间在民主安闲平淡的氛围中生活的人，又怎么能马上适应？就算还喜欢出任军职，也必定养成了使他难以取胜的生活习惯。

在贵族制国家，军队掌握在贵族手中，所以市民对安逸生活的热衷对军纪影响终究有限。我们知道，生活富足的贵族，在幸福之外往往还有别的追求，并且甘愿暂时牺牲个人幸福，以彻底将这种追求变成现实。

处于和平期的民主国家，军衔升迁的速度非常慢，这点我在前边已经说过了。一开始，觉得这种情况十分难忍的军官们会寻衅滋事、牢骚满腹、意志消沉。可是，一段时间之后，大部分人也就妥协了。有其他选择的人和野心勃勃的人将会退伍。其他人则想方设法让自己的喜好、需求与自己不上不下的命运达成一致，让自己看待军职的眼光和市民看待军职的眼光一致。他们认为让他们过上安稳舒适的生活，就是军职带给他们的最大的好处。这稳定而微薄的收入承载了他们对未带的期待，只想一生平安喜乐地过活。

所以在民主国家，长时间的和平不但让军队中满是老军官，还让年轻力壮的军官沾染了老人的暮气。

在民主国家的和平期，追逐军职的人很少，因为此时军职的荣耀有限，这点我在前边也已说过。民众这种轻鄙的态度，就像一块沉重而巨大的石头压在军人头上。斗志都被它压没了，不过等战争爆发，士气马上有了弹性和生机。

贵族制国家的军队就不会因为这种原因而失去斗志。军队和军官自身的伟大使得那里的人，无论是军官，还是他们的同胞，都不会轻视军官。

和平对这两种军队的影响虽然一样，可是结果却不一样。

在贵族制国家，当军官不愿去打仗或者不想借军职出头时，他们仍然会对本阶级的名誉和身先士卒的旧习惯表示尊重。可是在民主国家，当军官不愿意打仗，不再想借军职出人头地时，他们留不下任何好东西。

所以，相比于其他国家，我认为民主国家在历经长时间的和平之后，战败的可能性更大。可是失败不会使民主国家的军队一蹶不振，因为战争持续得越久，它就越容易获胜。

当长时间的战争让所有公民都无法安稳地劳作，并损害他们的小事业时，人们就会将他们对和平的热爱投入到战争上。战争在破坏了所有事业之后，就成了一个巨大和唯一的事业。因此，源于平等的所有炽热和进取的激情，都将被加诸到战争上。民主国家虽然很难动员人们参加战争，可有时人们只要拿起武器就会在战场上赢得惊人战绩的原因，就在这里。

战争慢慢让每个人都注意到军队，军队又在短时间内就创造了大量财富，赢得了震惊全国的名望，于是国内的精英们纷纷投身军队。此时，被军队吸引投身军队的那些天性英勇好战和野心勃勃的人已经是来自全国，而非像贵族制国家一般，只来自贵族了。

因为有大批人在竞争军事名誉，为应对战争，人人都必须全力发挥自己的才华，所以卓越的军事将领不停地出现。革命是如何影响民主国家的人民的，长时间的战争就是如何影响民主国家的军队的。它脱离常规，让所有精英锋芒毕露。

和平时期的那些年龄大、身体弱的军官离开了军队，要么退休，要么离世。他们的位置由众多在战争中发展壮大的年轻人接手。这些年轻人斗志昂扬，一定要将战争打到最后。为了升职他们可以付出一切，他们也确实一直在升迁。大量和他们有着相同诉求和情感的年轻人站在他们身后。至于这些人身后，则还有另外一批年轻人。这种人会一批批出现，除非军队进行限制。平等让所有人都有上进心，死亡又为各种上进心留下了空缺。死亡不停地对各级军官进行裁减以创造空缺，一边为升迁开门，一边结束晋升。

在军人的秉性和民主国家人民的秉性中间，有一种隐秘的关系，只在战争时期才会显露出来。

民主国家的人有这样一种天性：尽快得到想要的东西，然后悠闲快乐地却享受这件东西。那里的大多数人都喜欢冒险，相比于死亡，更畏惧贫穷。他们经营工商业靠的就是这种精神。

他们也将这种精神带到了战场上，为了及早取胜宁可用生命冒险。对民主国家的人来说，最梦幻的伟大，是那种能在战场上光芒四射，冒着生命危险瞬间赢得的伟大。

所以民主国家的人民受自身利益和喜好影响不喜欢战争，但他们的思维习惯却有利于他们将仗打好；他们只要无法再从事自己的事业和无法再围着自己闲适的生活打转，很容易就能成为优秀的士兵。

和平极不利于民主国家的军队的发展，而战争却能让它得到一切军队都得不到的好处。这种好处一开始虽然不太显著，可是当战争持续下去，却有助于它获胜。

一个贵族制国家和一个民主国家爆发战争，前者若无法在最开始的几场战役中消灭后者，那么，落败的可能性极大。

## 第二十五章　民主国家的军纪

有一个观点十分盛行，就是在民主国家占支配地位的普遍的社会平等，天长日久之后，会让士兵无视长官的命令，以致军纪败坏。贵族制国家的人对这个观点尤为赞同。

这并不是一个正确的观点，事实上，有两种纪律，必须区分清楚。

在贵族做长官，农奴做战士，也就是前者富贵后者贫穷，前者精明干练后者蒙昧无知时，在两者之间建立最严格的服从关系难度不大。士兵在参军之前就已经在服从军纪了，或者换个更准确的说法，军队只是在对社会奴役进行完善。贵族制国家军队中的士兵，没过多久就成了只会服从于长官，除此什么都不会的人。他只是机械的行动，不会因为胜利欢心，也不会因为战死怨恨。他在这种情况下，已经算不得人了，不过是被训练好的专门用于战斗的最恐怖的动物。

贵族制国家不费吹灰之力就能让自己的士兵养成一模一样、俯首帖耳、不管不顾的唯命是从的习惯，民主国家若是在自己的士兵身上看到，必定会深感沮丧。以民主国家的社会状况而言，这种事是不会发生在它的士兵身上的，民主国家若是刻意让士兵养成此种习性，那么其原有的优势，恐怕就保不住了。

民主国家的军纪应该做的是想办法对思想的自由发展进行引导，而非清除思想的自由发展。军纪对于服从的要求虽不严密，却足够简单和粗暴。这种服从，建立在服从者自身意愿的基础上，由服从者的本能和理性决定。所以，在危急时刻，有需要服从的时候，服从者通常会主动严格听命。以习惯为基础建立的贵族制国家的军纪，能被战争打破，所以容易在战争中废弛。相反，在民主国家，因为每个面对战争的士兵都非常明白，他必须没有一丝反抗地严格听命，如此才能保证战争的胜利，所以军纪在面对敌人时反倒会主动增强。

一个通过战争来建立伟业的国家只在乎一件事，就是我口中的纪律。

在古代，国家军队征召士兵只要自由人和公民，他们之间近乎没什么区别，大家习惯了平等相待。古代国家的军队从这方面讲是民主的，尽管它的成员全都是贵族。所以，军队的将领和士兵亲如兄弟。你只要看过普鲁塔克的《名人传》，就不会怀疑这一点了。士兵时常会向将军们吐露自己的看法，并且知无不言；将军们也会耐心地聆听士兵的看法，回答士兵的每一个问题。在将军们管理士兵的过程中，谈话和演示的效果远比约束和惩处好。将军可以说除了是士兵的长官外，还是士兵的同伴。

当代俄国士兵对于军纪的那种谨小慎微的严格遵守，希腊和罗马的士兵是不是也曾经发生过我不知道，不过我知道，亚历山大仍旧征服了亚洲和罗马，仍旧征服了世界。

## 第二十六章　浅谈民主社会中的战争

如果平等原则不再是一个国家的个案，而是像如今欧洲这般，若干相邻的国家同时都在发展这一原则，那么我们会发现，这些国家的国民虽然有着不同的语言、习惯和法律体系，可是有个共同点，就是都崇尚和平畏惧战争[1]。就算各国君主心中充满了野心和愤恨，也不过是白费力气；君主们在民众普遍冷漠凉薄和置身事外的态度中，不由得泄了气，扔了剑。于是战争日趋减少。

在这几个国家平等的情况越来越好，人民纷纷涌向工商业的过程中，人民的喜好越来越相近，利益纠葛也越来越深。没有哪个国家能在不伤害自身的情况下伤害他国，人们于是发现战争对获胜国和战败国都是一场灾祸，且损害相

[1] 欧洲各国对战争的畏惧，并不完全是因为平等在各国的发展，我想我并不需要对此加以说明。在这个原因之外，还有几个偶然因素效果显著。这些因素之中，我第一要说的是法国大革命和拿破仑战争带来的千疮百孔。——原注

差无几。

所以在民主时代，想将所有国家都卷入战争很难，想让战争只停留在两个交战国之间，不涉及别的国家，也不容易。

各国利益互相纠葛，又有相同的主张和需求，因此一个国家的动荡也会影响到别的国家。所以战争越来越少，而只要战争爆发，战场就会不断扩张。

某些临近的民主国家的相似，不仅停留在我刚刚谈到某些方面，最终会发展到近乎所有方面都相似[1]。

此外，这种国家间的相似，会对战争造成巨大影响。

15 世纪曾经让欧洲某些大国战栗的瑞士联邦，如今的国力完全和它的人口数量成正比。为什么？当我考虑这个问题时，我发现瑞士人和它的邻国人已经完成了对彼此的同化，瑞士和邻国的唯一区别就是人口差异，如此一来，胜利的自然只能是兵力多的国家。

所以，发生在欧洲的民主革命导致了这样一个结果：人们更看重战场上兵力，要求所有小国组建成一个大国，或者起码得在大国的势力范围内。

既然军力的多寡决定了胜败，那么所有国家当然要想方设法向战争派更多的士兵。

瑞士步兵和 16 世纪法国的骑兵远比其他兵种优异，在军队中能养出这种

---

[1] 之所以如此，除了各国社会状况相同的原因，还有一个原因就是人们在这种社会状况下会本能地相互模仿、彼此融合。

当公民被分成若干等级或阶层时，差距巨大的民众自己就抵触和其他阶层相同。他们会越发竭尽所能地保证自己的习惯和观念没有一丝变化。个性的精神十分坚实。

在一个社会民主的国家中，也就是国家内部没有等级或阶级差异，每个公民都有近乎相同的财产和文化素养的国家，公民的思想会朝着相反的方向发展。人们的思想越来越接近，可以这么说，人们会因为思想上的分歧感到痛苦。为了让自己被同一个群众集体接受，他们愿意舍弃那些会让彼此存在差异的东西。这个集体在他们眼中是唯一的权力和力量的代表。个性的精神在近乎消失殆尽。

在贵族制时代，就连原本相同的人也希望在彼此之间假想出某种差异。可在民主社会，因为个人的精神总是为全人类的进步所吸引，所以就算原本有些差异人们也会想办法互相模仿以达到相同。

在国家和国家之间也有相似的情况。因为贵族制精神有助于个性的发展，所以社会状况同样具有贵族属性的两个国家，可能一直保持着十分明显的巨大差异。而民主精神要求人们具有共性，所以社会状况同样具有民主性的两个相邻国家，用不了多久或许就会形成相同的观念和习俗。——原注

优异的兵种的时代，人们觉得并不一定要征集大量兵力；可是，当各个士兵之间差异极小时，情况就不是这样了。

催生新需求的原因，也为新需要的满足提供了办法，就像我曾经说过的，一个人人相同的时代，每个人都是弱者。相比于其他国家，民主国家的社会权利自然更大。这种国家是有办法将所有成年男子全部投入军队中的。所以平等时代的人虽然不如过去崇尚武力，可军队的规模却变大了。

基于同样的原因，这种时代的战斗方式也不一样了。

在《君主论》一书中，马基雅维利说："一个由君王和诸侯统领的国家和一个由君王和奴隶治理的国家，征服前者远比征服后者难。"

我们可以用"公平"取代"奴隶"，以示对人的尊重。如此我们就有一个伟大的真理用以解决我们正讨论的问题了。

对于一个庞大的贵族制国家而言，不管是侵占它的邻国，还是被它的邻国侵占，难度系数都非常高。它为什么侵占不了邻国，因为它无法将全国的力量都召集起来，就算召集起来也维持不了多久；至于它的邻国为什么无法侵占它，则是因为众多小型要塞的阻碍会让它的敌人难以前进。发生在贵族制国家的战斗就像是一场场山地战，失利的那方随时都能找到新阵地继续坚守。

民主国家的情况则刚好相反。

对民主国家来说，将所有军力都送上战场并非难事，它若是非常富足且人口众多，那么轻易就能成为获胜方。不过它若是防守方且被敌人攻入腹地，它的防御手段就非常有限了。敌人若是攻占了它的首都，国家就会覆灭。这个道理很明显：民主国家的公民全都是独立的，极端软弱无力，没有人有自保之力，更别说援助他人。在民主国家，强大的只有国家的力量。军队的落败意味着国家军事力量的溃败，都城的陷落则意味着行政力量的消亡，剩下的民众既没有组织也没有力量，在有组织的攻击面前，毫无还手之力。给地方以自由，并在此基础上创建地方政权，或许可以减小这种危险，这我知道，不过这种方法通常没什么用处。

人们这时不要说继续战斗，恐怕连这种念头都不会有。

已被文明国家认可的国际法表示，战争的目标是政治权力，而非个人财产。不过为了实现最终目标，个人财产偶尔也会受到损害。

作为富人的贵族，为什么在敌人打败贵族制国家的军队攻进来之后，宁可独立顽抗，也不愿意投降？原因是相比于财产，他们更看重政治权利，而他们的国家一旦被敌军攻占，他们的政治权利就会被剥夺。所以他们宁可继续战斗，毕竟对他们来说最大的灾难是被征服。而且民众早就形成了忠于他们服从他们的习惯，并不会因为战争而失去更多，所以很容易就能被他们组织起来。

相反，在一个人们身份基本平等的国家，各个公民的政治权利都非常有限，甚至完全没有；再加上每个人都是独立的，都有容易蒙受损失的财产，所以贵族制国家人民的那种相比于战争更怕被征服的感情，在他们身上并不存在。当民主国家的土地燃起战火，你很难预料那里的人会不会反抗。所以，为了让每个公民都相信自己也拥有曾经激励过贵族制国家贵族的某些权利，一定要让这种国家的人拥有一定的政治权利和政治觉悟。

对于民主国家的君主和其他领导人来说，有一点必须时刻拿出来提醒自己：最能有效地对追求享受的习惯和激情进行节制的，就是崇尚自由的激情和习惯。在我看来，一个民主国家若是不以自由为基石，那么当它战败之后会最容易投降。

过去，战场上的双方都不会派出大量兵力，开战也是小型战斗或者进行长时间的围攻。如今，只要开战就是大型战役，除非实在打不过去，否则为了一次性了结战斗，必定直奔对方都城。

有人说，这种新战术是拿破仑的发明。但不管这个人是谁，一个人都无法进行此种发明。拿破仑会采取这种战术，是因为当时社会状况的引导。他之所以能用这种战术取胜，一方面是因为当时的社会状况非常适合此种战术，一方面则是因为在当时这种战术还是首次在战争中应用。在拿破仑之前，从没有人带军直捣黄龙，从这个国家的首都一路开到另一个国家的首都。可是，他之所以能顺利地通过这条路，封建社会的崩塌功不可没。不难想象，这个伟大的人物降生的时间若是提前个300年，他的战术就不会产生此种效果了，或者，他会换一种战术。

未免读者感到厌烦，我准备接下来只就内战的问题说几句。

我针对对外战争所说的这一切，用在内战上也大多合适，这并非没有充足的理由。民主国家的人生来缺少尚武精神。他们逼于无奈上了战场之后，偶尔也会生出一点儿这种精神。不过民主国家的人绝不会不顾战争的危险，尤其是内战的危险，自愿一起走上战场。这种事，只有喜欢冒险的人才会去做。民主国家的大多数人都不会这么做。

就算人们愿意付诸行动，想真的行动起来也很有难度，因为国内没有任何历史悠久的权威，没有哪个公认的领导人能将愿意付诸行动的人召集起来，进行统领和调度，没有听命于国家政权的政治力量能有力地帮助政府展开反抗。

民主国家的多数所拥有的精神力量非常强悍，所拥有的物质力量也远比为抵制它而率先凝聚起来的力量强大。所以，当一个党派占据多数席位，打着多数的旗号，用多数的权柄发言时，一切个别抵抗都能瞬间轻易击溃。这些党派甚至不允许个别抵抗出现，在这种抵抗出世之前就将其抹杀了。

所以，任何人想在这种国家发动武力革命，只有一个办法，就是趁其不备攻陷政府的所有机关。因为代表政府的党派总是会成为战争的获胜方，所以想要实现这一目标，最好舍弃战争，而选择政变。

内战只有在政府分成两派，一派忠于政府，一派反叛政府的时候，才会发生。军队自身就是个结构严密、生机勃勃的小社会，在短时间内完全可以自力更生。战争或许会出现伤亡，但不会持续太长时间，因为叛军只要将武力展示出来或者首战告捷，就能掌控政府，战争也就结束了；或者在战争之初，某一派的军队因缺少政府有生力量的扶持而主动解散或者被消灭。所以，内战在平等时代会非常少和短暂，我们可以将其视为一般真理[1]。

[1] 自然，我这里针对的是单独的民主国家，而非联邦制的民主国家。联邦发生的内战不过是另一种形式的对外战争，要知道，虽然有法律规定，但掌握大权的并不是联邦政府，而是各成员政府。——原注

# 第四部分 民主的思想和感情是如何影响政治社会的

## 第一章 让人热爱自由制度的是平等的本能

平等除了让人各自独立之外，也让人养成了在个人行动中只以个人意愿为原则的习惯和喜好。人在和与自己平等的人来往时所永远拥有的这种完全的独立，已经成了个人生活的一种永恒的习惯。这种完全的独立让人厌恶一切权威，并迅速激发出政治自由的观念和对政治自由的热爱。所以在这个时代，有一种自然趋势在引导每个人朝自由制度迈进。你最先想到的并给予最高评价的政府是什么样的？你随便找个人问问，若是可以，你还可以对他最重要的本能进行研究，你会看到他的选择是由他选定领导者并由他对领导人行为进行监督的政府。

纵观身份平等带来的所有政治效果，你会发现对独立的这种挚爱，最惹人注目也最让胆小者畏惧。这种恐惧并非毫无道理，因为相比于其他国家，无政府状态发生在民主国家的结果更糟糕。当促使公民各安其位的国家政权消失，由于公民之间完全没有直接关联，于是混乱的情况马上发展到极致，人们各奔前程，社会机构霎时消散于无形。

可是在我看来，民主时代最不需要担心的一种缺陷就是无政府状态，因为完全没有必要。

事实上，平等带来的趋向有两种：一种让人各自独立，且有让人们马上落入无政府状态的危险；另一种则是将人们引上那条走向奴役状态的路，这是一条十分漫长的路，虽然隐秘但真实存在。

第一种倾向，人们很容易就会发现，并想办法避免；第二种倾向却容易将人带上歧途，因为它不易被察觉。所以，提醒大家小心不要走错路，这非常重要。

有人因平等吹捧不服从而责难平等，我绝不会这么做，我反倒要因此而称颂它。我称颂平等的原因是，我发现它在每个人心中植入了政治独立的观念——虽然不够清晰——和本能的激情，并在此基础上找出了应对平等引发的弊端的方案。我之所以羡慕平等，正是因为这个原因。

## 第二章　民主国家对政府的见解自然有助于中央集权

在贵族制国家，人民天然认为在君主和臣民之间应该存在次级权力，因为那里的某些个人或者家族认为自己既然无论门第、知识，还是财富都比其他人或者其他家族高，自然应该拥有这种权力，此外这种人和家族貌似相信自己天生就该指挥他人。平等时代的人并不这么想，因为他们脑中的想法与此相反。想让平等时代出现这种观念，只能施以人力，而想让这种观念长期存在，则需要付出巨大的努力；不过，民主时代的人可以说轻易就能生出由政府亲自带领所有公民组建唯一中央权力机构的观念。

此外，民主国家的人在哲学和宗教上也喜欢简单明了的一般观念，就像政治上一样。他们不喜欢复杂的制度，相信一个大国最好由同样的公民共同组成一个唯一的权力机构。

平等时代的人有了中央权力必须唯一这种观念之后，自然会生出统一立法的思想。所有人都觉得自己和别人没什么区别，如此一来，法规不能同等地对待所有人这种情况，他们自然难以理解。所以就算再小的特权，他们的理智也无法接受；相同国家政治体制上的最不值一提的差别，也会让他们心生不满；统一立法在他们眼中是一个好政府的最大前提。

相反，这种对所有社会成员一视同仁用一种法制加以治理的观念，在贵族时代的人看来难以想象，人们要么否决它，要么舍弃它。

最后，这两种相互冲突的思想趋向成了顽固不化的习惯，就算到了今天，仍然掌控着人们的行为。在中世纪，各国的情况虽然差异巨大，偶尔各国也有一些个人毫无差别，但各国的立法者仍为每个人限定了不同的权利和义务。相反，在当今这个时代，虽然全体居民之间仍有一定差异，可立法者却想方设法让大家遵从一样的法律，养成一样的习惯。

一个国家在身份平等的过程中，个人看上去会越来越弱小，社会看上去则越来越强大。换言之，一切公民都在向其他所有公民靠拢，最后泯然于众，除了人民自身宏伟壮丽的形象，再看不见其他。

如此一来，民主时代的人自然会产生社会特权极端高尚，个人权利十分卑微的想法。他们容易接受这样的观点：社会利益是所有人的共同利益，个人利益则不值一提。他们还十分愿意接受这种观点：代表社会的权力远比各个社会成员有学问和睿智，亲自引导和统领每个公民是它的义务，也是它的权利。

我刚刚谈到的观点中的某些观点，你只要对我们这个时代的人稍微深入研究一番，并对他们的政治主张的根源进行深挖，就能在他们身上看到，不仅如此，你还会吃惊地发现，这些人虽然总有意见分歧，可是一致性却非常高。

在美国人看来，各个州的社会权力都应该直接由人民提供；可是，一旦法律承认了这项权力，人人都会毫无勉强地承认它有权去做任何事，而不会对它加以约束。

而为城市、家庭或者个人提供特权一事，他们干脆连这种主张都抛到了脑后。他们从未想过可以用不同的法律来管理国内的各个地区和所有居民。

欧洲已经渐渐被这种思想所覆盖，连最抵触人民主权理论的国家都不例外。这些国家的权力虽然和美国有着不同的来源，可对于权力的特点，却和美国有着一样的见解。

中间权力的观念在各个国家都已经走到了尽头，不是非常淡薄就是日趋覆没。人们脑中个别人生来就有权利的观念正在迅速消失，取而代之的是社会有无限权威，即社会是唯一权威的观念。随着人们的身份越来越平等，一致性越来越高，后一种观念逐渐生根发芽、发展壮大。这种源于平等的思想，反过来，又在让平等加速发展。

相比于欧洲任何国家，我所说的革命在法国都有更好的发展，因此这种思想已经彻底深入人心。我国所有政党都已接受这种思想，这点我们若能认真倾听他们的主张，就会发现。

政党大多抱怨政府工作不到位；可是没有哪个政党会要求政府停止工作，反倒无一不是要求政府继续深入到一切活动中。就连政府的那些强烈反对者，在这点上也是一个意思。发端于我们这个时代的各项政治制度明显都带有以下特点：社会权力要有唯一性、普遍性和全能性，法律要有一致性。这些特点在各种各样光怪陆离的政府主义思想的深处，也能发现。这些东西，人就是做梦都不会忘了。

普通人都容易在脑海中出现这种思想，更不要说君主们了，他们更容易针对它进行想象。

在欧洲，旧的社会状况正在发生改变和消失，对于自己的权力和责任，君主们也渐渐有了新的想法。作为中央权力的代言人，他们第一次知道，中央权力可以也应该统一制订计划，并在此基础上亲自对国家的所有事务和所有人进行管理。我敢说，在我们这个时代以前，欧洲的那些国王们从未产生过的这种想法，如今在君王们的脑海中已经留下了深刻的烙印。其他一切观念都已危在旦夕，而它却固若金汤。

所以，出乎人们意料的是，我们这个时代的人的见解还是很相近的。大家虽然就主权的归属争论不休，可是在主权的责任和权利方面，却容易达成共识。政府在每个人的设想中，都是一种举世无双、天命所归、富有创造性的权力。

政治上的一切次要思想都不稳定，只有以上思想坚如磐石且具有很长的寿命。这种思想得到了政治家和政治评论家的一致认可，民众也积极响应。它得到了统治者和被统治者同等热烈的追逐。它看似刚刚才出现，可又给人一种历史悠久的感觉。

所以，它是人类现实情况和自然需要的结果，不是人精神上的一种随意的发明。

## 第三章　民主国家人民的感情和思想都在引导他们朝中央集权迈进

我们若是承认平等时代的人容易接受建立强大的中央政权的主张，那么我们也该承认，他们的习惯和感情已经先一步接受了这种政权。因为大部分理由我在前边已经说过了，所以此间我只用几句话加以说明即可。

在民主国家生活的人愿意自省和独立思考，因为他们既没有高低之别，也没有惯常和密不可分的朋友。对于这点，我在论述个人主义时，曾经进行过详细介绍。

所以，这些人关注的焦点一直在个人事业上，而非公共事务。让人所共见的集体利益的唯一而永恒的代表——国家，去管理公共事务，是他们的本能倾向。

不喜欢管理公共事务是他们的天性，另外，他们通常也没这个时间。

在民主时代，个人生活非常繁忙，大量的需求和工作几乎耗干了一个人的所有精力和闲暇时光，他自然就顾不上政治活动了。

我写这本书的首要目标就是和倾向做斗争，自然不会认为这种倾向无法克服。我认为，在我们这个时代，有一种看不见的力量正在不断地让人心中的这种趋向发展壮大，我们必须马上制止它，否则它会掌控人心。

人们越来越喜欢享受和财产日益不动产化的趋向，让民主国家的人唯恐财产受损，这点我在前边已经说过了。民主国家的人，如今只剩下一种政治激情，就是对社会稳定的热爱，随着其他激情的削弱和消失，这种激情及其活性也在日趋增强。公民觉得只有中央政权才愿意和有兴趣保护他们，让他们不必陷入无政府状态而蒙受损失，于是将一些新的权利交给或者让给中央政权。

平等时代的每个人都没有义务去帮助别人，也没有权力要求别人帮助，因此大家都一样地独立自主和孤立无援。民主国家的公民在这两种既不能分别讨论也不能相提并论的情况的影响下，个性十分矛盾。在与自己平等的人接触时，独立性让他们极具自信心和自豪感；可他们的软弱无力偶尔又会让他们陷入需要他人援助的困境，可是所有人都那么冷漠和无力，他们又怎么寄希望于别人的帮助呢？面对这种广泛的束手无策，只有一个崇高的存在可以巍峨耸立，人们在这种困境之下自然只能指望它。自身的诉求，特别是欲望不停地将人们推向这个崇高的存在；最后，这个存在成了人们眼中能够解决个人弊端的必不可少和唯一的仰仗[1]。

---

[1] 中央政权是民主社会中地位较为稳固和活动较为恒定的唯一一样东西。每个公民都在不断地改变自己的活动空间和完善自身处境。不过一切政府都有一种不断扩张活动范围的本能。所以，时间一长，政府几乎总能取胜，因为它可以用稳固的思想和坚定的意志自然地对地位、观念和需求每日都在变化的人民产生影响。

公民总是无意识地帮助政府。

民主的时代是进行试验、创新和冒险的时代，总有数以万计的人在没有他人干扰的情况下，独力经营艰苦的创新型事业。这些人一边要求国家权力不能干涉私人活动——并以之为一般原则；一边希望政府能对他们的特殊事业予以援助和引导——并以之为个案；与此同时，又严禁政府在其他一切方面对他们进行干涉。

这种想法，是千百万自觉个人事业特殊的人同时拥有的，所以，虽然人人都想节制中央政府人们一边抗拒上级，一边容忍着长官的使役，既傲慢又卑微，这种在民主国家非常普遍的情况，由此就解释得通了。

特权越少、越不值一提，人们就越厌恶特权，所以可以这么说，在动因最小的时候，民主的激情反而最激烈。这种情况产生的原因，我在前边已经说过了。身份不平等时，最大的不平等在人们眼中也没什么特别，可是在所有人都一模一样时，再小的区别也会让人心生不满；一模一样的程度越高，人们就越觉得这种不满难以忍受。所以，平等的程度越高，人们就越是热爱平等；而这种热情的宣泄反过来又会让平等得到进一步的发展，这是非常自然的事。

这种让民主国家人民抵制所有特权的日趋强烈和永恒的厌恶，对国家的唯一代表渐渐拿到所有政治权力大有助益。国家领导人的地位毫无疑问必然比所有公民都高，但人民并不会因此就嫉妒他，因为所有公民都相信，任何一个与他平等的人都能解除他因国家元首一职而获得的所有特权。

在民主时代，邻里之间地位平等，人们对听从邻居的观点十分排斥，既不认为邻居比自己聪明，也不相信邻居为人正直；邻居的权势会让他们心生嫉妒，畏惧邻居的同时，也看不起邻居，希望邻居时刻都能意识到他们两个都是归一个主人管。

由于平等对中央权力的行使、扩大和巩固极为有利，所以与这些自然本性没有抵触的各种中央权力都喜欢平等，也都会设法促进平等。可以这么说，所有中央政府都喜欢统一，统一可以让政府不必花力气制定不计其数的细则；若是对不同的人施行不同的制度，而非对所有人都采取一个制度，那么就免不了要制定这些细则。所以，政府和公民有着一样的好恶。

在民主国家，这种感情上的共同体不停地将每个公民和国家元首引向同一种思想，并以一种隐秘而永久的同情将两者联结到一起。因为和政府喜好相同，所以就算政府有缺陷，人民也会加以谅解；政府只要没有做得太过或者犯下大错，人们是不会质疑政府的；就算质疑了，只要政府愿意改，公民就会再次交付信任。在民主国家，人民虽然总是厌恶中央政权的专制，可是对这个政权本身，却从来都是予以保护的。

如此一来，我就顺着两条不同的路走向了一个终点。平等让人有了唯一、

---

的活动，可是中央政府的活动范围却越来越大。所以，中央政府的权限能够扩张只靠一件事，就是它的恒久。时间有益于它，所有事物都在推动它发展壮大，连个人的激情都在无意识地帮助它。所以，民主社会持续的时间越长，政府中央集权化的程度就越高。——原注

统一和强大的政府的观念，这点我在前边已经说过了；现在我又告诉读者，如今各国都在想方设法创建这种政府，因为平等让人们爱上了这种政府。思想和感情都在自然而然地引导着人们走向这里。除非遭遇阻碍，否则人们总会走到目的地。

我认为在当前的民主时代，个人独立和地方自由将永远都是工艺品，至于中央集权，则是自然的大势所趋。

## 第四章　致使民主国家实现中央集权或者无法实现中央集权的几个特殊和偶然的因素

就算中央集权化是每个民主国家的本能，它们也不会全都采用一种方式。要看这个国家的特殊条件对社会状况的自然走势的效果，是推动还是遏制。这种特殊条件数量众多，我只准备从中选出一两个加以说明。

自由了很长时间的人民在获得平等之后，自由赋予他的天性和平等在他身上引发的趋向之间，存在一定的矛盾冲突。中央政权在他们中间虽然具有了更高的特权，可是他们身为个人，无论何时，都不会让自己失去独立。

可是，一个从未得到过自由或者被剥夺自由很久的国家（例如欧洲大陆，人们在那里就能看到这种情况），一旦得到并壮大了平等以后，某种自然的凝聚力会忽然将民族的旧风俗和社会状况导致的新风尚和新信念整合到一起，使得每项权力看起来都在向中央靠拢。这些权力向中央聚拢的速度快得惊人，国家马上发展到极端强盛的状态，而个人，则被压制到了极端软弱的状态。

二百多年前，英国人来到荒僻的新大陆创建了民主社会，如今他们在自己国家里已经习惯了参与公共事务。他们熟知陪审制度，拥有言论自由、出版自由和人身自由，他们有权利思想，也有使用权利的习惯。这些自由制度和坚韧的民情和他们一起来到了美洲，并成了他们抵御政府侵犯的武器。

所以，美国人得到自由的时间远比平等早。欧洲的情况则刚好相反。平等是被专制的王权带进欧洲的，而且国王相信，早在人们的头脑中尚未有自由观念之前，平等就已在人们的习惯中打下了深深的烙印，自由的观念是很久以后才产生的。

前边我说了，民主国家的人将政府视为中央政权唯一和理所当然的代表，不知道何为中间权力。这点尤其适用于通过武装革命让平等原则取胜的民主国家。人们之所以觉得政府工作这副重担只能交给国家承担，是因为那些掌控地方事务的阶层已被革命的狂风暴雨彻底消灭，余下的普通群众一没有组织，二没有独立处理个人事务的习惯。结果，中央集权就成了大势所趋之下的事实。

拿破仑之所以能够拿到几乎所有行政大权，是因为贵族和大资产阶级忽然消失之后，这些权力自然到了他们的手里，所以你无须称颂，也不必斥责。那时，他不管是接受这些权力，还是拒绝它们都非常困难，而且几乎是一样困难。美国人从未经历过革命，起初就是独立管理自己，用不着国家来充当自己的临时监护人，所以他们不觉得有此必要。

所以在民主国家，中央集权的发展，一方面要看平等的程度，另一方面还要看平等是如何产生的。

在民主大革命的初期或者在各阶层开战的初期，人们为了从贵族手中抢到地方事务的管理权，都极希望中央政府能掌控整个国家的行政权。而在这种革命即将结束时，落败的贵族因为担心已经与自己平等的人民——往往也成了主宰他们命运的人——会推行一些小的暴政，通常会想将所有事务的管理权全部交给国家。

所以，不要以为想方设法巩固政府特权的只有一个公民阶层，不过，除非民主革命结束，否则，国内总要出现一个要么人数占优势，要么财富占优势的阶层。该阶层的出现，要归功于那种极端渴望将国家管理权收归中央的特殊心态和个人利益，它们和民主国家常有的那种总是抵触被邻国征服的感情没有任何关系。我们可以看到，英国的社会下层现在正想方设法消除地方独立，让中央来掌管各地的行政权，至于社会上层，则在努力让地方的行政权由原主人掌管。我可以预测，早晚有一天，会有截然相反的情况出现。

人们艰苦奋斗了很长时间才获得平等的民主国家和人民原本就平等的民主社会，为什么前者的社会权力总比后者大，而个人权利总是后者比前者大？上述内容可以清楚地让我们知道。在这方面，美国的例子就是明证。

按照特权将人分成若干等级的情况从未在美国发生过，美国人从不知道什么是主人和仆人相互依存。他们之间不存在互相的畏惧和厌恶，所以用不着找最高当局对他们的生活细节进行引导。美国人的民情与众不同：他们之所以能将从英国贵族那里得到的有关个人权利的观念和地方自由的喜好保存下来，是因为他们没有需要与之厮杀的贵族。

如果说教育无论何时都对维护个人独立大有助益，那么，这种言论放到民主时代更是真理。在所有人都一模一样时，建立一个唯一而全能的政府并非难事，而且只要顺其自然即可。不过，为了在此种情况下调动和维持次级权力，并在每个公民都独立自主又虚软无力的前提下组建能够兼顾抵抗暴政和维持秩序的自由社团，人们必须掌握充足的知识和技术。

所以在民主国家，中央集权和个人的顺服程度是与平等的普及程度和公民的文明程度成正比的。

在文明程度有限的时代，政府总是没有足够的完善自身专制统治的知识，人们也总是没有足够的逃离此种专制的知识，确实如此。不过，两者的后果是不一样的。

在民主国家，掌控着人民的中央政权轻易就能在全国范围内吸收一些知识，若有需要，它还可以去国外寻找知识，所以，就算人民再稚嫩，它也不会完全蒙昧。所以，在一个不文明但民主的国家中，国家领导人和每个人民在智力上存在无法遮掩的巨大差异。如此一来，国家元首就容易掌控所有权力。由于行政管理的工作只有国家能做，所以国家的行政权力会越来越大。

在贵族制国家，不仅君主要有文化，一些首要的公民也要有文化，所以就算你把贵族制国家想象得再蒙昧，这种情况也永远不会在那里发生。

埃及当前的统治者帕夏发现自己的子民十分无知，又极端平等，就从欧洲学了管理人民的知识和经验。当君主个人的知识和人民的无知，以及民主的弊端走到一起，中央集权的程度就会大幅增加，国家在君主手中成了工厂，人民被他变成了工人。

在我看来，中央集权的程度过高，会让社会失去生机，长此以往，政府自身也会变得虚软无力。可是我不得不说，在特定时期和场合，集权的社会力量能够轻易成就宏伟的事业。

这点对战争而言，更是正确，因为相比于资源的多少，迅速将全国资源投向特定地点的能力更能决定战争的成败。所以，人们什么时候会觉得应该也必须对中央政府的特权进行扩张呢？主要来说就是战争时期。军事天才为什么无一不爱中央集权，是因为中央集权能够让他们拥有更大的权力，而中央集权的天才无一不爱战争，则是因为国家受战争所迫不得不将手中的所有权力都交给政府。所以，不停地提高国家特权和压制个人权利这种趋向，在这样的国家——

时刻准备着发动大型战役和生存总是饱受威胁的民主国家——比在任何国家都迅速和长久。

民主国家在畏惧动乱和喜好舒适的心态的驱使下，不自觉地扩大了中央政府的权限，让中央政府自觉非常强大、聪慧和坚实，自觉只有自己能阻止国家落入无政府状态。导致民主国家发生动乱的社会状况的个别情况不但增强了中央集权的这种普遍趋向，还使个人不得不牺牲越来越多的权益以换得社会稳定，这些几乎不用我多说大家也知道。

所以，一个国家刚刚完成一场旷日持久的武装革命，在这个时候，它是绝对不会对中央政权的权限进行扩张的，更不要说整个国家的人心都因为革命剥夺了某些人的财产而产生了动摇，人们心中产生了强烈的恨意，国家被卷进了利益冲突和党派斗争的战场。因此，对社会稳定的爱成了一种盲目的执着，公民对秩序的喜爱已经超出了正常的范围。

我上面说的只是对中央集权有益的几个偶然因素，首要的偶然因素，还没说到。

在民主国家，领导人自己的喜好和出身是导致国家领袖包揽所有事项的管理权的第一个重要的偶然原因。

在民主时代生活的人当然喜欢中央政权，也喜欢赋予中央政权更多特权；这个政权若是真实地反映了他们的利益，切实地履行了他们的本来意愿，那么几乎能得到他们所有的信任和一切。

同为国王，一个与旧贵族制度有关，一个在家庭出身、成见、天性、习惯等方面和平等运动联系密切且独力创下了基业，后者推行行政集权的过程会比前者更容易，也更迅速。我的意思不是贵族出身但生活在民主时代的那些国王不愿意推行中央集权。在我看来，他们想要实行中央集权的心和别的国王一样踊跃。对他们来说，平等只有一个优点，就是有助于中央集权。可是公民并不愿意按他们的意愿行事，总是勉为其难地服从了他们的命令，所以他们很难成功。民主时代的国家领袖，越是没有贵族秉性，施行中央集权的难度就越小。

这是一个定律。

当统领贵族制国家的是一个朝代，帝王固有的成见和贵族先天的成见势必一模一样，贵族社会的固有的缺陷也会毫无阻碍地随意发展壮大。可是，如果一个贵族的子孙成了民主国家的元首，那么情况将截然不同。君主的知识、习惯和传统没有一天不在影响他，让他趋近于身份不平等带来的情感；而人民则从当前的社会状况出发，时刻追逐平等引发的民情。

中央政权此时在公民眼中，不过是贵族的政权，甚至是残暴的政权，因此会想方设法遏制中央政权。

他们不允许自己的独立受到一丝一毫的侵犯，一方面是因为他们想要获得自由，不过更重要的原因是他们决意平等下去。

一场颠覆旧王朝将新人送上民主国家首脑之位的革命，或许可以暂时压制住中央政权。可是，看看革命初期发生的一些无政府状态，我敢斩钉截铁地推断说，这场革命最后必然会扩大和捍卫该政权的特权。

它喜欢平等，并让大家相信它喜欢，是民主社会实行中央集权的首要条件，也可以说是唯一的必要条件。所以，原本非常繁杂的专制之道如今已经简单多了，可以说已经简化到只有一个原则了。

## 第五章　如今欧洲国家统治者虽然地位不如过去稳固，可最高权柄却越来越大

欧洲的情况，读者只要认真琢磨一下上面的所有内容，就会吃惊地意识到它非常奇怪。在欧洲，万事万物似乎都在无休止地增加特权，让个人越来越软弱无力，越来越处于从属地位，越来越摇摇欲坠。

驱使美国人中央集权化的所有一般趋势和长久趋势，欧洲各国都有。不仅如此，在欧洲的民主国家还有很多驱使它们朝中央集权迈进的次要因素，是美国人不清楚的。

可以说，它们朝平等迈出的每一步都在朝着专制迈进。

我们只扫视一下我们周边和我们自己就会发现，事实确实如此。

在欧洲，过往贵族时代的一些君主要么被迫，要么主动舍弃了他们的权力所固有的某些职责。大部分欧洲国家的个人或者团体，在不到100年前，还十分自主，能独立审案，独立征兵、养兵，独立征收税赋，连独立制定法律、解释法律在那时也不过是寻常事。这些权责原本就在国家主权范围内，如今各国已都收归国家；国家力图从各方面独力领导公民，不允许在国家和公民之间有中间代表来掌控任何本应由国家掌控的事务。

我的目的只是指明事实，而非斥责这种中央集权。那时，代表地方权益和负责地方事务的次级政权在欧洲随处可见。这些地方政府如今大多已经消失，剩下的要么正在飞速消失，要么即将彻底由中央掌控。欧洲各个地区的领主特权、城市自由和地方行政权，不是正处于消失之中，就是已然消失。

欧洲这半个世纪发生了很多次革命和反革命。而撼动或者败坏了地方的次级政权就是这些运动一个共同点。有些地区的地方特权不是丢在法国侵略者手中，而是丢在了之后打败了法国的君王们手中。这些君王抛弃了革命所带来的所有新鲜事物，只将中央集权收归己用。这是唯一的一样他们肯从革命那边接手的事物。

我要说的是，我们这个时代接连从一些阶级、团体和个人手中夺走各种权利，可是这些权利全都到了国家领袖手中，并未在更民主的基础上创建新的次级政权。连最底层的公民和每个公民的小事，国家也日趋亲自直接管理[1]。

古时候，欧洲的慈善事业几乎都由个人或者团体负责，可今天但凡是慈善事业，多少都会和国家沾点儿边，有些国家甚至完全由国家负责。

给吃不上饭的人分发面包，救助和收容病人、残疾人，帮失业者找工作，几乎都交给了国家。似乎任何灾祸都只能靠国家。

如今大部分欧洲国家的教育事业也成了国家的工作，就像慈善事业一般。

母亲怀中的孩子被国家——通常是强行被国家——接过来，送到自己创办的相关机构，让这些机构对每代人进行情感培养和思想培养。

教育制度也和别的制度一样是统一的。它们的区别也和自由一般，越来越少并最终消失。

恕我直言，如今各个基督教国家，不管是天主教还是新教，都可能落到政府手中。不要以为我的意思是统治者因教会可以独立制定教义而妒火中烧，我

---

[1] 我们在很多方面都能发现个人在社会面前越来越无力的情况。现在，我只以立遗嘱为例，来对这一情况进行说明。

贵族制国家的人通常非常尊重死者的遗愿。欧洲的某些历史悠久的民族有时甚至产生了与之相关的迷信。例如，社会权力不会抵制死者怪异的要求，为了保证死者权利的永恒性，起码会对其中的一部分表示支持。

当每个活人都软弱无力时，人们就不会太过尊重死者的遗愿。人们为死者遗愿限定的范围非常狭窄，一旦超出这个范围，国家的最高权力机构就会宣告其无效，或者对它的执行进行监控。在中世纪，立遗嘱的权利可以说完全不受限制。可是在当今的法国，一个人不经国家同意是无法将财产分割给子女的。国家控制了人的一生，连他人生最后一个行为也不放过。——原注

的意思是他们会不断强化布道人员的意愿，一边抢走神职人员的财产，一边又发薪水给神职人员，将神职人员的权力抢到自己手中，委任神职人员且往往是委任自己的仆人，和宗教一起在每个人灵魂中烙下深深的印记统[1]。

然而，这还只是一个侧面，而非全部的景象。

我可以看到，将原有的权力扩张到各个领域并未让如今的统治者感到满足，它不但要将当前的所有权力用到极致，还想更进一步，对自己尚未干预到的那部分个人独立进行渗透。过去有许多完全不由政府干预的行动如今都由政府掌控了，而且被政府掌控的行动还在不断增多。

通常来说，在贵族制国家，政府权力对民众的领、监督只停留在与国家利益直接相关和明显相关的事情上，剩下的所有事务都交由公民自己解决。这些国家的政府似乎忘了，国家的幸福也会因个人的失误和灾难而受到威胁，忘了国家有时也有防范个人破产的责任。

如今的民主国家则走向了另一个极端。

现在的统治者大多不满足于管理全国，这显而易见。他们将国内每个人的行为和命运视为自己的责任，对引导和指点每个人行为方式的工作大包大揽。如果有需要，就算人们自己不愿意，他们也要将获得幸福的方法讲给每个人。另一边，群众对政府也是此种观点，遇到任何麻烦都去找政府，时刻以政府为导师和向导。

我敢这么说，欧洲各国政府的中央集权化会日趋增强，对小事日趋热衷，管理得也日趋严格。各国政府会比从前更广泛地渗透到个人活动领域中，对个人且不值一提的行动掌控得越发直接，每天不是在各个公民身边对他们进行帮助、引导，就是在公民头上指手画脚。

君主过去通过个人的土地出产和税收生活，如今这些东西却已无法保证他的生活，因为他有了更多的需求，也有了更大的权力。过去的君王可以在需要的时候制定新税，现在则可以借贷。因此，收拢了大量资金的国家慢慢成了大部分有钱人的债务人。

---

[1] 在中央政权不断扩大的过程中，中央政权的代表——官员的数量也在不断增加。他们成了国中国，而保护政府稳定的共同职责，则让他们日趋取代了贵族的位置。

欧洲各个国家的统治者是如何收服民众的呢？通常采用两种办法：一种是让公民对官员当前的行为感到畏惧，从而控制部分公民；一种是让公民对官员的未来充满希望，从而掌控另一部分公民。——原注至于小额资金，国家则用另一种方法吸纳。

在人与人差异越来越小，身份越来越平等的过程中，穷人也开始积攒了少量财产，并掌握了一些知识，有了某些需要。他们希望能过上更好的生活，储蓄则是他们实现这一目标的手段。因此每天都有不计其数的小额资金被储蓄起来，也就是慢慢积攒着且金额持续增加的劳动果实。可是，这么多钱若散落在个人手中，又能带来什么收益？如此，一种慈善机构便应运而生，若我所料不错，用不了多久，这种机构就会变成我们的一个重大的政府部门。一些好心人想了个整合穷人的储蓄并创造收益的法子。

虽然在某些国家，这种慈善机构仍旧和国家毫无关系；不过在很大一部分国家中，它已经有了被国家吞并的趋向，甚至在个别国家已经成了国家的。在那里，将数百万劳动者的日常储蓄集中到一点，使之产生收益的这个庞大的业务，由政府亲自负责。

就这样，国家一方面通过借贷吸纳了富人的资金，一方面又通过储蓄银行任意调度穷人的资金。国家的财富之所以能在政府的操控下不停地循环，并在身份日益平等的过程中一点点增加，是因为民主国家的个人只有政府可以信赖。而政府之所以能得到所有人的信赖，则是因为在他们看来，政府的力量更大，持久性更强[1]。

所以，掌控着公共财富的统治者，也在影响个人财产。他不但是所有公民的上官，还是所有公民的主宰。此外，他也是公民的管家和会计。

由过往政权负责的所有工作，现在的中央政权已全部接手，不仅如此，还进一步扩大了工作范围。另外，活动也比之前更灵动、有力和独立。

在我们这个时代，欧洲各国政府的行政技术都得到了极大地提高。它们不仅做的事比以前多，做的每件事也有比以前更快的速度，更强的条理性和更少的成本。它们从个人那里学到的一切知识，都一丝不落地成了他们的经验。欧洲的君主们派常驻大使对治下的各个地区进行严格管控，还发明了一些直接统领和监督这些大使的新方法。将所有事物交给自己派过去的大使负责，他们还不满足，还要直接干预大使负责的所有工作。最后，公共行政不但落到了一个权力手中，还日趋成了一个地方和少数人的掌中之物。政府之所以力量强大，

[1] 一边是人们越来越喜欢物质享受；另一边是政府对此种享受的基础——财富的掌控日趋增强。所以对人们来说，那两条路虽然不同，可终点都是奴役。对物质享受的钟爱使得他们必须参与到政府之中，而追逐物质享受的过程，则使他们对政府的依赖性越来越强。——原注

有两个原因，即它会一边整合自己的行为，一边让自己拥有更多特权。

考察过大部分欧洲国家过往的司法体制之后，我们会发现有两件事让人难以理解：司法权的独立和司法权的巨大。

法院一方面可以对个人之间的所有争端进行裁决，在大部分情况下，还能对个人和国家之间的纠纷进行裁决。此间我要讨论的是各国法院拥有的司法权限，而非某些国家的法院非法夺取的政治权限和行政权限。不管是过去，还是现在，每个欧洲国家都有不少涉及一般财产权的个人权利。这项权利受法院保护，在法院批准之前国家是无权剥夺的。

这种半政治性的权力让欧洲法院和一切别国法院有了巨大的差异，要知道各国虽然都有法官，可是有这种特权的只有欧洲的法院。

在普通法院之外，国家还设立独立性不如普通法院，专门对发生在国家和人民之间的纠纷进行审理的法院，这点我们只要对人们口中的自由的欧洲民主国和其他国家的司法史加以研究，就能发现。原有的法院已经没有过去那么大的审判权了，虽然独立性尚未消失，另外，人们日趋渴望它们的裁决范围只停留在个人利益纠纷上。

这种法院的数量越来越多，职权也越来越大。所以，政府找另一个权力机构对自己的计划和需求进行审核的必要性也越来越小。的确，政府行事之前须经法官同意，可政府起码能少选一些法官，永远控制住法官。即，在政府和个人之间设立的司法部门，看上去正义，其实偏向政府。

所以，将所有事情都纳入麾下并没有让国家感到满足，它还日趋乾坤独断却不会被起诉和上诉。[1]

如今欧洲各个国家之所以不停地扩大最高当局的活动空间，或者让最高当局拥有更多特权，除了上面我说的那些原因，还有一个重要原因没有引起人们的足够重视。这个原因就是，在平等发展过程中出现的工业进步。

通常来说，工业需要在一个地方聚集大量人力，并在他们之间建立某种复杂的新关系。有时他们会因工业而一夜暴富，有时他们也会因工业而一夜赤贫。这种变幻不定的财富状况，自然不利于社会稳定。

---

[1] 法国在这件事上，有种怪异的诡辩。当讼案的两个当事人是政府和个人时，据说为了避免行政权力和司法权力发生混淆，所以案件的审理不能交给普通法院法官。事实上，原因是这种混淆让政府无法同时具备行政权和审判权，为了达成这一目标，只能通过更加危险，也最为蛮横的办法将两者混淆到一起。——原注

最后，还有工业劳动会影响受益者和以此维生的人的健康，甚至生命。

所以，相比于其他阶层，工业阶级更需要体制，也更有被监督和控制的必要，当这个阶层扩大，政府的权限免不了要跟着一起扩大。

这是个真理，而且是个可以推而广之的真理。不过，此间我要说的是和欧洲国家关系尤其密切的部分。

在过去的众多世纪中，有土地也有能力保住土地的只有贵族。所以，那时的地产拥有很多保障，持有者的独立性极高。可是，适用于那一时期的某些法律和习惯，并未因土地被分割、贵族已经败落而消失。土地持有者和农民，直到今天也仍然是最难被中央政权掌控的公民。

不动产在贵族时代——从中可以找到我们历史的所有根源——重要性有限，拥有不动产的人力量有限且受人轻视；经营工业的人在贵族社会属于特殊阶层。他们没有靠山，所以不受保护，通常连自保能力都没有。

所以，人们习惯将工业财产当作特殊财产，既不重视它，也不保护它。至于工业劳动者，则被视为社会中的一个单独的小阶层，不但独立性得不到人们的尊重，君主若是不高兴，还会一脚踢走他们。我们只要看看中世纪的法典，就会吃惊地发现，在那种个人独立的时代，国王却不停地压制工业，连工业最细枝末节的部分也不放过。在这点上，它追求的那种积极和严密的程度，中央集权倒是做到了。

自此，世界出现了一场大革命，初出茅庐的工业财产慢慢发展，最后席卷了整个欧洲，工业阶层越来越大，并将其他阶层的残余收到了自己的麾下。工业阶层的人数、重要性和财富大幅提高，且会不停地增加。有些人原本和工业无关，如今也在某些方面全面朝它迈进。这个阶层原本被人当作额外的阶层，现在却在朝主要阶层甚至是唯一阶层的方向发展。可是，它的政治思想和政治习惯还是原来那些。要说为什么没变，一开始是因为它们的古老，后来则是因为它们完全契合了现代人的新观念与一般习惯。

所以，工业财产的重要性虽然提高了，可是工业财产的权利并未随之扩大。工业阶层的人虽然多了，可它的从属性并未削弱。非但如此，它反倒被专制渗透了，以致它越是壮大，专制就越强盛[1]。

---

[1] 现在，请允许我罗列几个事实作为旁证。矿产作为工业财富的一种自然资源，随着欧洲的工业日益兴盛，得到了人们最广泛的追逐。可是平等造成的财富分散，使得开发矿山难以进行，于是大多数国家宣布矿山资源归自己所有，并对矿产的发掘进行监控。这还是头一次有财产遇到此

国家的工业化程度越高，就越需要那些有助于发家致富的公路、运河、港口及其他半公用性工程；可是随着国家民主化程度的提高，个人承办这种工程的难度就越高，国家承办这种工程的难度就越低。恕我直言，为了让人民的活动空间越来越小，现在各国政府明显想要独力完成这些项目。

另一边，国家自身在工业品上的消耗量，也会随着国力的提升和需求的增多而越来越多。通常来说，这些工业品的制造方都是国家兵工厂和制造厂。所以，各国的国王也是最大的工业家。他将大量工程师、建筑师、技师和技工招到麾下，为自己工作。

他不但是最大的工业家，主持或者换个更准确的说法掌控其他所有产业的意愿也日趋强烈。

身份越来越平等使得公民们的力量越来越小，必须团结一致才能在工业方面有所成就。可是，政府又怎么可能对他们结成的团体放任不管呢！

毋庸讳言，这个名为合伙组织的集体，虽然在力量和恐怖程度上，远超个人，可它负有的责任却比个人要小。所以，看起来是应该让它们在政府面前的独立性小于个人。

这符合统治者的喜好，所以统治者们也有这种趋向。在民主国家，中央政府素来不喜欢公民组建社团，因为公民若不团结一致就无法有力地抵御自己。可是，有一点尤其需要注意，就是，民主国家的公民不会很好地保护他们原本非常需要的社团，因为他们畏惧和嫉妒它。

这些私人小社团的防御能力，以及在普遍散漫无力的民众面前表现出的持久性，让公民既惊诧又惶恐，所以觉得各团体自由使用自身力量这种特权非常危险。

此外，在我们这个时代，掌握社团的都是些新型法人。

---

种情况。

这种其他动产才会遇到的监控和保护，被施加到工业财富矿山身上后，政府便控制了它。国家要么独力开发矿山，要么对矿山进行出租，而原本属于所有人的矿山，就这样变得只有从政府手中拿到使用权的人才能使用。此外，政府还要求自己对矿业的各方面拥有领导权。它制定的矿业的相关规范，按照自己制定的管理方案进行监控，当经营者违反了相关规范，行政法院会取消其使用权，并将经营权交给政府制定的其他人选。所以说，政府不但是矿山的拥有者，还掌控着经营矿山的人，

可是，随着工业的发展，老矿的开采尚未结束，新矿不断出现，参与矿业生产的人越来越多。国家掌控的区域于是不断增加，而生活在这个区域内的人，全都成了它的奴仆。——原注

它们降生的那个时代没有强烈的个人权利观，只有不受限制的国家权力，时代又未赋予它们结社权。所以，它们从出生起就受到禁锢，这并不奇怪。

有几种社团对于任何一个欧洲国家来说，成立之前都必须先对其章程进行审批。这个办法，如今正被某些国家推广到所有此类社团中。这种办法若成功，后果显而易见。

统治者若是有权独立按相应条件对各种社团的成立进行审批，那么他为了让社团按照自己的规则走，必定很快就会要求监督社团和管理社团的权力。如此一来，国家不但会将成立社团的申请人视为自己的附庸，还会想办法掌控已有社团的负责人。即，想要控制近乎每个生活在国内的人。

就这样，慢慢地，工业在当前世界中缔造出的大部分新生力量，都落到了各个国家的统治者手中，并成了他的个人力量。工业是我们的引导者，他们则是工业的引导者。

我对自己刚刚谈到的一切太过重视，生怕没能将自己的想法表达清楚。

所以，读者若是发现，我拿出来论证我的观点的例子不够充分或者不合适，觉得我夸大了中央集权，低估了个人的独立活动范围，可以先把这本书放在一边，独自想想我已竭尽所能希望传递给读者的东西。读者们，请认真观察一下国内外每天发生的所有事情，请和身边的人谈一谈，请自己最后再好好思考一番。若是没有我的引导，读者就走不到我希望他到的地方，或者没有其他方法能到那里，那必定是我的重大失误。

读者会发现，中央集权在之前的半个世纪里，在各地以各种各样的方式进行了扩张。战争、革命、侵略都在加强集权，每个人都在为中央集权做贡献。

在此期间，一些人轮流掌控大权，走马灯一般，他们的观念、利益和情感多种多样，迥然有别，可无一不在以某种形式推进中央集权。在他们千变万化的生活和思想中，中央集权的天性似乎是唯一一件不变的事。

看过世间万物的这些具体情况，读者再纵观全局，必定会非常惊讶。

一边是某些非常坚实的王朝风雨飘摇和接连崩溃，各国民众通过武力将国王赶下台，对领主或者国王的权柄进行制约或者毁坏，就连没有发生革命的国家也会感到恐惧和惶惑，相同的发动精神激励着每个人。一边是在这种无政府状态时期，在人们极其骚动的国家，社会权力却一直扩张自身的特权，它中央集权的程度越来越高，行事越来越无所顾忌，专制的程度越高，活动范围越来越大；至于民众，则时刻都要忍受国家行政机构的监督，每天都在无意识中将自己的独立一点点割让给国家。这些人刚刚才颠覆王权，将国王踩在脚下，如今却对新政府的一个小小的办事员越发地言听计从，一丝一毫都不敢轻慢。

所以，我们这个时代貌似正有两种截然相反的革命正在推进：一种革命不停地打压政权，一种革命持续加固政权。纵观我们的史册，这是政权最软弱，也最强大的时期。

可是，我们若认真探查过整个世界的形势就会发现，这两种革命在思想上联系紧密，系出同源，虽然路线不同，但终点一样。

有一点我在本书的许多地方都说过和指明过，我可以不厌其烦地再说一次：平等的事实和将平等带入社会状况和法制中的革命是不一样的，必须区别对待，人们若是真的将两者区分开了，也就不会对眼前近乎所有的景象都那么吃惊了。

欧洲一切古老政权都建于贵族时代，不管最强的，还是最弱的，都是如此。它们或多或少都代表或者捍卫过不平等原则和特权原则。现代人必须将旧政权打倒和压制住，才能让日趋广泛的平等带来的新需求和新利益掌控政府。现代人之所以发动革命，使大部分人产生那种对革命来说必不可少的不怕事和崇尚独立的激情，就是因为这个。

在我看来，在欧洲的任何一个国家，平等都是历经了人和财产上的激变才得以发展壮大的，由于这些变化是国内那些未受过教育的人为了打倒受过教育的人而发动的，所以总是伴随着严重的无政府状态和为非作歹的情况。

我刚刚谈到的那两个截然相反的趋向，就是这样产生的。旧有的贵族政权抵制民主革命，而它的颠覆者在民主革命结束之前，都会表现出强烈的独立精神，而对国家权力的强化和中央集权化作为平等激发出的自然天性，在平等获胜后，会缓慢而彻底地将独立精神压制下去。他们原本想着实现平等后能获得自由，可是平等在自由的配合下发展起来后，获得自由的难度反而更大了。

有时，这两种情况会一起出现。一个民族可以一边削弱贵族权威、打压国王权力，一边在国内建立暴政，这点上一代法国人已经证明了，并将一边谋求独立一边失去独立的方法告知了整个世界。

在我们面前，原有政权已经彻底覆灭，一切旧势力正走向灭亡，所有旧壁垒都在垮塌。一些见多识广的人看到这种情况感到难以理解。只是眼前让人大吃一惊的革命，就让他们产生了从此以后人类将永远处于无政府状态的感觉。若再联想到这场革命的结局，他们怕会更加不安。

就我而言，我不得不说，那种貌似在激励当代人的自由精神在我看来并不可信。我确实看到了现代国家都在发生巨变，可在我看来，它们并未真的得到自由；而且我担心，等那些撼动了皇权的动乱结束，统治者手中的权力会比过去更强大。

## 第六章　民主国家畏惧的专制有哪些

美国那种民主的社会状况，会为专制的建立提供不少便利，这点我待在美国的那段时间已经发现了；而我回到欧洲之后则看到，由此种社会状况产生的观念、情感和诉求，已经被欧洲的不少君主用在了扩大自身权力范围上。

于是我意识到，古代一些国家曾经承受过的某种压力，基督教国家最终也会承受到类似的。我认真研究过这个问题，还反复琢磨了五年，虽然这种担心未曾变少，但让我担心的对象不一样了。

强大到不用次级君主政权辅助，就能亲自掌控一个庞大帝国所有地域的君王，在过去的时代，从未出现过；也没有哪个君王能让所有子民毫无差别地全部遵循一个制度的所有细节；能走到各个臣民身边亲自引导和统领他们的君王，就更加没有了。

这种想法从未在人的头脑中出现过，就算有人有了这种想法，用不了多久，这个过于宏伟的计划也会被迫终止，因为他没有足够的学识和管理措施，尤其是还会遭遇身份不平等所带来的天然的阻碍。

就算是罗马皇帝势力最强盛的时候，在罗马生活的不同民族的人也没有放弃自己的习俗和习惯；掌握在一个君王手中的大部分地区都在实行自治，而且不少是握有实权的自治城市，还非常兴盛；帝国的统治权确实掌握在皇帝一人手中，尽管他通常不会去管社会生活的具体内容和个人的日常生活，但是若有需要，他完全可以乾坤独断。

确实，罗马皇帝权力极大且没有相应的可以制约他的权力，他可以随心所欲地肆意妄为，也可以倾全国之力来满足自己的率性。他之所以滥用职权，粗暴地掠夺公民的财产或者性命，这种情况居功至伟。他的暴政虽然让某些人承受了巨大的压迫，可是大部分未受波及。暴政的对象只是有限的几个首要人物，和其他人无干。暴政虽然血腥，却只停留在特定范围内。

我们今日的民主国家若是发生专制，貌似会有另一种性质：波及范围广，手段温和，虽不直接摧残人，却会让人萎靡不振。

将所有公共权力都集中在自己手中，让公权对个人利益领域的全面渗透成为一件司空见惯之事，我坚信，和古代的所有统治者相比，我们如今这个文明而平等的时代的统治者都更容易做到。可是，平等虽然容易引发专制，但也降低了专制的严苛程度。我们曾经说过，在人们越来越相近和平等的过程中，民情也越来越温情和平和；但所有公民的权利和财富都有限时，专制几乎没机会出现和表现。若是人人家产中等，人们就不会有太强烈的激情，太丰富的想象力和太奢侈的享受。统治者自己也会被这种普遍节制影响，让他无限的诉求不会超出某种界限。

这些原因均来自社会情况的自身性质，在它们之外，我还可以罗列出不少其他原因，不过，它们已经超出了本书的讨论范围，而我并不想超出自己设定的范围。

现代人没有强烈的激情，性情温和，学识广博，信仰虔诚，心底仁善，习惯于勤谨、端庄，知晓善恶，我只要想到这些，就知道他们不会遭遇暴政，但我担心他们的监护人会成为他们的头领。

所以，危及民主国家的那种压迫，在我看来，与世界上以往的一切压迫都不一样，且不存在于当代人的记忆中。我曾经想找个词，完整地刻画出我对这种压迫的看法，可惜只是白费力气。那些旧有词汇，专制也好，暴政也罢，没有一个适用的。这是个新生事物，既然无法确定名称，就要尽量先将它的特点描绘清楚。

当这些专制在世界上重新出现会有哪些新特点呢？我准备加以描绘。在我看来，到时相同且平等的人不计其数，他们每天为了心中微小而庸俗的享乐汲汲营营。每个人都是对别人的命运袖手旁观的孤家寡人。所谓全人类，在他们眼中就是自己的孩子和亲友。别的同类就算站在他们身边，他们也只当看不见。他们和这些人来往，却将这些人当成假人。所有人都自力更生，只为自己活。他们心中或许还有家，但已经没有国了。

一个权力巨大的监护性政府在这些人上方巍峨耸立，它的职责就是保证人们的享乐，扶持人们的人生。这个政府有着绝对的、细致入微的权威，这种权威不仅非常谨慎，而且可以想象，还会非常慈善。父权以教人成长为目标，它看上去与父权如此相像，却终究不是父权，因为它会一直将人视为孩子。它愿意让公民享乐，并且认为公民只要尽量享乐即可。它愿意造福于民，可是对公民而言什么是幸福，只能由它决定。它可以保证公民的安全，推测并满足公民的需要，让公民更方便地享乐，对公民的首要活动进行调节，带领公民经营工商业，限定公民遗产继承的方式，对公民的遗产进行分割。如此一来，公民哪还需要运转头脑和为生计奔忙？

就这样，公民整日游手好闲，几乎不怎么动用自己的自由意志，只让它在很小的范围内活动，慢慢地，所有公民都失去了独立行动的能力。平等让人们习惯了这一切，或者说不得不接受这一切，不仅如此，还将这一切当成了一种恩赐。

就这样，统治者用自己的权力挨个覆盖了所有人，并按照自己的意愿改造他们，等完成这些，又为整个社会制定下一个目标。他以详细、微小、全面和统一的规则织就了一张严密的规则之网，用它罩住整个社会，一个人就算再有创新精神，再意志坚定，也无法冲出这张网成为一个不同凡响的人。他不会将人的意志踩在脚下，但他可以削弱、瓦解和左右人的意志。他不会要求人必须做什么，但会在人行动的路上设立无数的绊脚石。他不破坏任何事，但不允许新事物出现。他不推行暴政，但对人进行约束和压制，让人意志消沉、冷血淡薄和萎靡不振，最终将整个人类变成一群只会工作的怯懦的牲畜，至于放牧人，则由政府担当。

我素来以为，相比于人们的想象，刚刚描绘的这种严明的、平和的和稳定的奴役手段，更容易有一副自由的样貌，甚至能打着人民主权的旗号创建。

两种彼此矛盾的激情经常性地影响着现代人：一方让他们觉得需要引导，一方让他们渴望自由。这两个截然相反的趋向，他们放不下任何一方，于是尽量同时满足两边。他们找到了一种具有监护性的，全能型且唯一的权力机构，不过这个机构必须由公民选举产生。他们整合了中央集权和人们主权。于是，获得了一些缓解。因为监护人是自己选的，所以他们愿意被监护。面对身上的枷锁，大家之所以不反抗，是因为他们看到站在枷锁另一边都是人们自己，而非某个人或者某个阶层。

这种体制使得刚刚脱离附属地位的公民又回到了附属地位，因为他们又给自己找了个主人。

行政专制和人民主权之间的这种折中，如今不少人轻易就能接受下来，他们觉得让国家政权来掌控个人自由，可以彻底保证个人自由。我却不觉得这种保证有多彻底。我认为，和服从这一事实相比，主人的秉性如何远没有那么重要。

不过我也承认，相比于将集中起来的所有权力交给某个没有担当的个人或者集团管的那种政体，这种政体好多了。纵观民主可能采取的种种专制形式，没有比后一种政体更糟糕的了。

为什么一个由选举产生或者受立法部门监管——一个由真的选举产生的独立的立法部门——的国家领袖，虽然有时会让个人受到极大压迫，却很少会让人觉得尴尬？因为受到压制和约束的所有人，都相信自己服从的对象是自己，他做出的所有牺牲都是基于他的个人意志。

我知道，削弱每个公民的力量和权力，对于一个代表国家和依靠全国人民的国家领袖而言，一方面是让自己获益，一方面也在让国家获益，个人为国家牺牲个人独立也不是毫无补偿。

所以，在一个集权程度非常高的国家推行国民代表制度，无法彻底解决过分集权带来的缺陷，只能让缺陷少一些。

这种办法能够确保个人干预国家大事，但很难影响到小事和私事，这点我非常清楚。人们忘了，人在小事上受到压迫的危险更大。而我，既然知道两件事只能选一方而无法两头兼顾，自然认为，相比于大事，小事更需要自由。

我们每天都能看到小事上的服从，在这点上，每个公民的感受都一样。在公民不再使用个人意志之前，这种并不会让公民感到难堪的服从会一直制约公民的行动。它会逐渐浇灭公民精神的火焰，压抑公民心灵的色彩；必不可少和极端严苛的服从非常少，并且和奴役截然不同，它折磨的只是某些特别的人。

让公民为一个自己极度依赖的中央政权选举代表，毫无用处；公民独立思考，独立感知和独立行动的能力，并不会因为他们如此盛大而忙碌地通过这种罕见的形式来表达自己的自由意志，就得以保存，早晚会慢慢低于人类的平均水平。

我再多说一句：他们唯一剩下的那个重要特权，很快也会失去。民主国家一边将自由带进政治领域，一边强化行政领域的专制性，这之后势必会出现一些十分奇怪的情况。

有些小事，只要有常识就能解决，可它却觉得公民解决不了，非要包揽在身上；而那些涉及整个国家的政务工作，它又给了公民无上的特权。就这样，它一时是主权的主宰，一时又视主权为儿戏；国家领袖的权力有时比国王的还大，有时却连普通百姓都比不上。它吃惊地发现那么多选举制度居然没有一个合适的，但又不肯放弃寻找新的，似乎觉得缺陷是选举制度的结果而非国家政治体制的结果。

一个人完全没有独立管理自己的习惯，你觉得他能选一个合适的人来管理大家吗？一个做奴隶的人，你觉得他哪天能选出一个自由、能干又睿智的政府呢？

我素来相信，那种上层是共和制，其他部分君主制成分极高的政体，不过是个短命的怪胎。它早晚会因为统治者的腐败和被统治者的无能而走向末路；既厌恶自己又厌恶自己的代表的人民只有两条路可走，要么就是创建一个更自由的制度，要么迅速拜倒在某个独裁者脚下。

## 第七章　上述各章的后续

在我看来，和其他国家相比，绝对专制的政府，在身份平等的国家更容易创建；而且这种政府若真的在这种国家建立起来了，它在压迫人民之外，还要将人类的一些重要特性从人民身上抹去。

所以，在我看来，专制在民主时代最让人畏惧。

我坚信，无论何时我都崇尚自由，而在我们这个时代，我对它已经是无比崇拜了。

另一边，在我们即将迈入的那个时代，我敢说任何人想以特权和贵族制为基础建立权威，都不会取得成功。任何试图在仅有的阶层中创建权威并维持权威的人，也都不会取得成功。

以臣民永远无法平等为办法，重建专制统治，在我们这个时代，没有哪个主权有这样的实力和本事；同样的，不将平等作为首要原则和旗号却能维持以自由为基石的制度，在我们这个时代，也没有哪个议员强悍和高明到这种程度；所以，对于现代人来说，想让自己的同类获得独立和尊严，并将其保持下去，必须让大家知道你是平等的朋友，而只有一个办法能证明这一点，就是你要平等地对待他人。他们的这项伟业是成功还是失败，就在这儿了。

所以，关键是我们要在民主社会——这是上帝让我们生活的地方——中挖掘自由，而非重新建立贵族社会。

我认为，这是两个简单而有效的真理。我可以通过它们来探查一个身份平等的国家能够建立何种自由政府。民主国家自身制度的属性和国家诉求，使得民主国家的最高主权比其他国家的更统一、集中、广泛、充分和强大。民主国家的社会比较兴旺和有生机，而个人则较为温顺和无力。即，社会做的事比个人多。这是必然的。

在贵族制国家，为了某些个人而牺牲自己的利益，对社会来说不过是寻常事，在那里，绝大多数人的富足往往要为某些人的富贵让路，所以你不要指望民主国家的个人，会比贵族制国家的个人拥有更大的独立范围，更何况人们也不喜爱这个。

让民主国家具有活跃、强悍的中央政权，不仅是大势所趋，也是人心所向。既要保证中央政权不会变得无力和懒散，又要保证它绝不会滥用职权和智力。

贵族时代的个人之所以能保有独立，最重要的原因就是君主无法独立管理民众。他将部分工作交给贵族成员，因此中央政权从不会全方位地用一个办法来管理所有人，总是分权。

君主不但无法包揽所有工作，连他的大多数代表，有时也会不受他控制，因为他们的权力是自己的出身赋予他们的，而非君王。无论何时，君王都无法随意设立或者免除这些官位，也无法强迫他们完全听命于他。这也在某种程度上保证了个人的独立。

在我们这个时代，这个办法行不通，这我非常清楚，不过我想到了某些民主措施可以替代它。

从独立团体或者贵族那里拿到的管理权，不要全都交给当权者，留一部分给由普通民众组成临时的次级团体。如此，就能以不损害人们的平等为前提，让个人的自由更有保证了。

在用词方面，美国人不如我们法国人讲究，州以下的最大行政单位在他们那里仍被称为county（县），可是它的职权却有一部分归了州议会。

在我们这种平等时代，设立世袭官位既不合理和也不公平，这我并不否认，可是我们仍旧可以在相应的范围内通过选举委任官员啊。作为一种民主的办法，选举可以保证选出的官员在中央政府面前是独立的，就像贵族制国家的世袭官员在中央政权面前是独立的一般，而且选举出的官员的独立性比世袭官员的要大。

在贵族制国家，有权有势的人非常多，他们过着富足的生活，面对压迫通常不会默不吭声。这些人能让政府保持平和慎重的态度。

这样的人民主国家不会有，这我非常清楚，但它可以人工制造出与之相似的人。

我坚信世上不会再有新的贵族体制，但我也相信，普通民众若团结一心是有机会建一个财力雄厚、力量强大、影响力巨大的社团的，简单来说，就是创建贵族性质的法人。

如此，他们就能避开贵族体制带来的不公和危险，只享受贵族性质的某些重要的政治优势了。政治社团、工业社团、商业社团，甚至于科学社团和艺术社团的成员都是一些有学识也有力量的公民，这种社团是不能随意制约或者偷袭的，它们在拒绝政府的无理要求以捍卫自身利益时，也捍卫了所有公民的自由。

贵族时代的人，只要受到攻击就会有人相助，因为他们每个人都有一些关系紧密的同胞。平等时代的人自然各个形影相吊。他们没有通家之好的友人能帮助他们，也没有哪个阶层能予以他们同情。他们容易遭到冷遇，毫无缘由地受人轻鄙。所以，我们这个时代的人想不受迫害只有一个办法，即向整个国家求助，若是国民置之不理，就像整个人类求助。而他们求助的渠道也是唯一的，就是报刊。所以，相比于其他国家，出版自由在民主国家要珍贵得多，因为平等可能引发的大多数危害，只有它能克制。平等让人陷入孤立无援、软弱无力的境地，可报纸这个即使最虚软和最孤立的人也能使用的利器，却是所有人都能看到的。平等让所有人都没有了可以求援的亲朋好友，可是报纸却能让他们向自己所有的同胞和整个人类发出呼吁。作为推动平等前进的一大助力的印刷术，还是平等最佳的松弛剂之一。

在我看来，放弃出版自由对贵族制国家的人来说其实关系不大，但对民主国家的人来说却大不一样。在民主国家，大型政治集会、议会特权和人民主权的宣言就能让民众的人身自由得到保障吗？我看未必。这一切只能在某种程度上缓解个人遭受的奴役，可出版自由却能让这种奴役无法随心所欲。在捍卫自由这件事上，再没有哪种民主手段比报纸更好了。

司法权也有某些相似的作用，现在我们不妨来看一看。

司法权的本质就是解决个人权益纠纷，认真研究手里的每件小事；虽然只帮助主动求援的受压迫者，但要不断地帮助那些最卑微的人。对于这些弱者的控诉，法官必须认真聆听，并予以解答。这是司法权制度自身的必然结果。

所以，司法权在这样的时代——统治者时常关注个人最微小的行为并对其加以干预，个人太过软弱无力自保，也无法让同样处于孤立之中的他人帮助他——对自由的诉求尤其有益。无论何时，法院的力量都是个人独立最有力的捍卫者，这是真理，在民主时代尤其如此。民主时代的司法权若不随着身份的日益平等不断发展壮大，个人利益就无法得到保障。

平等带给人的某些怪癖对平等十分不利，立法者应该时刻警惕这件事。现在，我们不妨就其中几个首要嗜好谈一谈。

民主时代的人通常不会认真了解规范或者程序的好处，本能地轻视规章制度。至于原因，我在别的地方已经说过了。

他们不喜欢规章制度，这种不喜欢甚至到了憎恶的地步。他们急匆匆地奔向自己向往的所有享乐，可是只要受到一点儿打击就会低落起来，因为他们往往只想轻易享受到眼前的一切。当这种性格出现在政治界，他们自然会仇视那些总会拖慢或者阻碍他们达成某些计划的规章制度。

可是，规章制度的首要用途就是在强者和弱者间、在统治者和被统治者间树立一面墙，让强者或者统治者无法肆意作决定，为弱势和被统治者留出认真思索对策的时间，所以说，规章制度带给民主时代的人的这种不便，正是它捍卫自由的利器。在统治者日渐踊跃和强大，个人越发萎靡和虚弱的过程中，规章制度的必要性也在提高。为什么在民主国家，规章制度对人民的重要性明明高过其他国家，却得不到应有的敬重？原因就在这里。这个问题非常值得关注。

某些在过去不值一提的规章制度问题如今已经变得非常重要，可大多数当代人却并不将规章制度放在心上，还有什么事比这更可悲吗？人类的很多重要利益都和规章制度有着密切的关系。

贵族时代的政治家虽然有时候会随心所欲地轻慢规章制度，常常违背规章制度，可是在我看来，即使是细小的规章规范，如今各国元首都应当予以敬重，除非逼不得已，否则绝不轻忽。贵族制度下曾经出现过迷信规章制度的情况，到了我们这个时代，应该将崇拜限制在理智而谨慎的范围内。

民主国家还有一种十分自然的本能极为危险，即对个人权利的蔑视与不重视。人们敬重和热爱某种权利，通常有两个原因，要么这种权利非常重要，要么这种权利人们已经运用了很长时间。而民主国家的个人权利，不仅重要性不够，出现的时间短，还十分不稳定。所以，人们容易舍弃这种权利，就算这种权利受到侵犯，也永远不会心存怨恨。

可是，一个人们本能地藐视个人权利的国家，它的社会权力却在扩张和增强。即人们正越来越忽视本该予以保护和维持的仅存的特权。

所以我们当前的民主时代更需要真正希望人类获得自由和荣耀的人，能够接连不断地站出来为某些人的特权大声疾呼，让国家无法为了自己的计划而全方位地任意牺牲它们。

这个时代所有平凡的公民都极有可能遭受压迫，蛮横的政府或许会夺走一切不值一提的个人权利。这很容易理解：在个人特权受到重视，被当作伟大的权利的时代，侵犯这种权利受害的只有受到侵犯的人；可是到了今天，在我们这个时代，对这种权利的侵犯，会对国家的民情带来极大的损害，受害的是整个社会，因为我们在这方面的权利观已经发生了变化，即将消失。

在长时间的革命过程中，革命固有的缺点、习惯和观念都一定会浮现出来，并扩及全国，无论革命的性质和目的如何，演出场地在何处。

一个国家若是短时间内领导人连续变更，舆论和法律体系也变幻不定，那这个国家的人自然会喜欢变化的爱好，习惯通过暴力展开各种变动。人们每天都能看到规章制度并无效用，又怎么会将它放在心上？会忍受这些时常被触犯的规章制度，只是逼于无奈的结果。

人们为什么追捧社会效益原则，制造有关政治必要性的相关理论，并能为了以最快的速度实现预定目标就毫无愧疚地将牺牲个人特权和践踏个人权益视为寻常事？是因为每天都在催生新事物的革命用公理和道德的常规观念难以解释。

因为这些习惯和观念是每个革命中都会有的，所以我称其为革命的习惯和观念。他们在贵族制国家和民主国家中都能看到，不过贵族制国家固有的习惯、观念、弊端和障碍会抵制它们，所以它们在那儿通常力量较小，也维持不了很长时间。所以，革命一完成，它们就会自动消失，国家的政治情况也会回到从前。可民情到了民主国家却不一定了，要知道民主国家的人民素来畏惧革命的天性并不会消失，虽然会变得温柔和克制一些，它们会慢慢改变外观渗透到政府的政治风气和行政习惯中。因为民主国家的革命不仅会造成某些偶然和临时的灾祸，还总是导致某些长时间的，或者说是永久的灾祸，所以在我看来，民主国家的革命比任何国家的都危险。

我无法坚定不移地说民主时代的人永远不会革命，因为我认为公正的反抗和合理的反叛必定会发生，但是我相信，相比于任何时代，他们在发动革命前都更会思虑再三，并感到用这种方法施救危险性极高而宁可忍受当前的众多委屈。

最后，请允许我用一个一般观点作为结论。这个一般观点，既包含了本章谈到的个别观点，也包含本书想要阐述的大多数个别观点。

在本世纪之前的贵族时代，个人权利非常大，社会权力非常小。那时连社会的形象都不甚清晰，时常被统治公民的各种权力所替代。所以，对社会权力进行强化和扩张，增加并保障它的特权，与此同时，将个人独立封闭在狭小的范围内，让一般利益压制个别利益，就是这个时代的人必须完成的首要工作。

至于我们这个时代的人，要面对的是其他的危险和忧虑。

大多数现代国家的统治者总是掌握所有大权，无论他们有着什么样的门第，身体状况如何，姓甚名谁。至于那里的个人，则慢慢成了最无力、依赖性最强的人。

以前的社会和现在截然不同。那里完全不存在一致或者相同的情况。现代社会的所有事物都在让人们不得不趋于相同，迅速泯灭个人形象，以致所有人都长得一般无二、毫无差异。我们的先祖认为个人权利的滥用应该受到尊重，我们笃信个人利益要为大部分人的利益服务。

政治世界正在变化之中，以后必须找新方法来解决新的缺陷。

立法者在我们即将迈入的那个时代应该以什么作为首要目标呢？在我看来，他们应该让社会权力有一个普遍清晰和稳定的界限，让个人拥有某些权利并保证大家能够顺利使用这项权利；让个人有少量的独立性，影响力和创新精神；让个人和社会拥有平等的地位，并在社会面前拥护个人。

现代的统治者似乎只想带着人民去完成宏图大业。我期望他们可以在塑造伟大的人物上多花些心思，相比于做事，多关注一下做事的人。永远不要忘了，一个所有国民都软弱无力的国家是无法一直兴盛的，任何政治架构和社会模式都无法让一个所有公民都怯懦胆小和意志消沉的国家成为一个活力四射的国家。

我发现当代人有两种观点不但互相对立，还全都有害。

对于平等，有些人只看到它有导致无政府状态的趋势。他们畏惧自己的自由意志，也就是说他们害怕自己。

还有一些学识渊博的人有着不同的看法，虽然人数不多。在平等通向无政府状态的大路的旁边，他们终于看到了一条平坦地通向受压迫的小路。他们的灵魂对这种不可避免的奴役已经认命，他们坚信一定会失去自由，于是早早地发自内心地崇拜起很快就会降临的主人来。

同样是放弃自由，只是前一种是因为相信自由有害，后一种是相信自由终将逝去。

我若是相信后一种，除了在心里哀叹人类的命运，还能做什么呢？读者也就看不到这本书了。

我为什么要揭露平等对人的独立的危害？是因为我坚信在未来的所有隐患中，这种危害最为恐怖，最难预料，同时也坚信它是可以解决的。

我们正走向的民主时代，那里的人自然喜爱独立。面对制约，他们除了忍受自然别无选择，也就是说，他们腻烦了自己选择的永久不变的社会情况。他们崇尚权力，但对以权压人的情况却有厌恶和蔑视的趋势，他们的过分微小和高度流行性也让他们易于摆脱权力的掌控。

就算到了以后，引起这些天性的社会状况也不会变，所以这些本性会时常一再出现。它们会长时间阻挡一切专制确立的脚步，每一代崇尚自由愿意为自由奋斗的人，都能从它们那里得到武器。

所以，我们不妨对未来怀有忧虑——这可以提高人们的警惕性和作战能力，而不要心存怯懦无力的恐惧——这会让人失去信心和韧劲儿。

## 第八章　主题的总结

我的研究即将步入尾声，在此之前，请允许我最后一次阐述新世界的外部特征，预测平等对人的命运的一般影响。可是我有些犹豫，因为这并不是一个简单的工作；这个题目如此重大，以致我对自己的视野是否足够开阔，智慧是否足以胜任产生了怀疑。

我预备描绘、力图评判的新社会不过刚刚产生。时间尚未淬炼出它的最终形态，催生它的革命也尚未结束，就我们今日所见，我们很难推断当革命结束，哪些东西会消失，哪些东西会留下。

在正败落的世界的断壁残垣中，新世界尚未完全崛起，世间万物正处于一片巨大的混乱中，那些旧制度和旧习俗，哪些会浴火重生又有哪些会彻底覆灭，没人知道。

的确，有关社会状况、法制、观念和人的情感的革命还要很久才能结束，可是世上已经发生的任何事都远远比不上它所导致的后果。我逐个按照时代向上回溯，直至古代，发现没有任何变化跟我眼前的这种变化相似。我们再也无法通过历史解读未来，精神正向黑暗的深渊迈进。

这是一幅极为广阔、新颖和混乱的图画，可我已经从中看到了某些初具模型的首要特点。现在就让我们来谈谈这些特点。

我发现，世上的善和恶各占一半，分布得十分均匀。超级富豪已经消失，中等家庭越来越多。需求和享受成倍递增，可无论是巨大的繁荣，还是极端的惨境都已消失。所有人都有上进心，可是很少有人志存高远。所有的个人都孤立无援和软弱无力，可是社会这个整体却是生机勃勃、高瞻远瞩和强大彪悍的。小事由个人做，大事由国家做。

精神虽然萎靡，但有着平和的民情和宽仁的立法。崇高的牺牲精神以及最神圣、最光荣和最圣洁的品德虽已消失，可是人们有着朴实的习惯，暴力的情况非常少，血腥暴力更是从未听说。

人越来越长寿，个人财富也越来越安全。生活或许缺少光彩，可是足够悠闲安逸。

没有十分高雅或者庸俗的享受，也没有粗俗的喜好和繁文缛节。既没有学识渊博的高雅之士，也没有未受过教育的穷苦百姓。天才日趋少见，可是拥有知识的人越来越多。人的理性得以发展，不是因为几个人大力地推动，而是众多个人的小努力的叠加。虽然卓异的文艺作品非常少见，可是文艺作品的数量会大幅增加。有关种族、阶层、国家的种种限制都将废弛，取而代之的是人类大团结的增强。

你若问我，在这些特征中，最普遍和最鲜明的特征是什么，我会告诉你，是财产的表现形式多姿多彩。近乎一切极端情况都会日趋减少并消失；近乎一切最高的事物都会慢慢下滑，最后成为中等事物；相比于同类事物，这些中等事物处于不高不低，不十分炫目也不十分差劲儿的水平。

我抬眼在这群百姓中张望，发现既没有卓尔不凡的人，也没有过于差劲儿的人，他们在很多方面都一模一样，这种高度一致的情况让人难过和畏惧，社会在此处的消失也让人感到可惜。

一个世界既有最伟大的人，也有最卑贱的人；既有超级富豪，也有一贫如洗者；既有最聪敏的智者，也有最蠢笨的愚者，这时我们的视线往往集中于看着让人欢喜的前者而忽视后者。可是，我清楚使我欢喜的正是我的弊端，因为当身边的一切同时出现在我面前时，我会在众多对象中选择和拣选出我最喜欢的事物。可全知全能的永远的上帝不会这样，他会看到所有事物，同时清楚明白地看到整个人类和所有个人。

能让这位造物主和人类的捍卫者感到满意，自然是人类整体的巨大幸福，而非个别人极端富贵，这点我们毫不怀疑。

所以，有些东西在我看来是退步，在上帝眼中却是进步；让我觉得不喜，却很得上帝的意。平等或许不够伟大，但它极具正义性，这种正义性让它崇高而美丽。

我要尽量贴近上帝的观点，并努力以此作为衡量和评判世间万物的标准。

新的社会情况真的比旧的社会情况好？世上任何人都无法坚决而全面地下此断言，但发现两者存在差异，对任何人来说都不是难事。

贵族国家的制度先天的缺憾和品德，使现代人无法接受，因为这与他们的秉性相互冲突。有些良好的喜好和坏的天性在后者眼中不过是理所应当之事，到了前者眼中却是恶。有些观点是源于一方的自然的想象，可另一方的精神却接受不了。

这就像两个有着各自独特的优缺点和先天善和恶的截然不同的人。

所以，千万不要用已经消失的社会的观念，去评判一个正在出现的社会。这并不公平，要知道这是两种完全不同的社会，没有可比性。

祖先的社会状况已经消失，由它产生的所有善和恶，在它覆灭后也已彻底混乱，难以辨别，所以我们没道理强迫现代人拥有它们先祖生存时代的道德。

可是，这些情况，如今还处于混沌之中。

我发现，大部分现代人正在翻检旧社会的贵族制度衍生出的规章制度、思想和观念。他们随意舍弃一部分，然后将留下的那部分带去新世界。

在我看来，后一种想法只会让他们将精力和时间耗费在一项即使认真做也不会有成绩的工作中。

保住身份的不平等给人带来的特权并不是事情的关键，挖掘、确保平等给人带来的新好处才是。我们不必和祖先一样，只要尽量让自己获得自己本有的那种崇高和幸福即可。

现在我的论述即将结束，我在远处对我曾经分别深入探讨的各种不同事物进行全面回顾时，除了惶恐，还满怀希望。我看到了一些重大危险，但我相信它们是可以克服的；我看到了一些严重的缺点，但我相信它们并非无法避免或者抵挡。所以我越发坚信民主国家可以成为一个伟大和繁荣的社会，只要它愿意去做。

有些现代人觉得世人从来身不由己，源于外在环境、种族、土地和天气状况的某种无法抵挡和神秘莫测的力量必定会掌控他们，这我知道。

可我并不赞成这种错误而消极的看法，它只会让人永远无力，让国家永远裹足不前。上帝没有让人彻底独立，也没让所有人都是奴隶。上帝确实在每个人身边都画了一个命运之圈，让人无法逃脱，可是这是一个极为广阔的范围，在这个范围内人是非常强大和自由的。对于一个国家和民族来说，也是如此。

当代的各国已经无法让国内民众不平等了。可是平等会带来什么。是自由还是压迫，是文明还是蒙昧，是兴盛还是穷困，则全看各国怎么做。

# 原著者注

## 在它内部必然有个专职掌权的多数（P463）

可是，并非没有热心于商业活动，在工业上获得成功的贵族。

在这方面，世界史可以提供几个伟大的例子。可是，对于工商业的发展，贵族可以说整体上并不在意。这是一个定律，而金钱贵族只是个案。

金钱贵族从未有过不以金钱来达成个人需要这种想法。人类最大的热情就是对财富的热情，其他所有热情就算不是直接指向它，也会与它有关系。

当一个人既喜欢金钱，又热衷权势，你很难弄清是贪婪催生了野心，还是野心导致的贪婪。这种情形英国就有。获得财富的英国人渴望名誉，他们觉得名誉代表了财富。所以工商业彻底吸引和俘虏了人的精神，成了获得财富的最佳捷径。

可是，我并不认为这是一种会一直持续下去的普遍情况，因为在贵族才拥有财富的时代，你很难让富人只掌握权力，而让其他所有人充当权力的实施者。

对于国家的社会情况和政治情况来说，世袭的贵族制度和绝对的民主制度是两个极端，金钱贵族就在这两个极端中间。

亲近世袭贵族，但愿意让少数公民拥有某些首要特权；支持民主制度，但要求所有人都能承继特权，就是这一贵族的特征。通常来说这个阶层是世袭的贵族制度和彻底的民主体制的天然纽带，并且人们无法确定他是贵族等级制度的终结者，还是民主体制新纪元的开拓者。

## 但她们身上也充满了昂扬的斗志（P497）

在我的旅行日记中，我找到以下几段记录。它们可以告诉读者和丈夫一起迁居荒僻之地的美国女性承受了何种考验。我之所以将这几段文字写给读者，就是因为它们毫无虚假。

“……我们经常见到一些刚刚开垦出来的土地。这些新的居民点差别不大。我要描绘的这个居民点是我们今晚住宿的地方，它给我的印象能让我想起其他所有居民点。

“在牲畜的脖子上，我们可以看到垦荒者特意系上的小铃铛，他们之所以这么做，是为了能在森林中找回它们。

“这种铃声在我们还有很远才能抵达居民点时，就已经听到了。一会儿之后，从林中又有用斧头砍伐树木的声音传入我们耳中。伐木的痕迹告诉我们，这里有劳作的文明人。路上全是砍下的树枝，在我们行进的路上，还能看到用火烧掉的残余树干和砍剩的树墩。

“我们继续向前，走到一片丛林的边上，看到里面的树全都枯萎了，就像忽然生了一场大病。明明是盛夏，这里却像隆冬。我到树林中认真观察这些树，发现有一圈深深的剥掉树皮的痕迹留在树干上。

大树体内液汁循环的通路被斩断，树自然很快就枯死了。我们这才知道，这其实是惯例，是垦荒者要做的第一件事。他们第一年不会砍伐掉所有的树，将其变为自己的新财产，而是留下一部分树，然后在树的间隙耕种玉米。若是砍掉所有的树，就没有树荫保护农作物了。

“这片刚刚成型的田地是文明在蛮荒中的第一步，经过它之后，田主的房屋紧随其后映入我们眼帘。相比于正在砍伐的林地，围绕着房屋的田地要好得多。正被肆意砍伐的那片林地，砍倒的树木尚未摞到一起，那片过去被树荫覆盖着的土地上面还有散落的树墩。这是一块乌七八糟的荒地，在它周边，有的地方种了小麦，有的地方还有新生的树苗；在这片尚未被人征服的半开垦的土地上，各种多年生植物和杂草争相生长。

“在这片由各种植物形成的浓密的树荫间，垦荒者的屋舍，或者按照当地人的说法“圆木小屋”，时隐时现。和周边的田野一样，这座简陋的小屋也是刚刚才建成的。按照我的目测，它的长在30英尺以内，高不超过15英尺。房子的四面墙和屋顶都是未曾打磨的原木，填在木头间隙的是切碎的干草，再上面则是一层泥土，用来抵御寒冷和雨水。

“天色黑下来时，我们决定去圆木小屋找屋主请求留宿。

“几个原本在破败的小树林中翻滚嬉戏的小孩儿，听到我们的脚步声，马上跳起来，急匆匆地跑回家里，像是怕生一般。此时，两条尚有野性的大狗，支起耳朵，伸着脖子跑出狗窝。它们一边跑一边低吠着，过来保护小主人。这家的屋主走到门前，先是打量我们一番，又仔细想了想。他做了让狗回狗窝的手势，并用行动告诉它，他并未因我们的到来而感到惊惧或者惶恐。

“我们进入圆木小屋。屋里的布置和欧洲的农民截然不同，必需品很少，多余的事物却很多。

“唯一的窗子挂着细布窗帘；一盏大灯被摆放在泥土砌成的壁炉的炉台上，整个屋子都被灯光照亮了；一支枪膛上有来福线的帅气的火枪、一张鹿皮、一串鹰羽吊在壁炉上方；壁炉右侧的墙壁上，有一张被风吹得晃来晃去的美国地图；地图下方是一个粗糙的木制隔板，有几本书摆在上边；我走到架子跟前，发现其中有一本《圣经》、弥尔顿的最原始的6篇长诗、两本莎士比亚的剧本；墙边有几个木柜，但没有皮箱；房子正中是一张粗制滥造的桌子，它的四条腿是刚刚砍下来，尚未剥掉树皮，还是透着绿色的小树干，看上去像是从地里长出来的一样；在桌子上，我看到了一只英国出产的瓷质灰色茶壶、几只银勺、几个豁了口的茶杯，以及几张报纸。

“屋主高高的颧骨和颀长的四肢表明他原本是新英格兰人。从他的言行举止中，明显可以看出他不是在我们相遇的这个荒僻的地方出生的。他活力四射，有理想，富有冒险精神，面对全靠热情挑动起来的事，他能理智地处理。他是为了日后更好地改造蛮荒，让这里极大地文明起来，才到这里临时过一段粗野的生活的。

“发现我们希望迈进他房屋的门槛，这位垦荒者虽然表情冷淡，却仍旧走过来与我们交谈，并习惯性地和我们握手。他率先开口向我们询问世界上有什么新鲜事，等好奇心得到满足，便不再说话。若我们所料不错，他之所以不再发问，是因为世界上发生的让人厌恶和眩晕的事早已让他心生反感。他听完我们旅行的目标之后，给了我们一些我们需要的材料。然后，又心神恍惚起来，虽然仍旧诚挚地照顾着我们的需要。他这样热心地接待我们，为什么我们仍会觉得他的好客背后掩藏着疏离？因为在他看来，招待我们不过是让他难受的命运的安排，他不觉得这是一件让人快乐的事，只是他所处位置交给他的一种责任。

“一个女人坐在壁炉的另一边，抱着膝盖上的一个小男孩摇晃。她并未参与我们的谈话，只是不停地点头。这位女性和那位垦荒者一样，都处于大好年华。她的言行告诉我们她原本非常高雅，她的衣着告诉我们她仍旧热爱打扮。可是，她的四肢已经不再像过去那样秀美，容颜看上去也稍显疲倦，她的目光平和又庄重。她的外貌给人的整体感觉是，对宗教的虔诚让她生出了宁定生活的心，她有滚烫又安静的感情。何种天生的从容不迫的毅力让她能勇敢地面对生活的所有苦难，既不畏惧它们，又不小看它们，我并不知道。

“在她身边环绕的那几个孩子，健壮又活泼，还很顽皮。这些孩子在这里出生、长大，他们的母亲时时忧愁而欣慰地看着他们。这些孩子这么小却这样强壮，无疑表明她为抚养他们心甘情愿地付出了极大的心力。

“移民们生活的房子只有一个大房间，没有任何的内室或者隔扇，全家住在一起，晚上在屋内共同休息。这座房子就是一个独立的小世界。它是在林海中游弋的一只文明之舟。它身边百步开外，再无人迹，只有无边无际的茂密丛林。”

## 我认为是平等及由平等衍生出的各种制度（P498）

人们并非因为身份平等才不讲道德和不信宗教。可是，当人们在不讲道德和不信宗教的同时，还拥有平等的身份的话，不讲道德和不信宗教的行为就会表现得非常明显，因为在这个时候，人与人之间的羁绊非常少，能够为社会治安负责的阶层也只剩了一个。身份平等不会让民情恶化，但偶尔会将恶化推到明处。

## 不过表达民主自豪感的方式各不相同（P513）

貌似绝大多数美国人对当前的制度较为满意，这点，就算将所有不进行思考和不敢坦诚个人见解的人都排除出去，也是一样；这同时也是我的想法。

在我看来，舆论的这种趋向只是美国法制极佳的标志，而非证据。民族自豪感，立法对某些激情、突发事件、潜在威胁的纵容，尤其是让反对派闭嘴的多数的利益，都可能让整个民族和每个公民都长时间地产生错觉。

现在我们不妨看看 18 世纪的英国。这个民族那时十分喜欢吹嘘自己，它的所有成员都自觉非常满意，因此觉得他们体制的各方面都非常不错，完全没有可以指摘的地方，就连某些明显的弊端，也觉得好。可是如今的英国人，大多觉得自己的制度在很多方面都有问题。上个世纪的英国人和如今的英国人，究竟谁是正确的？

这种情况也发生在法国。确实，在路易十四时期，议会的多数曾经高度评价当时统治社会的那个政府，并坚信该政府侵犯了当时法国人人格的论调并不正确。可我们这个时代，却有些人坚信那时的法国受到了压迫，不过未必有奴性的观念。那时称颂王权高于其他所有权力的作家充满了真挚的热情，可是君王的恩德未曾降临蒙昧农夫的茅屋，他们死时高呼“国王万岁！”却并未觉得荣耀。路易十四时期的法国人和我们如今的法国的人，究竟谁是正确的？

随着时代的变迁，舆论的倾向也会发生变化，所以评判一个国家的法制，除了舆论倾向，还要参考最重要的动机和最一般的经验。

国民支持本国的法制，只能代表他们希望当前的法律可以持续一段时间。

## 以彻底将这种追求变成现实（P552）

在本注所在的章节中，我刚刚只谈到了一种危险。现在，我们不妨看看另一种危险，这种危险极为少见，但只要出现就会让人极端恐惧。

在民主国家，当平等自然而然地让人喜爱上物质享受和舒适生活，这种喜爱便会侵蚀并最终掌控整个民族的精神，到了这个时候，该国的军队最终可能会因为自己崇尚和平，而在国家从自身利益出发让其参战时拒不从命。安闲度日的士兵会慢慢意识到，相比于在战场上历经重重危险迅速升迁，在安稳的环境中，一步步、毫无阻碍地轻松升职更划算。军队处于此种精神状态下，空有武器而无斗志，使用武器也是被动的用。这样的军队，说它不去抵挡敌军，不如说它会开门揖盗。

在这种和平的环境中，军队就不会发动革命了吗，并非如此。要知道革命通常是突然爆发的，军队发动的革命更是如此，而且革命虽然总是承受着极大的风险，却不需要付出艰辛的劳动。对野心家来说，起码革命比战争消耗少，只用生命做赌注即可，而相比于性命，民主国家的人更在乎闲适的生活。

一个畏惧战争的军队，当它不想在战场上展现自己的伟大和强悍，就只能去其他地方展现自己的伟大和强悍了，所以这种军队对国家的自由和安危最具威胁。所以在民主国家，官兵或许会罔顾公民利益，丧失军人的操守，至于军队，则会失去战斗力并一再发动叛变。

解除此种危险的关键是国家，而非军队，这点我在前边已经说过了，此间我愿意再说一次。我们永远可以在应该战斗的时候能够奋勇杀敌的士兵身上，看到民主国家留存的英雄气概。

## 不是人精神上的一种随意的发明（P563）

对于人来说，单一性的观点之所以伟大，体现在手法上，而对于神来说，则体现在目的上。最后，这种对于伟大的看法让我们只能看到不计其数的小事。强迫大家朝着一个目标迈进，这是人的见解；那神的观点如何呢，它会引导不计其数变化多端的人展开行动，并对他们的行动进行整合，以致沿着千百条各种各样的道路前行的各个行动能成就一个宏伟的计划。

对于单一性，人的看法往往简单而缺少活力，神的看法却丰富且生机勃勃。

人认为手段的简练能够彰显自己的伟大，神的目标却非常简洁，即让手段无穷无尽。

## 则是自然的大势所趋（P566）

民主国家的中央集权化，除了自身喜好的原因，也有它的统治者持续推动的原因。

民主国家里近乎所有野心家和才华出众者，都会竭尽所能地提高社会权力的职责，这不难预料，因为他们都希望自己有一天能成为社会权力的领导者。他们是在为自己集中权力，所以你不需要向他们证明过度的中央集权对国家不利，那毫无效果。

除了铁面无私的人或者没有本事的人，民主国家的官员几乎全都反对地方分权，支持地方分权的，不是非常少，就是力量非常小。

但我担心他们监护人会成为他们的头领

我经常问自己，民主的民情若一直这么温和，当军队出现躁动情绪，在我们如今的某些国家中，若是出现军人政府，会有怎样的后果。

本注所在章节记述的那种情况，在我看来，不会出现在政府身上，军事巨擘在政治上的强盗作风也不会再次出现。

不过，在这种情况下，我坚信文官的习惯和士兵的习惯会发生某种交融。行政上表现出某种军人作风，军事上表现出某些文人的行事习惯。这种交融会让指挥变得井井有条、纪律严明、有条有理，并被严格执行，人民会成为军队的影子，社会将成为一座军营。

## 要么迅速拜倒在某个独裁者脚下（P583）

对现代最具威胁性的究竟是肆意妄为还是暴政，是无政府状态还是专制，我无法给出一个粗略的定论。这些东西全都让人生畏，也轻易就能从同一个原因，即个人主义带来的普遍的冷漠中衍生出来。正是这种冷漠，如今可以让行政权包揽某些权力推行压迫，日后也能让一个政党发动30个人参战并推行压迫。可是，前者也好，后者也罢，都无法长久存在，让他们轻易成功的原因也在阻碍他们一直成功。因为缺少力量扶持，它们早晚会走向末路。

由于冷漠导致无政府状态和专制的机会近乎相同，所以相比于无政府状态或者专制，更应该抵制的是冷漠。